U0716952

【传世经典 文白对照】

左传纪事本末

中

〔清〕高士奇

董文武 石延博 王等 译

中华书局

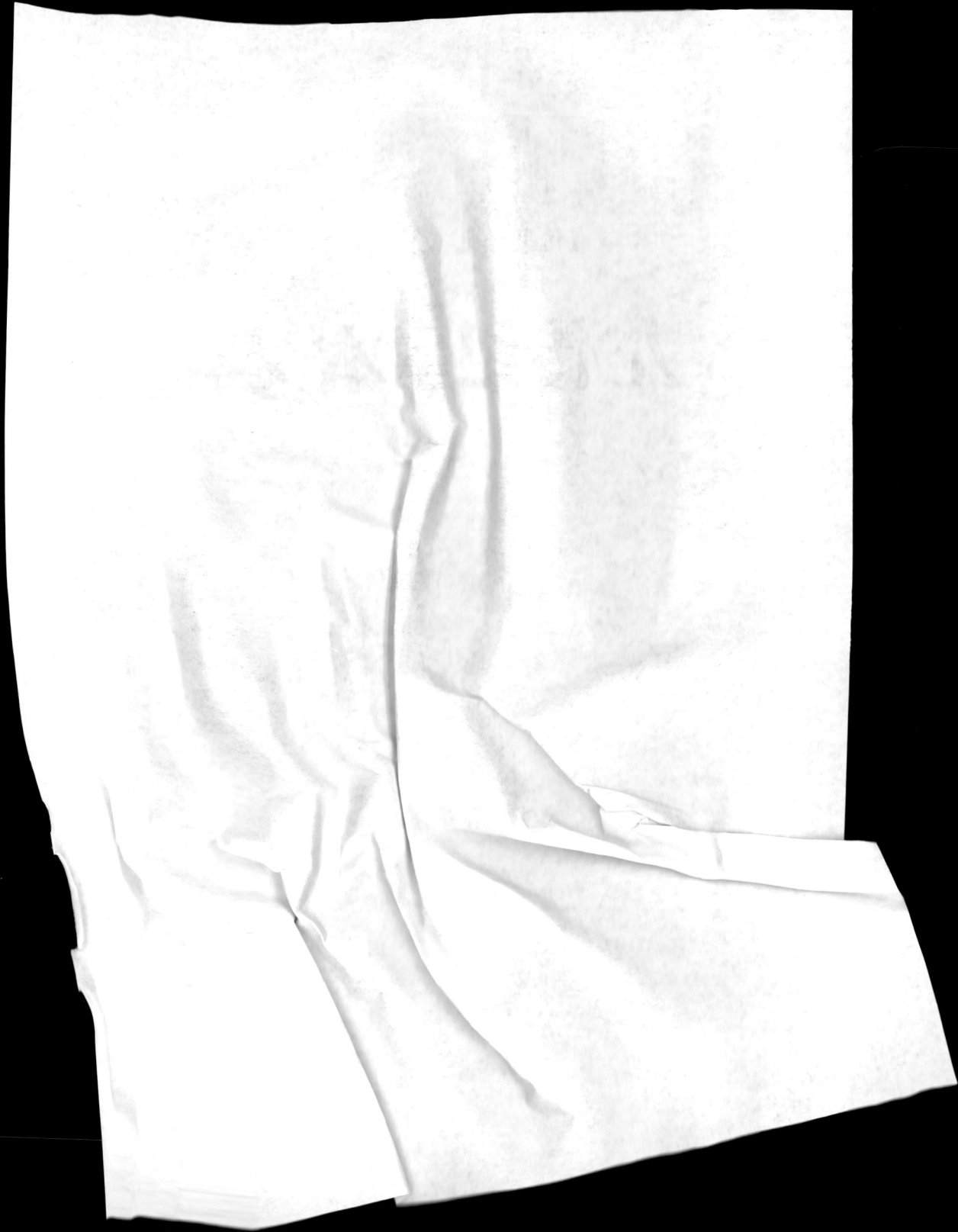

左传纪事本末

晋

卷二十三　曲沃并晋

隐公五年春,曲沃庄伯以郑人、邢人伐翼,王使尹氏、武氏助之。翼侯奔随。夏六月,曲沃叛王。秋,王命虢公伐曲沃,而立哀侯于翼。

〔补逸〕《史记》:昭侯七年,晋大臣潘父弑其君昭侯,而迎曲沃桓叔。桓叔欲入晋,晋人发兵攻桓叔。桓叔败,还归曲沃。晋人共立昭侯子平为君,是为孝侯,诛潘父。孝侯八年,曲沃桓叔卒,子鳝代桓叔,是为曲沃庄伯。孝侯十五年,曲沃庄伯弑其君晋孝侯于翼。晋人攻曲沃庄伯,庄伯复入曲沃。晋人复立孝侯子郄为君,是为鄂侯。鄂侯六年卒。曲沃庄伯闻晋鄂侯卒,乃兴兵伐晋。周桓王使虢公将兵伐曲沃庄伯,庄伯走保曲沃。晋人共立鄂侯子光,是为哀侯。

六年春,翼九宗五正顷父之子嘉父逆晋侯于随,纳诸鄂,晋人谓之鄂侯。

〔补逸〕《史记》:哀侯二年,曲沃庄伯卒,子称立,是为曲沃武公。三年,荀人、董伯皆叛曲沃。

桓公二年。初,晋穆侯之夫人姜氏以条之役生太子,命之曰仇;其弟以千亩之战生,命之曰成师。师服曰:

卷二十三　曲沃并晋

鲁隐公五年春季,曲沃庄伯带领郑国人、邢国人攻打翼都,周桓王派尹氏、武氏帮助他。在翼都的晋鄂侯逃往随邑。夏季六月,曲沃庄伯背叛了周桓王。秋季,周桓王命令虢公攻打曲沃,并在翼都立哀侯为晋国国君。

　　〔补逸〕《史记》:晋昭侯七年,晋国大臣潘父弑杀其国君昭侯,迎接曲沃桓叔。桓叔想进入晋都,晋人发兵攻打桓叔。桓叔战败,又回到曲沃。晋人共同立昭侯的儿子平为国君,这就是孝侯,孝侯杀了潘父。孝侯八年,曲沃桓叔去世,儿子鱓接替桓叔,这就是曲沃庄伯。孝侯十五年,曲沃庄伯在翼都弑杀其国君孝侯。晋人攻打曲沃庄伯,庄伯再次回到曲沃。晋人又立孝侯的儿子郄为国君,这就是鄂侯。鄂侯在位六年去世。曲沃庄伯听说晋鄂侯去世,便兴兵讨伐晋都。周桓王派虢公率领军队讨伐曲沃庄伯,庄伯退守曲沃。晋人共同立鄂侯的儿子光为国君,这就是哀侯。

　　六年春季,晋国翼都担任九宗五正的顷父的儿子嘉父到随邑迎接晋鄂侯,然后把他安置在鄂邑,晋国人称其为鄂侯。

　　〔补逸〕《史记》:哀侯二年,曲沃庄伯去世,儿子称即位,这就是曲沃武公。三年,荀地人、董伯都背叛了曲沃武公。

　　鲁桓公二年。起初,晋穆侯的夫人姜氏在条之战时生了太子,取名仇;仇的弟弟是在千亩之战时生的,取名成师。大夫师服说:

"异哉,君之名子也!夫名以制义,义以出礼,礼以体政,政以正民,是以政成而民听,易则生乱。嘉耦曰妃,怨耦曰仇,古之命也。今君命大子曰仇,弟曰成师,始兆乱矣。兄其替乎!"惠之二十四年,晋始乱,故封桓叔于曲沃,靖侯之孙栾宾傅之。师服曰:"吾闻国家之立也,本大而末小,是以能固。故天子建国,诸侯立家,卿置侧室,大夫有贰宗,士有隶子弟,庶人、工、商各有分亲,皆有等衰。是以民服事其上,而下无觊觎。今晋,甸侯也,而建国,本既弱矣,其能久乎?"惠之三十年,晋潘父弑昭侯而纳桓叔,不克。晋人立孝侯。惠之四十五年,曲沃庄伯伐翼,弑孝侯。翼人立其弟鄂侯。鄂侯生哀侯。哀侯侵陉庭之田。陉庭南鄙启曲沃伐翼。

三年春,曲沃武公伐翼,次于陉庭。韩万御戎,梁弘为右,逐翼侯于汾隰,骖絓而止。夜获之,及栾共叔。

〔补逸〕《国语》:武公伐翼,杀哀侯,止栾共子曰:"苟无死,吾以子见天子,令子为上卿,制晋国之政。"辞曰:"成闻之:'民生于三,事之如一。'父生之,师教之,君食之。非父不生,非食不长,非教不知生之族也,故壹事之。唯其所在,则致死焉。报生以死,报赐以力,人之道也。臣敢以私利废人之道?君何

"奇怪呀，国君为儿子这样取名！取名用来表示道，道义用来产生礼仪，礼仪用来成就政事，政事用来匡正百姓，所以政事取得成功百姓就服从，反之则发生动乱。好姻缘叫作妃，夫妻相怨叫作仇，这是古代取名的方法。现在国君给太子取名为仇，他的弟弟为成师，这就开始预示动乱了。做哥哥的恐怕要衰微吧！"鲁惠公二十四年，晋国开始动乱，所以把桓叔成师封在曲沃，靖侯的孙子栾宾辅佐他。师服说："我听说国家的建立，根本大而枝节小，这样才能稳固。所以天子封建诸侯国，诸侯建立卿大夫采邑，卿设置同宗兄弟为侧室官，大夫又有宗室子弟为贰宗官，士有仆隶子弟，庶人、工、商各有以亲疏为别的亲戚，都有不同的等级。所以百姓才甘心事奉上面的人，下面的人没有什么非分的企图。现在晋国不过是封于甸服之内的诸侯国，而又另外建立侯国，它的根本既已衰弱，还能够长久吗？"鲁惠公三十年，晋国的潘父弑杀了晋昭侯，准备接纳桓叔，但没有成功。晋国人立了孝侯。鲁惠公四十五年，曲沃庄伯攻打翼都，杀了孝侯。翼都人立他的弟弟鄂侯为国君。鄂侯生了哀侯。哀侯侵占了陉庭的土地。陉庭南部边境的人则引导曲沃武公攻打翼都。

三年春季，曲沃武公攻打翼都，军队驻扎在陉庭。韩万为武公驾兵车，梁弘为车右，在汾水边的低洼地带追赶晋哀侯，由于骖马被绊住而停下来。夜里，俘获了晋哀侯和栾共叔。

〔补逸〕《国语》：曲沃武公攻打翼都，杀了晋哀侯，阻止栾共子（即栾共叔）说："暂且不用死，我把你引见给天子，命你做上卿，掌握晋国的政权。"栾共子辞谢说："我栾成听说：'人生存靠君、父、师三种伦理关系，服侍他们始终如一。'父亲生他，老师教育他，君主赐予他俸禄。没有父亲就不会出生，没有君主赐予俸禄就不会成长，没有老师教育就不知道出生的家族，因此事奉他们始终如一。只要他们处于君、父、师的地位，就可以为他们而死。用死来报答父亲的生育之恩，用力役来报答君主赐予的恩惠，这是为人的常道。臣怎敢因为私利而废弃为人的常道？您还拿什么

以训矣？且君知成之从也，未知其待于曲沃也。从君而贰，君焉用之？"遂斗而死。

〔发明〕栾共子名栾成，栾宾之子。栾宾，晋靖侯之孙。晋室六卿，惟栾氏独为公族，故诸大夫先亡之。

〔辨误〕《史记》：哀侯八年，晋侵陉庭，与曲沃武公谋。九年，伐晋于汾旁，虏哀侯。晋人乃立哀侯子小子为君，是为小子侯。小子元年，曲沃武公使韩万杀所虏晋哀侯。曲沃益强，晋无如之何。

七年冬，曲沃伯诱晋小子侯，杀之。
八年春，灭翼。冬，王命虢仲立晋哀侯之弟缗于晋。

九年秋，虢仲、芮伯、梁伯、荀侯、贾伯伐曲沃。
庄公十六年冬，王使虢公命曲沃伯以一军为晋侯。

〔补逸〕《史记》：曲沃武公伐晋侯缗，灭之，尽以其宝器赂献于周釐王。釐王命曲沃武公为晋君，列为诸侯，于是尽并晋地而有之，更号曰晋武公，始都晋国。

十八年春，虢公、晋侯朝王。王飨醴，命之宥，皆赐玉五瑴、马三匹，非礼也。王命诸侯，名位不同，礼亦异数，不以礼假人。以下附献公除八族。

二十三年夏，晋桓、庄之族逼，献公患之。士蒍曰："去富子，则群公子可谋也已。"公曰："尔试其事。"士蒍与群公子谋，谮富子而去之。

来教诲臣下呢？况且亡君哀侯只知道我栾成追随着他，却不知道我要留在曲沃做您的臣子。已经追随了亡君哀侯却又怀有二心，您怎么能用这样的人呢？"于是他战斗而死。

〔发明〕栾共子名叫栾成，是栾宾的儿子。栾宾是晋靖侯的孙子。晋国六卿，只有栾氏仍然是公族，因此大夫们首先灭亡了他们。

〔辨误〕《史记》：哀侯八年，晋国侵犯陉庭，陉庭人和曲沃武公合谋。九年，在汾河河畔讨伐晋国，俘虏了哀侯。晋人就立哀侯的儿子小子为国君，这就是小子侯。小子侯元年，曲沃武公指使韩万弑杀了被俘的晋哀侯。曲沃越发强大，晋国对它无可奈何。

七年冬季，曲沃武公诱骗晋小子侯，把他杀了。

八年春季，曲沃武公用重兵夺取了翼都。冬季，周桓王命令虢仲在晋国立了晋哀侯的弟弟缗为国君。

九年秋季，虢仲、芮伯、梁伯、荀侯、贾伯攻打曲沃。

鲁庄公十六年冬季，周僖王派虢公命令曲沃武公建立一军，做晋国国君。

〔补逸〕《史记》：曲沃武公讨伐晋侯缗，灭了他，把晋国的宝器全部用来贿赂周釐王。釐王命曲沃武公为晋国国君，封为诸侯，于是武公把晋国土地全部吞并，据为己有，改号叫晋武公，开始以晋国都城为国都。

十八年春季，虢公、晋献公朝觐周惠王。周惠王用甜酒招待他们，又允许他们回敬自己，还赐给他们每人玉五对，马三匹，这是不合礼法的。周天子策命诸侯，官职爵位不同，礼仪等级也相应不同，不能随便把礼仪违例授予他人。以下附献公除八族。

二十三年夏季，晋国桓叔、庄伯的家族势力强盛而威逼公室，献公很担心这种情况。大夫士蒍说："如果设法把富子除掉，那么公子们就好想办法对付了。"献公说："你试着办这事。"士蒍就与公子们谋议，讲富子的坏话，除掉了富子。

二十四年秋，晋士蒍又与群公子谋，使杀游氏之二子。士蒍告晋侯曰："可矣，不过二年，君必无患。"

二十五年秋，晋士蒍使群公子尽杀游氏之族，乃城聚而处之。冬，晋侯围聚，尽杀群公子。

二十六年春，晋士蒍为大司空。夏，士蒍城绛，以深其宫。

臣士奇曰：自晋穆侯以千亩之战命其次子曰成师，已与太子仇有并嫡之势，师服所为太息于兆乱也。及鲁惠之二十四年，晋国弗靖，而别建桓叔于曲沃。虽为本大末小之戒，亦曰藉之以为公室辅，庶几缓急足恃耳。而桓叔包藏祸心，辄有并吞之志。潘父弑昭侯而纳之，不克，乃立孝侯。桓叔死，子鳝代立，是为曲沃庄伯。孝侯之十五年，庄伯弑孝侯于翼，晋人立鄂侯。六年卒，庄伯伐翼，桓王使虢公讨之，晋人立哀侯。哀侯二年，庄伯死，子称嗣立，是为曲沃武公。鲁桓之三年，武公伐翼，杀哀侯，晋人立其子小子，是为小子侯。七年，武公诱杀小子侯，明年灭翼。王命虢仲立哀侯之弟缗。庄公十六年，武公伐晋侯缗，灭之。周取其赂，始命曲沃以一军为诸侯，移都晋国。传子献公，剪除强宗，吞噬诸小国，晋于是乎始大，则皆成师之裔，而晋之大宗不血食矣。此曲沃与翼争衡之始末也。

二十四年秋季,晋国的士𫇭又和公子们谋划,让他们杀了游氏的两个儿子。士𫇭告诉晋献公说:"行了,不超过两年,您就一定没有忧患了。"

二十五年秋季,晋国的士𫇭让公子们杀光了游氏家族,于是在聚地筑城而让公子们住进去。冬季,晋献公包围聚城,把公子们全部杀掉。

二十六年春季,晋国的士𫇭做了大司空。夏季,士𫇭加高绛城的城墙,同时也加高宫墙。

臣下我高士奇评论说:自从晋穆侯在千亩之战时给他的第二个儿子取名为成师,就已经有了和嫡长子太子仇地位等同的势头了,这就是师服对将要发生的祸乱深深叹息的原因。到鲁惠公二十四年,晋国开始不安定,就在曲沃另外分封了桓叔。虽然师服有"封建诸侯国要根本大而枝节小"的告诫,或者说这是要借助桓叔作为公室的辅佐,希望能在紧急情况下足以依恃罢了。然而桓叔却包藏祸心,立即有了吞并晋国的野心。潘父弑杀了晋昭侯准备接纳桓叔,没能成功,于是晋人又立了孝侯。桓叔死后,他的儿子鳝继承父位,这就是曲沃庄伯。孝侯十五年,庄伯在翼都弑了孝侯,晋人又立了鄂侯。鄂侯在位六年而死,庄伯攻打翼都,周桓王派虢公去讨伐他,晋人立了鄂侯的儿子哀侯。哀侯二年,曲沃庄伯去世,他的儿子称继承父位,这就是曲沃武公。鲁桓公三年,曲沃武公攻打翼都,杀了晋哀侯,晋人立了哀侯的儿子小子为国君,这就是小子侯。七年,曲沃武公诱杀小子侯,第二年又用重兵夺取了翼都。周桓王命令虢仲立哀侯的弟弟缗为晋国国君。鲁庄公十六年,曲沃武公征伐晋侯缗,灭了他。周僖王收取了曲沃武公的贿赂,开始命令曲沃武公建立一军,成为诸侯,并迁到晋国国都。此后又传位给儿子献公,献公消灭了强大的宗族,吞并了一些小国,晋国于是开始强大,他们都是桓叔成师的后裔,然而晋国大宗嫡长子仇一系却不能再受享祭品了。这就是曲沃和翼都抗衡的始末。

　　桓王虽弱，当庄伯之伐哀侯，犹能以一旅声其罪；而釐王贪灭翼之宝器，竟立武公，齿于诸侯之列。曲沃命而五伯搂伐之渐开，赵籍、韩虔、魏斯命而七国战争之祸起，未尝不扼腕三叹于王铁之失加也。师服老谋深虑，当日果惩其言，大都耦国之害，其可以已。栾共子明在三之义，宁丧其元，不屈于曲沃，可愧后世之为人臣而怀贰心者矣。士艻为献公谋去群公子，始焉与群公子谮富子而杀之，继焉又与谋杀游氏之二子，未几又尽杀游氏之族，而后城聚以处群公子，一鼓而歼旃。虽所患悉除，然桓、庄之族何罪，而以为戮？葛藟庇根，独无所以全之之道乎？残忍阴忮若此，艻真倾危之士哉！

周桓王虽然软弱，但当曲沃庄伯进攻晋哀侯的时候，尚且能派一支军队声讨他的罪行；而周釐王（即周僖王）却贪图翼都被攻占以后的宝器，竟然立了曲沃武公，使其与诸侯齐齿并列。曲沃武公被策命为诸侯，春秋五霸拉拢挟持他国进行征伐的趋势就出现了，赵籍、韩虔、魏斯被策命为诸侯，战国七雄纷争的祸乱就开始了，未尝不令人扼腕叹息这是王权丧失造成的。师服老谋深算，如果当时晋国真能以他说的话为鉴戒，大城能够与国都相抗衡的祸害，大概是可以制止的。栾共子阐明人生存要靠父亲、老师、君主的道义，宁可丢掉自己的脑袋，也不屈服于曲沃武公，这足可以让后世做臣子而怀有二心的人感到惭愧了。士芪替晋献公谋划除去各位公子，开始和公子们共同说富子的坏话而杀了他，接着又与公子们谋划杀掉游氏的两个儿子，不久又尽杀游氏家族，之后又在聚地筑城来安置公子们，在那里一举歼灭了他们。虽然所担心的人全部除掉了，然而桓叔、庄伯的后世族人有什么罪过，而要把他们杀了呢？葛藟这种植物尚且能遮蔽它的根，难道就没有用来保全他们的方法了吗？如此残忍阴险，士芪可真是个足以倾覆国家的人啊！

卷二十四　晋灭虞虢_{骊姬之乱　惠怀之立附}

桓公十年春，虢仲谮其大夫詹父于王。詹父有辞，以王师伐虢。夏，虢公出奔虞。

初，虞叔有玉，虞公求旃，弗献。既而悔之，曰："周谚有之：'匹夫无罪，怀璧其罪。'吾焉用此，其以贾害也？"乃献之。又求其宝剑，叔曰："是无厌也。无厌，将及我。"遂伐虞公，故虞公出奔共池。

庄公二十六年秋，虢人侵晋。冬，虢人又侵晋。

二十七年冬，晋侯将伐虢。士𫇭曰："不可。虢公骄，若骤得胜于我，必弃其民。无众而后伐之，欲御我，谁与？夫礼、乐、慈、爱，战所畜也。夫民，让事，乐和，爱亲，哀丧，而后可用也。虢弗畜也，亟战将饥。"

三十二年秋七月，有神降于莘。惠王问诸内史过曰："是何故也？"对曰："国之将兴，明神降之，监其德也；将亡，

卷二十四　晋灭虞虢骊姬之乱　惠怀之立附

鲁桓公十年春季，虢仲在周天子那里诬陷他的大夫詹父。詹父因为有理，便带领周天子的军队攻打虢国。夏季，虢公逃亡到虞国。

起初，虞公的弟弟虞叔藏有美玉，虞公向他索取，他没有进献。不久又感到后悔，说："周的谚语有这样的话：'百姓没有罪，怀藏玉璧就是罪。'我哪里用得着这美玉，难道要用它买来祸害？"于是就献给虞公。虞公又向虞叔索取宝剑，虞叔说："这是贪得无厌。贪得无厌，祸难会连累到我。"于是就攻打虞公，所以虞公逃亡到共池。

鲁庄公二十六年秋季，虢国人侵袭晋国。冬天，虢国人又侵袭晋国。

二十七年冬季，晋献公准备攻打虢国。士𫇭说："不行。虢公骄横，如果一下子和我国交战而得胜，就必定抛弃他的百姓。他没有百姓支持然后我们再去进攻，即使要抵御我们，有谁会跟他呢？礼、乐、慈、爱，这是作战所应当具备的条件。百姓谦让、和睦、对亲属爱护、对丧事哀痛，然后才可以使用。现在虢国不具备这些，屡次对外作战，百姓会气馁的。"

三十二年秋季七月，有神灵在莘地降临。周惠王向内史过询问说："这是什么原因呢？"内史过回答说："国家将要兴盛的时候，神灵降临，为的是观察它的德行；国家将要灭亡的时候，

神又降之,观其恶也。故有得神以兴,亦有以亡。虞、夏、商、周皆有之。"王曰:"若之何?"对曰:"以其物享焉。其至之日,亦其物也。"王从之。内史过往,闻虢请命,反曰:"虢必亡矣。虐而听于神。"神居莘六月,虢公使祝应、宗区、史嚚享焉。神赐之土田。史嚚曰:"虢其亡乎!吾闻之:'国将兴,听于民;将亡,听于神。'神,聪明正直而壹者也,依人而行。虢多凉德,其何土之能得?"

〔补逸〕《国语》:内史过曰:"昔夏之兴也,融降于崇山;其亡也,回禄信于聆隧。商之兴也,梼杌次于丕山;其亡也,夷羊在牧。周之兴也,鸑鷟鸣于岐山;其衰也,杜伯射王于鄗。是皆明神之志者也。"

王曰:"今是何神也?"对曰:"昔昭王娶于房,曰房后,实有爽德,协于丹朱,丹朱冯身以仪之,生穆王焉。是实临照周之子孙,而祸福之。夫神壹,不远徙迁焉。若由是观之,其丹朱乎!"王曰:"其谁受之?"对曰:"在虢土。"王曰:"然则何为?"对曰:"臣闻之:'道而得神,是谓逢福;淫而得神,是谓贪祸。'今虢少荒,其亡乎!"王曰:"吾其若之何?"对曰:"使太宰以祝、史帅狸姓,奉牺牲、粢盛、玉帛往献焉,无有祈也。"

王使太宰忌父帅傅氏及祝、史奉牺牲、玉鬯往献焉,内史过从。至虢,虢公亦使祝、史请土焉。内史过

神灵也会降临，为的是观察它的邪恶。所以有的得到神灵而兴盛，也有的得到神灵而灭亡。虞、夏、商、周都有过这种情况。"周惠王说："那该怎么办？"内史过回答说："用相应的物品来祭祀。依他到来的日子，就取那天的祭品祭祀他。"周惠王听从了。内史过前去祭祀，听到虢国请求神灵赐予土地，回来说："虢国必定要灭亡了。暴虐而听命于神灵。"神灵在莘地住了六个月，虢公派祝应、宗区、史嚚去祭祀。神灵答应赐给他土地。史嚚说："虢国恐怕要灭亡了吧！我听说：'国家将要兴盛，听百姓的；将要灭亡，听神灵的。'神灵，是聪明正直而一心一意的，按照不同的人来赐福降祸。虢国多的是缺德事，又怎能得到土地？"

〔补逸〕《国语》：内史过说："从前夏朝兴起的时候，祝融在崇山降临；灭亡的时候，回禄停在聆隧两宿。商朝兴起的时候，梼杌停留在丕山；灭亡的时候，神兽夷羊出现在牧野。周朝兴起的时候，凤鸟在岐山鸣叫；衰落的时候，杜伯的魂灵在鄗地射杀了宣王。这都是关于神灵的记载啊。"

周惠王说："如今是什么神？"内史过回答说："从前昭王在房国娶妻，称之为房后，房后实在是失德，言行和丹朱相合，好像丹朱依附于房后之身而与其合一，生了穆王。这位丹朱实在是悬照在周人子孙头上，决定他们祸福的神灵。神是专一的，不会迁徙远离。由此看来，这个神就是丹朱吧！"周惠王说："谁来承受其祸呢？"内史过回答说："神降临在虢国。"周惠王说："那么为什么要降临在虢国呢？"内史过回答说："臣听说：'有道而遇到神，叫作迎接福气；贪淫而遇到神，叫作以贪取祸。'如今虢国国君有些荒淫，就要灭亡了吧！"周惠王说："我该怎么办呢？"内史过回答说："派太宰和太祝、太史率领丹朱的后人狸姓，带着牺牲、祭祀用的谷物和玉器束帛前往虢国进献，不要有所祈求。"

周惠王派太宰忌父率丹朱的后人傅氏和太祝、太史带着牺牲、祭祀用的玉制灌酒器前往虢国进献，内史过跟随。到了虢国，虢公也派太祝、太史求神赐予土地。内史过

归,告王曰:"虢必亡。"十九年,晋取虢。

虢公梦在庙有神,人面,白毛,虎爪,执钺立于西阿。公惧而走。神曰:"无走!帝命曰:'使晋袭于尔门。'"公拜稽首。觉,召史嚚占之,对曰:"如君之言,则蓐收也,天之刑神也。天事官成。"公使囚之,且使国人贺梦。舟之侨告其诸族曰:"众谓虢亡不久,吾乃今知之。君不度,而贺大国之袭于己,何瘳?吾闻之曰:'大国道,小国袭焉,曰服;小国敖,大国袭焉,曰诛。'民疾君之侈也,是以遂于逆命。今嘉其梦,侈必展,是天夺之鉴而益其疾。民疾其态,天又诳之。大国来诛,出令乃逆。宗国既卑,诸侯远己,内外无亲,其谁云救之?吾不忍俟也。"将行,以其族适晋。六年,虢乃亡。

僖公二年,晋荀息请以屈产之乘与垂棘之璧,假道于虞以伐虢。公曰:"是吾宝也。"对曰:"若得道于虞,犹外府也。"公曰:"宫之奇存焉。"对曰:"宫之奇之为人也,懦而不能强谏;且少长于君,君昵之,虽谏,将不听。"乃使荀息假道于虞曰:"冀为不道,入自颠軨,伐鄍三门。冀之既病,则亦惟君故。今虢为不道,保于逆旅,以侵敝邑之南鄙。敢请假道,以请罪于虢。"虞公许之,且请先伐虢。宫之奇谏,

回到成周后,告诉周惠王说:"虢国一定会灭亡。"惠王十九年,晋国攻取虢国。

虢公梦见宗庙中有位神,长着人面、白毛、虎爪,手拿大斧站在西屋的飞檐上。虢公害怕而要逃走。神对他说:"不要走! 天帝下达命令说:'让晋国进入你的城门。'"虢公下拜叩头。醒来后,召来史嚚占卜,史嚚回答说:"根据您所说的,那位神正是西方白虎金正之官蓐收,他是天上的刑罚之神。上天降下的祸福,各由主管官员去办成。"结果虢公命人囚禁了史嚚,并且让国人祝贺他做了这个梦。舟之侨告诉他的族人说:"人们都说虢国不久就会灭亡,我今天才明白。君主不揣度神意,反而庆贺大国进入自己的国家,对祸害有什么减轻呢? 我听说:'大国有道,小国进入叫作臣服;小国骄傲,大国进入叫作诛罚。'百姓痛恨君主的放纵,以至于违拒君命。如今让百姓贺梦,他的放纵必然扩展,这是上天夺去他自省的镜子并增加他的罪恶。百姓憎恨他的情态,上天又使他惑乱。大国前来诛伐,他发出的命令又倒行逆施。宗国既已卑弱,诸侯又疏远自己,内外都没有亲近之人,又有谁来救他呢? 我不忍心再等了。"舟之侨准备出走,带着他的族人去晋国。六年后,虢国灭亡。

鲁僖公二年,晋国的荀息请求用北屈出产的马匹和垂棘的玉璧作为礼物,向虞国借路攻打虢国。晋献公说:"这两样东西是我的宝贝啊。"荀息回答说:"如果向虞国借到了路,东西放在虞国,就好像放在自家的外库里一样。"晋献公说:"宫之奇在那里。"荀息回答说:"宫之奇的为人,懦弱而又不能坚决进谏;而且从小就和虞君在宫里一起长大,虞君对他亲昵,即使进谏,虞君也不会听从。"于是就派荀息到虞国去借路,说:"冀国无道,从颠軨入侵,攻打虞国郧邑的三面城门。敝国伐冀而使冀国受到重创,完全是为了虞君的缘故。现在虢国无道,在客舍筑起堡垒,以攻打敝国的南部边境。谨请求向贵国借路,以便到虢国去问罪。"虞公答应了,而且请求作为前导去攻打虢国。宫之奇劝阻,

不听,遂起师。夏,晋里克、荀息帅师会虞师伐虢,灭下阳。先书虞,贿故也。

〔发明〕璧马假道事,《公》《穀》二传文俱佳,以其事无同异,故不具录。

秋,虢公败戎于桑田。晋卜偃曰:"虢必亡矣。亡下阳不惧,而又有功,是天夺之鉴,而益其疾也。必易晋而不抚其民矣,不可以五稔。"

五年秋,晋侯复假道于虞,以伐虢。宫之奇谏曰:"虢,虞之表也。虢亡,虞必从之。晋不可启,寇不可玩。一之谓甚,其可再乎?谚所谓'辅车相依,唇亡齿寒'者,其虞、虢之谓也。"公曰:"晋,吾宗也,岂害我哉?"对曰:"大伯、虞仲,太王之昭也;太伯不从,是以不嗣。虢仲、虢叔,王季之穆也;为文王卿士,勋在王室,藏之盟府。将虢是灭,何爱于虞?且虞能亲于桓、庄乎?其爱之也,桓、庄之族何罪,而以为戮,不惟逼乎?亲以宠逼,犹尚害之,况以国乎?"公曰:"吾享祀丰洁,神必据我。"对曰:"臣闻之:'鬼神非人实亲,惟德是依。'故《周书》曰:'皇天无亲,惟德是辅。'又曰:'黍稷非馨,明德惟馨。'又曰:'民不易物,惟德繄物。'如是,则非德,民不和,神不享矣。神所冯依,将在德矣。若晋取虞,而明德以荐馨香,神其吐之乎?"弗听,

虞公不听,就起兵攻打虢国。夏季,晋国的里克、荀息领兵与虞军会合,攻打虢国,灭亡了下阳。《春秋》把虞国写在前面,因为虞国接受了贿赂。

〔发明〕用玉璧和马匹借路的事,《公羊传》《穀梁传》记载得都很完善,因为事情没什么不同,因此没有全部收录。

秋季,虢公在桑田打败了戎人。晋国的卜偃说:"虢国必将灭亡。下阳被灭掉了却不害怕,而又建立了打败戎人的武功,这是上天夺去了它自省的镜子,而加重它的罪恶啊。虢国必定轻视晋国而不安抚其百姓了,过不了五年就会灭亡。"

五年秋季,晋献公再次向虞国借路去攻打虢国。宫之奇劝阻说:"虢国是虞国的外围。虢国灭亡,虞国必定跟着被灭。晋国的野心不可开启,外寇不可忽视。上一次借路已是过分,难道还可以来第二次吗?谚语说的'车厢板和车相互依存,没了嘴唇牙齿就感到寒冷',说的就是虞国和虢国的关系。"虞公说:"晋国是我的同宗,难道会害我吗?"宫之奇回答说:"太伯、虞仲,是太王的儿子;太伯没跟在身旁,所以没有嗣位。虢仲、虢叔,是王季的儿子;做过文王的卿士,对王室有功勋,受勋的典册讬藏在盟府。现在晋国准备灭掉虢国,对虞国又有什么爱惜的?而且虞国能比桓叔、庄伯更亲近吗?晋侯与这两个家族关系那么亲密,桓叔、庄伯有什么罪过,却被杀戮,不就是晋侯感到他们有威胁的缘故吗?亲近而又受宠,一旦威胁到晋侯,尚且杀害了他们,何况一个国家呢?"虞公说:"我祭祀的祭品丰盛而清洁,神灵必定依从我。"宫之奇回答说:"臣听说:'鬼神并不会亲近哪一个人,而只是依从有德行的人。'所以《周书》说:'上天没有私亲,只对有德行的加以辅助。'又说:'祭祀的黍稷不算芳香远播,美德才能芳香远播。'又说:'百姓不必变更祭祀的物品,只有德行才可以充当祭祀的物品。'如果是这样,那么不是有德之人,百姓就不和,祭品再丰洁神灵也不会享用。神灵听凭和依从的,就在于德行了。如果晋国攻取了虞国,发扬美德作为芳香的祭品奉献神灵,神灵难道会吐出来吗?"虞公不听,

许晋使。宫之奇以其族行,曰:"虞不腊矣。在此行也,晋不更举矣。"

八月甲午,晋侯围上阳,问于卜偃曰:"吾其济乎?"对曰:"克之。"公曰:"何时?"对曰:"童谣云:'丙之晨,龙尾伏辰,均服振振,取虢之旗。鹑之贲贲,天策焞焞,火中成军,虢公其奔。'其九月、十月之交乎!丙子旦,日在尾,月在策,鹑火中,必是时也。"

冬十二月丙子朔,晋灭虢,虢公丑奔京师。师还,馆于虞,遂袭虞,灭之。执虞公及其大夫井伯,以媵秦穆姬,而修虞祀,且归其职贡于王。故书曰"晋人执虞公",罪虞,且言易也。以上晋灭虞虢。

〔补逸〕《公羊传》:五年,晋取虞。虞公抱宝牵马而至。荀息见曰:"臣之谋何如?"献公曰:"子之谋则已行矣,宝则吾宝也。虽然,吾马之齿亦已长矣。"盖戏之也。

〔考异〕齐桓公之郭,问父老曰:"郭何故亡?"父老曰:"以其善善而恶恶也。"公曰:"若子之言,乃贤君也,何至于亡?"父老曰:"郭君善善不能用,恶恶不能去,所以亡也。"《榖梁》以虢为郭,郭君即虢公,郭亡即虢亡,未可知也。

庄公二十八年,晋献公娶于贾,无子。烝于齐姜,生秦穆夫人及大子申生。又娶二女于戎。大戎狐姬生重耳,小戎子生夷吾。晋伐骊戎,骊戎男女以骊姬,归,生奚齐,其娣生卓子。

答应了晋国使者。宫之奇带领他的族人出走,说:"虞国过不了今年的腊祭了。这一次就能灭掉虞国,晋国用不着再发兵了。"

周历十月十七日,晋献公包围上阳,问卜偃说:"我能够成功吗?"卜偃回答说:"能攻克。"晋献公说:"什么时候?"卜偃回答说:"童谣说:'丙子日的清早,龙尾星因日月交会而隐伏不见,军服威武,夺取虢国的旗号。鹑火星像只大鸟,天策星没有光耀,鹑火星出现在南方时整顿军队,虢公就要逃跑。'这日子恐怕就在九月底十月初吧!丙子日的清晨,日在尾星,月在天策星,鹑火星在正南,一定是这个时候。"

冬季十二月初一,晋国灭亡虢国,虢公丑逃亡到京城。晋国军队回来时,驻扎在虞国,于是袭击虞国,灭亡了它。晋国人抓住了虞公和他的大夫井伯,把井伯作为秦穆姬的陪嫁,但并没有废弃虞国的祭祀,而且把虞国的赋税归于周天子。所以《春秋》记载说"晋人抓住了虞公",这是归罪于虞国,而且说事情进行得很容易。以上为晋灭虞虢。

〔补逸〕《公羊传》:鲁僖公五年,晋国攻取了虞国。虞公抱着宝玉牵着宝马来晋国请降。荀息看见了说:"臣的计谋如何?"晋献公说:"你的计谋已经实现了,宝贝还是我的宝贝。虽然如此,只是我的马年岁已经变大了。"这大概是戏谑的话。

〔考异〕齐桓公到郭地去,问年老者说:"郭国为什么会灭亡?"年老者回答说:"因为国君喜欢良善而讨厌罪恶。"齐桓公说:"照您说的话,国君是贤君了,为什么会灭亡呢?"年老者回答说:"郭国国君喜欢良善却不能任用,讨厌罪恶又不能清除,这是其灭亡的原因。"《穀梁传》把虢当作郭,郭国国君就是虢公,郭亡就是虢亡,不知是怎么回事。

鲁庄公二十八年,晋献公在贾国娶妻,没有生下儿子。他和齐姜通奸,生了秦穆公的夫人和太子申生。又娶了戎人的两个女子,大戎狐姬生了重耳,小戎子生了夷吾。晋国攻打骊戎,骊戎国君把骊姬献给晋献公,回国后,生了奚齐,她妹妹生了卓子。

骊姬嬖,欲立其子,赂外嬖梁五与东关嬖五,使言于公曰:"曲沃,君之宗也;蒲与二屈,君之疆也,不可以无主。宗邑无主,则民不威;疆场无主,则启戎心。戎之生心,民慢其政,国之患也。若使大子主曲沃,而重耳、夷吾主蒲与屈,则可以威民而惧戎,且旌君伐。"使俱曰:"狄之广莫,于晋为都。晋之启土,不亦宜乎?"晋侯说之。夏,使太子居曲沃,重耳居蒲城,夷吾居屈。群公子皆鄙,惟二姬之子在绛。二五卒与骊姬谮群公子,而立奚齐。晋人谓之"二五耦"。

〔补逸〕《国语》:献公卜伐骊戎,史苏占之,曰:"胜而不吉。"公曰:"何谓也?"对曰:"遇兆,挟以衔骨,齿牙为猾,戎夏交捽。交捽是交胜也,臣故云。且惧有口,携民,国移心焉。"公曰:"何口之有?口在寡人,寡人弗受,谁敢兴之?"对曰:"苟可以携,其入也,必甘受。逞而不知,胡可壅也?"公不听。遂伐骊戎,克之,获骊姬以归。有宠,立以为夫人。公饮大夫酒,令司正实爵,与史苏,曰:"饮而无肴。夫骊戎之役,女曰'胜而不吉',故赏女以爵,罚女以无肴。克国得妃,其有吉孰大焉?"史苏卒爵,再拜稽首曰:"兆有之,臣不敢蔽。蔽兆之纪,失臣之官,有二罪焉,何以事君? 大罚将及,不惟无肴。抑君亦乐其吉

骊姬受到宠爱,想立自己的儿子为太子,贿赂男宠梁五和东关嬖五,让他们对晋献公说:"曲沃是国君的宗邑,蒲城和南屈、北屈是国君的边疆,不可以没人主管。宗邑没人主管,百姓就无所畏惧;边疆没人主管,就会开启戎狄侵犯的念头。戎狄有侵犯的念头,百姓轻视政令,这是国家的祸患。如果让太子申生主管曲沃,让重耳和夷吾主管蒲地和屈地,就可以使百姓畏惧、使戎狄害怕,而且可以表彰君王的功劳。"又让这两个人一起对晋献公说:"狄人的土地广大无边,如果归属晋国,可以在那里建立都邑。晋国能开疆拓土,不是很好吗?"晋献公很高兴。夏季,让太子申生住在曲沃,重耳住在蒲城,夷吾住在屈地。别的公子们都住到边境上,只有骊姬和她妹妹的儿子住在绛城。梁五和东关嬖五最终和骊姬诬陷了公子们,而立了奚齐为太子。晋国人称他们为"两个叫五的人朋比为奸"。

〔补逸〕《国语》:晋献公占卜征伐骊戎是否吉利,史苏占卜,说:"能胜利但不吉利。"晋献公说:"这是什么意思?"史苏回答说:"灼龟见兆,交汇处有一条纵线,像是衔着一根骨头在口中,以齿牙搅弄它,戎、晋交替冲突。交替冲突,就是互有胜利,因此臣说胜而不吉。而且害怕有人进谗言,离间民众,国家也离心离德。"献公说:"怎么会有谗言呢? 有没有谗言取决于寡人,寡人不听,谁敢兴谗言?"史苏回答说:"如果真的能离间,谗言的进入必将使您甘心承受。心以为快却不知受到了蒙蔽,怎么可以阻挡呢?"献公不听。于是征伐骊戎,取得了胜利,俘获了骊姬回国。骊姬受宠,被立为夫人。献公请大夫们饮酒,命令司正满上酒给史苏,说:"只喝酒,不准吃菜。骊戎之战,你说'能胜利但不吉利',因此只赏给你酒,罚你没有菜吃。攻破敌国获得配偶,还有比这更大的吉利吗?"史苏一饮而尽,拜了又拜叩首至地,说:"卜兆是这样显示的,臣不敢隐瞒。隐瞒卜兆的内容,失去了臣做官的职守,有这两条罪责,怎么能事奉君主呢? 更大的惩罚将要到来,不只是没有菜吃。然而国君您可以从吉利中得到欢乐

而备其凶，凶之无有，备之何害？若其有之，备之为瘳。臣之不信，国之福也，何敢惮罚？"

饮酒出，史苏告大夫曰："夫有男戎，必有女戎。若晋以男戎胜戎，而戎亦必以女戎胜晋，其若之何？"里克曰："何如？"史苏曰："昔夏桀伐有施，有施人以妹喜女焉。妹喜有宠，于是乎与伊尹比而亡夏。殷辛伐有苏，有苏氏以妲己女焉。妲己有宠，于是乎与胶鬲比而亡殷。周幽王伐有褒，有褒人以褒姒女焉。褒姒有宠，生伯服，于是乎与虢石父比，逐太子宜咎，而立伯服，太子出奔申。申人、缯人召西戎以伐周，周于是乎亡。今晋寡德而安俘女，又增其宠，虽当三季之王，不亦可乎？且其兆云：'挟以衔骨，齿牙为猾。'我卜伐骊，龟往离散以应我。夫若是，贼之兆也，非我宅也，离则有之。不跨其国，可谓挟乎？不得其君，能衔骨乎？若跨其国，而得其君，虽逢齿牙，以猾其中，其谁云弗从？诸夏从戎，非败而何？从政者不可以不戒，亡无日矣！"

郭偃曰："夫三季王之亡也宜。民之主也，纵惑不疚，肆侈不违，流志而行，无所不疚，是以及亡，而不获追鉴。今晋国之方，偏侯也，其土又小，大国在侧，虽欲纵惑，未获专也。大家邻国，将师保之。多而骤立，

并且防备凶祸，即使没有凶祸，防备一下又有什么害处呢？如果真的有凶祸，加以防备是可以消失的。如果我的占卜不灵验，那就是国家的福气，怎么敢害怕惩罚呢？"

喝完酒出来，史苏告诉大夫说："有男兵，必会有女兵。如果晋人用男兵战胜戎人，戎人必会用女兵胜晋，这该怎么办呢？"里克说："女兵怎样胜晋？"史苏说："从前夏桀征伐有施氏，有施氏把妹喜进献给夏桀。妹喜被宠爱，于是和伊尹协同灭亡了夏朝。殷纣王征伐有苏氏，有苏氏进献给纣王妲己。妲己受宠，于是和胶鬲一起灭亡了殷朝。周幽王征伐有褒氏，褒人把褒姒进献给周幽王。褒姒受宠，生了伯服，于是和虢石父协同，驱逐了太子宜臼而立了伯服为太子，太子宜臼逃亡到申国。于是申人、鄫人召来西戎讨伐周朝，周朝就灭亡了。如今晋国缺乏德行，却又安于俘虏的美女，并对她大加宠爱，即使把晋君和夏、商、周的三个末代君王相比，不也是可以的吗？况且卜兆说：'交汇之处像衔一根骨头在口中，以齿牙搅弄。'我来占卜征伐骊戎是否吉利，龟兆给我的答复却是离散。如果是这样，是使国家败坏的征兆，晋国不是我安居的地方，国家分离的情形是会有的。骊姬不据有晋国，怎么能说是'挟'吗？骊姬不在晋君那里得志，怎么能说是'衔骨'呢？如果骊姬据有晋国而且得志于君，即使碰上齿牙在里面搅弄，又有谁敢说不听从呢？作为华夏的晋国听从戎人，除了失败还会有什么呢？当政的人不可以不引以为戒，离灭亡的日子没几天了！"

郭偃（即卜偃）说："夏、商、周的三个末代君王灭亡是应该的。作为万民之主，放纵淫惑而不以为病，放肆奢侈而无所避讳，任意而行，没有一处不是毛病，所以到了快灭亡的时候，也不把前代灭亡的教训当作借鉴。如今晋国四境，只是偏方小侯，国土又小，而且有齐、秦两个大国在旁边，即使想放纵淫惑，也还没有达到专擅的地步。上卿、邻国将会做晋国的师傅、保傅。师傅、保傅既多，即使晋国屡次立新君，

不其集亡。虽骤立，不过五矣。且夫口，三五之门也，是以谗口之乱，不过三五。且夫挟，小鲠也，可以小戕，而不能丧国。当之者戕焉，于晋何害？虽谓之挟，而猾以齿牙，口弗堪也，其与几何？晋国惧则甚矣，亡犹未也。商之衰也，其铭有之曰：'嗛嗛之德，不足就也；不可以矜，而只取忧也。嗛嗛之食，不足狃也；不能为膏，而只罹咎也。'虽骊之乱，其罹咎而已，其何能服？吾闻以乱得聚者，非谋不卒时，非人不免难，非礼不终年，非义不尽齿，非德不及世，非天不离数。今不据其安，不可谓能谋；行之以齿牙，不可谓得人；废国而向己，不可谓礼；不度而迁求，不可谓义；以宠贾怨，不可谓德；少族而多敌，不可谓天。德义不行，礼义不则，弃人失谋，天亦不赞。吾观君夫人也，若为乱，其犹隶农也，虽获沃田，而勤易之，将弗克飨，为人而已。"士艻曰："戒莫如豫，豫而后给。夫子戒之，抑二大夫之言，其皆有焉。"既骊姬不克，晋正于秦，五立而后平。

《史记》：献公五年，伐骊戎，得骊姬、骊姬弟，俱爱幸之。十二年，骊姬生奚齐。献公有意废大子，乃曰："曲沃，吾先祖宗庙所在，而蒲边秦，屈边翟。不使诸子

也不至于亡国。纵然多次立新君,也不会超过五位。况且龟兆上的口,是三辰、五行的门户,因此谗言祸乱所涉及的,少则三君,多则五君。况且龟兆交汇之处,只是一根小骨头,只能引起小的伤害,却不至于亡国。当事者才会受到伤害,对晋国有什么危害呢?虽然称之为'挟',而且用齿牙搅弄,口也是不能取胜的,又能为害多久呢?晋国会为此大为恐惧,但还不至于灭亡。商朝衰落时,钟鼎上有条铭文说:'小小的德行,不足以依归;也不能夸大,否则只能自取忧患。微薄的俸禄,不足以贪图;也不能用以肥身,否则只能遭受祸难。'即使有骊姬之乱,晋国也只是遭受祸难而已,骊姬怎么能使人服从呢?我听说趁祸乱而聚财获众的人,如果没有好的计谋就不能维持三个月,没有民众的支持就不会幸免于难,没有礼法就不能维持十年,没有道义就不能尽享年寿,没有德行就不能传位给后代,没有天命佑助就不能历世长久。如今骊姬不居于平安之地,不能说是善谋;以齿牙搬弄是非,不能说是得人心;尽害群公子而把国家据为己有,不能是说有礼;不揣度利害而追求邪曲,不能说是有道义;凭借宠爱构怨于国,不能说是有德行;同盟少而仇敌多,不能说是有天助。德义不能实行,礼义不循法度,丧失人心,谋划失算,因此上天也不会赞助她。我看这位国君夫人,如果她要作乱,就和农民一样,虽然获得肥沃的土地,并且辛勤耕种,最后自己也吃不到,只是为他人劳作罢了。"士芳说:"最好的警戒莫过于事先做好准备,有充足的准备才能应对。里克的话都是让人戒备的,郭偃和史苏两位大夫的话,也都是有道理的。"后来骊姬没能征服晋国,晋被秦辅正,立了五个国君后国内才安定。

《史记》:晋献公五年,献公讨伐骊戎,得到骊姬及骊姬的妹妹,献公对她们都十分宠爱。十二年,骊姬生下奚齐。献公打算废掉太子,就说:"曲沃是我们先祖宗庙所在之地,而蒲地靠近秦国,屈地靠近翟国。如果不让公子们

居之,我惧焉。"于是使大子申生居曲沃,公子重耳居蒲,公子夷吾居屈。献公与骊姬子奚齐居绛。晋国以此知大子不立也。大子申生,其母,齐桓公女也,曰齐姜,早死。申生同母女弟为秦穆公夫人。重耳母,翟之狐氏女也。夷吾母,重耳母女弟也。献公子八人,而大子申生、重耳、夷吾皆有贤行。及得骊姬,乃远此三子。

《国语》:献公立骊姬为夫人,生奚齐;其娣生卓子。骊姬请使申生处曲沃,以速县;重耳处蒲城,夷吾处屈,奚齐处绛,以儆无辱之故。公许之。

史苏朝,告大夫曰:"二三大夫其戒之乎!乱本生矣。日君以骊姬为夫人,民之疾心固皆至矣。昔者之伐也,起百姓以为百姓也,是以民能欣之,故莫不尽忠极劳以致死。今君起百姓以自封也,民外不得其利,而内恶其贪,则上下既有判矣。然而又生男,其天道也?天强其毒,民疾其态,其乱生哉!吾闻君子好好而恶恶,乐乐而安安,是以能有常。伐木不自其本,必复生;塞水不自其源,必复流;灭祸不自其基,必复乱。今君灭其父而畜其子,祸之基也。畜其子,又从其欲,子思报父之耻,而信其欲。虽好色,必恶心,不可谓好。好其色,必授之情,彼得其情,必厚其欲,从其恶心,

在那些地方镇守,我怕发生意外。"于是,献公让太子申生去驻守曲沃,公子重耳去驻守蒲地,公子夷吾去驻守屈地。献公与骊姬的儿子奚齐就住在绛城。晋国人因此知道太子将不能即位了。太子申生的母亲是齐桓公的女儿,叫齐姜,早就去世了。申生同母的妹妹是秦穆公夫人。重耳的母亲是翟人狐氏的女儿。夷吾的母亲是重耳母亲的妹妹。献公共有八个儿子,太子申生、重耳、夷吾都有贤良的品行。等有了骊姬,献公就疏远了这三个儿子。

《国语》:晋献公立骊姬为夫人,生了奚齐;她的妹妹生了卓子。骊姬请求让申生住在曲沃,以使他马上远离献公;让重耳住在蒲城,夷吾住在屈地,奚齐住在绛城,以警备戎狄的入侵,使晋国免遭耻辱。献公答应了。

史苏上朝,告诉大夫们说:"诸位大夫可要警戒啊! 祸乱的根源已经产生了。从前,国君立骊姬为夫人,百姓们的痛恨之心本来已经很深了。古代明君的征伐,征发百姓的目的是为百姓除害,因此百姓能欣然拥戴他,因此没有不竭尽忠心、付出最大劳苦去为君王拼死的。而如今君王发动百姓作战,是为了增加自己的地盘,百姓在外不能获得征伐的利益,在内则厌恶君主的贪婪,因此上下便离心离德。而骊姬又生了男孩奚齐,这难道是天意吗? 上天加剧其毒害,百姓怨恨其所为,祸乱就要发生了! 我听说君子应该喜欢好的而讨厌坏的,欢喜值得欢喜的而能安心可以安心的,因此才能保持常道。砍树不连根砍掉,一定会再长出来;堵塞水流不堵住它的源头,一定会再流出来;如果不从根上消灭祸乱,就一定会再次发生祸乱。如今国君杀死了骊姬的父亲而畜养骊姬的儿子,这是祸乱的根基。畜养她的儿子,又放纵她的欲望,那么她就会想替父报仇,而发泄她的欲望。虽然长得漂亮,但一定有恶毒的心肠,不能说她是真正的漂亮。喜欢她的容貌,必然会付出真情,如果她得到君主的真情,就会增加她的欲望,并且放纵她的坏心肠,

必败国,且深乱。乱必自女戎,三代皆然。"骊姬果作难,杀大子,而逐二公子。君子曰:"知难本矣!"

骊姬生奚齐,其娣生卓子。公将黜大子申生而立奚齐。里克、丕郑、荀息相见,里克曰:"夫史苏之言将及矣,其若之何?"荀息曰:"吾闻事君者,竭力以役事,不闻违命。君立臣从,何贰之有?"丕郑曰:"吾闻事君者,从其义,不阿其惑也。惑则误民,民误失德,是弃民也。民之有君,以治义也。义以生利,利以丰民。若之何其民之与处而弃之也? 必立大子!"里克曰:"我不佞,虽不识义,亦不阿惑,吾其静也。"三大夫乃别。

公之优曰施,通于骊姬。骊姬问焉,曰:"吾欲作大事,而难三公子之徒,如何?"对曰:"蚤处之,使知其极。夫人知其极,鲜有慢心。虽其慢,乃易残也。"骊姬曰:"吾欲为难,安始而可?"优施曰:"必于申生。其为人也,小心精洁,而大志重,又不忍人。精洁易辱,重债可疾,不忍人,必自忍也。辱之近行。"骊姬曰:"重无乃难迁乎?"优施曰:"知辱可辱,可辱迁重。若不知辱,亦必不知固秉常矣。今子内固而外宠,且善不莫不信。若外单

就一定会败坏国家,并且加深祸乱。祸乱一定会来自这个女人,夏、商、周三代都是这样的。"骊姬果然作乱,杀了太子申生,并驱逐了重耳和夷吾。君子说:"史苏知道祸乱的根源啊!"

骊姬生了奚齐,她的妹妹生了卓子。晋献公将要废黜太子申生,立奚齐为太子。里克、丕郑、荀息三人见面后,里克说:"史苏说的话就要成为现实了,该怎么办呢?"荀息说:"我听说事奉君主的人,竭尽全力完成各项任务,没有听说过违背君命的。国君想立继承人,臣下就应该听从,怎么能有二心呢?"丕郑说:"我听说事奉君主的人,只跟从他的正义,而不附和他的昏乱。昏乱就会使百姓受害,百姓受害就会丧失德行,这是在抛弃百姓。百姓之所以有国君,是要明辨上下尊卑的礼义。礼义用来产生利益,利益使百姓富足。怎么能与百姓共处却抛弃了他们呢? 一定要拥立太子申生!"里克说:"我不才,虽然不识正义,也不会附和君主的昏乱,我还是保持沉默吧。"三位大夫于是分别。

有个给献公演戏的艺人叫施,和骊姬私通。骊姬问他,说:"我想成就大事,却担心申生、重耳、夷吾这些人,该怎么办呢?"优施回答说:"提早处置他们,让他们知道自己的地位已到顶点了。人知道自己到了顶点,就会有怠慢之心了。有了怠慢之心,也就容易消灭他们了。"骊姬说:"我想发难,该从谁开始呢?"优施说:"一定要从申生开始。他为人小心谨慎,精纯高洁,而且年长厚重,又不忍心施恶于人。精纯高洁就容易受到侮辱,性格厚重就可以让他快栽跟头,不忍心施恶于人,必定会忍心虐待自己。应给他增加不义的罪名来侮辱他,近日就行动。"骊姬说:"性格厚重的人恐怕难以改易吧。"优施说:"知道耻辱的人,可加以不义之名侮辱他,可以侮辱他,他就改变厚重的品性了。如果不知羞耻,也就不知道固守常道了。如今您内得君心,外被宠爱,而且您所说的好恶国君没有不相信的。如果表面上对他竭尽

善而内辱之，无不迁矣。且吾闻之：'甚精必愚。'精为易辱，愚不知避难。虽欲无迁，其得之乎？"是故先施谗于申生。

烝于武宫，公称疾不与，使奚齐莅事。猛足言于大子曰："伯氏不出，奚齐在庙，子盍图乎？"大子曰："吾闻之羊舌大夫曰：'事君以敬，事父以孝。'受命不迁为敬，敬顺所安为孝。弃命不敬，作令不孝，又何图焉？且夫间父之爱而嘉其况，有不忠焉；废人以自成，有不贞焉。孝、敬、忠、贞，君父之所安也。弃安而图，远于孝矣。吾其止也。"

献公田，见翟柤之氛，归寝不寐。郤叔虎朝，公语之，对曰："床第之不安邪？抑骊姬之不在侧邪？"公辞焉。出遇士茾，曰："今夕君不寐，必为翟柤也。夫翟柤之君，好专利而不忌，其臣竞谄以求媚，其进者壅塞，其退者距违。其上贪以忍，其下偷以幸。有纵君而无谏臣，有冒上而无忠下。君臣上下，各厌其私，以纵其回。民各有心，无所据依。以是处国，不亦难乎！君若伐之，可克也。吾不言，子必言之。"士茾以告，公说，乃伐翟柤。郤叔虎将乘城，其徒曰："弃政而役，非其任也。"郤叔虎曰："既无老谋，而又无壮事，何以事君？"

善意而在暗地里侮辱他，那么他就没有不改变的道理。而且我听说：'过分精纯的人必定愚昧。'过分精纯就容易受辱，愚昧就不知躲避灾难。即使他不想改变，又怎能做到呢？"因此骊姬就先说申生的坏话。

在晋武公庙进行冬祭时，献公称病没有参加，便让奚齐来主持。猛足对太子申生说："你作为长子不能主持祭祀，却使奚齐在宗庙中主持，您何不早做打算？"申生说："我听羊舌大夫说过：'事奉君主要恭敬，事奉父亲要孝顺。'接受命令而不变更是恭敬，恭敬地顺从父亲所安乐的是孝顺。背弃君命为不敬，擅自做主为不孝，我又有什么打算呢？而且离间父亲所爱的儿子而又以得到父亲的赏赐为嘉，就有不忠之处了；废掉别人而成就自己，就有不贞之处了。孝、敬、忠、贞，是让父亲心安的品质。放弃让父亲心安的品质而另有图谋，就远离了孝道。我还是停止谋划为好。"

献公打猎时，看到翟柤国有不祥之气，回来后便睡不着觉。郤叔虎朝见，献公把这件事告诉了他，郤叔虎回答说："是因为床席不安稳呢？还是因为骊姬没在您的身边呢？"献公说都不是。郤叔虎出来后遇见士芴，说："今晚国君睡不着觉，一定是因为翟柤国的缘故。翟柤国国君喜欢独占利益而无所顾忌，他的臣下竞相进谄以求得宠爱，进谏的人便被阻塞了，被黜退的人便违抗国君。上面的人贪婪而忍心干不义之事，下面的人则苟且偷安追求侥幸。有放纵的国君而没有进谏之臣，有贪婪的君王而没有忠心的臣下。君臣上下各自满足自己的私欲，以放纵自己的邪恶。百姓各有异心，而无所依靠。以此立国，不是太困难了吗！国君如果攻打他们，就一定能取得胜利。我不说，你一定要把这些话告诉国君。"士芴把这些话告诉了献公，献公十分高兴，于是讨伐翟柤国。郤叔虎将要登上城墙，他的手下说："抛弃自己的政事而服兵役打仗，那不是您的职责。"郤叔虎说："我既没有深远的计谋，又没有力役之功，拿什么来事奉国君呢？"

被羽先升,遂克之。

闵公元年冬,晋侯作二军,公将上军,大子申生将下军。赵夙御戎,毕万为右,以灭耿、灭霍、灭魏。还,为大子城曲沃;赐赵夙耿,赐毕万魏,以为大夫。士蒍曰:"大子不得立矣。分之都城,而位以卿。先为之极,又焉得立?不如逃之,无使罪至。为吴大伯,不亦可乎?犹有令名,与其及也。且谚曰:'心苟无瑕,何恤乎无家?'天若祚大子,其无晋乎!"

〔补逸〕《国语》:十六年,公作二军。公将上军,大子将下军,以伐霍。师未出,士蒍言于诸大夫曰:"夫大子,君之贰也,共以俟嗣,何官之有?今君分之土而官之,是左之也。吾将谏以观之。"乃言于公曰:"夫大子,君之贰也,而帅下军,无乃不可乎!"公曰:"下军,上军之贰也。寡人在上,申生在下,不亦可乎?"士蒍对曰:"下不可以贰上。"公曰:"何故?"对曰:"贰若体焉,上下、左右,以相心、目,用而不倦,身之利也。上贰代举,下贰代履,周旋变动,以役心、目,故能治事以制百物。若下摄上,与上摄下,周旋不动,以违心、目,其反为物用也,何事能治?故古之为军也,军有左右,阙从补之。成而不知,是以寡败。若以下贰上,阙而不变,败弗能补也。变非声章,弗能移也。

于是他负着旌旗，率先登城，攻克了翟柤国。

鲁闵公元年冬季，晋献公建立了两支军队，献公亲率上军，太子申生率领下军。赵夙为献公驾战车，毕万为车右，出兵灭掉了耿国、霍国和魏国。回国后，在曲沃为太子修筑城墙；把耿地赐给了赵夙，把魏地赐给了毕万，并封他们为大夫。士苪说："看来太子不会被立为国君了。把曲沃分给他，又给他以卿的地位。先把他推到了顶峰，还怎么能被立为国君呢？不如逃走，不要让罪祸到来。做一个吴太伯那样的人，不也可以吗？因为这样还能有一个好名声，胜过留下来遭受祸患。而且谚语说：'如果内心没有瑕疵，又何患无家可归？'上天如果福佑太子，就不要在晋国待下去了！"

〔补逸〕《国语》：晋献公十六年，献公建立了两支军队。献公亲率上军，太子申生率领下军，征伐霍国。军队还未出发时，士苪对各位大夫说："太子，是国君的副手，应该恭敬地等待继承君位，怎么能够担任官职呢？如今国君分给他土地并任命他做官，是把他当成了外人。我要进谏国君，并观察事态发展。"于是对献公说："太子，是国君的副手，却让他率领下军，恐怕不可以吧！"献公说："下军，是上军的副手。我在上，申生在下，难道不可以吗？"士苪回答说："下军不可以做上军的副手。"献公说："为什么呢？"士苪回答说："副手就像人体的四肢一样，分上下、左右，用来辅助心和眼睛，使用四肢而不感到劳累，身体就能得到好处。上肢双手能交替举物，下肢双脚能走步，周旋变动，被心和眼睛役使，因此能处理事情，制作各种器物。如果下肢代理上肢，或上肢代理下肢，就无法自如地周旋活动，因此就与心和眼睛对四肢的控制相违背，反而会被外物所制约，那还能办好什么事情呢？因此古人建立军队，分为左右二军，有缺失时可以互相补救。补上了敌人却不知道，所以很少会失败。如果用下军作为上军的副手，有缺失而不能变动，失败后就无法弥补。没有金鼓和旌旗的指挥，军队是不能移动的。

声章过数，则有衅；有衅，则敌入；敌入而凶，救败不暇，谁能退敌？敌之如志，国之忧也。可以陵小，难以征大。君其图之！"公曰："寡人有子而制焉，非子之忧也。"对曰："夫大子，国之栋也。栋成乃制之，不亦危乎？"公曰："轻其所任，虽危，何害？"

　　士𬇕出，语人曰："大子不得立矣。改其制，而不患其难；轻其任，而不忧其危。君有异心，又焉得立？行之克也，将以害之。若其不克，其因以罪之。虽克与不，无所避罪。与其勤而不入，不如逃之。君得其欲，大子远死，且有令名。为吴大伯，不亦可乎？"大子闻之曰："子舆之为我谋，忠矣。然吾闻之：'为人子者，患不从，不患无名；为人臣者，患不勤，不患无禄。'今我不才，而得勤与从，又何求焉？焉能及吴大伯乎？"大子遂行，克霍而反，谗言弥兴。

　　二年冬，晋侯使大子申生伐东山皋落氏。里克谏曰："大子奉冢祀、社稷之粢盛，以朝夕视君膳者也，故曰冢子。君行则守，有守则从。从曰抚军，守曰监国，古之制也。夫帅师，专行谋，誓军旅，君与国政之所图也，非大子之事也。师在制命而已。禀命则不威，专命则不孝，故君之嗣适不

金鼓和旌旗运用不当,就会出现破绽;出现破绽,敌人便会乘虚而入;敌人乘虚而入便有危险,那时挽救失败都还来不及,谁还能打退敌人呢? 如果敌人的目的达到,那就是国家的忧患。以下军作为上军的副手只能侵凌小国,却难以征伐大国。国君还是考虑一下吧!"献公说:"我有儿子我会安置他,这不是你该担心的事。"士蒍回答说:"太子,是国家的栋梁。栋梁长成了却另作安置,不就太危险了吗?"献公说:"我减轻他承担的任务,即使有危险,又有什么危害?"

士蒍出来后,对人说:"太子不能立为国君了。君主改变了制度,却不担心发生灾难;减轻太子的职任,却不忧虑这样将会造成的危险。国君有了二心,太子还怎么能立为国君呢? 这次出兵如果能够取胜,太子将因为得人心而被害。如果不能取胜,恐怕会因此而降罪于他。不管取胜与否,太子的罪过都是难免的。与其劳苦事奉国君而不得国君的赏识,还不如逃走了。这样国君能达到自己的目的,太子也会远离死亡,而且会有好名声。和吴太伯一样,难道不可以吗?"太子申生听说后,说:"子舆(即士蒍)为我打算,真是一片忠心。然而我听说:'做儿子的,就怕不听从父命,却不怕没有好名声;做臣子的,就怕不殷勤,而不怕没有俸禄。'如今我虽不才,而能够勤劳事奉国君和听从父命,还有什么追求呢? 怎么能和吴太伯相比呢?"于是太子申生便跟随献公出征,攻克霍国回来后,说他的坏话便多起来了。

二年冬季,晋献公派太子申生攻打东山的皋落氏。里克劝阻说:"太子是奉事宗庙祭祀、社稷大祭,和早晚照看国君饮食的人,因此称为冢子。国君外出太子就留守国内,如果有人守护国家,太子则跟随国君前往。随军在外叫抚军,留守在内叫监国,这是古代的制度。至于率军作战,在战场上专断谋划,对军队发号施令,则是国君和正卿所应该考虑的,并非太子之事。领兵作战的要点在于专制号令。而太子领兵,如果凡事都要禀报就会失去威严,如果擅自发布命令则又是不孝,所以国君的嫡子不

可以帅师。君失其官，帅师不威，将焉用之？且臣闻皋落氏将战，君其舍之！"公曰："寡人有子，未知其谁立焉。"不对而退。见大子，大子曰："吾其废乎？"对曰："告之以临民，教之以军旅，不共是惧，何故废乎？且子惧不孝，无惧弗得立。修己而不责人，则免于难。"

大子帅师，公衣之偏衣，佩之金玦。狐突御戎，先友为右。梁馀子养御罕夷，先丹木为右。羊舌大夫为尉。先友曰："衣身之偏，握兵之要，在此行也，子其勉之！偏躬无慝，兵要远灾。亲以无灾，又何患焉？"狐突叹曰："时，事之征也；衣，身之章也；佩，衷之旗也。故敬其事，则命以始；服其身，则衣之纯；用其衷，则佩之度。今命以时卒，闷其事也；衣之尨服，远其躬也；佩以金玦，弃其衷也。服以远之，时以闷之，尨凉冬杀，金寒玦离，胡可恃也？虽欲勉之，狄可尽乎？"梁馀子养曰："帅师者，受命于庙，受脤于社，有常服矣。不获而尨，命可知也。死而不孝，不如逃之！"罕夷曰："尨奇无常，金玦不复。虽复何为？君有心矣。"先丹木曰："是服也，

能统率军队。国君如果失去了任命官职的准则,即使让太子率军也没有威严,将怎么用兵打仗呢?而且臣听说皋落氏正准备迎战,您还是放弃让太子领兵为好!"献公说:"我有好几个儿子,还不知道将来要立谁为嗣君呢。"听到这话后,里克没再说什么就退了下来。里克见到太子,太子说:"我恐怕要被废黜了吧?"里克回答说:"国君命令您在曲沃管理百姓,又让您掌管军队熟悉军事,您应害怕的是自己不恭敬,为什么会废您呢?而且您作为儿子应该担心自己不孝,而不应担心不能被立为嗣君。努力完善自己而不责备别人,就能免于灾难。"

　　太子率军出征,献公让他穿上左右异色的偏衣,佩带有缺口的青铜环形佩器。狐突驾御战车,先友为车右。梁馀子养为罕夷驾御战车,先丹木为车右。羊舌大夫为军尉。先友说:"身穿一半与国君衣服相同的偏衣,掌管着军事大权,成败在此一举了,您要努力啊!国君分出一半衣服给您是没有恶意,兵权在握又可以远离灾祸。既然国君对您亲近,您又没有灾祸,还担心什么呢?"狐突叹了口气说:"时令是事物的征象,衣服是身份的标志,佩饰则是内心的旗帜。因此国君如果重视这件事,就应该在春夏时节发布命令;赐给衣服,其颜色,就应该纯正单一;想让人衷心为己所用,就要让他佩带合乎礼度的饰物。而如今,在年底才发布命令,是故意为了让事情不能顺利进行;赐给他杂色衣服,目的就在于疏远他;让他佩带金玦,就表明要舍弃太子的衷心效命。通过衣服来疏远他,利用时令来阻碍他,杂色表示凉薄,冬天意味着肃杀,金表示寒冷,玦暗示决绝,这怎么能靠得住呢?即使要尽力而为,狄人能消灭干净吗?"梁馀子养说:"率领军队的人,要在太庙中接受命令,在祭祀土地神之处接受祭肉,并且还要有规定的服饰。如今规定的服饰没有得到,得到的却是杂色衣服,国君命令的意图也就可想而知了。即使死了以后也还要落个不孝的罪名,不如逃跑吧!"罕夷说:"杂色奇装异服不合常规,金玦表示决绝不归。这样的话,即使回来还有什么用呢?看来国君已经别有用心了。"先丹木说:"这样的衣服,

狂夫阻之。曰'尽敌而反',敌可尽乎？虽尽敌,犹有内谗,不如违之。"狐突欲行,羊舌大夫曰:"不可。违命不孝,弃事不忠。虽知其寒,恶不可取。子其死之!"

大子将战,狐突谏曰:"不可。昔辛伯谂周桓公云:'内宠并后,外宠二政,嬖子配適,大都耦国,乱之本也。'周公弗从,故及于难。今乱本成矣,立可必乎？孝而安民,子其图之! 与其危身以速罪也?"

〔补逸〕《国语》:优施教骊姬夜半而泣,谓公曰:"吾闻申生甚好仁而强,甚宽惠而慈于民,皆有所行之。今谓君惑于我,必乱国。夫无乃以国故而行强于君,君未终命而不没,君其若之何？盍杀我？无以一妾乱百姓。"公曰:"夫岂惠其民,而不惠于其父乎?"骊姬曰:"妾亦惧矣。吾闻之外人之言曰:'为仁与为国不同。为仁者,爱亲之谓仁;为国者,利国之谓仁。'故长民者无亲,众以为亲。苟众利而百姓和,岂能惮君？以众故,不敢爱亲,众况厚之。彼将恶始而美终,以晚盖者也。凡民利是生,杀君而厚利众,众孰沮之？杀亲无恶于人,人孰去之？苟交利而得宠,志行而众说,欲其甚矣,孰不惑焉？虽欲爱君,惑不释也。

即使是狂人也会对它产生疑惑。国君说‘消灭完敌人就回来’，敌人难道能消灭干净吗？即使敌人被消灭完了，也还有来自内部的谗言，不如离开这里。”狐突想走，羊舌大夫说：“不行。违背君命就是不孝，放弃职守就是不忠。虽然已经感觉到了国君的凉薄之心，也不能做不忠不孝的恶事。您还是为此而死吧！”

太子准备作战，狐突劝阻说：“不行。过去辛伯曾劝阻周桓公说：‘姬妾与王后等同，宠臣与正卿并重，庶子与嫡子相匹敌，大城和国都一个样，这就是祸乱的根源。’周桓公不听，因此后来遭到祸难。如今祸乱的根源已经形成，您还一定能被立为嗣君吗？与其作战危急自身，加速祸患的到来，还不如竭尽孝道，不战以安定百姓，您还是好好考虑考虑吧！”

〔补逸〕《国语》：优施让骊姬半夜哭着对献公说：“我听说申生特别爱好仁德并且强而有力，特别宽容慈惠而且爱护百姓，一举一动都有章法目的。如今他却说您被我迷惑，必定使国家大乱。他恐怕会为了国家的缘故来挟持您，您还没有尽享天命而我也还没有死，您打算怎么办呢？何不杀了我？不要因为一个爱妾而扰乱百姓。”献公说：“他难道只爱他的百姓，而不爱他的父亲吗？”骊姬说：“我也害怕。我听外面人说：‘修养仁德和管理国家不同。修养仁德的人，爱护父母就叫仁；管理国家的人，有利于国家才叫仁。’因此管理百姓的人没有私亲，而是把百姓当作亲人。如果能使大家受益而使百姓和睦，他怎能害怕杀死君王呢？因为众人的缘故而不敢去偏爱父亲，百姓就会更加爱戴他。他开始虽有弑杀君父的恶名，可是最终能够得到有利于国的美名，那么后者就会掩盖之前的罪恶。凡是为百姓谋求利益，弑杀君父而对百姓有大利的人，百姓谁能沮毁他呢？只杀害自己的父亲而不给百姓施恶，又有谁能推翻他呢？如果百姓都得到利益而又得到天宠，他自己能够得志而百姓欢悦，人们就更希望让太子当国君了，有谁能不被他迷惑呢？即使有人想爱您，这种迷惑却解除不了。

今夫以君为纣，若纣有良子，而先丧纣，无章其恶，而厚其败。钧之死也，无必假手于武王，而其世不废，祀至于今，吾岂知纣之善不哉？君欲勿恤，其可乎？若大难至而恤之，其何及矣？"公惧，曰："若何而可？"骊姬曰："君盍老而授之政。彼得政而行其欲，得其所索，乃其释君。且君其图之，自桓叔以来，孰能爱亲？惟无亲，故能兼翼。"公曰："不可与政。我以武与威，是以临诸侯。未没而亡政，不可谓武；有子而不胜，不可谓威。我授之政，诸侯必绝。能绝于我，必能害我。失政而害国，不可忍也。尔勿忧，吾将图之。"

骊姬曰："以皋落翟之朝夕苟我边鄙，使无日以牧田野，君之仓廪固不实，又恐削封疆。君盍使之伐翟，以观其果于众也，与众之信辑睦焉。若不胜翟，虽济其罪，可也；若胜翟，则善用众矣，求必益广，乃可厚图也。且夫胜翟，诸侯惊惧，吾边鄙不儆，仓廪盈，四邻服，封疆信。君得其赖，又知可不，其利多矣。君其图之！"公说，是故使申生伐东山，衣之偏裻之衣，佩之金玦。仆人赞闻之，曰："大子殆哉！君赐之奇，奇生怪，怪生无常，

如今把您当作商纣王看待，如果纣王有好儿子，他知道纣王必亡国，那么他肯定先杀了纣王，不使纣王的恶行彰闻，不使他败得那么惨。同样是死，就不必去借周武王之手杀纣王了，这样商朝就世系不废，祭祀一直延续到今天，我们又怎能知道纣王到底是善还是恶呢？您想不为此担忧，那怎么可以呢？如果大难降临再去忧虑的话，还来得及吗？"献公害怕了，说："怎么做才可以呢？"骊姬说："您何不自称年老而把政权交给申生。他得到政权就会行其所欲，如果他得到了他所追求的，就会放开您不加杀害。而且您想想，从桓叔以来，有谁能爱自己的亲人呢？正因为不爱亲人，才能够吞并翼地啊。"献公说："不能把政权交给他。我凭借武力和威望，才得以统率诸侯。没有死却丢失了政权，不能算是武；有儿子却不能制服他，不能算是威。我如果把政权交给他，诸侯必然会和我们断绝联系。能和我们断绝联系，就一定能给我们带来灾祸。丧失政权而给国家带来灾祸，这是无法忍受的。你不要担心，我会考虑的。"

骊姬说："因为皋落翟一天到晚都来侵扰我国的边境，使边民没有一天能够安心耕牧田野，您的仓库本来就不充实，又恐怕领土受到侵占削减。您何不让申生去征伐翟人，来看看他带兵的果决能力，以及他与众人是否真能和睦相处。如果不能战胜翟人，那么即使加罪于他，也是可以的；如果战胜了翟人，那么他就是善于利用众人，他的索求肯定会越来越广，然后我们再好好想办法收拾他。而且战胜了翟人，诸侯就会感到吃惊害怕，我们的边境也就不用再警戒了，如此则仓库充实，四邻顺服，封疆明确。您从中受益，又能知道他能否成事，这当中的好处多着呢。您好好考虑考虑！"献公很高兴，于是派申生去征伐东山皋落氏，让他穿着背缝在中间、左右异色的衣服，佩戴着金块。申生有个叫赞的仆人知道后，说："太子危险了！君王赐给他奇特的东西，奇特会生出怪异，怪异会生出无常，

无常不立。使之出征，先以观之，故告之以离心，而示之以坚忍之权，则必恶其心而害其身矣。恶其心，必内险之；害其身，必外危之。危自中起，难哉！且是衣也，狂夫阻之衣也。其言曰：'尽敌而反。'虽尽敌，其若内谗何？"

僖公四年，初，晋献公欲以骊姬为夫人，卜之，不吉；筮之，吉。公曰："从筮。"卜人曰："筮短龟长，不如从长。且其繇曰：'专之渝，攘公之羭。一薰一莸，十年尚犹有臭。'必不可。"弗听，立之，生奚齐；其娣生卓子。

及将立奚齐，既与中大夫成谋。姬谓大子曰："君梦齐姜，必速祭之。"大子祭于曲沃，归胙于公。公田，姬置诸宫六日。公至，毒而献之。公祭之地，地坟；与犬，犬毙；与小臣，小臣亦毙。姬泣曰："贼由大子！"大子奔新城。公杀其傅杜原款。

或谓大子："子辞，君必辨焉。"大子曰："君非姬氏，居不安，食不饱。我辞，姬必有罪。君老矣，吾又不乐。"曰："子其行乎？"大子曰："君实不察其罪，被此名也，以出，人谁纳我？"

十二月戊申，缢于新城。姬遂谮二公子曰："皆知之"。

无常就不会被立为国君了。让他出征，先看他能否带兵，因此用背缝在中间、左右异色的衣服来象征离心，用金玦来暗示坚决与残忍，由此可知一定是憎恶其心性，而要加害其身体了。憎恶其心性，一定在内部使他陷于险境；加害其身体，一定在外面使他处于危险之中。危险从内部产生，太困难了！而且这种衣服，是狂人也会有所怀疑的衣服。国君说：'消灭完了敌人就回来。'即使消灭完了敌人，又怎能对付内部的谗言呢？"

鲁僖公四年，当初，晋献公打算立骊姬为夫人，占卜的结果是不吉利，占筮的结果却是吉利。献公说："就照占筮的结果办。"卜人说："一般情况下占筮不如占卜灵验，不如按灵验的办。而且占卜的繇辞说：'专宠过分会变生邪恶，会偷走您的公羊。香草臭草混放在一起，十年之后还会有臭气。'千万不能这么办。"献公不听，还是立了骊姬，生了奚齐；她的妹妹生了卓子。

等到准备立奚齐为太子的时候，骊姬已经和宫中大夫定下了计谋。骊姬对太子申生说："国君梦见你母亲齐姜，你务必尽快去祭祀她。"申生赶到曲沃祭祀，把祭酒祭肉带回来献给献公。此时献公正好外出打猎，骊姬就把酒肉放在宫里放了六天。献公回来，骊姬在酒肉里下了毒献上去。献公把酒祭洒在地上，地上鼓起一个土包；把肉给狗吃，狗就死掉了；给身边的太监吃，身边的太监也死掉了。骊姬哭着说："这是太子企图谋害您！"于是太子申生逃亡到了新城（即曲沃）。献公杀了他的师傅杜原款。

有人对太子说："如果您能为自己辩解，国君一定能分辨清楚的。"太子说："国君如果没有了骊姬，便睡不能安，食不能饱。如果我去辩解，骊姬一定会获罪。国君年纪已老，失去了骊姬，必定不高兴，他不高兴，我也不会高兴。"那人说："那么您要逃走吗？"太子说："现在国君还没有查清我的罪过，如果背着这个杀父的恶名出逃，有谁会接纳我呢？"

十二月二十七日，太子申生在新城自缢而死。随后骊姬又诬陷重耳、夷吾两位公子说："太子杀父的阴谋他们都知道。"

重耳奔蒲,夷吾奔屈。

〔补逸〕《国语》:至于稷桑,翟人出逆。申生欲战,狐突谏曰:"不可。突闻之曰:'国君好艾,大夫殆;好内,嫡子殆,社稷危。'若惠于父而远于死,惠于众而利社稷,其可以图之乎?况其危身于翟,以起谗于内也?"申生曰:"不可。君之使我,非欢也,抑欲测我心也。是故赐我奇服,而告我权。又有甘言焉,言之太甘,其中必苦。谮在中矣,君故生心。虽蝎谮,焉避之?不若战也。不战而反,我罪滋厚。我战虽死,有令名焉。"果战,败翟于稷桑而反,谗言益起。狐突杜门不出。君子曰:"善深谋。"

《史记》:献公私谓骊姬曰:"吾欲废大子,以奚齐代之。"骊姬泣曰:"大子之立,诸侯皆已知之,而数将兵,百姓附之,奈何以贱妾之故废適立庶?君必行之,妾自杀也。"骊姬阳誉大子,而阴令人谮恶大子,而欲立其子。

《国语》:骊姬谓公曰:"吾闻申生之谋愈深。日我固告君曰得众。众弗利,焉能胜翟?今矜翟之善,其志益广。狐突不顺,故不出。吾闻之,申生甚好信而强,又失言于众矣,虽欲有退,众将责焉。言不可食,众不可弭,是以深谋。君若不图,难将至矣。"公曰:

于是重耳逃到了蒲地，夷吾逃到了屈地。

〔补逸〕《国语》：晋军到达稷桑，翟人出来迎战。申生想要出战，狐突进谏说："不可以。我听说：'国君喜爱宠臣，大夫就危险了；国君喜爱宠妾，嫡子就危险了，国家也就危殆了。'如果能顺从父意而且远离死亡，惠爱兵众而且对国家有利，那么这个办法可以考虑吗？更何况您在翟人这里陷入危境，而在国内又引起谗言呢？"申生说："不可以。国君派我来，并不是因为喜欢我，而是想测度我的心思。因此赐给我奇异的衣服，并给我金玦。又说了一些好话，话虽说得很甜，但其中必有苦味。宫中已经有人在诬陷我，所以国君起了疑心。即使是像蛀虫食木那样从内部兴起的谗言，我又怎么能逃避呢？还不如去作战了。如果不去作战就返回国内，那我的罪过就更大了。即使我战死了，还会有个好名声。"申生果然出战，在稷桑战胜了翟人后回国，谗言更多了。狐突便闭门不出。君子说："狐突善于深谋远虑。"

《史记》：献公私下对骊姬说："我想废掉太子，让奚齐代替他。"骊姬听后哭着说："太子已经立好，诸侯们都已经知道了，而且太子多次统帅军队，百姓都归附他，为什么因为我的缘故就废掉嫡子而立庶子呢？如果您一定要这样做，我就自杀了。"骊姬表面上赞扬太子，但暗中却让人进谗言毁谤太子，想立自己的儿子为太子。

《国语》：骊姬对献公说："我听说申生想杀您的念头更重了。从前，我本来就已经告诉您申生能得众心。如果众人不认为跟随太子有利，又怎么能打败翟人呢？如今他夸耀对翟作战善于用兵的功劳，他的野心会越来越大。狐突认为太子没能顺从他，因此闭门不出。我听说，申生特别讲信用而且很好强，对众人许下夺取晋国的诺言又没有兑现，即使想有所改悔，也将会受到众人的责难。话说了就不能食言，众人盼他夺权的愿望又不可制止，因此他的谋划只能越来越深。如果您不做打算，灾难就要降临了。"献公说：

"吾不忘也,抑未有以致罪焉。"

骊姬告优施曰:"君既许我杀大子而立奚齐矣,吾难里克,奈何?"优施曰:"吾来里克,一日而已。子为我具特羊之飨,吾以从之饮酒。我,优也,言无邮。"骊姬许诺,乃具,使优施饮里克酒。中饮,优施起舞,谓里克妻曰:"主孟啗我,我教兹暇豫事君。"乃歌曰:"暇豫之吾吾,不如鸟乌。人皆集于苑,己独集于枯。"里克笑曰:"何谓苑?何谓枯?"优施曰:"其母为夫人,其子为君,可不谓苑乎?其母既死,其子又有谤,可不谓枯乎?枯且有伤。"

优施出,里克辟奠,不飧而寝。夜半,召优施曰:"曩而言戏乎?抑有所闻之乎?"曰:"然。君既许骊姬杀大子而立奚齐,谋既成矣。"里克曰:"吾秉君以杀大子,吾不忍;通复故交,吾不敢;中立,其免乎?"优施曰:"免。"

且而里克见丕郑曰:"夫史苏之言将及矣。优施告我君谋成矣,将立奚齐。"丕郑曰:"子谓何?"曰:"吾对以中立。"丕郑曰:"惜也!不如曰'不信'以疏之,亦固大子以携之,多为之故,以变其志。志少疏,乃可间也。今子曰中立,况固其谋。彼有成矣,难以得间。"里克曰:"往言不可及,且人中心唯无忌之,何可败也?子将何如?"丕郑曰:"吾无心。是故事君者,君为我心,

"我没有忘了这件事,只是还没有给他治罪的借口。"

骊姬告诉优施说:"国君已答应我杀太子申生而立奚齐了,我担心里克不好对付,该怎么办呢?"优施说:"我让里克站到我们这一边,只需一天而已。您为我准备一只羊办宴席,我要陪他喝酒。我是个戏子,说话不会有过错。"骊姬答应了,于是准备好宴席,让优施陪里克饮酒。喝到一半时,优施起来跳舞,对里克的妻子说:"夫人您请我吃饭,我教给里克清闲自在地事奉国君的办法。"于是唱道:"想知道如何清闲快乐地事奉主上,却不敢亲近主上,还不如乌鸦。众鸟都栖息在茂林里,你自己却独自停在枯枝上。"里克笑着问:"什么叫茂林?什么叫枯枝?"优施说:"母亲为国君夫人,儿子又要做国君,难道说这不是茂林吗?母亲死了,儿子又被诽谤,难道说这不是枯枝吗?不但是枯枝,还是一根受了伤的枯枝。"

优施出来后,里克撤去酒食,没吃晚饭就睡了。半夜,他把优施叫来说:"先前你是戏言呢?还是你听到什么消息了呢?"优施说:"是的。国君已答应骊姬要杀申生而立奚齐了,谋划已经成熟了。"里克说:"如果让我遵从国君的意志把太子杀了,我不忍心;让我给太子通风报信,保持旧交,我又不敢;保持中立,能够免除祸难吗?"优施说:"能免除。"

天亮后,里克见到丕郑说:"史苏说的话就要应验了。优施告诉我,国君的计谋已经成熟,准备立奚齐了。"丕郑说:"你怎么回答的?"里克说:"我说要保持中立。"丕郑说:"太可惜了!你不如对优施说'不相信这话'以延缓骊姬的阴谋,也可以稳固太子来离间骊姬之党,多用计谋,以改变他们的意志。他们的意志稍有迟缓,便可以离间了。如今你说保持中立,更加固了他们的阴谋。他们的阴谋已经形成,就很难离间了。"里克说:"说过的话已不能收回了,况且骊姬心中肆无忌惮,怎么能挫败她的阴谋呢?你怎么办呢?"丕郑说:"我无成心。因此事奉君主,要以君心为我心,

制不在我。”里克曰：“杀君以为廉，长廉以骄心，因骄以制人家，吾不敢。抑挠志以从君，为废人以自利也；利方以求成人，吾不能。将伏也。”明日称疾不朝。三旬难乃成。

骊姬以君命命申生曰：“今夕君梦见齐姜，必速祠而归福！”申生许诺，乃祭于曲沃，归福于绛。公田，骊姬受福，乃置鸩于酒，置堇于肉。公至，召申生。献公祭之地，地坟。申生恐而出。骊姬与犬肉，犬毙；饮小臣酒，亦毙。公命杀杜原款。申生奔新城。

杜原款将死，使小臣圉告于申生曰：“款也不才，寡知不敏，不能教导，以至于死。不能深知君之心度，弃宠求广土而窜伏焉。小心狷介，不敢行也，是以言至而无所讼之，故陷于大难，乃逮于谗。然款也不敢爱死，惟与谗人均是恶也。吾闻君子不去情，不反谗。谗行身死，可也，犹有令名焉。死不迁情，强也；守情说父，孝也；杀身以成志，仁也；死不忘君，敬也。孺子勉之！死必遗爱，死民之思，不亦可乎？”申生许诺。

人谓申生曰：“非子之罪，何不去乎？”申生曰：“不可。去而罪释，必归于君，是怨君也。章父之恶，而

决定权不在我。"里克说:"以减少国君杀太子而立奚齐的意愿为廉直,助长廉直而有骄傲之心,凭借骄傲来压制人家父子,我不敢这样做。或者让我违背自己的意志去听从国君,废掉申生来为自己谋利;利用某种途径而成全奚齐当太子,我不能这样做。我准备隐退。"第二天,里克便称病不上朝。过了三十天,祸难便发生了。

骊姬用献公的命令命令申生说:"晚上国君梦见你的母亲齐姜了,你务必尽快去祭祀她,并带回祭酒祭肉来!"申生答应了,于是到曲沃去祭祀母亲,并把祭酒祭肉带回绛城。献公去打猎了,骊姬接过了祭酒祭肉,便在酒中放了鸩毒,在肉中放了乌头草毒。献公回来后,召申生来。献公以酒祭地,地上便起了一个包。申生害怕便出去了。骊姬又把肉给狗吃,狗死掉了;让身边的太监喝酒,太监也死掉了。献公便命令杀了申生的师傅杜原款。申生逃到了新城。

杜原款要死的时候,让一个叫圉的太监告诉申生说:"我没有才能,缺乏智慧,不够敏捷,不能教导好太子,以至于被杀死。我不能深知国君的心意,让你放弃太子之位逃亡到他国隐居起来。我只是小心翼翼固守本分,不敢有所行动,因此谗言到来却无法争辩,于是陷入大难之中,遭到谗害。然而我不敢吝惜死亡,只是与进谗言的骊姬共同分担了陷害太子的罪恶。我听说君子不远离忠爱之情,不去核实与申辩谗言。谗言降临到自己身上,去死是可以的,还可以留下好名声。至死不变忠爱之情,是坚强;坚守忠爱之情来使父亲高兴,是孝顺;杀身以实现自己的志向,是仁德;至死不忘国君,是恭敬。孩子你可要努力啊! 你死后一定能留下仁爱之名,死后百姓会思念你,不是可以的吗?"申生答应了。

有人对申生说:"这不是你的罪过,为什么不逃走呢?"申生说:"不可以。离开虽然逃脱了罪过,但罪过必然会归到国君身上,这是在怨恨君王。彰显了父亲的罪恶,而

笑诸侯,吾谁乡而入?内困于父母,外困于诸侯,是重困也。弃君去罪,是逃死也。吾闻之:'仁不怨君,知不重困,勇不逃死。'若罪不释,去而必重。去而罪重,不知;逃死而怨君,不仁;有罪不死,无勇。去而厚怨,恶不可重;死不可避,吾将伏以俟命。"

骊姬见申生而哭之,曰:"有父忍之,况国人乎?忍父而求好人,人孰好之?杀父以求利人,人孰利之?皆民之所恶也,难以长生。"骊姬退,申生乃雉经于新城之庙。将死,乃使猛足言于狐突曰:"申生有罪,不听伯氏,以至于死。申生不敢爱其死。虽然,吾君老矣,国家多难。伯氏不出,奈吾君何?伯氏苟出而图吾君,申生受赐以至于死,虽死何悔?"是以谥为共君。

骊姬既杀大子申生,又谮二公子曰:"重耳、夷吾与知共君之事。"公令奄楚刺重耳,重耳逃于翟;令贾华刺夷吾,夷吾逃于梁。尽逐群公子,乃立奚齐。焉始为令,国无公族焉。

《檀弓》:晋献公将杀其世子申生,公子重耳谓之曰:"子盍言子之志于公乎?"世子曰:"不可。君安骊姬,是我伤公之心也。"曰:"然则盍行乎?"世子曰:"不可。君谓我欲弑君也,天下岂有无父之国哉?吾何行如之?"使人辞于狐突曰:"申生有罪,不念伯氏之言也,以至于死。申生不敢爱其死。虽然,吾君老矣,

让诸侯们耻笑，我还能逃到哪里去呢？在国内受困于父母，在国外受困于诸侯，是陷入双重困窘中。抛弃了君主，远离了罪过，是贪生逃死。我听说：'仁者不怨恨君主，智者不陷入双重困窘，勇者不逃避死亡。'如果罪过没有被免除，逃离了就必会加重罪过。逃离了而使罪过加重，是不智；逃避死亡而怨恨君主，是不仁；有罪而不赴死，是不勇。离开了会使怨恨加重，而我的罪恶不可再加重；死亡不可逃避，我要留在这里等候君王的命令。"

骊姬见到申生哭着说："自己的父亲尚且忍心杀了他，更何况国人了？忍心杀死父亲而求得国人的好感，有谁能对你有好感呢？杀死父亲以求得对国人有利，有谁会喜欢这种利益呢？这都是百姓厌恶的，难以长久。"骊姬走后，申生就吊死在新城祖庙中。临死前，他让猛足对狐突说："申生有罪，没听您的话，以至到了死的地步。申生不敢吝惜一死。虽然这样，但我们国君年岁已大，国家又多灾多难。您不出来事奉国君，国君该怎么办呢？您如果能出来为国君出谋划策，申生即使接受国君恩赐而死，又有什么后悔的呢？"于是他死后被谥为"共君"。

骊姬杀了太子申生后，又诬陷另外两个公子说："重耳和夷吾都参与了申生要杀您的事情。"献公便命令阉人伯楚去刺杀重耳，重耳逃到了翟国；又命令贾华去刺杀夷吾，夷吾逃到了梁国。献公又驱逐了公子们，立奚齐为太子。从此以后颁布法令，晋国不留公族。

《檀弓》：晋献公要杀太子申生，公子重耳对申生说："你为什么不把你的想法告诉父亲呢？"申生说："不行。父亲有骊姬才安逸，我说了就伤了父亲的心。"重耳说："既然这样，你怎么不逃走呢？"申生说："不行。国君说我要谋害他，天下哪里会有没有父亲的国家呢？我能逃到哪里去？"便派人告诉狐突说："申生有罪，没有听从您的话，才到了要死的地步。申生不敢吝惜一死。尽管如此，国君年纪大了，

子少，国家多难，伯氏不出而图吾君。伯氏苟出而图吾君，申生受赐而死。"再拜稽首乃卒。是以为恭世子也。

五年，晋侯使以杀大子申生之故来告。初，晋侯使士芳为二公子筑蒲与屈，不慎，置薪焉。夷吾诉之，公使让之。士芳稽首而对曰："臣闻之：'无丧而戚，忧必雠焉；无戎而城，仇必保焉。'寇仇之保，又何慎焉？守官废命，不敬；固仇之保，不忠。失忠与敬，何以事君？《诗》云：'怀德惟宁，宗子惟城。'君其修德而固宗子，何城如之？三年将寻师焉，焉用慎？"退而赋曰："狐裘尨茸，一国三公，吾谁适从？"及难，公使寺人披伐蒲。重耳曰："君父之命不校。"乃徇曰："校者，吾仇也。"逾垣而走，披斩其祛，遂出奔翟。

六年春，晋侯使贾华伐屈。夷吾不能守，盟而行。将奔狄，郤芮曰："后出同走，罪也。不如之梁，梁近秦而幸焉。"乃之梁。

〔补逸〕《国语》：葵丘之会，献公将如会，遇宰周公，曰："君可无会也。夫齐侯好示，务施与力，而不务德，故轻致诸侯，而重遣之。使至者劝，而叛者慕。怀之以典言，薄其要结而厚德之，以示之信。三属诸侯，

儿子还小，国家多难，您又不肯出来为国君谋划。如果您能够出来为国君谋划，申生就得到恩赐而去死了。"拜了又拜，俯身叩头至地，然后就自尽了。因此给他的谥号为"恭"，称恭世子。

五年，晋献公派使者前来鲁国报告杀太子申生的原因。当初，晋献公派士𬇟为重耳、夷吾两位公子在蒲地和屈地筑城的时候，士𬇟不小心，把柴草放到了城墙中。夷吾把这件事告诉了献公，献公便派人责备士𬇟。士𬇟叩首回答说："臣听说：'没有丧事而悲伤，忧愁必然会随之而来；没有战患而筑城，反而会让国内的敌人据以抵抗。'既然敌人可以以此据守，建造时何必那么认真呢？身居此官而不执行命令，就是对君不敬；为了仇敌把城墙造得十分坚固，对国家来说又是不忠。丢掉了忠和敬，还怎么事奉国君呢？《诗经》说：'修养德行国家就会安宁，有了诸位公子就有了坚固的城墙。'您如果注重修养德行并巩固公子们的地位，什么样的城能比得上呢？可以预言，三年以后就会用兵，现在筑城哪里用得着谨慎？"士𬇟退下来后吟诗道："皮袍乱蓬蓬，一国有三公，我把谁跟从？"等到祸难发生时，献公便派名叫披的太监领兵攻打蒲城。重耳说："奉了国君的命令，不能抵抗。"于是宣示众人说："谁抵抗，谁就是我的敌人。"然后跳墙而走，披只砍掉了他的袖口，重耳逃亡到了翟国。

六年春季，晋献公派贾华攻打屈地。夷吾坚守不住，和屈地人订立盟约后便逃走了。他打算逃亡到狄人那里，郤芮说："您在公子重耳之后出逃，去的却是同一个地方，是有罪的。不如到梁国去，因为梁国紧靠秦国，两国关系又亲近。"于是就去了梁国。

〔补逸〕《国语》：葵丘会盟时，献公要去参加，遇到宰周公，宰周公说："您可以不去参加盟会。齐桓公喜欢向诸侯炫示，致力于施恩与武力，却不致力于德行，所以减轻对诸侯的朝贡要求，回去时却给予诸侯丰厚的赏赐。使到来的人得到勉励，使背叛的人仰慕。用合于礼法的话安抚诸侯，结盟时减少祭神礼仪，厚施恩惠，以向诸侯示信。三次会盟诸侯，

存亡国三,以示之施。是以北伐山戎,南伐楚,西为此会也。譬之如室,既镇其薨矣,又何加焉? 吾闻之:'惠难遍也,施难报也。不遍不报,卒于怨仇。'夫齐侯将施惠如出责,是之不果奉,而暇晋是皇。虽后之会,将在东矣。君无惧焉,其有勤也。"公乃还。

宰孔谓其御曰:"晋侯将死矣。景霍以为城,而汾、河、涑、浍以为渊,戎翟之民实环之。汪是土也,苟违其违,谁能惧之? 今晋侯不量齐德之丰否,不度诸侯之势,释其闭修,而轻于行道,失其心矣。君子失心,鲜不夭昏。"是岁也,献公卒。八年为淮之会。桓公在殡,宋人伐之。

九年秋九月,晋献公卒。里克、丕郑欲纳文公,故以三公子之徒作乱。初,献公使荀息傅奚齐。公疾,召之,曰:"以是藐诸孤辱在大夫,其若之何?"稽首而对曰:"臣竭其股肱之力,加之以忠贞。其济,君之灵也;不济,则以死继之。"公曰:"何谓忠贞?"对曰:"公家之利,知无不为,忠也;送往事居,耦俱无猜,贞也。"及里克将杀奚齐,先告荀息曰:"三怨将作,秦、晋辅之,子将何如?"荀息曰:"将死之。"里克曰:"无益也。"荀叔曰:"吾与先君言矣,不可以贰,能欲复言而爱身乎? 虽无益也,将焉辟之?

使三个濒临灭亡的国家得救，以向诸侯展示恩惠。因此他北伐山戎，南伐楚国，在西面举行了这次会盟。譬如盖房子，已安好了屋脊，还需要什么呢？我听说：‘恩惠难以周遍，施舍难以报答。既难周遍又难报答，那么就会以怨仇结束。’齐桓公施予恩惠如同放债，所以不可能都得到回报，他哪有空闲来匡正晋国。即使以后还有盟会，也将在东方举行了。您不要因为不去而害怕，不必勤于远行了。”于是晋献公回到了国内。

宰孔（即宰周公）对他的车夫说：“晋侯要死了。把大霍山当作城墙，把汾水、黄河、涑水、浍水当作护城河，戎狄之民围绕着他。他的国土是如此的广大，如果能去除违道之事，还有谁会让他害怕呢？如今晋侯不衡量齐国德行的丰厚与否，也不考虑诸侯的强弱之势，放弃守备国家与修明政治，却轻率地出行赴会，这是失去了心守。君子失去了心守，很少有不夭亡昏乱的。”这一年，献公去世。葵丘会盟后八年，齐桓公在淮地会合诸侯。齐桓公死后尚未下葬，宋国人就发兵攻打齐国。

九年秋季九月，晋献公去世。里克、丕郑想接纳晋文公重耳回国，于是就煽动申生、重耳、夷吾三位公子的党羽起来作乱。当初，献公曾让荀息去辅佐奚齐。献公患病后，召见荀息说：“我把奚齐这个弱小的孤儿托付给你，你将怎么办？”荀息叩头回答说：“臣会竭尽全力辅佐他，并对他忠贞不贰。倘若能成功，那是您在天之灵的保佑；倘若不能成功，我将以死报答。”献公说：“什么是忠贞？”荀息回答说：“国家的利益，只要知道了就没有不去做的，这是忠；送走先君事奉新君，使双方均无猜忌，这是贞。”等到里克准备杀掉奚齐时，他先告诉荀息说：“三位公子的怨恨将要发作了，秦国和晋国都将帮助他们，你准备怎么办？”荀息说：“准备去死。”里克说：“死也没有用。”荀叔（即荀息）说：“我已和先君说过，我不能有二心，难道既想实践自己的诺言又想吝惜生命吗？尽管我死也没有什么用，但又能躲到哪里去呢？

且人之欲善,谁不如我? 我欲无贰,而能谓人已乎?"

冬十月,里克杀奚齐于次。书曰"杀其君之子",未葬也。荀息将死之,人曰:"不如立卓子而辅之。"荀息立公子卓以葬。十一月,里克杀公子卓于朝,荀息死之。君子曰:"《诗》所谓'白圭之玷,尚可磨也;斯言之玷,不可为也',荀息有焉。"

〔补逸〕《国语》:献公卒,里克将杀奚齐,先告荀息曰:"三公子之徒将杀孺子,子将如何?"荀息曰:"死吾君而杀其孤,吾有死而已,吾蔑从之矣。"里克曰:"子死,孺子立,死不亦可乎? 子死,孺子废,焉用死哉?"荀息曰:"昔君问臣事君于我,我对以忠贞。君曰:'何谓也?'我对曰:'可以利公室,力有所能无不为,忠也;葬死者,养生者,死人复生不悔,生人不愧,贞也。'吾言既往矣,岂能欲行吾言,而又爱吾身乎? 虽死,焉辟之?"

里克告丕郑曰:"三公子之徒将杀孺子,子将何如?"丕郑曰:"荀息谓何?"对曰:"荀息曰'死之'。"丕郑曰:"子勉之! 夫二国士之所图,无不遂也。我为子行之,子帅七舆大夫以待我。我使翟以动之,援秦以摇之。立其薄者,可以得重赂;厚者可使无入。国,谁之国也?"里克曰:"不可。克闻之:'夫义者,利之足也;

再说,人们都想行善,哪个不跟我一样?我不想有二心,难道又能让别人不这样做吗?"

冬季十月,里克在守丧的茅屋中杀了奚齐。《春秋》记载为"杀掉他国君的儿子",是因为献公尚未被安葬。荀息准备为此而死,有人劝他说:"不如立卓子为国君并辅佐他。"于是荀息立了公子卓,并安葬了献公。十一月,里克在朝堂上杀了公子卓,荀息为此自杀而死。君子说:"《诗经》所说的'白玉上的瑕疵,尚且可以磨掉;言语有了瑕疵,就无法改变了',荀息就是如此啊。"

〔补逸〕《国语》:晋献公去世,里克准备杀掉奚齐,于是先对荀息说:"三位公子的党羽想杀死奚齐这小子,你准备怎么办?"荀息说:"我们的国君刚刚去世,你就要杀掉他的遗孤,我只有一死而已,我没有其他路可走了。"里克说:"你死了,奚齐立为国君,死不也是可以的吗?但如果你死了,而奚齐却被废掉,哪还值得去死呢?"荀息说:"从前先君向我询问该如何事奉国君,我回答说臣下要忠贞。先君问:'什么叫忠贞呢?'我回答说:'只要是对公室有利的事,力所能及的没有不去做的,这是忠;安葬先君,事奉新君,就是死了的人复生也不后悔,也对得起活着的人,这是贞。'我既然已经说了要忠贞,怎能既想实践自己的诺言,又要爱惜生命呢?即使赴死,又怎能躲避呢?"

里克告诉丕郑说:"三位公子的党羽将要杀掉奚齐,你该怎么办呢?"丕郑说:"荀息是怎么说的?"里克回答说:"荀息说'为奚齐而死'。"丕郑说:"你好自为之吧!您和我两位国士的打算,没有不能实现的。我来帮助您成事,你率领申生下军的七位大夫等我的消息。我派人出使重耳所在的翟国,求救于秦国,来动摇晋国的政权。立血缘关系疏远的公子,就可以得到重重的赏赐;可以不让血缘关系亲近的重耳和夷吾进入晋国。这样的话,晋国除了我们还能是谁的呢?"里克说:"不可以。我听说:'义,是利的立足点;

贪者，怨之本也。废义，则利不立；厚贪，则怨生。'夫孺子岂获罪于民？将以骊姬之惑蛊君而诬国人，谗群公子而夺之利，使君迷乱，信而亡之，杀无罪以为诸侯笑，使百姓莫不有藏恶于其心中，恐其如壅大川，溃而不可救御也。是故将杀奚齐而立公子之在外者，以定民弭忧；于诸侯且为援，庶几曰诸侯义而抚之，百姓欣而奉之，国可以固。今杀君而赖其富，贪且反义。贪则民怨，反义则富不为赖。赖富而民怨，乱国而身殆，惧为诸侯戮，不可常也。"丕郑许诺。于是杀奚齐、卓子及骊姬，而请君于秦。

晋郤芮使夷吾重赂秦以求入，曰："人实有国，我何爱焉？入而能民，土于何有？"从之。齐隰朋帅师会秦师纳晋惠公。秦伯谓郤芮曰："公子谁恃？"对曰："臣闻亡人无党，有党必有仇。夷吾弱不好弄，能斗不过，长亦不改。不识其他。"公谓公孙枝曰："夷吾其定乎？"对曰："臣闻之：'唯则定国。'《诗》曰：'不识不知，顺帝之则。'文王之谓也。又曰：'不僭不贼，鲜不为则。'无好无恶，不忌不克之谓也。今其言多忌克，难哉！"公曰："忌则多怨，又焉能克？是吾利也。"

贪,是招怨的根源。废掉了义,利便不能立足;贪得无厌,便使怨恨产生。'奚齐难道获罪于民了吗?只不过是因为骊姬蛊惑了先君而欺骗了国人,进谗言残害各位公子而剥夺了他们的利益,使先君迷惑,听信了骊姬的谗言而使各位公子逃亡,杀害无辜的申生而让诸侯取笑,使百姓没有不心藏恶念的,这恐怕如同阻塞了的大河,一旦溃决就无法阻止了。因此要杀掉奚齐而立逃亡在外的公子为国君,来安定民心、消除忧患;权且向诸侯们求援,差不多可以说诸侯会肯定我们的义举而来安抚我们,百姓也会欣然事奉新君,国家便可以稳固了。如今却要杀掉可以继立为君的人而图谋财富,那就是贪婪而且违背道义。贪婪百姓就会产生怨恨,违背道义就不会获得财富。以财富为利而百姓怨恨,不仅使国家动乱,自身也会危险,恐怕被诸侯载入史册,您的话不可作为常法。"丕郑同意了。于是杀了奚齐、卓子和骊姬,而向秦国请求帮助择立新君。

晋国的郤芮让夷吾给秦国送以重礼,请求帮他回国,他对夷吾说:"国家已被别人所占有,我还爱惜什么呢?如果能回国而得到百姓,土地何足惜?"夷吾听从了郤芮的话。齐国的隰朋率领军队会合秦军把晋惠公夷吾送回国内即位。秦穆公问郤芮说:"公子夷吾在国内将依靠谁?"郤芮回答说:"臣听说逃亡在外的人没有党羽,有党羽必有仇敌。夷吾从小不喜欢侮弄人,虽能争斗但不过分,长大了也没有改变。我只知道这些,其他就不了解了。"秦穆公对公孙枝说:"夷吾能使他的国家安定吗?"公孙枝回答说:"臣听说:'只有行为合乎准则才能安定国家。'《诗经》说:'好像不识不知,却遵循着上帝的法则。'说的是文王。又说:'不造假,不害人,很少能不成为别人的典范。'一个人没有喜好,也没有厌恶,也就是说既不猜忌,也不争强好胜。如今夷吾的话里既有猜忌又表明其争强好胜,要想安定国家,很难啊!"秦穆公说:"只要猜忌就会产生许多怨恨,又怎么能够取胜呢?这对我们有利。"

〔补逸〕《国语》：里克及丕郑使屠岸夷告公子重耳于翟曰："国乱民扰，得国在乱，治民在扰。子盍入乎？吾请为子钺。"重耳告舅犯曰："里克欲纳我。"舅犯曰："不可。夫坚树在始，始不固本，终必槁落。夫长国者，惟知哀乐喜怒之节，是以导民。不哀丧而求国，难；因乱以入，殆。以丧得国，则必乐丧，乐丧必哀生；因乱以入，则必喜乱，喜乱必怠德。是哀乐喜怒之节易也，何以导民？民不我导，谁长？"重耳曰："非丧，谁代？非乱，谁纳我？"舅犯曰："偃也闻之：'丧、乱有小大。大丧、大乱之剡也，不可犯也。'父母死为大丧，谗在兄弟为大乱。今适当之，是故难。"公子重耳出见使者，曰："子惠顾亡人，重耳父生不得供备洒扫之臣，死又不敢莅丧，以重其罪；且辱大夫，敢辞。夫固国者，在亲众而善邻，在因民而顺之。苟众所利，邻国之所立，大夫其从之。重耳不敢违。"

吕甥及郤称亦使蒲城午告公子夷吾于梁曰："子厚赂秦人以求入，吾主子。"夷吾告冀芮曰："吕甥欲纳我。"冀芮曰："子勉之！国乱民扰，大夫无常，不可失也。非乱，何入？非危，何安？幸苟君之子，惟其索之。方乱以扰，孰适御我？大夫无常，苟众所置，孰能

〔补逸〕《国语》:里克和丕郑派屠岸夷告诉在翟国的公子重耳说:"国家混乱,百姓纷扰,获得政权在于趁乱,治理百姓在于抓住纷扰的时机。您为什么不回国呢?我请求为您做向导。"重耳把这件事告诉了舅犯,说:"里克想接纳我回国。"舅犯说:"不可以。使树木坚固的是树根,树根不坚固,树叶最终会枯槁凋落。做一国之君的人,只有知道喜怒哀乐的节度,才能训导百姓。不哀痛父亲的丧事却谋求国政,很难立足;趁乱回国,非常危险。因为父亲丧事而夺得政权,就一定会以丧事为乐,以丧事为乐必然会使哀事发生;趁乱回国,就必然以动乱为喜,以动乱为喜就必然会使德行懈怠。这样就改变了喜怒哀乐的节度,用什么训导百姓?百姓不接受我们的训导,还当谁的国君呢?"重耳说:"如果不是丧父,我能代替谁为君呢?如果不是因为祸乱,有谁肯接纳我呢?"舅犯说:"我狐偃听说:'丧、乱有大小之分。大丧、大乱的锋芒,不可以触犯。'父母死为大丧,兄弟间有人说坏话是大乱。如今正赶上这样的事,因此难以成功。"公子重耳出来接见使者,说:"您肯惠顾逃亡在外的重耳,父亲活着的时候我不能当一个洒水扫除之臣,死后又不敢亲临丧事,以此加重自己的罪过;而且使大夫受辱来到这里,我只有冒昧辞绝。使国家巩固,靠的是亲近民众而友善邻邦,在于顺应民心。只要是民众认为有利的人选,是邻国拥立的人选,大夫们都可以听从。重耳不敢违背众意。"

吕甥和郤称也派蒲城午到梁国告诉公子夷吾说:"你重重地贿赂秦国以求得回到国内,我们在国内为你策应。"夷吾告诉冀芮说:"吕甥想接纳我回国。"冀芮说:"公子努力吧!国家动乱,百姓纷扰,大夫们变化无常,不可丧失这个机会。如果不是内乱,你怎能回国?如果不是有危难,你怎么能安定国家呢?幸而只要是先君的儿子,他们求到谁就是谁。国内目前正混乱纷扰,有谁能在此时抵挡我们呢?虽然大夫们没有一致的想法,但只要是大家拥立的,又有谁能

弗从？子盍尽国以赂外内，无爱虚以求入，既入而后图聚。"公子夷吾出见使者，再拜稽首许诺。

吕甥出，告大夫曰："君死，自立则不敢，久则恐诸侯之谋径召君于外也，则民各有心，恐厚乱。盍请君于秦乎？"大夫许诺。乃使梁由靡告于秦穆公曰："天降祸于晋国，谗言繁兴，延以寡君，使寡君之绍续昆裔隐悼播越，托在草莽，未有所依。又重之以寡君之不禄，丧乱并臻。以君之灵，鬼神降衷，罪人克伏其辜。群臣莫敢宁处，将待君命。君若惠顾社稷，不忘先君之好，辱收其逋迁裔胄而建立之，以主其祭祀，且填抚其国家及其民人，虽四邻诸侯之闻之也，其谁不儆惧于君之威而欣喜于君之德？终君之重爱，受君之重况，而群臣受其大德，晋国其谁非君之群隶臣也？"

秦穆公许诺。反使者，乃召大夫子明及公孙枝曰："夫晋国之乱，吾谁使先，若夫二公子而立之？以为朝夕之急。"大夫子明曰："君使縶也。縶敏且知礼，敬以知微。敏能窜谋，知礼可使，敬不坠命，微知可不。君其使之！"

乃使公子縶吊公子重耳于翟，曰："寡君使縶吊公子之忧，又重之以丧。寡人闻之：'得国常于丧，失国常于丧。'时不可失，丧不可久，公子其图之！"重耳告

不服从呢？你何不倾尽全国财富来贿赂诸侯和大夫，不惜国库空虚也要求得回到国内，回去以后再想办法聚敛财富。"公子夷吾出来接见使者，拜了又拜叩首至地便答应了。

吕甥出来，告诉大夫们说："先君死后不敢自立嗣君，时间长了恐怕诸侯们有所图谋，直接从国外召来其他公子，那么由于百姓各有所想，恐怕会加深祸乱。何不去秦国请求择立新君呢？"大夫们答应了。于是派梁由靡告诉秦穆公说："上天降祸于晋国，谗言四起，波及我们先君，使我先君的继嗣后裔忧惧哀痛而逃亡在外，寄身荒野，无所依靠。再加上我们先君去世，丧乱并至。凭借您的威灵，鬼神降下福善，骊姬等罪人都已服罪。群臣没有敢安居的，正在等待您的命令。如果您能关心照顾我们的国家，不忘记先君与您结下的友好关系，屈辱地收留他流亡的后裔并帮助择立新君，让新君来主持晋国的祭祀，并且来镇抚他的国家和人民，即使四邻诸侯听说了这件事，有谁敢不畏惧于您的威势而欣喜于您的德行呢？尽蒙您的厚爱，受到您的重赐，群臣也会蒙受您的大德，晋国又有谁不是您的役隶仆臣呢？"

秦穆公答应了。他叫使者返回，然后召来大夫子明和公孙枝说："晋国发生祸乱，我应当先立谁，如果在重耳和夷吾二位公子中择立新君的话？以解救晋国的朝夕之急。"大夫子明说："您派公子絷出使吧。公子絷聪敏而通晓礼节，恭敬而能察觉隐微。聪敏就能暗中谋划，知晓礼节就可以做使者，恭敬就不会有辱使命，能察觉隐微就可以知晓事情的成功与否。您可以派他出使晋国！"

于是秦穆公便派公子絷去翟国慰问公子重耳，说："我们国君派我来慰问公子逃亡之忧，以及您君父之丧。我们国君听说：'常常可以因为丧事而获得国家政权，常常也可以因为丧事丢失国家政权。'时机不可丧失，丧事不可拖得太久，公子要好好考虑啊！"重耳把这件事告诉了

舅犯。舅犯曰:"不可。亡人无亲,信仁以为亲。是故置之者不殆。父死在堂而求利,人孰仁我?人实有之,我以徼幸,人孰信我?不仁不信,将何以长利?"公子重耳出见使者,曰:"君惠吊亡臣,又重有命。重耳身亡,父死不得与于哭泣之位,又何敢有他志,以辱君义?"再拜,不稽首,起而哭,退而不私。

公子絷退,吊公子夷吾于梁,如吊公子重耳之命。夷吾告冀芮曰:"秦人勤我矣。"冀芮曰:"公子勉之!亡人无狷洁,狷洁不行,重赂配德。公子尽之,无爱财。人实有之,我以徼幸,不亦可乎?"公子夷吾出见使者,再拜稽首,起而不哭,退而私于公子絷曰:"中大夫里克与我矣,吾命之以汾阳之田百万;丕大夫丕郑与我矣,吾命之以负葵之田七十万。君苟辅我,蔑天命矣,我必遂矣。亡人苟入,扫宗庙,定社稷,亡人何国之与有?君实有郡县,且入河外列城五。岂谓君无有?亦为君之东游津梁之上,无有难急也。亡人之所怀挟缨缳,以望君之尘垢者。黄金四十镒,白玉之珩六双,不敢当公子,请纳之左右。"

公子絷反,致命穆公。穆公曰:"吾与公子重耳,重耳仁。再拜不稽首,不没为后也;起而哭,爱其父也;退而不私,不没于利也。"公子絷曰:"君之言过矣。

舅犯。舅犯说:"不可以。逃亡在外的人没有亲近的人,以守信行仁为亲。这样立他为君才不会有危险。父亲死了停灵堂上却要谋取私利,谁还会认为我们仁爱呢?君位各位公子都有份,我们以侥幸获得,谁还会认为我们诚信呢?不仁不信,将怎么维持长久利益呢?"公子重耳出来拜见秦国使者说:"秦君慈惠,派您来慰问我这个逃亡在外的人,又有让我回国的命令。重耳逃亡在外,父亲死了不能亲临灵位哭泣,又怎敢有其他心思,来辱没秦君的德义呢?"于是拜了又拜,但不叩首至地,起来后哭泣,退下后便不再私访。

公子絷离开翟国,又去梁国慰问公子夷吾,和慰问公子重耳一样转达秦君之命。夷吾对冀芮(即郤芮)说:"秦国人来帮助我了。"冀芮说:"公子你要努力啊!逃亡的人不要洁身自守,洁身自守不能成事,要用重礼回馈恩德。公子要竭尽全力去做,不要爱惜财物。君位别的公子也有份,而我们凭借侥幸获得,不也是可以的吗?"公子夷吾出来接见使者,两次下拜叩首至地,起来后没有哭泣,退下后又私访公子絷,说:"中大夫里克答应帮助我,我答应赐给他百万亩汾阳之田;下大夫不郑答应帮助我,我答应赐给他七十万亩负蔡之田。贵国国君如果能帮助我,就不需要什么天命了,我必定能成功。我这个逃亡之人如果能够回国,祭扫宗庙,安定社稷,我还要国土做什么呢?贵国国君本来就拥有很多郡县,而且我还要奉上黄河以西以南的五座城池。怎么能说贵国国君没有土地呢?只是为了让贵国国君东游到渡口和桥梁时,不至于为难着急。我这个逃亡之人只能牵马执鞭,来追随贵国国君的车尘。现在有黄金八百两,佩玉上的横玉六对,不敢送给公子,请送给您的手下。"

公子絷回国后,向秦穆公复命。秦穆公说:"我赞成公子重耳,重耳仁义。两次下拜而不叩头至地,是不贪图被立为国君的继承人;起来以后哭泣,是爱他的父亲;退下后不再私访,是不贪求私利。"公子絷说:"您话说错了。

君若求置晋君而载之,置仁不亦可乎? 君若求置晋君以成名于天下,则不如置不仁以滑其中,且可以进退。臣闻之:'仁有置,武有置。仁置德,武置服。'"是故先置公子夷吾,是为惠公。

十年夏四月,周公忌父、王子党会齐隰朋立晋侯。晋侯杀里克以说。将杀里克,公使谓之曰:"微子,则不及此。虽然,子弑二君与一大夫,为子君者,不亦难乎?"对曰:"不有废也,君何以兴? 欲加之罪,其无辞乎? 臣闻命矣。"伏剑而死。于是丕郑聘于秦,且谢缓赂,故不及。

〔补逸〕《穀梁传》:称国以杀,罪累上也。里克弑二君与一大夫,其以累上之辞言之,何也? 其杀之不以其罪也。其杀之不以其罪奈何? 里克所为弑者,为重耳也。夷吾曰:"是又将杀我乎?"故杀之不以其罪也。其为重耳弑奈何? 晋献公伐虢,得骊姬,献公私之,有二子,长曰奚齐,稚曰卓子。骊姬欲为乱,故谓君曰:"吾夜者梦夫人趋而来曰:'吾苦畏。'胡不使大夫将卫士而卫冢乎?"公曰:"孰可使?"曰:"臣莫尊于世子,则世子可。"故君谓世子曰:"骊姬梦夫人趋而来曰:'吾苦畏。'女能将卫士而往卫冢乎?"

您如果想通过安置晋国国君来使晋国事业有成,安置仁义者不是可以吗?您如果想通过安置晋国国君来成就秦国的威名于天下,就不如安置不仁的来扰乱晋国,这样我们还可以随便改立他人,进退自如。臣听说:'有为了行仁义代人家立君的,也有为了显示武威代人家立君的。行仁义就要选立一个有德的,显示武威就要选立一个能够服从我们的。'"于是便先立了公子夷吾,这就是晋惠公。

十年夏季四月,周公忌父、王子党会同齐国的隰朋立了晋惠公为国君。惠公要杀里克并数说他的罪状。准备杀里克时,惠公派人对里克说:"如果没有您,我就没有今天。即使如此,您毕竟杀了两个国君和一个大夫,做您的国君,不是很难吗?"里克回答说:"如果不废掉奚齐和卓子,您怎能继位?如果想给一个人加上罪名,难道还怕没有理由吗?臣接受命令。"说完便持剑自杀。当时丕郑正在秦国访问,是为了延缓割地而表示歉意,因此他躲过了这次祸患。

〔补逸〕《穀梁传》:以国家的名义把里克杀了,是因为在这件事上晋惠公也有罪。里克杀了两位国君和一位大夫,这里用表示国君也有罪的文辞记述他的所作所为,为什么呢?因为杀里克不是因为他的罪行。杀里克不是因为他的罪行,是为什么呢?里克杀害国君,是为了重耳。夷吾说:"这个人是不是又将要杀了我呢?"所以夷吾并不是因为里克的罪行而杀他的。里克为了重耳而杀害国君,是怎么回事呢?晋献公攻打虢国,得到了骊姬,晋献公占有了她,并生了两个儿子,年长的叫奚齐,年少的叫卓子。骊姬企图作乱,因此对晋献公说:"我夜里梦见夫人快步走来,她说:'我由于恐惧而感到痛苦。'您为什么不派大夫率领卫士,去守卫她的坟冢呢?"晋献公说:"谁可以派去呢?"骊姬说:"做臣下的,没有比世子更尊贵的了,世子可以派去。"因此晋献公对世子申生说:"骊姬梦见你母亲快步走来,说:'我由于恐惧而感到痛苦。'你愿意率领卫士去守卫她的坟冢吗?"

世子曰:"敬诺。"筑宫。宫成,骊姬又曰:"吾夜者梦夫
人趋而来曰:'吾苦饥。'世子之宫已成,则何为不使祠
也?"故献公谓世子曰:"其祠!"世子祠。已祠,致福于
君。君田而不在,骊姬以鸩为酒,药脯以毒。献公田
来,骊姬曰:"世子以祠故,致福于君。"君将食,骊姬
跪曰:"食自外来者,不可不试也。"覆酒于地,而地坟;
以脯与犬,犬死。骊姬下堂而啼呼曰:"天乎!天乎!
国,子之国也,子何迟于为君?"君喟然叹曰:"吾与女
未有过切,是何与我之深也!"使人谓世子曰:"尔其图
之!"世子之傅里克谓世子曰:"入自明。入自明,则可
以生;不入自明,则不可以生。"世子曰:"吾君已老矣,
已昏矣。吾若此而入自明,则骊姬必死。骊姬死,则
吾君不安。所以使吾君不安者,吾不若自死。吾宁自
杀以安吾君,以重耳为寄矣。"刎脰而死。故里克所为
弑者,为重耳也。夷吾曰:"是又将杀我也。"

《国语》:惠公入而背内外之赂。舆人诵之曰:"佞
之见佞,果丧其田;诈之见诈,果丧其赂。得国而狃,
终逢其咎。丧田不惩,祸乱其兴。"既里、丕死祸,公陨于
韩。郭偃曰:"善哉!夫众口,祸福之门也。是以君子
省众而动,监戒而谋,谋度而行,故无不济。内谋外度,

世子说："恭敬地听从您的命令。"于是世子便去修筑守墓住的宫室。宫室建成后，骊姬又说："我夜里梦见夫人快步走来，她说：'我由于饥饿而感到痛苦。'世子守墓的宫室已经建成，那么为什么不派他前去祭祀呢?"因此晋献公对世子说："去祭祀吧!"于是世子前去祭祀。祭祀完毕，就送祭祀的酒肉给晋献公。晋献公打猎去了，不在宫中，于是骊姬往酒里下了鸩毒，又把毒药放进肉中。晋献公打猎回来，骊姬说："世子因为去祭祀，送祭祀的酒肉给您。"晋献公准备食用，骊姬跪下说："从外面送来的食物，不能不试一试。"于是把酒泼在地上，地上隆起一个包；把肉给狗吃，狗死了。骊姬从堂上走下来哭喊道："天啊! 天啊! 国家是你的国家，你为什么还要嫌自己当国君太慢呢?"晋献公长叹一声道："我与你之间并没有过错或相迫太过急切的事，你为什么对我这样过分呢!"晋献公派人对世子说："你自己考虑这件事吧!"世子的师傅里克对世子说："你入宫去为自己说明。入宫去为自己说明，就可以活命；不入宫去为自己说明，就不能活命。"世子说："我们的国君已经老了，也已经昏聩了。我如果这样入宫去说明，那么骊姬一定会死。骊姬如果死了，我们的国君就会感到不安。与其使我们的国君感到不安，我不如自己去死。我宁愿自杀来使我们的国君得到安宁，我就把重耳托付给您了。"世子刎颈而死。所以里克杀害国君，是为了重耳。夷吾说："这个人又将要杀我了。"

《国语》：晋惠公回国后便违背了对秦国以及里克、丕郑的诺言。众人讽诵道："伪善者反被伪善者欺骗，最终丧失了土地；欺诈者反被欺诈，结果也丧失了贿赂。得到国家政权便变得贪婪，最终将会遭受凶咎。丧失土地而不接受教训，祸乱便会兴起。"不久里克、丕郑遭到杀身之祸，惠公在韩原战败被俘。郭偃说："好啊! 众人之口是祸福的大门。因此君子省察民意后再行动，鉴察警戒后再谋划，谋事揣度道义后再施行，所以没有不成功的事情。内谋外虑，

考省不倦，日考而习，戒备毕矣。”惠公既杀里克而悔之，曰：“芮也使寡人过杀我社稷之镇。”郭偃闻之，曰：“不谋而谏者，冀芮也；不图而杀者，君也。不谋而谏，不忠；不图而杀，不祥。不忠，受君之罚；不祥，罹天之祸。受君之罚，死戮；罹天之祸，无后。志道者勿忘，将及矣！”及文公入，秦人杀冀芮而施之。

晋侯改葬共大子。秋，狐突适下国，遇大子。大子使登仆，而告之曰：“夷吾无礼，余得请于帝矣，将以晋畀秦，秦将祀余。”对曰：“臣闻之：‘神不歆非类，民不祀非族。’君祀无乃殄乎？且民何罪？失刑、乏祀，君其图之！”君曰：“诺，吾将复请。七日，新城西偏，将有巫者而见我焉。”许之，遂不见。及期而往，告之曰：“帝许我罚有罪矣，敝于韩。”

〔补逸〕《国语》：惠公即位，出共世子而改葬之，臭达于外。国人诵之曰：“贞之无报也。孰是人斯，而有是臭也？贞为不听，信为不诚。国斯无刑，偷居幸生。不更厥贞，大命其倾。威兮怀兮！各聚尔有，以待所归兮！猗兮违兮！心之哀兮！岁之二七，其靡有征兮！若翟公子，吾是之依兮！镇抚国家，为王妃兮！”郭偃曰：“甚哉，善之难也！君改葬共君，以为荣也，

考察反省不懈怠，每天考省温习，戒备之道全在于此了。"惠公杀了里克后便后悔了，说："冀芮使我错杀了社稷重臣。"郭偃听到后，说："不事先为国君考虑就进谏的，是冀芮；不与别人谋划就杀掉里克的，是国君。不事先考虑就进谏，是不忠；不事先谋划就杀人，是不祥。不忠，要受到国君的惩罚；不祥，就会遭受天灾。受到国君的惩罚，即使死了也会受辱；遭受天灾，就会没有后代。把道记在心中的人不要忘记，祸难就要来临了！"等到晋文公回国，秦国人便杀了冀芮并陈尸示众。

晋惠公改葬了太子申生。秋季，狐突到陪都曲沃时，遇到了太子申生的鬼魂。太子申生让他登车驾御，并告诉他说："夷吾有无礼行为，我已求得天帝同意，准备把晋国送给秦国，将来秦国会祭祀我。"狐突回答说："臣听说：'神灵不会享用其他族类的祭品，百姓也不会祭祀外族的鬼神。'您的祭祀将来恐怕要灭绝吧？况且百姓有什么罪？刑罚不当，断绝祭祀，您还是考虑一下吧！"太子申生说："好，我准备再次向天帝请求。七天之后，新城曲沃的西部，会有一个巫师来表达我的意思。"狐突答应了，然后太子申生就不见了。狐突届时前往，巫师告诉他："天帝已同意我惩罚有罪之人，他将在韩原大败。"

〔补逸〕《国语》：惠公即位后，发掘出世子申生的骸骨来改葬，臭气从棺内传到外面。国人讽诵道："用正礼安葬却没有好的报应。这个人是谁，而有这样的臭气？用正礼安葬而不被接受，以诚信之心安葬却不被视为真诚。国家没有法度，夷吾偷居君位，侥幸而生。用正礼安葬却得不到申生之灵的报偿，国之大命将会倾覆。畏惧重耳之威啊，怀念重耳之德啊！各自聚集自己所有，等待即将归国的重耳啊！想让重耳归国却迟疑未决啊！百姓心中悲哀啊！二七一十四年后，夷吾的灭亡就有征兆了啊！而翟国的公子重耳，才是我们所依赖的啊！他可以镇抚国家，堪称周王的辅佐啊！"郭偃说："做善事真是太难了！国君以改葬申生为荣耀，

而恶滋章。夫人美于中,必播于外,而越于民,民实
戴之。恶亦如之。故行不可不慎也,必或知之。十四
年,君之冢嗣其替乎?其数告于民矣。公子重耳其入
乎?其魄兆于民矣。若入,必霸诸侯,以见天子,其光
耿于民矣。数,言之纪也;魄,意之术也;光,明之耀
也。纪言以叙之,述意以导之,明耀以昭之,不至何
待?欲先导者行乎,将至矣。"

丕郑之如秦也,言于秦伯曰:"吕甥、郤称、冀芮实为不
从,若重问以召之,臣出晋君,君纳重耳,蔑不济矣。"

冬,秦伯使泠至报问,且召三子。郤芮曰:"币重而言
甘,诱我也。"遂杀丕郑、祁举及七舆大夫:左行共华、右行
贾华、叔坚、骓歂、累虎、特宫、山祁,皆里、丕之党也。丕
豹奔秦,言于秦伯曰:"晋侯背大主而忌小怨,民勿与也。伐
之,必出。"公曰:"失众,焉能杀?违祸,谁能出君?"

〔补逸〕《国语》:丕郑如秦谢缓赂,乃谓穆公曰:
"君厚问以召吕甥、郤称、冀芮而止之,以师奉公子重
耳,臣之属内作,晋君必出。"穆公使泠至报问,且召
三大夫。郑也与客将事,冀芮曰:"郑之使薄而报厚,

反而使恶名昭彰。人心灵美善，必定会散播到外面，并且传扬到民众的心中，民众就会爱戴他。邪恶也是这样的。因此做什么事不可以不慎重啊，民众必定知其善恶。十四年后，国君的继嗣就一定会灭绝吗？此定数已告诉百姓了。公子重耳大概要回国当国君吧？此事的征兆已显露给百姓了。如果他能回国，一定能称霸诸侯，朝见天子，光照万民。二七之数，是预言的记录；形魄征兆，是民意的表述；光亮，是重耳光明品质的光辉。记录言语来叙述这件事，叙述民意来引导这件事，光明的照耀来使这件事更加昭彰，这件事不到来的话，还等别的什么吗？想在前面引路的人行动起来吧，就将要到来了。”

丕郑去秦国时，对秦穆公说：“吕甥、郤称、冀芮确实不同意贿赂秦国土地，如果我们以重礼慰问他们，并召请他们来，臣趁机赶走晋君，君王您再送重耳回国即位，没有不能成功的。”

冬季，秦穆公派泠至到晋国回拜丕郑的聘问，并把吕甥等三人召来。郤芮（即冀芮）说：“礼物厚重而且言语甜蜜，这是在诱骗我们。”于是就杀了丕郑、祁举和申生下军的七个大夫：左行共华、右行贾华、叔坚、骓歂、累虎、特宫、山祁，这些人都是里克、丕郑的党羽。丕郑的儿子丕豹逃亡到了秦国，他对秦穆公说：“晋侯背叛了曾帮助过他的大国，却对小怨记恨在心，百姓不会拥护他。如果我们讨伐他，百姓肯定会赶走他。”秦穆公说：“如果失去百姓的支持，怎么还能杀掉大臣？大臣都避祸逃亡，还有谁能赶走国君呢？”

〔补逸〕《国语》：丕郑到秦国去，对晋国延缓交付所许诺的割地贿赂表示歉意，于是对秦穆公说：“您可以派使者用厚礼回报聘问，召吕甥、郤称、冀芮到秦国，并把他们扣留，率领军队迎奉公子重耳为晋君，臣的部属在晋国内部策应，晋君夷吾一定会出逃国外。”穆公派泠至到晋国回报聘问，并且召唤吕甥、郤称和冀芮三位大夫。丕郑和泠至准备按计划行事，冀芮说：“丕郑这次出使礼币少而回报却很丰厚，

其言我于秦也，必使诱我。弗杀，必作难。"是以杀丕郑及七舆大夫：共华、贾华、叔坚、骓歂、累虎、特宫、山祁，皆里、丕之党也。丕豹出奔秦。

丕郑之自秦反也，而闻里克死，见共华曰："可以入乎？"共华曰："二三子皆在而不及，子使于秦，可哉！"丕郑入，君杀之。共赐谓共华曰："子行乎？其及也！"共华曰："夫子之入，吾谋也，将待及。"赐曰："孰知之？"共华曰："不可。知而背之，不信；谋而困人，不智；困而不死，无勇。任大恶三，行将安入？子其行矣！我姑待死。"

丕郑之子曰豹，出奔秦，谓穆公曰："晋君大失其众，背君赂，杀里克，而忌处者，众固不说。今又杀臣之父及七舆大夫，此其党半国矣。君若伐之，其君必出。"穆公曰："失众，安能杀人？且夫祸惟无毙，足者不处，处者不足。胜败若化，以祸为违，孰能出君？尔俟我！"

十一年春，晋侯使以丕郑之乱来告。
天王使召武公、内使过赐晋侯命。受玉惰。过归，告王曰："晋侯其无后乎！王赐之命，而惰于受瑞，先自弃也已，其何继之有？礼，国之干也；敬，礼之舆也。不敬，则礼不行；礼不行，则上下昏，何以长世？"

他大概向秦国说了我们什么,一定是秦国派人诱捕我们。不杀了他,一定会作乱。"于是便杀了丕郑和申生下军的七个大夫:共华、贾华、叔坚、骓歂、累虎、特宫、山祁,他们都是里克、丕郑的党羽。丕郑的儿子丕豹逃亡到秦国。

丕郑从秦国回来时,听说里克已死,见到共华,说:"可以入朝吗?"共华说:"七个大夫都在而没有被牵连,你出使秦国,可以入朝吧!"丕郑入朝,惠公杀了他。共赐对共华说:"你要逃走吗? 祸难就要降临到你的身上了!"共华说:"丕郑入朝,是我谋划的,我要等待灾难的降临。"共赐说:"又有谁能知道这件事呢?"共华说:"不可以。本来知道却要违背事实,是不讲信用;为人谋划却让人陷入困境,是没有智慧;使人陷入困境而自己不去死,是缺乏勇气。背着这三大罪恶,逃走又能去哪儿呢? 你还是自己逃走吧! 我姑且在这儿等死。"

丕郑的儿子叫丕豹,逃亡到了秦国,他对秦穆公说:"晋国国君大失民心,违背了许给您以割地作为贿赂的诺言,杀死里克,又猜忌国中的大夫,众人本来就不喜欢他。如今又杀了我的父亲和下军的七个大夫,他的党羽势力已占了半个国家了。您如果去征伐晋国,他们国君一定会出逃。"秦穆公说:"失去民心怎么还能杀人呢? 并且祸莫大于死,罪至于死就不会待在国内,待在国内的就罪不至死。胜败转化无常,晋君的反对者因为祸难离开了国家,谁能把你们的国君赶走呢? 你等着我吧!"

十一年春季,晋惠公派人来鲁国报告丕郑策动叛乱一事。

周天子派召武公、内史过册封晋惠公并赐予荣宠。惠公接受玉圭时显得懒洋洋的。内史过回去,告诉周天子说:"晋侯恐怕不会有后代继承禄位了! 天子赐予他荣宠,他反而懒洋洋地接受,这是自己就先抛弃自己了,他还能有什么后代? 礼法,犹如一个国家的躯干;恭敬,则是装载礼法的车子。不恭敬,礼就无法施行;礼不能施行,国家上下就会昏乱,还靠什么长世不衰呢?"

〔补逸〕《国语》:襄王使召公过及内史过赐晋惠公命,吕甥、郤芮相晋侯,不敬;晋侯执玉卑,拜不稽首。内史过归,以告王曰:"晋不亡,其君必无后,且吕、郤将不免。"王曰:"何故?"对曰:"长众使民之道,非精不和,非忠不立,非礼不顺,非信不行。今晋侯即位,而背外内之赂,虐其处者,弃其信也;不敬王命,弃其礼也;施其所恶,弃其忠也;以恶实心,弃其精也。四者皆弃,则远不至而近不和矣,将何以守国?夫晋侯非嗣也,而得其位,亹亹怵惕,保任戒惧,犹曰未也;若将广其心而远其邻,陵其民而卑其上,将何以固守?夫执玉卑,替其挚也;拜不稽首,轻其王也。替挚无镇,轻王无民。夫天事恒象,任重享大者,必速及。故晋侯轻王,人亦将轻之;欲替其镇,人亦将替之。大臣享其禄,弗谏而阿之,亦必及焉。"襄王三年而立晋侯,八年而陨于韩,十六年而晋人杀怀公,无胄。秦人杀子金、子公。

十三年冬,晋荐饥,使乞籴于秦。秦伯谓子桑:"与诸乎?"对曰:"重施而报,君将何求?重施而不报,其民必携。携而讨焉,无众必败。"谓百里:"与诸乎?"对曰:"天灾流

〔补逸〕《国语》：周襄王派召公过（即召武公）和内史过赐晋惠公命圭，吕甥、郤芮做晋惠公的相礼，表现得不恭敬；晋惠公拿玉圭拿得很低，下拜时又不叩首。内史过回去后，告诉襄王说："晋国即使不灭亡，国君也一定会没有后嗣，并且吕甥、郤芮也不会免于祸难。"襄王问："是什么原因呢？"内史过回答说："君临众人、役使百姓的方法是，不精纯就不和谐，不忠诚就不能立足，不合礼法就不顺利，不合信义就不能推行。如今晋侯即位后，却违背了许给国内国外贿赂的诺言，施虐于国内的大夫，是背弃了诚信；不敬天子之命，是抛弃了礼节；将他所厌恶的施加于人，是抛弃了忠诚；罪恶充斥心中，是抛弃了精纯。信、礼、忠、精这四种美德都抛弃了，那远方的人就不会到来，近处的人也不会和睦，还怎么能守卫国家呢？晋侯不是君位继承人，却获得了君位，即使是勤勉谨慎，保持戒惧，还怕不能保住国家；如果他放纵情欲，疏远邻国，欺凌百姓，轻视天子，还能用什么来固守君位呢？拿玉圭拿得很低，是废弃了持玉的礼节；下拜不叩头，是在轻视天子。废弃持玉的礼节便无法自重，轻视天子便会丧失百姓的拥护。天事常常因果相报，责任重、受禄大的人必会马上遭到报应。因此晋侯轻视周天子，百姓也会轻视他；如果抛弃了应当尊重的，百姓也会放弃对他的尊重。大臣们享受国家俸禄，却不尽心进谏，反而阿谀奉承他，也一定会遭到祸难。"周襄王三年立了晋惠公为国君，八年就在韩原之战中战败，十六年晋国人杀了继位的怀公，怀公没有后代。秦国人杀了子金（即吕甥）和子公（即郤芮）。

十三年冬季，晋国再次发生饥荒，派人到秦国求购粮食。秦穆公对子桑说："卖给他们吗？"子桑回答说："过去我们曾帮夷吾回国即位，这次再帮助他们一次，他们必将报答我们，您还想要求什么呢？如果再帮助他们一次而不报答我们，那么百姓必然离心。百姓离心了再去攻打他们，他没有众人支持，必然失败。"穆公又问百里奚："卖不卖给他们？"百里奚回答说："天灾流

行,国家代有。救灾恤邻,道也。行道有福。"丕郑之子豹在秦,请伐晋。秦伯曰:"其君是恶,其民何罪?"秦于是乎输粟于晋,自雍及绛相继,命之曰"泛舟之役"。

十四年秋八月辛卯,沙鹿崩。晋卜偃曰:"期年,将有大咎,几亡国。"

冬,秦饥,使乞籴于晋,晋人弗与。庆郑曰:"背施无亲,幸灾不仁,贪爱不祥,怒邻不义。四德皆失,何以守国?"虢射曰:"皮之不存,毛将安傅?"庆郑曰:"弃信背邻,患孰恤之?无信患作,失援必毙。是则然矣。"虢射曰:"无损于怨,而厚于寇,不如弗与。"庆郑曰:"背施幸灾,民所弃也。近犹仇之,况怨敌乎?"弗听。退曰:"君其悔是哉!"

十五年。晋侯之入也,秦穆姬属贾君焉,且曰:"尽纳群公子。"晋侯烝于贾君,又不纳群公子,是以穆姬怨之。晋侯许赂中大夫,既而皆背之。赂秦伯以河外列城五,东尽虢略,南及华山,内及解梁城,既而不与。晋饥,秦输之粟;秦饥,晋闭之籴。故秦伯伐晋。卜徒父筮之,吉:"涉河,侯车败。"诘之,对曰:"乃大吉也。三败,必获晋君。其卦遇《蛊》☶,曰:'千乘三去,三去之余,获其雄狐。'

行，总会在各国交替发生的。救援受灾之人，救济相邻之国，是合乎道义的。按道义办事必有福禄。"此时丕郑的儿子丕豹正在秦国，便请求秦国攻打晋国。穆公说："虽然我们讨厌他们的国君，但他们的百姓有什么罪呢？"于是秦国就把粮食运送到了晋国，运粮的船从雍城到绛城接连不断，这一事件被称为"泛舟之役"。

　　十四年秋季八月初五，晋国的沙鹿山崩塌。晋国的卜偃说："一年内将有大灾难，几乎要亡国。"

　　冬季，秦国闹饥荒，派人到晋国求购粮食，但晋国人不给。晋国大夫庆郑说："背弃恩惠就会失去亲近之人，对别国的灾害幸灾乐祸就是不仁，贪图所爱惜的东西就是不祥，使邻国发怒就是不义。这四种德行都丢失了，靠什么来守卫国家呢？"虢射说："皮已不存在，毛又将附着在哪里呢？"庆郑说："丢弃信义，背叛邻国，遇到祸患谁来救援你？不讲信用就会发生祸患，失去救援必定会失败。这件事就是这个道理。"虢射说："即使给了他们粮食，怨恨也不会减少，反而使敌人增强了实力，还不如不给。"庆郑说："背弃恩惠，幸灾乐祸，将会被百姓所唾弃。国内的百姓尚且会因此而仇恨我们，更何况是冤家仇敌呢？"晋惠公还是不听。庆郑退下后说："国君将来必定会为此后悔啊！"

　　十五年。晋惠公回国即位时，秦穆姬曾把贾君托付给他照顾，并说："应该把逃亡在外的众公子全都接纳回国。"后来惠公竟和贾君通奸，又不肯接纳公子们，穆姬因此而怨恨惠公。惠公曾许诺给中大夫财物，后来都违背了诺言。曾答应割给秦穆公黄河以西以南的五座城，东到虢国的边界，南至华山，还有黄河以里的解梁城，后来也不给了。晋国闹饥荒，秦国给晋国运送粮食；秦国遇到饥荒时，晋国却拒绝卖给秦国粮食。所以秦穆公决定攻打晋国。卜徒父做了占筮，结果是吉利："渡过黄河，晋侯的车子将会毁坏。"穆公追问，卜徒父回答说："这是大吉大利啊。三次打败晋军，必然抓获晋国国君。占筮得到《蛊》卦䷑，卦辞说：'千乘之国进军三次，三次进军之后，就能俘获那只雄狐。'

夫狐《蛊》,必其君也。《蛊》之贞,风也;其悔,山也。岁云秋矣,我落其实,而取其材,所以克也。实落材亡,不败何待?"

三败及韩。晋侯谓庆郑曰:"寇深矣,若之何?"对曰:"君实深之,可若何?"公曰:"不孙!"卜右,庆郑吉,弗使。步扬御戎,家仆徒为右。乘小驷,郑入也。庆郑曰:"古者大事,必乘其产。生其水土,而知其人心;安其教训,而服习其道;唯所纳之,无不如志。今乘异产,以从戎事,及惧而变,将与人易。乱气狡愤,阴血周作,张脉偾兴,外强中干,进退不可,周旋不能,君必悔之!"弗听。

九月,晋侯逆秦师。使韩简视师,复曰:"师少于我,斗士倍我。"公曰:"何故?"对曰:"出因其资,入用其宠,饥食其粟。三施而无报,是以来也。今又击之,我怠秦奋,倍犹未也!"公曰:"一夫不可狃,况国乎?"遂使请战,曰:"寡人不佞,能合其众而不能离也。君若不还,无所逃命。"秦伯使公孙枝对曰:"君之未入,寡人惧之;入而未定列,犹吾忧也。苟列定矣,敢不承命。"韩简退,曰:"吾幸而得囚。"

那雄狐,一定是其国君。《蛊》的内卦是风,代表秦国;外卦是山,代表晋国。如今时节已到秋天,我们的风从他们山上吹过,吹落了树上的果实,并获取了木材,因此说可以战胜。果实落地,木材丧失,不失败还等什么?"

果然晋国三次战败,撤退到韩原。晋惠公对庆郑说:"敌人已深入我国,怎么办?"庆郑回答说:"是您让他们深入的,能怎么办?"惠公说:"放肆!"惠公占卜做车右的人选,占卜的结果是选用庆郑吉利,但惠公不用他。惠公让步扬驾驭战车,家仆徒为车右。驾车的小驷马则是郑国进献的。庆郑说:"古时作战,一定要用本国出产的马驾车。因为它出生在本国的水土上,了解主人的心意;甘心受主人的调教,熟悉本国的道路;任凭怎样使用它,都没有不如意的。而现在使用外国出产的马驾车作战,一旦它害怕而失去常态,将违背人的意愿。到那时它因为受刺激而呼吸急促,血液在全身急促奔流,血管膨胀,表面很强壮但内里却已气虚无力了,进也不能退也不可,旋转不便,那时国君肯定会后悔的!"惠公还是不听。

九月,晋惠公迎战秦军。晋国派韩简前去侦察敌军情况,韩简回来说:"秦军兵力比我们少,但拼死敢斗之士却比我们多一倍。"惠公问:"为什么?"韩简回答说:"当年您逃亡时曾依靠他们的资助,回国即位也是受到他们厚爱的结果,遇到灾荒又吃他们的粮食。这三次恩德我们都不曾报答,他们正是为此而来的。现在我们又准备迎击他们,我军懈怠,秦军振奋,两军斗志相差不止一倍啊!"惠公说:"一介匹夫尚且不能受人轻慢,更何况是一个国家呢?"于是就派韩简前去约战,并说:"我不才,既然已经把军队集合起来了,就无法解散他们。贵国国君如果不退兵,我们实在无法逃避进军的命令。"秦穆公派公孙枝回答说:"当初您没有回国时,我替您担心;您回国后君位还未巩固时,我仍然为您忧虑。现在您君位既然已经安定,我怎敢不接受您作战的命令。"韩简退下去,说:"这次战斗,我如果能做俘虏而不战死就是很幸运的了。"

　　壬戌，战于韩原。晋戎马还泞而止。公号庆郑，庆郑曰："愎谏违卜，固败是求，又何逃焉？"遂去之。梁由靡御韩简，虢射为右，辂秦伯，将止之，郑以救公误之，遂失秦伯。秦获晋侯以归。晋大夫反首拔舍从之。秦伯使辞焉，曰："二三子何其戚也？寡人之从君而西也，亦晋之妖梦是践，岂敢以至？"晋大夫三拜稽首曰："君履后土，而戴皇天；皇天后土，实闻君之言，群臣敢在下风。"

　　穆姬闻晋侯将至，以大子罃、弘与女简璧登台而履薪焉。使以免服、衰绖逆，且告曰："上天降灾，使我两君匪以玉帛相见，而以兴戎。若晋君朝以入，则婢子夕以死；夕以入，则朝以死。唯君裁之！"乃舍诸灵台。大夫请以入。公曰："获晋侯，以厚归也；既而丧归，焉用之？大夫其何有焉？且晋人戚忧以重我，天地以要我，不图晋忧，重其怒也；我食吾言，背天地也。重怒难任，背天不祥，必归晋君。"公子絷曰："不如杀之，无聚慝焉。"子桑曰："归之而质其大子，必得大成。晋未可灭，而杀其君，只以成恶。且史佚有言曰：'无始祸，无怙乱，无重怒。'重怒难任，陵人不祥。"乃许晋平。

十四日，两军在韩原交战。晋惠公所乘战车的小驷马陷在泥泞之中，左右盘旋都出不来。惠公向庆郑呼救，庆郑说："您刚愎自用不纳谏言，又违背占卜结果，不用我为车右，实在是自找失败，又为什么要逃走呢？"说完就走开了。梁由靡驾驭韩简的战车，以虢射为车右，迎战秦穆公，正准备俘获他，由于庆郑招呼他们去搭救晋惠公，就耽误了擒获秦穆公的时机。而惠公却被秦军俘获带回。晋国的大夫们都披头散发，拆除帐篷露宿于野，跟着惠公走。秦穆公派人安慰他们说："你们几位为何如此忧伤？我之所以跟着你们国君西行，只不过是应验了当年狐突遇申生鬼魂的妖梦罢了，难道还敢做得太过分吗？"于是晋国的大夫们三拜叩首说："君王脚下有地，头上有天；天地都听到了您的话，我们也都在下面听候您吩咐。"

秦穆姬听说晋惠公被抓回秦国，便领着太子䓨、儿子弘和女儿简璧登上高台，站在柴草之上，准备自焚。她让人身着丧服去迎接秦穆公，并告诉他说："上天降下灾祸，致使我们两国国君不是以赠送玉帛这种正常的礼节相见，而是诉诸战争。如果您让晋国国君早上进入我们国都，那么贱妾晚上就自焚而死；晚上进入，贱妾早上就死。请您决定吧！"于是秦穆公只好安排晋惠公住在灵台。秦国大夫都请求把晋惠公带回国都。秦穆公说："俘获晋君，本是大获而归；但如果最后闹出夫人自杀的丧事，那还有什么用呢？对大夫们又有什么好处呢？况且晋国大夫以忧伤来感动我，指着天地和我相约，如果不考虑他们的忧伤，就会增加他们对我的怨恨；我不履行自己的诺言，就是背叛了天地。增加怨恨会使人难以承受，背叛天意则不吉祥，一定要放晋君回国。"公子絷说："不如杀了他，以免他继续聚积邪恶。"子桑说："让他回国，而把他的太子留下作为人质，一定对我们大有好处。现在还不能将晋国灭亡，如果杀掉了他们的国君，只能造成相互之间更大的仇恨。并且史佚曾说过：'不要首先发动祸难，不要依靠动乱获利，不要加重怨怒。'加重了怨怒使人承受不了，欺侮别人则不吉祥。"于是就同意和晋国讲和。

晋侯使郤乞告瑕吕饴甥，且召之。子金教之言曰："朝国人而以君命赏，且告之曰：'孤虽归，辱社稷矣。其卜贰圉也。'"众皆哭。晋于是乎作爰田。吕甥曰："君亡之不恤，而群臣是忧，惠之至也，将若君何？"众曰："何为而可？"对曰："征缮以辅孺子。诸侯闻之，丧君有君，群臣辑睦，甲兵益多。好我者劝，恶我者惧，庶有益乎！"众说。晋于是乎作州兵。

初，晋献公筮嫁伯姬于秦，遇《归妹》☳☱之《睽》☲☱。史苏占之，曰："不吉。其繇曰：'士刲羊，亦无衁也。女承筐，亦无贶也。西邻责言，不可偿也。《归妹》之《睽》，犹无相也。'《震》之《离》，亦《离》之《震》。'为雷为火，为嬴败姬。车说其輹，火焚其旗。不利行师，败于宗丘。《归妹》《睽》孤，寇张之弧。侄其从姑，六年其逋。逃归其国，而弃其家，明年其死于高梁之虚。'"及惠公在秦，曰："先君若从史苏之占，吾不及此夫！"韩简侍，曰："龟，象也；筮，数也。物生而后有象，象而后有滋，滋而后有数。先君之败德，及可数乎？史苏是占，勿从何益？《诗》曰：'下民之孽，匪降自天。僔沓背憎，职竞由人。'"

晋惠公派郤乞回国告诉瑕吕饴甥(即吕甥、子金)秦国已答应讲和,并且召他前来谈判。吕甥教给郤乞说:"你接见国人,并以国君的名义赏赐他们东西,并且告诉他们说:'我虽然是回来了,但已使国家蒙受了耻辱。你们还是占卜一下,让太子圉继位吧。'"群臣听了郤乞的话都哭了。晋国从此开始改革田制,以大量公田分赏群臣。吕甥说:"国君不为自己出亡在外而忧虑,反而替我们群臣担忧,这对我们来说真是莫大的恩惠,我们应该怎样报答国君呢?"大家问:"怎么办才好呢?"吕甥回答说:"征收赋税,修整军备,辅佐太子。诸侯听到我们虽然失去了国君,但却立了新君,并且群臣和睦团结,武器装备也比以前更多了。这样,同我们友好的国家就会勉励我们,而仇恨我们的国家就会害怕我们,可能会有好处吧!"大家都很高兴。从此晋国开始改革兵制,训练地方武装。

　　当初,晋献公要把伯姬(即秦穆姬)嫁给秦国时,曾做了占筮,结果得到《归妹》卦☳☱变成《睽》卦☲☱。史苏占卜说:"不吉利。爻辞说:'男子刺羊,而不见血。女子以筐承接,而无所得。西边邻国责备,晋国无法应付。女子出嫁而有乖离之兆,说明无所帮助。'《震》卦变成了《离》卦,也就等于《离》卦变成了《震》卦。'雷电生,火燃起,胜者姓嬴败者姬。战车脱车辐,大火烧军旗。出兵很不利,宗丘之地必败绩。出嫁的少女极乖离,敌人张弓要袭击。侄子随姑为人质,六年之后才逃离。逃回本国去,却又舍其妻,到了第二年,死在高梁地。'"等到惠公被抓回秦国,说:"如果先君当初听从了史苏的占卜,我也不会落到如此地步啊!"当时韩简正在身边服侍,说:"龟甲,用显现裂纹的形象以占吉凶;筮草,是凭数目来预测吉凶。必须先有事物,才有表示事物的形象,有了形象以后事物才能逐渐演变滋长,滋长多了自然会有一定的数目。先君所做的败德之事,哪里能数得完呢? 史苏的占卜,即使他听从了又能有什么用呢?《诗经》说:'百姓的罪孽,并不是上天降下来的。相聚时彼此奉承,背后则互相憎恨,终究是人为的啊。'"

十月，晋阴饴甥会秦伯，盟于王城。秦伯曰："晋国和乎？"对曰："不和。小人耻失其君，而悼丧其亲，不惮征缮，以立圉也，曰：'必报仇，宁事戎狄。'君子爱其君，而知其罪，不惮征缮，以待秦命，曰：'必报德，有死无二。'以此不和。"秦伯曰："国谓君何？"对曰："小人戚，谓之不免；君子恕，以为必归。小人曰：'我毒秦，秦岂归君？'君子曰：'我知罪矣，秦必归君。贰而执之，服而舍之。德莫厚焉，刑莫威焉。服者怀德，贰者畏刑，此一役也，秦可以霸。纳而不定，废而不立，以德为怨，秦不其然。'"秦伯曰："是吾心也。"改馆晋侯，馈七牢焉。

蛾析谓庆郑曰："盍行乎？"对曰："陷君于败，败而不死，又使失刑，非人臣也。臣而不臣，行将焉入？"十一月，晋侯归。丁丑，杀庆郑而后入。是岁，晋又饥，秦伯又饩之粟，曰："吾怨其君，而矜其民。且吾闻唐叔之封也，箕子曰：'其后必大。'晋其庸可冀乎？姑树德焉，以待能者。"于是秦始征晋河东，置官司焉。

十月，晋国的阴饴甥（即吕甥）会见秦穆公，双方在王城订立了盟约。秦穆公问吕甥："晋国内部和睦吗？"吕甥回答说："不和睦。那些小人对失去了国君感到羞耻，对失去了亲人感到悲哀，不怕征税和修整甲兵之劳，以拥立太子圉为国君，并说：'一定要报仇，宁可事奉戎狄。'那些君子则爱戴他们的国君，但是也知道国君的罪过，他们也不辞征税和修整甲兵的劳苦，以等待秦国送回国君的命令，他们说：'一定要报答秦国的恩德，即使死了也绝无二心。'所以说不和睦。"秦穆公又说："晋国对他们国君的命运有什么看法？"吕甥回答说："小人感到忧愁，认为他不会被赦免；君子则感到宽慰，认为他一定能回来。小人说：'我们害苦了秦国，秦国岂能让国君回来？'君子则说：'我们已经知罪了，秦国一定能让国君回来。当初国君对秦国有二心，秦国就把他擒住了，如今已认错服罪，就会释放他。没有比这更宽厚的德行，没有比这更威严的刑罚了。这样，认错服罪者念其恩德，存有二心者畏其刑罚，仅靠这一战役，秦国就可以成为霸主。如果帮助他回国成为国君却又不能使他安于君位，或者废了他又不另立新君，使当初的恩德变为怨恨，秦国不会这么做吧。'"秦穆公说："这也正是我的想法。"于是改变态度，将晋惠公安置在馆舍，并以诸侯之礼相待，赠送给他牛、羊、猪各七头。

晋国大夫蛾析对庆郑说："你何不逃走呢？"庆郑回答说："是我使国君陷于失败，国君失败了我不但不以身殉国，反而又要逃亡，让国君无法施用刑罚，这不是臣子所应该做的。作为臣子而不行臣子之道，就是逃走，我又能到哪里去呢？"十一月，晋惠公回国。二十九日，惠公杀了庆郑后才进入国都。这一年，晋国又遇到了饥荒，秦穆公又赠送给他们粮食，并说："我虽然怨恨晋国的国君，但却怜悯晋国的百姓。而且我听说当初晋国祖先唐叔受封的时候，箕子曾说：'晋国的后代必然会强大起来。'晋国难道是随便可以得到的吗？我们姑且多树立一些恩德，以等待有能力的人出现。"从这个时候起，秦国开始在晋国的黄河以东征收赋税，并设置官吏负责管理。

〔补逸〕《史记》：晋兴兵，将攻秦。穆公发兵，使丕豹将，自往击之。九月壬戌，与晋惠公夷吾合战于韩地。晋君弃其军，与秦争利，还而马骜。穆公与麾下驰追之，不能得晋君，反为晋军所围。晋击穆公，穆公伤。于是岐下食善马者三百人驰冒晋军，晋军解围，遂脱穆公，而反生得晋君。初，穆公亡善马，岐下野人共得而食之者三百余人。吏逐得，欲法之。穆公曰："君子不以畜产害人。吾闻：'食善马肉，不饮酒，伤人。'"乃皆赐酒而赦之。三百人者闻秦击晋，皆求从。从而见穆公窘，亦皆推锋争死，以报食马之德。于是穆公虏晋君以归，令于国："齐宿，吾将以晋君祠上帝。"周天子闻之，曰："晋，我同姓。"为请晋君。夷吾姊亦为穆公夫人。夫人闻之，乃衰绖、跣曰："妾兄弟不能相救，以辱君命。"穆公曰："吾得晋君以为功。今天子为请，夫人是忧。"乃与晋君盟。

《国语》：公未至，蛾析谓庆郑曰："君之止，子之罪也。今君将来，子何俟？"庆郑曰："郑也闻之曰：'军败死之，将止死之。'二者不行，又重之以误人而丧其君。有大罪三，将安适？君若来，将待刑以快君志。君若不来，将独伐秦。不得君，必死之。此所待也。臣得其志，

〔补逸〕《史记》：晋国发动军队，准备攻打秦国。秦穆公也发兵，让丕豹率领，并亲自前往迎击。九月十四日，与晋惠公夷吾在韩原交战。晋惠公甩下自己的军队独自向前，跟秦军争夺战事之利，但马腿被绊住，只能在那里盘旋而无法前进。秦穆公与部下纵马驱车追赶，没有抓到晋君，反而被晋军包围了。晋军攻击秦穆公，秦穆公受了伤。这时，曾在岐山下偷吃秦穆公良马肉的三百多个人驱马冲杀晋军，晋军的包围被冲开，于是不仅使秦穆公得以脱险，反而还活捉了晋君。当初，秦穆公丢失了一匹良马，岐山下的三百多个乡下人一块儿把它抓来吃掉了。官吏追捕到他们，要加以法办。秦穆公说："君子不能因为牲畜而杀人。我听说：'吃了良马肉，如果不喝酒，会伤人。'"于是就赐酒给他们喝，并赦免了他们。这三百人听说秦国要去攻打晋国，都要求跟着去。跟随作战时，他们发现秦穆公处于困境，就都冲锋陷阵，争先死战，以报答吃马肉却被赦免的恩德。于是秦穆公俘虏了晋惠公回到秦国，向全国发布命令："我要斋戒独宿，用晋君祭祀上帝。"周天子听说此事，说："晋君是我的同姓。"替晋君求情。夷吾的姐姐也是秦穆公的夫人。她听到这件事，就穿上丧服，光着脚，说："我不能挽救自己的兄弟，以至劳烦您下命令杀他。"秦穆公说："我俘获了晋君，以为是成就了一件大功。可是现在天子来求情，夫人也为此事而忧愁。"于是跟晋君订立了盟约。

《国语》：惠公还未回到国内，蛾析对庆郑说："国君被捉住，是你的罪过。如今国君要回来了，你还等什么？"庆郑说："我听说：'军队战败了，去殉死；主将被抓住，也去殉死。'这二者我都没有做到，再加上误导了梁由靡，从而丧失了抓获秦君的机会。有这三个大罪，我还能去哪儿呢？如果国君回来了，我将等待国君的刑罚以使国君心情舒畅。如果国君不回来，我将率军独自伐秦。如果不能救回国君，我一定战死。这是我不离开而等待的原因。臣下得志出逃，

而使君蒥，是犯也。君行犯，犹失其国，而况臣乎？"

公至于绛郊，闻庆郑止，使家仆徒召之，曰："郑也有罪，犹在乎？"庆郑曰："臣怨君。始入而报德，不降；降而听谏，不战；战而用良，不败。既败而诛，又失有罪，不可以封国。臣是以待即刑，以成君政。"君曰："刑之！"庆郑曰："下有直言，臣之行也；上有直刑，君之明也。臣行君明，国之利也。君虽勿刑，必自杀也。"蛾析谏曰："臣闻之：'奔刑之臣，不若赦之以报仇。'君盍赦之，以报于秦？"梁由靡曰："不可。我能行之，秦岂不能？且战不胜而报之以贼，不武；出战不克，入处不安，不知；成而反之，不信；失刑乱政，不威。出不能用，入不能治，败国且杀孺子，不若刑之。"君曰："斩郑，无使自杀。"家仆徒曰："有君不忌，有臣死刑，其闻贤于刑之。"梁由靡曰："夫君政刑是以治民。不闻命而擅进退，犯政也；快意丧君，犯刑也。郑也贼而乱国，不可失也。且战而自退，退而自杀。臣得其志，君失其刑，后不可用也。"君命司马说刑之。司马说进三军之士，而数庆郑曰："夫韩之誓曰：

却使国君惭愧,这是犯逆。国君行为如果违背常法,尚且会失去国家,更何况是臣下呢?”

晋惠公到了绛城的郊外,听说庆郑留在国内,便派家仆徒召他来,说:“庆郑有罪,你还在这里吗?”庆郑说:“我怨恨国君。如果回国即位后就报答秦国的恩德,就不会与秦国构怨;如果构怨之后能听从我的劝谏,就可以不和秦国作战;如果作战时使用好的车右,就不会失败。已经战败了就该诛罚有罪的人,我如果逃走就是失去了有罪的人,这样就不可以立国。臣因此留在晋国等待刑罚,来成就国君的政令。”晋惠公说:“杀了他!”庆郑说:“臣下有忠直的谏言,才是为臣的德行;君主有端正的刑罚,才是君主的明智。臣下有德行,君主明智,这是国家的利益所在。您即使不杀我,我也一定会自杀的。”蛾析劝谏说:“我听说:‘自己赴刑的臣子,不如赦免了他,让他为国报仇。’您何不赦免了他,让他去报复秦国呢?”梁由靡说:“不可以。我们能这样做,难道秦国就不能了吗?况且战争没有取得胜利,却用贼害的办法来报复,这不是勇武;出战不能取胜,回来后又不安分,这不是智慧;和秦国讲和而又违背诺言,这是不守信义;失去用刑之道,扰乱政令,这不是威严。庆郑出战时不能用命,回国后又不能治罪,这样不仅使国家败坏,而且还会使在秦国做人质的太子围被杀,不如杀了庆郑。”晋惠公说:“斩了庆郑,不要让他自杀。”家仆徒说:“如果君主不记恨前仇,臣子知罪愿意去赴死,这种名声传出去比杀死庆郑要好。”梁由靡说:“君主有政令和刑罚,所以才能治理百姓。不听君命而擅自进退,是违犯了政令;使自己心意畅快而失去了君主,是触犯了刑法。庆郑贼害、扰乱国家,不能让他逃避了刑罚。况且作战时擅自退兵,退回后又要自杀。如果这样使臣下得行其志,使君主失去了刑罚,以后政令、刑罚就不可以运用了。”惠公便命令司马说处斩庆郑。司马说召集三军将士,历数庆郑的罪状说:“韩原之战时的誓言说:

'失次犯令死,将止不面夷死,伪言误众死。'今郑失次犯令,而罪一也;郑擅进退,而罪二也;女误梁由靡,使失秦公,而罪三也;君亲止,女不面夷,而罪四也。郑也就刑!"庆郑曰:"说!三军之士皆在,有人能坐待刑而不能面夷?趣行事乎!"丁丑,斩庆郑,乃入绛。

十七年夏,晋大子圉为质于秦,秦归河东而妻之。惠公之在梁也,梁伯妻之。梁嬴孕过期。卜招父与其子卜之。其子曰:"将生一男一女。"招曰:"然。男为人臣,女为人妾。"故名男曰圉,女曰妾。及子圉西质,妾为宦女焉。二十二年秋,晋大子圉为质于秦,将逃归,谓嬴氏曰:"与子归乎?"对曰:"子,晋大子,而辱于秦。子之欲归,不亦宜乎?寡君之使婢子侍执巾栉,以固子也。从子而归,弃君命也。不敢从,亦不敢言。"遂逃归。

二十三年九月,晋惠公卒。怀公命无从亡人。期,期而不至,无赦。狐突之子毛及偃从重耳在秦,弗召。冬,怀公执狐突,曰:"子来,则免。"对曰:"子之能仕,父教之忠,古之制也。策名委质,贰乃辟也。今臣之子,名在重耳,

'行列不整齐、违犯军令者处以死刑，将帅被俘而不割破自己脸颊记下耻辱者处以死刑，散布不实之言而误导军心者处以死刑。'如今庆郑队列不整而且违犯了军令，是第一条罪状；作战时擅自进退，是第二条罪状；你误导了梁由靡，使他没有抓住秦君，是第三条罪状；国君被俘，你脸上却没有割破记下仇恨，是第四条罪状。庆郑你准备就刑吧！"庆郑说："司马说！三军将士都在场，有能坐等被处以死刑，却不能自己割破脸的人吗？你快点动手吧！"二十九日，晋惠公杀了庆郑，然后才进入绛城。

十七年夏季，晋国的太子圉到秦国做了人质，秦国把黄河以东的土地归还晋国，并且嫁女给太子圉。当初晋惠公在梁国时，梁伯曾把女儿梁嬴嫁给了他。梁嬴怀孕后，过了分娩期还未生。梁国太卜卜招父和他的儿子为其占卜。他儿子说："将要生一男一女。"卜招父说："对。男的将来会做别人的奴仆，女的则会做别人的奴婢。"因此就给男孩起名圉，女孩起名妾。等到子圉到秦国做人质时，妾也做了秦国的侍女。二十二年秋季，晋国的太子圉在秦国做人质，准备逃回晋国，便对妻子嬴氏说："我和你一起回去吧？"嬴氏回答说："您是晋国的太子，却屈居在秦国。您想回去，不是应该的吗？我们国君让贱妾来伺候您，目的是使您安心。我如果跟随您回去，就是背弃了国君的命令。我不敢跟您走，也不敢对别人说。"于是太子圉就一人逃回了晋国。

二十三年九月，晋惠公去世。即位的怀公（即太子圉）命令臣下不准再跟随逃亡在外的公子重耳。并且还规定了返回的期限，到期不回来的，绝不赦免。狐突的儿子狐毛和狐偃正跟随重耳在秦国，因此狐突不肯召他们回国。冬季，晋怀公把狐突抓了起来，对他说："如果你两个儿子回来，就赦免你。"狐突回答说："当儿子能够做官的时候，父亲就教育他要忠诚不贰，这是自古以来的规矩。当名字写在书简上，给主人致送了进见的礼物后，再有二心，就是罪过。如今臣的儿子，名字列在重耳那里，

有年数矣,若又召之,教之贰也。父教子贰,何以事君?刑之不滥,君之明也,臣之愿也。淫刑以逞,谁则无罪?臣闻命矣。"乃杀之。卜偃称疾不出,曰:"《周书》有之:'乃大明服。'己则不明,而杀人以逞,不亦难乎?民不见德,而惟戮是闻,其何后之有?"

臣士奇曰:虞、虢唇齿相依,逼在晋之南鄙,而晋献公忮狠广欲,方有吞灭诸侯、狄焉启疆之志,盖未尝须臾忘南牧也。虢公荒虐,不恤神主,而徼福于淫昏之鬼;屡败狄师,矜其武功,不虞晋之欲寝处我也,天夺其鉴矣。虞公贪璧马而忘远图,弃忠言,不恤揖豺狼以行堂奥之内,而更为之先驱。一之不已,且再焉。轻弃邻交,卒与俱毙。君子观假道之事,未尝不恨晋人之狡,笑虞公之愚,而利之足以败人国家如此也。

献公内夷公族,外披虞、虢,翟柤、耿、霍、魏,次弟破平,而以耿赐赵夙,魏赐毕万,已兆三家分晋之萌。至既胜骊戎,俘其美姬,快心得志,方且举史苏之爵,谓其言之无验,而不知女戎之祸已芽蘖于其间。祸福倚伏之机,甚可畏也!

献公烝于齐姜,灭同姓之国,绝先祖之裔,逆伦害理,宜有家祸。至溺床笫之言,牵帷房之爱,远申生、重耳、夷吾于鄙,而惟妖姬姊娣之所出是崇是嬖,盖

已经有几个年头了，如果又召他们回来，就是教他们另有二心。父亲教儿子不忠，还怎么来事奉国君呢？不滥用刑罚，这是国君的圣明，也是臣的愿望。如果想滥用刑罚以图快意，那么谁能没有罪过呢？臣听您的命令就是了。"于是怀公便杀了狐突。卜偃听到此事后，便推说有病不出家门，他说："《周书》上有这样的话：'君王贤明，臣民才能顺服。'如果自己不贤明，却借杀人以图快意，不是很难稳固吗？百姓看不到君王的德行，却只听到杀戮，那么他的后代怎么还能长享君位呢？"

臣下我高士奇评论说：虞国和虢国唇齿相依，离晋国的南部边境特别近，然而晋献公却阴险狠毒，欲望很大，正有吞并诸侯、怀贪诈以开疆拓土的野心，大概一刻也没有忘记南侵。虢公荒淫暴虐，不顾念百姓，而向淫昏的鬼神求福；多次打败狄人的军队，便夸耀自己的武功，却不考虑晋国想要对自己食肉寝皮的行动，这是上天在夺取他引以自鉴的明镜。虞公贪图玉璧和马匹，而忘记深谋远图，抛弃忠正之言，不仅不顾及已经引狼入室，反而又做晋国的先导攻打虢国。一次没有停止，而且还有第二次。轻率地断绝了和邻国的交往，最后与邻国一起灭亡。君子们看晋国借道虞国伐虢国的事，没有不痛恨晋人狡猾、耻笑虞公愚昧的，而通过财利可以使别人的国家败坏到这种地步。

晋献公内除公族，外击虞、虢，然后又依次消灭了翟祖国、耿国、霍国、魏国，而把耿地赐给赵夙，把魏地赐给毕万，这已经预示了三家分晋的开端。等到战胜了骊戎，俘获了美女骊姬，称心得志，还要赐给史苏酒喝，罚他没有菜吃，说史苏的话没有应验，但却不知由骊姬引发的祸乱已在其中滋生萌发了。祸福相依的规律，多么令人生畏啊！

献公和齐姜通奸，灭亡同姓的国家，断绝先祖的后嗣，背逆天理伦常，应当遭遇家祸。至于被床第之言所迷惑，被房帏之爱所牵绊，疏远申生、重耳和夷吾，让他们驻守边疆，而只对妖艳的骊姬姊妹所生的孩子尊崇宠爱，这大概是

天欲夺其鉴，而降以积恶之罚。不然，以士蒍、里克之忠谏，何其不敌二五与一骊姬也？当皋落授命之日，厖凉玦离，申生之不立，无愚智皆知之。诸大夫鳃鳃过计，惟梁馀子养"死而不孝，不如逃之"之言最为果决。罕夷曰"不如违之"，所见亦同。而士蒍为吴太伯之策，皆善处人骨肉之际者也。

申生仁柔寡断，恭慎有余，而智虑不足；昧于小杖、大杖之义，不能脱然远引。将兵败敌，功愈高而忌愈深；留连宗邑，迹愈嫌而谤愈起。申生之言曰"天下岂有无父之国哉"，不过谓逃死则父恶彰；然不知死孝则父有杀子之名，而所以陷父于恶者益大。守株以俟斧锧，卒死新城，与泉鸠同一冤痛。吁！为人子而不知《春秋》，则蒙不孝之名。若申生者，守命恭时则有之矣，以为能权，则未也。里克亦共世子傅也，入主孟之啖，怵鸟乌之说，中立祈免，而杀世子之计遂决。荀息能为奚齐、卓子死，而克乃苟且全身，不独有愧于杜原款矣。至其欲立文公，可谓择主而事者。

而夷吾以赂得国，怨里克之不与己而杀之，非矣。然独惜克之不早以死徇申生也。秦穆知重耳之仁，而复惑于"置不仁以滑其中"之邪说，舍重耳而立夷吾，王伯之分正在于此。夷吾背施幸德，卒践

上天要夺走他自鉴的明镜，降下对他积累恶行的惩罚。不然的话，凭士苏、里克二人忠诚的进谏，怎能敌不过梁五、东关嬖五和骊姬呢？当献公授命太子申生攻打皋落狄时，杂色的衣服表示凉薄，金玦暗示决绝，申生不能被立为国君，不管是聪明还是糊涂的人都已经知道了。诸位大夫都恐惧忧虑，只有梁馀子养"即使死了也要落个不孝的罪名，还不如逃跑"的话最为果断。罕夷说"不如离开晋国"，见解也和梁馀子养相同。而士苏提出效法吴太伯的计策，可见他们都是善于帮助别人处理骨肉亲情关系的人。

申生仁柔寡断，恭敬谨慎有余，而智谋却不足；他不明白小杖则受、大杖则走的道理，不能洒脱地远离避祸。领兵打败敌人，功劳越高被猜忌得就越深；留恋宗邑，行为越是被猜疑诽谤就越会兴起。申生说"天下哪有没有父亲的国家呢"，不过是说逃避死亡会使父亲的罪恶昭彰；然而他却不知道以死来表示孝道会使父亲背上杀子的罪名，从而使父亲陷于更深的罪恶之中。坐以等待刑戮，最终死在新城，这和汉朝的戾太子最终在泉鸠里自杀同样令人感到冤屈悲痛。唉！作为人子却不知道《春秋》大义，以至于背上了不孝的罪名。像申生这样的人，安守命运恭于时局还可以，但以为他懂得权变，他就做不到了。里克也是世子申生的师傅，和优施一起参加夫人的宴席，被优施"不如乌鸦"的说教所诱导，保持中立以求免除灾难，于是要杀死申生的计策便确立下来了。荀息能为奚齐、卓子殉死，而里克却苟且偷生保全性命，他不只是愧对杜原款一个人啊。至于他想立文公重耳，可以说是选择明主来事奉了。

而夷吾通过贿赂取得国家政权，他怨恨里克不支持自己而杀了他，这是不对的。因此唯独惋惜里克没有早点去为申生殉死。秦穆公知道重耳的仁义，却又被"立不仁的国君来扰乱晋国"的邪说所迷惑，舍弃重耳而立了夷吾，王道与霸道的区别就在于此。夷吾背弃恩惠辜负德义，最终应验了

韩原之妖梦。秦复归之，闵其凶饥，而又输之粟，其谊亦厚。特取其河外列城，使置君义举，市利以归，有惭光伟耳。

怀公嗣立，又杀狐突；而突之死也，以其子从于重耳故，何以教天下之为臣子者？昏悖若此，宜不足以长世，而《传》称"惠、怀无亲，内外弃之"。吁！此天之所以资文公也夫！

韩原战败的妖梦。秦国又放他回国，怜悯晋国的饥荒，又送给他们粮食，情谊还是很深厚的。只是秦国索要晋国黄河以西以南的几座城，使得安置晋国国君的义举，最后变成了换取利益的行为，有失光明磊落。

怀公即位，又杀掉狐突；而狐突之死，是因为他的儿子跟随重耳的缘故，怀公这样做怎么能教育天下做臣子的人呢？昏乱到了这种地步，他不能够长享君位也是应该的，因此《左传》说"惠公、怀公没有亲近之人，国内外的人都抛弃他们"。唉！这是上天在资助文公啊！

卷二十五　晋文公之伯_{襄公继伯附}

　　僖公二十三年。晋公子重耳之及于难也,晋人伐诸蒲城。蒲城人欲战,重耳不可,曰:"保君父之命,而享其生禄,于是乎得人。有人而校,罪莫大焉。吾其奔也。"遂奔狄。从者狐偃、赵衰、颠颉、魏武子、司空季子。狄人伐廧咎如,获其二女,叔隗、季隗,纳诸公子。公子取季隗,生伯儵、叔刘;以叔隗妻赵衰,生盾。将适齐,谓季隗曰:"待我二十五年,不来而后嫁。"对曰:"我二十五年矣,又如是而嫁,则就木焉。请待子。"处狄十二年而行。

　　过卫,卫文公不礼焉。出于五鹿,乞食于野人。野人与之块。公子怒,欲鞭之。子犯曰:"天赐也。"稽首,受而载之。

　　及齐,齐桓公妻之,有马二十乘。公子安之。从者以为不可,将行,谋于桑下。蚕妾在其上,以告姜氏。姜氏杀之,而谓公子曰:"子有四方之志,其闻之者,吾杀之矣。"

卷二十五　晋文公之伯_{襄公继伯附}

　　鲁僖公二十三年。晋国公子重耳遭受骊姬迫害的时候，晋人到蒲城攻打他。蒲城人要迎战，重耳不同意，说："我是凭着君父的命令，才享受了养生的禄邑，才得到众人的拥护。有了百姓的拥护就同君父较量起来，没有比这再大的罪过了。我还是逃走吧。"于是重耳逃往狄国。跟从他一起逃亡的有狐偃、赵衰、颠颉、魏武子、司空季子。狄国人讨伐一个叫廧咎如的部落，俘获了他们的两个女儿，名叫叔隗、季隗，把她们送给晋公子重耳。重耳娶了季隗，生下伯鯈、叔刘，把叔隗嫁给了赵衰，生下赵盾。重耳要到齐国去，对季隗说："等我二十五年，不回来你再改嫁。"季隗回答说："我已经二十五岁了，再过二十五年改嫁，就该进棺材了。我等您就是了。"重耳在狄国住了十二年才离开。

　　重耳和他的随从经过卫国时，卫文公不以礼接待他们。走到五鹿那个地方，向乡下人讨饭吃。乡下人给他们土块。重耳大怒，要拿鞭子打那个人。狐偃（即子犯）说："这是上天赐给您的。"重耳跪拜磕头，把土块接过来放在车上。

　　来到齐国，齐桓公将本族一个女子嫁给他为妻，还给他八十匹马。重耳便安于齐国的生活了。随从认为不能这样待下去，准备到别的国家去，于是就在桑树下商量。养蚕的女奴在桑树上听见了，回去报告给姜氏。姜氏杀了这个女奴，对重耳说："您有远大的志向，偷听你们计划的人，我已经把她杀了。"

公子曰:"无之。"姜曰:"行也! 怀与安,实败名。"公子不可。姜与子犯谋,醉而遣之。醒,以戈逐子犯。

及曹,曹共公闻其骈胁,欲观其裸。浴,薄而观之。僖负羁之妻曰:"吾观晋公子之从者,皆足以相国。若以相,夫子必反其国。反其国,必得志于诸侯。得志于诸侯,而诛无礼,曹其首也。子盍蚤自贰焉。"乃馈盘飧,置璧焉。公子受飧反璧。

及宋,宋襄公赠之以马二十乘。

及郑,郑文公亦不礼焉。叔詹谏曰:"臣闻'天之所启,人弗及也'。晋公子有三焉,天其或者将建诸! 君其礼焉。男女同姓,其生不蕃。晋公子,姬出也,而至于今,一也。离外之患,而天不靖晋国,殆将启之,二也。有三士,足以上人,而从之,三也。晋、郑同侪,其过子弟,固将礼焉,况天之所启乎?"弗听。

及楚,楚子飨之,曰:"公子若反晋国,则何以报不穀?"对曰:"子女、玉帛,则君有之;羽毛、齿革,则君地生焉。其波及晋国者,君之余也,其何以报君?"曰:"虽然,何以报

重耳说："没有这回事。"姜氏说："您走吧！眷恋享受与安于现状，是会毁掉功名的。"重耳还是不肯走。姜氏便和狐偃定下计策，把重耳灌醉送出了齐国都城。重耳醒来后，生气地拿起长戈追赶狐偃。

到了曹国，曹共公听说重耳的肋骨紧密相连成一片，想看他的裸体。有一次重耳洗澡，曹共公便走近重耳的身边偷看了他的肋骨。曹国大夫僖负羁的妻子说："我看跟随晋公子重耳的人，都是能够担任国家辅臣的人才。若以这些人为辅臣，晋公子一定能回晋国为君。回晋国做了国君之后，一定能在诸侯中称霸。在诸侯当中一称霸，就要诛讨对他无礼的国家，曹国恐怕是第一个。你为什么不早些表示自己与曹国国君的不同呢？"僖负羁就派人给重耳送去一盘晚饭，盘里还放着一块玉璧。公子重耳接受了食物而将玉璧退了回去。

到了宋国，宋襄公送给重耳八十匹马。

到了郑国，郑文公也没有以礼接待他们。郑国大夫叔詹劝谏郑文公说："我听说'上天所赞助的人，常人是不能比得上他的'。晋公子身上有三件特殊的事可以看出天意来，上天可能要立他为晋国国君吧！您还是以礼待他吧。同姓的男女结婚，子孙一定不昌盛。姬姓的晋国公子重耳，又是姬姓女所生，而他却一直活到今天，这是第一件特殊的事。晋公子遭受流亡在外的灾难，上天却不让晋国安定下来，大概上天正要为重耳创造有利的条件，这是第二件特殊的事。晋公子有狐偃、赵衰、贾佗三个足以胜过一般人的贤士，这些人跟着他，这是第三件特殊的事。晋国和郑国是同等地位的国家，晋国子弟路过郑国，本应该以礼接待，何况又是上天所赞助的人呢？"郑文公没有听叔詹的劝告。

重耳到了楚国，楚成王设宴款待他，并问道："公子如果回到了晋国，拿什么来报答我呢？"重耳回答道："男女奴仆、宝玉和丝绸，您有的是；鸟羽、兽毛、象牙、犀牛皮，是贵国的土产。这些东西流散到晋国的，不过是您剩下来的罢了，叫我拿什么来报答您呢？"楚成王说："话虽这么说，可到底怎样报答

我?"对曰:"若以君之灵,得反晋国,晋、楚治兵,遇于中原,其辟君三舍。若不获命,其左执鞭弭,右属櫜鞬,以与君周旋。"子玉请杀之。楚子曰:"晋公子广而俭,文而有礼。其从者肃而宽,忠而能力。晋侯无亲,外内恶之。吾闻姬姓,唐叔之后,其后衰者也,其将由晋公子乎!天将兴之,谁能废之?违天必有大咎。"乃送诸秦。

秦伯纳女五人,怀嬴与焉。奉匜沃盥,既而挥之。怒曰:"秦、晋,匹也,何以卑我?"公子惧,降服而囚。他日,公享之。子犯曰:"吾不如衰之文也,请使衰从。"公子赋《河水》,公赋《六月》。赵衰曰:"重耳拜赐!"公子降,拜稽首。公降一级而辞焉。衰曰:"君称所以佐天子者命重耳,重耳敢不拜!"

〔补逸〕《国语》:文公在翟十二年,狐偃曰:"日吾来此也,非以翟为荣,可以成事也。吾曰:'奔而易达,困而有资,休以择利,可以戾也。'今戾久矣。戾久将底,底著滞淫,谁能兴之?盍速行乎!吾不适齐、楚,避其远也。蓄力一纪,可以远矣。齐侯长矣,而欲亲晋。

我呢?"重耳回答说:"如果托您的福,能够回到晋国,假使晋、楚两国发生了战争,在中原相遇,我将指挥晋国军队退避您九十里。如果仍得不到您的谅解而退兵的话,那么我只好左手拿着马鞭和弓,右手抚着箭袋、弓套,与您较量一番。"楚国令尹子玉请求楚成王杀掉重耳。楚成王说:"晋公子志向远大而严于律己,文辞华美而有礼节。他的随从态度庄重而待人宽厚,忠诚而能为主人效力。现在晋国的国君没有亲近的人,国内国外都憎恨他。我听说姬姓中,唐叔一支的后代衰落得最迟,或许要由晋公子重耳来振兴吧!上天要振兴他,谁能把他毁掉呢?违背了天意,一定要遭到大祸。"于是楚成王就派人把公子重耳护送到秦国去了。

秦穆公将五个女子送给他,原先嫁给晋怀公的怀嬴也在内。有一次怀嬴捧着盛水的盘子,给重耳浇水洗手,重耳洗完了挥手甩干水。怀嬴生气地说:"秦、晋两国是同等地位的国家,为什么瞧不起我?"公子重耳听了很害怕,连忙脱去上衣把自己囚禁起来表示谢罪。后来有一天,秦穆公请重耳赴宴。狐偃对重耳说:"我不如赵衰那样善于文辞,请让赵衰陪你去吧。"在宴会上,公子重耳让乐工演奏《河水》一诗,秦穆公叫乐工演奏了《六月》一诗。赵衰说:"重耳快拜谢国君的赏赐!"重耳下了台阶,向秦穆公下拜叩头。秦穆公走下一级台阶,表示辞让。赵衰说:"您用辅助周天子的诗来命令重耳,重耳怎敢不拜谢!"

〔补逸〕《国语》:晋文公重耳出逃到翟人那里已十二年,狐偃对他说:"当初我们来到这里,不是以翟国为荣乐之所,是因为在这里能够成就返晋的事业。我曾说:'出逃到这个地方很容易到达,困顿时又能得到资助,休息下来然后再选择有利时机,因此可以定居下来。'现在我们在这里已定居很久了。定居久了将会停止进取,不再进取再加上荒废怠惰,有谁能够再振兴返晋事业呢?何不赶快走呢!当初我们不到齐国、楚国,是为了避免旅途太远。现在我们积蓄力量已十二年,能够远行了。齐桓公老了,他想亲近晋国。

管仲没矣，多谗在侧。谋而无正，衷而思始。夫必追择前言，求善以终。厌迩逐远，远人入服，不为邮矣。会其季年可也，兹可以亲。"皆以为然，乃行。

〔发明〕按：文公还国事，《左传》与《国语》小异大同，大都《内传》简要，《外传》繁多。今止取《国语》事实之补裨《内传》者，余自有全书，不尽录。司空曰季劝纳怀嬴之说，典而无理。断《易》繇辞，亦属傅会。今不录。

二十四年春王正月，秦伯纳之。不书，不告入也。及河，子犯以璧授公子曰："臣负羁绁，从君巡于天下，臣之罪甚多矣。臣犹知之，而况君乎？请由此亡。"公子曰："所不与舅氏同心者，有如白水！"投其璧于河。济河，围令狐，入桑泉，取白衰。二月甲午，晋师军于庐柳，秦伯使公子絷如晋师。师退，军于郇。辛丑，狐偃及秦、晋之大夫盟于郇。壬寅，公子入于晋师。丙午，入于曲沃。丁未，朝于武宫。戊申，使杀怀公于高梁。不书，亦不告也。

〔补逸〕《国语》：董因迎公于河，公问焉，曰："吾其济乎？"对曰："岁在大梁，将集天行。元年始受，

管仲已经死去,齐桓公身边多是进谗言的人。齐桓公虽想谋划,却没有可以匡正他的人,他心中便会想到当初是如何成就霸业的。他一定会追思选择当初管仲的忠善之言,力求有个好的终结。齐桓公已使邻近国家安定,就会追求远方国家的友好,我们这些远来的人去归服他,是不会错的。正赶上齐桓公的晚年是可以的,这个人我们可以亲近。"大家都认为的确是这样,于是就去齐国了。

〔发明〕按:晋文公重耳归国的事,《左传》的记载与《国语》大同小异,大都是《内传》(即《左传》)简明扼要,《外传》(即《国语》)繁多。现在只选取《国语》中的一些事实补充《左传》,其余的《左传》叙述完备,不再尽数引录《国语》。至于司空白季劝重耳娶怀嬴的说法,虽有先代的典制依据,却不合道理。占断《易经》的爻辞,也是牵强附会。今不予引录。

二十四年春季周历正月,秦穆公派军队护送晋公子重耳回晋国。《春秋》没有记载这件事,是因为晋国没有把重耳回国的事告诉鲁国。到了黄河边上,狐偃把一块玉璧献给公子重耳,说:"臣作为仆役,跟随着您奔走巡行天下,一路上臣的罪过太多了。连臣自己都知道,何况您呢?请让我从此离开吧。"公子重耳说:"我要是不同舅舅您一条心,可以指着黄河水发誓!"说着就把那块玉璧扔到河里。过了黄河,重耳一行围攻令狐,进入桑泉,攻取了白衰。二月甲午日,晋怀公的军队驻扎在庐柳,秦穆公派遣公子絷到晋国军队中传达秦国的命令。晋军后退,驻扎在郇城。辛丑日,狐偃同秦、晋两国大夫在郇城订立盟约。壬寅日,重耳接管了晋军。丙午日,重耳进入曲沃。丁未日,到武公庙朝拜。戊申日,派人到高梁将晋怀公杀死。《春秋》没有记载这件事,也是因为晋国没来鲁国报告的缘故。

〔补逸〕《国语》:董因来到黄河岸边迎接晋文公重耳,重耳问他,说:"我能够取得成功吗?"董因回答说:"现在岁星在大梁星次,将成天道。您即位的第一年接受天命,

实沈之星也。实沈之虚,晋人是居,所以兴也。今君当之,无不济矣。君之行也,岁在大火。大火,阏伯之星也,是谓大辰。辰以成善,后稷是相,唐叔以封。《瞽史记》曰:'嗣续其祖,如谷之滋。'必有晋国。臣筮之,得《泰》之八,曰:'是谓天地配亨,小往大来。'今及之矣,何不济之有?且以辰出而以参入,皆晋祥也,而天之大纪也。济且秉成,必霸诸侯,子孙赖之。君无惧矣!"

《韩非子》:文公反国,至河,令笾豆捐之,席蓐捐之,手足胼胝、面目黧黑者后之。咎犯闻之而夜哭。公曰:"寡人出亡二十年,乃今得反国。咎犯闻之,不喜而哭,意不欲寡人反国耶?"犯对曰:"笾豆所以食也,席蓐所以卧也,而君捐之。手足胼胝、面目黧黑,劳有功者也,而君后之。今臣有与在后中,不胜其哀,故哭。且臣为君行诈伪以反国者众矣,臣尚自恶也,而况于君?"再拜而辞。文公止之,曰:"谚曰:'筑社者攘撅而置之,端冕而祀之。'今子与我取之,而不与我治之;与我置之,而不与我祀之,焉可?"解左骖,而盟于河。

这一年岁星运行到实沈星次。实沈的分野,正对应着晋国,晋国就是在那儿兴起的。现在您正赶上岁星在实沈星次,做事没有不成功的。当初您出逃时,岁星在大火星次。大火,是阏伯所祭祀的星,也就是大辰。辰表示能够成就善道,所以周朝先祖后稷注意观看它以成农事,唐叔也是岁星在大辰时被分封的。《瞽史记》上说:'子孙继承他的先祖,就如同谷物的滋生一样。'您一定会拥有晋国。我占筮了这件事,得到《泰》卦,阴爻不动,其数为八,卦辞说:'天地交配亨通,小人失势,大人成功。'现在正好赶上好时辰,怎么会不成功呢?并且您于岁星在大辰时出国,于岁星在实沈时回国,都是晋国的祥兆,对上天来说,正好是大的命数。您能够成功并且稳操胜券,一定会称霸诸侯,子孙都将依靠您。您不要害怕了!"

《韩非子》:晋文公自秦国返回到晋国,到黄河边,命令把笾、豆这些盛食物的用具都丢掉,席子、垫子这些睡觉用的东西也都丢掉,叫手脚磨出老茧和脸色黑的人都退到后面去。狐偃(即咎犯)听说后在夜里大哭。文公说:"我出逃二十年,直到现在才得以回国。狐偃听说后,不但不高兴反而大哭,难道不愿让我回国吗?"狐偃回答说:"笾、豆是用来盛食物的,席子、垫子是用来睡觉的,而您把它们都扔了。手脚上有老茧、脸色发黑的,是劳而有功的人,而您却让他们退到后面。现在我也有理由被归在后面,心中的哀痛难以承受,所以哭了。况且我为您返回曾多次使用诈伪欺骗的手段,我自己都讨厌自己,更何况您呢?"他拜了两拜向文公告别。文公阻止他,说:"谚语说:'修筑土地神坛的人,撩起衣服树立社神,穿上礼服、戴上礼帽去祭祀它。'现在你和我一起取得了国家,却不和我一起治理它;就好比一起和我树立了社神,却不和我一起祭祀它一样,怎么能行呢?"于是文公解开左边驾车的马,沉于河中发誓,表示不会背叛狐偃。

《史记》：重耳出亡，凡十九岁而得入，时年六十二矣。至河，咎犯请亡。重耳投璧以与子犯盟。是时，介子推从在船中，乃笑曰："天实开公子，而子犯以为己功，而要市于君，固足羞也。我不忍与同位。"乃自隐。

吕、郤畏逼，将焚公宫，而弑晋侯。寺人披请见，公使让之，且辞焉，曰："蒲城之役，君命一宿，女即至。其后余从狄君以田渭滨，女为惠公来求杀余。命女三宿，女中宿至。虽有君命，何其速也？夫袪犹在。女其行乎！"对曰："臣谓君之入也，其知之矣。若犹未也，又将及难。君命无二，古之制也。除君之恶，唯力是视，蒲人、狄人，余何有焉？今君即位，其无蒲、狄乎？齐桓公置射钩，而使管仲相。君若易之，何辱命焉？行者甚众，岂唯刑臣？"公见之。以难告。三月，晋侯潜会秦伯于王城。己丑晦，公宫火。瑕甥、郤芮不获公，乃如河上，秦伯诱而杀之。晋侯逆夫人嬴氏以归，秦伯送卫于晋三千人，实纪纲之仆。

〔补逸〕《国语》：公属百官，赋职任功。弃责薄敛，施舍分寡，救乏振滞，匡困资无。轻关易道，通商宽

《史记》：晋文公重耳出逃，总共过了十九年才得以回国，那时他已六十二岁。到了黄河边，狐偃请求自己离去。重耳将玉璧扔到河中，与狐偃对河发誓。当时，介子推随同他们在船中，就笑着说："分明是上天在开启公子的功业，而狐偃却把这当作自己的功劳，而向公子邀功请赏，真是够羞耻的。我不能容忍与这样的人共事。"于是隐居起来。

晋惠公的旧臣吕甥、郤芮怕受晋文公迫害，企图放火烧毁文公的宫室，并杀死晋文公。寺人披请求面见晋文公，文公派人责备他，并且拒绝见他，说："你到蒲城杀我那次，献公叫你一夜后到达，你当天就到了。后来我跟着狄君在渭水边打猎，你又奉惠公之命来刺杀我。叫你三夜后赶到，你第二夜就赶到了。尽管你奉行的是国君的命令，可为什么那样快呢？那时被你斩断的残袖我还保存着。你还是快走开吧！"寺人披答道："我以为您既然回国为君，就应该懂得为君的道理了。如果您还没有懂得为君之道的话，那么您又要遭难了。执行国君的命令不能有二心，这是自古以来的法度。替国君除恶，要尽自己最大的力量，杀一个蒲人或狄人，与我有什么关系呢？现在您做了国君，难道就没有像当年在蒲城和狄地那样的反对者了吗？从前齐桓公不计较被射中衣带钩的仇恨，任命管仲为相。您如果不能像齐桓公那样大度而念斩袖之怨，那我会自动走开，何必辱劳您下命令呢？那样的话走的人多着呢，岂止我这个阉人？"晋文公于是召见他。寺人披将吕甥、郤芮将要作乱的事报告给晋文公。这年三月，晋文公和秦穆公在王城秘密会见。三月三十日，晋文公的宫里起了大火。吕甥（即瑕甥）、郤芮没有捉到文公，就追赶到黄河边上，秦穆公将他们诱骗过去杀掉。晋文公迎接他的夫人嬴氏回晋国，秦穆公护送文公返回派了三千人，都是很得力的仆卒。

〔补逸〕《国语》：晋文公重耳召集百官，授予官职，任用功臣。他废弃旧债，减轻赋税，施舍财物，把财货分给缺少的人，救济贫乏的人，举拔长期未得官职的贤士，辅助穷困的人，资助没有财产的人。减轻关税、整修道路，通商旅、宽

农,茂稿劝分。省用足财,利器明德,以厚民性。举善援能,官方定物,正名育类。昭旧族,爱亲戚,明贤良,尊贵宠,赏功劳,事耆老,礼宾旅,友故旧。胥、籍、狐、箕、栾、郤、柏、先、羊舌、董、韩,实掌近官;诸姬之良,掌其中官;异姓之能,掌其远官。公食贡,大夫食邑,士食田,庶人食力,工商食官,皂隶食职,官宰食加。政平民阜,财用不匮。

初,晋侯之竖头须,守藏者也。其出也,窃藏以逃,尽用以求纳之。及入,求见,公辞焉以沐。谓仆人曰:"沐则心覆,心覆则图反,宜吾不得见也。居者为社稷之守,行者为羁绁之仆,其亦可也,何必罪居者? 国君而仇匹夫,惧者甚众矣。"仆人以告,公遽见之。

晋侯赏从亡者,介之推不言禄,禄亦弗及。推曰:"献公之子九人,唯君在矣。惠、怀无亲,外内弃之。天未绝晋,必将有主。主晋祀者,非君而谁? 天实置之,而二三子以为己力,不亦诬乎? 窃人之财,犹谓之盗,况贪天之功,以为己力乎? 下义其罪,上赏其奸,上下相蒙,难与处矣。"

农政，鼓励稼穑、劝勉分财于人。国家减少开支，贮足财货，修治各种器具、修明君主的德政，以此来增进民生。在国内推举善良的人，提拔贤能的人，建立常官以定百事，端正上下等级名分，培养善行。使有功旧臣的家族名声显赫，爱护亲属，昭明贤良之人，尊重显贵受宠之人，奖赏有功之臣，赡养高寿老人，礼遇过往宾客，友爱自己过去的朋友。胥、籍、狐、箕、栾、郤、柏、先、羊舌、董、韩等十一个旧姓，都在朝廷担任官职；那些姬姓中贤良的人，让他们在内宫担任官职；那些异姓中贤能的人，让他们职掌远地官职。公享受贡赋，大夫享受封邑之赋，士享受禄田之赋，百姓平民靠劳动生活，手工业者、商人靠官禄生活，仆隶按其职大小食禄，家臣靠大夫的加田生活。晋国政治安定，百姓富足，财富不竭。

当初，晋文公身边有个小臣叫头须，是替文公守库藏的。当晋文公出逃的时候，头须窃取了库藏里的财物逃跑了，全部花掉用来接纳文公返国。文公回到晋国，头须求见，文公借口正在洗头，不见他。头须对文公的仆人说："洗头时心会倒过来，心倒过来，内心的想法也会颠倒，不肯接见我也是对的。留在国中的人是守卫国家的，随从出逃的人是弃走服役的，这两种人都是一样的，何必认为留在国中的人就是有罪的呢？一个国君如果仇视一个普通人，那么害怕的人就太多了。"仆人将头须的话回报给文公，文公立即召见了他。

晋文公赏赐跟随他出逃的人，介之推（即介子推）没有提出赏赐要求，因而赏赐也没有轮到他。介子推说："献公有九个儿子，现在只有国君一人在世了。惠公、怀公做国君时不为人所亲，国内外的人都抛弃了他们。上天不肯灭亡晋国，必定要有贤君出现。主持晋国祭祀的，不是国君还是谁呢？上天一定要立他为晋君，然而那些跟从出逃的人却认为是自己的力量，这不是欺骗上天吗？偷别人钱财，尚且叫盗，更何况贪取上天的功劳，当作自己的功劳呢？在下的人把罪过当成正义，在上的人又奖赏他们的奸邪，上下相互欺骗蒙蔽，因此难以与他们同朝共处了。"

其母曰："盍亦求之？以死，谁怼？"对曰："尤而效之，罪又甚焉。且出怨言，不食其食。"其母曰："亦使知之，若何？"对曰："言，身之文也。身将隐，焉用文之？是求显也。"其母曰："能如是乎？与女偕隐。"遂隐而死。晋侯求之不获，以绵上为之田，曰："以志吾过，且旌善人。"

〔补逸〕《史记》：文公修政，施惠百姓，赏从亡者及功臣。大者封邑，小者尊爵。未尽行赏，周襄王以弟带难出居郑地，来告急晋。晋初定，欲发兵，恐他乱起，是以赏从亡未至隐者介子推，推亦不言禄，禄亦不及。介子推从者怜之，乃悬书宫门曰："龙欲上天，五蛇为辅。龙已升云，四蛇各入其宇。一蛇独怨，终不见处所。"文公出，见其书，曰："此介子推也。吾方忧王室，未图其功。"使人召之，则亡。遂求所在，闻其入绵上山中，于是文公环绵上山中而封之，以为介推田，号曰介山，"以记吾过，且旌善人"。

〔发明〕按：《说苑》"介子推"作"舟之侨"，讹甚。龙蛇之歌，诸书所载亦多异同，今从《史记》。

《史记》：从亡贱臣壶叔曰："君三行赏，赏不及臣，敢请罪。"文公报曰："夫导我以仁义，防我以德惠，此

介子推的母亲说:"你何不也向国君请求赏赐? 要不然就这样死去,又怨谁呢?"介子推回答说:"明知他们不对,反而又效法他们去求赏,罪过就更大了。并且我已经口出怨言了,不能再接受他的俸禄。"他母亲说:"也应该让国君知道,你看怎么样?"介子推回答说:"言语,是人身体的文饰。我身将隐退,为什么还要用言辞来文饰自己呢? 如照母亲所说,那正是去追求显达了。"他母亲说:"你真能够这样吗? 我跟你一同隐居吧。"于是他们就一同隐居到死。晋文公寻找介子推结果也没有找到,便把绵上那个地方的田地作为介子推的祭田,他说:"用这个来记载我的过错,并且表扬好人。"

　　〔补逸〕《史记》:晋文公修明政务,对百姓施惠,赏赐随从逃亡的人和有功之臣。功劳大的封给城邑,小的授予爵位。还未来得及全部赏赐完毕,周襄王因弟弟子带作乱而逃到郑国居住,来向晋国告急。晋国刚刚安定,想派军队,又担心国内发生其他动乱,因此赏赐随从的逃亡者还未轮到隐居的介子推,介子推也不说要赏赐,赏赐也没轮到他。介子推的随从怜悯他,就在宫门挂上一幅字,写道:"龙想上天,五条蛇辅佐它。龙已升入云霄,四条蛇各自进了自己的屋室。只有一条蛇独自悲怨,始终没找到去处。"文公出宫,看到这幅字,说:"这说的是介子推。我正为王室之事担忧,还没考虑他的功劳。"于是派人去召介子推来,但介子推已经逃走了。文公就打听介子推的行踪,听说他进了绵上的山中,于是,文公就把整个绵上的山圈起来,封给介子推,作为他的封田,起名叫介山,并说"以此记载我的罪过,并表彰善人"。

　　〔发明〕按:《说苑》中"介子推"写作"舟之侨",讹误太大了。关于宫门所挂的龙和蛇的歌谣,各书所记载的也多有不同,现在采取《史记》的记载。

　　《史记》:随从晋文公逃亡的仆人壶叔说:"您三次赏赐功臣,每次赏赐都没有轮到我,敢问我有什么罪过。"文公回答说:"用仁义来引导我,用德惠来防范我的过失,这样的人

受上赏；辅我以行，卒以成立，此受次赏；矢石之难，汗马之劳，此复受次赏；若以力事我而无补吾阙者，此受下赏。三赏之后，故且及子。"晋人闻之，皆说。"壶叔"《说苑》作"陶叔狐"。

《国语》：襄王使太宰文公及内史兴赐晋文公命。上卿逆于境，晋侯郊劳，馆诸宗庙，馈九牢，设庭燎。及期，命于武宫。设桑主，布几筵。太宰莅之，晋侯端委以入。太宰以王命命冕服，内史赞之，三命而后即冕服。既毕，宾、飨、赠、饯，如公命侯伯之礼，而加之以宴好。内史兴归，以告王曰："晋不可不善也。其君必霸。逆王命敬，奉礼义成。敬王命，顺之道也；成礼义，德之则也。则德以道诸侯，诸侯必归之。"

狄师伐周，王适郑，处于氾。详见《子带之乱》。使简师父告于晋，使左鄢父告于秦。

二十五年春，秦伯师于河上，将纳王。狐偃言于晋侯曰："求诸侯，莫如勤王。诸侯信之，且大义也。继文之业，而信宣于诸侯，今为可矣。"使卜偃卜之，曰："吉。遇黄帝战于阪泉之兆。"公曰："吾不堪也。"对曰："周礼未改，今之王，古之帝也。"公曰："筮之。"筮之，遇《大有》☰☰之《睽》☰☱，

应受到上等赏赐；用善行辅佐我，最终使我得以成就功业，这样的人应受到次一等赏赐；在战场上冒着矢石之险，为我立下汗马功劳，这样的人应受到再次一等的赏赐；假如只是用劳力侍奉我，而没有弥补我的过失，这样的人应受到下等赏赐。三次赏赐之后，才轮到你的原因就在这里。"晋国人听了文公的话，都心悦诚服。"壶叔"在《说苑》中作"陶叔狐"。

《国语》：周襄王派太宰文公以及内史兴赐晋文公命服。晋国上卿到边境上迎接他们，晋文公在城郊慰劳，让他们住在宗庙里，馈赠他们九份太牢，在宫廷里点燃大烛。到了接受王命那天，使臣在武公庙里向晋文公赐命服。设置用桑木做的献公的神位，布置几案宴席。太宰来到武公庙，晋文公穿着玄端礼服、戴玄冠礼帽进来。太宰以周襄王之命赐给文公大冠鷩服，内史兴为赞礼，经三次赐命、三次辞让后，晋文公才穿戴上冠服。礼仪完毕后，所进行的接待宾客之礼、供食之礼、馈赠之礼、郊送饮酒之礼，都按公赐命侯伯的礼仪规格，并都设有宴席以增加友好气氛。内史兴回去以后，把这些告诉了周襄王，说："对晋国不能不善待啊。它的国君必然会成为霸主。他迎接君王的赐命非常恭敬，一切都按礼仪行事。敬奉王命，这是恭顺之道；按礼仪行事，这是德行的准则。以道德为准则训导诸侯，诸侯一定会归顺晋君的。"

狄人军队进攻周王城，周襄王逃到了郑国，住在氾地。详见《子带之乱》。襄王派简师父到晋国告难，派左鄢父到秦国告难。

二十五年春季，秦穆公驻军黄河边，准备护送周襄王回朝。狐偃对晋文公说："求霸于诸侯，没有比救援天子更有效的了。这样可以得到诸侯信任，并且合于大义。继承了文侯的事业，同时在诸侯中宣扬信义，现在可以做了。"让卜偃占卜，卜偃说："吉利。得到黄帝在阪泉作战的卦兆。"文公说："我担当不起啊。"卜偃回答说："周王室的礼制没有改变，现在的王，就是古代的帝。"文公说："占筮看看。"占筮，得到《大有》卦☰☲变成《睽》卦☱☲，

曰："吉。遇'公用享于天子'之卦。战克而王飨,吉孰大焉?且是卦也,天为泽以当日,天子降心以逆公,不亦可乎?《大有》去《睽》而复,亦其所也。"晋侯辞秦师而下。三月甲辰,次于阳樊,右师围温,左师逆王。

夏四月丁巳,王入于王城,取太叔于温,杀之于隰城。戊午,晋侯朝王,王飨醴,命之宥。请隧,弗许,曰:"王章也。未有代德,而有二王,亦叔父之所恶也。"与之阳樊、温、原、欑茅之田。晋于是始启南阳。阳樊不服,围之。苍葛呼曰:"德以柔中国,刑以威四夷,宜吾不敢服也。此,谁非王之亲姻?其俘之也?"乃出其民。

冬,晋侯围原,命三日之粮。原不降,命去之。谍出曰:"原将降矣。"军吏曰:"请待之。"公曰:"信,国之宝也,民之所庇也。得原失信,何以庇之?所亡滋多。"退一舍而原降。迁原伯贯于冀。赵衰为原大夫,狐溱为温大夫。

二十六年夏,齐孝公伐我北鄙。卫人伐齐,洮之盟故也。公使展喜犒师,使受命于展禽。齐侯未入竟,展喜从之,曰:"寡君闻君亲举玉趾,将辱于敝邑,使下臣犒执事。"齐侯曰:"鲁人恐乎?"对曰:"小人恐矣,君子则否。"齐侯曰:"室如悬罄,野无青草,何恃而不恐?"对曰:"恃先王之命。昔周公、大公股肱周室,夹辅成王,成王劳之,而赐之盟曰:

卜偃说:"吉利。得到'公被天子设享礼招待'的卦。象征战胜以后周天子设享礼招待,还有比这更大的吉利吗?而且这一卦,天变成水泽来承受太阳的照耀,象征天子屈心降意来迎接您,不是可以的吗?《大有》变成《睽》而又回到本卦《大有》,也是理所当然的。"晋文公辞退秦军,顺流而下。三月十九日,晋军驻扎在阳樊,右翼部队包围了温地,左翼部队迎接周襄王。

夏季四月初三,周襄王进入王城,在温地捉住了太叔(即子带),把他杀死在隰城。初四,晋文公进见周襄王,周襄王用甜酒招待他,并准许他回敬自己。晋文公请求死后能用隧道之礼下葬,周襄王没有允许,说:"这是天子的礼制。没有取代周王室,却有两个天子,这是叔父所厌恶的。"周襄王赐给晋文公阳樊、温、原、欑茅的土地。晋国从这时开始开辟南阳的疆土。阳樊不降服,晋军包围阳樊。阳樊人苍葛大喊说:"用德行来安抚中原国家,用刑罚来威慑四方夷狄,你们用武力,无怪我们不敢降服。这里谁不是王室的亲戚?难道能做俘虏吗?"于是放阳樊的百姓出城。

这年冬季,晋文公包围了原邑,命令携带三天的粮食。到了第三天,原邑不投降,晋文公命令军队撤离。间谍从城里出来说:"原邑准备投降了。"军吏说:"请再等等看。"晋文公说:"信用,是国家的宝贝,百姓靠它庇护。得到原邑而失掉信用,用什么庇护百姓?失去的就更多了。"退兵三十里后原邑投降。晋文公把原伯贯迁到冀地。任命赵衰为原邑大夫,狐溱为温邑大夫。

二十六年夏季,齐孝公攻打我鲁国的北部边境。卫军攻打齐国,这是由于卫国履行洮地盟约的缘故。鲁僖公派遣展喜犒劳齐国军队,并让他向展禽请教如何措辞。齐孝公还没有进入鲁国国境,展喜先出境迎接他,说:"我国国君听说您亲举贵步前来,将要驾临我国,派臣下来犒劳您的左右侍从。"齐孝公说:"鲁国人害怕吗?"展喜回答说:"小人害怕,君子就不害怕。"齐孝公说:"你们的房屋中空洞无物,田野里连草都不长,倚仗什么而不害怕?"展喜回答说:"凭着先王的命令。从前周公、太公辅佐周王室,共同辅助成王,成王慰劳他们,给他们订立盟约说:

'世世子孙,无相害也。'载在盟府,大师职之。桓公是以纠合诸侯,而谋其不协,弥缝其阙,而匡救其灾,昭旧职也。及君即位,诸侯之望曰:'其率桓之功。'我敝邑用不敢保聚,曰:'岂其嗣世九年,而弃命废职?其若先君何?君必不然。'恃此以不恐。"齐侯乃还。

东门襄仲、臧文仲如楚乞师,臧孙见子玉而道之伐齐、宋,以其不臣也。

宋以其善于晋侯也,叛楚即晋。冬,楚令尹子玉、司马子西帅师伐宋,围缗。

公以楚师伐齐,取榖。凡师,能左右之曰以。置桓公子雍于榖,易牙奉之,以为鲁援。楚申公叔侯成之。桓公之子七人,为七大夫于楚。

二十七年,楚子将围宋,使子文治兵于睽,终朝而毕,不戮一人。子玉复治兵于蒍,终日而毕,鞭七人,贯三人耳。国老皆贺子文,子文饮之酒。蒍贾尚幼,后至,不贺。子文问之,对曰:"不知所贺。子之传政于子玉,曰'以靖国也'。靖诸内而败诸外,所获几何?子玉之败,子之举也。举以败国,将何贺焉?子玉刚而无礼,不可以治民。过三百乘,其不能以入矣。苟入而贺,何后之有?"

冬,楚子及诸侯围宋,宋公孙固如晋告急。先轸曰:

'世世代代的子孙，不要相互侵害。'这盟辞还藏在盟府，由太师掌管它。齐桓公因此会合诸侯，商讨解决他们之间的不和协，弥补他们的过失，救援他们的灾难，这都是昭明太公的职责。等到您即位，各国诸侯盼望说：'他会遵循桓公的功业。'我们鲁国因此不敢聚众防守，都说：'难道齐侯继位才九年，就会丢掉先王之命，废弃太公之职吗？怎么对得起先君呢？齐侯一定不会这样做。'靠着这些才不害怕。"齐孝公于是就回国了。

鲁国东门襄仲、臧文仲到楚国请求出兵，臧文仲（即臧孙）进见子玉并引导他攻打齐国、宋国，这是由于齐、宋两国不肯事奉楚国。

宋国因为曾对晋文公表示过友善，就背叛楚国而亲近晋国。冬季，楚国令尹子玉、司马子西率军攻打宋国，包围了缗地。

鲁僖公率领楚军攻打齐国，占领了穀地。凡是出兵，能够随意指挥别国军队，就叫作"以"。把齐桓公的儿子雍安置在穀地，由易牙事奉他，作为鲁国的后援。楚国申公叔侯戍守在那里。齐桓公的儿子七人，都在楚国做了大夫。

二十七年，楚成王要围攻宋国，命子文在睽地练兵，仅练了一个上午就结束了，没有惩罚一个人。子玉又在蒍地练兵，练了一整天才结束，鞭打了七个人，用箭刺穿了三个人的耳朵。楚国的老臣们都来祝贺子文，子文请大家饮酒。当时蒍贾年纪还小，宴饮时后到场，又不祝贺子文。子文问他为什么，蒍贾答道："不知道祝贺什么。您把国家政事传给了子玉，还说'是为了安定楚国'。这样国内虽获安定，而国外若遭到失败，楚国得到的好处能有多少？子玉的作战失败，是您举荐的结果。举荐人反而使国家败坏，又有什么值得祝贺的呢？子玉这个人刚强而没有礼貌，不能统率军队。如果叫他带领超过三百辆战车的军队去作战，恐怕就不能胜利回国了。等他能胜利回国再祝贺，算晚吗？"

这一年冬季，楚成王和陈穆公、蔡庄公、郑文公、许僖公领兵围攻宋国，宋国的公孙固去晋国告急求救。晋将先轸说：

"报施救患，取威定霸，于是乎在矣。"狐偃曰："楚始得曹，而新昏于卫。若伐曹、卫，楚必救之，则齐、宋免矣。"于是乎蒐于被庐，作三军，谋元帅。赵衰曰："郤縠可。臣亟闻其言矣，说礼、乐而敦《诗》《书》。《诗》《书》，义之府也；礼、乐，德之则也；德、义，利之本也。《夏书》曰：'赋纳以言，明试以功，车服以庸。'君其试之！"乃使郤縠将中军，郤溱佐之；使狐偃将上军，让于狐毛而佐之；命赵衰为卿，让于栾枝、先轸。使栾枝将下军，先轸佐之。荀林父御戎，魏犨为右。

晋侯始入而教其民，二年欲用之。子犯曰："民未知义，未安其居。"于是乎出定襄王，入务利民，民怀生矣。将用之。子犯曰："民未知信，未宣其用。"于是乎伐原以示之信。民易资者，不求丰焉，明征其辞。公曰："可矣乎？"子犯曰："民未知礼，未生其共。"于是乎大蒐以示之礼，作执秩以正其官。民听不惑，而后用之。出縠戍，释宋围，一战而霸，文之教也。

〔补逸〕《国语》：公使赵衰为卿，辞曰："栾枝贞慎，先轸有谋，胥臣多闻，皆可以为辅，臣弗若也。"乃使栾枝将下军，先轸佐之。取五鹿，先轸之谋也。郤縠卒，

"报答宋国的恩惠,救助宋国的危难,在诸侯中取得威望,奠定霸业,就在这次战争了。"狐偃说:"楚国刚得到曹国的归附,并和卫国新结了姻亲。若是攻打曹国、卫国,楚国一定会来救它们,那么齐国、宋国就可以免于被攻了。"晋国于是在被庐检阅军队,建立了上、中、下三军,谋划选派中军的元帅。赵衰说:"郤縠可以做中军元帅。我曾多次听到他谈论,他既喜欢礼、乐又爱重《诗》《书》。《诗》《书》,是义理的库府;礼、乐,是道德修养的准则;德、义,是利益的根本。《夏书》上说:'选用一个人,应该全面听取他的言论,明白地考察他的做事能力,有了功绩就要用车马服饰酬劳他。'您不妨试用他看看!"于是晋文公就命郤縠统率中军,郤溱辅佐他;命狐偃统率上军,狐偃辞让给哥哥狐毛而自己做副手;任命赵衰为卿,赵衰辞让给栾枝、先轸。命栾枝统领下军,先轸做副手。荀林父给晋文公驾驶兵车,魏犨做车右。

晋文公刚回国时就开始训练百姓作战,两年后便想动用他们去征战。狐偃说:"民众还不知道义,生活还不安定。"于是晋文公在外平定了子带之乱,安定了周襄王的王位,在国内又致力于做对民众有益的事,民众逐渐安于生计了。这时,晋文公又要动用民众作战。狐偃说:"民众还不知道诚信,还不明白诚信的作用。"于是晋文公便通过攻打原邑退兵三十里来表示诚信。民众做买卖,不求多获利益,讲究明码标价,以示诚信。文公说:"现在可以动用民众了吗?"狐偃说:"民众还不知礼仪,对君上还没有产生恭敬之心。"于是晋文公便通过盛大的阅兵典礼来申明礼仪,设立掌管爵禄秩位的官来规定官员的职责。民众听从上级的命令而不再怀疑,然后才动用民众作战。晋国迫使楚国撤出在齐国穀地的驻军,解除了楚国对宋国的围困,城濮一战而成为霸主,这些都是晋文公教化的结果。

〔补逸〕《国语》:晋文公任命赵衰为卿,赵衰辞让说:"栾枝正直谨慎,先轸有谋略,胥臣(即白季)有见识,都可以作为辅佐之臣,我不如他们。"于是文公就命栾枝率领下军,先轸做副手。攻取卫国的五鹿,就是先轸的计谋。郤縠死后,

使先轸代之，胥臣佐下军。

二十八年春，晋侯将伐曹，假道于卫，卫人弗许。还，自南河济，侵曹，伐卫。正月戊申，取五鹿。二月，晋郤縠卒。原轸将中军，胥臣佐下军，上德也。晋侯、齐侯盟于敛盂。卫侯请盟，晋人弗许。卫侯欲与楚，国人不欲，故出其君以说于晋。卫侯出居于襄牛。

公子买戍卫。楚人救卫，不克。公惧于晋，杀子丛以说焉。谓楚人曰："不卒戍也。"

晋侯围曹，门焉，多死。曹人尸诸城上，晋侯患之。听舆人之谋曰，称"舍于墓"，师迁焉。曹人凶惧，为其所得者棺而出之。因其凶也，而攻之。三月丙午，入曹。数之以其不用僖负羁，而乘轩者三百人也，且曰"献状"。令无入僖负羁之宫，而免其族，报施也。魏犨、颠颉怒曰："劳之不图，报于何有？"爇僖负羁氏。魏犨伤于胸，公欲杀之，而爱其材。使问，且视之。病，将杀之。魏犨束胸见使者，曰："以君之灵，不有宁也？"距跃三百，曲踊三百。乃舍之。杀颠颉以徇于师，立舟之侨以为戎右。

命先轸代替其职，胥臣做下军的副手。

二十八年春季，晋文公准备去攻打曹国，向卫国借路通过，卫国人不允许。晋军只好回师，从南津渡过黄河，侵入曹国，攻打卫国。正月初九，晋军攻取了卫国的五鹿。二月，中军元帅郤縠病死。先轸（即原轸）统率中军，胥臣做下军的副手，这样做是崇尚有德的人。晋文公、齐昭公在敛盂订立盟约。卫成公请求同齐、晋结盟，晋文公不允许。卫成公想要转而结好楚国，可卫国人不同意，因此卫国人驱逐了国君成公来讨好晋国。卫成公逃到襄牛住了下来。

此时，鲁国公子买戍守在卫国。楚国发兵救卫，没有战胜晋军。鲁僖公害怕晋国，便杀了公子买（即子丛）来讨好晋国。反而对楚国说："公子买戍守期限未到就撤走，所以杀了他。"

晋文公包围了曹国国都，攻打城门时，晋军死亡很多。曹国人把晋军的尸体都陈列在城上，晋文公很忧虑曹人这样做会动摇军心。这时听见役卒们谋划，说"把军队驻扎在曹人的坟地上"，于是晋文公把军队移到曹人的坟地上扎营。曹国人果然恐惧起来，就把得到的晋军尸体装进棺材送出来。晋军趁着曹国人心惶惶的时候加紧攻城。三月初八，攻入了曹国国都。晋文公列举曹共公的罪状，斥责他不重用贤臣僖负羁，可是朝中却有三百多乘坐大马高车的无用大夫，并责难曹共公说"要供认当年偷看晋侯洗澡的罪状"。晋文公又下令不准进入僖负羁的住宅，并赦免僖负羁同族的人，这是为了报答他过去的恩惠。魏犨、颠颉气愤地说："我们有功劳的人都不肯考虑报答，僖负羁有什么值得报答的？"于是，他俩就放火烧了僖负羁家的房子。魏犨的胸部受了伤，晋文公想杀他，可又很爱惜他的才干。因此，就派人慰问他，并探看伤势。要是伤得很重，就打算杀掉他。魏犨把胸部伤口包扎好，出来会见文公的使者，说："托国君的福，我这不是好好的吗？"当着文公使者的面，向前跳了三次，又回身耸跳了三次。于是晋文公饶恕了他。只杀了颠颉在军中示众，改用舟之侨为车右。

　　宋人使门尹般如晋师告急。公曰："宋人告急,舍之则绝;告楚,不许。我欲战矣,齐、秦未可,若之何?"先轸曰:"使宋舍我而赂齐、秦,藉之告楚。我执曹君,而分曹、卫之田以赐宋人。楚爱曹、卫,必不许也。喜赂怒顽,能无战乎?"公说,执曹伯,分曹、卫之田以畀宋人。

　　楚子入居于申,使申叔去穀,使子玉去宋,曰:"无从晋师!晋侯在外,十九年矣,而果得晋国。险阻艰难,备尝之矣;民之情伪,尽知之矣。天假之年,而除其害。天之所置,其可废乎?《军志》曰:'允当则归。'又曰:'知难而退。'又曰:'有德不可敌。'此三志者,晋之谓矣。"子玉使伯棼请战,曰:"非敢必有功也,愿以间执谗慝之口。"王怒,少与之师,唯西广、东宫与若敖之六卒实从之。

　　子玉使宛春告于晋师曰:"请复卫侯而封曹,臣亦释宋之围。"子犯曰:"子玉无礼哉!君取一,臣取二,不可失矣。"先轸曰:"子与之!定人之谓礼。楚一言而定三国,我一言而亡之。我则无礼,何以战乎?不许楚言,是弃宋也;救而弃之,谓诸侯何?楚有三施,我有三怨,怨仇已多,将何以战?

宋国派遣大夫门尹般到晋军中告急求救。晋文公说："宋国人来告急，撇开不管两国就会绝交；请楚国撤兵，楚国又不答应。我想要同楚国作战了，可齐国、秦国又不会赞同，怎么办呢？"中军元帅先轸说："设法使宋国不向我们求救，而去贿赂齐、秦两国，利用齐、秦两国出面请求楚国退兵。同时我们将曹国国君扣留下来，再把曹、卫两国的一部分土地赐给宋人。楚国爱惜曹、卫两个盟邦，一定不会接受齐、秦两国的调解。这样齐、秦高兴于得到了贿赂而恼怒于楚国的顽固，还能不参加战争吗？"晋文公听了很高兴，当时就将曹共公扣押起来，把曹、卫的一部分土地分给宋国。

楚成王驻兵在申地，命令申叔撤出穀地，又命令子玉撤离宋国，对他们说："不要同晋军交战！晋君在外流亡十九年，最终回到晋国为君。人世的艰难险阻，他全都经历过了；人心的真假虚实，他也全都清楚了。上天赐给他长寿，又助他除掉了仇敌。上天这样安排，怎能废除呢？兵书《军志》上说：'适可而止。'又说：'知难而退。'又说：'有德的人不可与之为敌。'这三条，说的就是晋国。"子玉派伯棼向楚成王请战，说："我不敢说一定能立功，不过愿借此机会来堵住那些播弄是非的小人的口。"成王听了很生气，只给了他少量的兵力，只派右军西广、东宫太子的两支军队和若敖氏的六百亲兵跟着去。

子玉派宛春通知晋军说："请晋国恢复卫侯的君位和曹国的封疆，我们也撤回围困宋国的军队。"狐偃说："子玉太没礼貌了！您做国君的只得到了一桩好处，他做臣子的反而得到了两桩好处，晋国不能失去这个进攻楚军的机会。"先轸说："您还是答应他吧！安定别人的国家叫作有礼。楚国一句话能够安定曹、卫、宋三个国家，我们一句话却断送了三国。那我们就无礼了，还靠什么去作战呢？如果不答应楚国的要求，就成了我们抛弃宋国；本为救宋而来，结果反而抛弃了宋国，如何向诸侯交代呢？楚国一句话对曹、卫、宋三国都有恩惠，我们一句话却跟这三个国家结下仇恨，怨恨结多了，还靠什么去作战呢？

不如私许复曹、卫以携之，执宛春以怒楚，既战而后图之。"公说。乃拘宛春于卫，且私许复曹、卫。曹、卫告绝于楚。子玉怒，从晋师；晋师退。军吏曰："以君辟臣，辱也。且楚师老矣，何故退？"子犯曰："师直为壮，曲为老，岂在久乎？微楚之惠不及此。退三舍避之，所以报也。背惠食言，以亢其仇，我曲、楚直。其众素饱，不可谓老。我退而楚还，我将何求？若其不还，君退臣犯，曲在彼矣。"退三舍。楚众欲止，子玉不可。

夏四月戊辰，晋侯、宋公、齐国归父、崔夭、秦小子慭次于城濮，楚师背酅而舍。晋侯患之。听舆人之诵曰："原田每每，舍其旧而新是谋。"公疑焉。子犯曰："战也！战而捷，必得诸侯。若其不捷，表里山河，必无害也。"公曰："若楚惠何？"栾贞子曰："汉阳诸姬，楚实尽之。思小惠而忘大耻，不如战也。"晋侯梦与楚子搏，楚子伏己而盬其脑，是以惧。子犯曰："吉。我得天，楚伏其罪，吾且柔之矣。"子玉使鬭勃请战，曰："请与君之士戏，君冯轼而观之，

我看不如私下答应曹、卫恢复他们的国家,以此分化他们同楚国的关系,再将宛春扣留不放以激怒楚国,其他的对策等打起仗来再考虑吧。"晋文公听了先轸的计谋很高兴。于是将楚使宛春扣留在卫国,又派人暗中答应恢复曹国、卫国。曹、卫两国果然宣布同楚国断绝关系。子玉大怒,进逼晋军;晋军向后退去。晋军军吏说:"做国君的反而退避臣子,这是耻辱啊。况且楚军士气已经衰落不振,为什么要退避呢?"狐偃说:"军队作战,理直士气就旺盛,理屈士气就衰落,哪里在于出征时间的长短呢?从前如果没有楚国的恩惠,我们就不会有今天。现在我军退避九十里,就是为了报答楚国的恩惠啊。如果我们对楚国忘恩失信,又去保护他们的仇敌,那么就是我们理亏、楚国理直。楚军向来士气饱满,不能说士气不振。我军撤退,楚军要是也回去了,我们达到了目的,还要求什么呢?若是楚国不肯退回,做国君的在退让,做臣子的却在进逼,那就是他们理屈了。"于是晋军后退了九十里。楚国士兵想要停止前进,但是子玉不答应。

夏季四月初一,晋文公、宋成公、齐国大夫国归父、崔天、秦国公子小子憖,分别统率军队驻扎在城濮,楚军背靠着险要的丘陵地带扎下阵营。晋文公看见敌人占据了有利的地势很是忧虑。他听到众人唱道:"休耕之地上青草长得多茂盛,旧的不要了,新的多犁锄。"晋文公心里疑惑不安。狐偃说:"打吧!战胜了,我们一定可以得到诸侯拥戴。就是打不胜,我们晋国外有黄河,内有太行山之险,也一定不会受什么损害呀。"晋文公说:"楚国从前对我们的恩惠怎么办?"栾枝(即栾贞子)说:"汉水以北那些姬姓的诸侯国,全被楚国吞并了。如果只记着过去的小恩惠而忘记这个奇耻大辱,我看不如同楚国决战。"夜里,晋文公梦见同楚成王搏斗,楚成王伏在他身上吮吸他的脑浆,因此晋文公有些害怕。狐偃说:"这个梦吉利。您在下面面向天就是晋国得到天助,楚君在上面面向地就是向您服罪,他吮吸您的脑浆就是您可以以柔制服他了。"子玉派鬭勃向晋文公请战,说:"我请求同您的战士游戏一番,您可以靠在车前的横木上看看热闹,

得臣与寓目焉。"晋侯使栾枝对曰："寡君闻命矣。楚君之惠，未之敢忘，是以在此。为大夫退，其敢当君乎？既不获命矣，敢烦大夫，谓二三子：'戒尔车乘，敬尔君事，诘朝将见。'"

晋车七百乘，韅、靷、鞅、靽。晋侯登有莘之虚以观师，曰："少长有礼，其可用也。"遂伐其木，以益其兵。

己巳，晋师陈于莘北。胥臣以下军之佐当陈、蔡。子玉以若敖之六卒将中军，曰："今日必无晋矣。"子西将左，子上将右。胥臣蒙马以虎皮，先犯陈、蔡。陈、蔡奔，楚右师溃。狐毛设二旆而退之，栾枝使舆曳柴而伪遁，楚师驰之。原轸、郤溱以中军公族横击之，狐毛、狐偃以上军夹攻子西，楚左师溃。楚师败绩。子玉收其卒而止，故不败。晋师三日馆谷，及癸酉而还。

甲午，至于衡雍，作王宫于践土。乡役之三月，郑伯如楚致其师。为楚师既败而惧，使子人九行成于晋，晋栾枝入盟郑伯。五月丙午，晋侯及郑伯盟于衡雍。丁未，献楚俘于王，驷介百乘，徒兵千。郑伯傅王，用平礼也。己酉，王享醴，命晋侯宥。王命尹氏及王子虎、内史叔兴父策命

我得臣也要陪您观看。"晋文公派栾枝答复说:"我们国君已经领命了。楚君对我们的恩惠,我们不敢忘记,所以我们才退避到这里。我们以为子玉大夫已经退兵了,又怎敢抵挡楚君呢? 现在既然不能获得楚国的同意,那么就烦劳大夫转告你们将领:'准备好你们的战车,重视国君交给你们的任务,明天早上在战场上相见。'"

晋军战车一共七百辆,缰绳络头等车马装备十分齐全。晋文公登上莘国的旧城检阅了军队,说道:"年少的和年长的都懂礼节,可以用他们作战了。"于是在莘地砍伐树木,以补充兵器。

四月初二,晋军在莘地北面列好了阵势。下军副将胥臣率领部下,抵挡楚方的陈、蔡两国军队。楚国主将子玉以若敖氏六百亲兵为中军,说:"今天一定会将晋军全部消灭。"楚将子西率领左军,子上(即鬭勃)统领右军。晋将胥臣把战马都蒙上虎皮,先冲击陈、蔡联军。陈、蔡联军败逃,楚国的右军溃败了。狐毛竖起两面大旗,冒充晋中军撤退,栾枝让战车后面拖着树枝,扬起灰尘,假装败逃,楚军受骗急速追赶晋军。先轸、郤溱指挥着由晋国公族组成的中军,向着楚军拦腰冲杀过去,狐毛、狐偃指挥上军夹击子西,楚国的左军也溃败了。楚军大败。只有子玉及早收兵不动,所以没有溃败。晋军进驻楚人的营地休整了三天,吃楚军留下的粮食,到四月初六才班师。

四月二十七日,晋军到达衡雍,晋文公为周襄王在践土建造了一座行宫。这次战役之前的三个月,郑文公曾去楚国把郑国军队送交给楚国指挥。现在郑文公因为楚军战败而感到害怕,便派大夫子人九向晋国求和修好,晋国栾枝去郑国同郑文公议盟。五月初九,晋文公同郑文公在衡雍订立盟约。五月初十,晋文公把楚国的俘虏献给周襄王,用四匹披甲的马驾的兵车有一百辆,步兵有一千人。郑文公为周襄王相礼,使用从前周平王接待晋文侯的礼节来接待晋文公。五月十二日,周襄王设享宴,用甜酒款待晋文公,并允许晋文公回敬自己。周襄王命令卿士尹氏、王子虎和内史叔兴父以书面形式册封

晋侯为侯伯,赐之大辂之服、戎辂之服,彤弓一、彤矢百、玈弓矢千,秬鬯一卣,虎贲三百人,曰:"王谓叔父:敬服王命,以绥四国,纠逑王慝。"晋侯三辞,从命,曰:"重耳敢再拜稽首,奉扬天子之丕显休命。"受策以出,出入三觐。卫侯闻楚师败,惧,出奔楚,遂适陈,使元咺奉叔武以受盟。癸亥,王子虎盟诸侯于王庭,要言曰:"皆奖王室,无相害也!有渝此盟,明神殛之,俾队其师,无克祚国,及而玄孙,无有老幼!"君子谓是盟也信,谓晋于是役也,能以德攻。

初,楚子玉自为琼弁玉缨,未之服也。先战,梦河神谓己曰:"畀余,余赐女孟诸之麋。"弗致也。大心与子西使荣黄谏,弗听。荣季曰:"死而利国,犹或为之,况琼玉乎?是粪土也,而可以济师,将何爱焉?"弗听。出告二子曰:"非神败令尹,令尹其不勤民,实自败也。"既败,王使谓之曰:"大夫若入,其若申、息之老何?"子西、孙伯曰:"得臣将死。二臣止之,曰:'君其将以为戮。'"及连榖而死。晋侯闻之,而后喜可知也,曰:"莫余毒也已!蒍吕臣实为令尹,

晋文公为诸侯的领袖,并赏赐给他一套祭祀时用的大辂车和相应的服饰,一套举行军礼乘的戎辂车和相应的服饰,红色的弓一张,红色的箭一百支,黑色的弓十张,黑色的箭一千支,黑黍米酿造的香酒一卣,勇士三百人,他们对晋文公说:"天子对叔父您说:要恭敬地服从天子的命令,安抚四方诸侯,为天子惩治坏人。"晋文公辞让了几次,才接受了王命,他说:"重耳谨再拜叩首,接受和发扬周天子伟大光明而美善的赐命。"然后接受策书走出去,前后一共朝见周襄王三次。卫成公听到楚军被晋军打败,很害怕,逃亡到楚国,又逃到了陈国,而派大夫元咺事奉自己的弟弟叔武接受诸侯的盟约。五月二十六日,周王的卿士王子虎与诸侯在王室订立了盟约,立下誓言说:"列位诸侯都要辅佐王室,不要自相残害!如果有人违背此盟,神灵会惩罚他,让他的军队覆灭,不能再享有国家,一直殃及他的玄孙,不论老幼都是一样!"君子评论说这次盟约是有信用的,又说晋国在这次战役中,是凭德义进行讨伐的。

　　当初,楚将子玉为自己用美玉镶饰了马冠和马鞅,还没有用过。交战之前,子玉梦见河神对自己说:"你把这些东西送给我,我把宋国孟诸的沼泽地赐给你。"子玉没答应送给他。子玉的儿子大心和楚国司马子西让荣黄去劝子玉,子玉不听。荣黄(即荣季)说:"一个人死了能对国家有利,尚且要去牺牲生命,何况美玉呢?这些不过是粪土之类的东西,而能帮助我们军队获胜,还爱惜它干什么?"子玉还是不听。荣黄出去告诉大心和子西说:"如果因此打败了仗,倒不是河神叫令尹败的,而是令尹不肯尽心于民事,实在是自己找来的失败。"子玉被晋国打败后,楚成王派人对子玉说:"你若安然回来,对申、息两地的父老们怎样交代呢?"子西、大心(即孙伯)对使臣说:"子玉(即得臣)本来要自杀的。我们两个人拦住他,说:'还是听候命令吧,楚王会制裁你的。'"子玉走到连穀,因见不到楚成王的赦令,就自杀了。晋文公听到子玉自杀的消息以后,喜悦的心情从他脸上就可以看出来,他说:"从此没有人能害我了!蒍吕臣继子玉为令尹,

奉己而已，不在民矣。”

城濮之战，晋中军风于泽，亡大旆之左旃。祁瞒奸命，司马杀之，以徇于诸侯，使茅茷代之。师还。壬午，济河，舟之侨先归，士会摄右。秋七月丙申，振旅，恺以入于晋，献俘授馘，饮至大赏，征会讨贰。杀舟之侨以徇于国，民于是大服。君子谓文公“其能刑矣，三罪而民服。《诗》云：‘惠此中国，以绥四方。’不失赏刑之谓也”。

〔补逸〕《说苑》：城濮之战，文公谓咎犯曰：“吾卜战，而龟熸；我迎岁，彼背岁；彗星见，彼操其柄，我操其标；吾又梦与荆王搏，彼在上，我在下。吾欲无战，子以为何如？”咎犯对曰：“卜占龟熸，是荆人也。我迎岁，彼背岁，彼去，我从之也。彗星见，彼操其柄，我操其标，以扫则彼利，以击则我利。君梦与荆王搏，彼在上，君在下，则君见天，而荆王伏其罪也。且吾以宋、卫为主，齐、秦辅我，我合天道，独以人事，固将胜之矣。”文公从之。荆人大败。

《韩非子》：晋文公与楚战，至黄凤之陵，履系解，因自结之。左右曰：“不可以使人乎？”公曰：“吾闻上君所与居，皆其所畏也；中君之所与居，皆其所爱也；下君之所与居，皆其所侮也。寡人虽不肖，先君之人皆在，是以难之也。”

他只知道保全自己而已，不能为百姓着想了。"

在城濮之战中，晋国的中军在大泽遇到大风，丢掉了前军左边的大旗。祁瞒违犯了军令，司马把他杀了，并在诸侯军中示众，派茅茷代替他。晋国军队回国。六月十六日，渡过黄河，舟之侨先回国，士会代理车右。秋七月丙申日，军队胜利归来，高唱凯歌进入晋国国都，在宗庙中献上俘虏并报告杀死敌人的数目，设酒席犒劳全体随从，犒赏有功将士，征召诸侯会盟，讨伐三心二意的国家。杀掉舟之侨示众全国，百姓于是大为顺服。君子认为晋文公"能够严明刑罚，杀了颠颉、祁瞒和舟之侨三个有罪的人而使百姓顺服。《诗经》中说：'施惠于中原国家，安抚四方诸侯。'说的就是没有失去公正赏罚"。

〔补逸〕《说苑》：城濮之战中，晋文公对咎犯（即狐偃）说："我为这次战争占卜，但龟甲兆纹消失；我军对着岁星，楚军背着岁星；彗星出现，楚人拿着柄把，我们拿着末梢；我又梦见与楚王搏斗，他在上面，我被压在下面。我想不打这一仗了，你认为怎么样？"咎犯回答说："占卜龟甲兆纹消失，这说明楚人将失败。我军对着岁星，敌军背对着岁星，说明他们将逃走，我军将追赶他们。彗星出现，楚人拿着柄把，我们拿着末梢，如果用于扫除那么对敌军有利，用于进击那就对我军有利。您梦见与楚王搏斗，他在上，您在下，那么您能见到天日，而楚王就是低头认罪。况且我军以宋、卫两国军队为主力，齐、秦两国又辅助我们，我军符合上天的意旨，不单只凭仗人事，肯定会战胜楚国。"晋文公听从了咎犯的话。楚人被打得大败。

《韩非子》：晋文公与楚国作战，来到黄凤陵，鞋带开了，于是自己去系上。左右随从说："不能让别人给您系吗？"文公说："我听说上等的人，君主和他们在一起，都是君主所敬畏的；中等的人，君主和他们在一起，都是君主所喜爱的；下等的人，君主和他们在一起，都是君主所侮弄的。我虽然不贤德，但先君的旧臣都在，所以我难以使唤他们。"

　　《吕氏春秋》:昔晋文公将与楚人战于城濮,召咎犯而问曰:"楚众我寡,奈何而可?"咎犯对曰:"臣闻:'繁礼之君,不足于文;繁战之君,不足于诈。'君亦诈之而已。"文公以咎犯言告雍季。雍季曰:"竭泽而渔,岂不获得? 而明年无鱼。焚薮而田,岂不获得? 而明年无兽。诈伪之道,虽今偷可,后将无复,非长术也。"文公用咎犯之言,而败楚人于城濮,反而为赏,雍季在上。左右谏曰:"城濮之功,咎犯之谋也。君用其言,而赏后其身,或者不可乎?"文公曰:"雍季之言,百世之利也;咎犯之言,一时之务也。焉有以一时之务先百世之利者乎?"孔子闻之,曰:"临难用诈,足以却敌;反而尊贤,足以报德。文公虽不终始,足以伯矣。"

　　冬,会于温,讨不服也。是会也,晋侯召王,以诸侯见,且使王狩。仲尼曰:"以臣召君,不可以训。"故书曰:"天王狩于河阳。"言非其地也,且明德也。壬申,公朝于王所。

　　丁丑,诸侯围许。晋侯有疾,曹伯之竖侯獳货筮史,使曰以曹为解:"齐桓公为会而封异姓,今君为会而灭同姓。曹叔振铎,文之昭也;先君唐叔,武之穆也。且合诸侯而灭兄弟,非礼也;与卫偕命,而不与偕复,非信也;同罪异罚,非刑也。礼以行义,信以守礼,刑以正邪。舍此三者,

《吕氏春秋》：从前，晋文公将和楚人在城濮作战，召来咎犯询问道："楚兵多而我军少，怎么办才可以取胜？"咎犯答道："臣听说：'礼仪繁杂的君主，不厌繁文缛节；经常打仗的君主，不厌狡诈。'您也欺诈敌人就行了。"文公把咎犯的话告诉雍季。雍季说："把池塘抽干抓鱼，能抓不到鱼吗？可第二年就没有鱼了。点火烧光草泽来打猎，能没有收获吗？可第二年就没有野兽了。欺诈的办法虽然现在可以苟且使用，以后就无法再用了，这不是长久的办法。"晋文公采纳了咎犯的主张，在城濮打败了楚军，回朝后行赏，却给了雍季上等赏赐。左右的人劝谏说："城濮之战的功劳，在于采纳咎犯的谋略。您用了他的主张，可行赏却把他放在后面，大概不可以吧？"文公说："雍季的话，对百世都有好处；咎犯的话，只是一时有用处。哪有把只适用于一时的放在对百世有利的前面的道理呢？"孔子听说后，说："面对危难使用诈术，足以打退敌人；回来后尊崇贤人，足以报答恩德。晋文公尽管不能有始有终，也足以称霸了。"

　　冬季，鲁僖公与晋文公、齐昭公、宋成公、蔡庄公、郑文公、陈共公、莒子、邾子、秦人在温地会面，讨伐不顺服的国家。这次会盟，晋文公召请周天子前来，率领诸侯朝见，并且让周天子打猎。孔子说："臣下召请君王，不足为训。"所以《春秋》说："周天子在河阳打猎。"是说这里不是周天子的地方，并且表明晋文公的功德。十月初七，鲁僖公到周天子行宫朝见。

　　十一月十二日，诸侯军包围了许国。晋文公有病，曹共公的小臣侯獳贿赂卜筮之官，让他说晋文公得病是由于灭了曹国，说："齐桓公主持会盟而封异姓的国家，现在您主持会盟却灭同姓的国家。曹叔振铎，是文王的儿子；先君唐叔，是武王的儿子。而且会合诸侯灭掉兄弟之国，这是不合礼仪的；曹国和卫国一起得到国君的复国命令，但不能和卫国一起复国，这是不守信用的；罪过相同而惩罚不同，这是不符合刑罚的。礼仪用来施行道义，信用要恪守礼仪，刑罚用来纠正邪恶。抛弃了这三项，

君将若之何？"公说，复曹伯，遂会诸侯围许。晋侯作三行以御狄，荀林父将中行，屠击将右行，先蔑将左行。

〔补逸〕《国语》：晋国饥，公问于箕郑曰："救饥何以？"对曰："信。"公曰："安信？"对曰："信于君心，信于名，信于令，信于事。"公曰："然则若何？"对曰："信于君心，则美恶不渝；信于名，则上下不干；信于令，则时无废功；信于事，则民从事有业。于是乎民知君心，贫而不惧，藏出如入，何匮之有？"公使为箕。及清原之蒐，使佐新上军。

二十九年夏，公会王子虎、晋狐偃、宋公孙固、齐国归父、陈辕涛涂、秦小子慭盟于翟泉，寻践土之盟，且谋伐郑也。卿不书，罪之也。在礼，卿不会公、侯，会伯、子、男可也。

三十年春，晋人侵郑，以观其可攻与否。狄间晋之有郑虞也，夏，狄侵齐。九月甲午，晋侯、秦伯围郑，以其无礼于晋，且贰于楚也。

三十一年春，取济西田，分曹地也。使臧文仲往，宿于重馆。重馆人告曰："晋新得诸侯，必亲其共。不速行，将无及也。"从之，分曹地，自洮以南，东傅于济，尽曹地也。襄仲如晋，拜曹田也。

国君准备怎么办?"晋文公听了很高兴,恢复了曹共公的君位,于是曹共公就和诸侯在许地会盟。晋文公建立三支步兵军来抵御狄人,荀林父率中军,屠击率右军,先蔑率左军。

〔补逸〕《国语》:晋国发生饥荒,文公问箕郑说:"用什么办法来解救饥荒呢?"箕郑回答说:"用信用。"文公问:"信守什么呢?"箕郑回答说:"信守国君的善恶之心,信守尊卑名分,信守政令,信守事功。"文公又问:"那又怎么样呢?"箕郑回答说:"信守国君的善恶之心,那么美与恶就不会有所改变;信守尊卑名分,那么上下之间就不会相互侵犯;信守政令,那么每一时节就不会做无用之事;信守事功,那么百姓从事生产就会井然有秩。这样,百姓就会懂得国君的心,贫困了也不害怕,他们拿出家中收藏的粮食相互赈济,如同收粮入家一样,还有什么匮乏的呢?"晋文公于是让箕郑治理箕邑。等到清原阅兵时,文公让他做新上军的副帅。

二十九年夏季,鲁僖公和王子虎、晋国狐偃、宋国公孙固、齐国国归父、陈国辕涛涂、秦国小子憖在翟泉结盟,重温践土之盟的旧好,并且谋划攻打郑国。《春秋》没有记载参加结盟的卿的名字,是谴责他们。按照礼制,诸侯的卿不能参加公、侯的会见,参加伯、子、男的会见是可以的。

三十年春季,晋国人侵袭郑国,以此来试探郑国是否可以攻打。狄人乘着晋国担忧郑国的空子,夏季,侵袭齐国。九月初十,晋文公、秦穆公合军围攻郑国,因为郑国曾对晋文公无礼,并且对晋国有二心而与楚国人亲近。

三十一年春季,晋文公取得济水以西的土地,这是瓜分曹国的土地。鲁国派遣臧文仲前往,住在重地的宾馆里。重地宾馆里的人告诉臧文仲说:"晋国新近得到诸侯拥护,必然亲近恭顺它的国家。您不快点走,将会赶不上分曹国的土地。"臧文仲听从了他的话,分到了曹国的土地,从洮地以南,东边靠近济水,整个都是曹国的土地。鲁臣襄仲到晋国,拜谢取得的曹国土地。

秋,晋蒐于清原,作五军,以御狄。赵衰为卿。

〔补逸〕《国语》:公使原季为卿,辞曰:"夫三德者,偃之出也。以德纪民,其章大矣,不可废也。"使狐偃为卿,辞曰:"毛之知贤于臣,其齿又长,毛也不在位,不敢闻命。"乃使狐毛将上军,狐偃佐之。狐毛卒,使赵衰代之,辞曰:"城濮之役,先且居之佐军也善。军伐有赏,善君有赏,能其官有赏。且居有三赏,不可废也。且臣之伦,箕郑、胥婴、先都在。"乃使先且居将上军。公曰:"赵衰三让,其所让,皆社稷之卫也。废让,是废德也。"以赵衰之故,蒐于清原,作五军。使赵衰将新上军,箕郑佐之;胥婴将新下军,先都佐之。子犯卒,蒲城伯请佐。公曰:"赵衰三让不失义。让,推贤也;义,广德也。德广贤至,有何患矣?请令衰也从子。"乃使赵衰佐新上军。

三十二年春,楚鬬章请平于晋,晋阳处父报之,晋、楚始通。

冬,晋文公卒。庚辰,将殡于曲沃。出绛,柩有声如牛。卜偃使大夫拜,曰:"君命大事:将有西师过轶我,击之,必大捷焉。"

〔补逸〕《国语》:文公学读书于臼季,三日,曰:"吾不能行也咫,闻则多矣。"对曰:"然而多闻以待能者,不犹愈乎?"

秋季，晋国在清原检阅军队，建立五军，准备抵御狄人。赵衰被任命为卿。

〔补逸〕《国语》：晋文公命赵衰（即原季）为卿，赵衰谢绝说："勤王示义，伐原示信，阅兵示礼这三项德行，都是狐偃的主张。以德行作为民众的纲纪，这是大的章法，不可以废弃。"文公又命狐偃为卿，狐偃谢绝说："我的哥哥狐毛的智慧比我高，他年龄又大，他都不做卿，我就更不敢听命了。"于是任命狐毛统率上军，狐偃为副。狐毛死后，让赵衰代替他，赵衰谢绝说："城濮之战，先且居做副将很出色。在军中立功有赏，奉事好国君有赏，胜任自己的官职有赏。先且居应享有这三种赏赐，不能废弃他。并且比得上我的大夫，箕郑、胥婴、先都都在。"晋文公于是就命先且居统率上军。文公说："赵衰三次辞让为卿，所让与的人，都是可以保卫国家的人。废弃了这种辞让，就是废弃了德行。"因为赵衰的缘故，晋文公在清原阅兵，建立五军。让赵衰统率新上军，箕郑为副将；胥婴统率新下军，先都为副将。狐偃死后，先且居（即蒲城伯）请求任命副将。晋文公说："赵衰三次辞让没有失去道义。辞让，是为了推举贤能；道义，是用来广布德行的。德行广布而贤能毕至，还有什么担心的呢？请让赵衰辅助您吧。"于是就让赵衰做新上军副将。

三十二年春季，楚国斗章到晋国求和，晋国阳处父到楚国回聘，晋、楚两国从此开始通好。

冬季，晋文公去世。十二月初十，要到曲沃停丧待葬。离开绛城时，晋文公的棺材里发出像牛叫的声音来。卜偃让大夫们下拜，说："国君在发布军事命令：将有西方国家的军队从我国境内越过，我们袭击它，一定会获得大胜。"

〔补逸〕《国语》：晋文公跟胥臣（即白季）学读书，三天后，他说："所学的知识我不能立即施行，但见闻倒是增多了。"胥臣回答说："可是多有见闻以等待贤能之士来施行，不还是比没有见闻好吗？"

文公问于郭偃曰："始也吾以国为易,今也难。"对曰:"君以为易,其难也将至矣;君以为难,其易也将至矣。"

文公问于胥臣曰:"吾欲使阳处父傅谨也,而教诲之,其能善之乎?"对曰:"是在谨也。篷篨不可使俯,戚施不可使仰,僬侥不可使举,侏儒不可使援,矇瞍不可使视,嚚暗不可使言,聋聩不可使听,僮昏不可使谋。质将善而贤良赞之,则济可俟也。若有违质,教将不入,其何善之为? 臣闻昔者大任娠文王不变,少溲于豕牢而得文王,不加病焉。文王在母不忧,在傅弗勤,处师弗烦,事王不怒;敬友二虢,而慈惠二蔡;刑于太姒,比于诸弟。《诗》云:'刑于寡妻,至于兄弟,以御于家邦。'于是乎用四方之贤良。及其即位也,询于八虞,而咨于二虢,度于闳夭,而谋于南宫;诹于蔡、原,而访于辛、尹;重之以周、召、毕、荣。亿宁百神,而柔和万民。故《诗》曰:'惠于宗公,神罔时恫。'是则文王非专教诲之力也。"公曰:"然则教无益乎?"对曰:"胡为? 文益其质,故人生而学,非学不入。"公曰:"奈夫八疾何?"对曰:"官师之所材也,戚施直镈,篷篨蒙璆,侏儒扶卢,矇瞍修声,聋聩司火。

文公问郭偃(即卜偃)说:"当初我认为治国很容易,现在却感到很难。"郭偃回答说:"您以为容易,那么困难就要来了;您以为困难,那么容易就要来了。"

　　文公问胥臣说:"我想让阳处父做我儿子谨的师傅,来教导他,他能胜任吗?"胥臣回答说:"这就在于谨了。身子不能弯曲的人,不能让他俯下身;伛偻的人,不能让他仰起头;矮而不能举动的人,不能让他举东西;侏儒,不能让他够东西;不能让盲人观看;不能让哑巴说话;不能让聋人听声音;不能让昏昧无知的人谋划。本性善的人,如有贤能辅助他,那么成功可以期待。若是本性邪恶,任何教诲都灌输不进去,怎么使他变得善良呢? 臣听说以前太任怀周文王时举止端庄安静,在厕所小便时生下了文王,而没有任何痛苦。周文王在母腹里并没有让母亲忧虑,受师傅教导时师傅并不是非常辛苦,受师长训导也没有让师长烦神,奉事父王也没有让父王发怒;友敬两个弟弟虢仲和虢叔,疼爱自己的两个儿子管叔、蔡叔;做妻子太姒的楷模,亲近各个兄弟。《诗经》说:'做妻子的楷模,推及自己的兄弟,以此来治理国家。'于是任用四方的贤能之臣。等文王即位时,向八位贤士和虢仲、虢叔咨询请教,同闳天、南宫适进行谋划商量;咨询蔡公、原公,拜访辛甲和尹佚;再加上对周公、召康公、毕公、荣公的请教。从而安定了百神,使民众得到安抚而和谐。所以《诗经》说:'孝顺先公,神灵没有怨痛。'这样看来,文王靠的不都是教育的作用。"晋文公说:"那么就是说教育是没有意义的了?"胥臣回答说:"怎么能说没有意义呢? 若有美好的本性,再加之以文采就更好了,所以人活着就要学习,不学习就不能入正道。"晋文公问:"那么对于开始提到的有那八种残疾的人该怎么办?"胥臣回答说:"这就要看官府师傅如何安排了,伛偻身子的人可以让他敲钟,弯不下身的人可以让他击磬,侏儒可以让他表演攀援长矛的杂技,可以让盲人辨识音乐,可以让聋人管火。

僮昏、嚚暗、僬侥，官师所不材也，以实裔土。夫教者，因体能质而利之者也。若川然有原，以印浦而后大。"

三十三年，秦师灭滑而还。晋原轸曰："秦违蹇叔，而以贪勤民，天奉我也。奉不可失，敌不可纵。纵敌，患生；违天，不祥。必伐秦师！"栾枝曰："未报秦施，而伐其师，其为死君乎？"先轸曰："秦不哀吾丧，而伐吾同姓。秦则无礼，何施之为？吾闻之：'一日纵敌，数世之患也。'谋及子孙，可谓死君乎？"遂发命，遽兴姜戎。子墨衰绖，梁弘御戎，莱驹为右。夏四月辛巳，败秦师于殽，获百里孟明视、西乞术、白乙丙以归。遂墨以葬文公。晋于是始墨。

狄侵齐，因晋丧也。狄伐晋，及箕。八月戊子，晋侯败狄于箕。郤缺获白狄子。先轸曰："匹夫逞志于君，而无讨，敢不自讨乎？"免胄入狄师，死焉。狄人归其元，面如生。晋、陈、郑伐许，讨其贰于楚也。楚令尹子上侵陈、蔡，陈、蔡成，遂伐郑。

晋阳处父侵蔡，楚子上救之，与晋师夹泜而军。阳子患之，使谓子上曰："吾闻之：'文不犯顺，武不违敌。'子若欲战，则吾退舍，子济而陈，迟速唯命。不然，纾我。老师费财，亦无益也。"乃驾以待。子上欲涉，大孙伯曰："不可。

对于昏昧无知的人、哑巴、个矮不能举动的人，官府师傅无法安排，可以让他们去充实荒凉边远的地方。教育，是要顺应自身的能力与资质来进行栽培。就像河流一样，必先有源头，再接纳支流汇成大河。"

三十三年，秦军灭掉滑国后返回。晋国的先轸说："秦君不听蹇叔的话，为了贪利而劳民，这是上天在助我们。天助不可失掉，敌人不可放走。放走敌人，就会生出祸患；违背天意，会不吉祥。我们一定要攻打秦军！"栾枝说："我们还没有报答秦国的恩惠，却要攻击它的军队，难道是因为国君去世就忘记旧交了吗？"先轸说："秦国不哀悼我国的丧事，反而进攻我们的同姓国。是秦国无礼，还谈什么恩惠？我听说：'一天放走了敌人，会带来几代的祸患。'为子孙后代打算，能说是违背先君吗？"于是发布命令攻打秦军，并急速调动姜戎的军队参战。晋文公的儿子晋襄公穿着黑色的丧服出征，梁弘给他驾兵车，莱驹给他做车右。夏季四月十三日，晋军在殽山大败秦军，俘获了百里孟明视、西乞术、白乙丙三人而归。晋襄公于是穿着黑色丧服葬了晋文公。晋国从此改用黑色丧服。

狄人侵袭齐国，是乘着晋国有丧事。狄军攻打晋国，到达箕地。八月二十二日，晋襄公在箕地打败狄军。郤缺俘获了白狄的首领。先轸说："我一介匹夫在国君面前发泄一时的快意，而没有受到惩罚，我怎敢不自己惩罚自己？"于是脱下头盔冲入狄军，战死了。狄人送回他的首级，面色仍像活着一样。晋国、陈国、郑国攻打许国，讨伐它亲附楚国。楚国令尹子上侵袭陈国、蔡国，陈国、蔡国与楚国讲和，便去攻打郑国。

晋国阳处父入侵蔡国，楚国子上救援，和晋军隔着泜水对峙。阳处父担心楚军，派人对子上说："我听说：'有文德的人不做不顺理的事，有武德的人不躲避仇敌。'您如果想打，那么我就后退三十里，您渡河后摆开阵势，早打晚打都听您的命令。不然就让我缓口气吧。屯兵日久耗费资财，也没有什么好处。"于是驾上战车等着子上。子上想要渡河，大孙伯（即大心）说："不行。

晋人无信,半涉而薄我,悔败何及? 不如纾之。"乃退舍。
阳子宣言曰:"楚师遁矣。"遂归。楚师亦归。大子商臣
谮子上曰:"受晋赂而辟之,楚之耻也。罪莫大焉。"王杀
子上。

　　文公元年。晋文公之季年,诸侯朝晋,卫成公不朝,使
孔达侵郑,伐绵、訾及匡。晋襄公既祥,使告于诸侯而伐
卫,及南阳。先且居曰:"效尤,祸也。请君朝王,臣从师。"
晋侯朝王于温,先且居、胥臣伐卫。五月辛酉朔,晋师围
戚。六月戊戌,获孙昭子。卫人使告于陈。陈共公曰:"更
伐之,我辞之。"卫孔达帅师伐晋。君子以为古。古者,越
国而谋。秋,晋侯疆戚田,故公孙敖会之。

　　二年春,秦孟明视帅师伐晋,以报殽之役。二月,晋
侯御之。先且居将中军,赵衰佐之;王官无地御戎,狐鞫
居为右。甲子,及秦师战于彭衙,秦师败绩。晋人谓秦
拜赐之师。战于殽也,晋梁弘御戎,莱驹为右。战之明
日,晋襄公缚秦囚,使莱驹以戈斩之。囚呼,莱驹失戈,
狼瞫取戈以斩囚,禽之以从公乘,遂以为右。箕之役,先
轸黜之,而立续简伯。狼瞫怒,其友曰:"盍死之?"瞫曰:
"吾未获死所。"其友曰:"吾与汝为难。"瞫曰:"《周志》有
之:'勇则害上,不登于明堂。'死而不义,非勇也。共用之
谓勇。吾以勇求右,无勇而黜,亦其所也。谓上不我知,

晋国人没有信用,如果趁我们渡河渡到一半而逼近攻击我军,战败了再后悔哪里还来得及？不如让他们缓口气。"于是子上就后退三十里。阳处父宣布说:"楚国军队逃走了。"就回国去了。楚国军队也回国了。楚国太子商臣诬告子上说:"子上接受了晋国的贿赂而躲避晋军,是楚国的耻辱。没有比这再大的罪了。"楚成王杀了子上。

鲁文公元年。晋文公晚年的时候,诸侯朝见晋国,只有卫成公不去朝见,反而派遣孔达侵袭郑国,攻打绵、訾、匡三地。晋襄公举行了文公的小祥祭祀以后,派人昭告诸侯并讨伐卫国,到达南阳。先且居说:"效法过错,是取祸之道。请国君去朝见周天子,臣率领军队伐卫。"晋襄公在温地朝见了周天子,先且居、胥臣攻打卫国。五月初一,晋军包围戚地。六月初八,攻占戚地,俘获了孙昭子。卫国派人通知陈国。陈共公说:"你转过去进攻晋国,我去向晋国请和。"卫国孔达率领军队攻打晋国。君子认为卫国太粗心。粗心,是指卫国让别国给自己出主意。秋季,晋襄公划定戚地田地的疆界,所以鲁国公孙敖去会见他。

二年春季,秦国孟明视统率军队攻打晋国,以报复殽之战。二月,晋襄公抵御秦军。先且居率领中军,赵衰辅助他;王官无地给先且居驾御战车,狐鞫居做车右。二月初七,和秦军在彭衙作战,秦军大败。晋国人说秦国这是来拜谢恩赐的部队。殽之战时,晋国梁弘为晋襄公驾御战车,莱驹做车右。作战的第二天,晋襄公捆绑了秦国的俘虏,派莱驹用戈杀掉俘虏。俘虏大声呼叫,莱驹惊慌中戈掉在地上,狼瞫拿起戈来杀了俘虏,抓起莱驹追上晋襄公的战车,于是晋襄公就让他做车右。箕之战时,先轸废黜狼瞫,而让续简伯做车右。狼瞫很生气,他的朋友说:"何不去死？"狼瞫说:"我还没有找到死的地方。"他的朋友说:"我为你发难杀掉先轸。"狼瞫说:"《周志》中有这样的话:'因为勇敢就杀死长官,死后不能进入明堂。'死而不合于道义,这不是勇敢。为国家所用而死才叫勇敢。我因勇敢得以担任车右,因没有勇敢而被废黜,也是理所当然。说长官不了解我,

黜而宜,乃知我矣。子姑待之!"及彭衙,既陈,以其属驰秦
师,死焉。晋师从之,大败秦师。君子谓:"狼瞫于是乎君
子。《诗》曰:'君子如怒,乱庶遄沮。'又曰:'王赫斯怒,爰
整其旅。'怒不作乱,而以从师,可谓君子矣。"

晋人以公不朝来讨。公如晋。夏四月己巳,晋人使阳
处父盟公以耻之。书曰"及晋处父盟",以厌之也。适晋不
书,讳之也。

公未至,六月,穆伯会诸侯及晋司空士縠盟于垂陇,晋
讨卫故也。书"士縠",堪其事也。陈侯为卫请成于晋,执
孔达以说。

三年春,庄叔会诸侯之师伐沈,以其服于楚也。沈溃。
凡民逃其上曰溃,在上曰逃。卫侯如陈,拜晋成也。楚师
围江,晋先仆伐楚以救江。冬,晋以江故告于周。王叔桓
公、晋阳处父伐楚以救江,门于方城,遇息公子朱而还。晋
人惧其无礼于公也,请改盟。公如晋,及晋侯盟。晋侯飨
公,赋《菁菁者莪》。庄叔以公降拜,曰:"小国受命于大国,
敢不慎仪?君贶之以大礼,何乐如之?抑小国之乐,大国
之惠也。"晋侯降,辞。登,成拜。公赋《嘉乐》。

四年春,晋人归孔达于卫,以为卫之良也,故免之。
夏,卫侯如晋拜。曹伯如晋会正。

如果废黜得当，那就是了解我了。您姑且等着吧！"到彭衙之战时，两军已摆开阵势，狼瞫率领他的部下冲杀进秦军，战死在那里。晋军跟随他杀进去，把秦军打得大败。君子认为："狼瞫在这件事上算得上君子了。《诗经》说：'君子如果发怒，动乱差不多很快会被制止。'又说：'文王勃然发怒，于是整顿他的军队。'狼瞫发怒而不去作乱，反而冲进秦军战死，可以说是君子了。"

晋国人由于鲁文公不去晋国朝见而前来攻打。鲁文公去了晋国。夏季四月十三日，晋国派阳处父和鲁文公结盟，以此来羞辱文公。《春秋》记载说"和晋国阳处父结盟"，以表示憎恶的意思。文公到晋国去，《春秋》不加记载，这是出于隐讳。

鲁文公还没有回到鲁国，六月，鲁国孟穆伯在垂陇和诸侯以及晋国司空士縠结盟，这是因为晋国攻打卫国的缘故。《春秋》记载直称"士縠"，是由于他能胜任结盟的事。陈共公为了替卫国向晋国求和，逮捕了孔达来向晋国解释。

三年春季，鲁国庄叔会合诸侯军队攻打沈国，因为它向楚国顺服。沈国百姓溃散。凡是百姓背叛他们上面的人而逃散叫作溃，在上的人逃走叫逃。卫成公到陈国，拜谢与晋国的媾和。楚国军队包围江国，晋国的先仆攻打楚国以救援江国。这年冬季，晋国因为江国的缘故向周天子报告。周室王叔桓公、晋国阳处父一起攻打楚国以救援江国，攻打方城山的关门，遇到了楚国息县尹子朱然后返了回来。晋国人因自己曾对鲁文公无礼而感到害怕，请求改订盟约。鲁文公就去晋国，与晋襄公结盟。晋襄公设享礼招待文公，赋《菁菁者莪》这首诗。庄叔让鲁文公降阶下拜，说："小国在大国接受命令，怎敢对礼仪不谨慎？晋君赐予我们如此重大的享礼，还有什么比这更高兴的呢？小国的快乐，是大国的恩赐。"晋襄公降阶辞让。两人一起登阶，完成拜礼。鲁文公赋《嘉乐》这首诗。

四年春季，晋国人释放孔达回卫国，认为孔达是卫国有才干的人，所以赦免了他。夏季，卫成公到晋国拜谢。曹共公到晋国商讨纳贡的事。

六年冬十月，襄仲如晋葬襄公。

七年，晋郤缺言于赵宣子曰："日卫不睦，故取其地。今已睦矣，可以归之。叛而不讨，何以示威？服而不柔，何以示怀？非威非怀，何以示德？无德，何以主盟？子为正卿，以主诸侯，而不务德，将若之何？《夏书》曰：'戒之用休，董之用威，劝之以《九歌》，勿使坏。'九功之德皆可歌也，谓之《九歌》；六府、三事谓之九功；水、火、金、木、土、谷，谓之六府；正德、利用、厚生，谓之三事；义而行之谓之德、礼。无礼不乐，所由叛也。若吾子之德，莫可歌也，其谁来之？盍使睦者歌吾子乎？"宣子说之。

八年春，晋侯使解扬归匡、戚之田于卫，且复致公壻池之封，自申至于虎牢之竟。

臣士奇曰：晋文公避骊姬之乱，经历狄、郑、卫、齐、宋、曹、楚、秦诸国，备尝险阻，以老其才，凡十有九年，卒反晋国。弃责薄敛、分寡救乏、振滞匡困、举善授能、官方定物诸大政，犁然一变晋国之常度。伐原示信，大蒐示礼，定王示义，用能出毂戍、解宋围，一战而收馆谷之功。齐桓以后，功烈未有如是之赫者也。

然而晋伯所基，惟在定王一举。当时天子蒙尘，使简师父告于晋，亦使左鄢父告于秦。秦伯会师河上，

六年冬季十月，鲁公子襄仲到晋国，参加晋襄公的葬礼。

七年，晋国郤缺对赵宣子说："过去卫国不顺服，所以占领它的土地。现在它已顺服了，可以把土地归还了。背叛你而不加讨伐，用什么显示声威？顺服了而不加笼络，用什么显示恩惠？没有声威没有恩惠，用什么显示德行？没有德行，用什么主持盟会？您是正卿，主持诸侯会盟的事，而不致力于德行修养，打算怎么办呢？《夏书》说：'用喜事告诫他们，用威刑督察他们，用《九歌》劝勉他们，不要让他们学坏。'有关九功的德行都可以歌唱，叫作《九歌》；六府、三事，叫作九功；水、火、金、木、土、谷，叫作六府；端正德行、利于使用、富裕民生，叫作三事；合于道义而推行这些，就叫作德、礼。没有礼就不快乐，这是产生叛乱的原因。如果您的德行没有一点可以歌颂的，有谁肯来归服？何不使归服的人来歌颂您呢？"赵宣子听了很高兴。

八年春季，晋灵公派解扬把匡地、戚地的田地归还给卫国，并且重新承认公婿池划定的疆界，从申地一直到虎牢的边境。

臣下我高士奇评论说：晋文公重耳躲避骊姬之乱，经历了狄、郑、卫、齐、宋、曹、楚、秦各个国家，尝尽了艰难险阻，以磨炼他的才干，共十九年，终于返回了晋国。他废弃旧债轻征薄敛、分发财货救济贫乏、任用失志之人和辅助穷困之士、推举善良提拔贤能、设立常官以定百事等各项大政，明确地改变了晋国过去实行的制度。征伐原邑向百姓显示信用，大规模检阅军队向百姓显示礼仪，安定周襄王的王位向百姓显示了君臣大义，因此能使楚国撤出在穀地的驻军、解除楚国对宋国的包围，一战而取得进驻楚营、吃楚军留下的粮食的大功。自从齐桓公以后，还没有像晋文公这样功绩显赫的呢。

然而晋文公霸业的基础，只在安定周襄王王位这一招。当时周天子失位逃亡在外，派简师父向晋国告难，又派左鄢父向秦国告难。秦穆公把军队驻扎在黄河边上，

将纳王。使秦得专定王之美，则天下之望走将在秦，晋之大事去矣。曹操先得献帝，而袁绍不能争；朱梁既反乘舆，而克用不能抗。名分所在，形格势禁，自然之理也。所以狐偃言于晋侯曰："求诸侯，莫如勤王，取威定霸之谋于是乎在。"而文能听之，盖亦贤矣。独其受南阳之赏，阳樊不服，至用师以围之，王之姻亲，几为俘馘。妄行请隧，渎乱王章，而不知翼戴天子，止诸侯之常职，此非纯臣之所为也。若城濮功高，而信先轸之诡谋；许复曹、卫，拘留宛春，一意败楚，而无按兵修礼之风。比之召陵，诚所谓"谲而不正"者耶！

大约文公之为人，不逮齐桓远甚。而其臣子犯、赵衰、先轸之属，亦无有知大体如管夷吾者。是以桓能忘滨死之怨，忍手剑之辱，而文反国之后，惟以报复为事。怀与块之恨，则出卫君于襄牛；衔观裸之愤，则责曹君以献状。卒使累于晋阳，辱于深室，而卫之受祸尤烈。君臣交狱，兄弟相残，拂人道之经，乱上下之分，必如是而后快心。即以郑之小郄，不能捐弃，连秦伯以伐之，结衅残民，兵端不息。

准备护送周襄王回朝。假如秦国能够独享安定周天子的美誉，那么天下人心将转向秦国，晋国建立霸业的机会便丢失了。东汉末年曹操率先挟持了汉献帝，袁绍便无力再与他争锋了；唐末朱温劫持唐昭宗东迁洛阳，李克用便不能与他抗衡了。名分之所在，被形势所限制与阻碍，这都是自然的道理。因此狐偃对晋文公说："求霸于诸侯，没有比救援天子更有效的了，取得威望奠定霸业的谋划都在于此。"而晋文公能够听取狐偃的意见，这大概也算贤明了。只因晋文公接受了周襄王给他南阳土地的赏赐，阳樊人不服，他便派军包围阳樊，使得阳樊那些周王室的亲戚，差点成为俘虏。他胡乱地向周天子请求死后以隧道之礼下葬，亵渎扰乱了周王室的典章制度，而不懂得去拥戴周王，使诸侯遵守各自的职分，这不是一个忠纯笃实之臣所应做的。至于城濮之战创下大功，那确实是靠先轸的诡计了；答应恢复曹国、卫国，扣留楚国使臣宛春，一心只想击败楚国，而没有息兵革修礼仪的风范。同齐桓公与楚国在召陵的订约停战相比，晋文公真是所谓"诡诈而不守正"的人啊！

大概晋文公的为人，差齐桓公太远了。而他的下臣像狐偃（即子犯）、赵衰、先轸之类，其中也没有像齐桓公时的管仲一样识大体的。所以齐桓公能够忘却差点置自己于死地的仇恨，容忍曹沫用剑劫持自己的耻辱，可晋文公回国后，却只以报仇为能事。心怀当初流亡时在卫国五鹿有人给他土块吃的怨恨，就迫使卫成公逃到了襄牛；怀着当初曹共公偷看他裸体的愤恨，于是责令曹共公供认这一罪状。最终把曹共公扣押在晋国，在囚室中受辱，而在这当中卫国遭受的祸害尤其大。使曹国君臣交相被捕，使卫成公兄弟相互残杀，违背人道的常理，扰乱上下等级名分，一定要这样做之后才感到痛快。就因为与郑国的一点小恩怨，不能够捐弃，便联合秦穆公讨伐郑国，结下仇怨残害百姓，使兵革不息。

迹文之所为，直睚眦必报之人耳。子犯授璧，子推自焚，盖有以窥见文之褊心，而以为不能录功略过也。世但见其能忍于竖头里凫须而称之，其亦未之考矣。践土作宫，传三觐之美；而河阳召王，功不塞咎。非圣人原情，文其罪魁乎！

襄公继伯，惟于温觐王一事，不陨家声；而导之者，先且居也。其他矜威恃力，举动多不中礼。而败殽之役为尤甚。夫秦穆手挈文公而归之，晋德最深，襄又秦之自出。秦伯劳师袭远，虽有利可乘，而大惠未泯，何至兴墨绖之戈，矫牛鸣之命，忍死先君，而快心于一击？以父言之，则不孝；以甥舅之戚言之，则不义；以报施言之，则不恕；以在丧不与兵革之事言之，则不怀；邀人于险阻，则不仁。至于败殽不已，而继以彭衙；彭衙不已，而继以取汪。秦固怨晋，晋何为而致死于秦也？若楚师在江，不能悉索以急缨冠之义，仅仅以一处父之师门方城，而江患转剧。襄之霸功，不远愧于乃父哉！

从晋文公的所作所为来看,他只不过是一个有点小仇就一定要报复的人罢了。当初,狐偃把玉璧送给晋文公准备离开他,介子推隐居深山自焚,大概是都已经觉察出了晋文公狭隘的心胸,认为他不是能够记住别人功劳而忘记别人过错的人。世人只见到晋文公能容忍给他看库藏的小吏头须(即里凫须),就称道晋文公,那也是没有仔细考察啊。晋文公在践土为周襄王修造行宫,流传着他三次进见周襄王的美誉;可在河阳他却召请周天子,功不能补过。要不是孔子全面地考量他的所作所为,晋文公就是个大罪人了吧!

襄公继承文公的霸业,唯有在温地进见周襄王一事,没有坠损晋国的名声;而劝导他的,是先且居。至于所做的其他事,都是夸耀武威凭仗武力,举动大多不符合礼义。而在殽之战打败秦军尤其不符合礼义。当初,秦穆公亲手把晋文公送回晋国,秦国对晋国的恩德最深,晋襄公又是秦国的外甥。秦穆公劳累秦军去袭击远处的郑国,尽管对晋国来说有利可乘,可秦国的大恩未尽,怎么能在居丧期间发动战争,假托文公棺材中的牛叫声发布命令,不顾死去的先君文公,而打击秦军图一时痛快呢?从死去的父亲来说,这是不孝;从秦晋两国的甥舅亲戚关系来说,这是不讲道义;从报答秦国所施予的恩德来说,这是不合恕道;从在服丧期间不能参与战争来说,这是不怀念先君;在险阻之处截击别国军队,这是不仁。以至于把秦军打败在殽地还不肯停手,继而又在彭衙打败秦军;彭衙一战后仍不停手,进而又占取了汪地。秦国固然怨恨晋国,可晋国为什么要置秦国于死地呢?至于楚军围攻江国这样的事,晋国却不能尽其所有紧急救助江国的危难,尽应有的道义,仅仅派出阳处父所率的一支军队去攻打方城山的关门,而使江国的祸患变得更严重了。晋襄公的霸业武功,不是远比他父亲文公更羞愧吗!

卷二十六　晋楚争伯灵公至厉公　楚庄王图伯附

　　按：春秋之世，楚独僭王。《春秋》志在尊王，故予伯。予伯即所以尊王，为其能攘楚也。《春秋》终始，予晋以伯，故楚庄虽贤，亦不得蔑晋之成、景而以伯予之，况伯非攘楚无以成伯，顾可予楚以伯乎？故于文、襄之后，悼公之前，当晋灵、成、景、厉暨楚穆、庄之世，题曰"晋楚争伯"，内晋而外楚也。噫！使灵、成以下能为悼公，则楚并不得而争矣。《纲目》分书南北朝，兹窃取其例焉。

　　文公九年春，范山言于楚子曰："晋君少，不在诸侯，北方可图也。"楚子师于狼渊以伐郑，囚公子坚、公子庞及乐耳。郑及楚平。公子遂会晋赵盾、宋华耦、卫孔达、许大夫救郑，不及楚师。卿不书，缓也，以惩不恪。夏，楚侵陈，克壶丘，以其服于晋也。秋，楚公子朱自东夷伐陈，

卷二十六　晋楚争伯灵公至厉公　楚庄王图伯附

按:春秋时期,唯独楚国僭号称王。《春秋》经文目的在于尊崇周天子,所以给诸侯以"霸"的称号。给予"霸"的称号就是因为他们尊崇周天子,能够抗击楚国。《春秋》经文始终称晋国为霸,因而尽管楚庄王十分贤明,可《春秋》经文仍不能舍弃晋成公、晋景公而把"霸"这一称号给予他,更何况不因抗击楚国是无以成为霸主的,难道能称楚国为"霸"吗?所以在晋文公、襄公之后,悼公之前,正当晋灵公、成公、景公、厉公及楚穆王、庄王时代,以"晋楚争霸"为题,是把晋国当作内邦,把楚国当作外邦看待的。哎!假使晋灵公、晋成公之后是晋悼公,那么楚国就无法与晋国争霸了。《通鉴纲目》以南北两朝分开写,我这里也私自采用了它的体例。

鲁文公九年春季,楚国大夫范山对楚穆王说:"现在晋国国君年纪还小,无意在诸侯中称霸,我们可以趁此机会向北扩张。"于是楚穆王出兵至狼渊,来讨伐郑国,囚禁了郑国公子坚、公子庬和乐耳。郑国向楚国求和。鲁国公子遂会同晋国赵盾、宋国华耦、卫国孔达及许国大夫前去救援郑国,结果没能追赶上楚军。《春秋》没有记载赵盾等卿的名字,是因为他们出兵迟缓了,以此来惩诫他们办事不认真。夏季,楚国进攻陈国,攻克了壶丘,这是因为陈国归服了晋国。秋季,楚国公子朱自东夷攻打陈国,

陈人败之,获公子茷。陈惧,乃及楚平。

十年秋,陈侯、郑伯会楚子于息。冬,遂及蔡侯次于厥
貉,将以伐宋。宋华御事曰:"楚欲弱我也,先为之弱乎?
何必使诱我?我实不能,民何罪?"乃逆楚子,劳,且听命。
遂道以田孟诸,宋公为右盂,郑伯为左盂,期思公复遂为
右司马,子朱及文之无畏为左司马,命夙驾载燧。宋公违
命,无畏抶其仆以徇。或谓子舟曰:"国君不可戮也。"子
舟曰:"当官而行,何强之有?《诗》曰,'刚亦不吐,柔亦不
茹','毋纵诡随,以谨罔极',是亦非辟强也。敢爱死以乱
官乎?"

厥貉之会,麇子逃归。
十一年春,楚子伐麇。成大心败麇师于防渚,潘崇复
伐麇,至于锡穴。
夏,叔仲惠伯会晋郤缺于承筐,谋诸侯之从于楚者。

秋,襄仲聘于宋,因贺楚师之不害也。

十三年冬,公如晋朝,且寻盟。卫侯会公于沓,请平于
晋。公还,郑伯会公于棐,亦请平于晋。公皆成之。郑伯
与公宴于棐,子家赋《鸿雁》。季文子曰:"寡君未免于此。"
文子赋《四月》。子家赋《载驰》之四章,文子赋《采薇》之四
章。郑伯拜,公答拜。

结果被陈国所打败,公子茷被俘。但由于陈国惧怕楚国报复,就只好与楚国讲和。

十年秋季,楚穆王在息地会见陈共公、郑穆公。冬季,楚穆王便与蔡庄侯率兵进驻厥貉,准备攻打宋国。宋国大夫华御事对宋昭公说:"楚国想要削弱我们,我们就先向它示弱怎么样?楚国何必摆出这种架势来逼迫我们呢?我们确实无力对付楚国,而我们的百姓又有什么罪过呢?"于是宋国迎接慰劳楚穆王,并听从他的命令。他们引导楚穆王到孟诸打猎,宋昭公列右边圆阵,郑穆公列左边圆阵,期思公复遂为右司马,子朱和文之无畏为左司马,下令一大早驾车装载上取火器具。宋昭公违背了命令,文之无畏便鞭打他的奴仆并在军中示众。有人对文之无畏(即子舟)说:"国君不可侮辱。"文之无畏说:"我是按职责办事,国君有什么了不起的?《诗经》说,'不吃软,不怕硬','不能放纵狡诈之人,谨防行事无准则',就是不畏强横的意思。我怎么敢因惜死而放弃职责呢?"

陈共公、郑穆公在厥貉与楚穆王相会时,麇国国君逃回了国。

十一年春季,楚国进攻麇国。成大心在防渚击败了麇军,随后潘崇再次进兵讨伐麇国,一直打到锡穴。

夏季,鲁国叔仲惠伯在承筐会见晋国郤缺,以谋划如何对付追随楚国的诸侯。

秋季,鲁国大夫襄仲(即公子遂)到宋国聘问,以祝贺宋国幸免于楚军之祸。

十三年冬季,鲁文公到晋国朝见,同时重温以往的同盟关系。卫成公在沓地会见了他,请求帮助与晋国讲和。鲁文公回国时,郑穆公在棐地会见了他,也请求他帮助与晋国讲和。在鲁文公的帮助下,卫、郑两国都与晋国达成了协议。郑穆公与鲁文公在棐地举行宴会,郑国大夫子家吟诵了《鸿雁》一诗。鲁臣季文子说:"我们国君也存在这种情况。"文子吟诵了《四月》一诗。子家又吟诵了《载驰》一诗的第四章,季文子吟诵了《采薇》一诗的第四章。郑穆公起身向文公拜谢,文公也予以答拜。

十四年夏六月，同盟于新城。从于楚者服，且谋邾也。

秋七月乙卯夜，齐商人弑舍，齐人定懿公。

十五年，新城之盟，蔡人不与。晋郤缺以上军、下军伐蔡，曰："君弱，不可以怠。"戊申，入蔡，以城下之盟而还。凡胜国曰"灭之"，获大城焉曰"入之"。

秋，齐人侵我西鄙，故季文子告于晋。冬十一月，晋侯、宋公、卫侯、蔡侯、陈侯、郑伯、许男、曹伯盟于扈，寻新城之盟，且谋伐齐也。齐人赂晋侯，故不克而还。于是有齐难，是以公不会。书曰"诸侯盟于扈"，无能为故也。凡诸侯会，公不与，不书，讳君恶也。与而不书，后也。齐侯侵我西鄙，谓诸侯不能也。

十六年冬十一月，宋人弑其君杵臼。
十七年春，晋荀林父、卫孔达、陈公孙宁、郑石楚伐宋，讨曰："何故弑君？"犹立文公而还。卿不书，失其所也。

〔补逸〕《国语》：宋人杀昭公。赵宣子请师于灵公以伐宋。公曰："非晋国之急也。"对曰："大者天地，其次君臣，所以为明训也。今宋人杀其君，是反天地而逆民则也，天必诛焉。晋为盟主，而不修天罚，将惧及焉。"

十四年夏季六月，鲁文公在宋地新城和宋昭公、陈灵公、卫成公、郑穆公、许昭公、曹文公以及晋国的赵盾结盟。原因是以前跟从楚国的陈、郑、宋又归服了晋国，他们同时商议帮助邾国公子捷菑回国的问题。

秋季七月乙卯日夜里，齐国公子商人杀了太子舍，齐国人稳定了懿公（即商人）的地位。

十五年，在新城的会盟，蔡人没有参加。于是晋国郤缺率领上军、下军攻打蔡国，说："国君虽年少，但不能因此懈怠。"六月初八，攻进蔡国，订立了城下之盟后回国。凡是战胜一个国家，叫作"灭之"，占领一个大城叫作"入之"。

秋季，齐军侵犯我国西部边境，所以季文子向晋国告急。冬季十一月，晋灵公、宋昭公、卫成公、蔡庄侯、郑穆公、许昭公、曹文公在扈地会盟，重温新城会盟的旧好，并且策划攻打齐国。齐国人贿赂了晋灵公，因而诸侯没有战胜齐国就撤兵了。当时正值齐国侵犯鲁国西部边境，因此鲁文公没有去参加会盟。《春秋》记载说"诸侯盟于扈"，这是由于没能救援鲁国的缘故。凡是诸侯会盟，鲁公不参加，《春秋》就不记载，这是隐讳国君的过失。参加了而不记载，则是表明国君迟到了。齐懿公侵袭鲁国西部边境，因为他认为诸侯不会救援鲁国。

十六年冬季十一月，宋人杀死了他们的君主宋昭公杵臼。

十七年春季，晋国荀林父、卫国孔达、陈国公孙宁、郑国石楚攻打宋国，讨伐它说："为什么杀了你们的国君？"等到立了宋文公以后他们才各自回国。《春秋》没有记载上述各卿的名字，是因为他们对此事处置不当。

〔补逸〕《国语》：宋国人杀害了宋昭公。晋臣赵宣子向晋灵公请兵攻打宋国。晋灵公说："这不是晋国的当务之急。"赵宣子说："天下地位最高的是天地，其次是君臣，这些都是用来阐明尊卑等级的。如今宋国人杀死了他们的国君，是违逆天地人理的，上天必然诛杀他们。晋国是诸侯的盟主，而不执行上天的惩罚，我担心将有祸难降临到晋国。"

公许之。乃发令于大庙，召军吏而戒乐正，令三军之钟鼓必备。赵同曰："国有大役，不镇抚民，而备钟鼓，何也？"宣子曰："大罪伐之，小罪惮之。袭侵之事，陵也。是故伐备钟鼓，声其罪也；战以镈于丁宁，儆其民也。袭侵密声，为蒐事也。今宋人杀其君，罪莫大焉。明声之，犹恐其不闻也。吾备钟鼓，为君故也。"乃使旁告于诸侯，治兵振旅，鸣钟鼓，以至于宋。

夏四月，晋侯蒐于黄父，遂复合诸侯于扈，平宋也。公不与会，齐难故也。书曰"诸侯"，无功也。于是晋侯不见郑伯，以为贰于楚也。郑子家使执讯而与之书，以告赵宣子曰："寡君即位三年，召蔡侯而与之事君。九月，蔡侯入于敝邑以行。敝邑以侯宣多之难，寡君是以不得与蔡侯偕。十一月，克减侯宣多，而随蔡侯以朝于执事。十二年六月，归生佐寡君之嫡夷以请陈侯于楚，而朝诸君。十四年七月，寡君又朝，以蒇陈事。十五年五月，陈侯自敝邑往朝于君。往年正月，烛之武往，朝夷也。八月，寡君又往朝。以陈、蔡之密迩于楚而不敢贰焉，则敝邑之故也。虽敝邑之事君，何以不免？在位之中，一朝于襄，而再见于君。夷与孤之二三臣相及于绛。虽我小国，则蔑以过之矣。今大国曰'尔未逞吾志'，敝邑有亡，无以加焉。古人有言曰：'畏首畏尾，身其余几？'又曰：'鹿死不择音。'

晋灵公答应了。于是在祖庙中发布命令，召集军将，训诫乐正，命令三军必须备齐钟鼓。赵同问："国家有军事行动，不去安抚民众，却准备钟鼓，是为什么？"赵宣子说："有大罪就攻打他，有小罪就恐吓他。偷袭攻掠的事，是侵凌。所以讨伐敌人时准备钟鼓，是为了声讨他们的罪恶；与敌人作战准备大钟、钲等，是为了警戒他们的民众。而偷袭敌人时悄无声息，是因为那是突发事件。现在宋国人杀死了他们的国君，没有比这更大的罪恶了。公开地声讨他们的罪过，还担心别人听不见呢。我准备钟鼓是为了国君。"于是晋国派人向邻近的各诸侯国通报情况，修缮武器，整顿军队，鸣钟击鼓，进发到宋国。

夏季四月，晋灵公在黄父阅兵，然后再次在扈地会合诸侯，这是为了与宋国媾和。鲁文公没有参加，其原因是当时齐国正在攻打鲁国。《春秋》只记载说"诸侯"，因为他们没有取得成效。当时晋灵公不肯与郑穆公相见，认为他和楚国有勾结。郑国子家派通讯官给晋国一封信，告诉赵宣子说："我们国君即位三年，召请蔡侯而与他一起事奉贵国国君。九月，蔡侯到我国，从这里去了贵国。我国因侯宣多之乱，国君未能与蔡侯同行。十一月，灭掉侯宣多后就随同蔡侯去朝见贵君。十二年六月，归生辅佐我们国君的嫡子夷，向楚国请求让陈侯一起朝见贵国君主。十四年七月，我们国君又朝见贵国，促成陈侯朝晋的事。十五年五月，陈侯从我国前去朝见贵国国君。去年正月，烛之武带领太子夷前往贵国朝见。八月，我们国君又去朝见。虽然陈、蔡两国靠近楚国，却不敢对晋国有叛逆之心，就是因为我国的缘故。我国这样事奉贵国现任国君，可为什么仍不能免于罪责呢？我们国君在君位时，朝见贵国先君襄公一次，朝见贵国国君两次。太子夷和我们几个臣下相继到晋都绛城。我们小国如此事奉贵国，可以说没有一国能超过。而如今大国却说'你们还没有使我们满足'，那么我们只能等待灭亡，不能再做什么了。古人有话说：'怕头怕尾，身子还剩下多少？'又说：'鹿在临死时不选择庇荫的地方。'

小国之事大国也，德，则其人也；不德，则其鹿也。铤而走险，急何能择？命之罔极，亦知亡矣。将悉敝赋，以待于鯈。唯执事命之。文公二年六月壬申，朝于齐。四年二月壬戌，为齐侵蔡，亦获成于楚。居大国之间，而从于强令，岂其罪也？大国若弗图，无所逃命。"晋巩朔行成于郑，赵穿、公壻池为质焉。冬十月，郑太子夷、石楚为质于晋。

〔补逸〕《史记》：庄王即位，三年不出号令，日夜为乐。令国中曰："有敢谏者，死无赦！"伍举入谏，庄王左抱郑姬，右抱越女，坐钟鼓之间。伍举曰："愿有进隐。"曰："有鸟在于阜，三年不蜚不鸣，是何鸟也？"庄王曰："三年不蜚，蜚将冲天；三年不鸣，鸣将惊人。举退矣！吾知之矣。"居数月，淫益甚。大夫苏从乃入谏。王曰："若不闻令乎？"对曰："杀身以明君，臣之愿也。"于是乃罢淫乐，听政。所诛者数百人，所进者数百人。任伍举、苏从以政，国人大说。

《吴越春秋》：王即位三年，不听国政，沉湎于酒，淫于声色。左手拥秦姬，右手抱越女，身坐钟鼓之间，而令曰："有敢谏者死！"于是伍举进谏曰："有一大鸟，集楚国之庭，三年不飞亦不鸣。此何鸟也？"于是庄王曰："此鸟不飞，飞则冲天；不鸣，鸣则惊人。"伍举曰："不飞不鸣，将为射者所图。弦矢卒发，岂得冲天而惊人乎？"于是庄王弃其秦姬、越女，罢钟鼓之乐。用孙

小国事奉大国,大国如能以德相待,小国就会以人道相事;如果不能以德相待,小国就会像鹿死一样。铤而走险,紧急的时候哪里还能选择? 贵国的命令反复无常,我们也知道面临灭亡了。我们将派出敝国的全部士兵在僬地等待。只听贵国的办事人员命令他们吧。文公二年六月二十日,我们到齐国朝见。文公四年二月壬戌日,我们为齐国攻打蔡国,并因此而与楚国讲和。处于晋、楚两个大国的中间而屈从大国的号令,难道是我们的罪过? 大国如果不考虑郑国的苦衷,我们是没有办法逃避你们命令的。"于是晋国巩朔到郑国讲和,赵穿、公壻池去作了人质。冬季十月,郑国太子夷、大夫石楚到晋国作了人质。

〔补逸〕《史记》:楚庄王即位三年,从未向国内发布过任何政令,日日夜夜寻欢作乐。他还向国内下了道命令说:"有敢进谏的,格杀勿论!"伍举入宫进谏,庄王左手搂郑姬,右手抱越女,坐在歌舞乐人中间。伍举说:"但愿能向您进一句隐语。"接着又说:"有一只鸟落在土山上,三年不飞不鸣,这是什么鸟呢?"庄王说:"三年不飞,一飞冲天;三年不鸣,一鸣惊人。你下去吧! 我知道你的意思了。"过了几个月,庄王更加淫佚放纵。大夫苏从入宫进谏。庄王说:"你没有听到我的命令吗?"苏从回答说:"舍身而使您贤明,这是我的夙愿。"于是庄王便停止淫佚作乐,开始处理政务。他杀死了几百个罪人,擢升了几百个有功之臣。任用伍举、苏从管理政务,举国上下非常高兴。

《吴越春秋》:楚庄王即位三年,却从不处理国政,沉湎于酒宴声色之中。他左手拥着秦姬,右手抱着越女,坐在歌舞乐人中间,发布命令说:"有敢进谏的格杀勿论!"这时伍举进谏说:"有一只大鸟,落在楚国宫院之中,三年不飞也不鸣。这是什么鸟呢?"这时庄王说:"这只鸟不飞,飞则冲天;它不鸣,一鸣就惊人。"伍举说:"不飞也不鸣,就会被射箭的人所算计。最后弓箭一射出,它怎么能冲天而惊人呢?"自此楚庄王丢弃了秦姬、越女,撤除了钟鼓舞乐。他任用孙

叔敖任以国政,遂霸天下,威伏诸侯。

《说苑》:楚庄王立为君,三年不听朝,乃令于国曰:"寡人恶为人臣而遽谏其君者。今寡人有国家,立社稷。有谏,则死无赦!"苏从曰:"处君之高爵,食君之厚禄,爱其死,而不谏其君,则非忠臣也。"乃入谏。庄王立鼓钟之间,左伏阳姬,右拥越姬;左裯衽,右朝服,曰:"吾鼓钟之不暇,何谏之听?"苏从曰:"臣闻之:'好道者多资,好乐者多迷;好道者多粮,好乐者多亡。'荆国亡无日矣。死臣敢以告王。"王曰:"善。"左执苏从手,右抽阴刀,刎钟鼓之悬。明日,授苏从为相。

《吕氏春秋》:荆庄王立三年,不听而好讔。成公贾入谏。王曰:"不榖禁谏者。今子谏,何故?"对曰:"臣非敢谏也,愿与君王讔也。"王曰:"胡不设不榖矣。"对曰:"有鸟止于南方之阜,三年不动,不飞不鸣,是何鸟也?"王射之,曰:"有鸟止于南方之阜,其三年不动,将以定志意也;其不飞,将以长羽翼也;其不鸣,将以览民则也。是鸟虽无飞,飞将冲天;虽无鸣,鸣将骇人。贾出矣!不榖知之矣。"明日朝,所进者五人,所退者十人。群臣大说,荆国之众相贺也。故《诗》曰"何其久也? 必有以也;何其处也? 必有与也",其庄王之谓耶?

宣公元年。宋人之弑昭公也,晋荀林父以诸侯之师伐宋,宋及晋平。宋文公受盟于晋,又会诸侯于扈,将为鲁讨齐,皆取赂而还。郑穆公曰:"晋不足与也。"遂受盟于楚。

叔教主持国政,于是称霸天下,威望使诸侯顺服。

《说苑》:楚庄王立为国君以后,三年不理朝政,向全国发布命令说:"寡人厌恶那些身为人臣而向他的君主直言巫谏的人。现在寡人拥有了国家,立了宗庙。有敢进谏的,就格杀勿论!"苏从说:"接受国君的崇高爵位,享受国君的丰厚俸禄,却吝惜生命,不向他的国君进谏,那么就不是忠臣。"便入宫进谏。庄王在歌舞乐人之中,左手拥阳姬,右手抱越姬;左穿裯衽,右披朝服,说:"鼓乐我都听不过来,还顾得上听什么进谏?"苏从说:"臣下我听说:'喜欢修礼仪仁义的人大多变得有谋略,喜好乐舞的人大多变得无知;喜好修礼仪仁义的人国家大多有谷米,喜好乐舞的人大多使国家灭亡。'楚国离灭亡没几天了。尽忠效死的臣下我冒昧报告给您。"庄王说:"很好。"他左手抓着苏从的手,右手抽出腰刀,斩断了悬挂钟鼓的绳索。第二天,庄王任苏从为相。

《吕氏春秋》:楚庄王当政三年,不听政事却喜欢隐语。成公贾入朝劝谏。庄王说:"我禁止劝谏者。现在你却来劝谏,为什么?"成公贾回答说:"我不敢劝谏,只希望同您谈隐语。"庄王说:"何不对我设计隐语呢?"成公贾回答说:"有只鸟停栖在南方的土山上,三年不动,不飞不鸣,这是什么鸟啊?"庄公猜度说:"有只鸟停栖在南方的土山上,它三年不动,是要安定意志;它不飞,是要借此生长羽翼;它不鸣,是要借此观察民间的法度。这只鸟虽然不飞,一飞就将冲天;虽然不鸣,一鸣就会惊人。你出去吧!我知道了。"第二天上朝,提拔的有五人,罢官的有十人。群臣非常喜悦,楚国的人们都互相祝贺。所以《诗经》上说"为什么这么久?必有原因吧。为什么这么安处?必有缘故吧",这就是说楚庄王的吧?

鲁宣公元年。过去因为宋国人杀了昭公,晋国的荀林父率领诸侯军队攻打宋国,宋国于是和晋国讲和。宋文公在晋国接受盟约,又在扈地会合诸侯,准备为鲁国攻打齐国,可每次都取得了贿赂而回国。郑穆公说:"晋国是不值得亲附的。"于是就和楚国结盟。

陈共公之卒，楚人不礼焉，陈灵公受盟于晋。秋，楚子侵陈，遂侵宋。晋赵盾帅师救陈、宋，会与棐林，以伐郑也。楚芳贾救郑，遇于北林，囚晋解扬，晋人乃还。晋欲求成于秦。赵穿曰："我侵崇，秦急崇，必救之，吾以求成焉。"冬，赵穿侵崇，秦弗与成。

晋人伐郑，以报北林之役。于是晋侯侈，赵宣子为政，骤谏而不入，故不竟于楚。

二年春，郑公子归生受命于楚伐宋，宋华元、乐吕御之。二月壬子，战于大棘，宋师败绩。囚华元，获乐吕及甲车四百六十乘，俘二百五十人，馘百人。狂狡辂郑人，郑人入于井，倒戟而出之，获狂狡。君子曰："失礼违命，宜其为禽也。戎昭果毅以听之之谓礼。杀敌为果，致果为毅。易之，戮也。"

将战，华元杀羊食士，其御羊斟不与。及战，曰："畴昔之羊，子为政；今日之事，我为政。"与入郑师，故败。君子谓"羊斟非人也。以其私憾，败国殄民，于是刑孰大焉。《诗》所谓'人之无良'者，其羊斟之谓乎？残民以逞。"宋人以兵车百乘、文马百驷以赎华元于郑，半入，华元逃归。

陈共公死的时候，楚人不行诸侯吊丧的礼仪，陈灵公又同晋国结盟。这年秋季，楚庄王侵袭陈国，接着又侵袭宋国。晋国赵盾率领军队前去救援陈、宋两国，在棐林与宋文公、陈灵公、卫成公、曹文公会师，以攻打郑国。楚国苏贾救援郑国，在北林和晋军相遇，楚军俘虏了晋国大夫解扬，晋军才撤回国。晋国打算和秦国讲和。赵穿说："我们侵袭崇国，秦国为崇国着急，一定会救援崇国，晋国可以此向秦国要求讲和。"这年冬季，赵穿侵袭崇国，但秦国不肯同晋国讲和。

晋军攻打郑国，以报复北林的战役。这时，晋灵公奢侈无度，赵宣子执政，他屡次劝谏而灵公不听，所以无法和楚国相争。

二年春季，郑国公子归生受楚国命令攻打宋国，宋国以华元、乐吕为将率兵迎敌。二月十日，双方在宋国的大棘交战，结果宋军大败。郑国活捉了华元，杀死了乐吕，缴获兵车四百六十辆，俘虏宋兵二百五十人，被割下左耳的有百人。宋国大夫狂狡在战斗中和郑国一个士兵相遇，郑国这名士兵在逃窜时失足掉进井里，狂狡倒拿着戟从井中将他吊了上来。由于郑国士兵手握戟柄，出井后反而擒获了狂狡。君子评论这件事说："狂狡不守作战规矩，违背杀敌的命令，难怪他被敌人俘虏。用兵之道，要发扬果敢刚毅的精神，并服从指挥，这是作战的礼法。勇于杀敌叫果敢，养成果敢的品质叫刚毅。违反上述道理，就是自取灭亡。"

战争将要爆发的时候，华元宰羊犒劳军士，他的车夫羊斟却没有吃到羊肉。到了和郑军交战的时候，羊斟忿忿地说："前日分发羊肉的事，由你做主；今天战车进退的事，却由我做主。"他故意将华元乘的战车赶进郑军，因此宋军大败，主帅华元被擒。君子评论这件事说："羊斟，不能算是个人啊。他因为个人一时的私怨，导致国家败亡，百姓遭殃，没有比这再大的罪过了。《诗经》里所说的'丧尽天良的人'，不正是骂羊斟这类人吗？他不惜以残害人民来满足自己的欲望。"宋国用兵车一百辆、良马四百匹来从郑国赎回华元，刚把车马交上一半，华元已经逃了回来。

立于门外,告而入。见叔牂,曰:"子之马然也?"对曰:"非马也,其人也。"既合而来奔。

宋城,华元为植,巡功。城者讴曰:"睅其目,皤其腹,弃甲而复。于思于思,弃甲复来。"使其骖乘谓之曰:"牛则有皮,犀兕尚多,弃甲则那?"役人曰:"从其有皮,丹漆若何?"华元曰:"去之! 夫其口众我寡。"

秦师伐晋,以报崇也。遂围焦。夏,晋赵盾救焦,遂自阴地,及诸侯之师侵郑,以报大棘之役。楚鬬椒救郑,曰:"能欲诸侯,而恶其难乎?"遂次于郑,以待晋师。赵盾曰:"彼宗竞于楚,殆将毙矣。姑益其疾。"乃去之。

三年,晋侯伐郑,及郔。郑及晋平,士会入盟。

楚子伐陆浑之戎,遂至于雒,观兵于周疆。定王使王孙满劳楚子。楚子问鼎之大小、轻重焉。对曰:"在德不在鼎。昔夏之方有德也,远方图物,贡金九牧,铸鼎象物,百物而为之备,使民知神奸。故民入川泽、山林,不逢不若;螭魅罔两,莫能逢之。用能协于上下,以承天休。桀有昏德,鼎迁于商,载祀六百。商纣暴虐,鼎迁于周。德之休明,虽小,重也;其奸回昏乱,虽大,轻也。天祚明德,有所底止。成王定鼎于郏鄏,卜世三十,卜年七百,天所命也。周德虽衰,天命未改。鼎之轻重,未可问也。"

华元站在宋国城门外,说明自己的身份然后进了城。他见到叔牂(即羊斟),说:"是由于你的马的原因才使我被俘的吧?"叔牂回答说:"不是由于马的原因,是由于人。"叔牂回答完就跑到了鲁国。

战后,宋国筑城,华元为监工,巡视工程进行情况。筑城的唱道:"瞪着双大眼睛,挺着大肚子,丢盔卸甲逃回来。络腮胡子,胡子络腮,丢盔卸甲逃回来。"华元派车上的卫兵对他们说:"有牛就有皮,犀牛兕牛还很多,丢盔卸甲有什么?"筑城役人又唱道:"即使牛皮多,少了丹漆又如何?"华元忙对车夫说:"快把车赶开!他们人多口杂,我们人少说不过他们。"

秦国军队攻打晋国,以报复晋军进攻崇国之仇。包围了焦地。夏季,晋国赵盾为援救焦地,便从阴地会合诸侯的军队侵袭郑国,以报复郑国进攻宋国大棘的战役。楚国鬬椒救援郑国,说:"怎能想得到诸侯的拥护而又怕困难呢?"楚军于是驻扎在郑国,等待晋军。赵盾说:"鬬椒那个宗族在楚国是强者,以后大概要灭亡了。姑且助长他的骄傲。"于是就撤离了郑国。

三年,晋国攻打郑国,到达郔地。这时郑国请和,晋国派士会前去缔结盟约。

楚庄王攻打陆浑之戎,到达了雒水,在周都城郊陈兵示威。周定王派王孙满慰劳楚庄王。楚庄王向王孙满问起九鼎的大小、轻重。王孙满回答说:"能否得天下在于德行而不在于鼎的大小轻重。从前夏朝有德的时候,远方的国家把山川奇异之物画成图像,九州的长官进贡青铜,铸造九鼎并把图像铸在上面,各种物象都在鼎上,让百姓认识了神物和怪物。所以百姓进入川泽山林,就不会遇上不利的东西;魑魅魍魉这些妖怪,都不会碰到。因而能使上下和协,来承受上天的保佑。夏桀德行昏乱,九鼎迁到了商朝,商享国六百年。商纣暴虐,九鼎又迁到了周朝。德行如果休美光明,鼎虽小也是重的;如果奸邪昏乱,鼎虽大也是轻的。上天赐福给明德的人,是有一定期限的。周成王安放九鼎在郏鄏,占卜结果是传世三十代,享国七百年,这是上天的旨意。周朝德行虽然衰微,而天命并没有改变。鼎的轻重是不能问的。"

夏,楚人侵郑,郑即晋故也。

四年冬,楚子伐郑,郑未服也。

五年冬,楚子伐郑。陈及楚平。晋荀林父救郑,伐陈。

六年春,晋、卫侵陈,陈即楚故也。冬,楚人伐郑,取成而还。

七年,郑及晋平,公子宋之谋也,故相郑伯以会。冬,盟于黑壤。王叔桓公临之,以谋不睦。

八年冬,陈及晋平。楚师伐陈,取成而还。

九年秋,会于扈,讨不睦也。陈侯不会。晋荀林父以诸侯之师伐陈。晋侯卒于扈,乃还。

冬,宋人围滕,因其丧也。

陈灵公与孔宁、仪行父通于夏姬,皆衷其衵服,以戏于朝。洩冶谏曰:“公卿宣淫,民无效焉。且闻不令,君其纳之。”公曰:“吾能改矣。”公告二子,二子请杀之,公弗禁,遂杀洩冶。孔子曰:“《诗》云,‘民之多辟,无自立辟’。其洩冶之谓乎!”

〔补逸〕《穀梁传》:称国以杀其大夫,杀无罪也。洩冶之无罪如何?陈灵公通于夏徵舒之家,公孙宁、仪行父亦通其家。或衣其衣,或衷其襦,以相戏于朝。

夏季，楚国人攻打郑国，这是郑国又和晋国结好的缘故。

四年冬季，楚庄王攻打郑国，原因是郑国还没有顺服。

五年冬季，楚庄王攻打郑国。陈国和楚国讲和。晋国荀林父救援郑国，攻打陈国。

六年春季，晋国、卫国侵袭陈国，这是陈国投靠楚国的缘故。冬季，楚国人攻打郑国，直到郑国求和才回国。

七年，郑国和晋国讲和，这是公子宋的主意，所以公子宋做郑襄公的相礼参加盟会。冬季，鲁宣公、晋成公、宋文公、卫成公、郑襄公、曹文公在黑壤结盟。周天子派王叔桓公到会监临，谋划如何对付不服从晋国的国家。

八年冬季，陈国和晋国讲和。楚国军队便攻打陈国，取得讲和以后回国。

九年秋季，晋成公、卫成公、郑襄公以及曹文公在扈地会盟，打算讨伐不服从晋国的国家。陈灵公没有参加。晋国荀林父率领诸侯的军队攻打陈国。正赶上晋成公死在扈地，荀林父只好领兵回国。

冬季，宋军包围了滕国，这是乘滕国忙于办理滕昭公丧事的机会。

陈灵公和孔宁、仪行父同夏姬通奸，他们都贴身穿着夏姬的汗衫，以此在朝廷上互相逗趣。泄冶劝谏说："国君和卿公然淫乱，百姓就没有可效法的。而且名声不好，国君还是把汗衫收藏起来。"陈灵公说："我能够改过了。"陈灵公把泄冶的话告诉了孔宁、仪行父两人，这两个人请求杀掉泄冶，陈灵公未加阻止，于是就杀了泄冶。孔子说："《诗经》说：'百姓多行邪恶，就不要去自立法度。'那说的就是泄冶吧！"

〔补逸〕《穀梁传》：以国家的名义杀了自己的大夫，是表示杀的是无罪的人。泄冶为什么无罪？陈灵公和夏徵舒的母亲夏姬通奸，公孙宁、仪行父也和夏姬通奸。他们有的穿着夏姬的衣服，有的贴身穿着夏姬的短衣，在朝中相互戏弄。

洩冶闻之，入谏曰："使国人闻之，则犹可；使仁人闻之，则不可。"君愧于洩冶，不能用其言而杀之。

《列女传》：陈女夏姬者，大夫夏徵舒之母也。其状美好无匹，内挟技术，盖老而复壮者三。三为王后，七为夫人，公侯争之，莫不迷惑失意。公孙宁、仪行父与陈灵公皆通于夏姬，或衣其衣，以戏于朝。洩冶见之，谓曰："君有不善，子宜掩之。今自子率君而为之，不待幽间，于朝廷以戏，士民其谓尔何？"二人以告灵公。灵公曰："众人知之，吾不善，无害也。洩冶知之，寡人耻焉。"乃使人微贼洩冶而杀之。

《说苑》：陈灵公行僻而言失。洩冶曰："陈其亡矣。吾骤谏君，君不吾听，而愈失威仪。夫上之化下，犹风靡草：东风则草靡而西，西风则草靡而东；在风所由，而草为之靡。是故人君之动，不可不慎也。夫树曲木者，恶得直景？人君不直其行、不敬其言者，未有能保帝王之号、垂显令之名者也。《易》曰：'夫君子居其室，出其言善，则千里之外应之，况其迩者乎？居其室，出其言不善，则千里之外违之，况其迩者乎？言出于身，加于民；行发乎迩，见乎远。言行，君子之枢机。枢机之发，荣辱之主。君子之所以动天地，可不慎乎？'天地动，而万物变化。《诗》曰，'慎尔出话，敬尔威仪，无不柔嘉'，此之谓也。今君不是之慎，而纵

泄冶听说了这件事，进来劝谏说："若使国人知道这事，倒还可以；使有仁德的人知道这件事，那就不行了。"陈灵公在泄冶面前感到惭愧，但又不能采纳他的规劝，因而杀了他。

《列女传》：陈国女子夏姬，是大夫夏徵舒的母亲。她容貌美丽，举世无双，身怀回春妙术，曾多次年老后又变为壮年。她三次作王后，七次作夫人，公侯们争夺她，没有不被她迷惑而心意迷乱的。公孙宁、仪行父与陈灵公都与夏姬私通过，他们有的穿着夏姬的衣服，在朝廷上嬉戏。泄冶见到了，说："君主有不好的行为，你们应该为他掩饰。现在你们带着君主干这事，不到僻静的地方，而在朝廷嬉戏，士人百姓会怎么说你们呢？"两人把这件事告诉了陈灵公。灵公说："大家都知道我不好，没有关系。可泄冶知道了这件事，我感到耻辱。"于是派人暗地里劫杀了泄冶。

《说苑》：陈灵公行为怪邪而言语失度。泄冶说："陈国大概要灭亡了。我数次劝谏国君，国君不听我的话，而越来越丧失国君的威严。君上教化下民，就像风吹倒草一样：刮东风草就向西倒，刮西风草就向东倒；这在于风来的方向，草随它而倒。所以君主的行为，不可以不谨慎。如果栽下的树是弯曲的，怎么会有笔直的影子？人君如果不端正自己的行为，不谨慎自己的言语，就没有能保守帝王的称号、留下显赫美好的名声的。《易经》上说：'国君住在宫室中，发出的号令如果是正确的，那么千里之外的人也会响应，何况身边的人呢？国君居住在宫室中，发出的号令如果不正确，那么千里之外的人就会违抗，何况身边的人呢？号令出自君王一人，施行于百姓；行为虽发生于近处，但很远的地方也能知道。言行，是君王统治国家的关键。关键的启动，掌握着君王的荣辱。人君由此而感动天地，难道可以不审慎吗？'天地感动，万物就会发生变化。《诗经》说，'你出言要审慎，威仪要肃整，那就没什么不柔和美善的'，讲的就是这个道理。现在国君不慎于自己的言行，反而纵欲

恣焉,不亡,必弑!"灵公闻之,以洩冶为妖言而杀之。后果弑于徵舒。

《国语》:定王使单襄公聘于宋,遂假道于陈,以聘于楚。火朝觌矣,道茀不可行;候不在疆,司空不视涂;泽不陂,川不梁;野有庾积,场功未毕;道无列树,垦田若蓺。膳宰不致饩,司里不授馆;国无寄寓,县无施舍。民将筑台于夏氏。及陈,陈灵公与孔宁、仪行父南冠以如夏氏,留宾弗见。

单子归,告王曰:"陈侯不有大咎,国必亡。"王曰:"何故?"对曰:"夫辰,角见而雨毕,天根见而水涸,本见而草木节解,驷见而陨霜,火见而清风戒寒。故先王之教曰:'雨毕而除道,水涸而成梁,草木节解而备藏。陨霜而冬裘具,清风至而修城郭宫室。'故《夏令》曰:'九月除道,十月成梁。其时儆曰,收而场功,偫而畚梮。营室之中,土功其始。火之初见,期于司里。'此先王所以不用财贿,而广施德于天下者也。今陈国火朝觌矣,而道路若塞,野场若弃,泽不陂障,川无舟梁,是废先王之教也。

"周制有之曰:'列树以表道,立鄙食以守路。国有郊牧,疆有寓望。薮有圃草,囿有林池,所以御灾也。

恣肆,不亡国也一定会被臣下杀掉!"陈灵公听到这番话,认为泄冶散布邪说而杀死了他。后来陈灵公果然被夏徵舒所杀。

《国语》:周定王派单襄公到宋国聘问,于是向陈国借道,以便去楚国聘问。此时早晨可以见到心宿出现在东方,野草堵塞了道路不能通过;边境上没有掌管迎送宾客的候人,司空不视察道路;川泽未筑堤坝,河流上没有修桥;野外有露积在外的谷堆,修筑的场圃还没有完工;路边没有排列的树木,农田杂草丛生。膳夫不给备置饭食,里宰不设置客馆;国都没有寄住的旅舍,县中没有房屋供旅客使用。百姓准备在夏徵舒宅第周围修筑观台。到了陈国都城,陈灵公与孔宁、仪行父穿戴着楚国的衣帽去夏氏家,扔下宾客而不予会见。

单襄公回来,告诉周定王说:"陈侯本人就是没有大的灾难,国家也一定要灭亡。"定王说:"什么缘故?"单襄公说:"星辰,角星出现则雨气尽,天根星出现则水流干涸,本星出现则草木枝叶脱落,驷星出现则下霜,火星出现则清风来而应防寒。所以先代君王的教训说:'雨气尽就要修缮道路,水流干涸就要修桥,草木枝叶脱落就要准备收藏。下霜就要准备好皮衣,清风来就要修治城郭宫室。'所以《夏令》中说:'九月修道,十月修桥。此时要儆告人们说,把场圃上的事做完,准备好装土、运土的畚和梮。营室星出现在南方正中的时候,土木工程就可以开始了。等心宿一出现,就要到司里官那里报到。'这就是先代君王不用财货而能广泛布德于天下的原因。现在陈国早晨可以见到心宿,可道路像堵塞了一样,田野、场圃像荒弃了,泊泽不筑堤挡水,河上没有桥梁和船只,这是废弃了先王的教训啊。

"周朝法制有规定说:'在道路两旁布列树木以作为道路的标志,在郊野建餐馆以守候过路人。国都郊外要有牧地,边疆要有寄寓的房舍、候望之人。洼地要有茂草,苑囿之中要有树木池水,这些是用来防备灾祸的。

其余无非谷土。民无县耜，野无奥草。不夺民时，不蔑民功。有优无匮，有逸无罢。国有班事，县有序民。'今陈国道路不可知，田在草间，功成而不收，民罢于逸乐，是弃先王之法制者也。

"周之《秩官》有之曰：'敌国宾至，关尹以告。行理以节逆之，候人为导，卿出郊劳，门尹除门，宗祝执祀，司里授馆，司徒具徒，司空视涂，司寇诘奸，虞人入材，甸人积薪，火师监燎，水师监濯，膳宰致饔，廪人献饩，司马陈刍，工人展车，百官各以物至，宾入如归。是故小大莫不怀爱。其贵国之宾至，则以班加一等，益虔。至于王使，则皆官正莅事，上卿监之。若王巡守，则君亲监之。'今虽朝也不才，有分族于周，承王命以为过宾于陈，而司事莫至，是蔑先王之官也。

"先王之令有之曰：'天道赏善而罚淫。故凡我造国，无从非彝，无即慆淫，各守尔典，以承天休。'今陈侯不念胤续之常，弃其伉俪妃嫔，而帅其卿佐，以淫于夏氏，不亦渎姓矣乎？陈，我大姬之后也。弃衮冕，而南冠以出，不亦简彝乎？是又犯先王之令也。昔先王之教，懋帅其德也，犹恐陨越。若废其教，而弃其制，蔑其官，

其他地方都应是粮田。农民手中没有闲置的农具，田野里没有深草。不剥夺百姓的劳作时间，不抛弃劳作的事。保持富裕不要陷入匮乏，保持安逸不要疲惫。都城有依次执事之人，县有劳作有序的百姓。'现在陈国的道路无法辨别清楚，田地里都是野草，庄稼成熟而不收获，百姓因国君兴功作乐而疲惫，这是丢弃了先代君王的法规制度。

"周朝的《秩官》有这样的话：'地位相同的国家使臣来，关尹要向国家报告。小吏要持节来欢迎他，候望的人作为引导，卿到郊外慰劳他，门尹扫除门庭，宗伯、太祝主持祭祀的礼仪，里宰安排客馆，司徒招集役夫修路，司空察看路途，司寇稽查奸盗，虞官进送木材，甸官进送柴禾，火师监管生火，水师监管洗涤，膳宰准备饭食，廪人贡献谷米，司马预备草料，工人检查车辆，百官都因事而来，宾客到来就如同回家一样。所以宾客无论贵贱没有不思念这种厚爱的。大国的宾客来，礼节位次就提高一等，更加虔敬。至于周王室的使者，官长就亲自到场主持，上卿亲自察看是否办好了。如果是周王来巡视，那么君王就亲自主持。'现在我虽然没有才能，但毕竟是周朝的一支亲族，受君王的命令作为一个过往陈国的宾客，而他们掌事的官员却不到场，这是欺辱先代君王的官吏。

"先代君王的法令中有这样的规定：'天道奖赏善行而惩罚淫乱。所以凡属我周朝封国，都不去做超常之事，不靠近淫欲之人，各自遵守常规，以接受上天的赐福。'现在陈侯不顾念宗法血缘伦常，抛弃妻妾妃嫔，而带着他的卿士佐臣去与夏姬淫乱，这不是亵渎同姓吗？陈，是我们周武王之女太姬的后代。陈灵公舍弃了衮龙之衣、公侯之冠而戴楚国的帽子出行，这不是抛弃常礼吗？这又违背了先王的教令。昔日先王的教导，勉励德行，这样做还害怕德行败落。如果废弃他们的教导和制度，欺辱他们的官长，

而犯其令，将何以守国？居大国之间，而无此四者，其能久乎？”

六年，单子如楚。八年，陈侯杀于夏氏。九年，楚子入陈。

楚子为厉之役故，伐郑。晋郤缺救郑。郑伯败楚师于柳棼。国人皆喜，唯子良忧曰：“是国之灾也，吾死无日矣。”

十年夏，陈灵公与孔宁、仪行父饮酒于夏氏。公谓行父曰：“徵舒似女。”对曰：“亦似君。”徵舒病之。公出，自其厩射而杀之。二子奔楚。

滕人恃晋而不事宋。六月，宋师伐滕。

郑及楚平。诸侯之师伐郑，取成而还。冬，楚子伐郑。晋士会救郑，逐楚师于颍北。诸侯之师戍郑。

十一年春，楚子伐郑，及栎。子良曰：“晋、楚不务德而兵争，与其来者可也。晋、楚无信，我焉得有信？”乃从楚。夏，楚盟于辰陵，陈、郑服也。

楚左尹子重侵宋，王待诸郔。

令尹艿艾猎城沂，使封人虑事，以授司徒：量功命日，分财用，平板干，称畚筑，程土物，议远迩，略基趾，具糇粮，度有司。事三旬而成，不愆于素。

冬，楚子为陈夏氏乱故，伐陈。谓陈人无动，将讨于少西氏。遂入陈，杀夏徵舒，辕诸栗门，因县陈。陈侯在晋。

违犯他们的命令,将用什么来保守国家呢?陈国处于大国之间而不具备这四点,国家能够长久吗?"

周定王六年,单襄公到楚国去。八年,陈灵公在夏徵舒家被杀死。九年,楚庄王进入陈国。

楚庄王因为厉地战役的缘故,攻打郑国。晋国郤缺救援郑国。郑襄公在柳棼打败了楚军。郑国人都很高兴,只有子良担忧说:"这是国家的灾难,我们离死不远了。"

十年夏季,陈灵公和孔宁、仪行父在夏徵舒家喝酒。陈灵公对仪行父说:"徵舒长得像你。"仪行父回答说:"也像您。"夏徵舒很恼火。陈灵公出去时,夏徵舒从马棚里用箭射死了他。孔宁、仪行父二人逃亡到楚国。

滕国人依靠晋国而不事奉宋国。六月,宋国军队攻打滕国。

郑国和楚国讲和。诸侯联军便攻打郑国,直到郑国求和才撤军。冬季,楚庄王攻打郑国。晋国士会发兵救援郑国,在颖水北面赶走了楚军。诸侯的军队留在郑国戍守。

十一年春季,楚庄王进攻郑国,到达栎地。郑国的子良说:"晋国和楚国不致力于建立仁德而只知道争用武力,我们只好谁来攻打就归顺谁。晋国、楚国没有信用,我们怎么能讲信用呢?"于是就跟从了楚国。夏季,楚国在辰陵举行会盟,因为陈国、郑国又归顺楚国了。

楚国左尹子重侵袭宋国,楚庄王在郔地等待消息。

楚国令尹蒍艾猎(即孙叔敖)在沂地筑城,派封人考虑筑城工程计划,来报告给司徒。他亲自计量工程日期,分配材料和用具,取平夹板树立支柱,备好盛土器具和筑土用杵,计算土方和材木,研究取土的远近,巡视城基和城墙的四至,准备干粮,并审度各方面的负责人。工程三十天就完成了,没有超过预定计划。

冬季,楚庄王因陈国夏徵舒作乱,讨伐陈国。他告诫陈国人不要害怕,他只讨伐夏徵舒家族。于是攻入陈国,杀了夏徵舒,在果门把他车裂,把陈国设为楚国的县。当时陈成公在晋国。

申叔时使于齐，反，复命而退。王使让之曰："夏徵舒为不道，弑其君，寡人以诸侯讨而戮之。诸侯、县公皆庆寡人，女独不庆寡人，何故？对曰："犹可辞乎？"王曰："可哉！"曰："夏徵舒弑其君，其罪大矣。讨而戮之，君之义也。抑人亦有言曰：'牵牛以蹊人之田，而夺之牛。'牵牛以蹊者，信有罪矣；而夺之牛，罚已重矣。诸侯之从也，曰'讨有罪也'。今县陈，贪其富也。以讨召诸侯，而以贪归之，无乃不可乎？"王曰："善哉，吾未之闻也！反之，可乎？"对曰："可哉！吾侪小人所谓取诸其怀而与之也。"乃复封陈，乡取一人焉以归，谓之夏州。故书曰："楚子入陈，纳公孙宁、仪行父于陈。"书有礼也。

〔补逸〕《家语》：孔子读史至楚复陈，喟然叹曰："贤哉楚王！轻千乘之国，而重一言之信。匪申叔之言，不能达其义；匪楚庄王之贤，不能受其训。"

〔考异〕《说苑》：楚庄王欲伐陈，使人视之。使者曰："陈不可伐也。"庄王曰："何故？"对曰："其城郭高，沟壑深，蓄积多，其国宁也。"王曰："陈可伐也。夫陈，小国也，而蓄积多。蓄积多，则赋敛重；赋敛重，则民怨上矣。城郭高，沟壑深，则民力罢矣。"兴兵伐之，遂取陈。楚庄王伐陈，吴救之。雨十日十夜，晴。左史倚相曰："吴必夜至。甲列垒坏，彼必薄我。何不行列

楚国大夫申叔时出使齐国,回国后向楚庄王汇报完出使情况便退了下去。楚庄王派人指责他说:"夏徵舒无道,杀了他的国君,寡人率领诸侯讨伐杀掉了他。诸侯、县公都为寡人庆贺,唯独你不庆贺,是什么缘故?"申叔时回答说:"还可以申述理由吗?"楚庄王说:"可以啊!"申叔时说:"夏徵舒杀了他的国君,他的罪恶太大了。讨伐并杀了他,这是国君的大义。不过人们也有话说:'牵牛践踏了别人的田地,别人就把他的牛夺过去。'牵牛践踏田地的人,确实有过错;但夺了他的牛,惩罚就太重了。诸侯跟从国君,说是'讨伐有罪的人'。现在把陈国设置为楚国的县,这是贪图它的富有。用讨伐罪人号召诸侯,而以贪婪结束,只怕不可以吧?"楚庄王说:"好,我没有听说过这些话!现在归还给陈国可以吗?"申叔时回答说:"可以啊!这就是我们这班小人所说的'从他的怀里拿出来再给他'。"于是楚庄王重新封立了陈国,从每一个乡挑选一个人回楚国,集居在一地,称它为夏州。所以《春秋》记载说:"楚子入陈,纳公孙宁、仪行父于陈。"这表明楚庄王的行动是合于礼法的。

〔补逸〕《家语》:孔子阅读史书,读到楚国复立陈国时,喟然叹道:"贤明啊,楚庄王!不看重拥有千辆兵车的陈国而看重一句话的信用。没有申叔时的话,就不能表达这种信义;没有楚庄王的贤明,就不能接受这种劝诫。"

〔考异〕《说苑》:楚庄王想要攻打陈国,派人前去察看陈国的情况。出使的人回来说:"陈国不能攻打。"楚庄王问:"什么缘故?"出使的人回答说:"陈国的城墙高峻,护城河很深,粮草储备多,国内安宁。"楚庄王说:"陈国可以攻打。那陈国只是一个小国,储备却很多。储备多,就说明赋税很重;赋税重,百姓就会怨恨君主。城墙高峻,护城河深了,民力就会疲困。"于是楚庄王领兵攻陈,终于攻下了陈国。楚庄王攻打陈国,吴国前来援救。雨下了十天十夜,天才放晴。左史倚相说:"吴军一定会夜里来偷袭我们。我军盔甲破裂,营垒毁坏,他们必然会逼近我军。我们何不整队

鼓出待之。"吴师至楚,见成陈而还。左史倚相曰:
"追之。"吴行六十里而无功,王罢,卒寝。果击之,大
败吴师。

厉之役,郑伯逃归。自是楚未得志焉。郑既受盟于辰
陵,又徼事于晋。

十二年春,楚子围郑,旬有七日。郑人卜行成,不吉;
卜临于大宫,且巷出车,吉。国人大临,守陴者皆哭。楚子
退师,郑人修城,进,复围之。三月,克之。入自皇门,至于
逵路。郑伯肉袒牵羊以逆,曰:"孤不天,不能事君,使君怀
怒,以及敝邑,孤之罪也。敢不惟命是听!其俘诸江南,以
实海滨,亦惟命!其翦以赐诸侯,使臣妾之,亦惟命!若惠
顾前好,徼福于厉、宣、桓、武,不泯其社稷,使改事君,夷于
九县,君之惠也,孤之愿也,非所敢望也。敢布腹心,君实
图之。"左右曰:"不可许也,得国无赦。"王曰:"其君能下
人,必能信用其民矣,庸可几乎?"退三十里,而许之平。潘
尪入盟,子良出质。

夏六月,晋师救郑。荀林父将中军,先縠佐之;士会将
上军,郤克佐之;赵朔将下军,栾书佐之。赵括、赵婴齐为中
军大夫,巩朔、韩穿为上军大夫,荀首、赵同为下军大夫,韩
厥为司马。及河,闻郑既及楚平,桓子欲还,曰:"无及于郑

击鼓出阵等待他们。"吴军到了楚军阵地,看见楚军已摆成阵势就退了回去。左史倚相说:"赶快追击他们。"吴军行军六十里而无战功,吴王疲惫不堪,士兵都躺下了。楚军趁势追击,果然大败吴军。

厉地一战,郑襄公逃回国内。直到此时楚国都没能让郑国真正归顺。郑国人在辰陵接受了楚国的结盟,转而又请求事奉晋国。

十二年春季,楚庄王包围郑国已十七天了。郑国人打算求和,但占卜的结果是不吉利;于是又准备前往祖庙号哭,并让每一条街巷都准备一辆车以示决战到底,为此而占卜的结果是吉利。于是都城的人都到祖庙中大哭,守城的将士也都大哭起来。楚庄王见此情景下令退兵,但等到郑国人修复了城墙后,又再次包围郑国都城。直到三月,才最终攻克。楚军从皇门入城,来到城内大道上。这时郑襄公裸露着上身率着羊出来迎接楚庄王,说:"我没有承奉上天的旨意,不能事奉楚君,而使楚君满怀愤怒来到敝国,全是我的罪过。我哪敢不唯命是听!如果俘执郑人迁于大江之南,来充实楚国海滨之地,我也唯命是听!假如把郑国瓜分给诸侯国,使郑人做诸侯的奴仆,我也唯命是听!如果楚君能施惠顾念以前两国的友好,向郑国先祖周厉王、周宣王、郑桓公、郑武公求福,不灭郑国的社稷,使郑国改事楚君,等同楚国的县,那就是楚君的大恩了,也是我的心愿,但又不敢对此有所指望。我大胆地坦布心里话,请楚君定夺。"楚庄王左右的大臣建议说:"不可答应郑君的要求,既攻占了他的国家就不宜赦免。"楚庄王说:"郑国国君能以礼屈居他人之下,必定能以信动用郑国的民众,哪里可以希望取得他的国家呢?"楚军后撤三十里,并答应同郑国讲和。楚国大夫潘尪同郑国定盟,郑国派子良到楚国做了人质。

夏季六月,晋国军队前去救援郑国。荀林父率领中军,先縠为副帅;士会率领上军,郤克为副帅;赵朔率领下军,栾书为副帅。赵括、赵婴齐任中军大夫,巩朔、韩穿任上军大夫,荀首、赵同任下军大夫,韩厥任司马。军队到达黄河边,听说郑、楚两国已经讲和,荀林父(即桓子)想要班师回国,他说:"救郑已来不及了,

而剿民,焉用之? 楚归而动,不后。"

随武子曰:"善。会闻用师,观衅而动。德、刑、政、事、典、礼不易,不可敌也,不为是征。楚军讨郑,怒其贰而哀其卑。叛而伐之,服而舍之,德、刑成矣。伐叛,刑也;柔服,德也。二者立矣。昔岁入陈,今兹入郑,民不罢劳,君无怨讟,政有经矣。荆尸而举,商、农、工、贾,不败其业;而卒乘辑睦,事不奸矣。蒍敖为宰,择楚国之令典。军行右辕,左追蓐;前茅虑无,中权后劲;百官象物而动,军政不戒而备,能用典矣。其君之举也,内姓选于亲,外姓选于旧;举不失德,赏不失劳;老有加惠,旅有施舍;君子小人,物有服章,贵有常尊,贱有等威,礼不逆矣。

"德立、刑行、政成、事时,典从、礼顺,若之何敌之? 见可而进,知难而退,军之善政也。兼弱攻昧,武之善经也。子姑整军而经武乎! 犹有弱而昧者,何必楚? 仲虺有言曰,'取乱侮亡',兼弱也。《汋》曰,'于铄王师,遵养时晦',

再去与楚军交战而徒劳晋民，有什么用呢？等楚军撤走以后，再兴兵伐郑也不算晚。"

随武子（即士会）说："对。我士会听说用兵在于抓住战机而后行动。一个国家的德行、刑法、政令、事务、典章、礼仪没有背离常规，就不能与之为敌，也不宜征伐它。楚国讨伐郑国，是恼恨它三心二意，又怜悯它低三下四。郑国背叛楚国就兴兵去讨伐它，郑国服罪楚国就赦免它，楚国实现了德、刑并用。讨伐叛变的国家，就是刑；用怀柔办法对待服罪的国家，就是德。德和刑都树立起来了。楚国去年征伐陈国，今年又征讨郑国，楚国民众并不疲劳，楚君并未因连年用兵而受到楚人的怨恨，这样的政令可以说是合乎常道的。作战时的荆尸之阵井然有序，商、农、工等百业兴旺不衰；而且军队的步兵和车兵也很和睦，各司其职互不相犯。芳敖（即孙叔敖）做令尹，选择适合楚国国情的政令和军典。行军时，右军挟辕护行；左军负责寻求草蓐，为军队住宿做准备。前锋负责侦察有无敌情，以举茅旌为号；中军负责制定权谋，以精劲之兵为殿后。百官必须依照各种旗帜行动，军中政事无须等待上级命令就已准备就绪。可以说，楚国已能正确运用军典了。楚君选拔人才，在同姓中选拔亲近的人，异姓中选拔历代旧臣的后裔；选拔不失有德之人，赏赐不漏有功之人；给年老的人以优待，给过往行人以施舍；君子与小人的服饰各有明确规定，有一定的制度保证尊贵者的地位及其与下等人的等级差别。这样，楚国在礼法上就没有违背的了。

"如此看来，楚国已经树立了德行，施行了刑法，修明了政治，顺时做事，遵循典章，礼仪完善，怎么能够与它对抗呢？见机而进，知难而退，是治军的最佳方式。兼并弱小之国、攻打昏庸之国，这是用兵的最好策略。你姑且先整顿军队、充实装备吧！诸侯国中还有弱小昏庸之国可供我们攻打，何必一定同楚国争锋呢？商汤的左相仲虺说过：'对淫乱、失道的国家，可以征伐和侮慢。'这是说兼并弱小的国家。《诗经·周颂·酌》中说：'强大的武王的武装力量，遵从天意伐取了这个昏昧的纣王。'

耆昧也。《武》曰，'无竞惟烈'。抚弱耆昧，以务烈所，可也。"

　　彘子曰："不可。晋所以霸，师武、臣力也。今失诸侯，不可谓力；有敌而不从，不可谓武。由我失霸，不如死。且成师以出，闻敌强而退，非夫也。命为军帅，而卒以非夫，唯群子能，我弗为也。"以中军佐济。

　　知庄子曰："此师殆哉！《周易》有之，在《师》䷆之《临》䷒，曰：'师出以律；否臧，凶。'执事顺成为臧，逆为否。众散为弱，川壅为泽，有律以如己也，故曰律。否臧，且律竭也。盈而以竭，夭且不整，所以凶也。不行之谓临。有帅而不从，临孰甚焉？此之谓矣。果遇，必败。彘子尸之。虽免而归，必有大咎。"

　　韩献子谓桓子曰："彘子以偏师陷，子罪大矣。子为元帅，师不用命，谁之罪也？失属亡师，为罪已重，不如进也。事之不捷，恶有所分。与其专罪，六人同之，不犹愈乎？"师遂济。

　　楚子北师次于郔。沈尹将中军，子重将左，子反将右。

这是攻取昏昧的国家。《诗经·周颂·武》说：'武王的功业是盛大无疆的。'安抚弱小的国家，攻取政治昏昧的国家，以求建功立业，就可以了。"

彘子（即先縠）说："不行。晋国之所以能够称霸诸侯，是由于军队勇武、群臣尽力。现在失掉了郑国，不能说是尽到了力量；有敌人在前而不同他周旋，不能说是勇武。由我失掉了霸业，不如一死为快。况且晋国兴兵出战，听说敌人强大而退兵，这不是大丈夫。奉国君之命为三军的统帅，结果却做出了不是大丈夫所应做的事来，唯有诸公能忍受这种耻辱，我不做这种事。"先縠带领着自己所统率的军队渡过了黄河。

知庄子（即荀首）说："先縠带领的这些军队太危险了！《周易》有这样的记载：由《师》卦䷆变为《临》卦䷒，是说：'出师要有法度，纪律不善，结果必凶。'每办一件事，若听从主帅命令，完成使命，结果自然是善的；如背逆主帅命令，结果必然就不善了。众心涣散，力量就会变得软弱，如同流动的河水因壅塞而变成一片难行的沼泽。军队有法度纪律，是为了让部下听从主帅的命令，进退如主帅之意，所以叫作律。将佐不服从领导，就是不善，正是败坏法纪的表现。水由盈满而枯竭，壅塞而不能通畅，就是凶险的征兆。水行不通叫作临。有主帅而不服从其领导，还有什么比这《临》卦更坏的呢？说的就是先縠这种不服从命令的行为。如果真同敌人相遇，一定要失败的。先縠必受其祸。即使他免于战死而归国，也一定会有大的祸殃。"

韩献子（即韩厥）对荀林父说："先縠带领他所属的军队陷于失败，你的罪过大了。你是三军的主帅，军队不服从命令，是谁的罪呢？丢掉了属国丧失了军队，构成的罪过已经很重了，不如进军。作战如果不能取胜，失败的罪过由大家分担。与其主帅一人专罪，不如六人分担罪名，不比单独责备元帅更好吗？"晋军于是进军渡河。

楚庄王率军队北上，驻扎在郑国边境的郔地。楚国大夫沈尹率领中军，楚庄王的弟弟子重率领左军，司马子反率领右军。

将饮马于河而归,闻晋师既济,王欲还,嬖人伍参欲战。令尹孙叔敖弗欲,曰:"昔岁入陈,今兹入郑,不无事矣。战而不捷,参之肉其足食乎?"参曰:"若事之捷,孙叔为无谋矣。不捷,参之肉将在晋军,可得食乎?"令尹南辕,反旆。伍参言于王曰:"晋之从政者新,未能行令。其佐先縠,刚愎不仁,未肯用命。其三帅者,专行不获,听而无上,众谁适从?此行也,晋师必败。且君而逃臣,若社稷何?"王病之,告令尹改乘辕而北之,次于管以待之。

晋师在敖、鄗之间。郑皇戌使如晋师,曰:"郑之从楚,社稷之故也,未有贰心。楚师骤胜而骄,其师老矣,而不设备。子击之,郑师为承,楚师必败。"彘子曰:"败楚、服郑,于此在矣。必许之!"

栾武子曰:"楚自克庸以来,其君无日不讨国人而训之于民生之不易,祸至之无日,戒惧之不可以怠。在军,无日不讨军实而申儆之于胜之不可保,纣之百克而卒无后;训之以若敖、蚡冒筚路蓝缕以启山林。箴之曰:'民生在勤,勤则不匮。'不可谓骄。先大夫子犯有言曰:'师直为壮,曲为老。'我则不德,而徼怨于楚。我曲、楚直,不可谓老。

楚军将帅本来要在河边饮马然后率军回国,听说晋军已经渡河,楚庄王打算率师回国,但宠臣伍参却主张作战。令尹孙叔敖也不打算同晋国作战,他说:"去年征伐陈国,今年又征伐郑国,不能说没有劳民的事。作战如果不能取胜,吃了伍参的肉难道就够了吗?"伍参说:"如果作战能够取胜,说明你孙叔敖缺少谋略。若不能取胜,我伍参的肉也将落在晋军中,你能吃得到吗?"孙叔敖把兵车车辕转向南方,把军旗也掉过头来,准备罢兵回国。伍参对楚庄王说:"晋国的执政者新任未久,不能发布命令。他的中军副帅先縠,刚愎自用无仁人之心,又不肯服从命令。他的上、中、下三军之帅,想专权又办不到,想听从又没有有权威的上司,军队该听谁的呢? 这次进军,晋师必然战败。况且楚国如果退兵就是做君主的逃避臣子,对楚国的社稷会怎样呢?"楚庄王对他的话感到不愉快,于是命令令尹孙叔敖改变所乘兵车的方向,仍然向北行进,楚军驻扎在郑国管地等待晋军。

晋军驻在敖、鄗两山之间。郑国派皇戌出使到晋国军中,说:"郑国所以服从楚国,是为挽救社稷的缘故,对晋国并无二心。楚军骤然胜郑而骄矜,他们出兵已久,已经很疲惫了,又不设防。如果你们袭击它,郑军可作为晋军的后继,楚军一定会战败。"先縠说:"战败楚国征服郑国,就在这一战了。一定要答应皇戌的请求!"

栾武子(即栾书)说:"楚国自从灭掉庸国以来,他们的国君没有一天不在治理楚民,教导他们注意人民生计的艰难,祸难可能不久就要来临,一定要提高警惕常备不懈。在军事上,楚王没有一天不在修整武器装备,并且一再告诫将士们不可能长久保持打胜仗,殷纣王虽屡战屡胜,但最终却亡国绝后。他还用楚国先君若敖、蚡冒曾经乘柴车、穿破衣开辟山林的事迹来告诫百姓。还用良言规劝他们说:'百姓的生计在于勤劳,只要勤劳就不会匮乏。'由此看来,不能说他们骄傲自满。先大夫子犯说过:'出师有名则理直气壮,无名则理屈气衰。'我们的行为不合德行,又和楚国结怨。这是我们理屈而楚国理直,因此也就不能说楚军士气衰落。

其君之戎,分为二广。广有一卒,卒偏之两。右广初驾,数及日中,左则受之,以至于昏。内官序当其夜,以待不虞。不可谓无备。子良,郑之良也;师叔,楚之崇也。师叔入盟,子良在楚,楚、郑亲矣。来劝我战,我克则来,不克遂往,以我卜也。郑不可从。”

赵括、赵同曰:“率师以来,唯敌是求。克敌得属,又何俟?必从彘子!”知季曰:“原、屏,咎之徒也。”赵庄子曰:“栾伯善哉!实其言,必长晋国。”

楚少宰如晋师,曰:“寡君少遭闵凶,不能文。闻二先君之出入此行也,将郑是训定,岂敢求罪于晋?二三子无淹久!”随季对曰:“昔平王命我先君文侯曰:‘与郑夹辅周室,毋废王命。’今郑不率,寡君使群臣问诸郑,岂敢辱候人?敢拜君命之辱。”彘子以为谄,使赵括从而更之,曰:“行人失辞。寡君使群臣迁大国之迹于郑,曰:‘无辟敌!’群臣无所逃命。”楚子又使求成于晋,晋人许之,盟有日矣。

楚许伯御乐伯,摄叔为右,以致晋师。许伯曰:“吾闻致师者,御靡旌摩垒而还。”乐伯曰:“吾闻致师者,左射以菆,代御执辔。御下,两马,掉鞅而还。”摄叔曰:“吾闻

楚国国君的卫兵分为左右两部分,称为两广。每广有兵车三十辆,称为一卒,每卒又分左右两偏。右广先行驾车守卫,直到中午,再由左广接替,一直到晚上。国君的左右近臣则轮流值夜班,以防意外。这不能说他们没有防备。子良是郑国出色的人物,师叔(即潘尪)是楚国的崇贵之人。现在楚国派师叔同郑国订盟,郑国派子良在楚国做人质,可见楚、郑两国关系密切。郑国派皇戌来劝我国与楚作战,如果我国胜了郑国就来归服,失败了他们就投靠楚国,这是以战争胜负作占卜来决定是否归服我。不能听郑国的。”

赵括、赵同说:“率军而来,就是寻求与敌人交战。战胜敌人获得属国,还等待什么?一定要跟从先縠进军!”知季(即荀首)说:“赵同、赵括,都是先縠一类的罪徒。”赵庄子(即赵朔)说:“栾书说得好啊!按他说的去做,必能使晋国国运长久。”

楚国少宰来到晋军营中,说:“我们国君年少时遭受忧患凶丧,不善于辞令。听说楚成王、楚穆王二位先君所以来往于此路以征伐郑国,为的是教导和安定郑国,怎敢得罪晋国呢?你们不要久留于此地!”随季(即士会)回答说:“从前周平王命令我们先君文侯说:‘晋国要与郑国共同辅佐周室,不要废弃周王的命令。’现在郑国不遵循王命,我们晋君命令群臣来质问郑国,怎么敢辱劳你们侦察的士兵呢?晋国愿意拜谢楚君的命令!”先縠认为士会在谄媚,派赵括随即更改士会的话说:“我们的使者把话说错了。我们晋君命我们三军将帅把楚国从郑国赶出去,命令说:‘不许躲避敌人!’我们众臣子无法逃避国君的命令。”楚庄王又派使者向晋国求和,晋人答应了楚国的要求,并且确定了结盟日期。

但楚国的许伯给乐伯驾车,摄叔为车右,来向晋军挑战。许伯说:“我听说挑战时,驾车人应快速驾车,把军旗斜举,使它擦过敌人的军垒然后回来。”乐伯说:“我听说向敌军挑战,应该由车左射出利箭,替驾车人执缰绳。驾车人下车,把马两两排列整齐,调整好马颈上的皮带再回来。”摄叔说:“我听说

致师者,右入垒,折馘、执俘而还。"皆行其所闻而复。晋人逐之,左右角之。乐伯左射马而右射人,角不能进。矢一而已,麋兴于前,射麋丽龟。晋鲍癸当其后,使摄叔奉麋献焉,曰:"以岁之非时,献禽之未至,敢膳诸从者。"鲍癸止之,曰:"其左善射,其右有辞,君子也。"既免。

晋魏锜求公族未得,而怒,欲败晋师。请致师,弗许;请使,许之。遂往,请战而还。楚潘党逐之,及荥泽,见六麋,射一麋以顾献,曰:"子有军事,兽人无乃不给于鲜?敢献于从者。"叔党命去之。赵旃求卿未得,且怒于失楚之致师者,请挑战,弗许;请召盟,许之。与魏锜皆命而往。

郤献子曰:"二憾往矣,弗备必败。"彘子曰:"郑人劝战,勿敢从也;楚人求成,弗能好也。师无成命,多备何为?"士季曰:"备之善。若二子怒楚,楚人乘我,丧师无日矣。不如备之。楚之无恶,除备而盟,何损于好?若以恶来,有备不败。且虽诸侯相见,军卫不彻,警也。"彘子不可。士季使巩朔、韩穿帅七覆于敖前,故上军不败。赵婴

向敌人挑战,作为车右应该进入敌人的营垒,割掉一个敌人的左耳、擒获一个俘虏,然后回来。"三个人都按照自己听说的方法做了一遍后回来。晋人追击他们,左右夹攻。乐伯从左边射马,右边射人,使左右两边的晋国人不能前进。当乐伯手中只剩下一支箭时,前面出现了一只麋鹿,他射中了麋鹿脊背中央的突起处。晋将鲍癸正在他们后面追赶,乐伯让摄叔把麋鹿献给鲍癸,说:"还不到献禽兽的季节,献禽兽的人还没来,我冒昧地把这只麋鹿赠给你的随从作为膳食吧。"鲍癸让部下停下来,说:"他们的车左擅射,车右善于辞令,可见都是君子啊。"因此就不再追击他们了。

晋国的魏锜请求当公族大夫,但没有如愿,因此他非常恼火,想让晋军失败。他请求前去挑战,未被批准;又请求出使楚军,得到了允许。魏锜就前往楚军,向楚军请战后返回。楚国的潘党追击他,追到荥泽时,魏锜看到六只麋鹿,他就射死一只,回头献给潘党,说:"你正在作战,负责猎取野兽的人恐怕不能供给你新鲜野味吧?我把这只麋鹿献给你的随从。"于是潘党下令不再追赶魏锜。赵旃想当卿而没当成,并且对放走楚军前来挑战的人很恼火,于是请求去向楚军挑战,没被答应,请求到楚军中召楚人来订盟约,晋君答应了他的请求。他与魏锜都受命出使楚军。

郤献子(即郤克)说:"两个心怀不满的人出使楚军了,我们不防备的话一定会失败。"先縠说:"郑人劝我们同楚国交战,我们不敢听从;楚人向我们求和,我们又不能与他们结好。军队没有一个固定战略,即使多加防备又有什么用呢?"士季(即士会)说:"还是有防备的好。如果他二人激怒了楚军,楚人暗中袭击我军,我军很快就要败亡了。不如防备他。楚人如果没有恶意,有了戒备而去同楚订盟,对和好有什么损害?如果楚人心怀恶意而来,有防备就不会失败。况且两国诸侯即使友好相见,军事防卫也并不撤去,为的是警戒。"先縠不肯设防。士会派巩朔、韩穿领兵在敖山前设了七处伏兵,所以后来上军没有失败。赵婴

齐使其徒先具舟于河，故败而先济。潘党既逐魏锜，赵旃夜至于楚军，席于军门之外，使其徒入之。

楚子为乘广三十乘，分为左右。右广鸡鸣而驾，日中而说；左则受之，日入而说。许偃御右广，养由基为右；彭名御左广，屈荡为右。乙卯，王乘左广以逐赵旃，赵旃弃车而走林，屈荡搏之，得其甲裳。晋人惧二子之怒楚师也，使�车逆之。潘党望其尘，使骋而告曰："晋师至矣！"楚人亦惧王之入晋军也，遂出陈。

孙叔曰："进之！宁我薄人，无人薄我。《诗》云，'元戎十乘，以先启行'，先人也。《军志》曰，'先人有夺人之心'，薄之也。"遂疾进师，车驰卒奔，乘晋军。桓子不知所为，鼓于军中曰："先济者有赏。"中军、下军争舟，舟中之指可掬也。晋师右移，上军未动。工尹齐将右拒卒，以逐下军。

楚子使唐狡与蔡鸠居告唐惠侯曰："不榖不德而贪，以遇大敌，不榖之罪也。然楚不克，君之羞也。敢藉君灵，以济楚师。"使潘党率游阙四十乘，从唐侯以为左拒，以从上军。驹伯曰："待诸乎？"随季曰："楚师方壮，若萃于我，吾师必尽，不如收而去之。分谤生民，不亦可乎？"殿其卒而退，不败。王见右广，将从之乘。屈荡户之，曰："君以此始，亦必以终。"自是楚之乘广先左。

齐派他的部下事先在黄河边上准备了船只,因此他才能在战败后率先渡过黄河。潘党赶走了魏锜之后,赵旃在夜色降临时来到楚军阵前,他铺块席子坐在营门之外,派他的部下进入楚军。

楚庄王布设兵车三十辆,分为左右广。右广鸡鸣驾车,日中解驾休息;左广接替右广,日落解驾休息。许偃驾御右广,养由基为车右;彭名驾御左广,屈荡为车右。六月十四日,楚王乘左广来追击赵旃,赵旃抛弃兵车跑进森林,屈荡与他搏斗,扯下了赵旃的铠甲和下衣。晋人害怕魏锜和赵旃二人激怒楚军,派轺车迎二人。潘党望见魏锜方面尘土飞扬,派人飞驰报告楚军说:"晋军来了!"楚人也害怕楚庄王陷入晋军包围中,便列阵迎战。

楚国令尹孙叔敖说:"进攻晋军! 宁可让我们的军队逼近敌人,也不要让敌军逼近我们。《诗经》上说,'大的兵车十辆,在前面开路',这是抢敌人之先。《军志》说,'先发制人,就可以夺去敌人的斗志',意思是主动逼近敌人。"于是楚国就急速进军,车驰卒奔,袭击晋军。晋军主帅荀林父不知应该怎么办,在军中击鼓说:"先渡河撤退的人有奖赏。"中军、下军争着上船,先上船的人把攀住船舷的人的手指砍下来,结果船里的手指多得可以捧起来。晋军向右移劲,士会所率领的上军没有动。楚大夫工尹齐率领右边方阵的士兵来追击晋国的下军。

战前楚庄王曾命令楚大夫唐狡和蔡鸠居向唐惠侯告急说:"我无德而贪功,遇上了大敌,这是我的罪过。然而楚国作战不能取胜,也是您的耻辱。愿借助您的威力,来帮助楚军。"于是命潘党率领游动补缺的战车四十乘,随从唐侯作为左拒阵,来追晋国的上军。晋国上军佐驹伯说:"要同楚军作战吗?"士会说:"楚军士气正旺,如果他们集中兵力在我们的上军,我们上军一定会全军覆灭,不如收兵撤退。共同分担战败的恶名,使士卒得以生还,不也可以吗?"于是士会亲自为其士卒殿后以撤退,因此晋军的上军没有溃败。楚庄王见到楚军的右广,要改乘右广。左广车右屈荡阻止楚王,说:"您开始乘左广出战,也必须乘左广到战斗结束。"从此楚国改为左广先驾车。

晋人或以广队不能进，楚人惎之脱扃；少进，马还，又惎之拔旆、投衡，乃出。顾曰："吾不如大国之数奔也。"赵旃以其良马二济其兄与叔父，以他马反。遇敌不能去，弃车而走林。逢大夫与其二子乘，谓其二子"无顾"。顾曰："赵傁在后！"怒之，使下，指木曰："尸女于是。"授赵旃绥以免。明日，以表尸之，皆重获在木下。

楚熊负羁囚知罃。知庄子以其族反之，厨武子御，下军之士多从之。每射，袖矢，菆，纳诸厨子之房。厨子怒曰："非子之求，而蒲之爱。董泽之蒲，可胜既乎？"知季曰："不以人子，吾子其可得乎？吾不可以苟射故也。"射连尹襄老获之，遂载其尸；射公子穀臣，囚之。以二者还。及昏，楚师军于邲，晋之余师不能军。宵济，亦终夜有声。

丙辰，楚重至于邲，遂次于衡雍。潘党曰："君盍筑武军而收晋尸，以为京观？臣闻克敌，必示子孙，以无忘武功。"楚子曰："非尔所知也。夫文，止戈为武。武王克商，作颂曰：'载戢干戈，载櫜弓矢。我求懿德，肆于时夏，允王保之。'又作《武》，其卒章曰：'耆定尔功。'其三曰：'铺时绎思，

晋国有的兵车陷入坑中,不能继续前进,楚人教给晋人把车前的横板卸掉;但前进几步,马又盘旋不走了,楚人又教给晋人拔去军旗,放在兵车横木上,晋国的兵车才从坑中出来。但晋国人回头对楚国人说:"我们晋国可不像你们楚国那样,经常逃跑,很有经验。"赵旃把他的两匹好马送给哥哥和叔父驾车,用他们的劣马套上自己的战车。因此他遇上敌人不能逃脱,只好扔下战车逃入树林。此时逢大夫正驾着战车和他的两个儿子跑在前面,逢大夫让两个儿子不要回头。但他们还是回头并看到了赵旃,说:"赵旃那老头在后面呢!"逢大夫很是生气,让他两个儿子下去,指着路边的树说:"以后我在这收拾你们的尸首。"然后把驾车的缰绳交给赵旃,赵旃这才得以逃脱。第二天,逢大夫前往树下收尸,果然看到两个儿子的尸体叠压在树下。

　　楚国的熊负羁俘虏了知䓨。知䓨的父亲荀首率部下回来追赶,厨武子(即魏锜)驾御战车,下军的士兵多半都跟着他回来。荀首每次射箭时,总把利箭放进魏锜的箭袋中。魏锜生气地说:"不去找你的儿子,却在一味地爱惜箭。董泽出产的蒲柳很多,你要得完吗?"荀首说:"不得他人之子,我的儿子怎能得到呢?这是我不能用好箭随便乱射的缘故。"荀首射死了楚国的连尹襄老,并把他的尸体装在车上;接着又射中公子穀臣,并把他囚禁起来。然后他把两人用车载回来。到黄昏时,楚军驻扎在邲地,晋国的残余军队溃不成军。他们乘夜渡河,渡河之声通宵不断。

　　六月十五日,楚军的辎重到达了邲地,便临时驻扎在衡雍。潘党说:"君王何不修筑军垒显示武威,收聚晋人的尸体来建造京观呢? 我听说战胜敌人,一定把克敌之事告示子孙后代,使他们不忘武功。"楚庄王说:"这些事不是你能晓得的。从文字结构来看,"止""戈"合起来叫"武"。周武王灭掉殷商,作《周颂·时迈》说:'收藏起干戈,把弓矢装进囊鞬里。我求的是美德之士,把求贤之意颁于华夏,这样才能成就王业,保有天下。'又作了《周颂·武》,它的末章说:'获得并巩固你的功业。'第三篇说:'铺陈先王的功德,并加以发扬光大,

我徂惟求定。'其六曰：'绥万邦，屡丰年。'夫武，禁暴，戢兵，保大，定功，安民，和众，丰财者也。故使子孙无亡其章。

"今我使二国暴骨，暴矣；观兵以威诸侯，兵不戢矣。暴而不戢，安能保大？犹有晋在，焉得定功？所违民欲犹多，民何安焉？无德而强争诸侯，何以和众？利人之几而安人之乱，以为己荣，何以丰财？武有七德，我无一焉，何以示子孙？其为先君宫，告成事而已，武非吾功也。古者明王伐不敬，取其鲸鲵而封之，以为大戮，于是乎有京观，以惩淫慝。今罪无所，而民皆尽忠以死君命，又何以为京观乎？"祀于河，作先君宫，告成事而还。

〔补逸〕《公羊传》：大夫不敌君，此其称名氏以敌楚子何？不与晋而与楚子为礼也。曷为不与晋而与楚子为礼也？庄王伐郑，胜乎皇门，放乎路衢，郑伯肉袒，左执茅旌，右执鸾刀，以逆庄王，曰："寡人无良边垂之臣，以干天祸，是以使君王沛焉辱到敝邑。君如矜此丧人，锡之不毛之地，使帅一二耋老而绥焉，请唯君王之命。"庄王曰："君之不令臣交易为言，是以使寡人得见君之玉面，而微至乎此。"庄王亲自手旌，左右㧾军，退舍七里。

我出师征讨,以求安定。'第六篇说:'安定万邦,屡获丰年。'所谓武,包括禁暴、戢兵、保大、定功、安民、和众、丰财七项。目的是使子孙后代不忘那些诗歌的篇章。

"如今我一战使晋、楚两国之民暴露尸骨,太残暴了;夸示兵力来威胁诸侯,战争就停止不了。既没有消除残暴,又没有停止战争,怎能保有强大呢?再说晋国尚在,怎能巩固功业呢?违反民众希望的事还很多,百姓怎能安定呢?没有美德却强争诸侯,拿什么来和众?乘人之危以为己利,乘人之乱以为己安,乘晋师危亡攻而胜之以为楚荣,怎能使自己的财货丰厚呢?用武有七项美德,我对晋国用兵却一项都没有,用什么来告示子孙后代?给楚国的先君修建宗庙,不过是把服郑胜晋之事告于先君罢了,用武不是我要追求的事。古代英明的帝王征讨不事王命而肆意作乱的人,杀其首恶,埋其尸骸,以土封之,把这当成大杀戮,于是才有宫阙似的坟丘,这是为了惩处邪恶。现在晋国没有罪过,而晋民都能尽忠,愿为国君的命令效死,又用什么去建造宫阙似的坟丘呢?"楚庄王在黄河边祭祀了河神,建造了先君的宗庙,把楚国服郑胜晋之事告诉了先君,然后班师回国。

〔补逸〕《公羊传》:大夫不能与国君为敌交战,这里称晋大夫荀林父的名字,说他与楚庄王交战,是为什么呢?是因为不赞成晋国而认为楚庄王是合乎礼仪的。为什么不赞成晋国而认为楚庄王是合乎礼仪的呢?楚庄王攻打郑国,在郑国国都外城的皇门取得胜利,到了城内大街上,郑襄公赤裸上身,左手拿着祭祀时迎神用的旗子,右手拿着祭祀时割牲用的刀,来迎接楚庄王,说:"我对您边境的臣子有过错,由此犯下了天祸,所以让您大怒不止,屈辱您来到我们国。您如果怜悯我这个居丧之人,就赏赐我一块坚硬贫瘠、五谷不生的土地,让我带领几个年迈体衰的人去那里安居。我将唯命是听。"楚庄王说:"您的不好的臣子往来诽谤您,所以才使得我能够见到您,还不至于到这个地步。"楚庄王亲自拿着旌旗,向左右指挥军队,退军七里。

　　将军子重谏曰："南郢之与郑,相去数千里。诸大夫死者数人,厮、役、扈、养,死者数百人。今君胜郑而不有,无乃失臣民之力乎?"庄王曰："古者杅不穿、皮不蠹,则不出于四方。是以君子笃于礼而薄于利,要其人而不要其土。告从,不赦,不详。吾以不详道民,灾及吾身,何日之有?"

　　既则晋师之救郑者至,曰"请战"。庄王许诺。将军子重谏曰："晋,大国也。王师淹病矣,君请弗许也。"庄王曰："弱者吾威之,强者吾辟之,是以使寡人无以立乎天下。"令之还师,而逆晋寇。庄王鼓之,晋师大败,晋众之走者,舟中之指可掬矣。庄王曰："嘻! 吾两君不相好,百姓何罪?"令之还师,而佚晋寇。

　　《新书》:昔者楚庄王即位,自静三年,以讲得失。乃退僻邪而进中正,能者任事,而后在高位,内领国政。辟草而施教,百姓富,民恒一,路不拾遗,国无狱讼。当是时也,周室坏微,天子失制;宋、郑无道,欺昧诸侯。庄王围宋、伐郑,郑伯肉袒牵羊,奉簪而献国。庄王曰："古之伐者,乱则整之,服则舍之,非利之也。"遂弗受,乃南与晋人战于两棠,大克晋人,会诸侯于汉阳,申天子之辟禁,而诸侯说服。

楚庄王的将军子重劝谏说:"从楚国国都郢到郑国相距几千里。为这次战斗,大夫们死了好几个人,奴仆、马夫、厨师也死了好几百人。现在您战胜了郑国而不占领它,岂不是损失了百姓臣子的力量吗?"楚庄王说:"古时候,如果盛水的用具杅没有积压而穿,裘衣没有累积而毁坏,就不出兵征战。所以君子重礼仪而轻利益,降服它的百姓而不强占它的土地。如果郑国表示屈服而仍不宽恕它,那就是用心不善了。我以用心不善的做法来引导百姓,灾难很快就落到我身上了吧?"

　　不久,晋国派来救援郑国的军队到了,主帅荀林父说:"请决一胜负。"楚庄王同意了。楚国将军子重劝谏说:"晋国是大国。您的军队疲敝已久,您不要答应他。"楚庄王说:"如果对于弱小的国家我就向它显示我的威力,而对于强大的国家我就避开它,那么这将使我无法立足于天下。"楚庄王命令军队回师郑国国都,迎战晋国军队。楚庄王亲自击鼓,晋军大败,晋军将士纷纷乘船逃跑,船上被砍断的手指多得可以用手来捧。庄王说:"唉! 我们两国国君不友好,百姓有什么罪过呢?"他命令楚军班师,放走了晋军。

　　《新书》:过去楚庄王即位,自己沉寂了三年以明得失。于是去除邪恶而选进正直的官吏、贤能的人主持政事,然后逐渐给予他们很高的职位,统领国内大政。铲除荒草开辟土地、施教于民,使得百姓富裕,民众恒一守德,没人在道路上拾取别人丢的东西,国内没有官司诉讼。在此时,周王室政治衰败,周天子无力发号施令;宋国、郑国不讲道义,欺瞒诸侯。楚庄王包围宋国、进攻郑国,郑襄公赤裸上身,手牵羔羊,脱下冠冕前来投降。楚庄王说:"古代征伐者,对于叛乱的就进行整治,对于顺服的就放过他们,征服的目的不是为了攫取他们的利益。"因此就没有接受郑襄公的贡献,而是出师向南与晋军大战于两棠,大败晋军,同时在汉阳会盟诸侯,申明周天子的法律禁令,诸侯都高兴地顺服了。

　　庄王归，过申侯之邑。申侯进饭，日中而王不食。申侯请罪，曰："臣斋而具，食甚洁。日中而不饭，臣敢请罪。"庄王喟然叹曰："非子之罪也。吾闻之曰：'其君贤君也，而又有师者，王；其君中君也，而又有师者，伯；其君下君也，而群臣又莫若者，亡。'今吾下君也，而群臣又莫若不榖，不榖恐亡，自忧也。吾闻之：'世不绝贤。'天下有贤，而我独不得。若吾生者，何以食为？"故庄王战服大国，义从诸侯，戚然忧惧。圣知在身，而自错不肖，思得贤佐，日中忘饭，可谓明君矣。

　　《说苑》：楚庄王赐群臣酒，日暮酒酣，灯烛灭。乃有人引美人之衣者，美人援，绝其冠缨，告王曰："今者烛灭，有引妾衣者，妾援得其冠缨持之。趣火来，上视绝缨者！"王曰："赐人酒，使醉失礼，奈何欲显妇人之节而辱士乎？"乃命左右曰："今日与寡人饮不绝冠缨者不欢。"群臣百有余人皆绝去其冠缨，而上火。卒尽欢而罢。居三年，晋与楚战，有一臣常在前，五合五获首，却敌，卒得胜之。庄王怪而问曰："寡人德薄，又未尝异子，子何故出死不疑如是？"对曰："臣当死。往者醉失礼，王隐忍不加诛也。臣终不敢以荫蔽之德而不显报王也。常愿肝脑涂地，用颈血湔敌久矣。臣乃

楚庄王回国时，途经申侯的封邑。申侯向他进奉饭食，到了中午楚庄王还没吃。申侯向楚庄王请罪，说："下臣我供奉饭食的器具很齐全，饭食也很干净。您到了中午还不进食，我谨向您请罪。"楚庄王叹息道："这不是你的罪过。我听说：'那些君主本身贤明，而又有军队，就是王；那些比较贤明的中等君主，而又有军队，就是霸；那些不贤明的、属于下等的君主，而众臣中又没有比得上他的，他就会灭亡。'现在我是下等君主，而众大臣中又没有像我一样的，我担心灭亡，是自己为自己担忧。我听说：'世上的贤能之人是不会断绝的。'天下有贤人，而唯独我得不到。像我这样的人生，以什么为食呢？"所以楚庄王以武力战争征服大国，以道义使诸侯顺从，可还悲伤忧惧。在他身上有圣贤的智慧，却能够自知不贤，一心想得到贤明的佐臣，到了中午还想不起来吃饭，真可谓是英明的君主了。

　　《说苑》：楚庄王赏赐群臣饮酒，天黑时众人酒兴正浓，灯烛忽然灭了。有人拽美人的衣服，美人顺手扯断那人帽子的带子，告诉楚庄王说："刚才灯烛灭时，有人拽我的衣裳，我已扯断了他帽子的带子拿在手中。把灯火取来，看看谁是断了带子的人！"楚庄王说："赐人饮酒，以致他们醉后失礼，怎么能为了显示妇人的贞节就羞辱勇士呢？"于是命令左右的人说："今天与寡人饮酒，不扯断帽子带子的人不算尽兴。"群臣有百余人都扯断了自己帽子的带子，然后才上火点灯。众人最后都尽兴而散。过了三年，晋国与楚国打仗，有一个臣子总冲杀在前，五次交战五次擒获敌首，打退敌军，最后取得胜利。楚庄王感到奇怪，就问他说："我德行浅薄，又不曾特别礼待你，你为什么这样毫不迟疑地拼死战斗呢？"那人回答说："我本该获死罪。以前酒醉失礼，大王您克制忍让没有杀我。我终究不能因这是暗中给我的恩惠而不公开地回报大王。我常怀着肝脑涂地、用颈上的鲜血溅洒到敌人身上的愿望，已很长时间了。我就是

夜绝缨者也。"遂败晋军，楚得以强。此有阴德者，必有阳报也。

楚庄王猎于云梦，射科雉，得之。申公子倍攻而夺之。王将杀之。大夫谏曰："子倍自好也，争王雉，必有说。王姑察之。"不出三月，子倍病而死。邲之战，楚大胜晋。归而赏功，申公子倍之弟进赏于王，曰："人之有功也于军旅，臣兄之有功也于车下。"王曰："奚谓也？"对曰："臣之兄读《故记》曰'射科雉者不出三月必死'。臣之兄争而得之，故夭死也。"王命发乎府而视之，于《记》果有焉。乃厚赏之。

楚庄王与晋战，胜之。惧诸侯之畏己也，乃筑为五仞之台。台成而觞诸侯。诸侯请约。庄王曰："我，薄德之人也。"诸侯请为觞，乃仰而曰："将将之台，窅窅其谋。我言而不当，诸侯伐之。"于是远者来朝，近者入宾。楚庄王见天不见妖，而地不出孽，则祷于山川，曰："天其忘予与？"此能求过于天，必不逆谏矣。安不忘危，故能终而成霸功焉。

是役也，郑石制实入楚师，将以分郑而立公子鱼臣。辛未，郑杀仆叔及子服。君子曰："《史佚》所谓'毋怙乱'者，谓是类也。《诗》曰：'乱离瘼矣，爰其适归？'归于怙乱者也夫！"郑伯、许男如楚。

那天夜里被美人扯断了帽带的人。"结果楚国战胜了晋军，并由此而强盛。这就是默默做了好事必定会得到好报啊。

楚庄王在云楚打猎，射中了一只小野鸡。申公子倍上前抢走了这只野鸡。楚庄王想要杀掉他。大夫们劝谏说："子倍是个自重的人，他抢夺大王的野鸡，必定另有缘故。大王先暂且看看再说。"不到三个月，子倍生病而死。楚国和晋国在邲地交战，楚军大胜晋军。回师后赏功，申公子倍的弟弟上前向楚庄王请求封赏，说："别人有功劳是在战斗中，我的兄长有功劳，是在大王的猎车下。"楚庄王问："这话什么意思？"子倍的弟弟回答说："我的兄长读过《故记》，上面说'射中小野鸡的人，不出三个月必定死亡'。我的兄长抢夺了那只野鸡，所以夭折而死。"楚庄王命令从府库中找出书查看，看到在《故记》中果真有这样的说法。于是就重重地封赏了申公子倍的弟弟。

楚庄王与晋国交战，战胜了晋国。他担心诸侯因此畏惧自己，就建筑了一个三十五尺高的台观。高台修成后他请诸侯们来饮酒。诸侯们请楚庄王主持盟约。楚庄王说："我是德行浅薄的人。"诸侯们又向他敬酒，他仰面说："高大宏伟的盟台，深不可测的谋略。我的话如果说得不妥当，诸侯可以讨伐我。"于是远方的人前来朝拜，近处的人前来做客。楚庄王见上天未降示怪异，地上没有发生灾祸，就向山川祈祷说："上天难道忘记我了吗？"这说明他能向上天请求谴责，一定不会拒谏饰非。安定时不忘记危亡，所以楚庄王最终能成就霸业。

这次战役，实际是郑国大夫石制把楚军引到郑国来的，他要把郑国一半分给楚，另一半立公子鱼臣为君。六月三十日，郑国人杀死了仆叔（即鱼臣）和子服（即石制）。君子评论说："《史佚》所说的'不要乘人之乱以利己'，就是说的这类人。《诗经》说：'在离乱的岁月里人民很痛苦，什么地方是他们的归宿？'这是把祸患都归于那些乘机作乱的人吧！"郑襄公、许昭公去了楚国。

秋，晋师归，桓子请死。晋侯欲许之。士贞子谏曰：
"不可。城濮之役，晋师三日谷，文公犹有忧色。左右曰：
'有喜而忧，如有忧而喜乎？'公曰：'得臣犹在，忧未歇也。
困兽犹斗，况国相乎？'及楚杀子玉，公喜而后可知也，曰：
'莫余毒也已。'是晋再克而楚再败也，楚是以再世不竞。
今天或者大警晋也。而又杀林父以重楚胜，其无乃久不竞
乎？林父之事君也，进思尽忠，退思补过，社稷之卫也，若
之何杀之？夫其败也，姑日月之食焉，何损于明？"晋侯使
复其位。《公羊传》所载事与《左》同，不具录。

〔补逸〕《吕氏春秋》：孙叔敖、沈尹茎相与友。叔
敖游于郢，三年，声问不知，修行不闻。沈尹茎谓孙叔
敖曰："说义以听，方术信行，能令人主上至于王，下
至于伯，吾不若子也。耦世接俗，说义调均，以适主
心，子不如我也。子何以不归耕乎？我将为子游。"沈
尹茎游于郢，五年，荆王欲以为令尹。沈尹茎辞曰：
"期思之鄙人有孙叔敖者，贤人也。王必用之，臣不若
也。"荆王于是使人以王舆迎叔敖，以为令尹。十二年
而庄王霸，此沈尹茎之力也。

秋季,晋军回国,主帅荀林父因败军之罪请求处死自己。晋景公打算答应他的请求。士贞子劝谏说:"不能这样做。城濮之战时,晋军连着三天吃缴获来的楚军的粮食,晋文公还面有忧色。文公左右的人说:'有喜事而面有忧色,难道等有忧事时反而面呈喜色吗?'文公说:'只要楚国的子玉(即得臣)尚在,我的忧愁就不会结束。被围困的野兽尚且要挣扎一下,何况是子玉这个一国之相呢?'等到楚国杀了子玉,文公才喜形于色,说:'这下再没有人来害我了。'子玉的被害,等于是晋国取得了又一次胜利,楚国再次遭到失败,从那以后,楚国历经成王、穆王两代都没有强盛起来。今天也许是上天要严厉地警告晋国一次,使我们打了败仗。但如果再杀了荀林父,等于又让楚国战胜一次,那岂不是晋国再也不能同楚国争胜了吗?荀林父平日侍奉国君,进谏则尽自己的忠心,退下后则必省察自己的言行、弥补国君的过错,是捍卫晋国社稷的良臣,为什么要杀他呢?他这次打败仗,就像日食月食一样,对日月本身的光明有什么损害呢?"晋景公于是使荀林父恢复了他原来的官位。《公羊传》所载事实与《左传》相同,不再详记。

〔补逸〕《吕氏春秋》:孙叔敖、沈尹茎二人彼此交好。孙叔敖在楚国郢都游历,过了三年,他的名声仍不为人所知,美德仍不被人了解。沈尹茎对孙叔敖说:"陈说主张能被君主听从,所持治国之术必定能够推行,使君主往上可以称王天下,往下可以称霸诸侯,这方面我不如你。随顺社会、附和世俗,陈说主张时不坚持己见,以投合君主的心意,这方面你不如我。你为什么不回家种田呢?我将在这里为你奔走。"沈尹茎在郢都奔走了五年,楚王想用他为令尹。沈尹茎辞让说:"期思这个地方有个叫孙叔敖的平民,是个贤能之人。君王您一定要任用他,我比不上他。"楚王于是用自己的车把孙叔敖接来,任用他做了令尹。过了十二年楚庄王就成就了霸业,这是沈尹茎的功劳啊。

　　冬,楚子伐萧,宋华椒以蔡人救萧。萧人囚熊相宜僚及公子丙。王曰:"勿杀! 吾退。"萧人杀之。王怒,遂围萧,萧溃。申公巫臣曰:"师人多寒。"王巡三军,拊而勉之,三军之士皆如挟纩。遂傅于萧。还无社与司马卯言,号申叔展。叔展曰:"有麦曲乎?"曰:"无。""有山鞠穷乎?"曰:"无。""河鱼腹疾奈何?"曰:"目于眢井而拯之。""若为茅绖,哭井则己。"明日,萧溃。申叔视其井,则茅绖存焉,号而出之。

　　晋原縠、宋华椒、卫孔达、曹人同盟于清丘,曰"恤病,讨贰"。于是卿不书,不实其言也。

　　宋为盟故,伐陈。卫人救之。孔达曰:"先君有约言焉。若大国讨,我则死之。"

　　十三年夏,楚子伐宋,以其救萧也。君子曰:"清丘之盟,唯宋可以免焉。"清丘之盟,晋以卫之救陈也,讨焉。使人弗去,曰:"罪无所归,将加而师。"孔达曰:"苟利社稷,请以我说。罪我之由。我则为政,而亢大国之讨,将以谁任? 我则死之。"

　　十四年春,孔达缢而死。卫人以说于晋而免。遂告于诸侯曰:"寡君有不令之臣达,构我敝邑于大国。既伏其罪矣,敢告。"卫人以为成劳,复室其子,使复其位。

冬季,楚庄王攻打萧邑,宋国的华椒率领蔡军援救萧邑。萧邑人俘虏了熊相宜僚和公子丙。楚庄王说:"不要杀他们!我退兵。"萧邑人杀了熊相宜僚和公子丙。楚庄王大怒,就包围了萧邑,萧人溃败。申公巫臣说:"士兵们都很冷。"楚庄王巡视三军,抚慰勉励兵士们,三军战士都感到身上像披上了丝绵一样温暖。楚军于是逼近萧城。萧国大夫还无社让楚国司马卬把申叔展喊出来。申叔展说:"你有麦曲吗?"还无社说:"没有。""有山鞠穷吗?"还无社说:"没有。""那得了风湿病怎么办?"还无社说:"你如果看到枯井,就可以从那里面救出我。"申叔展说:"你在井边放上一根绳子,上面如有人哭,那就是我。"第二天,萧军溃败。申叔展寻找枯井,看到有一口井边放有一根绳子,就放声大哭,把还无社救出枯井。

晋国的先縠(即原縠)、宋国的华椒、卫国的孔达及曹人一起在清丘结盟,说:"救济有难的国家,讨伐有二心的国家。"对这次会盟《春秋》没有记载各国卿的姓名,是因他们没有履行盟约。

宋国根据盟约讨伐亲近楚国的陈国。卫人来救援陈国。孔达说:"先君成公和陈共公有过约定。如果大国攻打我们,我们就为此而死。"

十三年夏季,楚庄王攻打宋国,这是因为宋国援救了萧邑。君子说:"清丘的结盟,只有宋国可以不被指责。"根据清丘的盟约,晋国因为卫国援救陈国,派人来问罪。晋国使者不肯离去,说:"如果找不出罪魁祸首,就要加兵于你们卫国。"孔达说:"如果有利于国家,请用我来对晋国解说吧。罪过是因我而引起的。我在执政,应该对大国的责难负责,罪责还能由别人承担吗?我甘愿为此而死。"

十四年春季,孔达上吊而死。卫国人以此向晋国解释,从而免于被讨伐。卫国于是向诸侯通告说:"我们国君有一个不好的臣子孔达,在我国和大国之间制造事端。他已经服罪了,谨此通告。"卫国人认为孔达有辅助先君成公复国的功劳,便为孔达的儿子娶妻,并让他接任其父亲的官职。

　　夏,晋侯伐郑,为邲故也。告于诸侯,蒐焉而还。中行桓子之谋也,曰:"示之以整,使谋而来。"郑人惧,使子张代子良于楚。郑伯如楚,谋晋故也。郑以子良为有礼,故召之。

　　楚子使申舟聘于齐,曰:"无假道于宋!"亦使公子冯聘于晋,不假道于郑。申舟以孟诸之役恶宋,曰:"郑昭、宋聋,晋使不害,我则必死。"王曰:"杀女,吾伐之。"见犀而行。及宋,宋人止之。华元曰:"过我而不假道,鄙我也。鄙我,亡也;杀其使者,必伐我,伐我,亦亡也。亡一也。"乃杀之。楚子闻之,投袂而起,屦及于窒皇,剑及于寝门之外,车及于蒲胥之市。秋九月,楚子围宋。

　　冬,孟献子言于公曰:"臣闻小国之免于大国也,聘而献物,于是有庭实旅百。朝而献功,于是有容貌采章,嘉淑而有加货。谋其不免也。诛而荐贿,则无及也。今楚在宋,君其图之!"公说。

　　十五年春,公孙归父会楚子于宋。
　　宋人使乐婴齐告急于晋,晋侯欲救之。伯宗曰:"不可。古人有言曰:'虽鞭之长,不及马腹。'天方授楚,未可与争。虽晋之强,能违天乎? 谚曰:'高下在心。'川泽

夏季，晋景公攻打郑国，这是因为邲地战役中郑国帮助楚国的缘故。晋国通告诸侯，并在郑国阅兵以后才回国。这是中行桓子（即荀林父）的计谋，他说："列出我们严整的军队给他看，让他们自己谋划来归附我们。"郑国人害怕了，派子张到楚国代替子良作人质。郑襄公亲自去楚国，策划如何对付晋国。郑国解释说，因为子良有礼让君位的美德，所以才召他回国。

楚庄王派申舟到齐国聘问，说："不用向宋国借路，只管过去！"同时又派遣公子冯到晋国聘问，也让他不用向郑国借路。申舟因为孟诸一役得罪了宋国，说："郑人明智，宋人昏聩，去晋国的使者不会受害，而我则一定会被杀。"楚庄王说："要是宋国杀了你，我就征讨它。"申舟把儿子申犀托付给楚庄王后出行。到了宋国，宋人拦住了他。华元说："经过我国而不请求借路，这是把我们的国土当成了楚国的边邑。把我国当成它的边鄙，我们就是亡国；杀了它的使者，楚国一定会来攻打我国，我们也是亡国。反正都是一样亡国。"于是就杀了申舟。楚庄王听说后，甩袖而起，随从追到寝宫门外的庭院里才给他送上鞋子，追到寝宫门阙之外才给他送上佩剑，追到蒲胥街市才让他乘上车子。秋季九月，楚庄王围攻宋国。

冬季，孟献子对鲁宣公说："臣下听说小国能免于大国罪责的办法，是去聘问并进献财物，于是大国就有陈列满庭院的礼物上百样。国君亲自去朝见并进献功劳，于是大国就有珠玉齿革等各色装饰品，而且在这些美好的礼物之外还加之以额外的财礼。这是为了谋求免除不能赦免的罪过。当大国来责罚时才进献财货，就来不及了。现在楚国正驻兵在宋国，您应该谋划一下！"鲁宣公听了以后很高兴。

十五年春季，公孙归父在宋国会见楚庄王。

宋人因受到楚国围困，派乐婴齐到晋国告急求救，晋景公想救宋。伯宗说："不行。古人有句话说：'鞭子虽长，却不能达到马肚子。'上天正在保佑楚国，不能与它争强。虽然晋国强盛，可能违背天意吗？谚语说：'遇事能屈能伸，全在心中有数。'河流湖泊

纳污,山薮藏疾,瑾瑜匿瑕,国君含垢,天之道也。君其待之!"乃止。

使解扬如宋,使无降楚,曰:"晋师悉起,将至矣。"郑人囚而献诸楚。楚子厚赂之,使反其言,不许。三而许之。登诸楼车,使呼宋人而告之,遂致其君命。楚子将杀之,使与之言曰:"尔既许不穀,而反之,何故?非我无信,女则弃之。速即尔刑!"对曰:"臣闻之:'君能制命为义,臣能承命为信。信载义而行之为利。'谋不失利,以卫社稷,民之主也。义无二信,信无二命。君之赂臣,不知命也。受命以出,有死无霣,又可赂乎?臣之许君,以成命也。死而成命,臣之禄也。寡君有信臣,下臣获考死,又何求?"楚子舍之以归。

夏五月,楚师将去宋。申犀稽首于王之马前,曰:"无畏知死,而不敢废王命。王弃言焉。"王不能答。申叔时仆,曰:"筑室,反耕者,宋必听命。"从之。宋人惧,使华元夜入楚师。登子反之床,起之,曰:"寡君使元以病告,曰:'敝邑易子而食,析骸以爨。虽然,城下之盟,有以国毙,不能从也。去我三十里,唯命是听。'"子反惧,与之盟而告王。

能容纳污泥浊水，山林草莽中隐藏着毒虫猛兽，美玉隐匿着瑕斑，国君含忍着耻辱，这是天道。您还是等着吧。"晋景公于是停止了发兵。

晋国派遣解扬到宋国去，让宋国不要投降楚国，告诉他们说："晋国救宋的军队已经全部出发，就要到了。"解扬路过郑国时，郑人把他囚禁起来献给楚国。楚庄王重重地贿赂他，让他说相反的话，解扬不答应。庄王劝诱多次他才答应。解扬登上楼车，楚人叫他向宋人喊话，解扬就乘机把晋景公的命令传达给宋国。楚庄王要杀死他，派人对他说："你既已答应了我，却又反悔，是什么缘故？不是我没有信用，是你背弃了诺言。快接受你应受的刑罚吧！"解扬回答说："下臣听说：'国君能制订正确的命令就是义，臣下能奉行国君的命令就是信。以臣子的信来贯彻国君的义并推行下去就叫利。'谋划而不失利，以此捍卫国家，就是百姓的主人。贯彻义不能有两种相互矛盾的信，守信的臣子也不能同时接受两种相互矛盾的命令。君王赠送财物给下臣，就是不知道这一道理。我接受君命出国，宁死也不能废弃君命，又怎能被收买呢？下臣所以答应君王，是借机会完成我们国君的命令。死而能完成使命，这是下臣的福分。我们国君有守信的臣下，我获得了完成使命的光荣，还有什么更值得追求的呢？"楚庄王听后赦免了解扬，并让他回国。

夏季五月，楚军要撤离宋国。申舟的儿子申犀在楚庄王的马前叩头，说："我父亲生前明知会死，却不敢废弃君王的命令。现在君王却食言了。"庄王无言以对。楚臣申叔时正为楚庄王驾车，说："修造房子，让种田的人回来，宋人一定会听从君王的命令。"楚庄王按照申叔时的话做了。宋人很害怕，派华元在夜里潜入楚人军营。华元登上子反的床，把他叫起来，说："我们国君派我把宋国的困难情况告诉你，说：'我国已经到了交换儿子杀了吃、劈开尸骨当柴火做饭的地步。尽管如此，我们宁可让国家灭亡，也不能跟楚国订立城下之盟。你们退兵三十里，宋国将唯命是听。'"子反害怕了，就和华元盟誓，然后报告给楚庄王。

退三十里，宋及楚平。华元为质。盟曰："我无尔诈，尔无我虞。"

〔补逸〕《公羊传》：庄王围宋，军有七日之粮耳，尽此不胜，将去而归尔。于是使司马子反乘堙而窥宋城，宋华元亦乘堙而出，见之。司马子反曰："子之国何如？"华元曰："惫矣。"曰："何如？"曰："易子而食之，析骸而炊之。"司马子反曰："嘻！甚矣惫！虽然，吾闻之也：'围者柑马而秣之，使肥者应客。'是何子之情也？"华元曰："吾闻之：'君子见人之厄，则矜之；小人见人之厄，则幸之。'吾见子之君子也，是以告情于子也。"司马子反曰："诺。勉之矣。吾军亦有七日之粮尔，尽此不胜，将去而归尔。"揖而去之。反于庄王。庄王曰："何如？"司马子反曰："惫矣。"曰："何如？"曰："易子而食之，析骸而炊之。"庄王曰："嘻！甚矣惫！虽然，吾今取此然后而归尔。"司马子反曰："不可。臣已告之矣，军有七日之粮尔。"庄王怒曰："吾使子往视之，子曷为告之？"司马子反曰："以区区之宋，犹有不欺人之臣，可以楚而无乎？是以告之也。"庄王曰："诺。舍而止。虽然，吾犹取此然后归尔。"司马子反曰："然则君请处于此，臣请归尔。"庄王曰："子去我而归，我孰与处于此？吾亦从子而归尔。"引师而去之。

楚国退兵三十里,宋国和楚国讲和。华元到楚国做了人质。两国盟誓说:"我不骗你,你不欺我。"

〔补逸〕《公羊传》:楚庄王包围宋国国都,楚军只剩下七天的粮食了,如果吃完仍不能取胜,楚军就要离开这里回国。这时楚庄王派司马子反登上楚军为攻城而堆的山丘,悄悄侦察宋国国都的情况,宋国的华元也登上土山出来见他。司马子反说:"您的国家情形怎样?"华元说:"已经疲惫了。"司马子反问:"具体怎样?"华元说:"人们相互交换儿子吃,劈开死人骨头烧火做饭。"司马子反说:"唉!十分疲惫了!即使这样,我听说过这样的事:'被包围的人,把木头放在马嘴中,再给马喂粮食,使马欲吃不能,派胖人来接待客人,以示城内储粮很多。'可您为什么这样坦白地吐露实情呢?"华元说:"我听说:'君子见到别人的困厄就怜悯他,小人看到别人的困厄就幸灾乐祸。'我见您是君子,所以把真实情况告诉您。"司马子反说:"好吧。努力守城吧。我军也只有七天粮食了,如果吃完这些还不能取胜,我们将离开这里回国。"司马子反作揖行礼后离开了华元。他回去向楚庄王报告。楚庄王问:"情况怎么样?"司马子反说:"已经疲惫了。"楚庄王问:"具体怎样?"司马子反说:"人们相互交换儿子吃,劈开死人骨头烧火做饭。"楚庄王说:"哈!十分疲惫了!尽管我们的粮食也不多了,我现在先攻取宋国国都然后再班师回国。"司马子反说:"不行。我已告诉华元,我军只有七天的粮食了。"楚庄王大怒说:"我派您去侦察情况,您为什么把我们的实情告诉华元呢?"司马子反说:"以一个小小的宋国,还有不欺瞒别人的臣子,楚国难道就可以没有吗?所以我告诉了华元。"楚庄王说:"好吧。让军队在这里修筑军营住下来。即使宋国已经知道了我们的实情,我仍然要在攻取宋国国都后再班师回国。"司马子反说:"那么您请留在这里,我请求回国。"楚庄王说:"您离开我回国,我和谁待在这里呢?我也随您回去吧。"于是率军离开了宋国国都。

《史记》：楚以围宋，五月不解。宋城中急，无食。华元乃夜私见楚将子反，子反告庄王。王问："城中何如？"曰："析骨而炊，易子而食。"庄王曰："诚哉言！我军亦有二日粮。"以信故，遂罢兵去。

十八年秋七月甲戌，楚子旅卒。

《吕氏春秋》：楚庄王使文无畏于齐，过于宋，不先假道。还反，华元言于宋昭公曰："往不假道，来不假道，是以宋为野鄙也。楚之会田也，故鞭君之仆于孟诸。请诛之。"乃杀文无畏于扬梁之堤。庄王方削袂，闻之，曰："嘻！"投袂而起，履及诸庭，剑及诸门，车及之蒲疏之市。遂舍于郊，兴师，围宋九月，宋人易子而食之，析骨而爨之。宋公肉袒执牺，委服告病，曰："大国若宥图之，唯命是听！"庄王曰："情矣，宋公之言也！"乃为却四十里，而舍于卢门之阖，所以为成而归也。

《王孙子》：楚庄王攻宋，厨有臭肉，樽有败酒。将军子重谏曰："今君厨肉臭而不可食，樽酒败而不可饮；而三军之士皆有饥色。欲以胜敌，不亦难乎？"庄王曰："请有酒投之士，有食馈之贤。"

《尸子》：雨雪，楚庄王披裘当户，曰："我犹寒，彼百姓、宾客甚矣。"乃使巡国中，求百姓、宾客之无居宿、绝粮者，赈之。国人大说。

《史记》：楚军包围宋国国都，持续了五个月没解围。宋国都城中十分危急，没有了粮食。华元便在夜里偷偷地去见楚将子反，子反告诉了楚庄王。楚庄王问："宋国都城中情况怎么样？"子反说："他们劈开人骨头烧火做饭，交换儿子杀了吃。"楚庄王说："真是实话啊！我军也只有两天的粮食了。"因为要讲信义，楚国就撤兵离开了。

十八年秋季七月甲戌这一天，楚庄王死于楚军中。

《吕氏春秋》：楚庄子派文无畏出使齐国，途径宋国，没有事先借道。返回的时候，华元对宋昭公说："他去的时候不借道，来的时候又不借道，这是把宋国当成楚国的边鄙了。以前楚王跟您会盟时，故意在孟诸鞭打您的车夫。请杀掉文无畏。"于是就在扬梁的堤上杀死了文无畏。楚庄王正悠闲地把手揣在衣袖里，听到这消息说："哼！"就甩开袖子站起来往外跑，奉鞋的侍从追到庭院中才给他穿上鞋，奉剑的侍从追到大门口才给他佩上剑，驾车的人追到蒲疏街市上才让他乘上车。于是驻军在郊外，发兵围困宋国九个月，宋国人彼此交换孩子杀了吃掉，劈开骨头来烧火煮饭。宋昭公袒露肩膀，牵着猪、牛、羊，俯伏向楚庄王诉说困苦状况，说："贵国如果赦免我，我将唯命是从！"楚庄王说："宋国君主的话很诚恳啊！"于是楚军后退了四十里，驻扎在卢门那里，两国讲和以后就回去了。

《王孙子》：楚庄王攻打宋国，楚庄王的厨房中有大量腐臭的肉，酒樽中存有许多变质的酒。楚国将军子重劝谏说："现在您的厨房中肉都臭了不能吃，酒樽中的酒都坏了不能喝，可三军士兵都面带饥色。想靠这样的军队去战胜敌人，不是很困难吗？"楚庄王说："请把所有的酒都分发给士兵，把所有吃的都赠送给贤士。"

《尸子》：天下着雪，楚庄王披着皮衣站在门口，说："我都感到冷，那些百姓、宾客就更冷了。"于是派人巡视国内，访求没有住处和粮食的百姓、宾客，赈济他们。国人很高兴。

《说苑》：楚庄王欲伐阳夏，师久而不罢。群臣欲谏，而莫敢。庄王猎于云梦，椒举进谏曰："王所以多得兽者，马也；而王国亡，王之马岂可得哉？"庄王曰："善。不毂知诎强国之可以长诸侯也，知得地之可以为富也，而忘吾民之不用也。"明日，饮诸大夫酒，以椒举为上客。罢阳夏之师。楚庄王好猎，大夫谏曰："晋，楚敌国也。楚不谋晋，晋必谋楚。今王无乃耽于乐乎？"王曰："吾猎，将以求士也。其榛藂刺虎、豹者，吾是以知其勇也；其攫犀、搏兕者，吾是以知其劲有力也；罢田而分所得，吾是以知其仁也。因是道也，而得三士焉。"楚国以安。故曰，"苟有志，则无非是事"者，此之谓也。

《淮南子》：楚庄王好觟冠，楚国仿之。楚庄王裾衣、博袍，令行乎天下，遂霸诸侯。令尹子佩请饮庄王，庄王许诺。子佩疏、揖，北面立于殿下，曰："昔者君王许之，今不果往，意者臣有罪乎？"庄王曰："吾闻子具于强台。强台者，南望料山以临方皇，左江而右淮，其乐忘死。若吾薄德之人，不可以当此乐也，恐留而不能返。"故《老子》曰"不见可欲，使心不乱"。楚庄王问詹何曰："治国奈何？"对曰："何明于治身，而不明于治国。"楚王曰："寡人得立宗庙、社稷，愿学所以守之。"詹何对曰："臣未尝闻身治而国乱者也，未尝闻

《说苑》：楚庄王要攻打夏阳，出师很久都不罢兵。群臣想要劝谏，却没人敢。楚庄王在云梦打猎，椒举上前劝谏说："大王之所以能多猎获禽兽，是因为有马；如果大王的国家灭亡了，大王又怎么能得到马呢？"楚庄王说："好。我只知道降服强国可以称霸诸侯，知道获得土地可以成为富国，却忘了我的百姓不愿为此效力。"第二天，楚庄王请所有的大夫饮酒，并让椒举作为上客。并且撤回了进攻阳夏的军队。楚庄王好打猎，楚大夫劝谏说："晋国是楚国的敌国。楚国不算计晋国，晋国一定会算计楚国。现在君王您岂不是沉湎于玩乐了吗？"楚庄王说："我打猎，为的是寻求贤士猛将。那敢于冲进荆棘丛中刺杀虎豹的人，我因此知道他勇猛；那能抓住犀牛并与猛兕搏斗的人，我因此知道他强劲有力；打完猎能公平分配所获的猎物，我因此知道他的仁义。通过这个方法，就可得到三个贤士。"楚国因此安定下来。所以说，"如果有心，那就没有一件无目的的事"，说的就是这种情况啊。

《淮南子》：楚庄王喜好戴觟冠，楚国人都仿效他。楚庄王穿着宽衣大袍，号令行于天下，于是称霸诸侯。令尹子佩请庄王饮酒，楚庄王答应了。第二天，子佩光着脚拜见庄王，面朝北站立在殿下，说："昨天君王答应我赴宴，今天却没去，想来是我有罪吧？"楚庄王说："我听说你在强台准备了宴席。强台这个地方，向南可望到料山，脚下临方皇之水，左面是长江，右面是淮河，在此地的快乐可以使人忘掉死亡的危险。像我这样德行浅薄的人，是不能够承受这样的欢乐的，我担心流连此地而不能返回。"因此《老子》说："见不到能够引起贪欲的事，就不会使心意紊乱。"楚庄王问詹何说："怎样才能把国家治理好呢？"詹何回答说："我懂得修身，却不懂得治国。"楚庄王说："寡人得以立宗庙社稷，愿意学习守卫它的方法。"詹何回答说："我还不曾听说国君自身道德修养好而国家混乱的，也不曾听说

身乱而国治者也。故本任于身，不敢对以末。"楚王曰："善。"

《史记》：优孟者，故楚之乐人也，长八尺，多辨，常以谈笑讽谏。楚相孙叔敖知其贤人也，善待之。病且死，属其子曰："我死，汝必贫困。若往见优孟，言我孙叔敖之子也。"居数年，其子穷困，负薪逢优孟，与言曰："我，孙叔敖之子也。父且死时，属我贫困往见优孟。"优孟曰："若无远有所之。"即为孙叔敖衣冠，抵掌谈语。岁余，像孙叔敖，庄王左右不能别也。庄王置酒，优孟前为寿。庄王大惊，以为孙叔敖复生也，欲以为相。优孟曰："请归与妇计之，三日而为相。"庄王许之。三日后，优孟复来。王曰："妇言谓何？"孟曰："妇言慎毋为，楚相不足为也。如孙叔敖之为楚相，尽忠为廉以治楚，楚王得以霸。今死，其子无立锥之地，贫困负薪，以自饮食。必如孙叔敖，不如自杀。因歌曰：'山居耕田苦，难以得食。起而为吏，身贪鄙者余财，不顾耻辱，身死家室富。又恐受赇枉法，为奸触大罪，身死而家灭。贪吏安可为也？念为廉吏，奉法守职，竟死不敢为非。廉吏安可为也？楚相孙叔敖持廉至死，方今妻子穷困，负薪而食，不足为也。'"于是庄王谢优孟，乃召孙叔敖子，封之寝丘四百户，以奉其祀。后十世不绝。

国君自身昏乱而国家得到大治的。因此根本在于自身，不敢用末节来回答。"楚庄王说："好。"

《史记》：优孟原是楚国的歌舞艺人，他身高八尺，富有辩才，时常用谈笑的方式劝诫楚王。楚国宰相孙叔敖知道他是位贤人，待他很好。孙叔敖患病临终前，叮嘱他的儿子说："我死后，你一定很贫困。那时你就去拜见优孟，说'我是孙叔敖的儿子'。"过了几年，孙叔敖的儿子果然十分贫困，一次他背着柴草在路上遇到优孟，对优孟说："我是孙叔敖的儿子。父亲临终前，嘱咐我贫困时就去拜见您。"优孟说："你不要到远处去。"他立即缝制了孙叔敖的衣帽穿戴起来，模仿孙叔敖的言谈举止、音容笑貌。过了一年多，他模仿得活像孙叔敖，连楚庄王左右的近臣都分辨不出来。庄王摆设酒宴，优孟上前为楚庄王敬酒祝寿。楚庄王大吃一惊，以为孙叔敖又复活了，想要让他做相国。优孟说："请允许我回去和妻子商量一下，三日后再来就任楚相。"楚庄王答应了他。三日后，优孟又来见楚庄王。楚庄王问："你妻子是怎么说的？"优孟说："我妻子说千万别做楚相，楚相不值得做。像孙叔敖，他做楚相时忠正廉洁地治理楚国，楚王才得以称霸。如今孙叔敖死了，他的儿子竟无立锥之地，贫困到每天靠打柴维持生计。如果要像孙叔敖那样做楚相，还不如自杀。他接着唱道：'住在山野耕田辛苦，难以获得食物。出外做官，自身贪赃卑鄙的人积有余财，不顾廉耻，自己死后家室富足。可是又怕贪赃枉法，做坏事犯下大罪，自己被杀，家室也遭诛灭。贪官哪能做呢？想到做清官，遵纪守法，忠于职守，到死都不敢做非法之事。可廉吏哪能做呢？像楚相孙叔敖，至死都坚持廉洁的操守，现在妻儿老小却贫困到靠打柴为生，清官实在不值得做啊。'"于是楚庄王向优孟表示了歉意，并召见孙叔敖的儿子，把寝丘之地四百户封给孙叔敖之子，以此来祭祀孙叔敖。自此之后，十代没有断绝。

〔考证〕汉延熹三年立《叔敖碑》云，楚相孙君，讳饶，字叔敖，本是县人。其碑载叔敖德业最详，而优孟一歌与《史记》异。所封之田亦不曰寝丘，而曰潘乡。

臣士奇曰：晋自文、襄以来，主盟中夏，本非楚匹也。自灵、成、景、厉，昏庸相继，无有先君之明；赵盾当国，亦颇专恣；荀林父虽忠，将略非所长；赵穿、先縠、魏锜、赵旃之徒进而参之，亦无先大夫之肃。楚则适遇庄王之贤，庸大鸟之讽，屏钟鼓而不御；却子佩之饮，罢强台而不登；求贤如不及，则当馈而叹；保邦于未危，则求过于天；绝美人之缨，则斗士奋；纳沈尹之绠，则贤相登：盖亦一时之令主也。而其臣如蒍敖、伍举、申叔时辈，又皆尽忠竭智，翊赞于其间。用能争衡上国，狎主齐牺，而晋反处其下矣。

夫伯主之所以足为中原倚庇者，勤而抚之，思患而豫绸缪之，然后敌有所悚惧，而不敢有轻量我之心。今观范山之言曰“晋君少，不在诸侯，北方可图也”，于是楚有狼渊之师。吁！晋君虽少，盾大夫安在乎？既不能消衅于未然，而又无武震。合四国之兵以救郑，而不及楚师宇下，安得不籍籍多事哉？《传》曰：“以惩不恪。”盖晋伯不竞之由，未有失策于此者也。

[考证]:汉延熹三年立的《叔敖碑》说,楚相孙君,名饶,字叔敖,本是此县人。这个碑上记载的孙叔敖的功德业绩最为详细,而优孟唱的歌与《史记》所记载的不同。楚庄王给孙叔敖儿子的封地也不叫寝丘,而叫潘乡。

臣下我高士奇评论说:晋国自从晋文公、晋襄公以来,作为盟主主持华夏各诸侯的会盟,本来是楚国所无法匹敌的。可自晋灵公、晋成公、晋景公到晋厉公,昏庸无能的君主前后相继,没有了先代君主的英明;赵盾当权也十分专横恣肆;荀林父尽管很忠诚,但是率兵打仗谋划军事却不是他的长处;赵穿、先縠、魏锜、赵旃这些人来参与国政,也没有先代大夫那样恭敬。而楚国这时则正赶上贤明的楚庄王,他接受臣下关于大鸟的讽喻,撤除钟鼓舞乐而不用;推辞子佩的宴请,舍弃强台而不登;如果招纳不到贤臣,就面对着美食叹息;在未出现危机的时候保国安邦,向上天寻求自己的过失;拒绝了美人进呈的帽带,没有惩罚失礼的大将,结果激发了壮士的斗志;接受了沈尹茎的推荐,于是使孙叔敖这一贤相上位。楚庄王大概也是一时的好君主了。而庄王手下的大臣像孙叔敖、伍举、申叔时等人,又都能竭尽自己的忠心与才智来辅佐他。楚国因此能与晋国相抗衡,轮流作诸侯霸主,而晋国反而处于下风。

霸主之所以足以成为中原诸侯的依靠、庇护,是因为它尽力安抚它们,居安思危而未雨绸缪,此后敌人就会有所畏惧,不敢有轻视的意念产生。如今来看范山所说的"晋国国君年少,心意不在称霸诸侯,北方我们是可以打主意的"这句话,于是楚国出师狼渊。唉!晋国君主虽然年少,可大夫赵盾哪里去了呢?晋国既不能在灾难未发生时消除隐患,又没有武威。它聚集四个诸侯国的兵力来救援郑国,却没有到达楚军军营,从此怎么会没有纷乱之事呢?《左传》说:"以惩诫他们办事不认真。"将帅们的不认真大概就是晋国争霸失利的缘由,没有比这更大的失策了。

　　且晋之于楚，斗力不如斗智，斗智尤不如斗义。义莫大于诛乱臣、讨贼子。自厥貉次而二三，与国半折而入于楚。晋之所为攘楚者，无他奇策，止新城一馘，乞灵于鬼神耳。至皇皇大义，可恃以无恐，而不知取也。舍虽无威，齐君也，商人乌得而弑之？则合六国以讨齐，而竟以赂还。一失也。

　　宋有杵臼之变，覆载所不容。宣子请讨，则曰："非国之急也。"灵已不君矣。已而治兵振旅，鸣钟鼓以至于宋，庶几快举，而又以利隳。二失也。

　　陈灵宣淫，固云不道。然人臣无将，徵舒敢以一矢加遗，污潴不足蔽其辜。晋为伯主，置若罔闻，而以问罪之声遗之荆楚。三失也。

　　此三者，皆大义所关，晋不能为而楚为之，其何以服诸侯，而系天下之望？故自取赂释宋，而郑穆公薄其不足与，乃受盟于楚。人心解体，伯势陵夷，职是之故哉！

　　鬬椒救郑，赵盾计无复之，而托之将毙，诿曰"姑益其疾"，何不思之甚也！至县陈而寻复其封，入郑而

况且晋国与楚国争霸，斗力不如斗智，斗智又不如斗义。讲求信义最重要的就是诛杀逆乱之臣、攻讨国贼。自从率兵进驻厥貉后不久，本来与晋国同盟的诸侯国有一半投靠了楚国。晋国抵御楚国，没有别的奇策，只不过是在新城的那一次会盟，祈祷于鬼神罢了。至于讲求大信大义，以此可以对楚国有恃无恐，晋国却不知道运用。齐昭公的儿子舍尽管没有威信，但他毕竟是齐国国君，公子商人怎么能够杀他呢？于是晋国会合六个诸侯国攻讨齐国，结果却是接受了齐国的贿赂无功而返。这是第一个失策的地方。

　　宋国发生了弑杀宋昭公杵白的政变，这是天地所不容的。晋臣赵宣子请求发兵讨伐宋国，可晋灵公却说："这不是晋国的当务之急。"从这一点看，晋灵公已经是不行君道了。后来在赵宣子的劝说下整顿军队，鸣钟击鼓进军到宋国，这差不多是一次大快人心的举兵，可又因为贪图贿赂半途而废了。这是第二个失策的地方。

　　陈灵公公然淫乱，当然是丧失了君道。可是下臣却心存谋逆，夏微舒竟敢以一支暗箭加于陈灵公，污水潭的刑罚都不足以掩盖他的罪过。晋国作为诸侯的盟主，对陈国发生的一切却置之不理，好像没听说似的，反而把兴师问罪的权力送给了楚国。这是第三个失策的地方。

　　这三方面的失策，都关系到晋国的信义，可晋国却没有做到而楚国做到了，它还能靠什么使诸侯信服，维系天下诸侯对自己的期望呢？所以自从晋国向宋国索取贿赂、放弃对它的讨伐后，郑穆公便看不起晋国了，认为不值得与它结盟，就接受了楚国做盟主。人心离散，晋国霸主地位衰落，主要是这个原因啊！

　　楚国大夫鬬椒援救郑国，晋大夫赵盾没有计策来答复，却以鬬椒的宗族就要灭亡了为借口，推托说"姑且助长他的骄傲"，这话不加思考到了何种地步啊！至于楚国把陈国作为自己的一个县，而不久又归复它的领土，进入郑国而

又退之舍,楚事事合义,晋事事隳义。而知难冒进,自贻掬指之羞,将谁怼哉?灭萧而同清丘之歃,围宋而驰虚声之使,晋之不能,亦可知矣。其原则自君臣泄泄,不在诸侯,而又不知以义服人之过也。

　　然而晋虽弱,伯也;若楚虽强,安得以伯许之?此问鼎、观兵所以见黜于《春秋》也。

又后退三十里,楚国事事合乎信义,而晋国却事事丧失信义。晋国明知形势艰难却轻举冒进,给自己招致了逃亡时被砍下的手指可用手捧的羞耻,这怨谁呢？楚国灭了萧邑,而晋国参加了清丘会盟却不履行扶危救难的盟约,楚军包围宋国,而晋国却只派了一个虚张声势的使臣,晋国的无能,从这里也就可以知道了。根本原因在于晋国闲散懈怠的君臣,而不在于诸侯,再加上不知道以信义服人的过错。

可是晋国尽管很弱,但它却是霸主;像楚国尽管很强,又怎么能给它霸主的称号呢？这就是楚庄王问鼎、观兵的事被《春秋》摒除不载的原因。

卷二十七　晋景楚共争伯_{厉公鄢陵之战附}

宣公十三年春,齐师伐莒,莒恃晋而不事齐故也。

十七年春,晋侯使郤克征会于齐,齐顷公帷妇人使观之。郤子登,妇人笑于房。献子怒,出而誓曰:"所不此报,无能涉河!"献子先归,使栾京庐待命于齐,曰:"不得齐事,无复命矣。"郤子至,请伐齐。晋侯弗许。请以其私属,又弗许。齐侯使高固、晏弱、蔡朝、南郭偃会。及敛盂,高固逃归。夏,会于断道,讨贰也。盟于卷楚,辞齐人。晋人执晏弱于野王,执蔡朝于原,执南郭偃于温。

苗贲皇使,见晏桓子。归,言于晋侯曰:"夫晏子何罪?昔者诸侯之事我先君,皆如不逮。举言群臣不信,诸侯皆有贰志。齐君恐不得礼,故不出,而使四子来。左右或沮之,曰:'君不出,必执吾使。'故高子及敛盂而逃。夫三子者曰:'若绝君好,宁归死焉。'为是犯难而来。吾若善

卷二十七　晋景楚共争伯厉公鄢陵之战附

　　鲁宣公十三年春季,齐国军队攻打莒国,这是莒国依仗晋国而不事奉齐国的缘故。

　　十七年春季,晋景公派郤克到齐国召请齐顷公参加盟会,齐顷公用帷幕遮住妇人让她观看。郤克登上台阶,那妇人在厢房看到他的样子笑出声来。郤克发怒,出来发誓说:"不报此仇,决不再渡过黄河!"郤克(即献子)先回国,让栾京庐在齐国待命,说:"不能完成出使齐国的使命,就不要回国复命。"郤克回到晋国,请求攻打齐国。晋景公不答应。他又请求带领自己的宗族攻打齐国,晋景公也不答应。齐顷公派高固、晏弱、蔡朝、南郭偃参加盟会。到达敛盂,高固就逃了回去。夏季,诸侯在断道会见,是为了讨伐三心二意的国家。接着又在卷楚结盟,但拒绝齐人参加。晋国在野王抓了晏弱,在原地抓了蔡朝,在温地抓了南郭偃。

　　晋国的苗贲皇出使,在野王见到晏桓子(即晏弱)。回国后,他对晋景公说:"晏子有什么罪?从前诸侯事奉我们的先君,都像唯恐赶不上的样子。如今人们都说是因为晋国君臣不讲信用,所以诸侯才都有了三心二意。齐国的国君恐怕不能得到礼遇,所以不出国而让这四个人来。齐君左右随从有人阻止他,说:'您不出国,晋人一定会抓住我国的使者。'所以高固到达敛盂就逃走了。这三个人说:'如果因为我们不来而断绝了国君的友好,宁可来了之后回国被处死。'因此他们冒险前来。我们应该好好

逆彼以怀来者。吾又执之，以信齐沮，吾不既过矣乎？过而不改，而又久之，以成其悔，何利之有焉？使反者得辞而害来者，以惧诸侯，将焉用之？"晋人缓之，逸。

〔补逸〕《穀梁传》：季孙行父秃，晋郤克眇，卫孙良夫跛，曹公子手偻，同时而聘于齐。齐使秃者御秃者，使眇者御眇者，使跛者御跛者，使偻者御偻者。萧同侄子处台上而笑之，闻于客。客不悦而去，相与立胥闾而语，移日不解。齐人有知之者，曰："齐之患，必自此始矣。"

秋八月，晋师还。

范武子将老，召文子曰："燮乎！吾闻之，'喜怒以类者鲜，易者实多'。《诗》曰：'君子如怒，乱庶遄沮；君子如祉，乱庶遄已。'君子之喜怒，以已乱也。弗已者，必益之。郤子其或者欲已乱于齐乎！不然，余惧其益之也。余将老，使郤子逞其志，庶有豸乎！尔从二三子唯敬。"乃请老。郤献子为政。

十八年春，晋侯、卫大子臧伐齐，至于阳谷。齐侯会晋侯盟于缯，以公子强为质于晋。晋师还。蔡朝、南郭偃逃归。夏，公使如楚乞师，欲以伐齐。楚庄王卒，楚师不出。既而用晋师，楚于是乎有蜀之役。

迎接他们，以使前来之人留恋。但是我们偏偏又抓住了他们，这证实了齐人的劝阻是对的，我们不是已经做错了吗？做错了而又不加改正，而且扣留齐国使者久久不肯释放，以造成他们的后悔，这有什么好处？这样让先逃回去的人有了逃走的理由而伤害前来参加会盟的人，以此而使诸侯害怕，这有什么用？"于是晋国人放松了对晏弱等三人的看管，他们就逃走了。

〔补逸〕《穀梁传》：季孙行父秃了头，晋国郤克瞎了一只眼，卫国孙良夫跛脚，曹国公子手驼背，他们同时到齐国聘问。齐国派秃头的人为季孙行父驾车，派瞎了一只眼的人为郤克驾车，派跛脚的人为孙良夫驾车，派驼背的人为公子手驾车。萧国的同姪子在台上看到这样的情景大笑起来，笑声被四位客人听到了。客人很不高兴地离开了，他们一起站在屑间门旁交谈起来，过了好久也没有散去。齐国有知道这件事的人说："齐国的祸患，一定从这个时候开始了。"

秋季八月，晋军班师回国。

范武子打算告老退休，他把儿子范文子喊过来，说："士燮啊！我听说，'喜怒合于礼法的是很少的，和它相反的倒是很多'。《诗经》说：'君子如果发怒，祸乱差不多可以很快阻止；君子如果喜悦，祸乱差不多可以很快停歇。'君子的喜怒，应该是用来阻止祸乱的。如果不能阻止祸乱，就一定会增加其乱。郤克或者是想要在齐国阻止祸乱吧！如果不是这样，我怕他会增加祸乱呢。我打算告老了，就让郤克满足他的心愿吧，这样祸乱差不多可以解除。你跟随几位大夫，唯有恭敬从事。"于是就请求告老。郤克执政。

十八年春季，晋景公和卫国的太子臧攻打齐国，到达阳谷。齐顷公在缯地会见晋景公并订立盟约，让齐国的公子彊在晋国作为人质。晋军撤退回国。蔡朝、南郭偃逃走回国。夏季，鲁宣公的使者到楚国请求发兵，想要攻打齐国。楚庄王去世，楚军不能出军。不久鲁国就利用晋军攻打齐国，楚国因此发动了蜀地的战役。

　　成公元年春,为齐难故,作丘甲。闻齐将出楚师,夏,盟于赤棘。冬,臧宣叔令修赋、缮完、具守备,曰:"齐、楚结好,我新与晋盟。晋、楚争盟,齐师必至。虽晋人伐齐,楚必救之,是齐、楚同我也。知难而有备,乃可以逞。"

　　二年春,齐侯伐我北鄙,围龙。顷公之嬖人卢蒲就魁门焉。龙人囚之。齐侯曰:"勿杀!吾与而盟,无入而封。"弗听,杀而膊诸城上。齐侯亲鼓,士陵城,三日取龙。遂南侵,及巢丘。

　　卫侯使孙良夫、石稷、宁相、向禽将侵齐,与齐师遇。石子欲还。孙子曰:"不可。以师伐人,遇其师而还,将谓君何?若知不能,则如无出。今既遇矣,不如战也。"夏,有……石成子曰:"师败矣!子不少须,众惧尽。子丧师徒,何以复命?"皆不对。又曰:"子,国卿也;陨子,辱矣。子以众退,我此乃止。"且告车来甚众。齐师乃止,次于鞫居。新筑人仲叔于奚救孙桓子,桓子是以免。既,卫人赏之以邑。辞,请曲县繁缨以朝。许之。仲尼闻之,曰:"惜也!不如多与之邑。惟器与名,不可以假人,君之所司也。名以出信,信以守器,器以藏礼,礼以行义,义以生利,利以平民,政之大节也。若以假人,与人政也。政亡,则国家从之,弗可止也已。"

鲁成公元年春季,为了防备齐国进攻,鲁国订立"丘甲"制度。鲁国听到齐国将要联合楚军前来进攻,于是就在夏季,由臧宣叔和晋景公在赤棘结盟。冬季,臧宣叔命令整顿军赋、修治城郭、完成防御设备,说:"齐国和楚国结盟友好,我国新近和晋国订立了盟约。晋国和楚国争夺盟主,齐国的军队必然前来攻打我国。虽然晋国攻打齐国,楚国必然去救援它,这样齐、楚两国就会一起对付我们。预计到祸难而有防备,才可以解除祸难。"

二年春季,齐顷公攻打鲁国北部边境,包围了龙地。齐顷公的宠臣卢蒲就魁攻打城门。龙地的人把他逮住囚禁了起来。齐顷公说:"不要杀他!我跟你们盟誓,不进入你们的边境。"龙地的人不听,把卢蒲就魁杀了并暴尸城上。齐顷公亲自击鼓,士兵爬登城墙,三天时间就占取了龙地。齐军就势向南进攻,到达巢丘。

卫穆公派遣孙良夫、石稷、宁相、向禽攻打齐国,和齐军相遇。石稷想要回去。孙良夫说:"不行。以军队攻打别人,遇上敌人就回去,打算对国君说什么呢?如果了解到不能作战,就不应当出兵。现在既然和敌军相遇了,不如一战。"夏天,有……石成子(即石稷)说:"军队战败了!如果不稍稍等待,顶住敌军,全军恐怕都要完了。您丧失了军队,拿什么向国君回复使命?"大家都不回答。石稷又说:"您孙良夫,是国家的卿;如果损失了您,就是一种羞耻了。您带着大家撤退,我停在这里。"同时通告军中,说援军的战车已经大批来到。齐国的军队也因此停止前进,驻扎在鞠居。新筑大夫仲叔于奚救了孙桓子(即孙良夫),孙良夫因此得免于难。不久,卫国人把城邑赏给仲叔于奚。仲叔于奚辞谢,请求得到诸侯所用的曲悬之礼,并用繁缨装饰马匹以朝见。卫穆公允许了。孔子听说这件事,说:"可惜啊!还不如多给他城邑。唯有器物和名号,不能假借给别人,这是国君所掌握的。名号用来赋予威信,威信用来保持器物,器物用来体现礼制,礼制用来推行道义,道义用来产生利益,利益用来治理百姓,这是政事的大节。如果把器物和名号假借给别人,就是把政权给了别人。政权丢了,国家也会跟着灭亡,这是不能阻止的。"

　　孙桓子还于新筑，不入，遂如晋乞师。臧宣叔亦如晋乞师。皆主郤献子。晋侯许之七百乘。郤子曰："此城濮之赋也。有先君之明与先大夫之肃，故捷。克于先大夫，无能为役，请八百乘。"许之。郤克将中军，士燮将上军，栾书将下军，韩厥为司马，以救鲁、卫。臧宣叔逆晋师，且道之。季文子帅师会之，及卫地。

　　韩献子将斩人，郤献子驰，将救之。至，则既斩之矣。郤子使速以徇，告其仆曰："吾以分谤也。"师从齐师于莘。六月壬申，师至于靡笄之下。齐侯使请战。曰："子以君师辱于敝邑，不腆敝赋，诘朝请见。"对曰："晋与鲁、卫，兄弟也。来告曰：'大国朝夕释憾于敝邑之地。'寡君不忍，使群臣请于大国，无令舆师淹于君地。能进不能退。君无所辱命。"齐侯曰："大夫之许，寡人之愿也；若其不许，亦将见也。"

　　齐高固入晋师，桀石以投人，禽之而乘其车，系桑本焉，以徇齐垒，曰："欲勇者，贾余余勇。"癸酉，师陈于鞌。邴夏御齐侯，逢丑父为右。晋解张御郤克，郑丘缓为右。齐侯曰："余姑翦灭此而朝食。"不介马而驰之。郤克伤于矢，流血及屦，未绝鼓音。曰："余病矣。"张侯曰："自始合，而矢贯余手及肘，余折以御。左轮朱殷，岂敢言病？吾子忍之！"缓曰："自始合，苟有险，余必下推车，子岂识之？然子病矣。"张侯曰："师之耳目，在吾旗鼓，进退从之。此车

孙良夫回到新筑,不进国都,就到晋国请求出兵。鲁国的臧宣叔也到晋国请求出兵。两人都投奔郤克。晋景公答应派出七百乘战车。郤克说:"这是城濮之战的战车数。当时有先君的明察和先大夫的敏捷,所以能得胜。我和先大夫相比,还不足以做他们的仆人,请发八百乘战车。"晋景公答应了。郤克率领中军,士燮率领上军,栾书率领下军,韩厥做司马,以救援鲁国和卫国。臧宣叔迎接晋军,同时作为向导开路。鲁国的季文子率领军队和他们会合,到达卫国境内。

　　韩献子(即韩厥)要杀人,郤克驾车疾驰赶去,打算救下那个人。等郤克赶到,那个人已经被杀了。郤克派人把尸体在全军中示众,还告诉他的御者说:"我用这样的做法来分担别人对韩厥的指责。"晋军在莘地追上齐军。六月十六日,军队到达靡笄山下。齐顷公派使者请战。使者说:"您带领国君的军队光临敝邑,敝国的士兵人数很少,请在明天早晨相见。"郤克回答说:"晋和鲁、卫是兄弟国家。他们前来告诉我们说:'大国不分早晚在敝邑的土地上发泄气愤。'我们国君不忍他们如此受欺,派群臣前来向大国请求,同时又不让我军长久留在贵国。我们只能前进不能后退。您的命令我们是不会不照办的。"齐顷公说:"大夫允许决战,正是寡人的愿望;如果不允许,也是要兵戎相见的。"

　　齐国的高固进入晋军,他拿起石头扔向晋军,抓住晋军后坐上他的战车,把桑树根系在车上,巡行齐营说:"要勇气的人,可以来买我剩下的勇气。"十七日,两军在鞍地摆开阵势。邴夏为齐顷公驾车,逢丑父为车右。晋国的解张为郤克驾车,郑丘缓为车右。齐顷公说:"我姑且消灭了这些人再吃早饭。"他马不披甲驰向晋军。郤克为箭所伤,血流到鞋上,但是鼓声不断。他说:"我受伤了。"解张说:"从一开始接战,箭就射穿了我的手和肘,我折断了箭杆继续驾车。左边的车轮都染成了黑红色,哪里敢说受伤?您忍着点吧!"郑丘缓说:"从一开始接战,如果遇到危险,我必定下车推车,您难道了解吗?不过您真是受伤了。"解张说:"军队的耳目,在于我的旗子和鼓声,前进后退都要听从它。这辆车

一人殿之,可以集事,若之何其以病败君之大事也? 擐甲执兵,固即死也。病未及死,吾子勉之!"左并辔,右援枹而鼓。马逸不能止,师从之,齐师败绩。逐之,三周华不注。

韩厥梦子舆谓己曰:"且辟左右。"故中御而从齐侯。邴夏曰:"射其御者,君子也。"公曰:"谓之君子而射之,非礼也。"射其左,越于车下;射其右,毙于车中。綦毋张丧车,从韩厥曰:"请寓乘。"从左右,皆肘之,使立于后。韩厥俯定其右,逢丑父与公易位。将及华泉,骖绁于木而止。丑父寝于辇中,蛇出于其下,以肱击之,伤而匿之,故不能推车而及。韩厥执絷马前,再拜稽首,奉觞、加璧以进,曰:"寡君使群臣为鲁、卫请,曰:'无令舆师陷入君地。'下臣不幸,属当戎行,无所逃隐,且惧奔辟,而忝两君。臣辱戎士,敢告不敏。摄官承乏。"

丑父使公下,如华泉取饮。郑周父御佐车,宛茷为右,载齐侯以免。韩厥献丑父,郤献子将戮之。呼曰:"自今无有代其君任患者。有一于此,将为戮乎?"郤子曰:"人不难以死免其君,我戮之,不祥。赦之以劝事君者。"乃免之。齐侯免。求丑父,三入三出。每出,齐师以帅退。入于狄卒,狄卒皆抽戈楯冒之。以入于卫师,卫师免之。

一个人坐镇,战事就可以成功,为什么为了个人的痛苦而败坏国君的大事呢?身披甲,手执武器,本来就是去赴死的。痛苦还没有到死的地步,您还是尽力而为吧!"于是就左手握着马缰,右手拿着鼓槌击鼓。由于一手控制马车,马失去控制不能停止,全军于是就跟着上去,齐军大败。晋军追赶齐军,绕着华不注山追了三圈。

韩厥梦见他父亲子舆对他说:"明天不要站在战车左右两侧。"因此韩厥就站在中间驾战车来追赶齐顷公。邴夏说:"射那位驾车人,他是君子。"齐顷公说:"认为他是君子而射他,这不合于礼。"射车左,车左死在车下;射车右,车右死在车里。綦毋张丢失了战车,他跟上韩厥说:"请允许我搭乘您的车。"他上车后准备站在左边或右边,韩厥用肘推他,让他站在身后。韩厥俯身稳住车右的尸体,逢丑父和齐顷公乘机互换位置。将要到达华泉,骖马被树木绊住而不能行车。前几天,逢丑父睡在栈车里,有一条蛇爬到他身子下边,他用手臂去打蛇,手臂受伤,但他隐瞒了这件事,因此他不能用臂推车前进,从而被韩厥追上。韩厥拿着马缰走向马前,再拜叩头,捧着酒杯加上玉璧献上,说:"我们国君派群臣为鲁、卫两国请求,说:'不要让军队久留齐国的土地。'臣下我不幸,正好在军队里服役,不能逃避,而且也害怕奔走逃避成为两国国君的耻辱。臣下我勉强充当一名战士,谨向国君报告我的无能。但由于人手缺乏,只好承当这个官职。"

逢丑父故意让齐顷公下车,到华泉去取水。郑周父驾御副车,宛茷作为车右,载上齐顷公逃走了,使其免于被俘。韩厥献上逢丑父,郤克打算杀了他。他叫喊说:"到现在为止还没有代替他的国君受难的人。有一个在这里,还要被杀死吗?"郤克说:"一个人不怕用死来使他的国君免于祸患,我杀了他,不吉利。赦免他来勉励事奉国君的人。"就赦免了逢丑父。齐顷公免于被俘以后,寻找逢丑父,在敌军中三进三出。每次出来的时候,齐军都簇拥着保护他后退。进入狄军中,狄人士兵都抽出戈和盾来保护齐顷公。进入卫国军队中,卫军也不伤害他们。

　　遂自徐关入。齐侯见保者曰："勉之！齐师败矣。"辟女子。女子曰："君免乎？"曰："免矣。"曰："锐司徒免乎？"曰："免矣。"曰："苟君与吾父免矣，可若何？"乃奔。齐侯以为有礼。既而问之，辟司徒之妻也，予之石窌。

　　晋师从齐师，入自丘舆，击马陉。齐侯使宾媚人赂以纪甗、玉磬与地，"不可，则听客之所为。"宾媚人致赂，晋人不可，曰："必以萧同叔子为质，而使齐之封内尽东其亩。"对曰："萧同叔子非他，寡君之母也。若以匹敌，则亦晋君之母也。吾子布大命于诸侯，而曰必质其母以为信，其若王命何？且是以不孝令也。《诗》曰：'孝子不匮，永锡尔类。'若以不孝令于诸侯，其无乃非德类也乎？

　　"先王疆理天下，物土之宜，而布其利。故《诗》曰：'我疆我理，南东其亩。'今吾子疆理诸侯，而曰'尽东其亩'而已，唯吾子戎车是利，无顾土宜，其无乃非先王之命也乎？反先王则不义，何以为盟主？其晋实有阙。四王之王也，树德而济同欲焉；五伯之霸也，勤而抚之，以役王命。今吾子求合诸侯，以逞无疆之欲。《诗》曰：'布政优优，百禄是遒。'子实不优，而弃百禄，诸侯何害焉？

于是齐顷公就从徐关进入齐国临淄。齐顷公看到守军,说:"你们努力吧!齐军战败了。"齐顷公所坐车的前卫驱使一个女子躲开。这个女子说:"国君免于祸难了吗?"前卫回答说:"免了。"她说:"锐司徒免于祸难了吗?"前卫回答说:"免了。"她说:"如果国君和我父亲免于祸难了,还要怎么样?"说完就跑开了。齐侯认为她有礼。之后询问才知道是辟司徒的妻子,于是就赐给她石窌作为封地。

晋军追赶齐军,从丘舆进入齐国,一直攻打到马陉。齐顷公派遣宾媚人把纪国的甗、玉磬和土地送给战胜的诸国,说:"如果他们不同意讲和,那就随他们怎么办吧。"宾媚人赠送财礼,晋人不同意,说:"一定要让萧同叔子作为人质,同时使齐国境内的田垄全部改成东西走向。"宾媚人回答说:"萧同叔子不是别人,是我们国君的母亲。如果从对等地位来说,那也就是晋君的母亲。您在诸侯中发布重大的命令,却说一定要把人家的母亲作为人质以取信,您又打算怎样对待周天子的命令呢?而且这样做就是用不孝来号令诸侯。《诗经》说:'孝子的孝心没有竭尽,永远可以赐给你的同类。'如果用不孝来号令诸侯,这恐怕不是道德的准则吧?

"先王对天下的土地定疆界,分地理,因地制宜,而作有利的布置。所以《诗经》说:'我划定疆界,分别地理,南向东向开辟田亩。'现在您让诸侯定疆界、分地理,反而只说什么'田垄全部东向',只管自己兵车的方便,不考虑地势是否适宜,恐怕不是先王的命令吧?违反先王的命令就是不合道义,怎么能做盟主呢?晋国的确是有过失的。四王统一天下,树立德行而满足诸侯的共同要求;五霸领袖诸侯,自己勤劳而安抚诸侯,使大家为天子的命令而服役。现在您要求会合诸侯,来满足没有止境的欲望。《诗经》说:'政事的推行宽大缓和,各种福禄都将积聚。'您确实不够宽大,丢弃了各种福禄,这对诸侯有什么害处呢?

"不然,寡君之命使臣则有辞矣,曰:'子以君师辱于敝邑,不腆敝赋,以犒从者。畏君之震,师徒挠败。吾子惠徼齐国之福,不泯其社稷,使继旧好,唯是先君之敝器、土地不敢爱。子又不许,请收合余烬,背城借一。敝邑之幸,亦云从也;况其不幸,敢不唯命是听?'"

鲁、卫谏曰:"齐疾我矣。其死亡者,皆亲昵也。子若不许,仇我必甚。唯子,则又何求?子得其国宝,我亦得地,而纾于难,其荣多矣。齐、晋亦唯天所授,岂必晋?"晋人许之,对曰:"群臣帅赋舆以为鲁、卫请。若苟有以藉口,而复于寡君,君之惠也。敢不唯命是听。"禽郑自师逆公。

秋七月,晋师及齐国佐盟于袁娄,使齐人归我汶阳之田。

公会晋师于上鄍,赐三帅先路、三命之服,司马、司空、舆帅、候正、亚旅,皆受一命之服。

九月,卫穆公卒。晋三子自役吊焉,哭于大门之外。卫人逆之,妇人哭于门内。送亦如之。遂常以葬。

晋师归,范文子后入。武子曰:"无为我望尔也乎?"对曰:"师有功,国人喜以逆之,先入必属耳目焉,是代帅受名也。故不敢。"武子曰:"吾知免矣。"郤伯见,公曰:"子之力也夫!"对曰:"君之训也,二三子之力也,臣何力之有焉?"

"如果您不肯答应,我们国君命令我使臣,就有话可说了:'你带领国君的军队光临敝邑,敝邑用很少的财富,来犒劳您的随从。因为害怕贵国国君的愤怒,所以我军才战败。承蒙您惠临而为齐国求福,不灭亡我们的国家,让我们和贵国继续过去的友好,那么先君的破旧器物和土地我们是不敢爱惜的。您如果又不肯允许,我们就请求收集残余,背靠自己的城墙再决一死战。敝邑有幸而战胜,也会依从贵国的;何况不幸而再战败,岂敢不唯命是听?"

鲁、卫两国劝谏郤克说:"齐国怨恨我们了。他们死去和溃散的,都是宗族亲戚。您如果不肯答应,他们必然更加仇恨我们。即使是您,还有什么可追求的?如果您得到他们的国宝,我们也得到土地,而祸难又得以宽解,这荣耀也就很多了。齐国和晋国也都是上天所眷顾的国家,难道一定只有晋国会永久胜利吗?"晋人答应了,回答说:"下臣率领战车,来为鲁、卫两国请求。如果有话可以向我们国君复命,这就是您的恩惠了。怎敢不唯命是听呢?"鲁国的禽郑专程从军中去迎接鲁成公归来。

秋季七月,晋军和齐国宾媚人在袁娄结盟,盟约中规定齐国人把汶阳的田地归还给鲁国。

鲁成公在上鄍会见晋军,把先路车和三命的车服赐给三位高级将领郤克、士燮和栾书,司马、司空、舆帅、候正、亚旅也都接受了一命的车服。

九月,卫穆公去世。晋国的三位将领从战地领兵回国途中前去吊唁,在大门外哭泣。卫国人迎接他们,女人在门里哭。送他们的时候也是这样。所以别国官员来吊唁就依此例直到下葬。

晋国军队回国,范文子(即士燮)最后进入国都。他的父亲范武子说:"你不知道我在盼望你吗?"范文子回答说:"出兵有了功劳,国人高兴地迎接他们,先进来的话一定会受到注意,这是代替统帅接受荣誉。所以不敢。"范武子说:"我认为你可以免于祸害了。"郤克进见,晋景公说:"这是您的功劳啊!"郤克回答说:"这是您的教导和他们几位的功劳,下臣有什么功劳呢?"

范叔见，劳之如郤伯。对曰："庚所命也，克之制也，燮何力之有焉？"栾伯见，公亦如之。对曰："燮之诏也，士用命也，书何力之有焉？"

宣公使求好于楚，庄王卒，宣公薨，不克作好。公即位，受盟于晋，会晋伐齐。卫人不行使于楚，而亦受盟于晋，从于伐齐。故楚令尹子重为阳桥之役以救齐。将起师，子重曰："君弱，群臣不如先大夫，师众而后可。《诗》曰：'济济多士，文王以宁。'夫文王犹用众，况吾侪乎？且先君庄王属之曰：'无德以及远方，莫如惠恤其民而善用之。'"乃大户，已责，逮鳏，救乏，赦罪。悉师，王卒尽行。彭名御戎，蔡景公为左，许灵公为右。二君弱，皆强冠之。冬，楚师侵卫，遂侵我师于蜀。使臧孙往辞，曰："楚远而久，固将退矣。无功而受名，臣不敢。"楚侵及阳桥，孟孙请往，赂之以执斫、执针、织纴，皆百人；公衡为质，以请盟。楚人许平。

十一月，公及楚公子婴齐、蔡侯、许男、秦右大夫说、宋华元、陈公孙宁、卫孙良夫、郑公子去疾及齐国之大夫盟于蜀。卿不书，匮盟也。于是乎畏晋而窃与楚盟，故曰"匮盟"。蔡侯、许男不书，乘楚车也，谓之失位。君子曰："位其不可不慎也乎！蔡、许之君，一失其位，不得列于诸侯，况其下乎？《诗》曰，'不解于位，民之攸塈'，其是之谓矣。"

范文子进见，晋景公慰劳他像对郤克一样。范文子回答说："这次胜利是由于荀庚的命令，郤克的节制，我有什么功劳呢？"栾书进见，晋景公也同慰劳郤克他们一样慰劳他。栾书回答说："这是士燮的指示，士兵服从命令，我有什么功劳呢？"

鲁宣公曾派遣使者到楚国建立友好关系，由于楚庄王逝世，鲁宣公不久也死去，没能建立。鲁成公即位，接受了晋国的盟约，会合晋国攻打齐国。卫国人不派使者去楚国聘问，也接受了晋国的盟约，跟随晋国攻打齐国。因此楚国的令尹子重发动阳桥战役以救援齐国。将要发兵，子重说："国君年幼，群臣又比不上先大夫，军队人数多才可以取胜。《诗经》说：'有众多的人才，文王才赖以平定天下。'周文王尚且使用大众，何况我们这些人呢？而且先君楚庄王把国君嘱托给我们时说：'如果德行没有到达边远的地方，最好加恩体恤百姓并很好地使用他们。'"于是楚共王就下令清理户口，免除税收的积欠，施舍鳏夫，救济困乏，赦免罪人。发动全部军队，楚共王的警卫军也全部出动。彭名驾御战车，蔡景公为车左，许灵公为车右。两位国君还没有成年，都勉强行了冠礼。冬季，楚军进攻卫国，随后就在蜀地进攻鲁军。鲁国派臧孙到楚军中求和，臧孙辞谢说："楚军远离本国而长久在外，本来就要退兵了。没有功劳而接受荣誉，臣不敢。"楚军进攻到达阳桥，孟孙请求前去送给楚军木工、缝工、织工各一百人；并让鲁成公的儿子公衡作为人质，请求结盟。楚国人答应讲和。

十一月，鲁成公和楚国公子婴齐、蔡景公、许灵公、秦国右大夫说、宋国华元、陈国公孙宁、卫国孙良夫、郑国公子去疾和齐国大夫在蜀地结盟。《春秋》没有记载卿的名字，这是由于结盟缺乏诚意。在这种情况下害怕晋国而偷偷地和楚国结盟，所以说"结盟缺乏诚意"。《春秋》没有记载蔡景公、许灵公，这是由于他们乘坐了楚共王的战车，叫作失去了身份。君子说："身份是不可以不谨慎对待的啊！蔡、许两国国君，一失去身份，就不能列在诸侯之中，何况在他们之下的人呢？《诗经》说，'在高位的人不懈怠，百姓就能得到休息'，说的就是这种情况。"

　　楚师及宋,公衡逃归。臧宣叔曰:"衡父不忍数年之不宴,以弃鲁国,国将若之何? 谁居? 后之人必有任是夫!国弃矣。"是行也,晋辟楚,畏其众也。君子曰:"众之不可以已也。大夫为政,犹以众克,况明君而善用其众乎?《大誓》所谓'商兆民离,周十人同'者,众也。"

　　晋侯使巩朔献齐捷于周,王弗见,使单襄公辞焉,曰:"蛮夷戎狄,不式王命,淫湎毁常,王命伐之,则有献捷。王亲受而劳之,所以惩不敬、劝有功也。兄弟甥舅,侵败王略,王命伐之,告事而已,不献其功,所以敬亲昵、禁淫慝也。今叔父克遂有功于齐,而不使命卿镇抚王室,所使来抚余一人。而巩伯实来,未有职司于王室,又奸先王之礼。余虽欲于巩伯,其敢废旧典以忝叔父? 夫齐,甥舅之国也,而大师之后也,宁不亦淫从其欲以怒叔父,抑岂不可谏诲?"士庄伯不能对。王使委于三吏,礼之如侯伯克敌使大夫告庆之礼,降于卿礼一等。王以巩伯宴而私贿之,使相告之曰:"非礼也,勿籍。"

　　三年春,诸侯伐郑,次于伯牛,讨邲之役也。遂东侵郑。郑公子偃帅师御之,使东鄙覆诸鄤,败诸丘舆。皇戌如楚献捷。

当楚军到达宋国时,公衡逃了回来。臧宣叔(即臧孙)说:"衡父不能忍耐几年不安宁,因此抛弃鲁国,国家将怎么办?谁来承担祸患?他的后代一定会有遭受祸患的!国家被他抛弃了!"在这次行动中,晋军避开楚军,是由于害怕他们人多。君子说:"大众是不可以不用的。大夫执政,尚且可以利用大众来战胜敌人,何况是贤明的国君而且又善于使用大众呢?《太誓》所说的'商朝亿万人离心离德,周朝十个人同心同德',都是说大众所起的作用啊。"

晋景公派巩朔到成周进献齐国俘虏,周天子不接见巩朔,他派遣单襄公辞谢,说:"蛮夷戎狄,不遵奉天子的命令,迷恋酒色,败坏天子的制度,天子命令讨伐他们,于是就有了进献俘虏的礼仪。天子亲自接受并加以慰劳,目的是惩罚不敬、勉励有功。如果是兄弟甥舅的国家侵犯败坏天子的法度,天子命令讨伐他们,不过是来报告战争的胜利罢了,不进献俘虏,这是用来尊敬亲近、禁止邪恶。现在叔父能够成功,在齐国建立了功勋,却不派遣曾受天子任命的卿来安抚王室,所派遣来安抚王室的使者,仅仅是巩伯这一个人。他在王室中没有担任职务,这样做又违背了先王的礼制。我虽然喜爱巩伯,但又岂敢废弃旧的典章制度来羞辱叔父?齐国,和我们是甥舅之国,而且是姜太公的后代,叔父攻打它,难道是齐国放纵私欲而激怒了叔父?还是齐国已经不可劝谏教诲了呢?"巩朔(即士庄伯)不能回答。周天子把接待的事情委托给三公,让他们用侯伯战胜敌人、派大夫向王室告庆的礼节接待巩朔,比接待卿的礼节低一等。周天子和巩朔饮宴,私下送给他财礼,让相礼者告诉他说:"这是不合于礼制的,不要记载在史册上。"

三年春季,鲁、晋、宋、卫、曹五国诸侯联合攻打郑国,军队驻扎在伯牛,这是讨伐郔地战役中郑国对晋国的不忠实。于是联军向东进攻郑国。郑国的公子偃领兵抵御,命令东部边境的部队在鄤地设下埋伏,把敌军在丘舆击败。郑大夫皇戌到楚国进献俘虏。

夏,公如晋,拜汶阳之田。许恃楚而不事郑,郑子良伐许。秋,叔孙侨如围棘,取汶阳之田。棘不服,故围之。

冬十一月,晋侯使荀庚来聘,且寻盟。卫侯使孙良夫来聘,且寻盟。公问诸臧宣叔曰:"中行伯之于晋也,其位在三;孙子之于卫也,位为上卿。将谁先?"对曰:"次国之上卿,当大国之中;中当其下;下当其上大夫。小国之上卿,当大国之下卿;中当其上大夫,下当其下大夫。上下如是,古之制也。卫在晋,不得为次国。晋为盟主,其将先之。"丙午,盟晋;丁未,盟卫,礼也。

十二月,齐侯朝于晋,将授玉。郤克趋进曰:"此行也,君为妇人之笑辱也,寡君未之敢任。"晋侯享齐侯。齐侯视韩厥。韩厥曰:"君知厥也乎?"齐侯曰:"服改矣。"韩厥登,举爵曰:"臣之不敢爱死,为两君之在此堂也。"

〔补逸〕《国语》:靡笄之役也,郤献子伐齐。齐侯来,献之以得殒命之礼,曰:"寡君使克也,不腆敝邑之礼,为君之辱,敢归诸下执政,以憖御人。"苗棼皇曰:"郤子勇而不知礼。矜其伐而耻国君,其与几何?"

四年夏,公如晋。晋侯见公不敬。季文子曰:"晋侯必不免。《诗》曰:'敬之敬之,天惟显思,命不易哉!'夫晋侯

夏季，鲁成公到晋国，拜谢晋国让齐国退还的汶阳的田地。许国依仗楚国而不事奉郑国，郑国的子良攻打许国。秋季，鲁国的叔孙侨如包围棘地，攻取了汶阳的田地。由于棘地不顺服，所以对其加以包围。

冬季十一月，晋景公派遣荀庚前来鲁国聘问，同时也是为了重温过去的盟约。卫国也派遣孙良夫来鲁国聘问，并且重温过去的盟约。鲁成公向臧宣叔询问说："中行伯（即荀庚）在晋国位次第三，孙良夫在卫国是上卿，应该让谁在前？"臧宣叔回答说："次国的上卿相当于大国的中卿，中卿相当于它的下卿，下卿相当它的上大夫。小国的上卿相当于大国的下卿，中卿相当于它的上大夫，下卿相当于它的下大夫。位次的上下如此，这是古代的制度。卫国对晋国来说，不能算是次国。晋国是盟主，它应该在前。"二十八日，和晋国结盟；二十九日，和卫国结盟。这是合于礼法的。

十二月，齐顷公到晋国朝见，将要行授玉的礼节。郤克快步进入，说："此次来访，您是因为贵国女人的戏笑而受辱，我们国君不敢当。"晋景公设宴招待齐顷公。齐顷公仔细地看着韩厥。韩厥说："您认识我吗？"齐顷公说："服装改了。"韩厥登上台阶，举起酒杯说："下臣所以不惜一死，当时就是为了两位国君现在在这堂上饮宴和好啊。"

〔补逸〕《国语》：靡笄这次战役，郤克讨伐齐国。齐顷公战败前来朝见，郤克用对待被停国君的礼仪馈送饮食，说："敝国国君派我郤克到您这里来，是由于您光临敝国，今天胆敢用菲薄的礼物献给齐国诸位执政大夫，用来整顿曾戏笑我的那些妇人。"晋国大夫苗棻皇说："郤克勇猛而不知礼节。夸大自己的功劳而侮辱齐国国君，这对他自己有什么帮助呢？"

四年夏季，鲁成公到晋国去。晋景公会见鲁成公，表现得不恭敬。因此季文子说："晋侯一定不能免于祸难。《诗经》说：'处事谨慎又谨慎，天理昭彰不可欺，得到天命多么不容易啊！'晋侯

之命在诸侯矣,可不敬乎?"秋,公至自晋,欲求成于楚而叛晋。季文子曰:"不可。晋虽无道,不可叛也。国大臣睦,而迩于我,诸侯听焉,未可以贰。《史佚之志》有之曰:'非我族类,其心必异。'楚虽大,非吾族也,其肯字我乎?"公乃止。

冬十一月,郑公孙申帅师疆许田,许人败诸展陂。郑伯伐许,取鉏任、泠敦之田。晋栾书将中军,荀首佐之;士燮佐上军,以救许、伐郑,取氾、祭。楚子反救郑,郑伯与许男讼焉。皇戌摄郑伯之辞,子反不能决也,曰:"君若辱在寡君,寡君与其二三臣共听两君之所欲,成其可知也。不然,侧不足以知二国之成。"

五年夏,许灵公诉郑伯于楚。六月,郑悼公如楚讼,不胜,楚人执皇戌及子国。故郑伯归,使公子偃请成于晋。秋八月,郑伯及晋赵同盟于垂棘。宋公子围龟为质于楚而归,华元享之。请鼓噪以出,鼓噪以复入,曰:"习攻华氏。"宋公杀之。冬,同盟于蟲牢,郑服也。诸侯谋复会,宋公使向为人辞以子灵之难。

六年春,郑伯如晋拜成,子游相,授玉于东楹之东。士贞伯曰:"郑伯其死乎!自弃也已。视流而行速,不安其位,宜不能久。"二月,季文子以鞍之功立武宫,非礼也。听于人以救其难,不可以立武。立武由己,非由人也。三月,

的命运决定于诸侯,难道能够不恭敬吗?"秋季,鲁成公从晋国回到鲁国,想要向楚国求和而背叛晋国。季文子说:"不行。晋国虽然无道,但不能背叛。晋国土广大、臣下和睦,而且靠近我国,诸侯听命,不能有三心二意。《史佚之志》有这样的话:'不是我们同族,他的心念必然不同。'楚国虽然广大,但它不是我们的同族,它难道肯爱我们吗?"于是鲁成公改变了主意。

冬季十一月,郑国的公孙申领兵去划定所得许国田地的疆界,许国人在展陂击败了他。于是郑襄公发兵攻打许国,占取了钼任、泠敦的田地。晋国的栾书率领中军,荀首作为副帅;士燮为上军副帅,来救援许国,攻打郑国,占取了氾地、祭地。楚国的子反救援郑国,郑悼公和许灵公到子反那里争讼。皇戌代表郑悼公发言,子反不能判断,说:"您二位如果屈驾去问候我们国君,我们国君和他几个臣子共同听取两位国君的要求,正确的判断才可以得出。否则,我不足以知道哪国有理。"

五年夏季,许灵公在楚国控告郑悼公。六月,郑悼公去楚国争讼,没有胜诉,楚国人抓住了皇戌和子国。所以郑悼公回国以后,派遣公子偃去晋国求和。秋季八月,郑悼公和晋国的赵同在垂棘结盟。宋国的公子围龟在楚国当人质以后回到宋国,华元设享礼招待他。他请求击鼓呼叫着出华元的大门,又击鼓呼叫着进去,说:"这就是演习进攻华氏。"因此宋共公把他杀了。冬季,鲁成公和晋景公、齐顷公、宋共公、卫定公、郑悼公、曹宣公、邾子、杞桓公等诸侯在郑国蟲牢结盟,这是由于郑国的顺服。诸侯商量再次会见,宋共公派向为人以子灵(即公子围龟)事件为理由而辞谢了。

六年春季,郑悼公到晋国拜谢讲和,子游作为相礼,在东楹的东边举行授玉的礼仪。士贞伯说:"郑伯恐怕要死了!自己不尊重自己。目光游动而走路快速,不能安详地处在自己的位子上,大概活不了多久了。"二月,季文子因鞍地战役的功劳建立了武宫,这是不合礼仪的。依靠别人来解救自己的灾难,不能建立武宫。建立武宫应该是由于自己而不是别人的功劳。三月,

晋伯宗、夏阳说、卫孙良夫、宁相、郑人、伊雒之戎、陆浑、蛮氏侵宋，以其辞会也。师于锹。卫人不保。说欲袭卫，曰："虽不可人，多俘而归，有罪不及死。"伯宗曰："不可。卫惟信晋，故师在其郊，而不设备。若袭之，是弃信也。虽多卫俘，而晋无信，何以求诸侯？"乃止。师还，卫人登陴。六月，郑悼公卒。子叔声伯如晋。命伐宋。秋，孟献子、叔孙宣伯侵宋，晋命也。

楚子重伐郑，郑从晋故也。

冬，季文子如晋，贺迁也。

晋栾书救郑，与楚师遇于绕角。楚师还。晋师遂侵蔡。楚公子申、公子成以申、息之师救蔡，御诸桑隧。赵同、赵括欲战，请于武子。武子将许之。知庄子、范文子、韩献子谏曰："不可。吾来救郑，楚师去我，我遂至于此，是迁戮也。戮而不已，又怒楚师，战必不克。虽克，不令。成师以出，而败楚之二县，何荣之有焉？若不能败，为辱已甚。不如还也。"乃遂还。于是军帅之欲战者众，或谓栾武子曰："圣人与众同欲，是以济事。子盍从众？子为大政，将酌于民者也。子之佐十一人，其不欲战者，三人而已。欲战者可谓众矣。《商书》曰：'三人占，从二人。'众故也。"武子曰："善钧从众。夫善，众之主也。三卿为主，可谓众矣。从之，不亦可乎？"

晋国伯宗、夏阳说、卫国孙良夫、宁相、郑人、伊雒戎人、陆浑、蛮氏侵袭宋国,这是宋国拒绝会见的缘故。军队驻扎在铖地。卫人不设防。夏阳说要袭击卫国,说:"虽然不能进入,多抓一些俘虏回去,有罪也不至于死。"伯宗说:"不行。卫国因为相信晋国,所以军队驻扎在他们的郊外而不设防。如果袭击他们,这是丢弃信用。虽然多抓了卫国俘虏,而晋国没有了信用,用什么去求得诸侯的拥护呢?"于是就停下来没有行动。晋国军队回国,卫国人才登上了城墙。六月,郑悼公去世。子叔声伯到晋国去。晋国命令鲁国攻打宋国。秋季,孟献子、叔孙宣伯进攻宋国,这是听从了晋国的命令。

楚国的子重攻打郑国,这是郑国跟随晋国的缘故。

冬季,季文子到晋国去,这是为了祝贺晋国迁都新田。

晋国的栾书救援郑国,他的军队和楚国军队在绕角相遇。楚军退走回国。晋军随后就袭击蔡国。楚国公子申、公子成带领申地、息地的军队救援蔡国,在桑隧抵御晋军。赵同、赵括想要出战,他们向栾武子(即栾书)请求。栾武子打算答应他们。知庄子(即荀首)、范文子(即士燮)、韩献子(即韩厥)进谏说:"不行。我们来救援郑国,楚军离开我们,我们就到了这里,这是把杀戮转移到别人头上。杀戮没完没了,又激怒楚军,作战一定不能得胜。即使战胜了,也不是好事。整顿军队出国,仅仅打败楚国两个县的军队,有什么光荣呢?如果不能打败他们,受到的耻辱就太大了。我们不如回去。"于是晋军就回去了。当时军官中想要作战的人很多,有人对栾武子说:"圣人的愿望和大众相同,因而他能够成事。您何不听从大众的意见?您是执政大臣,应当斟酌百姓的意见办事。您的辅佐者十一个人,其中不主张作战的仅仅三个人而已。想要作战的人可以说是多数。《商书》说:'三个人占卜,听从相同的两个人的。'这是占多数的缘故。"栾武子说:"各人的美德相同,才听从多数。美德,是大众服从的主导。现在有三位大臣主张,可以说是多数了。依从他们,不也是可以的吗?"

七年春，郑子良相成公以如晋，见，且拜师。秋，楚子重伐郑，师于氾。诸侯救郑。郑共仲、侯羽军楚师，囚郧公钟仪，献诸晋。八月，同盟于马陵，寻蟲牢之盟，且莒服故也。晋人以钟仪归，囚诸军府。

八年春，晋侯使韩穿来言汶阳之田，归之于齐。季文子饯之，私焉，曰："大国制义，以为盟主，是以诸侯怀德畏讨，无有贰心。谓汶阳之田，敝邑之旧也。而用师于齐，使归诸敝邑。今有二命曰'归诸齐'。信以行义，义以成命，小国所望而怀也。信不可知，义无所立，四方诸侯，其谁不解体？《诗》曰：'女也不爽，士贰其行。士也罔极，二三其德。'七年之中，一与一夺，二三孰其焉？士之二三，犹丧妃耦，而况霸主？霸主将德是以，而二三之，其何以长有诸侯乎？《诗》曰：'犹之未远，是用大简。'行父惧晋之不远犹而失诸侯也，是以敢私言之。"

晋栾书侵蔡，遂侵楚，获申骊。楚师之还也，晋侵沈，获沈子揖初，从知、范、韩也。君子曰："从善如流，宜哉！《诗》曰：'恺悌君子，遐不作人？'求善也夫！作人，斯有功绩矣。"是行也，郑伯将会晋师，门于许东门，大获焉。

秋，晋侯使申公巫臣如吴，假道于莒。与渠丘公立于池上，曰："城已恶。"莒子曰："辟陋在夷，其孰以我为虞？"

七年春季，郑国的子良作为郑成公的相礼到晋国去，进见晋景公，同时拜谢晋国去年出兵救郑。秋季，楚国的子重攻打郑国，军队驻扎在泛地。诸侯救援郑国。郑国的共仲、侯羽包围楚军，囚禁郧公钟仪，把他献给晋国。八月，郑成公和晋景公、齐顷公、宋共公、卫定公、曹宣公、莒子、邾子、杞桓公一起在马陵结盟，这是为了重温蛊牢的盟约，同时也是为了莒国顺服的缘故。晋人带着钟仪回国，把他囚禁在军用仓库里。

八年春季，晋景公派遣韩穿来鲁国通知关于汶阳田地的事，要求鲁国归还给齐国。季文子给韩穿饯行，和他私下交谈说："大国处理事务合乎道义，凭这个做盟主，因此诸侯感怀德行而害怕讨伐，没有三心二意。说到汶阳的田地，那原是敝邑的领土。因而对齐国用兵，使齐国把它还给敝邑。现在又有不同的命令，说'归还给齐国'。信用用来推行道义，道义用来完成命令，这是小国所盼望而怀念的。信用不能得知，道义无所树立，四方的诸侯，谁能不离心？《诗经》说：'女子并无过失，男人却有差错。男人没有准谱，行为前后不一。'七年之中，忽而给予忽而夺走，还有比这更前后不一的吗？一个男人前后不一，尚且丧失配偶，何况是霸主呢？霸主应该依靠德行，却前后不一，他怎能长久得到诸侯的拥护呢？《诗经》说：'谋略缺乏远见，因此极力劝谏。'我行父害怕晋国不能深谋远虑而失去诸侯，因此敢和您私下交谈。"

晋国的栾书领兵侵袭蔡国，因此而侵袭楚国，俘虏了楚国大夫申骊。楚军回去的时候，晋国侵袭沈国，俘虏了沈子揖初，这是听从知庄子、范文子、韩献子等人意见的结果。君子说："听从好主意好像流水一样，这是多么恰当啊！《诗经》说：'平易近人的君子，为什么不起用人才？'这就是求取善人啊！起用人才，这就有功绩了。"这次行动，郑悼公准备会合晋军，经过许国时顺便攻打许国国都的东门，结果俘获很多。

秋季，晋景公派申公巫臣去吴国，向莒国借路。巫臣和渠丘公站在护城河边，说："你们的城太破了。"莒子（即渠丘公）说："敝国偏僻简陋，处在蛮夷之地，谁会把敝国作为觊觎的对象呢？"

对曰:"夫狄焉思启封疆以利社稷者,何国蔑有？唯然,故多大国矣。唯或思或纵也。勇夫重闭,况国乎?"

九年春,为归汶阳之田故,诸侯贰于晋。晋人惧,会于蒲,以寻马陵之盟。季文子谓范文子曰:"德则不竞,寻盟何为?"范文子曰:"勤以抚之,宽以待人,坚强以御之,明神以要之,柔服而伐贰,德之次也。"是行也,将始会吴,吴人不至。楚人以重赂求郑,郑伯会楚子成于邓。秋,郑伯如晋,晋人讨其贰于楚也,执诸铜鞮。栾书伐郑,郑人使伯蠲行成,晋人杀之,非礼也。兵交,使在其间可也。楚子重侵陈以救郑。

晋侯观于军府,见钟仪。问之曰:"南冠而絷者,谁也?"有司对曰:"郑人所献楚囚也。"使税之。召而吊之。再拜稽首。问其族,对曰:"泠人也。"公曰:"能乐乎?"对曰:"先父之职官也,敢有二事?"使与之琴,操南音。公曰:"君王何如?"对曰:"非小人之所得知也。"固问之。对曰:"其为大子也,师保奉之,以朝于婴齐而夕于侧也。不知其他。"公语范文子。文子曰:"楚囚,君子也。言称先职,不背本也;乐操土风,不忘旧也;称大子,抑无私也;名其二卿,尊君也。不背本,仁也;不忘旧,信也;无私,忠也;尊君,敏也。仁以接事,信以守之,忠以成之,敏以行之。事

巫臣说:"想开辟疆土以利自己国家的狡诈之人,哪个国家没有? 正因为如此,所以大国就多了。不过受觊觎的小国有的提高警惕而得存,有的放任不管而灭亡。勇敢的人还要关闭层层门窗,何况是一个国家呢?"

九年春季,由于把汶阳的田地归还了齐国,诸侯对晋国有了二心。晋国人非常害怕,就在蒲地和诸侯会见,以重温马陵的盟会。季文子对范文子说:"德行已经不行了,重温旧盟又有什么用呢?"范文子说:"用殷勤来安抚他们,用宽厚来对待他们,用坚强来驾御他们,用盟誓于神灵来约束他们,笼络顺服的而攻打有二心的,这是次一等的德行了。"这一次会盟,晋国打算和吴国会见,吴人没有来。楚国人用很重的财礼要求和郑国讲和,因此郑成公和楚国公子成在邓地会盟。秋季,郑成公到晋国去,晋人为了惩罚他勾结楚国,在铜鞮抓住了他。栾书攻打郑国,郑人派遣伯蠲去求和,晋人杀了他,这不合于礼法。两国交兵,使者可以来往于两国之间。楚国的子重进攻陈国以救援郑国。

晋景公视察军用仓库,见到被囚禁的钟仪。问看管的人说:"那个戴着南方帽子被囚禁的人是谁?"官吏回答说:"是郑人所献的楚国俘虏。"晋景公让人把他放出来,召见并且慰问他。钟仪再拜叩头。晋景公问他的世官,他回答说:"是乐官。"晋景公说:"你能够奏乐吗?"钟仪回答说:"这是先父的职官,我岂敢从事其他的工作?"晋景公命令把琴给他,他弹奏的是南方乐调。晋景公说:"你们的君王怎么样?"钟仪回答说:"这不是小人所能知道的。"晋景公再三问他。他回答说:"当他做太子的时候,师、保事奉着他,每天早晨向婴齐、晚上向侧去请教。我不知道别的。"晋景公把这话告诉了范文子。文子说:"这名楚囚是君子啊。说话中举出先人的职官,这是不背弃根本;奏乐奏家乡的乐调,这是不忘记故旧;举出楚君做太子时候的事,是没有私心;称本国两位卿的名字,是尊敬君王。不背弃根本,这是仁;不忘记故旧,这是信;没有私心,这是忠;尊重君王,这是敏。用仁来办理事情,用信来坚守它,用忠来成就它,用敏来推行它。这样事情

虽大，必济。君盍归之？使合晋、楚之成。”公从之。重为之礼，使归求成。

冬十一月，楚子重自陈伐莒，围渠丘。渠丘城恶，众溃。奔莒。戊申，楚入渠丘。莒人囚楚公子平。楚人曰："勿杀，吾归而俘。"莒人杀之。楚师围莒。莒城亦恶。庚申，莒溃，楚遂入郓。莒无备故也。君子曰："恃陋而不备，罪之大者也；备豫不虞，善之大者也。莒恃其陋，而不修城郭。浃辰之间，而楚克其三都，无备也夫。《诗》曰，'虽有丝麻，无弃菅蒯；虽有姬、姜，无弃蕉萃；凡百君子，莫不代匮'，言备之不可以已也。"

秦人、白狄伐晋，诸侯贰故也。

郑人围许，示晋不急君也。是则公孙申谋之，曰："我出师以围许，为将改立君者，而纾晋使，晋必归君。"

十二月，楚子使公子辰如晋报钟仪之使，请修好、结成。

十年春，晋侯使糴茷如楚，报大宰子商之使也。

卫子叔黑背侵郑，晋命也。

郑公子班闻叔申之谋，三月，子如立公子繻。夏四月，郑人杀繻，立髡顽，子如奔许。栾武子曰："郑人立君，我执一人焉，何益？不如伐郑而归其君，以求成焉。"晋侯有疾。五月，晋立大子州蒲以为君，而会诸侯伐郑。郑子罕赂以襄钟。子然盟于修泽，子驷为质。辛巳，郑伯归。郑伯讨立君者，

虽然大也必然成功。您何不放他回去？让他结成晋、楚的友好呢？"晋景公听从了。于是对钟仪重加礼遇，让他回国去求和。

冬季十一月，楚国的子重从陈国攻打莒国，包围了渠丘。由于渠丘城墙败坏，渠丘的守军溃散，逃亡到了莒城。初五，楚军进入渠丘。莒国人抓住了楚国的公子平。楚国人说："不要杀他，我们还给你们俘虏。"莒人杀了公子平。楚国军队便包围了莒城。莒城的城墙也已败坏。十七日，莒军溃散，楚军就进入郓城。这是由于莒国没有防备的缘故。君子说："依仗简陋而不设防备，这是罪中的大罪；防备意外，这是善中的大善。莒国依仗它的简陋而不修治城郭，十二天内楚国攻克了它的三个城市，这是由于没有防备啊。《诗经》说，'虽然有了丝麻，不要丢掉杂草；虽然有了美人儿，不要丢掉丑陋的妻子；凡是君子，没有不缺少东西的时候'，说的就是防备不能停止。"

秦军、白狄攻打晋国，这是由于诸侯对晋国三心二意。

郑人包围了许国，这是向晋国表示他们并不急于救出国君。这是公孙申出的主意，他说："我们出兵以包围许国，假装要改立国君的样子，而暂不派使者去晋国，晋国必然让国君回来。"

十二月，楚共王派公子辰去晋国回报钟仪的使命，并请求重温旧好，缔结和约。

十年春季，晋景公派遣籴茷到楚国去，这是回报楚国太宰子商的出使。

卫国的子叔黑背侵袭郑国，这是执行晋国的命令。

郑国的公子班听到了叔申（即公孙申）的主意，三月，子如（即公子班）立公子繻为国君。夏季四月，郑人杀死公子繻，立了郑成公的儿子髡顽，子如逃亡到许国。栾武子说："郑国人已经立了国君，我们抓的就是一个普通人，有什么好处呢？不如攻打郑国而让他们的国君回国，这样来求和。"此时晋景公有病。五月，晋国立太子州蒲为国君，会合诸侯攻打郑国。郑国的子罕把襄公宗庙里的钟赠送给晋国。子然和诸侯在修泽结盟，子驷作为人质。十一日，郑成公回国。郑成公要讨伐立国君的人，

戊申，杀叔申、叔禽。君子曰："忠为令德，非其人犹不可，况不令乎？"

夏六月丙午，晋侯獳卒。秋，公如晋，晋人止公，使送葬。于是糵茷未反。冬，葬晋景公。公送葬，诸侯莫在，鲁人辱之，故不书，讳之也。

十一年春王三月，公至自晋。晋人以公为贰于楚，故止公。公请受盟而后使归。郤犨来聘，且莅盟。夏，季文子如晋报聘，且莅盟也。秋，宣伯聘于齐，以修前好。

宋华元善于令尹子重，又善于栾武子。闻楚人既许晋糵茷成，而使归复命矣。冬，华元如楚，遂如晋，合晋、楚之成。

十二年春，宋华元克合晋、楚之成。夏五月，晋士燮会楚公子罢、许偃。癸亥，盟于宋西门之外，曰："凡晋、楚无相加戎，好恶同之。同恤菑危，备救凶患。若有害楚，则晋伐之；在晋，楚亦如之。交贽往来，道路无壅。谋其不协，而讨其不庭。有渝此盟，明神殛之，俾队其师，无克胙国！"郑伯如晋听成，会于琐泽，成故也。

狄人间宋之盟以侵晋，而不设备。秋，晋人败狄于交刚。

冬，晋郤至如楚聘，且莅盟。楚子享之，子反相，为地室而县焉。郤至将登，金奏作于下，惊而走出。子反曰："日云莫矣，寡君须矣，吾子其入也！"宾曰："君不忘先君之好，施及下臣，贶之以大礼，重之以备乐。如天之福，两君相见，

六月初八,杀了叔申、叔禽。君子说:"忠诚是美德,但所忠的人不合适尚且不可以,何况本人又并不善良呢?"

夏季六月丙午这一天,晋景公獳去世。秋季,鲁成公到晋国去,晋国人留下鲁成公,让他为晋景公送葬。当时彘茷还没有回来。冬季,安葬了晋景公。鲁成公送葬,诸侯没有一个在场,鲁国人以此为耻辱,所以《春秋》不加记载,这是隐讳国耻。

十一年春季,周历三月,鲁成公从晋国回来。晋国人认为鲁成公勾结楚国,所以扣留了他。成公请求接受盟约,然后才让他回国。郤犨前来鲁国聘问,而且参加了结盟。夏季,季文子去晋国回报郤犨的聘问,同时也参加结盟。秋季,宣伯到齐国聘问,以重修两国过去的友好。

宋国的华元和楚国的令尹子重友好,又和晋国的栾武子友好。当他听到楚人已经允许晋国的彘茷求和,而让他回国复命了,于是便在冬季到楚国去,又到晋国去,以促成晋、楚的友好。

十二年春季,宋国的华元完成了促使晋、楚两国的友好。夏季五月,晋国的士燮会见楚国的公子罢、许偃。初四,在宋国西门之外结盟,说:"凡是晋、楚两国,不要互相以武力相加,要好恶相同。一起周济灾难危亡,救援饥荒祸患。如果有启害楚国的,晋国就攻打它;对于晋国,楚国也要这样。使者往来,道路不要阻塞。协商不和,讨伐背叛。谁要违背盟约,神灵就要诛杀他,使他军队颠覆,不能保佑国家!"郑成公到晋国去听受和约,和诸侯在琐泽会见,这是晋、楚两国和好的缘故。

狄人乘宋国促成盟会这一空隙攻打晋国,但又不设防备。秋季,晋国人在交刚打败了狄人。

冬季,晋国郤至到楚国聘问,并参加结盟。楚共王设享礼招待他,子反作为相礼者,在地下室悬挂钟鼓等乐器。郤至将要登堂,下面击钟奏乐,他吃了一惊,就退了出去。子反说:"时间已经不早了,我们国君等着呢。您还是进去吧!"郤至说:"贵国君王不忘记我们先君的友好,加之于下臣,赐给下臣以重大的礼仪,又加上全套的音乐。如果上天降福,让我们两国国君相见,

何以代此？下臣不敢。"子反曰："如天之福，两君相见，无亦唯是一矢以相加遗，焉用乐？寡君须矣，吾子其入也！"

宾曰："若让之以一矢，祸之大者，其何福之为？世之治也，诸侯间于天子之事，则相朝也，于是乎有享、宴之礼。享以训共俭，宴以示慈惠。共俭以行礼，而慈惠以布政。政以礼成，民是以息。百官承事，朝而不夕，此公侯之所以扞城其民也。故《诗》曰：'赳赳武夫，公侯干城。'及其乱也，诸侯贪冒，侵欲不忌，争寻常以尽其民；略其武夫，以为己腹心、股肱、爪牙。故《诗》曰：'赳赳武夫，公侯腹心。'天下有道，则公侯能为民干城，而制其腹心；乱则反之。今吾子之言，乱之道也，不可以为法。然吾子，主也，至敢不从？"遂入，卒事。

归以语范文子。文子曰："无礼，必食言，吾死无日矣夫！"冬，楚公子罢如晋聘，且莅盟。十二月，晋侯及楚公子罢盟于赤棘。

十三年六月丁卯，夜，郑公子班自訾求入于大宫，不能，杀子印、子羽，反军于市。己巳，子驷帅国人盟于大宫，遂从而尽焚之，杀子如、子骄、孙叔、孙知。

十五年春，会于戚，讨曹成公也。

夏，楚将北师，子囊曰："新与晋盟而背之，无乃不可乎？"子反曰："敌利则进，何盟之有？"申叔时老矣，在申，

还能用什么礼节来代替这个呢？下臣不敢当。"子反说："如果上天降福，两国国君相见，也只能是用一支箭彼此相赠，哪里还用奏乐？我们国君等着呢，您还是进去吧！"

郤至说："如果用一支箭来款待，这是祸中的大祸，还有什么福可说呢？当天下大治的时候，诸侯在完成天子使命的间隙，就互相朝见，在这时就有享、宴的礼仪。享礼用来教导恭敬节俭，宴礼用来表示慈爱恩惠。恭敬节俭用来推行礼仪，而慈爱恩惠用来布施政事。政事靠礼仪来完成，百姓因此得到休息。百官承担政事，白天朝见晚上就不再朝见，这是公侯所用来捍卫他们百姓的措施。所以《诗经》说：'雄赳赳的武士，是公侯的捍卫。'等到它动乱的时候，诸侯贪婪，侵占的欲望已无所顾忌，争夺尺寸之地而驱使百姓至于死亡；收罗他的武士，作为自己的心腹、股肱、爪牙。所以《诗经》说：'雄赳赳的武士，是公侯的心腹。'天下有道，那么公侯就能作百姓的捍卫，而制约他的心腹；动乱的时候就反过来了。现在您的话，是动乱之道，不能用来作为准则。然而您是主人，我岂敢不听从？"于是就进去，把事情办完。

郤至回国后把情况告诉了范文子。文子说："不懂礼法的国家，必然说话不算话，我们离死亡为期不远了！"冬季，楚国的公子罢到晋国去聘问，同时参加结盟。十二月，晋厉公和楚国公子罢在赤棘结盟。

十三年六月十五日，夜间，郑国的公子班从訾地请求进入郑国的祖庙，没能如愿，他就杀了子印和子羽，然后又率军返回市上驻扎。十七日，子驷率领国都的人在祖庙内结盟，随后就率军追赶公子班，将其驻地完全烧掉，并杀了公子班、子骀、孙叔、孙知。

十五年春季，鲁成公和晋厉公、卫献公、郑成公、曹成公、宋国世子成、齐国国佐、邾子等在戚地结盟，这是为了讨伐曹成公。

夏季，楚国打算向北方出兵，子囊说："我们新和晋国结盟却又背弃它，恐怕不可以吧！"子反说："敌情对我们有利我们就前进，有什么结盟不结盟的？"申叔时已经老了，住在采邑申地，

闻之，曰："子反必不免。信以守礼，礼以庇身。信、礼之亡，欲免，得乎？"楚子侵郑，及暴隧。遂侵卫，及首止。郑子罕侵楚，取新石。栾武子欲报楚，韩献子曰："无庸！使重其罪，民将叛之。无民，孰战？"

十六年春，楚子自武城使公子成以汝阴之田求成于郑。郑叛晋，子驷从楚子盟于武城。

夏四月，郑子罕伐宋。宋将鉏、乐惧败诸汋陂。退舍于夫渠，不儆。郑人覆之，败诸汋陵，获将鉏、乐惧。宋恃胜也。

卫侯伐郑，至于鸣雁，为晋故也。

晋侯将伐郑，范文子曰："若逞吾愿，诸侯皆叛，晋可以逞。若唯郑叛，晋国之忧可立俟也。"栾武子曰："不可以当吾世而失诸侯，必伐郑！"乃兴师。栾书将中军，士燮佐之；郤锜将上军，荀偃佐之；韩厥将下军，郤至佐新军；荀罃居守。郤犨如卫，遂如齐，皆乞师焉。栾黡来乞师。孟献子曰："有胜矣。"

戊寅，晋师起。郑人闻有晋师，使告于楚，姚句耳与往。楚子救郑，司马将中军，令尹将左，右尹子辛将右。过申，子反入见申叔时，曰："师其何如？"对曰："德、刑、详、义、礼、信，战之器也。德以施惠，刑以正邪，详以事神，义以建利，礼以顺时，信以守物。民生厚而德正，用利而事节，时顺而物成，上下和睦，周旋不逆，求无不具，各知

听到这话以后说:"子反必然不能免于祸难。信用用来保持礼法,礼法用来保护自身。信用、礼法都消亡了,想要免于祸难,能做到吗?"楚共王进攻郑国,到达暴隧。于是又侵袭卫国,到达首止。郑国子军侵袭楚国,占领了新石。栾武子想要报复楚国,韩献子说:"不用!让他自己加重罪过,百姓将会背叛他。没有百姓,谁去作战呢?"

十六年春季,楚共王从武城派公子成用汝阴的土地向郑国求和。郑国背叛晋国,子驷跟随楚共王在武城结盟。

夏季四月,郑国的子军攻打宋国。宋国的将钮、乐惧在汋陵打败了他。宋军退兵,驻扎在夫渠,但不加警备。郑人加以袭击,在汋陵打败了他们,俘虏了将钮和乐惧。这是宋国仗着打了胜仗而不加警备的缘故。

卫献公攻打郑国,到达鸣雁,这是为了晋国。

晋厉公打算讨伐郑国,范文子说:"如果按照我的愿望,诸侯都背叛的话,晋国的危机就可以得到缓解。如果只是一个郑国背叛,晋国的忧患马上就来了。"栾武子说:"不能在我们这一辈执政的时候失去诸侯,一定要攻打郑国!"于是晋国发兵。栾书率领中军,士燮作为辅佐;郤锜率领上军,荀偃作为辅佐,韩厥率领下军,郤至作为新军辅佐;荀莹留守。郤犨到卫国去,并乘机到齐国,请求两国出兵。栾黡前来请求出兵。孟献子说:"晋国可能得胜了。"

四月十二日,晋军出兵。郑国人听到晋国出兵,就派使者报告楚国,姚句耳也一起前往。楚共王救援郑国,司马子反率领中军,令尹子重率领左军,右尹子辛率领右军。路过申地,子反进见申叔时,说:"这次出兵结果会怎样?"申叔时回答说:"德行、刑罚、和顺、道义、礼法、信用,是战争的手段。德行用来施予恩惠,刑罚用来纠正邪恶,和顺用来事奉神灵,道义用来建立利益,礼法用来适合时宜,信用用来守护事物。人民生活丰厚德行就端正,举动有利事情就合于节度,顺应时宜万物就有所成就。这样就能上下和睦,相处没有矛盾,有所需求无不具备,各人都知道

其极。故《诗》曰:'立我烝民,莫匪尔极。'是以神降之福,时无灾害;民生敦庬,和同以听,莫不尽力,以从上命,致死以补其阙,此战之所由克也。今楚内弃其民,而外绝其好;渎齐盟而食话言;奸时以动,而疲民以逞;民不知信,进退罪也。人恤所底,其谁致死? 子其勉之! 我不复见子矣。"姚句耳先归,子驷问焉。对曰:"其行速,过险而不整。速则失志,不整丧列。志失、列丧,将何以战? 楚惧不可用也。"

五月,晋师济河。闻楚师将至,范文子欲返,曰:"我伪逃楚,可以纾忧。夫合诸侯,非吾所能也,以遗能者。我若群臣辑睦以事君,多矣。"武子曰:"不可。"六月,晋、楚遇于鄢陵。范文子不欲战。郤至曰:"韩之战,惠公不振旅;箕之役,先轸不反命;邲之师,荀伯不复从。皆晋之耻也。子亦见先君之事矣。今我辟楚,又益耻也。"文子曰:"吾先君之亟战也有故。秦、狄、齐、楚皆强,不尽力,子孙将弱。今三强服矣,敌楚而已。唯圣人能外内无患。自非圣人,外宁必有内忧。盍释楚以为外惧乎?"

甲午晦,楚晨厌晋军而陈。军吏患之。范匄趋进曰:"塞井夷灶,陈于军中,而疏行首。晋、楚唯天所授,何患焉?"文子执戈逐之,曰:"国之存亡,天也。童子何知焉?"栾书曰:"楚师轻窕,固垒而待之,三日必退。退而击之,必

行动的准则。所以《诗经》说：'安置百姓，无不合于准则。'这样，神灵就降福于他，四时没有灾害；百姓生活富裕，齐心一致地听从，所有人都尽力服从上面的命令，牺牲性命来弥补死去的战士的空缺，这就是战争所以能够胜利的原因。现在楚国内部丢弃它的百姓，外部断绝它的友好；亵渎神圣的盟约而说话不算话；违反时令发动战争，使百姓疲劳以求快意；人们不知道什么是信用，进退都是罪过。人们为他们的结局担忧，还有谁肯牺牲性命？您尽力做吧！我不会再看到您了。"姚句耳先回来，子驷向他询问情况。他回答说："他们行走快速，经过险要的地方行列不整齐。快速就会考虑不周，不整齐就丧失了行列。考虑不周、行列丧失，将凭什么作战呢？楚国恐怕不能依靠了。"

五月，晋军渡过黄河。听到楚军将要到达，范文子想要回去，说："我们假装逃避楚国，这样就能够缓解忧患。会合诸侯，不是我所能做到的，还是把它留给有能力的人吧。我们如果群臣和睦以事奉国君，这就足够了。"栾武子说："不行。"六月，晋、楚两军在鄢陵相遇。范文子不想作战。郤至说："韩地这一战，惠公不能胜利归来；箕地这一役，先轸不能回国复命；邲地这一仗，荀伯不能再跟楚军周旋。这都是晋国的耻辱。您也见到先君时代的战争了。现在我们逃避楚国，这是又增加耻辱了。"范文子说："我们先君的屡次作战，是有原因的。秦国、狄人、齐国、楚国都很强大，不尽自己的力量，子孙将会被削弱。现在三强已经顺服，敌人仅是楚国而已。只有圣人才能够外部内部都没有祸患。如果不是圣人，外部安定，内部就必然有忧患。何不放过楚国把它作为能引起戒惧的外部国家呢？"

五月三十日，楚军在早晨逼近晋军并摆开阵势。晋军吏很担心。范匄快步向前说："我们应尽快填井平灶，列开阵势，放宽队列之间的距离。晋、楚两国都是上天保佑的，我们害怕什么呢？"他父亲范文子拿起戈追打他，说："国家的存亡在于天意，小孩子知道什么！"栾书说："楚军军心浮躁，只要我们坚守阵地，三天后他们必定撤军。他们撤军时我们再去追击，就一定

获胜焉。"郤至曰:"楚有六间,不可失也。其二卿相恶,王卒以旧,郑陈而不整,蛮军而不陈,陈不违晦,在陈而嚣,合而加嚣。各顾其后,莫有斗心;旧不必良,以犯天忌,我必克之。"

楚子登巢车以望晋军,子重使大宰伯州犁侍于王后。王曰:"骋而左右,何也?"曰:"召军吏也。""皆聚于中军矣。"曰:"合谋也。""张幕矣。"曰:"虔卜于先君也。""彻幕矣。"曰:"将发命也。""甚嚣,且尘上矣。"曰:"将塞井夷灶,而为行也。""皆乘矣,左右执兵而下矣。"曰:"听誓也。""战乎?"曰:"未可知也。""乘而左右皆下矣。"曰:"战祷也。"伯州犁以公卒告王。苗贲皇在晋侯之侧,亦以王卒告。皆曰:"国士在,且厚,不可当也。"苗贲皇言于晋侯曰:"楚之良,在其中军王族而已。请分良以击其左右,而三军萃于王卒,必大败矣。"公筮之。史曰:"吉。其卦遇《复》䷗,曰:'南国蹙,射其元王,中厥目。'国蹙王伤,不败何待?"公从之。有淖于前,乃皆左右相违于淖。步毅御晋厉公,栾鍼为右。彭名御楚共王,潘党为右。石首御郑成公,唐苟为右。

能大获全胜。"郤至说:"现在楚军有六个空子可乘,不能失去这个机会。他们的两个卿子重和子反互相仇视,楚共王的亲兵都是旧家子弟,郑国军队阵容不整,蛮人军队未列阵势,列阵作战没有回避月末这一天,士兵在阵中喧闹不安,各种阵势会合后更加喧闹。各军互相观望后顾,毫无斗志;旧家子弟未必是强兵良将,晦日出兵犯了大忌,我们肯定能战胜他们。"

楚共王登上巢车眺望晋军,子重让太宰伯州犁站在楚共王身后。楚共王说:"晋军的军队向左右两个方向奔驰是什么意思呢?"伯州犁回答说:"这是在召集军吏开会。"楚共王又说:"他们都集合到中军了。"伯州犁说:"这是在研究战略。"楚共王又说:"他们张开了帐幕。"伯州犁说:"这是在他们先君灵前祈祷和占卜。"楚共王说:"他们又把帐幕拆除了。"伯州犁说:"这是准备发布命令。"楚共王说:"那里非常喧闹,而且尘土飞扬。"伯州犁说:"这是在填井平灶,准备列阵了。"楚共王又说:"他们都上车了,但将帅和车右又都拿着兵器下来了。"伯州犁说:"这是要听取军令。"楚共王问:"就要作战了吗?"伯州犁说:"还不能知道。"楚共王说:"他们上了战车,但将帅和车右又都下来了。"伯州犁说:"这是在做战斗前的祈祷。"伯州犁还把晋厉公亲兵的情况告诉了楚共王。此时晋军方面的苗贲皇正站在晋厉公的旁边,也把楚共王亲兵的情况告诉了晋厉公。晋厉公左右的人都说:"楚国有伯州犁这样的杰出人才,而且阵容强大,恐怕不可抵抗。"苗贲皇对晋厉公说:"楚国的精兵强将都集中在他们的中军王族中了。请把我们的精兵分开去攻打他们的左右两军,然后再派三军集中攻击他们中军的王族,这样肯定能大败楚军。"厉公让太史占筮。太史说:"吉利。占筮得到的是《复》卦䷗,卦辞说:'南方之国正日益衰弱,箭射它的君王,一定能射中他的眼睛。'国家衰弱,君王受伤,还能不败吗?"晋厉公听从了他们的建议,下令出战。晋军前面有一片泥沼,于是他们都左右避开泥沼绕行。步毅为晋厉公驾驭战车,栾铖作为车右。楚军则有彭名为楚共王驾车,潘党作为车右。石首为郑成公驾车,唐苟作为车右。

栾、范以其族夹公行,陷于淖。栾书将载晋侯。铖曰:"书退!国有大任,焉得专之?且侵官,冒也;失官,慢也;离局,奸也。有三罪焉,不可犯也。"乃掀公以出于淖。

癸巳,潘尫之党与养由基蹲甲而射之,彻七札焉。以示王,曰:"君有二臣如此,何忧于战?"王怒曰:"大辱国!诘朝尔射,死艺。"吕锜梦射月,中之,退入于泥。占之,曰:"姬姓,日也;异姓,月也。必楚王也。射而中之,退入于泥,亦必死矣。"及战,射共王,中目。王召养由基,与之两矢,使射吕锜。中项,伏弢。以一矢复命。

郤至三遇楚子之卒,见楚子,必下,免胄而趋风。楚子使工尹襄问之以弓,曰:"方事之殷也,有韎韦之跗注,君子也。识见不穀而趋,无乃伤乎?"郤至见客,免胄承命,曰:"君之外臣至从寡君之戎事,以君之灵,间蒙甲胄,不敢拜命。敢告不宁。君命之辱。为事之故,敢肃使者。"三肃使者而退。晋韩厥从郑伯,其御杜溷罗曰:"速从之?其御屡顾,不在马,可及也。"韩厥曰:"不可以再辱国君。"乃止。

栾书、士燮带着他们的族人队伍护卫在厉公两侧，厉公的战车陷进了泥沼里。栾书准备让厉公乘坐自己的战车。他儿子栾鍼说："栾书您退下！您身负国家重任，怎能独揽一切事物？再说您侵犯别人的职权，这是冒犯；放弃自己的职守，这是怠慢；离开自己的部属，是错误的。这三个罪名，都是不能触犯的。"说完就下去把晋厉公的车从泥沼中拖了出来。

　　五月二十九日，楚国潘尪的儿子潘党和养由基把铠甲堆叠起来，用箭射它，结果两人都射穿了七层铠甲。他们把这些铠甲拿给楚共王看，并且说："君王有我们这样两个神射手，还怕作战吗？"楚共王大怒，说："太羞辱国家了！如果明天早晨你们也这么射箭，就必然死在这箭术上。"晋国的吕锜夜里梦见箭射月，而且射中了，可自己退下时却掉到了泥坑里。于是他让人占卜，卦辞说："姬姓为日，异姓为月。这月亮一定就是代表楚王。虽然你射中了他，但你一退就掉入泥坑，说明你也难免一死。"等到战争开始后，果然他一箭射中楚共王的眼睛。楚共王叫来养由基，给他两支箭，让他射吕锜报仇。结果养由基一箭就射中了吕锜的脖子，吕锜当时就倒在弓袋上死了。养由基拿着剩下的那支箭去向楚共王复命。

　　郤至三次遇到楚共王的亲兵，见到楚共王后，他就一定要下车，摘下头盔快步前进。楚共王派工尹襄送给他一张弓表示问候，并且说："目前战斗正在激烈进行，这位身着金黄色皮军服的人，想必是位君子吧。刚才他见到寡人就快步向前，难道是受伤了吗？"郤至接见楚军来客工尹襄，他摘下头盔接受楚共王的问候，说："君王的外臣跟随我们国君作战，托君王的威灵，得以披甲入列，所以无法拜受君王的问候。我并没有受伤。承蒙君王的关心，实在担当不起。由于军务在身，谨向使者肃拜以表敬意。"说完就对着使者肃拜三次才退下去。晋国的韩厥追赶郑成公时，他的御者杜溷罗说："要不要赶快追上去？前面那辆车的御者屡屡回头，注意力没有集中在马上，我们可以追上去。"韩厥说："我从前曾经羞辱过齐顷公一次，这次可不敢再羞辱郑伯了。"于是下令停止追赶。

郤至从郑伯，其右茀翰胡曰："谍辂之，余从之乘，而俘以下。"郤至曰："伤国君有刑。"亦止。石首曰："卫懿公唯不去其旗，是以败于荧。"乃内旌于弢中。唐苟谓石首曰："子在君侧，败者壹大。我不如子，子以君免，我请止。"乃死。

楚师薄于险，叔山冉谓养由基曰："虽君有命，为国故，子必射。"乃射，再发，尽殪。叔山冉搏人以投，中车，折轼。晋师乃止。囚楚公子茷。栾鍼见子重之旌，请曰："楚人谓夫旌，子重之麾也。彼其子重也。日臣之使于楚也，子重问晋国之勇。臣对曰：'好以众整。'曰：'又何如？'臣对曰：'好以暇。'今两国治戎，行人不使，不可谓整；临事而食言，不可谓暇。请摄饮焉。"公许之。使行人执榼承饮，造于子重，曰："寡君乏使，使鍼御持矛，是以不得犒从者。使某摄饮。"子重曰："夫子尝与吾言于楚，必是故也。不亦识乎？"受而饮之。免使者而复鼓。旦而战，见星未已。

子反命军吏察夷伤，补卒乘，缮甲兵，展车马。鸡鸣而食，唯命是听。晋人患之。苗贲皇徇曰："蒐乘、补卒，秣马、利兵，修陈、固列，蓐食申祷，明日复战。"乃逸楚囚。王闻之，召子反谋。榖阳竖献饮于子反，子反醉而不能见。

郤至也来追赶郑成公,他的车右茀翰胡说:"快派侦察兵绕道迎面去拦阻,我从后面追上他的车,就能把他抓获。"郤至说:"伤害国君是有罪的。"于是也停下不追了。石首对郑成公说:"从前卫懿公和狄人作战时就是因为没丢掉旗子,才在荧泽战败。"于是就把旗子收起来放到弓袋里。唐苟对石首说:"您在国君旁边,遇到失败就应一心保护国君。我不如您,请您保护国君逃走,我下车抵挡一阵。"结果唐苟战死。

楚军被晋军逼至险要地带,叔山冉对养由基说:"虽然国君曾命令您不得随便射箭,但为了国家的利益,您必须射箭。"于是养由基便搭弓射箭,两箭射死两人。叔山冉抓住了一个俘虏就向晋军扔去,掷中晋军的战车,把车前横木都砸断了。晋军因此而停下来,仅仅俘虏了楚公子茷。栾针看到子重的旗子后说:"楚国俘虏说那是子重的旗子,车上的人肯定就是子重了。以前我出使楚国时,子重问我晋国的勇武表现在哪里。我回答说:'表现在最喜欢军容整肃。'他又问:'还有什么呢?'我回答说:'喜欢从容不迫。'现在两国交兵,使节不相往来,不能说是军容肃整;遇到战争爆发却说话不算数,也不能说是从容不迫。请您派人替我给子重敬酒。"晋厉公批准了他的请求。栾针就派人送给子重一杯酒,并且说:"我们国君缺少人手,让栾针担任车右,所以他不能亲自来犒劳阁下。特派我来向您敬酒。"子重说:"栾针当初在楚国曾和我说过你们晋国喜好整肃和从容,一定是为了这句话才送给我酒。他的记性真好啊!"他接过酒来一饮而尽。送走使者后就又击鼓作战。早晨开始作战,傍晚星星出来还没停止。

子反让军吏了解伤亡情况,及时补充步兵和车兵,修理盔甲武器,摆列战车马匹。鸡叫时就吃饭,听命整装待发。晋国对此非常忧虑。苗贲皇通告全军说:"现在检阅战车,补充兵员,喂饱战马,磨砺武器,摆好战阵,各就各位,在休息处吃饭,再祷告一次,准备明天再战。"并故意放松对楚国俘虏的看管,使他得以逃跑。楚共王得知这一情况后,召子反来商量对策。但子反的侍从縠阳竖给子反饮酒,子反喝醉了,因此就不能去见楚共王。

王曰："天败楚也夫！余不可以待。"乃宵遁。晋入楚军，三日谷。范文子立于戎马之前，曰："君幼，诸臣不佞，何以及此？君其戒之！《周书》曰：'惟命不于常'，有德之谓。"

楚师还。及瑕，王使谓子反曰："先大夫之覆师徒者，君不在，子无以为过，不穀之罪也。"子反再拜稽首曰："君赐臣死，死且不朽。臣之卒实奔，臣之罪也。"子重使谓子反曰："初陨师徒者，而亦闻之矣。盍图之？"对曰："虽微先大夫有之，大夫命侧，侧敢不义？侧亡君师，敢忘其死。"王使止之，弗及而卒。

战之日，齐国佐、高无咎至于师。卫侯出于卫，公出于坏隤。

〔补逸〕《国语》：鄢陵之役，晋伐郑，荆救之。栾武子将上军，范文子将下军。栾武子欲战，范文子不欲，曰："吾闻之：'唯厚德者能受多福。无德而服者众，必自伤也。'称晋之德，诸侯皆叛，国可以少安。唯有诸侯，故扰扰焉。凡诸侯，难之本也。且唯圣人，能无外患，又无内忧。讵非圣人，不有外患，必有内忧。盍姑释荆与郑以为外患乎？诸臣之内相与，必将辑睦。今我战，又胜荆与郑，吾君将伐知而多力，怠教而重敛，

楚共王感叹地说:"看来是上天要让楚国失败啊!我不能坐以待毙。"于是就连夜逃走了。晋军进入楚军阵地,把楚军的粮食一连吃了三天。士燮站在晋厉公的车马前说:"我们国君年轻,群臣又没有才干,但我们为什么能取得这么大的胜利呢?国君要以此为戒啊!《周书》中说:'天命不会一成不变。'也就是说只有有德的人才能享受天命。"

楚军撤退回国。走到瑕地时,楚共王派人对子反说:"当年城濮之战时,先大夫子玉使楚军全军覆没。当时国君不在军中,因此责任要由子玉来负。但这次战败,你没有责任,是我的罪过。"子反连叩两头说:"即使君王赐我一死,我也感到无限光荣。是我的部下率先逃亡,这次失败是我的罪过。"子重派人对子反说:"当初那个使军队失败的子玉是怎样的结果,想必你也听说了吧。何去何从,你何不考虑考虑?"子反说:"即使没有先大夫子玉自杀一事,你让我去死,我哪敢贪求不义而苟且偷生呢?我使君王的军队遭到失败,哪里敢忘记以死谢罪。"楚共王派人去阻拦他,但还没有赶到他就自杀了。

战争爆发那天,齐国的国佐、高无咎来到军中。卫献公领兵从国内前来参战,鲁成公也从鲁国的坏隤率军赶来。

〔补逸〕《国语》:鄢陵之战,晋国征伐郑国,楚国去救援郑国。栾武子率领上军,范文子率领下军。栾武子想要作战,范文子却不想与楚国交战,他说:"我听说:'只有德行深厚的人才能享受众多的福分。没有德行而服从的人多,必然会伤害到自己。'与晋国的德行相符的是,诸侯都背叛晋国,那么晋国就可以稍微安定一些。正是因为现在有诸侯服从晋国,所以晋国才纷乱复杂。凡是这些从属的诸侯,都是祸难的根源。而且只有圣人,才能既没有外患,也没有内忧。如果不是圣人,没有外患,就必然会有内忧。何不暂且放弃楚国和郑国而让它们作为晋国的外患呢?只要群臣互相亲附,那么国内就会和睦。如今我们打仗如果战胜了楚国和郑国,我们的国君将要自我夸耀智慧和武力,懈怠教化而加重聚敛,

大其私昵，而益妇人田。不夺诸大夫田，则焉取以益此？诸臣之委室而徒退者，将与几人？战若不胜，则晋国之福也；战若胜，乱地之秩者也。其产将害大，盍姑无战乎！"

栾武子曰："昔韩之役，惠公不复舍；邲之役，三军不振旅；箕之役，先轸不复命。晋国固有大耻三。今我任晋国之政，不毁晋耻，又以违蛮夷以重之。虽有患，非吾所知也。"范文子曰："择福莫若重，择祸莫若轻。福无所用轻，祸无所用重。晋国固有大耻，与其君臣不相听以为诸侯笑也，盍姑以违蛮夷为耻乎？"栾武子不听，遂与荆人战于鄢陵，大胜之。于是乎君伐知而多力，怠教而重敛，大其私昵，杀三郤而尸诸朝，纳其室以分妇人。于是乎国人弗蠲，遂杀诸翼，葬于翼东门之外，以车一乘。厉公之所以死者，唯无德而功烈多、服者众也。

厉公六年，伐郑，且使苦成叔及栾黡兴齐、鲁之师。楚共王师东夷，救郑。楚半陈，公令击之。栾书曰："君使黡也兴齐、鲁之师，请俟之。"郤至曰："不可。楚师将退，我击之，必以胜归。夫陈不违忌，一间也；夫南夷与楚来，而弗与陈，二间也；夫楚与郑陈，而不与

增加嬖臣的俸禄,多给妇人田地。如果不是从诸大夫手里夺取田地,那么他会从哪儿取得田地来增加这些赏赐呢?大臣们放弃了家室而徒然退出的,将会有几人呢? 如果作战不能取得胜利,那就是晋国的福气;如果作战胜利了,那么将打乱原有土地正常的秩序。它产生的变故将会妨害大事,何不姑且不战呢!"

栾武子说:"从前的秦晋韩原之战,晋惠公被秦国抓住不能回国;晋楚邲之战,晋军大败以致不能整顿军队;晋狄箕之战,先轸战死,不能回来答复君命。这是晋国固有的三大耻辱。如今我执掌晋国的国政,不能为晋国消除耻辱,却又把逃避楚国的耻辱加给它。即使有后患,我也不会多想了。"范文子说:"选择福分没有比大福更好的,选择灾难没有比小祸更好的。选择福分没有选择小的理由,选择灾难也没有选择大的理由。晋国是有耻辱,但与其是君臣互不协调而让诸侯取笑,还不如把逃避楚国作为耻辱好了。"栾武子不听范文子的劝阻,于是率领军队和楚国人大战于鄢陵,并取得了大胜。因此晋厉公便夸耀自己的智慧和武力,懈怠教化,加重聚敛,增加嬖臣的俸禄,杀了郤锜、郤犨、郤至并把他们的尸体在朝廷上示众,把他们的财货抢过来分给宠爱的妇人。于是国人认为国君尽干些不纯的事情,便在翼地把他杀了,葬在翼地的东门之外,下葬时只用一乘车。晋厉公之所以被杀,只是因为他没有德行而功业却很多、屈服他的人也很多的缘故。

晋厉公六年,晋国征伐郑国,并且派遣苦成叔(即郤犨)和栾黡去齐国和鲁国请求出兵助战。楚共王率领东夷军队救援郑国。楚国刚摆开一半阵势,晋厉公便下令攻击。栾书说:"国君派栾黡去齐国和鲁国请求出兵了,请稍等一下。"郤至说:"不可以。楚国军队就要撤退了,我们出击,一定能打败他们,得胜回国。楚军列阵不避开晦日,这是第一个漏洞;南夷军队和楚国军队一起来,却不和楚国军队排阵,这是第二个漏洞;楚国军队和郑国军队一起排阵,却不和他们

整,三间也;且其士卒在陈而哗,四间也;夫众闻哗则必惧,五间也。郑将顾楚,楚将顾夷,莫有斗心,不可失也。"公说。于是败楚师于鄢陵。栾书是以怨郤至。

《韩非子》:昔者,楚共王与晋厉公战于鄢陵,楚师败,而共王伤其目。酣战之时,司马子反渴而求饮。竖榖阳操觞酒而进之。子反曰:"嘻!退!酒也。"竖榖阳曰:"非酒也。"子反受而饮之。子反之为人也,嗜酒而甘之,弗能绝于口而醉。战既罢,共王欲复战,令人召司马子反。司马子反辞以心疾。共王驾而自往,入其幄中,闻酒臭而还,曰:"今日之战,不榖亲伤,所恃者司马也。而司马又醉。如此,是亡楚国之社稷而不恤吾众也。不榖无复战矣。"于是还师而去,斩司马子反以为大戮。故竖榖阳之进酒,不以仇子反也,其心忠爱之,而适足以杀之。故曰:"行小忠,则大忠之贼也。"

秋,会于沙随,谋伐郑也。七月,公会尹武公及诸侯伐郑。诸侯之师次于郑西,我师次于督扬,不敢过郑。诸侯迁于制田。知武子佐下军,以诸侯之师侵陈,至于鸣鹿。遂侵蔡。未反,诸侯迁于颍上。戊午,郑子罕宵军之,宋、齐、卫皆失军。

冬,晋侯使郤至献楚捷于周。

排列整齐，这是第三个漏洞；他们的士兵列阵却人声嘈杂，这是第四个漏洞；他们的士兵听到嘈杂的声音必然害怕，这是第五个漏洞。郑国将观望楚国，楚国又会顾盼东夷，他们没有斗志，因此千万不能失去这个千载难逢的好机会。"晋厉公听了十分高兴。于是晋国在鄢陵把楚军打得大败。栾书因此而怨恨郤至。

《韩非子》：从前，楚共王和晋厉公在鄢陵作战，楚国战败，楚共王也被射伤了眼睛。战斗在激烈进行的时候，司马子反渴了，想找水喝。年轻的侍仆穀阳拿了一觞酒给他。子反说："哎！拿回去！这是酒。"穀阳说："不是酒。"子反接受了并把它喝完了。子反这个人，喜爱喝酒，他觉得酒味甜美于是便喝个不停，结果醉了。战斗结束后，楚共王还要和晋国作战，于是令人召司马子反前来进见。司马子反以有心病为理由推辞了。楚共王乘车亲自前往，他进入子反的帐幕中，闻到了一股酒味便回去了，说："今天作战，我自身受伤，我所依靠的，是司马子反。而司马子反又醉成了这个样子。这是使楚国国家灭亡而且不关心我的部下啊。我再也不会和晋国作战了。"于是便撤兵回国，回国后便杀了司马子反并陈尸示众。所以侍仆穀阳的献酒，并不是仇恨子反，他的内心是忠于子反的，却恰好是杀了他。因此说："进献小的忠心，是对大忠的危害。"

秋季，鲁成公和晋厉公、齐灵公、卫献公、宋国的华元、邾人在沙随举行会谈，研究如何攻打郑国。七月，鲁成公会合尹武公和各诸侯攻打郑国。诸侯军队驻扎在郑国西部，鲁军则驻扎在郑国东部的督扬，不敢经过郑国的国都。诸侯的军队转移到制田。知武子作为下军副帅，率领着诸侯的军队入侵陈国，来到鸣鹿。随后又入侵蔡国。诸侯军队还没有返回，又转移到颍上。二十四日，郑国的子罕在夜里发动偷袭，结果宋国、齐国、卫国的军队都受到重创。

冬季，晋厉公派郤至到周王室献上和楚国作战时的俘虏。

十七年春王正月，郑子驷侵晋虚、滑。卫北宫括救晋，侵郑，至于高氏。夏五月，郑大子髡顽、侯獳为质于楚，楚公子成、公子寅戍郑。公会尹武公、单襄公及诸侯伐郑，自戏童至于曲洧。乙酉，同盟于柯陵，寻戚之盟也。楚子重救郑，师于首止。诸侯还。冬，诸侯伐郑。十月庚午，围郑。楚公子申救郑，师于汝上。十一月，诸侯还。

十八年，晋弑其君州蒲。

襄公十三年夏，楚子疾，告大夫曰："不穀不德，少主社稷，生十年而丧先君。未及习师保之教训，而应受多福，是以不德，而亡师于鄢，以辱社稷，为大夫忧。其弘多矣。若以大夫之灵，获保首领以没于地，唯是春秋窀穸之事，所以从先君于祢庙者，请为'灵'若'厉'。大夫择焉。"莫对。及五命，乃许。秋，楚共王卒。子襄谋谥。大夫曰："君有命矣。"子囊曰："君命以共，若之何毁之？赫赫楚国而君临之，抚有蛮夷，奄征南海，以属诸夏，而知其过，可不谓共乎？请谥之'共'。"大夫从之。

臣士奇曰：晋伯至景、厉而愈微矣。郤克征会于齐，顷公帷妇人以观，彼自失礼耳。为一笑之怒，取必于其君。属甲八百乘，不用之诛暴禁乱，而以泄睚眦

十七年春季，周历正月，郑国的子驷入侵晋国的虚、滑二地。卫国的北宫括发兵救援晋国，进攻郑国，攻至高氏一地。夏季五月，郑国的太子髡顽、侯獳到楚国作人质，楚国的公子成、公子寅到郑国戍守。鲁成公会合尹武公、单襄公和晋厉公、齐灵公、宋平公、卫献公、曹成公、邾人共同讨伐郑国，军队从戏童出发，到达曲洧。六月二十六日，鲁成公和尹武公、单襄公、晋厉公、齐灵公、宋平公、卫献公、曹成公、邾人在柯陵举行盟会，重温了戚地的盟约。楚国的子重发兵救援郑国，驻军在首止。诸侯联军撤退回国。冬季，诸侯讨伐郑国。十月十二日，包围郑国。楚国的公子申救援郑国，率军驻扎在汝水岸边。十一月，诸侯撤退回国。

十八年，晋国人弑杀了他们的国君晋厉公州蒲。

鲁襄公十三年夏季，楚共王患了病，他告诉大夫们说："我缺乏德行，从小就掌管国家，十岁失去了先君。没有来得及学习师保的教训就承受了许多福禄，正因为缺乏德行，才在鄢陵使军队灭亡，给国家带来了耻辱，给大夫们增添了忧愁。我的罪过实在太多了。如果能托诸位大夫的福气，使我得以保全尸首于地下，在春秋祭祀和安葬等事情上，我只希望在祢庙中追随先君的神灵，给我一个'灵'或'厉'这样的谥号就可以了。请大夫们选择吧。"大家都不回答。楚共王一连催促五次，众人才答应了。秋季，楚共王去世。子囊征求意见给楚共王定谥号。大夫们说："君王生前已经有命令了。"子囊说："君王命令是取'共'字，我们怎敢改变这一决定呢？我楚国威武强大，君王治理有方，安抚了蛮夷，征服了南海，并让他们归属中原各国，而且又清醒地认识到了自己的过失，能说不谦恭吗？请把他谥为'共'吧。"大夫们都同意了子囊的意见。

臣下我高士奇评论说：晋国的霸权到景公和厉公时已越来越衰微了。郤克到齐国去请齐顷公参加盟会，齐顷公却用帷幕遮住妇人让她观看，这自然是齐国失礼。郤克因为齐国妇人的一笑而发怒，发誓一定要向齐国国君报仇。派兵车八百乘，不去诛灭暴虐、禁止祸乱，反而睚眦必报地发泄

之怨。范武子复为请老，授之以政，以逞其志。一战绵地五百里，焚雍门之茨，侵车东至海。及其请成，又不以德命。东封质母，鄙悖已甚。义不足以服人，而阴使鲁、卫为之辞。苟且乞盟，又以其所获夸示周室，致来诮让，尚得为伯讨哉？楚为阳桥之役以救齐，遂侵鲁，师于蜀，孟孙纳赂，公衡出质，势亦棘矣。楚则跛踦尽行，晋亦众倍城濮之赋，未见其不敌也。不能少待以迎楚之锋而击之，为东诸侯捍患，致使宗邦屈辱于蛮庭。而蜀之盟，蔡、许、秦、宋、陈、卫、郑、齐诸国，俨然戴婴齐以为从约长，蔡侯、许男失位而乘楚车。

鞌之战，所以挑楚怒而速诸姬之祸也，奄然夸战胜，受三命之赏，不亦诬乎？至若晋既胜齐，命反诸侯之侵地。汶阳归鲁，鲁君实劳玉趾，亲拜嘉惠，弗可改也已。复有韩穿之贰命，俾归诸齐。七年之内，反覆如掌。自是诸侯解体，共不直晋。蒲之口血奚益乎？

惟桑隧旋师，戒心迁戮，庸韩、范之老谋，收从善之胜算，获申骊，止沈揖，一时所以制敌者，差强人意。而晋复使申公巫臣如吴以谋楚，益见其患楚深，而

自己的怨气。范武子又为此请求告老，并要求把政权交给郤克，以满足他的心愿。鞍地一战绵延五百里，晋军焚烧了齐都城门雍门的顶部，入侵的战车向东到达海滨。等到齐国请求讲和，晋国人又不讲德义。要齐国的田地全部改成东西走向，要齐顷公的母亲萧同叔子作人质，昏愦悖乱已太过分了。德义不足以让人信服，却暗中派鲁国和卫国替它请求。苟且乞求结盟，却又把获得的战利品拿到周王室炫耀，以致招来诋毁和责备，它怎么能作为霸主再去征伐别国呢？楚国发动了阳桥战役来救援齐国，并乘机入侵鲁国，在蜀地作战，孟孙给楚军行贿，公衡出国作为人质，形势也够危急了。楚国的跛脚之人都加入了军队，晋国也使军队的战车超过城濮之战的数倍，也没有见到他们不能够匹敌。晋国不能稍做等待就和楚国的精锐部队交锋并攻击它，以此来为东方诸侯抵御灾祸，以致使周王室受到蛮夷的屈辱。而蜀地会盟时，蔡、许、秦、宋、陈、卫、郑、齐等国，俨然事奉楚国的公子婴齐为同盟的首领，蔡景侯、许灵公因为乘坐了楚共王的战车而失去了身份。

　　鞍之战，只不过是挑动楚国愤怒而加速了各个姬姓国家的祸难，而晋国却夸耀自己的胜利，并接受鲁成公三命车服的赏赐，这不是在自欺欺人吗？晋国战胜齐国后，命令齐国归还侵占诸侯的土地。于是汶阳归还给了鲁国，鲁成公亲自到晋国拜谢晋君的恩惠，这已不能更改了。但后来韩穿又有不同命令，又使鲁国把汶阳归还给了齐国。七年之内，命令反复如翻掌一样。从此以后，诸侯便分崩离析，都不再信任晋国了。蒲地的歃血盟誓又有什么用呢？

　　只是晋国从桑隧回师，是担心把杀戮迁移到别人头上；用韩献子、范文子的老谋深算，使晋国坐收听从善言的好处，抓获了楚臣申骊，俘虏了沈子揖初，一时间得以制服强敌，勉强让人比较满意。晋国同时又派申公巫臣去吴国以图谋楚国，由此更能看出晋国把楚国当成了心腹大患，而且

楚势张矣。然楚以重赂求郑，郑不择音，而请成于楚，曷亦修德待时以柔之可也。铜鞮之执，何为者？执君不已，又伐其国，又戮其使，不已甚乎？秦、狄交伐，而诸侯皆贰，职此之由。

景公既卒，厉公嗣立。追钟仪之夙约，合华元之好成。西门之坛未扫，南寇之诅益甚。及至鄢陵幸胜，志盈气骄，外患宁而内忧作，诸侯离叛，曾莫能训定。首止、汝上之间，纷纷多故，然后知范文子释楚外惧之言炳如龟蓍也。厉之侈虐，百不如共。有一范文子而不能用，此伯业所以中微也欤？

可见此时楚国的势力也正在扩张。然而楚国用丰厚的财物请求与郑国求和，郑国也不加选择，而请求和楚国结盟，晋国为什么不修明德行等待时机来安抚并让它归顺呢？晋国在铜鞮抓住了郑成公，究竟是为什么呢？晋国不但抓住了郑国国君，还发兵攻打郑国，并且杀了求和的使者，这不是太过分了吗？秦国和狄人联合征伐晋国，诸侯都对晋国有了二心，主要是因为这个原因。

晋景公死后，晋厉公即位。他追溯过去楚国郧公钟仪和晋国的友好关系，使宋国华元促成了晋、楚友好往来。然而宋国西门的盟坛尚未打扫，南方楚国背弃盟约的进攻却又加紧了。等到鄢陵之战，晋国侥幸取胜，于是志骄意满，虽然平息了外患，却又发生了内乱，结果诸侯叛离，从此便再也不能平定而让他们顺服听命了。首止、汝上之间，事情纷乱复杂，因此可见范文子所说的"放掉楚国把它当作能引起戒惧的外部国家"和龟筮占卜一样准确啊。晋厉公暴虐奢侈，远不能和楚共王相比。有范文子这样一位贤人却不能任用，这就是晋国霸业之所以中衰的原因吧？

卷二十八　秦晋交兵

文公六年八月乙亥,晋襄公卒。灵公少,晋人以难故,欲立长君。赵孟使先蔑、士会如秦,逆公子雍。

七年夏,秦康公送公子雍于晋,曰:"文公之入也,无卫,故有吕、郤之难。"乃多与之徒卫。穆嬴日抱大子以啼于朝。宣子与诸大夫乃背先蔑而立灵公,以御秦师。箕郑居守,赵盾将中军,先克佐之;荀林父佐上军,先蔑将下军,先都佐之;步招御戎,戎津为右。及堇阴,宣子曰:"我若受秦,秦则宾也;不受,寇也。既不受矣,而复缓师,秦将生心。先人有夺人之心,军之善谋也;逐寇如追逃,军之善政也。"训卒,利兵,秣马,蓐食,潜师夜起。戊子,败秦师于令狐,至于刳首。己丑,先蔑奔秦,士会从之。

八年夏,秦人伐晋,取武城,以报令狐之役。

卷二十八　秦晋交兵

　　鲁文公六年八月十四日,晋襄公去世。当时太子晋灵公尚且年幼,晋国人为了避免发生灾难,想要立一位年长的国君。赵盾(即赵盾)派先蔑、士会到秦国迎接公子雍。

　　七年夏季,秦康公送公子雍回到晋国,并对他说:"当年文公回国时因为没有卫士保护,所以才发生了吕甥、郤芮的祸乱。"于是就给他派了很多步兵卫士。晋襄公夫人穆嬴每天抱着太子在朝廷上哭闹。赵宣子(即赵盾)和大夫们于是就背弃了前往秦国迎接公子雍的先蔑,立了灵公为君,并发兵抵抗护送公子雍回国的秦国军队。由箕郑留守国都,赵盾率领中军,先克为副帅;荀林父为上军副帅,已先行回国的先蔑率领下军,先都为副帅;步招为赵盾驾车,戎津任车右。军队行至晋国董阴时,赵盾说:"如果我们接受秦国护送的公子雍,秦军就是宾客;如果不接受,秦军就是敌寇。既然已经决定不接受了,却又迟迟不肯出兵进攻,秦军将生疑心。抢先一步以压倒敌人的士气,是对敌作战的好计谋;追赶敌人犹如追击逃兵,这是对敌作战中一个有效的法则。"于是就操练士兵,磨砺武器,喂饱战马,早餐在睡褥上进餐,然后隐蔽军队连夜秘密出兵。四月初一,在晋国令狐打败了秦军,并一直追击到晋国刳首。四月初二,先蔑逃亡到秦国,士会也跟着去了。

　　八年夏季,秦军攻打晋国,夺取了武城,从而报复了去年的令狐之战。

十年春，晋人伐秦，取少梁。夏，秦伯伐晋，取北徵。

十二年，秦伯使西乞术来聘，且言将伐晋。襄仲辞玉，曰："君不忘先君之好，照临鲁国，镇抚其社稷，重之以大器，寡君敢辞玉。"对曰："不腆敝器，不足辞也。"主人三辞。宾答曰："寡君愿徼福于周公、鲁公以事君，不腆先君之敝器，使下臣致诸执事，以为瑞节，要结好命。所以藉寡君之命，结二国之好，是以敢致之。"襄仲曰："不有君子，其能国乎？国无陋矣。"厚贿之。

秦为令狐之役故，冬，秦伯伐晋，取羁马。晋人御之。十二月，秦军掩晋上军，赵穿追之，不及。秦师夜遁。复侵晋，入瑕。

十三年春，晋侯使詹嘉处瑕，以守桃林之塞。

宣公元年，晋欲求成于秦。赵穿曰："我侵崇，秦急崇，必救之，吾以求成焉。"冬，赵穿侵崇，秦弗与成。

二年，秦师伐晋，以报崇也，遂围焦。

八年春，白狄及晋平。夏，会晋伐秦。晋人获秦谍，杀诸绛市，六日而苏。

十五年秋七月，秦桓公伐晋，次于辅氏。壬午，晋侯治兵于稷，以略狄土，立黎侯而还。及雒，魏颗败秦师于辅氏，获杜回，秦之力人也。

十年春季，晋人攻打秦国，夺取了少梁。夏季，秦康公讨伐晋国，夺取了北徵。

十二年，秦康公派西乞术来鲁国聘问，并且说打算攻打晋国。襄仲不肯接受西乞术赠送的玉器，说："承蒙贵国国君没有忘记两国先君结下的友谊，派您光临鲁国，以安抚我国，并赠给我们如此贵重的玉器，敝国国君不敢接受这玉器。"西乞术回答说："区区薄礼，不值得推辞。"襄仲辞让三次。西乞术说："敝国国君希望能得到贵国先君周公和鲁公伯禽的福泽，并愿意以此来事奉贵国国君。因此派下臣我将先君这并不丰厚的玉器送给您，把它作为祥瑞的信物，来相约友好。用它来表达敝国国君的命令，缔结两国之间的友好，因此才敢于致送玉器。"襄仲说："没有君子，难道能治理国家吗？秦国并不鄙陋。"送重礼给西乞术。

秦国因为令狐那次战役的缘故，冬季，秦康公攻打晋国，攻取了羁马。晋人发兵抵御。十二月，秦军袭击晋军的上军，赵穿追赶秦军，没有追上。秦军夜里逃走。后来秦军又攻打晋国，进入瑕地。

十三年春季，晋灵公派遣大夫詹嘉住在瑕地，以防守桃林这个要冲。

鲁宣公元年，晋国想要和秦国讲和。赵穿说："我们侵袭崇国，秦国为崇国着急，一定会救援崇国，我们就以此求和。"冬季，赵穿侵袭崇国，秦国不肯和晋国讲和。

二年，秦国军队攻打晋国，以报复晋国军队进攻崇国的那次战役，因而包围焦地。

八年春季，白狄和晋国讲和。夏季，会合晋国攻打秦国。晋国人抓住一个秦国间谍，把他杀死在绛都的街市上，过了六天这个间谍又活了过来。

十五年秋季七月，秦桓公攻打晋国，驻扎在晋国辅氏。二十七日，晋景公在晋国稷地举行练兵演习，以攻取狄人的土地，立了黎侯后返回。到达晋国雒地时，魏颗在辅氏击败秦军，俘虏了杜回这个秦国的大力士。

成公九年,秦人、白狄伐晋,诸侯贰故也。

十一年,秦、晋为成,将会于令狐。晋侯先至焉。秦伯不肯涉河,次于王城,使史颗盟晋侯于河东,晋郤犨盟秦伯于河西。范文子曰:"是盟也,何益?齐盟,所以质信也。会所,信之始也;始之不从,其可质乎?"秦伯归而背晋成。

十三年夏四月戊午,晋侯使吕相绝秦,曰:"昔逮我献公,及穆公相好,戮力同心,申之以盟誓,重之以婚姻。天祸晋国,文公如齐,惠公如秦。无禄,献公即世。穆公不忘旧德,俾我惠公用能奉祀于晋。又不能成大勋,而为韩之师。亦悔于厥心,用集我文公,是穆之成也。文公躬擐甲胄,跋履山川,逾越险阻,征东之诸侯。虞、夏、商、周之胤而朝诸秦,则亦既报旧德矣。郑人怒君之疆场,我文公帅诸侯及秦围郑,秦大夫不询于我寡君,擅及郑盟。诸侯疾之,将致命于秦。文公恐惧,绥靖诸侯,秦师克还无害,则是我有大造于西也。

"无禄,文公即世。穆为不吊,蔑死我君,寡我襄公,迭我殽地,奸绝我好,伐我保城,殄灭我费滑,散离我兄弟,挠乱我同盟,倾覆我国家。我襄公未忘君之旧勋,而惧社稷之陨,是以有殽之师。犹愿赦罪于穆公。穆公弗听,而即楚谋我。天诱其衷,成王陨命,穆公是以不克逞志于我。

鲁成公九年，秦人、白狄攻打晋国，这是由于诸侯对晋国有了二心的缘故。

　　十一年，秦、晋两国结好，准备在令狐会盟。晋厉公先到达。秦桓公不肯渡过黄河，住在秦国王城，派遣大夫史颗和晋厉公在黄河东会盟，晋国的郤犨和秦桓公在黄河西结盟。范文子说："这样的结盟有什么好处？斋戒盟誓，是用来保证信用的。约定地点会见，这是信用的开始；开始都不遵从，盟约可以相信吗？"秦桓公回去就背弃了和晋国的友好盟约。

　　十三年夏季四月初五，晋厉公派遣吕相去断绝和秦国的外交关系，说："过去我们晋献公和秦穆公相友好，合力同心，用盟誓加以申明，再用婚姻加深这种关系。上天降祸晋国，晋文公到了齐国，晋惠公到了秦国。不幸的是晋献公去世了。秦穆公不忘记过去的恩惠，使我们惠公能回晋国主持祭祀。但遗憾的是秦国没能为两国和好建立更大的勋劳，导致发生了韩原的战役。后来心里又懊悔，因此成就了我们晋文公回国即位，这都是穆公的功劳。文公亲自身披甲胄，跋涉山川，逾越艰难险阻，征服东方的诸侯。虞、夏、商、周的后裔都来秦国朝见，也就已经报答了过去秦国对晋国的恩德了。郑国人侵犯贵国国君的边境，我们文公率领诸侯和秦国一起包围郑国，秦国的大夫没有询问我们国君，擅自和郑国订立了盟约。诸侯憎恨这件事，打算和秦国拼死一战。我们文公感到恐惧，安抚诸侯，秦军得以回去而没有受到损害，这就是我国有大功于西方秦国的地方。

　　"不幸，我们文公去世。你们穆公不但不来吊唁，反而蔑视我们故去的国君，认为我们的襄公软弱，侵犯我们的殽地，断绝同我国的友好，攻打我们的城堡，绝灭我们的滑国费都，离散我们的兄弟之邦，扰乱我们的同盟之国，颠覆我们的国家。我们襄公没有忘记文公过去的勋劳，而又害怕国家的颠覆，这才有殽地这一战役。即使如此，我们还是愿意在你们穆公那里解释罪过。你们穆公不听，反而勾结楚国打我们的主意。天意保佑我国，楚成王丧命，穆公的意图因此没能在我国得逞。

　　"穆、襄即世,康、灵即位。康公,我之自出,又欲阙翦我公室,倾覆我社稷,帅我蝥贼,以来荡摇我边疆,我是以有令狐之役。康犹不悛,入我河曲,伐我涑川,俘我王官,翦我羁马,我是以有河曲之战。东道之不通,则是康公绝我好也。

　　"及君之嗣也,我君景公引领西望曰:'庶抚我乎!'君亦不惠称盟,利吾有狄难,入我河县,焚我箕、郜,芟夷我农功,虔刘我边垂,我是以有辅氏之聚。君亦悔祸之延,而欲徼福于先君献、穆,使伯车来命我景公曰:'吾与女同好弃恶,复修旧德,以追念前勋。'言誓未就,景公即世,我寡君是以有令狐之会。君又不祥,背弃盟誓。

　　"白狄及君同州,君之仇雠,而我之婚姻也。君来赐命曰:'吾与女伐狄。'寡君不敢顾婚姻,畏君之威,而受命于吏。君有二心于狄,曰:'晋将伐女。'狄应且憎,是用告我。楚人恶君之二三其德也,亦来告我曰:'秦背令狐之盟,而来求盟于我。昭告昊天上帝、秦三公、楚三王,曰:"余虽与晋出入,余唯利是视。"不穀恶其无成德,是用宣之,以惩不壹。'诸侯备闻此言,斯是用痛心疾首,昵就寡人。

　　"寡人帅以听命,唯好是求。君若惠顾诸侯,矜哀寡人,而赐之盟,则寡人之愿也,其承宁诸侯以退,岂敢徼乱? 君若不施大惠,寡人不佞,其不能以诸侯退矣。敢尽布之执事,俾执事实图利之。"

"穆公、襄公去世，秦康公、晋灵公即位。康公，是我国穆姬所生的，但他也想损害我们公室，颠覆我们国家，率领我国的坏人公子雍，来动摇我们的边疆，于是我国才有了令狐这一战役。康公还是不肯悔改，进入我国的河曲，攻打我国的涑川，掠取我国的王官，损害我国的羁马，于是我国才有了河曲这一战役。东边的道路不通，那是由于秦康公同我们断绝友好的缘故。

"等到国君您继承君位后，我们的国君景公伸着脖子望着西边说：'大概要安抚我们了吧！'但国君您也不肯加惠结盟，反而乘我国有狄人的祸难，进入我国的河县，焚烧我国的箕地、郜地，抢割我国的庄稼，骚扰我国边境，我国因此有辅氏的战役。国君您也后悔于灾祸的蔓延，而想求福于先君献公和穆公，派儿子伯车来命令我景公说：'我跟你彼此友好，丢弃怨恨，重修以往的恩德，以追念前人的功业。'盟誓还没有完成，景公去世，我们国君因此和贵国国君有令狐的会见。国君您却不怀好意，背弃了盟约。

"白狄和您同在雍州境内，他们是您的仇人，却是我们的姻亲。您派使臣前来下达命令说：'我跟你攻打狄人。'我们国君不敢顾惜婚姻，畏惧您的威严，就接受您的使臣的命令。但您对狄人有了别的念头，告诉他们说：'晋国将要攻打你们。'狄人虽然表面应和，但内心却对你们非常厌恶，因此就告诉了我们。楚国人讨厌您反复无常的德行，也来告诉我们说：'秦国背弃了令狐的盟约，而来向我国请求结盟。他们对着苍天上帝、秦国的穆、康、共三位先公、楚国的成、穆、庄三位先王祝告说："我们虽然和晋国有往来，但我们只是唯利是图。"我们楚王讨厌他没有应有的德行，因此把它公布，以惩戒他的言行不一。'诸侯都听到了这些话，因此才痛心疾首，也就更加亲近我们。

"寡人率领诸侯以听候您的命令，所要求的仅仅是友好。您如果加惠而顾念诸侯，怜悯寡人，而赐我们以结盟，那是寡人的愿望，这样就可以安定诸侯、使他们退走，岂敢招致祸乱？您如果不施大恩大惠，寡人不才，就不能率领诸侯退走了。谨把区区下忱全部陈述给您的左右执事，请执事仔细权衡利害。"

秦桓公既与晋厉公为令狐之盟，而又召狄与楚，欲道以伐晋。诸侯是以睦于晋。晋栾书将中军，荀庚佐之；士燮将上军，郤锜佐之；韩厥将下军，荀䓨佐之；赵旃将新军，郤至佐之。郤毅御戎，栾铖为右。孟献子曰："晋帅乘和，师必有大功。"五月丁亥，晋师以诸侯之师及秦师战于麻隧，秦师败绩，获秦成差及不更女父。曹宣公卒于师。师遂济泾，及侯丽而还。迓晋侯于新楚。

襄公九年夏，秦景公使士雃乞师于楚，将以伐晋。楚子师于武城，以为秦援。秦人侵晋。晋饥，弗能报也。

十年，晋荀䓨伐秦，报其侵也。

十一年十二月，秦庶长鲍、庶长武帅师伐晋，以救郑。鲍先入晋地，士鲂御之，少秦师而弗设备。壬午，武济自辅氏，与鲍交伐晋师。己丑，秦、晋战于栎，晋师败绩，易秦故也。

十二年冬，秦嬴归于楚。楚司马子庚聘于秦，为夫人宁，礼也。

十四年夏，诸侯之大夫从晋侯伐秦，以报栎之役也。晋侯待于竟，使六卿帅诸侯之师以进。及泾，不济。叔向见叔孙穆子，穆子赋《匏有苦叶》。叔向退而具舟。鲁人、莒人先济。郑子蟜见卫北宫懿子曰："与人而不固，取恶莫甚焉，若社稷何？"懿子说。二子见诸侯之师而劝之济。济泾而次。秦人毒泾上流，师人多死。郑司马子蟜帅郑师以进，师皆从之，至于棫林，不获成焉。荀偃令曰："鸡鸣而驾，

秦桓公已经和晋厉公在令狐结盟，而又召来狄人和楚人，要引导他们进攻晋国。诸侯因此跟晋国和睦友好。晋国的栾书率领中军，荀庚作为辅佐；士燮（即范文子）率领上军，郤锜作为辅佐；韩厥率领下军，荀䓨作为辅佐，赵旃率领新军，郤至作为辅佐。郤毅驾御战车，栾鍼作为车右。孟献子说：“晋国的将领和甲士上下齐心，军队必然建立大功。”五月初四日，晋军率领诸侯的军队和秦军在秦国麻隧作战，秦军大败，俘虏了秦国的成差和不更女父。曹宣公死在军中。晋军就渡过泾水，到达秦国侯丽然后回去。军队在晋国新楚迎接晋厉公。

鲁襄公九年夏季，秦景公派遣士雃向楚国请求出兵，准备攻打晋国。楚共王驻军在楚国武城，作为秦国的后援。秦国人侵袭晋国。此时晋国正遭受饥荒，没能回击。

十年，晋国的荀䓨攻打秦国，这是为了报复秦国的侵袭。

十一年十二月，秦国庶长鲍、庶长武领兵攻打晋国，以救援郑国。庶长鲍先进入晋国国境，士鲂抵御他，认为秦军人少而不设防。十二月初五，庶长武从晋国辅氏渡河，和庶长鲍夹攻晋军。十二日，秦国和晋国在栎地作战，晋军大败，这是轻视秦军的缘故。

十二年冬季，秦嬴嫁到楚国。楚国的司马子庚到秦国聘问，这是为了楚共王夫人回娘家看望父母，这是合于礼法的。

十四年夏季，鲁国的叔孙豹、晋国的荀偃、卫国的北宫括、郑国的公孙虿及齐国人、宋国人、卫国人跟随晋悼公攻打秦国，以报复栎地这一战役。晋悼公在国境内等待，让六卿率领诸侯的军队前进。到达泾水，诸侯的军队不肯渡河。叔向进见叔孙穆子，穆子吟诵了《匏有苦叶》这首诗。叔向退出以后就准备好船只。鲁国人、莒国人先渡河。郑国的子蟜进见卫国的北宫懿子说：“亲附别人而不坚定，没有比这个更使人讨厌了，把国家放在什么位置？”懿子很高兴。两个人去见诸侯的军队，劝他们渡河。军队渡过泾水驻扎下来。秦国人在泾水上游放毒，诸侯的军士死去很多。郑国司马子蟜率领郑国的军队前进，其他的军队也都跟着，到达秦国棫林，秦国仍不肯屈服讲和。荀偃命令说：“鸡叫套车，

塞井夷灶，唯余马首是瞻。"栾黡曰："晋国之命未是有也。余马首欲东。"乃归，下军从之。左史谓魏庄子曰："不待中行伯乎？"庄子曰："夫子命从帅。栾伯，吾帅也，吾将从之。从帅，所以待夫子也。"伯游曰："吾令实过，悔之何及？多遗秦禽。"乃命大还。晋人谓之迁延之役。于是齐崔杼、宋华阅、仲江会伐秦，不书，惰也。向之会亦如之。卫北宫括不书于向，书于伐秦，摄也。

十九年，于四月丁未，郑公孙虿卒，赴于晋大夫。范宣子言于晋侯，以其善于伐秦也。六月，晋侯请于王，王追赐之大路，使以行，礼也。

二十五年。会于夷仪之岁，齐人城郏。其五月，秦、晋为成，晋韩起如秦莅盟，秦伯车如晋莅盟，成而不结。

二十六年春，秦伯之弟针如晋修成，叔向命召行人子员。行人子朱曰："朱也当御。"三云，叔向不应。子朱怒，曰："班爵同，何以黜朱于朝？"抚剑从之。叔向曰："秦、晋不和久矣，今日之事幸而集，晋国赖之；不集，三军暴骨。子员道二国之言无私，子常易之。奸以事君者，吾所能御也。"拂衣从之。人救之。平公曰："晋其庶乎！吾臣之所争者大。"师旷曰："公室惧卑。臣不心竞而力争，不务德而争善。私欲已侈，能无卑乎？"

填井平灶，你们看着我的马头行动。"栾黡说："晋国的命令没有过这样的。我的马头可要往东呢。"于是就返回国内，下军跟随他回去了。左史对魏庄子说："不等中行伯（即荀偃）了吗?"魏庄子说："他老人家命令我们跟从主将。栾伯（即栾黡）是我们下军的主将，我打算跟从他。跟从主将，也就是尊重他老人家。"伯游（即荀偃）说："我的命令确实有错误，后悔都来不及了。多留下人马只能被秦国俘虏。"于是就命令全军撤退。晋国人称这次战役为退却的战役。当时齐国的崔杼、宋国的华阅和仲江合兵攻打秦国，《春秋》没有记载他们的名字，是他们怠惰的缘故。对在郑国向地会见的记载也和这一样。对卫国的北宫括在向地会见时不加记载，而记载在这次攻打秦国的战役中，这是由于他率军渡河积极参与了战斗。

十九年，四月十三日，郑国的公孙虿去世，向晋国的大夫发出讣告。范宣子把这个消息告诉了晋平公，因为公孙虿在攻打秦国的战役中表现好。六月，晋平公向天子请求奖赏公孙虿，周灵王追赐给他大辂车，让它跟着出葬的车列，这是合于礼法的。

二十五年。在晋国夷仪会见的那一年，齐国人在郏地筑城。这年五月，秦国、晋国讲和，晋国的韩起（即韩宣子）到秦国去参加结盟，秦国的伯车到晋国去参加结盟，虽然讲和但并不牢固。

二十六年春季，秦景公的弟弟铖（即伯车）到晋国讲和，叔向命令召唤行人子员来接待铖。行人子朱说："我子朱是当班的。"说了三次，叔向都没理他。子朱发怒，说："我爵位级别和子员相同，为什么在朝廷上黜退我呢?"于是以手抚剑跟了上去。叔向说："秦国和晋国不和睦已经很久了，今天的事情如能幸而成功，晋国依靠它而安定;不成功的话，三军就会暴露尸骨。子员沟通两国的话没有私心，你却常常不是这样。用邪恶来事奉国君的人，我是能够抵抗的。"说完就提起衣服迎了上去。别人劝住了他们。晋平公说："晋国差不多要大治了吧! 我的臣下争执的是大问题。"师旷说："公室的地位怕要降低了。臣下不以心智竞争而以力量来竞争，不致力于德行而争执是非。个人的欲望已经膨胀，公室的地位能不降低吗?"

昭公元年,秦后子有宠于桓,如二君于景。其母曰:"弗去,惧选。"癸卯,铖适晋,其车千乘。书曰"秦伯之弟铖出奔晋",罪秦伯也。后子享晋侯,造舟于河,十里舍车,自雍及绛。归取酬币,终事八反。司马侯问焉,曰:"子之车尽于此而已乎?"对曰:"此之谓多矣。若能少此,吾何以得见?"女叔齐以告公,且曰:"秦公子必归。臣闻'君子能知其过,必有令图'。令图,天所赞也。"

〔补逸〕《国语》:秦后子来仕,其车千乘。楚公子干来仕,其车五乘。叔向为太傅,实赋禄,韩宣子问二公子之禄焉。对曰:"大国之卿,一旅之田;上大夫,一卒之田。夫二公子者,上大夫也,皆一卒可也。"宣子曰:"秦公子富,若之何其钧之也?"对曰:"夫爵以建事,禄以食爵,德以赋之,功庸以称之,若何其以富赋禄也?夫绛之富商,韦藩木楗以过于朝,唯其功庸少也。而能金玉其车,文错其服,能行诸侯之贿,而无寻尺之禄,无大绩于民故也。且楚、秦匹也,若之何其回于富也?"乃钧其禄。

鲁昭公元年,秦国的后子(即伯车)受到秦桓公的宠信,在秦景公的时候和景公如同两君并列。他的母亲说:"你要是不离开,恐怕会放逐你的。"五月二十五日,后子到晋国去,他的车子有一千辆。《春秋》记载说"秦景公的弟弟针出奔晋",这是把罪责归于秦景公。后子设享礼招待晋平公,在黄河里排列船只当浮桥,每隔十里就停放一批车辆,从秦都雍城一直绵延到晋都绛城。他派回去取奉献礼物的车辆,到享礼结束一共往返了八次。司马侯询问说:"您的车辆全都在这里了吗?"后子回答说:"这已经算多了。如果比这些少,我怎么能见到你呢?"女叔齐(即司马侯)把这些话报告晋平公,而且说:"秦公子必然能回国。臣下我听说'君子能够知道自己的过错,一定有好的打算'。有了好的打算,上天就会赞助他。"

〔补逸〕《国语》:秦后子因避难来晋国做官,随行的车子有一千辆。楚国的公子干也因避难来晋国做官,他随行的车子只有五辆。当时叔向担任太傅,掌管俸禄的给予,韩宣子向他询问秦、楚两个公子的俸禄如何支付。叔向回答说:"大国的卿士,授给五百顷的田地作为俸禄;上大夫,授给一百顷的田地作为俸禄。秦后子和楚公子干这两位公子,都是上大夫,都授给他们一百顷的田地作俸禄就可以了。"韩宣子说:"秦国的公子针富有,怎么能够授给他们相同的田地作俸禄呢?"叔向回答说:"爵位是用来建立功绩的,俸禄要随爵位高低而供给,爵位应该与德行相符,功绩要和俸禄相称,怎么能够凭借财富来确定俸禄呢? 绛都拥有大量钱财的商人,只能乘坐以熟牛皮为车篷、以木板为担的车子经过朝廷,这是他们功绩少的缘故。虽然他们能用黄金和玉器装饰他们的车子,能够穿上纹彩交错的衣服,他们的财货丰足可以和诸侯交往,但是他们却没有一点点俸禄,这是他们对于民众没有大功绩的缘故。况且秦国、楚国是地位不相上下的两个大国,怎么能够因为秦公子富有而多加俸禄呢?"于是就给他俩相同的俸禄。

《楚辞注》:秦伯有啮犬,弟铖欲请之。秦伯不肯与。铖以百两金易之,而又不听,因逐铖而夺其爵禄。

五年,秦后子复归于秦,景公卒故也。
六年,大夫如秦,葬景公,礼也。

臣士奇曰:秦、晋兵交,自败殽以至令狐,自令狐以至迁延之役,曲直各有攸归。而论其始祸,则晋实负秦,秦无负于晋也。夫殽陵覆师,其怨最为惨痛。取王官及郊,封尸而还,不足以报匹马只轮之万一,奈何又有刿首之败耶?故论秦、晋之曲直,譬如谳狱,殽其初案也,令狐其转案也。

然而令狐之舛亦甚矣。灵公虽幼,冢嫡也;襄公手挈而授之宣子,言犹在耳,先君之肉未寒也。古有植遗腹,朝委裘,而晏然无事者。且盾非赵氏之孤耶?无亦惟是诸大夫相与辑睦,辅以成立,何所见而别求长君?大昧奕者举棋之义矣。至秦虽挟其盂贼以来,遣一介行李,婉言谢过,秦未必不听。不听,而后闭关以拒之。受固为宾,不受,亦岂即为寇?潜师夜起,一鼓而创之,何以对贾季?又何可使闻于天下诸侯乎?

《楚辞注》：秦景公有一只咬人的狗，他的弟弟铖想要它。秦景公不愿意给他。铖用百两黄金去换，秦景公还是不答应，因此驱逐了铖并剥夺了他的爵位与俸禄。

五年，秦国的后子再次回到秦国，这是秦景公死去的缘故。

六年，鲁国的大夫到秦国去，参加景公的葬礼，这是合于礼法的。

臣下我高士奇评论说：秦国、晋国兵戎相见，从秦国败于殽之战到令狐之战，又从令狐之战到退却之役，是非曲直各有所归。然而谈起两国交恶的开始，则的确是晋国对不起秦国，而秦国却没有对不起晋国的地方。殽山之战秦军全军覆没，其悲伤是最惨痛的。虽然秦国夺取了晋国的王官和郊地，在殽地堆土筑坟埋葬死亡的将士后才回国，然而却不足以抵得上殽山之战不剩一匹马、一只车轮的惨败的万分之一，更何况又有割首的战败呢？因此评论秦国、晋国的是非曲直，就和审案定罪一样，殽之战是对他们的初审，令狐之战则是对他们的复审。

然而令狐之战的错误就更加严重了。晋灵公虽然年幼，但他是嫡长子；襄公手牵着他把他交给了赵盾，当初的话语仍在耳畔响起，先君的尸骨尚未冷透。古时候有扶植遗腹子、虚设帝位拜见先帝的遗衣，而平安无事的人。况且赵盾不是赵衰的遗孤吗？他不也是大夫们和睦相处，辅佐着长大的吗，他看到了什么而要另外寻求年长的公子来立为国君呢？这是完全不懂得下棋者不该举棋不定的规矩了。秦国虽然挟制晋国坏人公子雍一起前来，但如果晋国派一个使者，用婉转的言辞承认自己的错误，秦国未必不会听从。如果秦国不听，然后再关闭城门来抗击它。如果晋国接受秦军护送的公子雍，那么秦军固然是宾客；如果不接受，秦军又怎能变成入侵者呢？晋国偷偷派军队夜里出击，一举重创秦军，这怎么能对得起支持公子乐即位的贾季（即狐射姑）呢？又怎么可以让天下的诸侯听说此事呢？

　　自是，少梁、北徵、羁马、河曲之兵至于胶葛而不可解。秦固难免遂非之罪，而晋之不韪，如水益深矣。至鲁宣元年，晋欲求成于秦，毋亦悔祸之延，而有悛心，何惜披露肺腑，申以约誓，乃复崇诈术，攻与国，以挑秦怒，秦肯降心乎？围焦，所以报崇也；会狄伐秦，所以报焦也；辅氏之次，报伐也。败而又报，遂合白狄以来。秦之已甚，惟此一役耳。其余则一彼一此，往来相当，而未见晋之肯为秦弱也。

　　至令狐为成，临河不济，后此吕相以是为秦罪，然安知秦之不以晋欲殽陵我也？令狐我也？虎狼甚于秦，而欲秦无不信之心，难矣。是由归而背成，晋使吕相贻书。听其辞，秦若无以自解者。先儒谓其书中多所文致，而秦之报书亦不传，秦其无人也耶？

　　自是，麻隧再报，而士雁乞南郢之师；荀茔报侵，而庶长奏于栎之绩。迨至十三国连兵以伐，荀偃一令，马首遂东，只成迁延之役，晋亦少倦而秦不复报矣。韩起、伯车使命交通，后子归而好成。景公葬

从此以后，在少梁、北徵、羁马、河曲交战的两国军队错杂纷乱不可分解。秦国固然难免坚持错误而造成的罪过，但晋国的过错，则像洪水泛滥一样更加深重了。到了鲁宣公元年，晋国想和秦国讲和，不也是后悔祸乱的蔓延，因而有了悔改之心，不惜表露肺腑之言，要订立盟约加以申明，但是晋国再次玩弄骗术，攻打秦国的同盟国崇国，结果引起了秦国的愤怒，秦国能够甘心吗？秦国包围焦地，是为了报复晋国进攻崇国的战役；晋国又会合白狄攻打秦国，是为了报复秦国人包围焦地的战役；秦国人驻扎在辅氏，是来报复晋国的攻打。秦军失败以后又加以报复，于是就联合白狄来攻打晋国。秦国做得过分的，只有这一次战役而已。其他的则彼此彼此，不相上下，但从来没有看到晋国向秦国服过软。

　　到了在令狐讲和的时候，秦桓公到达了黄河边上却不肯渡河，后来晋国的吕相便把这看作是秦桓公的不对，然而他怎么知道秦国不认为晋国会像殽山之战一样攻打自己呢？或者像令狐之战一样偷袭自己呢？晋国的虎狼之心远远超过了秦国，却想要秦国讲信用，实在是太难了。因此秦桓公从盟会上回去以后就背弃了盟约，晋国则派吕相送去了绝交书。听一听绝交书中的言辞，秦国好像没有可以为自己辩解的理由。从前的儒者认为晋国的绝交书中多处舞文弄法，陷人入罪，而秦国答复的书信也没有流传下来，秦国难道是没有能人了吗？

　　从此以后，晋国又在麻隧报复，打败了秦军，而秦国的士雅又向南去楚国请求出兵，侵袭晋国；晋国的荀罃又攻打秦国，报复秦国的侵袭，然而秦国的庶长鲍、庶长武却在栎地取得大败晋军的战绩。等到十三国联合兵力攻打秦国时，荀偃一个你们看着我的马头行动的命令，结果诸侯军队的马头便都向东，于是就成了晋人所谓的"退却之役"，晋国也稍微感到疲倦，而秦国也不再报复了。韩起、伯车奉命沟通两国之间的关系，后子从晋国回秦国后，秦、晋两国便和好了。秦景公下葬时

而礼厚，然后举败骰、令狐以来数十年之夙怨涣然交释。君子取其不以凶终，而未尝不恨晋之两为祸始也。

晋国的送葬礼品很丰厚,于是秦国自从殽之战和令狐之战失败以来与晋国数十年的旧有怨恨便完全消除。君子虽然认为两国最终没有变成仇人是可取的,但是也未尝不对晋国先后两次成为祸难的开启者而感到遗憾。

卷二十九　晋悼公复伯

　　成公三年夏,晋人归楚公子谷臣与连尹襄老之尸于楚,以求知罃。于是荀首佐中军矣,故楚人许之。王送知罃曰:"子其怨我乎?"对曰:"二国治戎,臣不才,不胜其任,以为俘馘。执事不以衅鼓,使归即戮,君之惠也。臣实不才,又谁敢怨?"王曰:"然则德我乎?"对曰:"二国图其社稷,而求纾其民,各惩其忿,以相宥也。两释累囚,以成其好。二国有好,臣不与及,其谁敢德?"

　　王曰:"子归,何以报我?"对曰:"臣不任受怨,君亦不任受德。无怨无德,不知所报。"王曰:"虽然,必告不榖。"对曰:"以君之灵,累臣得归骨于晋。寡君之以为戮,死且不朽。若从君之惠而免之,以赐君之外臣首;首其请于寡君,而以戮于宗,亦死且不朽。若不获命,而使嗣宗职,次

卷二十九 晋悼公复伯

　　鲁成公三年夏季，晋国人要把楚国公子縠臣和连尹襄老的尸体归还给楚国，用来换取知䓨。这时知䓨的父亲荀首已经是晋军的中军副帅，所以楚国人答应了晋国的要求。楚共王送别知䓨时说："你大概怨恨我吧？"知䓨回答说："晋、楚两国交战，臣下我没有才能，不胜其任，所以做了贵军的俘虏。您左右的人不把我杀掉用血涂鼓，而让我回国去接受诛戮，这是君王您的恩惠。臣下我实在不中用，又怎么敢怨恨谁呢？"楚共王说："如果这样的话，那么你感激我的恩德吗？"知䓨回答说："晋、楚两国都是为自己国家的利益打算，希望解除百姓的痛苦。现在两国各自抑止一时的怨忿来互相原谅，双方释放囚禁的俘虏以结成友好关系。两国恢复友好，臣下我不曾参与其事，又敢感激谁的恩德呢？"

　　楚共王说："你回晋国，将用什么来报答我呢？"知䓨回答说："臣下我不曾怨恨您，您也不曾对我有什么恩德。既没有怨恨又没有恩德，我不知道要报答什么。"楚共王说："虽然是这样，你也一定要告诉我你的想法。"知䓨回答说："托您的福，被囚之臣我能够回到晋国。假如敝国国君把我杀掉，即使身死也是很光荣的。如果因为您的好意而赦免我不死，把我交给您的外臣荀首；荀首向敝国国君请求在宗庙将我处死，我也是死而不朽的。倘若得不到敝国国君杀戮我的命令，而让我继承宗子的职位，依次序

及于事，而帅偏师，以修封疆。虽遇执事，其弗敢违，其竭力致死，无有二心，以尽臣礼，所以报也。”王曰："晋未可与争。"重为之礼而归之。

荀罃之在楚也，郑贾人有将置诸褚中以出。既谋之，未行，而楚人归之。贾人如晋，荀罃善视之，如实出己。贾人曰："吾无其功，敢有其实乎？吾小人，不可以厚诬君子。"遂适齐。

〔发明〕悼公复伯，知罃为政，凡驾楚、服郑，皆罃之谋也。楚共王于前此释之归晋，似与秦康公释士会相似，亦不失为忠厚。使能修德自强，用人无失，晋悼、知罃岂为楚害哉？惜其徒敝民力以争郑，而暗于大较也。

十八年春王正月庚申，晋栾书、中行偃使程滑弑厉公，使荀罃、士鲂逆周子于京师而立之，生十四年矣。大夫逆于清原。周子曰："孤始愿不及此。虽及此，岂非天乎？抑人之求君，使出命也。立而不从，将安用君？二三子用我今日，否亦今日。共而从君，神之所福也。"对曰："群臣之愿也，敢不唯命是听。"庚午，盟而入，馆于伯子同氏。辛巳，朝于武宫，逐不臣者七人。周子有兄而无慧，不能辨菽麦，故不可立。

让我承担军事职务,率领所属军队去保卫边疆。那时即使遇到您的将帅,也不敢违礼回避,要竭尽全力以至战死,绝没有二心,以尽到我对晋君的为臣之礼。这就是我用来报答国君您的。"楚共王说:"晋国是不能和它相争的。"于是便对知罃重加礼遇而放他回晋国了。

知罃(即荀罃)在楚国的时候,郑国有个商人打算把他藏在大口袋里带出楚国。他们已经谋划好了,还没有动身,而楚国人就把他放回去了。那个郑国商人到了晋国,知罃待他很好,好像是他真的把自己救出来一样。商人说:"我没有那样的功劳,怎么敢享有那样的实惠呢?我是小人,不能这样来欺骗君子。"于是就到齐国去了。

〔发明〕晋悼公重新称霸,知罃执掌国政,晋国兴兵楚国、降服郑国,都是出自知罃的谋划。楚共王在此之前释放知罃回归晋国,似乎与秦康公释放士会(即范武子)回晋国的情况相似,也不失为忠厚之举。假使楚共王能够修德自强,任用人才没有过失,晋悼公、知罃怎能成为楚国的祸害呢?可惜的是楚共王只知凋敝民力来与晋国争夺郑国,而在大体上是愚昧的。

十八年春季,周历正月初五,晋国的栾书、中行偃派大夫程滑弑杀了晋厉公,派知罃、士鲂到京师迎接周子并拥立他做国君,这时晋悼公周子已十四岁了。晋国大夫们到清原迎接他。悼公说:"我开始的愿望并没有到这个地步。虽然现在到了这地步,难道不是上天的意旨吗?然而人们要求有国君,是为了让他发布命令。立了国君以后却不听从他的命令,还用他做国君干什么?你们各位以我为君在今天,不以我为君也在今天说清楚。恭敬而又听从君命,这是神灵所保佑的。"大夫们回答说:"这是群臣的愿望,怎敢不听从命令。"十五日,周子和群臣盟誓以后才进入晋国国都,住在大夫伯子同氏家里。二十六日,周子朝拜晋武公庙,放逐了不合臣道的七个人。周子有一个哥哥是白痴,不能辨别大豆和小麦,所以不能立为国君。

〔补逸〕《国语》：晋孙谈之子周适周，事单襄公，立无跛，视无还，听无耸，言无远。言敬必及天，言忠必及意，言信必及身，言仁必及人，言义必及利，言知必及事，言勇必及制，言教必及辨，言孝必及神，言惠必及和，言让必及敌。晋国有忧，未尝不戚；有庆，未尝不怡。

襄公有疾，召顷公而告之，曰："必善晋周！将得晋国。其行也文，能文则得天地。天地所胙，小而后国。夫敬，文之恭也；忠，文之实也；信，文之孚也；仁，文之爱也；义，文之制也；知，文之舆也；勇，文之帅也；教，文之施也；孝，文之本也；惠，文之慈也；让，文之材也。象天能敬，帅意能忠，思身能信，爱人能仁，利制能义，事建能知，帅义能勇，施辩能教，昭神能孝，慈和能惠，推敌能让。此十一者，夫子皆有焉。

"天六地五，数之常也。经之以天，纬之以地；经纬不爽，文之象也。文王质文，故天胙之以天下。夫子被之矣。其昭穆又近，可以得国。且夫立无跛，正也；视无还，端也；听无耸，成也；言无远，慎也。夫正，

〔补逸〕《国语》：晋襄公之孙惠伯谈的儿子周到周王室去，事奉单襄公，他站立时不会歪着身子，看东西眼珠不会乱转，不竖起耳朵听，不说不着边际的话。说到尊敬必然说到上天，说到忠诚必然要出自心意，说到信用必然说到自身如何，说到博爱必然推及别人，说到道义必定说到对人有利与否，说到智慧必然说到怎样处理好各项事物，说到勇敢一定说到法度，说到教化一定要明辨是非，说到孝道一定要说到祖先神明，说到惠爱一定要说到和睦，说到谦让一定要考虑地位匹配。晋国有忧患，他不曾不愁苦；晋国有喜庆，他不曾不高兴。

单襄公有病，召见他的儿子顷公并告诉他，说："你一定要善待晋周！周将要得到晋国。他的行为有文德，做事有文德必然能得到天地。天地所赐福之人，小可以得到国家，大则可以得到天下。敬，是文德的恭敬；忠，是文德的实质；信，是文德的验证；仁，是文德的普爱；义，是文德的裁决；智，是文德的工具；勇，是文德的统帅；教，是文德的布施；孝，是文德的根本；惠，是文德的慈爱；让，是文德的使用。效法天就能表现恭敬，遵循己意就能显示忠诚，思虑其身就能讲求信义，惠爱别人就能体现仁德，以利为制就能发扬道义，百事建立就能体现智慧，修义而行就能表现勇敢，施教普遍就能推行教化，尊敬神灵就能实行孝道，慈爱和睦就能实行仁爱，推荐和自己匹敌的人就能做到谦让。这十一种美德，晋周都拥有。

"天有阴、阳、风、雨、晦、明六气，地有金、木、水、火、土五行，这是天地的常数。以天之六气为经，以地之五行为纬；经纬没有偏差，是质性有文德的象征。文王有文德，因此上天赐福让他享有天下。晋周能拥有文德，他的族系与晋国公室又最近，所以他可以拥有国家。而且他站立不歪着身子，就是中正；看东西眼珠不乱转，就是端庄；不竖着耳朵听，就是稳重；不说不着边际的话，就是慎重。中正，

德之道也;端,德之信也;成,德之终也;慎,德之守也。守终纯固,道正事信,明令德矣。慎成端正,德之相也。为晋休戚,不背本也。被文相德,非国何取?

"成公之归也,吾闻晋之筮之也,遇《乾》之《否》,曰:'配而不终,君三出焉。'一既往矣,后之不知,其次必此。且吾闻之:成公之生也,其母梦神规其臀以墨,曰:'使有晋国,三而畀骓之孙。'故名之曰黑臀。于今再矣。襄公曰骓,此其孙也。而令德孝恭,非此其谁?且其梦曰'必骓之孙,实有晋国'。其卦曰,'必三取君于周',其德又可以君国,三袭焉。吾闻之《大誓故》曰,'朕梦协于朕卜,袭于休祥,戎商必克',以三袭也。晋仍无道而鲜胄,其将失之矣。必蚤善晋子,其当之也。"顷公许诺。及厉公之乱,召周子而立之,是为悼公。

《史记》:悼公者,其大父捷,晋襄公少子也。不得立,号为桓叔。桓叔最爱。桓叔生惠伯谈,谈生悼公周。

二月乙酉朔,晋悼公即位于朝,始命百官,施舍已责,逮鳏寡,振废滞,匡乏困,救灾患,禁淫慝,薄赋敛,宥罪戾,

是文德的道路；端庄，是文德的信用；稳重，是文德的终结；慎重，是文德的操守。秉守道德，善始善终，行道中正处事诚信，这就表明了晋周的高尚德行。慎重、稳重、端庄、中正这四者，是文德的辅佐。周为晋国的安危而喜忧，是他不忘根本。具备文质而又辅以文德，不得到晋国他还能得到什么呢？

"晋成公从周王室回到晋国时，我听说晋国有人占筮，占筮时遇到《乾》卦变成《否》卦，说：'成公虽然可配先君，但其子孙不能最终享有君位，国君三次从成周出来回到晋国。'成公已从成周回晋国了，最后一人还不知是谁，第二位从周王室回国为君的必是这晋周了。而且我听说成公出生时，他的母亲梦见神在他的臀部上用墨画画，说：'让你拥有晋国，三代以后传给骓的孙子。'因此就给他取名叫'黑臀'。到如今已经两代了。晋襄公叫骓，就晋周就是他孙子。如今他有美德而且孝顺恭敬，不是这晋周还能是谁呢？而且成公母亲的梦说'一定是骓的孙子拥有晋国'。那卦辞说，'一定要三次从周王室迎回君主'，他的德行又可以君临晋国，这叫德、梦、卦三合。我听《尚书·泰誓》说：'我的梦符合我的占卜，并与吉祥的征兆相应，征伐商一定会胜利。'周武王就是以梦、卜、吉祥征兆三者相合为依据。晋国屡次出现无道之君，晋国公族之后又少，而今在位的晋厉公恐怕将要丧失国家了。你一定要及早善待晋周，预言恐怕要应验在他身上。"单顷公答应了。等到厉公之乱时，晋国召回晋周而立他为国君，这就是晋悼公。

《史记》：悼公姬周，他的祖父姬捷，是晋襄公的小儿子。他没能继位，号称桓叔。桓叔最受怜爱。桓叔生了惠伯姬谈，姬谈生了悼公姬周。

二月初一这天，晋悼公在朝廷上举行即位大典，开始任命百官，赏赐众人，免除百姓债务，照顾鳏夫寡妇，起用被废黜和久居下位的贤良，救济贫困，援助灾难，禁止邪恶，减轻税收，宽恕罪过，

节器用,时用民,欲无犯时。使魏相、士鲂、魏颉、赵武为卿。荀家、荀会、栾黡、韩无忌为公族大夫,使训卿之子弟共俭孝弟。使士渥浊为太傅,使修范武子之法。右行辛为司空,使修士蒍之法。弁纠御戎,校正属焉,使训诸御知义。荀宾为右,司士属焉,使训勇力之士时使。卿无共御,立军尉以摄之。祁奚为中军尉,羊舌职佐之。魏绛为司马,张老为候奄。铎遏寇为上军尉,籍偃为之司马,使训卒乘,亲以听命。程郑为乘马御,六驺属焉,使训群驺知礼。凡六官之长,皆民誉也。举不失职,官不易方,爵不逾德,师不陵正,旅不逼师,民无谤言,所以复霸也。

〔考异〕《国语》:既弒厉公,栾武子使知武子、彘恭子如周迎悼公。庚午,大夫逆于清原。公言于诸大夫曰:"孤始愿不及此。孤之及此,天也。抑人之有元君,将禀命焉。若禀而弃之,是焚谷也。其禀而不材,是谷不成也。谷之不成,孤之咎也;成而焚之,二三子之虐也。孤欲长处其愿,出令将不敢不成。二三子为令之不从,故求元君而访焉。孤之不元,废也,其谁怨?元而以虐奉之,二三子之制也。若欲奉元以济大义,将在今日;若欲暴虐以离百姓,反易民常,亦在今日。图之进退,愿由今日。"大夫对曰:"君镇抚群臣,而大庇荫之,无乃不堪君训,而陷于大戮,以烦刑史,

节省器用，按时使用民众，私欲活动不侵犯农时。任命魏相、士鲂、魏颉、赵武担任卿。荀家、荀会、栾黡、韩无忌担任公族大夫，让他们教育卿的子弟恭敬、节俭、孝顺、友爱。任命士渥浊为太傅，让他研习范武子确立的法度。右行辛为司空，让他研习士艻制订的法度。弁纠（即栾纠）驾御战车，校正官归他管辖，让他教育御者明白道义。荀宾为车右，司士官归他管辖，让他教育勇士待时使用。卿没有固定的御者，设军尉来兼管此事。祁奚为中军尉，羊舌职辅佐他。魏绛为中军司马，张老为中军候奄。铎遏寇为上军尉，籍偃给他做司马，让他教育步兵车兵，使士兵和睦，听从上级命令。程郑为乘马御，六驺官归他管辖，让他教育驺官们明白礼仪。大凡各部门的长官，都是百姓赞扬的。被举拔的人不失职，任官不改变常规，授爵不逾越德行，师不凌驾正，旅不逼迫师，百姓没有怨言，因此晋悼公能再次振兴霸业。

〔考异〕《国语》：杀掉晋厉公后，栾武子（即栾书）派知武子（即知罃）、彘恭子（即士鲂）到周王室迎接晋悼公周子回国做国君。正月十五日，晋国大夫们到清原迎接悼公。晋悼公对晋国大夫们声明说："我开始并没有想当这个国君。我当上国君，是上天的旨意。人民有贤德的国君，这是禀受天命。如果禀受天命而抛弃他，这如同焚烧谷物一般。禀受天命而不成材，这如同谷物不成熟。谷子不成，是我的罪过；如果谷子饱成却焚烧它，那就是你们几位暴虐了。我愿长期保持美好的愿望，发出命令不敢不考虑成熟。诸位大夫正是因为政令得不到人民遵从，才去寻访善君。如果我没有好的德行，废掉我，我会怨恨谁呢？如果我有善行而你们虐待我，那就是你们专制了。如果想事奉善君而成就大义，那么就在今天决定；如果想通过暴虐来离散百姓，违反民之常情，也在今天决定。你们考虑一下到底是进奉我为君，还是退而不奉，但愿都能在今天见分晓。"大夫们回答说："您安抚群臣而保护我们，只怕我们不能很好地接受国君的训导而陷于被杀的境地，以致烦劳刑官的文书小吏小报，

辱君之允令，敢不承业。"乃盟而入。

辛巳，朝于武宫。定百事，立百官，育门子，选贤良，兴旧族，出滞赏；毕故刑，赦囚系，宥闲罪；荐积德，逮鳏寡，振废淹，养老幼，恤孤疾。年过七十者，公亲见之，称曰王父，王父不敢不承。

二月乙酉，悼公即位。使吕宣子佐下军，曰："邲之役，吕锜佐知庄子于上军，获楚公子縠臣与连尹襄老，以免子羽。鄢之役，亲射楚王而败楚师，以定晋国。而无后，其子孙不可不崇也。"使彘恭子将新军，曰："武子之季，文子之母弟也。武子宣法，以定晋国，至于今是用；文子勤身，以定诸侯，至于今是赖。夫二子之德，其可忘乎？"故以彘季屏其宗。使令狐文子佐之，曰："昔克潞之役，秦来图败晋功，魏颗以其身却退秦师于辅氏，亲止杜回，其勋铭于景钟。至于今不育，其子不可不兴也。"

君知士贞子之帅志博闻，而宣惠于教也，使为大傅；知右行辛之能以数宣物定功也，使为元司空；知栾纠之能御以和于政也，使为戎御；知荀宾之有力而不暴也，使为戎右。

侮辱您的命令,怎敢不承命从事?"于是悼公与群臣盟誓后就进入国都。

正月二十六日,百官在武公庙中朝见晋悼公。议定百事,设立百官,养育大夫的嫡子,选拔有德行才能的人,起用旧臣子孙,赏赐对先君有功而没有受赏的人;停止过去判刑而今仍在服的劳役,释放囚犯,宽赦嫌犯;举荐有德之人,惠及鳏夫寡妇,起用被废黜已久的贤者,供养老人和小孩,抚恤孤儿残疾。年过七十的人,悼公亲自接见他们,称他们为王父,表示不敢不按他们的心意办事。

二月初一这一天,晋悼公即位。他派吕锜儿子吕宣子辅佐下军,说:"郔之战,吕锜在上军中辅佐知庄子(即荀首),俘虏了楚国公子谷臣和连尹襄老,因而使知庄子的儿子子羽(即知罃)免于被楚国人杀掉。鄢陵之战,吕锜亲手射中楚共王的眼睛,大败楚军,因而安定了晋国。但是他的后人没有官在显位的,他的子孙不可以不尊崇。"又派彘恭子率领新军,说:"你是范武子的小儿子,是范文子的同母弟弟。范武子宣明法令来安定晋国,晋国到今天还在使用他的法令;范文子劳苦自己来安抚诸侯,晋国到如今还蒙受他的恩惠。这两个人的德行,难道能忘记吗?"因此派彘季(即彘恭子)保卫他的宗族。并派令狐文子(即魏颉)辅佐彘恭子,说:"从前攻克潞国的战役,秦桓公前来图谋毁坏晋国的功业,魏颉的父亲魏颗亲自抵御秦师,在辅氏打败他们,抓回了秦国的大力士杜回,他的功勋铭刻于景公钟上。他的后人至今不得志,他的儿子不可以不起用。"

悼公知道士贞子(即士渥浊)能够遵循书志、博学多闻,而且能普施惠爱于教化,于是就让他做太傅;知道右行辛擅长计算,能够阐明物理成就事功,因此便让他作了大司空;知道栾纠能够驾驭兵车来和协军政,因此就让他驾驭悼公的战车;知道荀宾有力气而不粗暴,于是让他做了悼公战车上的车右。

栾伯请公族大夫，公曰："荀家惇惠，荀会文敏，黡也果敢，无忌镇靖。使兹四人者为之。"夫膏粱之性难正也，故使惇惠者教之，使文敏者道之，使果敢者谂之，使镇靖者修之。惇惠者教之，则遍而不倦；文敏者道之，则婉而入；果敢者谂之，则过不隐；镇靖者修之，则壹。使兹四人者为公族大夫。

公知祁奚之果而不淫也，使为元尉；知羊舌职之聪敏肃给也，使佐之；知魏绛之勇而不乱也，使为元司马；知张老之知而不诈也，使为元候；知铎遏寇之恭敬而信强也，使为舆尉；知籍偃之惇率旧职而共给也，使为舆司马；知程郑之端而不淫，且好谏而不隐也，使为赞仆。

始合诸侯于虚朾以救宋，使张老延君誉于四方，且观道逆者。吕宣子卒，公以赵文子为文也，而能恤大事，使佐新军。三年，公始合诸侯。四年，诸侯会于鸡丘，于是乎布令、结援，修好、申盟而还。令狐文子卒，公乃以魏绛为不犯，使佐新军。使张老为司马，使范献子为候奄。公誉达于戎。五年，诸戎来请服，使魏庄子盟之。于是乎始复伯。

栾伯（即栾武子）请求公族大夫的人选，悼公说："荀家敦厚仁惠，荀会知礼通达，栾黡果断敢为，韩无忌镇定沉稳。让这四个人去做公族大夫。"公族子弟生性骄横放纵而难以纠正，因此让敦厚仁惠的人去教导他们，让知礼敏捷的人去引导他们，让果断敢为的人去规谏他们，让镇定沉稳的人去培养他们。让敦厚仁惠的人教导他们，就可以遍及众人而不懈怠；让知礼通达的人引导他们，就会委婉而容易接受；让果断敢为的人规谏他们，那么他们的罪过就不会隐瞒；让镇定沉稳的人培养他们，他们就会始终如一。因此叫这四个人去做公族大夫。

悼公知道祁奚果敢而不放纵，因此让他担任中军尉的职务；知道羊舌职聪明敏捷，于是就让他担任祁奚的副手；知道魏绛勇敢而不昏乱，就让他担任中军司马的职务；知道张老机智而不诈伪，就让他担任中军候奄的职务；知道铎遏寇恭敬而守信刚强，就让他担任上军尉的职务；知道籍偃能敦厚地履行旧职而且恭敬敏捷，就让他担任上军司马的职务；知道程郑端庄稳重而不淫邪，而且喜欢直言进谏而不隐瞒实情，就让他担任乘马御的职务。

悼公开始在宋国虚打会合诸侯来救援宋国，派张老向四方称颂晋君的声誉，并且察看诸侯们的顺逆态度。吕宣子去世，悼公认为赵文子（即赵武）有文德，而且能考虑重大的事情，于是就派他去担任新中军的副将。悼公三年，悼公开始会合天下的诸侯。四年，诸侯在鸡丘（即鸡泽）会盟，会上悼公发布了命令、缔结了互助盟约、修复了彼此间的友好关系、重温了过去的盟誓，然后才回到晋国。令狐文子去世，悼公认为魏绛行为规范没有错误，于是又让他担任新军的副将。让张老担任中军司马，让范献子担任中军候奄。悼公的声誉远扬到戎狄地区。五年，各个戎狄部落的人都来请求归服晋国，于是悼公就派魏庄子（即魏绛）去和他们结盟。从此时开始，晋悼公开始恢复晋文公的霸业，重新称雄诸侯。

公如晋,朝嗣君也。

夏六月,郑伯侵宋,及曹门外,遂会楚子伐宋,取朝郏。楚子辛、郑皇辰侵城郜,取幽丘;同伐彭城。纳宋鱼石、向为人、鳞朱、向带、鱼府焉,以三百乘戍之而还。书曰"复入"。凡去其国,国逆而立之,曰"入";复其位,曰"复归";诸侯纳之,曰"归";以恶曰"复入"。宋人患之。西钼吾曰:"何也?若楚人与吾同恶,以德于我,吾固事之也,不敢贰矣。大国无厌,鄙我犹憾。不然而收吾憎,使赞其政,以间吾衅,亦吾患也。今将崇诸侯之奸,而披其地,以塞夷庚。逞奸而携服,毒诸侯而惧吴、晋,吾庸多矣,非吾忧也。且事晋何为?晋必恤之。"

公至自晋。晋范宣子来聘,且拜朝也。君子谓晋于是乎有礼。

秋,杞桓公来朝,劳公,且问晋故。公以晋君语之。杞伯于是骤朝于晋,而请为昏。七月,宋老佐、华喜围彭城,老佐卒焉。冬十一月,楚子重救彭城,伐宋。宋华元如晋告急。韩献子为政,曰:"欲求得人,必先勤之。成霸、安疆,自宋始矣。"晋侯师于台谷以救宋,遇楚师于靡角之谷。楚师还。晋士鲂来乞师,季文子问师数于臧武仲。对曰:

鲁成公到晋国，朝见新立的国君晋悼公。

夏季六月，郑成公进攻宋国，到达宋国都城曹门外边，于是就会合楚共王一起攻打宋国，占领了朝郏。楚国的子辛、郑国的皇辰攻打宋国的城郜，夺取了幽丘；又一起攻打彭城。他们护送逃亡到楚国的宋国大夫鱼石、向为人、鳞朱、向带、鱼府到彭城，用三百辆战车戍守彭城然后回国。《春秋》记载鱼石等人回彭城说"复入"。凡是离开自己的国家，本国迎接并拥立他，叫作"入"；恢复他原来的地位，叫作"复归"；诸侯把他护送回国，叫作"归"；使用不正当手段使他们回国的，叫作"复入"。宋国人担忧这件事。宋国大夫西鉏吾说："有什么可担心的？如果楚国人和我们同仇敌忾，施恩德给我们，我们本来就会事奉他们，不敢有三心二意。可是楚国贪得无厌，把我国作为他们的边邑还觉得不满足。然而他们不是和我们同仇敌忾却收留我们憎恨的人，让他们辅佐其政事，等候机会钻我们的空子，这才是我们的祸患。如今楚国尊崇诸侯的乱臣，又分给他们土地，阻塞吴国、晋国间的通道。使乱臣称心如意而使本来服从他们的国家离心，毒害诸侯并使吴国、晋国害怕，我们的利益就太多了，这并不是我们的忧患。再说事奉晋国是为了什么？晋国必定会救援我们。"

鲁成公从晋国回到鲁国。晋国的范宣子前来鲁国聘问，并且答拜鲁成公对晋悼公的朝见。君子说晋国在这件事情上是合于礼法的。

秋季，杞桓公前来鲁国朝见，慰劳鲁成公，同时询问晋国的消息。鲁成公把晋悼公的情况告诉他。杞桓公因此很快到晋国朝见并请求通婚。七月，宋国的司马老佐、司徒华喜包围彭城，但老佐死在这次战役中。冬季十一月，楚国的子重率兵救援彭城，攻打宋国。宋国大夫华元到晋国告急。这时韩献子执掌晋国政事，他说："想要得到别人的拥护，一定要先援助他们。成就霸业、安定疆土，从宋国开始。"晋悼公率军驻扎在台谷以救援宋国，在靡角之谷和楚军相遇。楚军自动撤退回国。晋国士鲂前来鲁国请求出兵，季文子问臧武仲出兵的数字。臧武仲回答说：

"伐郑之役,知伯实来,下军之佐也。今巩季亦佐下军,如伐郑可也。事大国无失班爵,而加敬焉,礼也。"从之。

襄公元年春己亥,围宋彭城,非宋地,追书也。于是为宋讨鱼石,故称宋,且不登叛人也,谓之宋志。彭城降晋,晋人以宋五大夫在彭城者归,置诸瓠丘。齐人不会彭城,晋人以为讨。二月,齐太子光为质于晋。

夏五月,晋韩厥、荀偃帅诸侯之师伐郑,入其郛,败其徒兵于洧上。于是东诸侯之师次于鄫,以待晋师。晋师自郑以鄫之师侵楚焦、夷及陈。晋侯、卫侯次于戚以为之援。秋,楚子辛救郑,侵宋吕、留。郑子然侵宋,取犬丘。

冬,卫子叔、晋知武子来聘,礼也。凡诸侯即位,小国朝之,大国聘焉,以继好、结信,谋事、补阙,礼之大者也。

二年春,郑师侵宋,楚令也。

郑成公疾,子驷请息肩于晋。公曰:"楚君以郑故,亲集矢于其目;非异人任,寡人也。若背之,是弃力与言,其谁昵我?免寡人,唯二三子。"秋七月庚辰,郑伯睔卒。于是子罕当国,子驷为政,子国为司马。晋师侵郑,诸大夫欲从晋。子驷曰:"官命未改。"

"晋国攻打郑国的那次战役，是知伯（即知䓨）来请求出兵的，他是下军的副帅。现在㘅恭子也是晋国下军的副帅，鲁国用同攻打郑国时一样的数字就可以了。事奉大国，不要违背使者的爵位次序，而且要更加地恭敬，这是合于礼法的。"季文子听从了臧武仲的建议。

　　鲁襄公元年春季正月二十五日，鲁国的孟献子会同晋国栾黡、宋国华元、卫国宁殖、曹人、莒人、邾人、滕人、薛人包围宋国的彭城，彭城已经不是宋国的地方，这是《春秋》追记的。此时诸侯是为宋国讨伐鱼石，所以举出宋国，并且表示不赞同叛变的人，这是宋国人的意志。彭城投降晋国，晋国人把在彭城的宋国鱼石、向为人、鳞朱、向带、鱼府五位大夫带回去，安置在瓠丘。齐人没有到彭城会合，晋人为此又去讨伐齐国。这年二月，齐国太子光到晋国做人质。

　　夏季五月，晋国的韩厥（即韩献子）、荀偃（即中行偃）率领诸侯的军队攻打郑国，攻入了郑都的外城，在洧水边上打败郑国的步兵。这时东方诸侯国齐国、鲁国、曹国、邾国、杞国的军队驻扎在郑国的鄟地，等待和晋军会合。晋军从郑国率领驻扎在鄟地的军队侵袭楚国的焦地、夷地和陈国。晋悼公、卫献公驻扎在戚地，作为他们的后援。秋季，楚国的子辛发兵救援郑国，侵袭宋国的吕地、留地。郑国的子然侵袭宋国，占领了犬丘。

　　冬季，卫国的子叔、晋国的知䓨（武子）前来鲁国聘问，这是合于礼法的。凡是诸侯即位，小国来朝见，大国来聘问，以继续友好关系、取得相互信任、商讨国事、补正过失，这是礼仪中的大事。

　　二年春季，郑国的军队侵袭宋国，这是楚国命令的。

　　郑成公有病，子驷请求解除楚国的负担而服从晋国。郑成公说："楚共王由于郑国的缘故，他的眼睛被箭只射中；这不是为别人承担灾祸，而是为了寡人啊。如果背叛他，这就丢弃了人家的功劳和自己的誓言，还有谁来亲近我呢？使寡人免于过错，全在你们几位了。"秋季七月初九，郑成公薨去世。这时，郑国由子罕主持国事，子驷执政，子国为司马。晋军侵袭郑国，大夫们想要服从晋国。子驷说："国君的命令还没有改变。"

会于戚，谋郑故也。孟献子曰："请城虎牢以逼郑。"知武子曰："善。鄬之会，吾子闻崔子之言，今不来矣。滕、薛、小邾之不至，皆齐故也。寡君之忧不唯郑。罃将复于寡君，而请于齐。得请而告，吾子之功也。若不得请，事将在齐。吾子之请，诸侯之福也，岂唯寡君赖之。"冬，复会于戚。齐崔武子及滕、薛、小邾之大夫皆会，知武子之言故也。遂城虎牢，郑人乃成。

楚公子申为右司马，多受小国之赂，以逼子重、子辛。楚人杀之，故书曰"楚杀其大夫公子申"。

三年春，公如晋，始朝也。夏，盟于长樗，孟献子相。公稽首。知武子曰："天子在，而君辱稽首，寡君惧矣。"孟献子曰："以敝邑介在东表，密迩仇雠，寡君将君是望，敢不稽首？"

晋为郑服故，且欲修吴好，将合诸侯，使士匄告于齐曰："寡君使匄以岁之不易，不虞之不戒。寡君愿与一二兄弟相见，以谋不协，请君临之，使匄乞盟。"齐侯欲勿许，而难为不协，乃盟于耏外。

祁奚请老，晋侯问嗣焉。称解狐，其仇也。将立之，而卒。又问焉，对曰："午也可。"于是羊舌职死矣。晋侯曰：

鲁国的孟献子和晋国的知罃、宋国的华元、卫国的孙林父、曹人、邾人在卫国戚地会见，这是为了谋划征服郑国。孟献子说："请在虎牢筑城以逼迫郑国。"知罃说："好。鄬地的盟会，您听到了齐国崔杼的话，果然现在他不来了。滕国、薛国、小邾不来，都是因为齐国的缘故。敝国国君的忧患不只是郑国。知罃我准备向敝国国君报告，并向齐国请求参加会见。如果请求得到齐国的同意，便告诉诸侯共同在虎牢筑城，那么这将是您的功劳。如果请求得不到齐国的同意，战争将会在齐国发生。您的这一请求，是诸侯的福气，岂只是敝国国君依赖它。"冬季，诸侯们再次在戚地会见。齐国的崔武子（即崔杼）和滕国、薛国、小邾的大夫都参加了会见，这是由于知罃一番话的缘故。于是就在虎牢筑城，郑国人这才和晋讲和。

楚国的公子申做右司马，他接受小国很多财物，又企图逼迫子重、子辛。楚国人杀了他，所以《春秋》记载说："楚国杀了它的大夫公子申。"

三年春季，鲁襄公到晋国，这是他即位后初次朝见晋君。夏季，两国在晋郊长樗会盟，孟献子做鲁襄公的相礼。鲁襄公叩头。知罃说："如今有天子在，而辱劳贵国国君行稽首礼，敝国国君感到为难了。"孟献子说："由于敝邑地在东边，紧挨着仇敌，敝国国君将完全依靠贵国国君，岂敢不行稽首礼？"

晋国因为郑国顺服的缘故，并且想要和吴国修好，打算会合诸侯，于是就派士匄（即范宣子）到齐国报告说："敝国国君派士匄我前来，是因为近年来诸侯间多有纠纷，因此对意外的事情没有戒备。敝国国君愿意和各位兄弟国家相见，来商讨解决彼此间的不和睦，请您光临，派我来请求结盟。"齐灵公不想答应，却又不敢表示心怀异志，于是就在耏水边和晋国结盟。

祁奚请求告老退休，晋悼公问他谁可以接替他的职位。祁奚推举解狐，解狐是他的仇人。晋悼公正要立解狐为中军尉，解狐却死了。晋悼公又问祁奚谁可接任，祁奚回答说："我的儿子祁午可以。"正在这时候祁奚的副手羊舌职死了。晋悼公说：

"孰可以代之?"对曰:"赤也可。"于是使祁午为中军尉,羊舌赤佐之。君子谓祁奚"于是能举善矣,称其仇不为谄,立其子不为比,举其偏不为党。《商书》曰,'无偏无党,王道荡荡',其祁奚之谓矣。解狐得举,祁午得位,伯华得官,建一官而三物成,能举善也。夫唯善,故能举其类。《诗》云,'惟其有之,是以似之',祁奚有焉"。

〔补逸〕《国语》:祁奚辞于军尉。公问焉,曰:"孰可?"对曰:"臣之子午可。人有言曰:'择臣莫若君,择子莫若父。'午之少也,婉以从令,游有乡,处有所,好学而不戏。其壮也,强志而用命,守业而不淫。其冠也,和安而好敬,柔惠小物,而镇定大事,有直质而无流心。非义不变,非上不举。若临大事,其可以贤于臣也。臣请荐所能择,而君比义焉。"公使祁午为军尉。没平公,军无秕政。

六月,公会单顷公及诸侯。己未,同盟于鸡泽。晋侯使荀会逆吴子于淮上,吴子不至。

楚子辛为令尹,侵欲于小国。陈成公使袁侨如会,求成,晋侯使和组父告于诸侯。秋,叔孙豹及诸侯之大夫及陈袁侨盟,陈请服也。

"谁可以代替羊舌职的职位?"祁奚回答说:"羊舌职的儿子羊舌赤可以。"于是,晋悼公就让祁午做中军尉,羊舌赤辅佐他。君子称许祁奚"在这件事上算能推举贤能的人了。举荐他的仇人,不能算是谄媚;推立他的儿子,不能算是偏私;荐举他属官的儿子,不能算是结党。《商书》说,'不偏私不结党,先王正道浩浩荡荡',称赞的正是祁奚这样的人了。解狐得到荐举,祁午得到官位,伯华(即羊舌赤)得到官职,立一个中军尉之官而三件好事都做成了,这是由于能举荐贤能的人。因为他贤明,所以能推举跟自己一样的人。因此《诗经》说:'正因为有这美德,因而所举荐的人也是像他那样的人',祁奚就具有诗中所称道的美德"。

〔补逸〕《国语》:祁奚请求告老退休辞去中军尉的职务。晋悼公向他询问说:"谁可以接任中军尉?"祁奚回答说:"臣的儿子祁午可以。俗话说:'选择臣子,没有谁比国君更合适;选择儿子,没有谁上父亲更合适。'祁午幼年的时候,温顺听话,出游必定有固定的方向,居住必定有固定的处所,喜欢学习而不喜欢嬉戏。他长大后,博闻强识而遵从父命,恪守学业而不越本分。他年满二十岁后,温顺安分而喜好恭敬,在小事上有仁惠慈爱之心,而能沉着应付大事,有正直的性格而没有放纵的心理。除非事情合于义,否则不轻易改变;除非事情合于礼,否则不轻易行动。如果遇到战事,他大概可以比臣有才能。臣请求荐举自己所能挑选的人才,而由您比较选择吧。"晋悼公便让祁午做中军尉。一直到晋平公去世,晋军没有不良的政治措施。

六月,鲁襄公会见单顷公和晋悼公、宋平公、卫献公、郑僖公、莒犁比公、邾宣公、齐国的太子光等。六月二十三日,诸侯们在鸡泽会盟。晋悼公派荀会到淮水边上迎接吴国国君寿梦,但吴国国君没有来。

楚国子辛担任令尹,不断侵害勒索小国。陈成公派袁侨到会请求结盟,晋悼公派和组父向诸侯通报此事。秋季,鲁国叔孙豹和诸侯的大夫及陈国袁侨结盟,这是因为陈国请求归顺的缘故。

晋侯之弟扬干乱行于曲梁，魏绛戮其仆。晋侯怒，谓羊舌赤曰："合诸侯，以为荣也。扬干为戮，何辱如之？必杀魏绛，无失也！"对曰："绛无贰志，事君不辟难，有罪不逃刑。其将来辞，何辱命焉？"言终，魏绛至。授仆人书，将伏剑。士鲂、张老止之。公读其书曰："日君乏使，使臣斯司马。臣闻'师众以顺为武，军事有死无犯为敬'。君合诸侯，臣敢不敬？君师不武，执事不敬，罪莫大焉。臣惧其死，以及扬干，无所逃罪。不能致训，至于用钺，臣之罪重，敢有不从，以怒君心？请归死于司寇。"公跣而出，曰："寡人之言，亲爱也；吾子之讨，军礼也。寡人有弟，弗能教训，使干大命，寡人之过也。子无重寡人之过。敢以为请。"晋侯以魏绛为能以刑佐民矣，反役，与之礼食，使佐新军。张老为中军司马，士富为候奄。

〔补逸〕《国语》：悼公使张老为卿，辞曰："臣不如魏绛。夫绛之知，能治大官；其仁，可以利公室不忘；其勇不疚于刑；其学不废其先人之职。若在卿位，外内必平。且鸡丘之会，其官不犯而辞顺，不可不赏也。"公五命之，固辞。乃使为司马，使魏绛佐新军。

楚司马公子何忌侵陈，陈叛故也。

晋悼公的弟弟扬干在曲梁扰乱了参加盟会军队的行列,于是魏绛便杀了他的车夫。晋悼公大怒,对羊舌赤说:"会合诸侯是可以引以为荣的。扬干的车夫被杀,还有什么比这更大的侮辱?一定要杀掉魏绛,不能放过他!"羊舌赤回答说:"魏绛对晋国没有二心,事奉您不避危难,有了罪过不逃避刑罚。他会来解释的,哪里会辱劳您发布命令呢?"话刚说完,魏绛就来了。他把书信交给晋悼公的仆人,便要用剑自杀。士鲂、张老劝阻了他。晋悼公读他的信说:"以前国君缺乏人手,让臣担任这个司马。臣听说'军队以服从上级命令为威武,军旅之事以宁死不触犯军纪为恭敬'。您会合诸侯,我怎敢不恭敬?您的军队不威武,办事的人员不恭敬,没有比这再大的罪过了。我害怕触犯不威武、不恭敬的死罪,所以才累及扬干,罪过是无法逃脱的。我事先没能教导师旅,以至于动用了斧钺等刑器,我的罪过很重,怎敢不服从惩罚而激怒您呢?请让我回国在司寇那里受刑。"晋悼公光着脚走出来,说:"我的话,是出于对兄弟的亲爱;您的诛戮,是为了执行军法。我有弟弟却不能教育训导他,而使他触犯了军令,这是我的过错。您不要再加重我的过错。拜托您了。"晋悼公认为魏绛能够用刑罚来治理百姓,从鸡泽返回晋国,特地在太庙设宴招待魏绛,任命他为新军副帅。张老为中军司马,士富(即范献子)为中军候奄。

〔补逸〕《国语》:晋悼公让张老做新军副帅,列为晋卿,张老推辞说:"臣赶不上魏绛。魏绛的智慧,能够胜任卿职;他的仁爱,可以不忘利于公室;他的勇气能够不怕刑罚;他的学问没有废弃其先人之职。倘若使他列在卿位,国家内外一定平安。并且在鸡泽的会盟,他履行职责不犯军法而且言辞恭顺,不能不对他行赏。"晋悼公五次命令张老担任新军副帅,张老坚决推辞。于是晋悼公让张老担任中军司马,派魏绛担任新军副帅。

楚国的司马公子何忌领兵侵袭陈国,这是由于陈国背叛楚国的缘故。

许灵公事楚,不会于鸡泽。冬,晋知武子帅师伐许。

四年春,楚师为陈叛故,犹在繁阳。韩献子患之,言于朝曰:"文王帅殷之叛国以事纣,唯知时也。今我易之,难哉!"三月,陈成公卒。楚人将伐陈,闻丧乃止。陈人不听命。臧武仲闻之,曰:"陈不服于楚,必亡。大国行礼焉,而不服,在大犹有咎,而况小乎?"夏,楚彭名侵陈,陈无礼故也。

穆叔如晋,报知武子之聘也。晋侯享之,金奏《肆夏》之三,不拜。工歌《文王》之三,又不拜。歌《鹿鸣》之三,三拜。韩献子使行人子员问之,曰:"子以君命辱于敝邑,先君之礼,藉之以乐,以辱吾子。吾子舍其大而重拜其细,敢问何礼也?"对曰:"《三夏》,天子所以享元侯也,使臣弗敢与闻。《文王》,两君相见之乐也,臣不敢及。《鹿鸣》,君所以嘉寡君也,敢不拜嘉?《四牡》,君所以劳使臣也,敢不重拜?《皇皇者华》,君教使臣曰,'必谘于周'。臣闻之,'访问于善为咨,咨亲为询,咨礼为度,咨事为诹,咨难为谋'。臣获五善,敢不重拜?"

楚人使顿间陈而侵伐之,故陈人围顿。

无终子嘉父使孟乐如晋,因魏庄子纳虎豹之皮,以请和诸戎。晋侯曰:"戎狄无亲而贪,不如伐之。"魏绛曰:"诸

许灵公事奉楚国，因此没来参加鸡泽的会盟。这年冬季，晋国的知䓫率领军队攻打许国。

四年春季，楚国军队因为陈国背叛的缘故，一直驻扎在繁阳。晋国的韩厥担心这件事，在朝廷上说："周文王率领背叛殷商的国家去事奉商纣王，是由于他知道时机尚未成熟。而现在我们却改变周文王的做法，要想称霸真是难啊！"三月，陈成公去世。楚国人准备攻打陈国，听到陈成公去世就停止了。但陈国人仍不听从楚国的命令。鲁国的臧武仲听到这件事，说："陈国不服从楚国，一定会灭亡。大国行为合乎礼仪而陈国不服从，这么做对大国来说尚且会有灾祸，何况是小国呢？"夏季，楚国将领彭名率兵侵袭陈国，这是由于陈国对楚国无礼的缘故。

鲁国大夫穆叔（即叔孙豹）到晋国去，这是回报晋国知䓫的聘问。晋悼公设享礼招待他，用金属乐器演《肆夏》《韶夏》《纳夏》三章乐曲，叔孙豹没有答拜。乐工歌唱《文王》《大明》《绵》三曲，叔孙豹还是没有答拜。乐工歌唱《鹿鸣》《四牡》《皇皇者华》三曲，叔孙豹才起身，并连续三次答拜。韩厥派行人子员去问叔孙豹，说："您奉国君的命令辱临敝邑，敝邑依先君的礼仪，进献音乐来招待您。您舍弃大的而再三拜小的乐歌，敢问这是什么礼仪？"叔孙豹回答说："《三夏》，是天子用来招待诸侯领袖的，使臣不敢听它。《文王》，是两国国君相见的音乐，使臣不敢参与。《鹿鸣》，是贵国国君用来嘉奖敝国国君的，我怎敢不拜谢这嘉奖呢？《四牡》，是国君用来慰劳使臣的，我怎敢不再拜？《皇皇者华》，是国君教导使臣说：'一定要向忠信的人请教咨询。'臣听说，'向善人访问叫咨，咨询亲戚叫询，咨询礼仪叫度，咨询政事叫诹，咨询困难叫谋'。臣获得这五种善道，怎敢不再拜呢？"

楚国人让顿国乘陈国不备而进攻陈国，所以陈国人一气之下包围了顿国。

无终国君嘉父派孟乐到晋国去，通过魏绛（庄子）的关系向晋悼公奉献了虎豹的皮毛，以此来请求晋国和各部戎人讲和。晋悼公说："戎狄不认亲情而且贪婪，不如讨伐他们。"魏绛说："诸

侯新服,陈新来和,将观于我。我德则睦,否则携贰。劳师于戎,而楚伐陈,必弗能救,是弃陈也,诸华必叛。戎,禽兽也。获戎失华,无乃不可乎?《夏训》有之曰,'有穷后羿……'"公曰:"后羿何如?"对曰:"昔有夏之方衰也,后羿自鉏迁于穷石,因夏民以代夏政。恃其射也,不修民事,而淫于原兽。弃武罗、伯因、熊髡、龙圉而用寒浞。

"寒浞,伯明氏之谗子弟也。伯明后寒弃之,夷羿收之,信而使之,以为己相。浞行媚于内,而施赂于外,愚弄其民,而虞羿于田。树之诈慝,以取其国家,外内咸服。羿犹不悛,将归自田,家众杀而亨之,以食其子。其子不忍食诸,死于穷门。靡奔有鬲氏。浞因羿室,生浇及豷,恃其谗慝、诈伪,而不德于民,使浇用师灭斟灌及斟寻氏。处浇于过,处豷于戈。靡自有鬲氏收二国之烬,以灭浞而立少康。少康灭浇于过,后杼灭豷于戈。有穷由是遂亡,失人故也。

"昔周辛甲之为大史也,命百官,官箴王阙。于《虞人之箴》曰:'芒芒禹迹,画为九州,经启九道。民有寝庙,兽有茂草,各有攸处,德用不扰。在帝夷羿,冒于原兽,忘其国恤,而思其麀牡。武不可重,用不恢于夏家。兽臣司原,

侯新近才顺服,陈国新近才前来和好,他们都在观察我们晋国的行为。如果我们有德,他们就与我们亲睦,否则就背离我们。我们以兵征讨戎人,一旦楚国乘机攻打陈国,我们肯定不能去救援,这实际上是丢弃了陈国,这样中原各国一定会背叛我们。戎人犹如禽兽。得到戎人而失掉中原诸国,恐怕不合适吧?《夏训》有这样的话说:'有穷的后羿……'"晋悼公插话说:"后羿怎么样?"魏绛回答说:"从前夏朝刚刚衰落的时候,后羿从鉏地迁到穷石,依靠夏朝的百姓而取代了夏朝政权。后羿依仗他的射箭技术,不重视治理百姓的事情,而沉溺于打猎。他抛弃武罗、伯囚、熊髡、尨圉等贤臣而重用寒浞。

"寒浞,是伯明氏善进谗言的子弟。寒国国君伯明抛弃了他,后羿却收留了他,信任并任用他,让他作为自己的辅佐。寒浞对内取媚于后羿的宫妾,对外广施财物给后羿的左右,愚弄百姓,而使后羿沉溺于打猎。寒浞扶植了奸诈邪恶者,来夺取后羿的国和家,外部和内部都顺服于他。后羿还是不悔改,将要从打猎的地方回朝时,其家臣将他杀掉并煮了他,让他的儿子吃。后羿的儿子不忍心吃自己父亲的肉,寒浞又把后羿的儿子杀死在穷国的城门口。夏的遗臣靡逃到有鬲氏。寒浞占有了后羿的家室和妻妾,生下浇和豷,并依仗着他的奸邪伪诈而对百姓不施恩德,然后又派浇带领军队灭掉了夏国同姓诸侯国斟灌和斟寻氏。让浇住在过地,让豷住在戈地。靡从有鬲氏那里收集斟灌和斟寻两国的遗民,用他们灭掉了寒浞而拥立少康。少康在过地灭掉了浇,少康之子后杼在戈地灭掉了豷。有穷氏从此就灭亡了,这就是失去贤人的缘故。

"从前周朝的辛甲做太史的时候,命令百官都要劝诫天子的过失。在《虞人之箴》里说:'辽远的夏禹遗迹,划分为九州,开通了九州的道路。百姓有了寝屋和宗庙,野兽有了茂盛的青草,人兽各有居住的地方,因此互不干扰。后羿身居帝位,贪恋着打猎,忘记了国家的忧患,而思念的只是飞禽走兽。武事不可以繁多,因而后羿用武力不能扩大夏后氏的国家。虞人管田猎之事,

敢告仆夫。'《虞箴》如是,可不惩乎?"于是晋侯好田,故魏绛及之。

公曰:"然则莫如和戎乎?"对曰:"和戎有五利焉:戎狄荐居,贵货易土,土可贾焉,一也;边鄙不耸,民狎其野,穑人成功,二也;戎狄事晋,四邻振动,诸侯威怀,三也;以德绥戎,师徒不勤,甲兵不顿,四也;鉴于后羿,而用德度,远至迩安,五也。君其图之!"公说,使魏绛盟诸戎,修民事,田以时。

五年秋,楚人讨陈叛故,曰"由令尹子辛实侵欲焉",乃杀之。书曰"楚杀其大夫公子壬夫",贪也。君子谓楚共王"于是不刑。《诗》曰:'周道挺挺,我心扃扃。讲事不令,集人来定。'己则无信,而杀人以逞,不亦难乎?《夏书》曰:'成允成功。'"九月丙午,盟于戚,会吴,且命戍陈也。

楚子囊为令尹。范宣子曰:"我丧陈矣。楚人讨贰而立子囊,必改行,而疾讨陈。陈近于楚,民朝夕急,能无往乎?有陈,非吾事也,无之而后可。"冬,诸侯戍陈,子囊伐陈。十一月甲午,会于城棣以救之。

谨敢以此规劝帝王的左右。'《虞箴》是这样说的,能不鉴戒吗?"
当时晋悼公喜欢打猎,所以魏绛提到了这件事。

晋悼公说:"这样说来,就没有比跟戎人讲和更好的对策
吗?"魏绛回答说:"跟戎人讲和有五种好处:戎狄逐水草而居,
重视财货而轻视土地,他们的土地可以收买,这是第一种;边境
不再恐惧,百姓安心在田野里耕作,农夫可以收获庄稼,这是第
二种;戎狄事奉晋国,四周的邻国受到震动,诸侯被威慑而怀服,
这是第三种;用德行安抚戎人,军队不劳苦,武器不损坏,这是
第四种;鉴戒后羿的教训,并利用道德和法度,使远国来朝,近
国安心,这是第五种。您还是考虑一下吧!"晋悼公很高兴,派
魏绛跟各部戎人结盟,并且重视治理百姓的事,打猎也按照时令
进行。

五年秋季,楚国人质问陈国背叛的缘故,陈国人说:"是由于
楚国令尹子辛(即公子壬夫)侵害小国以满足他个人的欲望。"于
是楚国杀掉了令尹子辛。《春秋》记载此事说"楚国杀掉了其大
夫公子壬夫",这是他贪婪的缘故。君子认为楚共王"在这件事
上用刑不当。逸《诗》说:'大路笔直,我的心明亮。谋划政事不
妥善,应该聚集贤人来商议决定。'自己没有信用,反而杀人来立
威,不也是很难将国家治理好吗?《夏书》说:'履行信用然后才
能成功。'"九月二十三日,鲁襄公和晋悼公、宋平公、陈哀公、卫
献公、郑僖公、曹成公、莒犁比公、邾宣公、滕成公、薛献公、齐国
的太子光、吴人、鄫人在卫国戚地结盟,会见了吴人,同时晋国命
令诸侯出兵戍守陈国。

楚国的子囊做了令尹。晋国的大夫范宣子说:"我们失去陈
国了。楚国讨伐二心的陈国又立了子囊,必定会改变子辛原来
的做法而很快地讨伐陈国。陈国靠近楚国,百姓时时恐惧敌人
的入侵,他们能不归向楚国吗? 保有陈国,对我国没什么意义,
放弃它以后才好办。"冬季,诸侯派兵戍守陈国,子囊攻打陈国。
十一月十二日,鲁襄公和晋悼公、宋平公、卫献公、郑僖公、曹成
公、齐国的太子光在郑国城棣会合以救援陈国。

　　七年冬，楚子囊围陈。会于鄬以救之。陈人患楚，庆虎、庆寅谓楚人曰："吾使公子黄往而执之。"楚人从之。二庆使告陈侯于会曰："楚人执公子黄矣。君若不来，群臣不忍社稷、宗庙，惧有二图。"陈侯逃归。

　　八年春，公如晋朝，且听朝聘之数。

　　庚寅，郑子国、子耳侵蔡，获蔡司马公子燮。郑人皆喜，唯子产不顺，曰："小国无文德而有武功，祸莫大焉。楚人来讨，能勿从乎？从之，晋师必至。晋、楚伐郑，自今郑国不四五年弗得宁矣。"子国怒之，曰："尔何知？国有大命，而有正卿。童子言焉，将为戮矣。"

　　五月甲辰，会于邢丘，以命朝聘之数，使诸侯之大夫听命。季孙宿、齐高厚、宋向戌、卫甯殖、邾大夫会之。郑伯献捷于会，故亲听命。大夫不书，尊晋侯也。

　　冬，楚子囊伐郑，讨其侵蔡也。子驷、子国、子耳欲从楚，子孔、子蟜、子展欲待晋。子驷曰："《周诗》有之曰：'俟河之清，人寿几何？兆云询多，职竞作罗。'谋之多族，民之多违，事滋无成。民急矣，姑从楚以纾吾民。晋师至，吾又从之。敬共币帛，以待来者，小国之道也。牺牲、玉

七年冬季，楚国的子囊包围陈国。鲁襄公、晋悼公、宋平公、陈哀公、卫献公、曹成公、莒犁比公、邾宣公在郑国鄬地会合以救援陈国。陈国人担忧楚国进攻，执政大夫庆虎、庆寅对楚国人说："我们派国君的弟弟公子黄去，你们拘捕他。"楚国人听从了他们的话。庆虎、庆寅二人派人到会报告陈哀公说："楚国人逮捕公子黄了。您如果不回来，群臣们不忍心国家被楚国灭亡，恐怕会有别的打算。"陈哀公于是逃了回来。

八年春季，鲁襄公到晋国去朝见，并且听取晋国要求朝聘贡献财币的数字。

四月二十二日，郑国子国、子耳领兵侵袭蔡国，俘虏了蔡国司马公子燮。郑国人都很高兴，唯独子国的儿子子产不附和众人，他说："小国没有文德却有了武功，没有比这再大的祸患了。如果楚国人来讨伐，能不顺从吗？如果顺从楚国，晋国的军队必然到来。晋、楚两国轮番攻打郑国，从今以后郑国四五年将不得安宁了。"子国对他发怒说："你知道什么？国家有发兵的重大命令，自有执政的正卿做主。小孩子说这些话，会被砍头的。"

五月初七，季武子和晋悼公、郑简公、齐国人、宋国人、卫国人、邾国人在晋国邢丘盟会，会上由晋国规定朝聘财礼的数字，让诸侯的大夫听取命令。鲁国的季孙宿（即季武子）、齐国的高厚、宋国的向戌、卫国的宵殖、邾国大夫参加了此次盟会。郑简公要在会上奉献蔡国俘虏，所以亲自来听取晋国的命令。《春秋》没有记载各国大夫的名字，是为了表示尊崇晋悼公。

冬季，楚国的子囊攻打郑国，以讨伐它侵袭蔡国的行为。子驷、子国、子耳想要顺从楚国，但子孔、子蟜、子展准备等待晋国的救援。子驷说："《周诗》有这样的话：'等待黄河澄清，人的寿命能有几何？占卜实在太多，等于为自己编织罗网。'越是同很多人商量，主意就越多，百姓越是多数不能跟从，事业更加不可能成功。目前百姓处于危急之中，我们姑且顺从楚国来延缓我国百姓的苦难。等到晋国军队到了，我们再顺从晋国。恭恭敬敬地供给财货，以等待他人的到来，这是小国的求生之道。用牺牲、玉

帛,待于二竟,以待强者,而庇民焉。寇不为害,民不罢病,不亦可乎?"子展曰:"小所以事大,信也。小国无信,兵乱日至,亡无日矣。五会之信,今将背之,虽楚救我,将安用之?亲我无成,鄙我是欲,不可从也。不如待晋。晋君方明,四军无阙,八卿和睦,必不弃郑。楚师辽远,粮食将尽,必将速归,何患焉?舍之闻之,'杖莫如信。'完守以老楚,杖信以待晋,不亦可乎?"子驷曰:"《诗》云:'谋夫孔多,是用不集。发言盈庭,谁敢执其咎?如匪行迈谋,是用不得于道。'请从楚,騑也受其咎。"

乃及楚平。使王子伯骈告于晋曰:"君命敝邑,修而车赋,儆而师徒,以讨乱略。蔡人不从,敝邑之人不敢宁处,悉索敝赋,以讨于蔡,获司马燮,献于邢丘。今楚来讨曰,'女何故称兵于蔡?'焚我郊保,冯陵我城郭。敝邑之众,夫妇男女,不皇启处,以相救也;翦焉倾覆,无所控告。民死亡者,非其父兄,即其子弟。夫人愁痛,不知所庇。民知穷困,而受盟于楚,孤也与其二三臣不能禁止,不敢不告。"知武子使行人子员对之,曰:"君有楚命,亦不使一介行李告于寡君,而即安于楚。君之所欲也,谁敢违君?寡君将帅诸侯以见于城下,唯君图之!"

帛在晋、楚两国的边境上等待,以等待兵力强盛的国家来保护百姓。这样敌寇不造成祸害,百姓不疲劳困乏,不也可以吗?"子展说:"小国事奉大国,完全是靠诚信。小国如果没有诚信,那么战乱就会天天到来,很快就会灭亡了。鲁襄公三年会于鸡泽,五年会于戚、会于城棣,七年会于鄬,八年会于邢丘,这五次盟会树立的信用,现在要背弃它,即使楚国救援我国,又有什么用呢? 楚国亲近我国没有好结果,楚国的欲望是想把我国纳入他们的边邑,因此不能顺从楚国。不如等待晋国。晋国的国君正当贤明之时,四军完备无缺,八卿和睦无间,一定不会抛弃郑国。楚军远路而来,粮食将要吃完,必定很快就撤兵回去,还怕什么呢? 我公孙舍之听说:'没有比信用更值得倚仗的了。'完善守备使楚军疲惫,依仗诚信等待晋军,不也是可以的吗?"子驷说:"《诗经》上说:'出主意的人很多,因此不能成功。发言的人挤满庭院,谁敢承担过错? 如同边走路边和路人商量,因此在道上一无所得。'请顺从楚国,由我公子𫘪来承担这个罪责。"

于是郑国就和楚国讲和。郑国派大夫王子伯骈向晋国报告说:"贵国国君命令敝邑说,修缮你们的战车,戒备你们的军队,以讨伐叛乱侵夺。蔡国人不肯顺从,敝邑的人不敢安居,因此收集我国全部的军队,去讨伐蔡国,俘虏了蔡国司马公子燮,奉献到邢丘的盟会上。如今楚国前来讨伐,说:'你们为什么对蔡国用兵?'他们焚烧我国郊外的城堡,侵犯我国的城郭。敝邑的民众,无论男女老少,都无暇休息而互相救援;国家将要倾覆,又没有地方可以去控告。百姓死去和逃亡的,不是父兄,就是子弟。人人哀愁悲痛,不知道到哪里可以寻求庇护。百姓知道已是穷途困境,只好接受楚国的结盟,我和几个臣子不能禁止百姓的这一行动,不敢不前来报告。"晋国大夫知䓨派行人子员回答他,说:"贵国国君收到楚国讨伐的命令,也不派一个使者来告诉敝国国君,却立刻屈服于楚国。这完全是贵国国君的愿望,谁敢违背国君呢? 敝国国君将要率领诸侯和你们在城下相见,请贵国国君好好准备吧!"

晋范宣子来聘，且拜公之辱，告将用师于郑。公享之。宣子赋《摽有梅》，季武子曰："谁敢哉？今譬于草木，寡君在君，君之臭味也。欢以承命，何时之有？"武子赋《角弓》。宾将出，武子赋《彤弓》。宣子曰："城濮之役，我先君文公献功于衡雍，受彤弓于襄王，以为子孙藏。匄也，先君守官之嗣也，敢不承命？"君子以为知礼。

九年夏，季武子如晋，报宣子之聘也。

秦景公使士雃乞师于楚，将以伐晋，楚子许之。子囊曰："不可。当今吾不能与晋争。晋君类能而使之，举不失选，官不易方。其卿让于善，其大夫不失守，其士竞于教，其庶人力于农穑，商、工、皂隶不知迁业。韩厥老矣，知䓨禀焉以为政。范匄少于中行偃而上之，使佐中军；韩起少于栾黡而栾黡、士鲂上之，使佐上军；魏绛多功，以赵武为贤，而为之佐。君明、臣忠，上让、下竞。当是时也，晋不可敌，事之而后可。君其图之！"王曰："吾既许之矣。虽不及晋，必将出师。"秋，楚子师于武城，以为秦援。秦人侵晋。晋饥，弗能报也。

冬十月，诸侯伐郑。庚午，季武子、齐崔杼、宋皇郧从

晋国的范宣子(即士匄)来鲁国聘问,同时拜谢鲁襄公到晋国的朝见,并且报告将要对郑国用兵。鲁襄公设享礼招待他。范宣子吟诵《摽有梅》这首诗,季武子说:"谁敢不及时出兵啊?如今用草木来比喻晋君,敝国国君对于晋君来说,只是作为草木散发出来的气味罢了。只有高高兴兴地接受命令,哪里会拖延时间呢?"季武子吟诵《角弓》这首诗。客人将要退出,季武子吟诵《彤弓》这首诗。范宣子说:"晋、楚城濮之战,我们先君晋文公在郑国衡雍向周天子献战功,接受周襄王赐给的彤弓,把它作为子孙的宝藏。士匄我是先君官员的后代,怎敢不接受您的命令呢?"君子认为范宣子懂得礼仪。

九年夏季,鲁国的季武子到晋国去,这是回报晋国范宣子来鲁国的聘问。

秦景公派大夫士雅到楚国请求出兵,准备攻打晋国,楚共王答应了秦国的请求。楚国子囊却说:"不可以。如今我们楚国不能和晋国争霸。晋国国君区别人的能力而使用他们,举拔人才得当,任命官员不改变用人原则。他的卿把职位让给比自己有才干的人,他的大夫不失职守,他的士努力教育民众,他的庶人致力于农事,商、工、贱役安心本职不想改变职业。韩厥告老退休了,知䓨继承其职执政。范匄(即范宣子)比中行偃年轻但中行偃让他地位在自己之上,让他辅佐中军;韩起比栾黡年轻,而栾黡、士鲂让韩起地位在自己之上,让他辅佐上军;魏绛功劳很多,但他认为赵武贤能,而甘愿做他的辅佐。国君贤明,臣下忠诚,在上者谦让,居下者奋力。这个时候,晋国是不可能抵挡的,事奉它为好。国君您还是考虑一下!"楚共王说:"我已经答应秦国了。我国即使比不上晋国,也一定要出兵。"这年秋季,楚共王驻军在武城,作为对秦国的支援。秦国人侵袭晋国。晋国正遭受饥荒,因此没能回击。

冬季十月,鲁襄公会合晋悼公、宋平公、卫献公、曹成公、莒犁比公、邾宣公、滕成公、薛献公、杞孝公、小邾穆公、齐国太子光一同攻打郑国。十一日,鲁国季武子、齐国崔杼、宋国皇郧跟从

荀䓨、士匄门于鄟门，卫北宫括、曹人、邾人从荀偃、韩起门于师之梁，滕人、薛人从栾黡、士鲂门于北门，杞人、郳人从赵武、魏绛斩行栗。甲戌，师于氾。令于诸侯曰："修器备，盛糇粮，归老幼，居疾于虎牢，肆眚，围郑！"郑人恐，乃行成。中行献子曰："遂围之，以待楚人之救也，而与之战。不然，无成。"知武子曰："许之盟而还师，以敝楚人。吾三分四军，与诸侯之锐，以逆来者。于我未病，楚不能矣。犹愈于战。暴骨以逞，不可以争。大劳未艾。君子劳心，小人劳力，先王之制也。"诸侯皆不欲战，乃许郑成。十一月己亥，同盟于戏，郑服也。

　　将盟，郑六卿，公子騑、公子发、公子嘉、公孙辄、公孙虿、公孙舍之及其大夫、门子皆从郑伯。晋士庄子为载书曰："自今日既盟之后，郑国而不唯晋命是听，而或有异志者，有如此盟！"公子騑趋进曰："天祸郑国，使介居二大国之间。大国不加德音，而乱以要之，使其鬼神不获歆其禋祀，其民人不获享其土利，夫妇辛苦垫隘，无所底告。自今日既盟之后，郑国而不唯有礼与强可以庇民者是从，而敢有异志者，亦如之！"荀偃曰："改载书！"公孙舍之曰："昭大神要言焉，若可改也，大国亦可叛也。"知武子谓献子曰："我实不德，而要人以盟，岂礼也哉？非礼，何以主盟？姑盟而退。修德息师而来，终必获郑，何必今日？我之不德，

晋国的知罃、士匄进攻郑都的东门鄟门,卫国的北宫括、曹国人、邾国人跟从晋国的荀偃、韩起进攻郑都的西门师之梁门,滕国人、薛国人跟从晋国的栾黡、士鲂进攻郑都的北门,杞国人、郳国人跟从晋国的赵武、魏绛砍伐路旁的栗树。十五日,军队驻扎在氾水边上。晋国命令诸侯说:"修缮武器装备,装好干粮,送回老幼,让军中有病的人住在虎牢,宽赦军中有过错的人,准备包围郑国!"郑国人害怕了,就派人求和。中行献子说:"要迅速包围郑都,等待楚国人来救援时再和他们作战。否则的话,就没有真正的讲和。"知罃说:"我们可以答应他们结盟然后退兵,以使楚国人疲劳。然后我们把四个军分为三部分,和诸侯的精锐部队去迎战前来的楚军。对我们说轮番作战不会困乏,楚军却受不了。这比与楚军决战好。暴露尸骨以快心意,不能用这样的办法和敌人争胜。更大的疲劳没有结束,应该养精蓄锐。君子用智,小人用力,这是先王的训示。"诸侯都不想作战,晋国就答应了郑国讲和的请求。十一月初十,诸侯在戏地结盟,这是因为郑国顺服了。

将要结盟,郑国六卿子驷、子国、子孔、子耳、子蟜、子展和他们的大夫、卿的嫡子都跟从郑简公来了。晋国的士庄子制定盟书,说:"从今天盟誓以后,郑国如果不对晋国唯命是听,或者有别的想法,就像这份盟书上记载的那样处罚!"子驷快步走上前说:"上天降祸郑国,让我国夹在晋、楚两个大国的中间。大国不加好言相劝,反而通过战乱要挟郑国结盟,让郑国的鬼神享受不到我们的祭祀,郑国的百姓享受不到我们土地上的出产,男男女女都辛苦困顿,没有地方可以致告。从今天盟誓以后,郑国如果不对讲究礼仪与强大而能保护我国百姓的国家唯命是从,而敢有别的想法,也像这份盟书上记载的一样处罚!"荀偃说:"再修改一下盟书!"子展说:"盟辞已经昭告神灵了,如果可以修改,那么大国也可以背叛了。"知罃对荀偃说:"我们不修德政,而用盟誓要挟别人,这难道合于礼仪吗?不合于礼仪,用什么来主持会盟?我们不如姑且结盟而退兵。我们增修德政、休整军队然后再来,最终必将得到郑国,何必急于在今日得到呢?我们不修德政,

民将弃我，岂唯郑？若能休和，远人将至，何恃于郑？"乃盟而还。

晋人不得志于郑，以诸侯复伐之。十二月癸亥，门其三门。闰月戊寅，济于阴阪，侵郑，次于阴口而还。子孔曰："晋师可击也。师老而劳，且有归志，必大克之。"子展曰："不可。"

楚子伐郑，子驷将及楚平。子孔、子蟜曰："与大国盟，口血未干而背之，可乎？"子驷、子展曰："吾盟固云'唯强是从'。今楚师至，晋不我救，则楚强矣。盟誓之言，岂敢背之？且要盟无质，神弗临也。所临唯信。信者，言之瑞也，善之主也，是故临之。明神不蠲要盟，背之可也。"乃及楚平。公子罢戎入盟，同盟于中分。楚庄夫人卒，王未能定郑而归。

晋侯归，谋所以息民。魏绛请施舍，输积聚以贷。自公以下，苟有积者，尽出之。国无滞积，亦无困人。公无禁利，亦无贪民。祈以币更，宾以特牲，器用不作，车服从给。行之期年，国乃有节。三驾而楚不能与争。

十年夏四月戊午，会于柤。

晋荀偃、士匄请伐偪阳而封宋向戌焉。荀罃曰："城小而固，胜之不武，弗胜为笑。"固请。丙寅，围之，弗克。孟氏

百姓将会抛弃我们,岂止是郑国?如果能安定和平,远方的人将前来顺服,为什么要指望郑国?"就和郑国结盟后回国。

晋国人在郑国那里未能实现愿望,便率领诸侯再次攻打郑国。十二月初五,攻击郑国的东、西、北三面城门。攻打了五天,十二月二十日,在阴阪渡过洧水,侵袭郑国,驻扎在阴口然后回师。子孔说:"可以袭击晋军。他们军队长期在外很疲劳了,并且有回去的念头,一定能大胜他们。"子展说:"不可以。"

楚共王攻打郑国,子驷要和楚国讲和。子孔、子蟜说:"和大国结盟,嘴里的歃血没有干就背弃了它,可以吗?"子驷、子展说:"我们盟誓本来就说'唯强国是从'。如今楚军到来,晋国不救援我国,楚国就是强国了。盟誓中的话,怎敢违背?况且要挟的盟誓没有诚信,神灵不会降临。神灵所降临的只是有诚信的盟会。信,是语言的凭证,善良的主体,因此神灵降临。圣明的神灵认为要挟的盟誓不洁净,可以背弃它。"于是和楚国讲和。楚国大夫公子罢戎进入郑国都城结盟,又共同在中分盟誓。由于母亲楚庄王夫人去世,因此楚共王没有等到安定郑国就回国了。

晋悼公回国,计议让百姓休养生息的办法。魏绛请求广施恩惠,把积聚的财物拿出借给百姓。从晋悼公以下,有积聚的,全部拿出来。国内没有不流通的财物,也没有困乏的百姓。公家不禁止百姓牟利,国内也没有贪婪的百姓。祈祷用币帛代替牺牲,招待宾客只用一种牲畜,不再制作新的器物,车马服饰只求够用。这些措施推行一年,国家就有了节制和法度。因此悼公三次兴兵征伐,楚国都没能和晋国抗衡。

十年夏季四月初一,鲁襄公和晋悼公、宋平公、卫献公、曹成公、莒犁比公、邾宣公、滕成公、薛献公、杞孝公、小邾穆公、齐国太子光在柤地会盟。

晋国的荀偃、士匄请求攻打偪阳,然后把它作为宋国大夫向戌的封邑。知罃说:"偪阳城虽小却坚固,即使攻下来也不能算勇武;如果攻不下来,就会被人讥笑。"荀偃、士匄坚决请求攻打。四月初九,晋军包围了偪阳,但没有攻下来。鲁国大夫孟献子

之臣秦堇父辇重如役。偪阳人启门，诸侯之士门焉。县门发，郰人纥抉之，以出门者。狄虒弥建大车之轮，而蒙之以甲，以为橹。左执之，右拔戟，以成一队。孟献子曰："《诗》所谓'有力如虎'者也。"主人县布，堇父登之，及堞而绝之。坠，则又县之。苏而复上者三。主人辞焉，乃退。带其断以徇于军三日。

诸侯之师久于偪阳。荀偃、士匄请于荀罃曰："水潦将降，惧不能归，请班师。"知伯怒，投之以机，出于其间，曰："女成二事而后告余。余恐乱命，以不女违。女既勤君，而兴诸侯，牵帅老夫以至于此。既无武守，而又欲易余罪，曰'是实班师，不然，克矣'。余赢老也，可重任乎？七日不克，必尔乎取之。"五月庚寅，荀偃、士匄帅卒攻偪阳，亲受矢石。甲午，灭之。书曰"遂灭偪阳"，言自会也。

以与向戌。向戌辞曰："君若犹辱镇抚宋国，而以偪阳光启寡君，群臣安矣，其何贶如之？若专赐臣，是臣兴诸侯以自封也，其何罪大焉？敢以死请。"乃予宋公。

的家臣秦堇父拉了辎重车到达战地。偪阳人打开城门,诸侯的将士乘机冲了进去。偪阳人突然把悬挂的闸门放下,郰邑大夫叔梁纥托举起闸门,把攻进城里的将士放出来。狄虒弥把大车的轮子立起来,蒙上皮甲,作为大盾牌。他左手拿着盾,右手执戟,率领一队步兵冲锋。孟献子说:"秦堇父就是《诗经》所说的'像老虎一样有力气'的人啊。"偪阳守城的人把一匹布从城上挂下来,秦堇父就拉着布登城,登到城墙垛时,守城的人把布割断了,秦堇父坠落在地。守城的人又把布挂下来。秦堇父苏醒过来重新登上去,如此连续三次。守城人对秦堇父表示钦佩不再挂布,退下城去。后来秦堇父把割断了的布作带子,在军中炫耀了三天。

诸侯的军队长时间滞留在偪阳。荀偃、士匄向知䓨请求说:"要下大雨涨水了,恐怕到那时就不能回去了,请您撤兵回去吧。"知伯(即知䓨)大怒,抓起小桌子向他们扔过去,小桌子从荀偃、士匄两个人中间飞过去,知䓨说:"你们把伐偪阳和封向戌这两件事办成后再来向我报告。原来我恐怕意见不一致会乱了军令,所以才没有违背你们的要求。你们既然已经劳动了国君、动用了诸侯军队,牵领老夫我来到了这里。既不坚守进攻,又想归罪于我,回去说'这实在是荀䓨下令退兵,不然的话,就攻下来了'。我已衰老了,还能再承担一次罪责吗?如果七天内攻不下来,一定取你们的脑袋抵罪。"五月初四,荀偃、士匄率领步兵攻打偪阳,二人亲冒矢石战斗在第一线。五月初八,攻占了偪阳。《春秋》记载说"遂灭偪阳",说的是从柤地盟会以后来攻打偪阳的。

晋国把偪阳封给宋国大夫向戌。向戌辞谢说:"如果承蒙贵国国君安抚宋国,并用偪阳来扩大敝国国君的疆土,臣下们就安心了,还有什么赏赐能这样丰厚呢?如果专门赐给臣下我,这就是臣下我发动诸侯而为自己求得封地了,还有什么罪过比这更大呢?谨敢以死来请求您批准我的要求。"于是就把偪阳给了宋平公。

宋公享晋侯于楚丘，请以《桑林》。荀罃辞，荀偃、士匄曰："诸侯宋、鲁于是观礼。鲁有禘乐，宾祭用之；宋以《桑林》享君，不亦可乎？"舞，师题以旌夏。晋侯惧，而退，入于房。去旌，卒享而还。及著雍，疾。卜，桑林见。荀偃、士匄欲奔请祷焉。荀罃不可，曰："我辞礼矣，彼则以之。犹有鬼神，于彼加之。"晋侯有间，以偪阳子归，献于武宫，谓之夷俘。偪阳，妘姓也。使周内史选其族嗣，纳诸霍人，礼也。师归，孟献子以秦堇父为右。生秦丕兹，事仲尼。

六月，楚子囊、郑子耳伐宋，师于訾母。庚午，围宋，门于桐门。

卫侯救宋师于襄牛。郑子展曰："必伐卫！不然，是不与楚也。得罪于晋，又得罪于楚，国将若之何？"子驷曰："国病矣。"子展曰："得罪于二大国，必亡。病不犹愈于亡乎？"诸大夫皆以为然，故郑皇耳帅师侵卫，楚令也。孙文子卜追之，献兆于定姜。姜氏问繇。曰："兆如山陵，有夫出征，而丧其雄。"姜氏曰："征者丧雄，御寇之利也。大夫图之！"卫人追之，孙蒯获郑皇耳于犬丘。

秋七月，楚子囊、郑子耳侵我西鄙。还，围萧。八月丙寅，克之。九月，子耳侵宋北鄙。

宋平公在卫国楚丘设享礼招待晋悼公,请求用《桑林》之乐来助兴。知䓨辞谢,荀偃、士匄说:"诸侯当中在宋国、鲁国那里可以观看天子礼仪。鲁国有禘乐,只有在招待贵宾和举行大祭时才用它。现在宋国用《桑林》之乐招待国君,不也是可以的吗?"乐舞开始,乐师手举旌夏之旗为标志引导乐队进来。晋悼公害怕,就退进朝房。宋国人撤掉旌夏之旗,晋悼公才参加享礼,结束后才回国。到达晋国著雍,晋悼公生病。占卜,结果从卜兆中见到了桑林之神。荀偃、士匄想要奔回宋国请求祈祷,知䓨不同意,说:"我们已经辞谢这种礼仪了,他们还是演奏它。如果有鬼神的话,应该加祸给宋国。"晋悼公的病痊愈,带着俘虏的偪阳国君回国,奉献于晋武公之庙,把他称为夷人俘虏。偪阳,是妘姓诸侯国。晋悼公让周王内史选择偪阳国君宗族中的后继人,让他住在霍人这个地方,这是合于礼法的。鲁国军队回国之后,孟献子让秦堇父担任车右。后来秦堇父生了秦丕兹,拜孔子为师。

六月,楚国的子囊、郑国的子耳攻打宋国,军队驻扎在宋国訾母。六月十四日,包围宋国,攻打宋国都城的北门桐门。

卫献公救援宋国,军队驻扎在卫国襄牛。郑国的子展说:"一定要攻打卫国!否则,就不是亲附楚国。我们已经得罪了晋国,如果再得罪了楚国,国家将会怎样呢?"子驷说:"我们国家太困乏了。"子展说:"得罪楚、晋两个大国,必定灭亡。困乏不比灭亡好吗?"大夫们都认为子展的话对,所以郑国大夫皇耳率领军队侵袭卫国,这是楚国的命令。卫国的孙文子(即孙林父)用占卜决定是否追逐郑国军队,然后把卜兆献给卫定公之妻定姜。定姜询问卜兆的占辞。孙文子告诉她:"卜兆如同山陵,有人出国征伐,将丧失他们的雄杰。"定姜说:"征伐的国家丧失其雄杰,对抵御敌人的国家有利。大夫考虑一下吧!"卫国人追逐郑国军队,结果卫国孙林父的儿子孙蒯在宋国犬丘俘虏了郑国的皇耳。

秋季七月,楚国的子囊、郑国的子耳攻打鲁国的西部边境。回师途中,又包围了宋国萧邑。八月十一日,攻克了萧邑。九月,子耳侵袭宋国北部边境。

诸侯伐郑。齐崔杼使太子光先至于师，故长于滕。己酉，师于牛首。诸侯之师城虎牢而戍之。晋师城梧及制，士鲂、魏绛戍之。书曰"戍郑虎牢"，非郑地也，言将归焉。郑及晋平。

楚子囊救郑。十一月，诸侯之师还郑而南，至于阳陵。楚师不退。知武子欲退，曰："今我逃楚，楚必骄；骄则可与战矣。"栾黡曰："逃楚，晋之耻也。合诸侯以益耻，不如死。我将独进。"师遂进。己亥，与楚师夹颍而军。子蟜曰："诸侯既有成行，必不战矣。从之将退，不从亦退。退，楚必围我。犹将退也，不如从楚，亦以退之。"宵涉颍，与楚人盟。栾黡欲伐郑师，荀罃不可，曰："我实不能御楚，又不能庇郑，郑何罪？不如致怨焉而还。今伐其师，楚必救之。战而不克，为诸侯笑。克不可命，不如还也。"丁未，诸侯之师还，侵郑北鄙而归。楚人亦还。

十一年春，郑人患晋、楚之故，诸大夫曰："不从晋，国几亡。楚弱于晋，晋不吾疾也。晋疾，楚将辟之。何为而使晋师致死于我？楚弗敢敌，而后可固与也。"子展曰："与宋为恶，诸侯必至，吾从之盟。楚师至，吾又从之，则晋怒甚矣。晋能骤来，楚将不能，吾乃固与晋。"大夫说之，使疆场

诸侯攻打郑国。齐国的崔杼让太子光先到达军中,所以《春秋》把他排在滕国前面。九月二十五日,军队驻扎在郑国牛首。诸侯的军队修筑虎牢并戍守在那里。晋国军队在郑国梧地和制地筑城,由士鲂、魏绛戍守二城。《春秋》记载说"戍郑虎牢",是说虎牢此时不是郑国的领土,而这样记载是说将要把虎牢归还给郑国。郑国和晋国讲和了。

楚国的子囊救援郑国。十一月,诸侯的军队绕过郑国然后向南移动,到达郑国阳陵。楚军不退兵。晋国的知䓕想要退兵,说:"如今我们避开楚军,楚军必定骄傲;楚军一旦骄傲,我们就可以和他们作战了。"栾黡说:"逃避楚军,是晋国的耻辱。会合诸侯来增加耻辱,不如一死。我准备单独前进。"于是晋国军队向前推进。十一月十六日,晋军和楚军隔着颍水扎营。郑国的子蟜说:"诸侯已经做好退兵的准备,肯定不会作战了。郑国顺从他们要退兵,不顺从他们也要退兵。如果他们退兵了,楚军必然包围我们。同样是要退兵,我们不如顺从楚国,从而也让楚军退去。"郑军夜里渡过颍水,和楚国人结盟。晋国的栾黡想要攻打郑国的军队,知䓕不同意,说:"我们实在不能抵御楚军,又不能保护郑国,郑国有什么罪?不如把怨恨转给楚国然后回去。如果现在攻打郑国的军队,楚国一定会救援他们。作战而不能胜利,就会被诸侯笑话。既然胜利没有把握,不如回去。"十一月二十四日,诸侯的军队撤军,攻打了郑国的北部边境然后回国。楚国人也退兵回去。

十一年春季,郑国人由于忧患晋国、楚国的缘故,大夫们都说:"不顺从晋国,国家几乎灭亡。楚国比晋国要弱小,而晋国并不急于争夺我国。晋国倘若急于争夺我国,楚国肯定会避开它。怎么做才能让晋军出死力攻打我国呢?楚国不敢抵抗,然后我们就可以坚定亲附晋国了。"子展说:"我们郑国和宋国交恶,诸侯必然到来,我们和他们结盟。楚军到来,我们又顺从楚国,那样晋国就会大怒了。晋国能屡次前来,而楚国却做不到,我们就可以坚定不移地亲附晋国。"大夫们对这个计划很满意,便派边境

之司恶于宋。宋向戌侵郑,大获。子展曰:"师而伐宋可矣。若我伐宋,诸侯之伐我必疾,吾乃听命焉。且告于楚。楚师至,吾又与之盟,而重赂晋师,乃免矣。"夏,郑子展侵宋。

四月,诸侯伐郑。己亥,齐太子光、宋向戌先至于郑,门于东门;其莫,晋荀罃至于西郊,东侵旧许;卫孙林父侵其北鄙。六月,诸侯会于北林,师于向。右还,次于琐,围郑。观兵于南门,西济于济隧。郑人惧,乃行成。秋七月,同盟于亳。范宣子曰:"不慎,必失诸侯。诸侯道敝而无成,能无贰乎?"乃盟。载书曰:"凡我同盟,毋蕴年,毋壅利,毋保奸,毋留慝。救灾患,恤祸乱。同好恶,奖王室。或间兹命,司慎、司盟,名山、名川,群神、群祀,先王、先公,七姓十二国之祖,明神殛之,俾失其民,队命亡氏,踣其国家!"

楚子囊乞旅于秦,秦右大夫詹帅师从楚子,将以伐郑。郑伯逆之。丙子,伐宋。

九月,诸侯悉师以复伐郑。郑人使良霄、大宰石㚟如楚,告将服于晋,曰:"孤以社稷之故,不能怀君。君若能以玉帛绥晋;不然,则武震以摄威之,孤之愿也。"楚人执之。书曰"行人",言使人也。

的官吏向宋国挑衅。于是宋国的向戌侵袭郑国,俘获很多。子展说:"郑国现在可以出兵攻打宋国了。如果我们攻打宋国,诸侯一定会奋力攻打我国,我们就听从他们的命令。同时报告给楚国。楚军到来,我们又和他们结盟,并重重贿赂晋军,就可以免于战祸了。"这年夏季,郑国的子展发兵侵袭宋国。

四月,鲁襄公会合晋悼公、宋平公、卫献公、曹成公、齐国的太子光、莒犁比公、邾宣公、滕成公、薛献公、杞孝公、小邾穆公攻打郑国。四月十九日,齐国的太子光、宋国的向戌先到达郑国,驻扎在郑都东门外;当天晚上,晋国的知䓕到达郑都西郊,并向东侵袭许国的旧地;卫国的孙林父侵袭郑国的北部边境。六月,诸侯在郑国北林会合,军队驻扎在向地。又向右绕转,驻扎在琐地,包围郑国都城。诸侯军在郑都南门外炫耀武力,又往西渡过济隧。郑国人害怕了,就向诸侯求和。秋季七月,郑国和诸侯在郑国亳地结盟。晋国的范宣子说:"这次拟定盟辞如果不谨慎,必定要失掉诸侯的拥护。诸侯在道路上疲于奔命而没有取得成功,他们能没有二心吗?"于是就举行盟誓。盟书上说:"凡是我们的同盟国家,不要囤积粮食却不互相支援,不要垄断利益不让人分享,不要庇护罪人,不要收留坏人。要救济灾荒,平定祸乱。统一好恶,辅助王室。如果有人违犯这些命令,司慎、司盟的神,大山、大川的神,群神、群祀,先王、先公,七姓十二国的祖宗,明察的神灵都要杀死他,让他失掉百姓,丧君灭族,亡国败家!"

楚国的子囊向秦国请求出兵,秦国右大夫詹率领军队跟随楚共王,准备去攻打郑国。郑简公前往迎接他们。七月二十七日,郑国又一次攻打宋国。

九月,诸侯全部出兵再次攻打郑国。郑国人派大夫良霄、太宰石㚟到楚国,报告他们准备顺从晋国,说:"我因为社稷的缘故,不能亲附国君您了。国君如果能用玉器和束帛安抚晋国,否则就用武力威慑晋国,这都是我的愿望。"楚国人一气之下便把他们拘禁起来。《春秋》记载说"行人",是说他们是使者,不应该被抓起来。

　　诸侯之师观兵于郑东门，郑人使王子伯骈行成。甲戌，晋赵武入盟郑伯。冬十月丁亥，郑子展出盟晋侯。十二月戊寅，会于萧鱼。庚辰，赦郑囚，皆礼而归之。纳斥候，禁侵掠。晋侯使叔肸告于诸侯。公使臧孙纥对曰："凡我同盟，小国有罪，大国致讨。苟有以藉手，鲜不赦宥。寡君闻命矣。"

　　郑人赂晋侯以师悝、师触、师蠲，广车、轵车淳十五乘，甲兵备，凡兵车百乘，歌钟二肆，及其镈、磬，女乐二八。晋侯以乐之半赐魏绛，曰："子教寡人和诸戎狄，以正诸侯。八年之中，九合诸侯，如乐之和，无所不谐。请与子乐之。"辞曰："夫和戎狄，国之福也。八年之中，九合诸侯；诸侯无慝，君之灵也，二三子之劳也，臣何力之有焉？抑臣愿君安其乐，而思其终也。《诗》曰：'乐旨君子，殿天子之邦。乐旨君子，福禄攸同。便蕃左右，亦是帅从。'夫乐以安德，义以处之，礼以行之，信以守之，仁以厉之，而后可以殿邦国，同福禄，来远人，所谓乐也。《书》曰：'居安思危。'思则有备，有备无患。敢以此规。"公曰："子之教，敢不承命？抑微子，寡人无以待戎，不能济河。夫赏，国之典也，藏在盟府，不可废也。子其受之！"魏绛于是乎始有金石之乐，礼也。

　　十二年夏，晋士鲂来聘，且拜师。公如晋朝，且拜士鲂之辱，礼也。

诸侯的军队在郑都的东门外炫耀武力,郑国人派王子伯骈来求和。九月二十六日,晋国的赵武进入郑都和郑简公结盟。冬季十月初九,郑国的子展出城和晋悼公结盟。十二月初一,双方在郑国萧鱼会见。十二月初三,晋国赦免郑国的俘虏,都给以礼遇并把他们放回国。同时撤回巡逻兵,禁止随便抢掠。晋悼公派大夫叔肸(即羊舌肸)通告诸侯也赦免郑国的俘虏。鲁襄公派臧孙纥(即臧武仲)回答说:"凡是我们同盟的国家,小国有罪,大国派兵讨伐。稍有所得便赦免其罪。敝国国君听到命令了。"

郑国人献给晋悼公师悝、师触、师蠲三位乐师,还有成对的广车、轩车各十五乘,并配备了衣甲和兵器。共计送了兵车一百乘、伴唱的编钟两列以及和它相配的镈和磬、女乐两佾十六人。晋悼公把乐器和乐队的一半赐给魏绛,说:"您教寡人同各部落戎人和好,以整顿中原诸国。这八年之中,我们曾九次会合诸侯,好像音乐一样和谐,没有不协调的地方。因此我请和您一起享用它们。"魏绛辞谢说:"同戎狄和好,是国家的福气。八年之中九次会合诸侯,诸侯没有不顺从,这是您的威灵,是同僚们的辛劳,臣下我出过什么力呢? 不过臣下我愿您既安于这种快乐,又要想到它的终了。《诗经》上说:'快乐啊君子,镇抚天了的邦国。快乐啊君子,福禄和别人共享。治理好附近的属国,使他们相率而来服从。'音乐用来巩固德行,只有用道义对待它,用礼仪推行它,用诚信保护它,用仁爱勉励它,然后才能镇抚邦国、共享福禄、招来远方的人,这就是所说的快乐。逸《书》说:'处于安乐之中要想到危险。'想到了危险就有防备,有了防备就没有忧患。谨敢以此规劝国君。"晋悼公说:"您的教导,我怎敢不遵行呢? 要是没有您,寡人就不能正确地对待戎人,不能渡过黄河征服郑国。奖赏,是国家的典章,藏在盟府里,不能废弃。您还是接受它吧。"魏绛从此开始有了钟磬之乐,这是合于礼法的。

十二年夏季,晋国大夫士鲂前来鲁国聘问,并且拜谢鲁国出兵。鲁襄公到晋国朝见,并且拜谢士鲂的来聘,这是合于礼法的。

　　冬,楚子囊、秦庶长无地伐宋,师于杨梁,以报晋之取郑也。

　　十三年春,公至自晋。孟献子书劳于庙,礼也。

　　夏,荀罃、士鲂卒。晋侯蒐于绵上以治兵,使士匄将中军,辞曰:"伯游长。昔臣习于知伯,是以佐之,非能贤也。请从伯游。"荀偃将中军,士匄佐之。使韩起将上军,辞以赵武。又使栾黡,辞曰:"臣不如韩起,韩起愿上赵武,君其听之。"使赵武将上军,韩起佐之。栾黡将下军,魏绛佐之。新军无帅,晋侯难其人,使其什吏率其卒乘、官属以从于下军,礼也。晋国之民是以大和,诸侯遂睦。

　　君子曰:"让,礼之主也。范宣子让,其下皆让。栾黡为汰,弗敢违也。晋国以平,数世赖之,刑善也。夫一人刑善,百姓休和,可不务乎?《书》曰,'一人有庆,兆民赖之,其宁惟永',其是之谓乎!周之兴也,其《诗》曰,'仪刑文王,万邦作孚',言刑善也。及其衰也,其《诗》曰,'大夫不均,我从事独贤',言不让也。世之治也,君子尚能,而让其下,小人农力,以事其上,是以上下有礼,而谗慝黜远,由不争也,谓之懿德。及其乱也,君子称其功,以加小人;小人伐其技,以冯君子。是以上下无礼,乱虐并生,由争善也,谓之昏德。国家之敝,恒必由之。"

冬季,楚国的子囊、秦国的庶长无地率兵攻打宋国,军队驻扎在宋国的杨梁,这是对晋国从楚国手中夺走郑国的报复。

十三年春季,鲁襄公从晋国回来。孟献子把襄公建立的功勋记载于宗庙,这是合于礼法的。

夏季,晋国的知罃、士鲂去世。晋悼公在绵上练兵检阅部队,派士匄统率中军,士匄辞谢说:"荀偃比我强。过去臣下我熟悉知罃,因此辅佐他,并不是我贤能。请让我随从荀偃。"荀偃担任中军统帅,士匄辅佐他。任命韩起统率上军,韩起辞让给赵武。又任命栾黡统率上军,栾黡也辞谢说:"臣下我不如韩起,既然韩起愿意让赵武居上位,您还是听从他的意见吧。"晋悼公就任命赵武做上军统帅,韩起辅佐他。栾黡做下军统帅,魏绛辅佐他。新军没有统帅,晋悼公对新军将佐的人选感到为难,便派新军的十个官吏率领他们的步兵车兵和所属官员,附属于下军,这是合于礼法的。晋国的百姓因此十分和睦团结,诸侯也因此而亲睦。

君子说:"谦让,是礼的主体。士匄谦让,他下面的人也都谦让。栾黡即使一向专横,也不敢违背。晋国因此而团结,几世都因此受益,这是它取法善行的缘故啊。一人取法于善行,百姓都安定和平,可以不致力于它吗?《尚书》说,'一人好善,亿万人都受益,国家可以安宁长久',说的就是这个吧!周朝兴起的时候,反映它的《诗·大雅·文王》篇说,'效法文王,万国信赖',说的是取法善行。等到周朝衰微的时候,反映它的《诗·小雅·北山》篇说,'执政大夫太不公平,唯独我做的活最多',说的是不谦让。天下大治的时候,君子崇尚贤能并对下面的人谦让;小人努力干活以事奉他的尊长,因此上下有礼,而邪恶的人被废黜远离,这是由于不争夺的缘故,叫作美德。到了天下动乱的时候,君子夸耀他的功劳以凌驾在小人之上;小人夸耀他的技能以凌驾于君子之上。因此上下无礼,动乱和残暴一起发生,这是由于争相夸耀自己的缘故,叫作昏德。国家的衰败,常常从这里开始。"

郑良霄、大宰石㚟犹在楚。石㚟言于子囊曰："先王卜征五年,而岁习其祥。祥习,则行;不习,则增修德而改卜。今楚实不竞,行人何罪? 止郑一卿,以除其逼,使睦而疾楚,以固于晋,焉用之? 使归而废其使,怨其君,以疾其大夫,而相牵引也,不犹愈乎?"楚人归之。

十四年春,会于向,执莒公子务娄,以其通楚使也。将执戎子驹支,范宣子亲数诸朝曰："来! 姜戎氏! 昔秦人迫逐乃祖吾离于瓜州,乃祖吾离被苫盖、蒙荆棘,以来归我先君。我先君惠公有不腆之田,与女剖分而食之。今诸侯之事我寡君不如昔者,盖言语漏泄,则职女之由。诘朝之事,尔无与焉。与,将执女。"

对曰:"昔秦人负恃其众,贪于土地,逐我诸戎。惠公蠲其大德,谓我诸戎是四岳之裔胄也,毋是翦弃,赐我南鄙之田,狐狸所居,豺狼所嗥。我诸戎除翦其荆棘,驱其狐狸豺狼,以为先君不侵不叛之臣,至于今不贰。昔文公与秦伐郑,秦人窃与郑盟,而舍戍焉,于是乎有殽之师。晋御其上,戎亢其下,秦师不复,我诸戎实然。譬如捕鹿,晋人角之,诸戎掎之,与晋踣之,戎何以不免? 自是以来,晋之

郑国的良霄、太宰石奥还被扣留在楚国。石奥对楚国的子囊说:"先王为了征伐连续五年占卜,而每年都重复是吉兆。如果吉兆重复,就出兵;如果吉兆不重复,那就更加努力修养德行然后重新占卜。如今楚国实在不能与晋国争强,使臣有什么罪过呢? 扣留郑国一个卿,就等于除掉了对郑国君臣的威逼,从而让他们上下和睦而怨恨楚国,去坚定地顺从晋国,为什么采用这种办法呢? 如果让他回去而没有完成使命,他会埋怨国君、怨恨大夫,因而使他们互相牵制,不是更好吗?"于是楚国人就将良霄放了回去。

　　十四年春季,鲁国的季孙宿、叔老和晋国的范宣子、齐国人、宋国人、卫国人、郑国的公孙虿、曹国人、莒国人、邾国人、滕国人、薛国人、杞国人、小邾国人在吴国向地举行盟会,拘捕了莒国公子务娄,是因为他派使者和楚国往来的缘故。将要拘捕姜戎氏的头领驹支,范宣子亲自在晋国朝廷上责备他,说:"过来,姜戎氏! 从前秦人在瓜州追赶你的祖父吾离,你的祖父吾离披着草衣、戴着草帽,前来归附我们晋国的先君。我们的先君惠公只有不多的田地,但还是和你的祖父平分来食用它。现在诸侯事奉敝国国君不如从前的原因,大概是由于说的话被泄漏出去了,这都是由于你的缘故。明天早晨诸侯盟会,你不要参加了。如果你参加,就要把你拘捕起来。"

　　驹支回答说:"从前秦人仗着他们人多,贪求土地,驱逐我们戎人。惠公显示了他的大德,认为我们诸戎是尧时四岳的后代,不应剪除抛弃我们,赐给我们南部边境的土地,那里是狐狸居住、豺狼嗥叫的地方。我们各部戎人除掉那里的荆棘,赶跑那里的狐狸和豺狼,成为晋国先君不内侵不外叛的忠臣,直到现在都没有二心。以前文公和秦国攻打郑国,秦人私下和郑国结盟并安置了戍守的军队,于是秦晋两国有崤山的战役。晋国在上面抵御,戎人在下面抵挡,秦军无法撤回,实在是我们各部戎人的功劳。譬如捕鹿,晋人抓住鹿角,我们各部戎人拖住鹿腿,和晋人一起把鹿扑倒,我们戎人为什么不能免于罪责呢? 从此以后,晋国的

百役，与我诸戎相继于时，以从执政，犹殽志也，岂敢离遏？今官之师旅，无乃实有所阙，以携诸侯，而罪我诸戎？我诸戎饮食衣服，不与华同，贽币不通，言语不达，何恶之能为？不与于会，亦无瞢焉。"赋《青蝇》而退。宣子辞焉，使即事于会，成恺悌也。于是子叔齐子为季武子介以会。自是晋人轻鲁币而益敬其使。

师归自伐秦，晋侯舍新军，礼也。成国不过半天子之军。周为六军，诸侯之大者，三军可也。于是知朔生盈而死，盈生六年而武子卒，彘裘亦幼，皆未可立也。新军无帅，故舍之。

〔补逸〕《国语》：悼公与司马侯升台而望，曰："乐夫！"对曰："临下之乐，则乐矣。德义之乐，则未也。"公曰："何谓德义？"对曰："诸侯之为日在君侧，以其善行，以其恶戒，可谓德义矣。"公曰："孰能？"对曰："羊舌肸习于《春秋》。"乃召叔向，使傅太子彪。

〔发明〕按：此则当时诸侯之史，皆可谓之"春秋"，不独鲁史也。
冬，会于戚。范宣子假羽毛于齐，而弗归。齐人始贰。

十五年夏，齐侯围成，贰于晋故也。于是乎城成郛。

各次战役，我们戎人一次接着一次地按时参加，追随着你们，如同殽山战役支援晋国的心意一样，怎敢违背？如今晋国执政官员恐怕实在是有过失，因而诸侯产生了二心，反而归罪于我们戎人？我们各部戎人的饮食衣服和中原不同，财礼不相往来，语言也不相通，能做什么坏事呢？不让我去参加盟会，我也没有什么惭愧的。"说完便吟诵了《青蝇》这首诗然后退下。范宣子向他道歉，并让他参加盟会，成就了平易而不信谗言的美德。这时，鲁国的子叔齐子（即叔老）作为季武子的副手参加了盟会。从此晋国人减轻了鲁国的献礼，而更加敬重它的使者。

晋国军队攻打秦军回来，晋悼公撤销了新军，这是合于礼法的。大国不得超过天子军队的一半。周天子六军，诸侯中大的国家，建立三军就可以了。当时知䓨的儿子知朔生了知盈以后便去世了，知盈出生六年以后知䓨才死去，士鲂的儿子彘裘也还小，都不能立为卿。新军没有统帅，所以就把它撤销了。

〔补逸〕《国语》：晋悼公和大夫司马侯登台远望，晋悼公说："快乐啊！"司马侯回答说："居高临下的快乐确实使人快乐，而德义的快乐却没有享受到。"晋悼公说："什么叫德义？"司马侯回答说："针对诸侯的所作所为，臣下每天都在国君您身边，看到国君的善行就鼓励他继续做，看到国君的恶行就给予告诫，可以称得上德义了。"晋悼公说："谁能做到这一点？"司马侯回答说："羊舌肸熟悉史书。"晋悼公便召见叔向（即羊舌肸），让他做太子彪的老师。

〔发明〕按：这表明当时各国诸侯的史书，都可叫作"春秋"，并不只是鲁国的史书才叫"春秋"。

冬季，鲁国的季孙宿和晋国的范宣子、宋国的华阅、卫国的孙林父、郑国的公孙虿、莒人、邾人在卫国戚地会见。范宣子从齐国借了装饰仪仗的鸟羽和旄牛尾观看而不归还。齐国人因此开始对晋国有了二心。

十五年夏季，齐灵公率兵包围鲁国成邑，这是因为齐国对晋国有了二心的缘故。正是在这种情况下鲁国在成邑修筑外城。

冬,晋悼公卒。郑公孙夏如晋奔丧,子蛴送葬。

十六年春,葬晋悼公。平公即位。羊舌肸为傅,张君臣为中军司马,祁奚、韩襄、栾盈、士鞅为公族大夫,虞丘书为乘马御。改服修官,烝于曲沃。警守而下,会于溴梁,命归侵田。

晋侯与诸侯宴于温,使诸大夫舞,曰:"歌诗必类。"齐高厚之诗不类,荀偃怒,且曰:"诸侯有异志矣。"使诸大夫盟高厚,高厚逃归。于是叔孙豹、晋荀偃、宋向戌、卫甯殖、郑公孙虿、小邾之大夫盟,曰:"同讨不庭。"

许男请迁于晋,诸侯遂迁许。许大夫不可。晋人归诸侯。郑子蛴闻将伐许,遂相郑伯以从诸侯之师。穆叔从公。齐子帅师会晋荀偃,书曰"会郑伯",为夷故也。夏六月,次于械林。庚寅,伐许,次于函氏。晋荀偃、栾黡帅师伐楚,以报宋杨梁之役。楚公子格帅师及晋师战于湛阪,楚师败绩。晋师遂侵方城之外,复伐许而还。

秋,齐侯围郕,孟孺子速徼之。齐侯曰:"是好勇,去之,以为之名。"速遂塞海陉而还。

冬,穆叔如晋,聘,且言齐故。晋人曰:"以寡君之未禘祀,与民之未息。不然,不敢忘。"穆叔曰:"以齐人之朝夕释憾于敝邑之地,是以大请。敝邑之急,朝不及夕,引领

冬季,晋悼公去世。郑国的公孙夏到晋国奔丧吊唁,子蟜前去参加送葬。

十六年春季,晋国安葬了晋悼公。晋平公彪即位。羊舌肸担任太傅,张君臣担任中军司马,祁奚、韩襄、栾盈、士鞅为公族大夫,虞丘书任乘马御。然后改穿吉服选贤任能,在曲沃举行烝祭。晋平公在国都布置守备后就率军队沿黄河而下,和鲁襄公、宋平公、卫殇公、郑简公、曹成公、莒子、邾子、薛伯、杞伯、小邾子在漂梁会见,会上晋平公命令诸侯退还侵占的别国土地。

晋平公和诸侯在晋国温地宴饮,席间让诸侯的大夫舞蹈,并且说:"唱诗一定要和舞蹈相配。"齐国高厚的诗与舞蹈不相配,荀偃很生气,而且说:"诸侯有二心了。"便让诸侯的大夫和高厚盟誓,高厚逃回国。当时鲁国的叔孙豹、晋国的荀偃、宋国的向戌、卫国的宁殖、郑国的公孙虿、小邾国的大夫盟誓,说:"共同讨伐不忠于盟主的人。"

许灵公向晋国请求迁移国都,于是诸侯就帮助许国迁都。许国大夫不同意。晋国让诸侯回国。郑国的子蟜听说要攻打许国,就辅佐郑简公跟从诸侯的军队。穆叔(即叔孙豹)跟随着鲁襄公。鲁国大夫齐子(即子叔齐子)率领军队会合晋国的荀偃。《春秋》记载说"会郑伯",这是为了摆平次序的缘故。夏季六月,军队驻扎在许国械林。六月初九,攻打许国,驻扎在许国函氏。晋国的荀偃、栾黡率领军队攻打楚国,以报复在宋国杨梁的战役。楚国的公子格率领军队和晋国军队在湛阪战斗,楚国军队大败。于是晋军袭击楚国方城山的外围,再次攻打许国后回国。

秋季,齐灵公率领军队包围鲁国郕邑,孟献子的儿子孟孺子速截击齐军。齐灵公说:"这个人喜好逞勇,我们撤离这里,来成就他的名声吧。"于是孟孺子速堵塞了海陉隘道而后回国。

冬季,穆叔到晋国去聘问,并且报告齐国侵袭鲁国的事。晋国人说:"因为敝国国君还没有举行禘祭,百姓还没得到休息,所以暂时不能出兵。如果不是这样,我们是不敢忘记盟誓的。"穆叔说:"由于齐国人时刻在敝邑的土地上发泄愤恨,因此我才来郑重地请求。敝邑的危急,可以说是朝不保夕,大家伸长脖子

西望曰:'庶几乎!'比执事之间,恐无及也。"见中行献子,赋《圻父》。献子曰:"偃知罪矣,敢不从执事以同恤社稷,而使鲁及此?"见范宣子,赋《鸿雁》之卒章。宣子曰:"匄在此,敢使鲁无鸠乎?"

十七年春,宋庄朝伐陈,获司徒卬,卑宋也。

卫孙蒯田于曹隧,饮马于重丘,毁其瓶。重丘人闭门而诟之,曰:"亲逐而君,尔父为厉。是之不忧,而何以田为?"夏,卫石买、孙蒯伐曹,取重丘。曹人诉于晋。

齐人以其未得志于我故,秋,齐侯伐我北鄙,围桃。高厚围臧纥于防。师自阳关逆臧孙,至于旅松。耏叔纥、臧畴、臧贾帅甲三百,宵犯齐师,送之而复。齐师去之。齐人获臧坚,齐侯使夙沙卫唁之,且曰"无死"。坚稽首曰:"拜命之辱。抑君赐不终,姑又使其刑臣礼于士。"以杙抉其伤而死。

十八年夏,晋人执卫行人石买于长子,执孙蒯于纯留,为曹故也。

秋,齐侯伐我北鄙。中行献子将伐齐,梦与厉公讼,弗胜,公以戈击之,首坠于前,跪而戴之,奉之以走,是梗阳之巫皋。他日,见诸道,与之言,同。巫曰:"今兹主必死。若有事于东方,则可以逞。"献子许诺。晋侯伐齐,将济河,献子以朱丝系玉二珏而祷曰:"齐环怙恃其险,负其众庶,

望着西方说:'差不多快来救援了吧!'等到你们有空,恐怕也来不及了。"穆叔进见中行献子(即荀偃),吟诵了《圻父》这首诗。中行献子说:"我中行偃知道罪过了,怎敢不跟随您来共同忧虑国家,而让鲁国到了这个地步?"荀偃去见范宣子,吟诵了《鸿雁》的末章。范宣子说:"我士匄在这里,敢让鲁国不得安宁吗?"

十七年春季,宋国的庄朝率领军队攻打陈国,俘虏了陈国大夫司徒卬,这是陈国轻视宋国的缘故。

卫国的孙蒯到曹国的隧地打猎,后来又在曹邑重丘饮马,打坏了汲水瓶。重丘人关起门来骂他,骂道:"你亲自驱逐了你的国君卫献公,你的父亲孙林父又作恶多端。不担忧这些事,你为什么有闲情来打猎?"夏季,卫国的石买、孙蒯攻打曹国,攻占了重丘。曹国人向晋国控诉。

齐人因为没能从侵犯我国中满足愿望的缘故,秋季,齐灵公攻打鲁国北部边境,包围了桃邑。齐国的高厚把鲁国的臧纥包围在防邑。鲁国军队从阳关出动迎接臧纥,到达旅松。耶邑大夫叔梁纥、臧畴、臧贾率领甲士三百人,夜里袭击齐军,把臧孙纥送到旅松然后回来。齐军因此撤离了鲁国。齐国人俘虏了臧坚,齐灵公派夙沙卫去慰问臧坚,并且说:"不要寻死。"臧坚叩头说:"敬拜国君的好意。然而国君赐我不死,却又故意派名受了宫刑的臣子来慰问一个士。"于是就用尖木条刺进伤口而死。

十八年夏季,晋国人在晋国长子拘捕了卫国的行人石买,在晋国纯留拘捕了孙蒯,这是因为他们攻了曹国。

秋季,齐灵公攻打我国北部边境。晋国的中行献子准备攻打齐国,梦见和晋厉公争讼,没有赢,晋厉公用戈打他,头掉在前面,他跪下来安在脖子上,然后两手捧着头跑,又见到梗阳的巫皋。过了几天,在道上果然遇见了巫皋,中行献子和他谈起梦里的情况,竟和巫皋梦见的相同。巫皋说:"今年您一定会死。如果东方有战事那么就可以有功。"中行献子答应了。晋平公攻打齐国,将要渡黄河,中行献子用红丝线系着两对玉璧祷告说:"齐国国君环(即齐灵公)靠着他的地形险要,仗着他人多势众,

弃好背盟,陵虐神主。曾臣彪将率诸侯以讨焉。其官臣偃实先后之。苟捷有功,无作神羞,官臣偃无敢复济,唯尔有神裁之!"沉玉而济。

冬十月,会于鲁济,寻溴梁之言,同伐齐。齐侯御诸平阴,堑防门,而守之广里。夙沙卫曰:"不能战,莫如守险。"弗听。诸侯之士门焉,齐人多死。范宣子告析文子曰:"吾知子,敢匿情乎?鲁人、莒人皆请以车千乘自其乡入,既许之矣。若入,君必失国。子盍图之?"子家以告公。公恐。晏婴闻之,曰:"君固无勇,而又闻是,弗能久矣。"

齐侯登巫山以望晋师。晋人使司马斥山泽之险,虽所不至,必旆而疏陈之,使乘车者左实右伪,以旆先,舆曳柴而从之。齐侯见之,畏其众也,乃脱归。丙寅晦,齐师夜遁。师旷告晋侯曰:"鸟乌之声乐,齐师其遁。"邢伯告中行伯曰:"有班马之声,齐师其遁。"叔向告晋侯曰:"城上有乌,齐师其遁。"

十一月丁卯朔,入平阴,遂从齐师。夙沙卫连大车以塞隧而殿。殖绰、郭最曰:"子殿国师,齐之辱也。子姑先乎!"乃代之殿。卫杀马于隘以塞道。晋州绰及之,射殖绰,中肩,两矢夹脰,曰:"止,将为三军获;不止,将取

背弃友好违背盟约，欺凌虐待百姓。天子末臣彪将要率领诸侯去讨伐他，他的官臣荀偃我在旁边辅佐他。如果得胜有功，不会给神灵带来羞耻，否则官臣荀偃我不敢再次渡河，只求神灵明鉴！"中行献子把玉璧沉入黄河而后渡河。

　　冬季十月，鲁襄公和晋平公、宋平公、卫殇公、郑简公、曹成公、莒犁比公、邾悼公、滕成公、薛献公、杞孝公、小邾穆公在鲁国济水边上相会，重温溴梁盟会的誓言，然后共同出兵攻打齐国。齐灵公在平阴抵抗，在防门外挖壕沟据守，壕沟宽一里。夙沙卫说："如果不能作战，没有比扼守险要更好的了。"齐灵公不听。诸侯的士兵攻打防门，齐国士兵多数战死。晋国的范宣子告诉齐国大夫析文子（即子家）说："我和您相知，怎敢隐瞒实情呢？鲁国人、莒国人都请求率领一千辆战车从他们那里向齐国攻进来，我们已经答应他们了。倘若攻进来，贵国国君必定要失掉国家。您何不打算一下？"析文子把这些告诉了齐灵公。齐灵公害怕了。晏婴听到了这个消息说："您本来就没有勇气，而又听到了这些话，看来我们不能长久抵抗晋军了。"

　　齐灵公登上巫山远望晋军。晋国人派司马探测山林河泽的险阻，即使军队到不了的地方，也必定树起大旗并稀疏地布置阵势。让乘战车的左边是真人右边是假人，并用大旗作前导，战车后面拖着枝柴跟进。齐灵公看到这种情景，害怕晋军人多，就逃了回去。十月二十九日，齐军夜里逃走。师旷告诉晋平公说："乌鸦的叫声欢快，齐军大概逃走了。"邢伯告诉中行伯（即中行献子）说："有马匹别离的悲叫声，齐军大概逃走了。"叔向告诉晋平公说："平阴城上有乌鸦，齐军大概逃走了吧。"

　　十一月初一，晋军进入平阴，随后追赶齐军。夙沙卫把大车连在一起堵塞山中的隘道，自己做殿后。齐国殖绰、郭最说："你个宦官为我军殿后，是齐国的耻辱。你姑且先走吧！"便代替夙沙卫做殿后。夙沙卫杀了马匹放在狭路上来堵塞道路。晋国大夫州绰追上来，射中了殖绰的肩膀，两枝箭从其脖子的左右边穿过，说："你如果停下，就是我军的俘虏；如果不停下，我将射中

其衷。"顾曰:"为私誓。"州绰曰:"有如日!"乃弛弓而自后
缚之,其右具丙亦舍兵而缚郭最。皆衿甲面缚,坐于中军
之鼓下。

晋人欲逐归者,鲁、卫请攻险。己卯,荀偃、士匄以中
军克京兹。乙酉,魏绛、栾盈以下军克邿。赵武、韩起以上
军围卢,弗克。十二月戊戌,及秦周,伐雍门之萩。范鞅门
于雍门,其御追喜以戈杀犬于门中。孟庄子斩其橁以为公
琴。己亥,焚雍门及西郭、南郭。刘难、士弱率诸侯之师焚
申池之竹木。壬寅,焚东郭、北郭。范鞅门于扬门。州绰
门于东闾,左骖迫,还于东门中,以枚数阖。

齐侯驾,将走邮棠。太子与郭荣扣马,曰:"师速而疾,
略也,将退矣,君何惧焉?且社稷之主,不可以轻。轻则失
众。君必待之!"将犯之,大子抽剑断鞅,乃止。甲辰,东侵
及潍,南及沂。

楚使子庚门于纯门,晋人闻有楚师,师旷曰:"不害。
吾骤歌北风,又歌南风。南风不竞,多死声,楚必无功。"董
叔曰:"天道多在西北,南师不时,必无功。"叔向曰:"在其
君之德也。"

十九年春,诸侯还自沂上,盟于督扬,曰:"大毋侵小。"
晋侯先归。公享晋六卿于蒲圃,赐之三命之服。军尉、司
马、司空、舆尉、候奄,皆受一命之服。贿荀偃束锦、加璧,
乘马,先吴寿梦之鼎。

两箭的中心。"殖绰回头说:"你发誓。"州绰说:"有太阳为证!"州绰便把弓弦卸下来,从后面捆绑了殖绰,州绰的车右具丙也放下兵器捆绑了郭最。二人都穿着盔甲反捆着,坐在中军的战鼓下面。

晋国人想要追击逃兵,鲁国、卫国请求攻险隘。十一月十三日,荀偃、士匄率领晋国中军攻下京兹。十九日,魏绛、栾盈率领晋国下军攻下邿地。赵武、韩起率领晋国上军包围卢地,但没有攻下来。十二月初二,到达秦周,砍伐齐都雍门的荻树。范鞅(即士鞅)攻打雍门,他的御者追喜用戈在门里杀死一条狗。孟庄子砍下那里的槚木给鲁襄公作琴。初三,放火烧了雍门和西边、南边的外城。刘难、士弱(即士庄子)率领诸侯的军队放火烧了申池边上的竹子树。初六,又放火烧了东边、北边的外城。范鞅攻打西门扬门。州绰攻打东门闾门,左边的套马因为路窄,盘旋在东门洞里不能前进,州绰就用马鞭点数城门门扇上的乳钉。

齐灵公驾车,要逃到邮棠。太子光和大夫郭荣拉住马缰绳,说:"敌军急速勇猛,只不过是为了掠夺财物,他们马上就要退走了,您害怕什么?况且一国之主不可以轻举妄动,轻举妄动就会失去民众。您一定要留下!"齐灵公要冲出去,太子光抽出剑砍断马鞭,齐灵公这才停下。十二月初八,诸侯军队向东进攻到潍水,向南到达沂水。

楚国派令尹子庚攻打郑国的纯门,晋国人听到有楚军侵袭郑国,师旷说:"没有妨害。我屡次歌唱北方的曲调,又歌唱南方的曲调。南方的曲调不强,很多是象征死亡的声音,楚国一定不能成功。"董叔说:"岁星运行的轨道多在西北,南方的军队不合天时,一定不能成功。"叔向说:"胜负在于他们国君的德行。"

十九年春季,诸侯从沂水边回来,在齐国督扬结盟,说:"大国不要侵犯小国。"晋平公先回国。鲁襄公在蒲圃设享礼招待晋国的六卿,赐给他们三命的礼服。军尉、司马、司空、舆尉、候奄,都得到一命的礼服。赐给荀偃五匹锦,加上玉璧、四匹马,然后又送给他上代吴国国君寿梦献给鲁国的铜鼎。

晋栾魴帅师从卫孙文子伐齐。

季武子如晋拜师，晋侯享之，范宣子为政，赋《黍苗》。季武子兴，再拜稽首，曰：“小国之仰大国也，如百谷之仰膏雨焉。若常膏之，其天下辑睦，岂唯敝邑？”赋《六月》。

季武子以所得于齐之兵作林钟，而铭鲁功焉。臧武仲谓季孙曰：“非礼也。夫铭，天子令德，诸侯言时计功，大夫称伐。今称伐，则下等也；计功，则借人也；言时，则妨民多矣。何以为铭？且夫大伐小，取其所得以作彝器，铭其功烈，以示子孙，昭明德而惩无礼也。今将借人之力以救其死，若之何铭之？小国幸于大国，而昭所获焉以怒之，亡之道也。”

齐灵公卒。晋士匄侵齐，及穀，闻丧而还，礼也。

冬十一月，城西郛，惧齐也。

齐及晋平，盟于大隧。故穆叔会范宣子于柯。穆叔见叔向，赋《载驰》之四章。叔向曰：“肸敢不承命？”穆叔归，曰：“齐犹未也，不可以不惧。”乃城武城。

二十年夏，盟于澶渊，齐成故也。

蔡公子燮欲以蔡之晋，蔡人杀之。公子履，其母弟也，故出奔楚。陈庆虎、庆寅畏公子黄之逼，诉诸楚曰：“与蔡

晋国的栾䲡率领军队跟从卫国的孙文子攻打齐国。

鲁国的季武子到晋国拜谢出兵，晋平公设享礼招待他，范宣子当政，吟诵了《黍苗》这首诗。季武子站起来，再拜叩头，说："小国仰望大国，就好像百谷仰望润泽的雨水。如果经常滋润着，天下将会和睦，岂止敝邑？"他吟诵了《六月》这首诗。

季武子用在齐国得到的武器制作了林钟，并在上面铭刻鲁国的武功。臧武仲对季武子说："这是不合于礼法的。铭文是天子用来记载美德、诸侯用来记载适时的举动和功绩、大夫用来记载征伐之劳的。现在记载征伐，则是降了一等了；如果记载功绩，则是借助于别人的力量而取胜的；如果记载行动适时，其实战争妨碍百姓太多了。你究竟把什么写入铭文呢？况且大国攻打小国，用他们得到的东西来制作彝器，铭记上他们的功绩来给子孙看，目的是为了宣扬美德而惩罚无礼。如今鲁国是借助别人的力量来拯救自己的死亡，怎么能记载这个呢？小国侥幸战胜大国，反而宣扬自己所获得的战利品来激怒敌人，这是亡国之道啊。"

齐灵公去世。晋国的范宣子侵袭齐国，军队到达齐国穀地，听说齐灵公去世就回去了，这是合于礼法的。

冬季十一月，鲁国在西面的外城修筑城墙，这是鲁国害怕齐国的缘故。

齐国和晋国讲和，并在齐国大隧结盟。所以穆叔在柯地会见了范宣子。穆叔会见叔向，吟诵了《载驰》的第四章。叔向说："我羊舌肸怎敢不接受命令？"穆叔回国，说："齐国不会罢休，我们不可以不戒备。"于是就在武城修筑城池。

二十年夏季，鲁襄公和晋平公、齐庄公、宋平公、卫殇公、郑简公、曹武公、莒犁比公、邾悼公、滕成公、薛献公、杞孝公、小邾穆公在卫国澶渊结盟，这是和齐国讲和的缘故。

蔡国的公子燮想让蔡国背叛楚国顺服晋国，蔡人杀了他。公子履是公子燮的同母弟，事情发生后他就逃亡到楚国。陈国的庆虎、庆寅害怕公子黄的逼迫，向楚国报告说："公子黄和蔡国

司马同谋。"楚人以为讨,公子黄出奔楚。初,蔡文侯欲事晋,曰:"先君与于践土之盟,晋不可弃,且兄弟也。"畏楚不能行,而卒。楚人使蔡无常,公子燮求从先君以利蔡,不能而死。书曰"蔡杀其大夫公子燮",言不与民同欲也;"陈侯之弟黄出奔楚",言非其罪也。公子黄将出奔,呼于国曰:"庆氏无道,求专陈国,暴蔑其君,而去其亲。五年不灭,是无天也。"

齐子初聘于齐,礼也。

二十一年春,公如晋拜师。

二十三年春,杞孝公卒,晋悼夫人丧之,平公不彻乐,非礼也。礼为邻国阙。

陈侯如楚,公子黄诉二庆于楚。楚人召之,使庆乐往,杀之。庆氏以陈叛。夏,屈建从陈侯围陈。陈人城,板队,而杀人。役人相命,各杀其长,遂杀庆虎、庆寅。楚人纳公子黄。君子谓庆氏"不义,不可肆也。故《书》曰,'惟命不于常'"。

秋,齐侯伐卫,自卫将遂伐晋,取朝歌,以报平阴之役。八月,叔孙豹帅师救晋,次于雍榆,礼也。

二十四年,孟孝伯侵齐,晋故也。

齐侯既伐晋而惧,将欲见楚子。楚子使薳启疆如齐聘,且请期。齐社,蒐军实,使客观之。陈文子曰:"齐将

司马公子燮一起策划服从晋国。"楚国人因而讨伐陈国,公子黄
出逃到楚国。当初,蔡文侯想要事奉晋国,说:"先君庄侯参加了
践土之盟,因此晋国不能抛弃蔡国,况且我们还是兄弟之国呢。"
但他又害怕楚国,没有行动就死了。楚国人役使蔡国,征发没有
一定的标准,公子燮要求继承先君的遗志以利于蔡国,没能办到
就死去了。《春秋》记载说"蔡国杀掉其大夫公子燮",是说公子
燮的想法没有和百姓的愿望相同;"陈哀公的弟弟黄出逃到楚
国",是说不是公子黄的罪过。公子黄要出逃时,在国都里大声
喊道:"庆氏兄弟无道,谋求在陈国专权,欺骗蔑视其国君,并铲
除国君的亲人。如果他们五年之内不灭亡,就没有天理了。"

鲁国大夫子叔齐子第一次到齐国聘问,这是合于礼法的。

二十一年春季,鲁襄公到晋国去,这是为了拜谢晋国出兵。

二十三年春季,杞孝公去世,他的妹妹晋悼公夫人为他服
丧,但晋平公不撤除音乐,这是不合于礼法的。按照礼法的规
定,应该为邻国的丧事而主动撤除音乐。

陈哀公到楚国朝见,公子黄向楚国控诉庆虎、庆寅的罪行。
楚国召见二庆,二庆派族人庆乐前去,楚国人杀掉了庆乐。于是
庆氏让陈国背叛了楚国。夏季,楚国令尹屈建跟随陈哀公包围
陈国。陈国人修筑城墙,夹板掉了下来,庆氏便杀掉了筑城的役
人。筑城的役人相互转告,各自杀掉他们的头子,并乘机杀掉了
庆虎、庆寅。楚国人把公子黄送回陈国。君子认为庆氏的行为
"不合道义,不能赦免。所以《尚书》说,'天命不能常在'"。

秋季,齐庄公攻打卫国,接着从卫国出发攻打晋国,占领了
卫国朝歌,用以报复平阴那次战役。八月,叔孙豹率领鲁国军队
救援晋国,驻扎在晋国雍榆,这是合于礼法的。

二十四年,鲁国大夫孟孝伯入侵齐国,这是为了报复去年齐
国入侵晋国。

齐庄公攻打了晋国以后感到害怕,打算会见楚康王。楚康
王派遣大夫蓬启彊到齐国聘问,并且商量会见的日期。齐国在
军中祭祀社神,举行大阅兵,让蓬启彊参观。陈文子说:"齐国将

有寇。吾闻之：‘兵不戢，必取其族。’”

秋，齐侯闻将有晋师，使陈无宇从薳启疆如楚，辞，且乞师。崔杼帅师送之，遂伐莒，侵介根。

会于夷仪，将以伐齐。水，不克。

冬，楚子伐郑以救齐，门于东门，次于棘泽。诸侯还救郑。晋侯使张骼、辅跞致楚师，求御于郑。郑人卜宛射犬，吉。子大叔戒之曰：“大国之人，不可与也。”对曰：“无有众寡，其上一也。”大叔曰：“不然。部娄无松柏。”二子在幄，坐射犬于外，既食而后食之，使御广车而行，己皆乘乘车。将及楚师，而后从之乘，皆踞转而鼓琴。近，不告而驰之，皆取胄于櫜而胄。入垒，皆下，搏人以投，收禽挟囚。弗待而出，皆超乘，抽弓而射。既免，复踞转而鼓琴，曰：“公孙！同乘，兄弟也，胡再不谋？”对曰：“曩者志入而已，今则怯也。”皆笑曰：“公孙之亟也。”楚子自棘泽还，使薳启疆帅师送陈无宇。

陈人复讨庆氏之党，针宜咎出奔楚。

二十五年春，齐崔杼帅师伐我北鄙。

夏五月乙亥，齐崔杼弑其君光。

被入侵。我听说：'不停止用兵，定会伤害到自己的族类。'"

秋季，齐庄公听说晋军要来侵袭齐国，派陈无宇随蔫启彊到楚国，提出取消会见，并且请求楚国派兵救援。崔杼率领军队送他们，乘机进攻莒国，侵袭了介根。

鲁襄公与晋平公、宋平公、卫殇公、郑简公、曹武公、莒犁比公、邾悼公、滕成公、薛献公、杞文公、小邾穆公在晋国夷仪相会，准备攻打齐国。赶上发大水，没能行动。

冬季，楚康王率领军队攻打郑国以救援齐国，攻打郑都的东门，楚军驻扎在郑国棘泽。诸侯回军救援郑国。晋平公派张骼、辅跞向楚军挑战，向郑国请求驾驶战车的人。郑国人派遣宛射犬占卜，结果吉利。郑国大夫子太叔告诫宛射犬说："对大国的人，不可和他们平行抗礼。"宛射犬回答说："不论兵多兵少，御者的地位在车左车右之上，在哪里都一样。"子太叔说："不是这样。小山上没有大松柏。"果然张骼、辅跞二人坐在帐篷里，却让射犬坐在帐篷外，他们俩吃完饭后才让射犬吃，让射犬驾驶攻敌之车前进，自己都坐着坐乘的小车。将要到达楚军营垒时，张骼、辅跞二人才登上射犬的战车，两人都蹲在车后的横木上弹琴。车子逼近楚营，射犬不告诉他俩就疾驶而进，二人都从袋子里拿出头盔戴上。进入楚军营垒后，他俩都下了车，把楚兵抓起来向扑过来的楚兵扔过去，又把俘虏捆绑好夹在腋下。射犬不等待他俩便驱车而出，二人都跳上战车，抽出弓箭来射向追兵。脱险以后，二人又蹲在车后边的横木上弹琴，说："公孙！我们同坐一辆战车，就是兄弟，为什么两次进出都不和我们商量一下？"射犬回答说："前一次只是一心想着冲入敌人营垒，后一次则是心里害怕了。"张骼、辅跞二人都笑着说："公孙的性子真急啊。"楚康王从棘泽回来，派蔫启彊率兵护送齐国陈无宇回国。

陈国人再次讨伐庆氏的党羽，陈国大夫鍼宜咎逃亡到楚国。
二十五年春季，齐国的崔杼率领军队攻打我国的北部边境。
夏季五月十七日，齐国的崔杼杀掉了他的国君齐庄公光。

晋侯济自泮，会于夷仪，伐齐，以报朝歌之役。齐人以庄公说，使隰钮请成。庆封如师，男女以班，赂晋侯以宗器、乐器。自六正、五吏、三十帅、三军之大夫、百官之正长、师旅及处守者，皆有赂。晋侯许之，使叔向告于诸侯。公使子服惠伯对曰："君舍有罪，以靖小国，君之惠也。寡君闻命矣。"

秋七月己巳，同盟于重丘，齐成故也。

臣士奇曰：晋悼公，惠伯谈之子，桓叔捷之孙，而襄公之曾孙也。出居于周，蚤有英誉。厉公弑，诸大夫迎而立之。其在周也，单襄公称其十一美行，而属其子顷公善视之。迨反晋国，年甫十四，诸大夫逆于清原，悼公曰："人之有君，使出命也。立而不从，将焉用君？二三子用我令日，否亦今日。"侃侃数言，足以慑强臣悍将之气，固已奇矣。

及观其初政，逐不臣者七人，选六官于民誉；施舍已责，宥罪薄赋，以次举行。取灵、成、景、厉隳坏之纪纲而振刷之，英风伟略，震燀一时。是以鲁侯见而心折，杞桓闻而骤朝。其能招来宇下，光复伯业，有以也。

晋平公渡过泮水,和鲁襄公、宋平公、卫殇公、郑简公、曹武公、莒犁比公、邾悼公、滕成公、薛献公、杞文公、小邾穆公等诸侯在夷仪会合,准备联合攻打齐国,以报复朝歌那次战役。齐国人想用杀齐庄公的事来讨晋国欢心,于是就派隰钽来请求讲和。庆封来到晋国军中,将男女奴隶分开排列并捆绑着,把齐国宗庙的祭器、乐器送给晋平公。晋国的六卿、五吏、三十帅、三军的大夫、各部门的主管官员、众属吏和留守官员,都得到了财礼。晋平公答应和齐国讲和,派叔向通告诸侯。鲁襄公派子服惠伯回复说:"您宽恕有罪的国家以安定小国,这是您的恩惠。敝国国君听到命令了。"

秋季七月十二日,诸侯在齐国重丘结盟,这是和齐国讲和的缘故。

臣下我高士奇评论说:晋悼公,是晋惠伯谈的儿子,桓叔捷的孙子,襄公的曾孙。他开始居住在周王室,很早就享有英名美誉。晋厉公被弑杀后,大夫们把他迎回来立为国君。他在周王室的时候,单襄公称他有十一种美德,并且叮嘱自己的儿子单顷公一定要好好地对待他。等悼公返回晋国时,年仅十四,众大夫到清原去迎接他,悼公说:"人们有国君,是为了让他发布命令。立了国君后却不听从他的命令,还用他做国君干什么呢?你们各位用我为国君在今天,不用我为国君也在今天说清楚。"侃侃而谈的几句话,就足以震慑住强臣悍将的气势,这本来就已奇特了。

再看晋悼公当政之初,放逐不合臣道的大臣七人,通过民众的赞誉而确定六官的人选;施舍财物,免除百姓债务,减轻罪刑,减免租赋,依次推行。他把自晋灵公、晋成公、晋景公、晋厉公以来败坏的纲纪重新加以整肃,他杰出的气概、远大的谋略,一时震动天下。因此鲁成公见到晋悼公以后便心悦诚服,杞桓公听说后便马上到晋国来朝见。他能够把诸侯招至自己的殿堂之下,光复晋国的霸业,是有原因的。

　　至其经略中原，首在诛宋之叛臣；又能庸魏绛之策，内和戎狄，使边鄙不扰，民事以修。故得一意南向，与楚争衡，而为诸侯倚庇。其制楚也，则不在虎牢、梧、制之城，据郑腹心，而在知大夫分锐逆来，还师以敝楚之计。盖楚锋剽悍，未可力争，晋即悉下河山之甲，与决一战，幸而胜楚，不能必其不谋再举；一往一来，其势两敝。惟以少制多，使楚疲于奔命，久将衰止，而乃可为郑息数十年之肩矣。自此计行，楚果坐屈。三驾功成，如操左契。甚矣，晋伯之成，绛始之，蠆终之。而金石之赐，独及绛，而不及蠆，何也？

　　至郑之所以倾心，惟在悼公推至诚以待之。礼囚禁掠，郑人即吾。人自非木石，未有诚感之而不动者。萧鱼以后，三经楚师，而郑不叛。虽曰"南风不竞"，"天道多在西北"，要非郑之一心于晋，其与楚为会，安能迟至二十四年之后乎？独恨以晋悼之贤，东门纳款，不能力却郑赂，以示义于天下，而溺其歌钟、铸磬、女乐二八。春秋之世，贪冒成风，贤者不免，而晋国尤甚，可慨也！

至于晋悼公经略中原，首先在于诛杀宋国的叛逆之臣；又能使用魏绛的谋略，内和戎狄，使边境不受侵扰，民事修举。因此他能够一心一意地向南扩展，与楚国抗衡争雄，由此被诸侯所倚仗。他能抑制楚国，不在于攻取虎牢、梧邑、制邑等城池，占据郑国的腹心之地，而在于大夫知罃把精锐部队分成几部分迎击来犯敌人，并且退兵以疲敝楚国的计谋。大概是楚军当时威势剽悍，还不可以与其以力相争，晋国即使发动全国的甲兵与楚国决一死战，即使侥幸战胜楚国，也不能保证楚国不再次图谋进攻晋国；这样一往一来，两国的实力都削弱了。只有以少胜多，使楚军疲于奔命，时间长了就会使楚国衰败，然后可以替郑国卸去数十年以来肩上的重担。自从这项计谋实行，楚国果然因此而屈服。晋国三次兴兵抗楚成功，如同拿着索偿的左券一样。确实啊，晋国霸业的成功，从魏绛开始，到知罃终结。然而钟磬之乐的赏赐只给予魏绛，却没有给予知罃，这是为什么呢？

至于郑国之所以倾心于晋国，实在是悼公以至诚之心对待它的结果。悼公以礼对待郑国的俘虏，并禁止晋军随便抢掠，于是郑国人就坚决地亲附晋国。人非草木坚石，没有谁被以诚相待而不被感动的。萧鱼之地会见以后，晋国三次兴兵对抗楚国，郑国都没有背叛。虽然说"南方的曲调不强""岁星运行的轨道多在西北"，要不是郑国一心一意地事奉晋国，而是与楚国联合起来，楚国召集的诸侯会盟怎么能够推迟到二十四年以后呢？唯独遗憾的是，凭借晋悼公的贤能，却在郑国国都的东门接受郑国人的归服，他不能坚决地推辞郑国人的赠送，并以此向天下人昭示大义，相反却沉溺于郑国人赠送的伴唱编钟、镈磬和女乐十六人。终春秋之世，贪图财物形成风气，即使是贤者也在所难免，而以晋国最为突出，实在是令人感慨啊！

又有异者，文、襄之伯，皆以王室为先。文公出定襄王，襄公朝王于温，皆晋已事也。况悼尝托周，单氏善之，逆知其必反晋国，而为之礼。乃悼五合六聚，未闻一事有关王室；惟鸡丘之歃，王臣与焉。又渎分而不可训，悼岂明于资而暗于学者耶？

至其工于取郑，而抚陈则拙；巧于柔楚，而服齐则疏。英毅之气锐始而怠终，致有宣子假羽毛之事，竟以失齐，而悼且没矣。邢丘委政，而溴梁之会，大夫遂主之。姑息贻患，亦悼盛德之累也。迨夫子黄纳而楚横，朝歌取而齐大，夷仪之役，又以利歆，为天下笑。平公而下，晋伯无足观矣。如悼公，不诚贤君哉！

又令人奇怪的是,晋文公、晋襄公的称霸,都是把尊崇周王室放在首位。晋文公出兵来安定周襄王的王位,晋襄公前往温地朝见周襄王,都是晋国过去事奉周王朝的事。况且悼公曾经寄身于周王室,单襄公对待他很好,预知他一定能回晋国当政,因此对他以礼相待。然而晋悼公五次会盟、六次聚集天下的诸侯,没有听说一件事与周王室有关;只有鸡丘的歃血结盟,有周王室的大臣参与。但又亵渎了名分,不能作为遵循的准则,悼公难道是资质聪颖而不善于学习的人吗?

至于他虽然精于取得郑国拥护,然而在安抚陈国之事上却显得相形见绌;虽然善于对付楚国,然而在降服齐国之事上却显得才志不足。英明果断的气概以锋芒锐利开始却以怠惰终结,以致发生了范宣子从齐国借了装饰仪仗的鸟羽和旄牛尾观看而不归还的事,晋国最终因此而失去了齐国的拥护,而晋悼公此时也将要去世了。在邢丘的盟会上让诸侯的大夫听取命令,而在溴梁会见诸侯的大夫盟誓共同讨伐不忠于盟主的人,大夫就当权执政了。姑息纵容遗留祸患,也损害了悼公的高尚品德。等到楚国接纳了陈国的公子黄以后便开始横霸天下;齐国攻取卫国朝歌以后也开始强大;夷仪之战,晋国又因为贪图齐国的财礼而放弃了进攻成为天下人的笑柄。自平公以下,晋国霸业就不值得一提了。像悼公这样的国君,不确实是贤明的国君吗!

卷三十　晋楚弭兵

　　襄公二十五年，赵文子为政，令薄诸侯之币，而重其礼。穆叔见之，谓穆叔曰："自今以往，兵其少弭矣。齐崔、庆新得政，将求善于诸侯。武也知楚令尹，若敬行其礼，道之以文辞，以靖诸侯，兵可以弭。"

　　楚蒍子冯卒。屈建为令尹，屈荡为莫敖。
　　二十六年，许灵公如楚，请伐郑，曰："师不兴，孤不归矣。"八月，卒于楚。楚子曰："不伐郑，何以求诸侯？"冬十月，楚子伐郑。郑人将御之。子产曰："晋、楚将平，诸侯将和，楚王是故昧于一来。不如使逞而归，乃易成也。夫小人之性，衅于勇，啬于祸，以足其性，而求名焉者，非国家之利也，若何从之？"子展说，不御寇。十二月乙酉，入南里，堕其城，涉于乐氏，门于师之梁。县门发，获九人焉。涉于氾而归，而后葬许灵公。

卷三十　晋楚弭兵

　　鲁襄公二十五年,晋国赵文子(即赵武)执掌大政,他命令减轻诸侯的贡物而尊崇礼仪。鲁国大夫穆叔(即叔孙豹)进见赵文子时,赵文子对穆叔说:"从今以后,战争大概能稍稍停止了。齐国的崔杼、庆封新近当政,将要向诸侯谋求友好。我赵武和楚国的令尹屈建有交情,倘若恭敬地推行礼仪,用优美的辞令加以疏导,来安定诸侯,战争便可以消除。"

　　楚国的蒍子冯去世。屈建(即子木)做令尹,屈荡做莫敖。

　　二十六年,许灵公到楚国,请求发兵攻打郑国,他说:"如果贵国不发兵,我就不回国了。"八月,许灵公死在楚国。楚康王说:"不攻打郑国,用什么办法求得诸侯的拥戴呢?"冬季十月,楚康王发兵攻打郑国。郑国人准备抵抗楚军。郑国大夫子产说:"晋、楚两国要讲和,诸侯即将和睦共处,楚王实是冒昧来犯。我们不如让他称心如愿回去,这样晋、楚两国就容易讲和了。小人的本性,一有空子就表现血气之勇,在祸乱中有所贪图,来满足他的本性而追求虚名,这种做法不符合国家的利益,怎么可以听从呢?"子展听了很高兴,就不抵抗敌人。十二月初五,楚军攻入郑国的南里,拆毁那里的城墙后,又从乐氏渡过洧水,攻打郑国都城师之梁城门。郑国放下内城的闸门,楚军只俘虏了九个被关在城外的郑国人。随后楚军又从氾城下涉汝水南归,回去后安葬了许灵公。

二十七年，宋向戌善于赵文子，又善于令尹子木，欲弭诸侯之兵以为名。如晋，告赵孟，赵孟谋于诸大夫。韩宣子曰："兵，民之残也，财用之蠹，小国之大菑也。将或弭之，虽曰不可，必将许之。弗许，楚将许之，以召诸侯，则我失为盟主矣。"晋人许之。如楚，楚亦许之。如齐，齐人难之。陈文子曰："晋、楚许之，我焉得已？且人曰'弭兵'而我弗许，则固携吾民矣，将焉用之？"齐人许之。告于秦，秦亦许之。皆告于小国，为会于宋。

五月甲辰，晋赵武至于宋。丙午，郑良霄至。六月丁未朔，宋人享赵文子，叔向为介。司马置折俎，礼也。仲尼使举是礼也，以为多文辞。戊申，叔孙豹、齐庆封、陈须无、卫石恶至。甲寅，晋荀盈从赵武至。丙辰，邾悼公至。壬戌，楚公子黑肱先至，成言于晋。丁卯，宋向戌如陈，从子木成言于楚。戊辰，滕成公至。子木谓向戌："请晋、楚之从，交相见也。"庚午，向戌复于赵孟。赵孟曰："晋、楚、齐、秦，匹也，晋之不能于齐，犹楚之不能于秦也。楚君若能使秦君辱于敝邑，寡君敢不固请于齐。"壬申，左师复言于子木，子木使驲谒诸王。王曰："释齐、秦，他国请相见也。"

二十七年，宋国的向戌和晋国的赵文子一向很要好，同时和楚国的令尹子木也很友好，他准备出面调停消除诸侯之间的战争，从而提高自己的声望。于是就到晋国找到赵孟（即赵文子）商量，赵孟又征求大夫们的意见。韩宣子说："战争，是百姓的祸害，是财货的蛀虫，是弱小国家的巨大灾难。现在有人要消除它，虽然说办不到，但一定要答应他。晋国如果不答应，楚国将会答应他，到那时，楚国可以号召诸侯，那么我们就会失掉盟主的地位了。"晋国人便答应了向戌的请求。向戌又到楚国，楚国也答应了。向戌到了齐国，齐国人对此感到为难。齐国大夫陈文子说："晋国、楚国都答应了，我们怎能不同意？而且人家说'消除战争'，而我们却不同意，就当然会使百姓因抱怨而产生离心了，将来怎么能使用他们？"齐国人就答应了。向戌又告诉秦国，秦国也答应了。于是遍告各小国，在宋国举行会见。

五月二十七日，晋国赵武到达宋国。二十九日，郑国良霄也到达宋国。六月初一，宋国人设享礼招待赵文子，叔向做赵文子的副宾。司马把煮熟的牲畜拆成碎块放在礼器中，这是合乎礼法的。后来孔子看到了有关宴会礼仪的记录，认为修饰的辞藻太多。初二，鲁国的叔孙豹、齐国的庆封、陈国的须无（即陈文子）、卫国的石恶到达宋国。初八，晋国荀盈跟随赵武之后到达宋国。初十，邾悼公到达宋国。十六日，楚国公子黑肱先到达宋国，和晋国商定了有关事宜。二十一日，宋国向戌到陈国去，和正在陈国访问的楚国令尹子木商定盟约中有关楚国的条件。二十二日，滕成公到达宋国。楚国的子木对宋国的向戌说："请让晋国和楚国的盟国诸侯互相朝见。"二十四日，宋国的向戌向晋国的赵孟转达这一提议。赵孟说："晋国、楚国、齐国、秦国这四个国家地位相等，晋国不能指挥齐国，如同楚国不能指挥秦国一样。楚国国君如果能让秦国国君辱临敝邑，那么敝国国君又怎敢不坚决请求齐国国君去朝见楚国呢？"二十六日，左师（即向戌）把赵武的意见向子木转达，子木派人乘驿车谒见楚康王请示。楚康王说："暂时放下齐国、秦国，先请求让其他国家互相朝见。"

秋七月戊寅，左师至。是夜也，赵孟及子晳盟，以齐言。庚辰，子木至自陈。陈孔奂、蔡公孙归生至，曹、许之大夫皆至。以藩为军。晋、楚各处其偏。伯夙谓赵孟曰："楚氛甚恶，惧难。"赵孟曰："吾左还入于宋，若我何？"

辛巳，将盟于宋西门之外，楚人衷甲。伯州犁曰："合诸侯之师，以为不信，无乃不可乎？夫诸侯望信于楚，是以来服。若不信，是弃其所以服诸侯也。"固请释甲。子木曰："晋、楚无信久矣，事利而已。苟得志焉，焉用有信？"大宰退，告人曰："令尹将死矣，不及三年。求逞志而弃信，志将逞乎？志以发言，言以出信，信以立志，参以定之。信亡，何以及三？"赵孟患楚衷甲，以告叔向。叔向曰："何害也？匹夫一为不信，犹不可，单毙其死。若合诸侯之卿，以为不信，必不捷矣。食言者不病，非子之患也。夫以信召人，而以僭济之，必莫之与也，安能害我？且吾因宋以守病，则夫能致死。与宋致死，虽倍楚可也，子何惧焉？又不及是。曰'弭兵'以召诸侯，而称兵以害我，吾庸多矣，非所患也。"

秋季七月初二,左师回到宋国。当天夜里,晋国的赵孟和楚国子晳(即公子黑肱)商定了盟书的条款,统一了口径。初四,楚国的子木从陈国到达宋国。陈国的孔奂、蔡国的公孙归生也到达宋国,曹国和许国的大夫也都到达宋国。各国军队只用篱笆做屏障来划定界限。晋国、楚国各自驻扎在南北两边。晋国大夫伯夙(即荀盈)对赵孟说:"楚国方面的气氛很不好,怕会发生被袭击的祸难。"赵孟说:"万一这样,我们向左转就进入了宋国都城,他们能把我们怎么样?"

　　七月初五,诸侯将要在宋国都城的西门外边结盟,楚国人暗中在外衣里边穿着皮甲。楚国大夫伯州犁说:"会合天下诸侯的军队,而做不让别人信任的事,只怕不可以吧?诸侯本来是信任楚国的,因此才前来顺服。如果不讲信用,这分明就是抛弃了我们所用来使诸侯顺服的东西了。"伯州犁坚决请求除掉皮甲。但楚国令尹子木说:"晋国、楚国之间互相不讲信用已经很久了,我们只做对我们有利的事情而已。如果能满足我们的愿望,哪里还用得着什么信用?"太宰伯州犁退下去,告诉人说:"令尹子木将要死了,不会到三年。只求满足意愿而丢失信用,那么意愿会实现吗?有意愿便发而为言语,说出话就形成信用,有了信用便可以实现意愿,这三者具备才能安身立命。信用丢掉了,怎么能活到三年?"晋国的赵孟担心楚国人衣内穿着皮甲,把这事告诉了晋国大夫叔向。叔向说:"这有什么害怕的?一个普通的人一旦做出不守信用的事,尚且不可以,都会不得好死。如果一个会合天下诸侯的卿,做出不守信用的事情,就必然不能成功。说话不算数的人并不能给人造成麻烦,这不是您的祸患。如果谁用信用召集别人,而又用虚假求得成功,必定没有人亲附他,又哪里能危害我们?而且我们依靠着宋国来防守楚国制造的麻烦,那么晋军人人都能拼命作战。和宋军一起誓死抗敌,即使楚军再增加一倍也可以顶住,您有什么可害怕的呢?况且事情又没有到这种地步。楚国嘴上喊着'消除战争',高调召集诸侯,反而发动战争来危害我们,对我们的好处就多了,这不是我们所要担心的。"

季武子使谓叔孙以公命曰："视邾、滕。"既而齐人请邾，宋人请滕，皆不与盟。叔孙曰："邾、滕，人之私也；我，列国也，何故视之？宋、卫，吾匹也。"乃盟。故不书其族，言违命也。

晋、楚争先。晋人曰："晋固为诸侯盟主，未有先晋者也。"楚人曰："子言晋楚，匹也，若晋常先，是楚弱也。且晋、楚狎主诸侯之盟也久矣，岂专在晋？"叔向谓赵孟曰："诸侯归晋之德只，非归其尸盟也。子务德，无争先。且诸侯盟，小国固必有尸盟者，楚为晋细，不亦可乎？"乃先楚人。书先晋，晋有信也。

壬午，宋公兼享晋、楚之大夫，赵孟为客。子木与之言，弗能对。使叔向侍言焉，子木亦不能对也。乙酉，宋公及诸侯之大夫盟于蒙门之外。子木问于赵孟曰："范武子之德何如？"对曰："夫子之家事治，言于晋国无隐情。其祝史陈信于鬼神，无愧辞。"子木归，以语王。王曰："尚矣哉！能歆神人，宜其光辅五君以为盟主也。"子木又语王曰："宜晋之伯也，有叔向以佐其卿，楚无以当之，不可与争。"晋荀盈遂如楚莅盟。

鲁国大夫季武子(即季孙宿)派人以鲁襄公的名义告诉叔孙豹说:"把我们鲁国看作和邾国、滕国一样。"后来齐国人请求把邾国作为自己的属国,宋国人请求把滕国作为自己的属国,所以邾国和滕国都不参加结盟了。叔孙豹说:"邾国、滕国,是别国的私属国;我们鲁国,是诸侯之国,为什么要看成和它们两国一样?宋国、卫国才是和我们地位对等的。"于是就擅自参加了结盟。所以《春秋》不记载叔孙豹的族氏,因为叔孙豹违背了国君的命令。

举行盟誓时,晋国、楚国争执歃血盟誓顺序的先后。晋国人说:"晋国本来就是诸侯的盟主,从来没有在晋国之前歃血的国家。"楚国人说:"你们说晋国和楚国的地位对等,如果晋国事事永远在前面,这就说明是楚国弱于晋国了。而且晋国和楚国交替着主持诸侯的盟会已经很久了,怎能专门由晋国主持呢?"晋国的叔向对赵孟说:"诸侯归服晋国的德行,而不是归服它是否主持结盟。您只管致力于修养德行,不要去争执歃血的先后。况且诸侯缔结盟约,小国本来就会主持结盟的具体事务,让楚国为晋国做具体琐细的事务,不也是可以的吗?"于是晋国就让楚国人先歃血。《春秋》记载此事却把晋国放在楚国前面,这是晋国有信用的缘故。

七月初六,宋平公同时设享礼招待晋国、楚国的大夫,晋国的赵孟作为主宾。楚国的子木和他谈话时,赵孟不能应对。赵孟让叔向在旁边帮着回应,子木也不能应对。初九,宋平公和诸侯国大夫们在宋国都城蒙门外边结盟。子木向赵孟询问说:"范武子的德行怎么样?"赵孟回答说:"这位老人的家事治理得井井有条,对晋国来说没有可以隐瞒的情况。他的祝史对鬼神很真诚,没有言不由衷的话。"子木回国,把赵孟的话告诉了楚康王。楚康王说:"高尚啊!能够同时让神和人高兴,难怪他光荣地辅佐晋文公、晋襄公、晋灵公、晋成公、晋景公五世国君,而且使晋国成为诸侯盟主啊。"子木又告诉楚康王说:"晋国做诸侯的领袖是理应所当的,有叔向辅佐正卿,楚国没有人能和他匹敌,不能和他们相争。"晋国的荀盈随后就到楚国监视盟约的执行情况。

　　宋左师请赏，曰："请免死之邑。"公与之邑六十，以示子罕。子罕曰："凡诸侯小国，晋、楚所以兵威之，畏而后上下慈和，慈和而后能安靖其国家，以事大国，所以存也。无威则骄，骄则乱生，乱生必灭，所以亡也。天生五材，民并用之，废一不可，谁能去兵？兵之设久矣，所以威不轨而昭文德也。圣人以兴，乱人以废。废兴、存亡、昏明之术，皆兵之由也。而子求去之，不亦诬乎？以诬道蔽诸侯，罪莫大焉。纵无大讨，而又求赏，无厌之甚也！"削而投之。左师辞邑。向氏欲攻司城。左师曰："我将亡，夫子存我，德莫大焉，又可攻乎？"君子曰："'彼己之子，邦之司直'，乐喜之谓乎！'何以恤我，我其收之'，向戌之谓乎！"

　　楚薳罢如晋莅盟，晋侯享之。将出，赋《既醉》。叔向曰："薳氏之有后于楚国也，宜哉！承君命不忘敏。子荡将知政矣。敏以事君，必能养民，政其焉往？"

　　二十八年夏，齐侯、陈侯、蔡侯、北燕伯、杞伯、胡子、沈子、白狄朝于晋，宋之盟故也。齐侯将行，庆封曰："我不与盟，何为于晋？"陈文子曰："先事后贿，礼也。小事大，未获事焉，

宋国的左师(即向戌)向宋平公请求赏赐,说:"臣下免于一死,请赐给我城邑。"宋平公赐给他六十座城邑,他把写明这一决定的简册拿给大夫子罕看。子罕说:"凡是诸侯小国,晋国、楚国常常用武力来威慑他们,他们害怕然后就能上下慈爱和睦,慈爱和睦然后能安定他们的国家,以此来事奉大国,这是小国存在的原因。没有威慑他们就要骄傲,骄傲了祸乱就要发生,祸乱发生了必然被消灭,这是小国灭亡的原因。上天生出了金、木、水、火、土五种材料,百姓把它们全部使用上,想废掉哪一种都不行,又有谁能够去掉兵器呢?兵器的设置由来已久,这是威慑越轨行为而宣扬文治德政的。圣人由于武力而兴起,作乱的人由于武力而被铲除。废兴、存亡、昏明之道,都是由于武力造成的。而您却谋求去掉它,这不也是欺骗吗?用欺骗的方法来蒙蔽诸侯,没有比这再大的罪过了。不受到大的讨伐已是幸运,反而又求取赏赐,真是贪得无厌达到极点了!"子罕说完就把简册上的字削去并且扔了它。左师于是推辞不肯接受城邑。向氏一族想要攻打司城子罕。左师说:"我将要灭亡时,是他老人家让我生存下来,没有比这再大的恩德了,怎么可以恩将仇报去攻打他呢?"君子对此评论说:"'那位人士,是国家主持正义的人',大概说的就是乐喜(即子罕)吧!'你把什么赐给我,我都将接受它',说的就是向戌这样的人吧!"

楚国的蓬罢到晋国监视盟约的执行,晋平公设享礼招待他。蓬罢宴饮完要退出时,吟诵了《既醉》这首诗。叔向说:"蓬氏后代在楚国长享禄位,是应该的啊!因为他承受国君的命令,不忘记机智敏捷应对。子荡(即蓬罢)不久将要掌握政权了。用机智敏捷来事奉国君,就必然能抚养百姓,政权还会跑到哪去呢?"

二十八年夏季,齐景公、陈哀公、蔡景侯、北燕懿公、杞文公、胡子、沈子、白狄到晋国朝见,这是因为那次在宋国结盟的缘故。齐景公打算出行时,庆封说:"我国没有参加结盟,为什么要去晋国朝见?"陈文子说:"先考虑事奉大国,然后再考虑进献财物,这是合于礼法的。小国事奉大国,如果未能获得事奉的机会,

从之如志，礼也。虽不与盟，敢叛晋乎？重丘之盟，未可忘也。子其劝行。"

蔡侯归自晋，入于郑。郑伯享之，不敬。子产曰："蔡侯其不免乎！日其过此也，君使子展迋劳于东门之外，而傲。吾曰犹将更之。今还，受享而惰，乃其心也。君小国，事大国，而惰傲以为己心，将得死乎？若不免，必由其子。其为君也，淫而不父。侨闻之，如是者，恒有子祸。"

孟孝伯如晋，告将为宋之盟故，如楚也。

蔡侯之如晋也，郑伯使游吉如楚。及汉，楚人还之，曰："宋之盟，君实亲辱。今吾子来，寡君谓吾子姑还，吾将使驲奔问诸晋，而以告。"子大叔曰："宋之盟，君命将利小国，而亦使安定其社稷，镇抚其民人，以礼承天之休，此君之宪令，而小国之望也。寡君是故使吉奉其皮币，以岁之不易，聘于下执事。今执事有命曰，'女何与政令之有？必使而君弃而封守，跋涉山川，蒙犯霜露，以逞君心。'小国将君是望，敢不唯命是听？无乃非盟载之言，以阙君德，而执事有不利焉，小国是惧。不然，其何劳之敢惮？"子大叔归，复命。告子展曰："楚子将死矣。不修其政德，而贪昧于诸侯，

就要顺从大国的意图,这也是合于礼法的。我们虽然没有参加结盟,又怎敢背叛晋国呢?鲁襄公二十五年重丘的盟约,还不可以忘记啊。您还是劝国君出行吧。"

蔡景侯从晋国回国,进入郑国。郑简公设享礼招待他,席间蔡景侯表现得不恭敬。子产说:"蔡景侯大概不能免于祸难吧!以前他经过这里的时候,国君派子展前往东门外慰劳他,但是他很傲慢。当时,我认为他还是会改变的。可现在回来,接受享礼而表现怠惰,这就是他的本性如此了。作为小国的国君,事奉大国,反而把怠惰和傲慢作为自己的心意,他将来能有好死吗?倘若不免于祸难,一定是由于他的儿子。因为他做国君,淫乱儿媳而不像做父亲的样子。据我公孙侨所知,像这样乱伦的人,经常会遇到儿子发动的祸乱。"

鲁国大夫孟孝伯前往晋国,这是报告为了履行在宋国的结盟而去楚国朝见。

蔡景侯前往晋国的时候,郑简公派大夫游吉到楚国去。游吉到达汉水时,楚国人让他回去,说:"在宋国的那次盟会,贵国国君亲自光临了。现在却派大夫您前来朝见,敝国国君说让大夫姑且回去,我们将要派驿车奔赴晋国询问,是否应该由贵国国君前来朝见,然后再告诉您。"子太叔(即游吉)说:"在宋国的那次盟会上,贵国国君曾主张要有利于小国,而且也要使小国安定它的社稷,镇抚它的百姓,用礼仪承受上天的福禄,这是贵国国君的命令,也是我们小国的期望。敝国国君因此才派游吉奉上财礼,由于今年有饥荒,特向贵国执事聘问。现在执事有命令说:'你怎么能参与郑国的政令?一定要让你们国君放弃你们的封疆和守备,跋山涉水,冒着霜露前来,以满足我国国君的意愿。'小国还是期望贵国国君赐给恩德,怎敢不唯命是听呢?只是这样做不符合盟书上的话,而且使贵国国君的德行有所损害,也对你们执事有所不利,小国就害怕这些。否则的话,我们国君哪敢害怕劳苦呢?"子太叔回国,复命。他告诉子展说:"楚康王将要死了。不修明他的国政和德行,反而过分贪图诸侯的进奉,

以逞其愿，欲久，得乎？《周易》有之，在《复》䷗之《颐》䷚，曰，‘迷复，凶’，其楚子之谓乎！欲复其愿，而弃其本，复归无所，是为‘迷复’，能无凶乎？君其往也！送葬而归，以快楚心。楚不几十年，未能恤诸侯也，吾乃休吾民矣。”裨灶曰：“今兹周王及楚子皆将死。岁弃其次，而旅于明年之次，以害鸟帑，周、楚恶之。”

郑游吉如晋，告将朝于楚，以从宋之盟。子产相郑伯以如楚。舍不为坛。外仆言曰：“昔先大夫相先君适四国，未尝不为坛。自是至今，亦皆循之。今子草舍，无乃不可乎？”子产曰：“大适小，则为坛，小适大，苟舍而已，焉用坛？侨闻之，大适小有五美：宥其罪戾，赦其过失，救其菑患，赏其德刑，教其不及。小国不困，怀服如归，是故作坛，以昭其功，宣告后人无怠于德。小适大有五恶：说其罪戾，请其不足，行其政事，共其职贡，从其时命。不然，则重其币帛，以贺其福，而吊其凶，皆小国之祸也，焉用作坛，以昭其祸？所以告子孙，无昭祸焉可也。”

为宋之盟故，公及宋公、陈侯、郑伯、许男如楚。公过郑，郑伯不在。及汉，楚康王卒，公欲反。叔仲昭伯曰：

来满足自己的愿望，想要活得长久，能办到吗？《周易》有这样的卦象，遇到《复》卦䷗变为《颐》卦䷚，就叫，'迷入歧途而难以回复，有凶险'，这大概说的就是楚康王吧！想要满足他的愿望，却丢弃了修养德行这一根本道路，就像想回去却找不到归路一样，这就叫作'迷复'，他能够没有凶险吗？还是让国君去吧！替楚康王送了葬便能回来，这样可以让楚国痛快一下虚荣心。楚国没有近十年的时间，不能在诸侯中争夺霸权，我们就可以让百姓休息了。"郑国大夫裨灶说："今年周灵王和楚康王都要死去。岁星失去它应在的星次，而运行在明年的星次上，危害了象征南方的鸟尾星，周王室和楚国都要遭到灾祸。"

郑国的游吉到晋国去，报告说按照在宋国的盟约将要到楚国朝见。随后郑国大夫子产相礼郑简公到了楚国。他们在楚都郊外搭了帐篷而不筑土坛。随同前去主管搭坛搭馆的官员外仆说道："从前先大夫相礼先君到四方国家访问，从没有不筑土坛的。从那个时候起一直到今天也都相沿不改。现在您不除草就搭起帐篷，恐怕不行吧？"子产说："大国君臣到小国访问，则筑坛，小国君臣到大国朝见，草草地搭起帐篷就行了，哪里用得着筑坛？我公孙侨听说，大国君臣到小国访问有五样好处：宽宥小国的罪过，原谅它的错误，救助它的灾难，赞赏它的仁德和礼法，指导它所想不到的地方。使小国不至于困乏，内心顺服大国就像回家一样，因此才筑坛来宣扬大国的功德，并告知后代的人，不要怠惰于德业的进修。小国君臣到大国朝见有五样坏处：向大国解释自己的罪过，请求得到自己缺乏的东西，要求奉行大国的政令，按时供给大国贡品，服从大国随时下达的命令。否则的话，就得加重小国的财礼，用来祝贺它的喜事或吊唁它的祸事，这都是小国的祸患，哪里用得着筑坛来宣扬自己的祸患？只要把这些告诉子孙，不要宣扬祸患就可以了。"

为了践行在宋国订立的盟约，鲁襄公和宋平公、陈哀公、郑简公、许悼公到楚国去朝见。鲁襄公路过郑国时，郑简公不在都城。到达汉水时，楚康王去世了，鲁襄公打算回去。叔仲昭伯说：

“我，楚国之为，岂为一人行也？”子服惠伯曰：“君子有远虑，小人从迩。饥寒之不恤，谁遑其后？不如姑归也。”叔孙穆子曰：“叔仲子专之矣。子服子，始学者也。”荣成伯曰：“远图者，忠也。”公遂行。宋向戌曰：“我一人之为，非为楚也。饥寒之不恤，谁能恤楚？姑归而息民，待其立君，而为之备。”宋公遂反。

楚屈建卒，赵文子丧之如同盟，礼也。

二十九年春王正月，公在楚，释不朝正于庙也。楚人使公亲禭，公患之。穆叔曰：“禭殡而禭，则布币也。”乃使巫以桃茢先禭殡。楚人弗禁，既而悔之。

夏四月，葬楚康王。公及陈侯、郑伯、许男送葬，至于西门之外，诸侯之大夫皆至于墓。

三十一年十二月，北宫文子相卫襄公以如楚，宋之盟故也。

昭公元年，楚公子围聘于郑，遂会于虢，寻宋之盟也。祁午谓赵文子曰：“宋之盟，楚人得志于晋。今令尹之不信，诸侯之所闻也。子弗戒惧，又如宋。子木之信称于诸侯，犹诈晋而驾焉，况不信之尤者乎？楚重得志于晋，

"我们是为了楚国而来,难道是为了楚王一个人来的吗?"子服惠伯(即子服子)说:"君子有长远的考虑,小人只看眼前利益。饥寒都顾不上,谁还有工夫顾及以后呢? 不如姑且回去吧。"叔孙穆子(即穆叔)说:"叔仲子(即叔仲昭伯)能被专门委以重任了。子服子,算是刚刚开始学习的人。"荣成伯说:"有长远打算的人,是忠诚的。"于是鲁襄公就继续前行。宋国的向戌说:"我们只是为了楚王一个人,并不是为了整个楚国。饥寒都顾不上,谁能顾得上楚国呢? 姑且回去,让百姓休养生息,等他们立了新的国君再戒备他们。"宋平公于是就掉头回去了。

楚国的令尹屈建去世,晋国的赵文子像对待同盟国一样去吊丧,这是合于礼法的。

二十九年春季,周历正月,鲁襄公在楚国,《春秋》这样记载,是解释其不在祖庙听政的原因。楚国人让鲁襄公亲自为楚康王的尸体穿衣服,鲁襄公为此而感到忧虑。穆叔说:"先扫除棺材的凶邪之气,然后再给死者穿衣服,这就等于朝见时陈列礼物了。"于是就让巫人用桃杖作笤帚,先在棺材上扫除凶邪之气。楚国人没有禁止他们,但不久以后又感到后悔。

夏季四月,安葬楚康王。鲁襄公和陈哀公、郑简公、许悼公送葬,只到达楚都西门外边,诸侯国的大夫们都送到了墓地。

三十一年十二月,卫国大夫北宫文子相礼卫襄公去楚国,这是为了履行在宋国订立的盟约。

鲁昭公元年,楚国的公子围到郑国聘问,于是就和鲁国的叔孙豹、晋国的赵武、齐国的国弱、宋国的向戌、卫国的齐恶、陈国公子招、蔡国公子归生、郑国的罕虎、许国人、曹国人在郑国虢地会见,重温宋国盟会的友好。晋国大夫祁午对赵文子说:"在宋国的盟会上,楚国人在晋国之先歃血。现在楚国令尹公子围不守信用,这是诸侯所知道的。您如果不有所戒备,怕会又像在宋国盟会上那样让他们占便宜。楚国前令尹子木的信用在诸侯中很受称赞,尚且内穿皮甲欺骗晋国并企图凌驾在晋国上,何况特别不守信用的人呢? 楚国人假如再一次在晋国前先歃血,

晋之耻也。子相晋国，以为盟主，于今七年矣。再合诸侯，三合大夫，服齐、狄，宁东夏，平秦乱，城淳于。师徒不顿，国家不罢，民无谤讟，诸侯无怨，天无大灾，子之力也。有令名矣，而终之以耻，午也是惧。吾子其不可以不戒。"文子曰："武受赐矣。然宋之盟，子木有祸人之心，武有仁人之心，是楚所以驾于晋也。今武犹是心也，楚又行僭，非所害也。武将信以为本，循而行之。譬如农夫是穮是蓘，虽有饥馑，必有丰年。且吾闻之，'能信不为人下'，吾未能也。《诗》曰，'不僭不贼，鲜不为则'，信也。能为人则者，不为人下矣。吾不能是难，楚不为患。"楚令尹围请用牲，读旧书加于牲上而已，晋人许之。

季武子伐莒，取郓。莒人告于会。楚告于晋曰："寻盟未退，而鲁伐莒。渎齐盟，请戮其使。"乐桓子相赵文子，欲求货于叔孙，而为之请，使请带焉，弗与。梁其踁曰："货以藩身，子何爱焉？"叔孙曰："诸侯之会，卫社稷也。我以货免，鲁必受师，是祸之也，何卫之为？人之有墙，以蔽恶也。墙之隙坏，谁之咎也？卫而恶之，吾又甚焉。虽怨季孙，

那将是晋国的耻辱。您辅佐晋国作为盟主,到现在已经七年了。在这期间,晋国曾两次会合诸侯,三次会合大夫,使齐国、狄人归服,使华夏的东方诸侯趋于安宁,平定了秦国造成的战乱,在杞国的淳于修筑城墙。却做到了军队不劳顿,国家不疲乏,民众没有谤言,诸侯没有怨恨,上天没有降大灾,这都是您的力量。有了好名声了,反而以耻辱来结束,我祁午就是害怕这个。您不能不警惕啊。"赵文子说:"我赵武接受您的忠告了。然而在宋国的盟会上,子木有害人之心,我有爱人之心,这就是楚国所以凌驾于晋国之上的原因。现在我还是这样的心,如果楚国又做不守信用的事,这次可不是他所能伤害的了。我赵武将要把信用作为根本,依照这条道去做一切事。譬如农夫,勤于耘田除草,用土培好苗根,即使有一时的饥馑,最终必定会有丰收的年成。而且我听说过这样的话,'只要能守信用就不会处在别人下面',恐怕我还是不能做到守信用啊。《诗经》说,'既不失信也不害人,很少不能做榜样',这就是守信的作用。能做别人榜样的人,就不会在别人的下面了。我难在不能做到这一点,楚国并不能造成祸患。"楚国的令尹公子围请求使用牺牲,仅仅宣读一下在宋国会盟的旧盟约,然后放在牺牲上面罢了,晋国人同意了。

鲁国大夫季武子发兵攻打莒国,占据了郓地。莒国人向盟会报告。楚国对晋国说:"我们重温过去的盟会还没有结束,鲁国就攻打莒国。这是在亵渎盟约,请求诛戮鲁国的使者。"晋国的乐桓子(即乐王鲋)相礼赵文子参加会议,他想要向鲁国使者叔孙豹索取财物,而为他向赵文子说情,便派人向叔孙豹要他的腰带,叔孙豹不给。叔孙豹的家臣梁其跞说:"财物本来就是用来保护身体的,您还吝惜什么呢?"叔孙豹说:"诸侯的会盟,目的是为了保卫各自的国家。如果我因为贿赂免除祸患,那么鲁国就必定要受到进攻了,这是给国家带来祸患啊,还有什么可保卫的?人所以建有墙壁,是用来遮挡坏人的。如果墙壁出现裂缝而毁坏,是谁的罪过呢?我本来是为了保卫国家而来,结果却让它受到攻击,我的罪过就更大了。虽然季孙伐莒应当受到埋怨,

鲁国何罪？叔出、季处，有自来矣，吾又谁怨？然鲋也贿，弗与不已。"召使者，裂裳帛而与之，曰："带其褊矣。"

赵孟闻之，曰："临患不忘国，忠也；思难不越官，信也；图国忘死，贞也；谋主三者，义也。有是四者，又可戮乎？"乃请诸楚曰："鲁虽有罪，其执事不辟难，畏威而敬命矣。子若免之，以劝左右，可也。若子之群吏处不辟污，出不逃难，其何患之有？患之所生，污而不治，难而不守，所由来也。能是二者，又何患焉？不靖其能，其谁从之？鲁叔孙豹可谓能矣，请免之，以靖能者。

"子会而赦有罪，又赏其贤，诸侯其谁不欣焉望楚而归之，视远如迩？疆埸之邑，一彼一此，何常之有？王伯之令也，引其封疆，而树之官；举之表旗，而著之制令。过则有刑，犹不可壹。于是乎虞有三苗，夏有观、扈，商有姺、邳，周有徐、奄。自无令王，诸侯逐进，狎主齐盟，其又可壹乎？恤大舍小，足以为盟主，又焉用之？封疆之削，何国蔑有？主齐盟者，谁能辨焉？吴、濮有衅，楚之执事，岂其顾盟？

但是鲁国又有什么罪过呢？我叔孙豹出使在外、季孙守国在内，一向就是这样的，我又去怨恨谁呢？然而乐王鲋喜欢财物，如果不给他，他不能甘心。"于是就召来使者，撕下自己裙子上的一块帛给他，并说："腰带恐怕太窄了。"

晋国的赵孟（即赵文子）听到了这件事，感叹地说："面临祸患而念念不忘国家，这是忠心；想到了危难而不放弃使臣的职守，这是信用；为国家考虑而忘掉死亡，这是坚贞；计谋以上述三点作为主体，这是道义。有了这四点，还可以诛杀吗？"于是向楚国请求说："鲁国虽然有罪，但其使者却不逃避祸难，他害怕贵国的威严而恭敬地奉命了。倘若贵国赦免他一死，用来劝勉贵国的左右群臣，这还是可以的。如果贵国的官吏们能做到在国内不躲避难事，出使国外不逃避祸难，那么贵国还有什么忧虑的？忧虑之所以产生，就是对国内的难事不能治理，对国外遇到的祸难不能坚守，都是从这里来的啊。如果能做到这两点，又有什么忧虑呢？如果不能安定贤能的人，还有谁肯追随他呢？鲁国的叔孙豹可以说是一个贤能的人，请赦免他，以此安定其他贤能的人。

"如果您召集会盟而赦免了有罪的国家，又奖赏了它贤能的人，诸侯中还有谁不会高兴地仰望楚国而甘愿归服，视远方的楚国如同近邻呢？现今边境上的城邑，时而归那边，时而归这边，有什么一定的呢？三王五霸曾经下令，划定疆界，并设置官员防守；树立界碑标志，并写在章程法令上。越境就受到惩罚，还依然不能使各国边界划一不变。在这种情况下，虞舜时代有三苗之乱，夏朝有观国、扈国之乱，商朝有姺国、邳国之乱，周朝有徐国、奄国之乱。自从没有贤明的天子以来，诸侯争相扩张，交替主持盟会，难道能够使各国的疆界划一不变吗？忧虑大的祸乱，免去小的过错，完全可以做盟主，哪里还用得着管这些小事呢？边境被侵削，哪个国家没有？主持盟会的，谁能一一治理？再说如今邻近贵国的吴国、百濮假如有机可乘，楚国的大夫们难道还能顾及盟约而不发兵攻伐吗？

莒之疆事,楚勿与知。诸侯无烦,不亦可乎? 莒、鲁争郓,为日久矣。苟无大害,于其社稷,可无亢也。去烦、宥善,莫不竞劝。子其图之!"固请诸楚,楚人许之,乃免叔孙。

　　臣士奇曰:自晋、楚争伯,而宇下苦战斗不休。至是师武谋臣力殚智索,亦倦而思息。会赵文子善于令尹子木,而宋向戌又与二子交,从而约剂其间,此弭兵之好所自来也。夫兵者,民之残而财用之蠹也。使晋、楚、齐、秦果能罢兵结好,谁曰非数世之利? 然而兵之不可去也久矣,宋子罕责左师之言甚为明晰,况弭兵则必仗信,而楚可信乎? 西门歃而子木衷甲以争,伯州犁止之而不听也。其言曰:"事利而已,苟得志焉,焉用有信?"则当始事,而楚人之狡已见矣。向令赵武亦犹子木,则西门之外且为战垒,弭兵之约安在哉?

　　且其中尤有大不便者,楚负淫名于天下非一日矣。诸侯虽畏其势,而窃从之,其心犹畏伯主之议其后也。楚即奄然受诸侯之成,其心亦必有所顾畏而不安也。自好合使成,令诸侯之从交见于楚,而内外无复辨,冠履任其倒置矣。所以紊大防而蔑大分者,莫此

莒国边境上的事情，楚国不要过问。诸侯没有兴师动众的烦劳，不也可以吗？莒国、鲁国争夺郓地的时间很长了。如果对莒国没有根本妨害，可以不必去庇护它。免除诸侯烦劳、赦免贤能人士，没有人不争相劝勉的。您还是认真考虑一下！"晋国坚决向楚国请求，结果楚国人答应了，就赦免了叔孙豹。

臣下我高士奇评论说：自从晋国和楚国之间互相争霸，天下就被不停的征战所困扰。到了这时，军师谋臣力竭智尽，他们也感到疲倦，于是开始思索安定和平。适逢晋国的赵文子和楚国的令尹子木有交情，而宋国的向戌又和赵文子、子木这两个人友好，从而在他们中间调和，这是平息诸侯之间的战争，结成晋国、楚国友好的由来。战争，是百姓的祸害，而且是财货的蛀虫。假使晋国、楚国、齐国、秦国果真能够停止战争结为友好，谁能说这不是几世的好处？然而战争不能平息是很久的事情了，宋国的子罕责备左师的话讲得特别明白清晰了，况且平息战争就一定要依靠信义，然而楚国可以相信吗？各诸侯国在宋国都城的西门外边歃血结盟时，楚国的子木却让楚国人在外衣里穿着皮甲，以便与晋国相争，伯州犁制止他，他却不听从。子木说："我们只做对我们有利的事情而已，如果能够满足我们的愿望，哪里还用讲信用？"据此来看，诸侯开始结盟时，楚国人的狡猾就已经显露出来了。假使晋国的赵武也跟楚国的子木做法一样，那么宋国的西门外边就成为战斗的堡垒了，平息战事的和约又在哪里呢？

并且其中尤其不利的是，楚国在天下使用超越本分的称号已不是一天两天了。各诸侯国虽然畏惧楚国的威势，却在私下顺从楚国，诸侯心中害怕霸主图谋他们的将来。楚国忽然接受了诸侯的和解，他们心中也必然有所顾忌而不安。自从和好结成后，楚国命令诸侯国中的附属国交相到楚国朝见，从而内外不再有分别，上下尊卑的关系就听任其倒置了。乱了重要的界限、丧失了名分，没有比这

为甚。故当时欲弭兵,则必令楚削去僭号,修其职贡于周,而后与之为好,可也。不如是,则楚必不可迩。楚必不可迩,则兵必不可弭。

今乃舍其御楚之具,进荆蛮于坛坫,使中原冠带之邦相率而朝焉。即鲁公之亲禚,为辱亦大矣。诸大夫暗于大较,贪虚名而忘实害。子罕虽知兵之不可弭,而不知其所以不可弭者在楚,不在兵也。于虢之会,仍读旧书。赵武终守弭兵之信,盖亦贤者。然使楚得狃主诸侯,视先大夫之戮力以攘楚者,不有恧耶?寻盟未退,而鲁即伐莒,不信之尤,先自中国开之,于楚乎何诛?

再厉害的了。因此当时要想平息战争的话,就必须叫楚国削去僭越的称号,并且到周王室进献它所应当承担的贡物,然后各诸侯国再与楚国结成友好,那才是可以的。如果不这样做的话,那么楚国必定不能去亲近。楚国必定不能亲近的话,那么战争就不能平息。

但是现在各诸侯国竟然放弃防御楚国的器械,在会盟的坛台上进见楚国蛮夷,使中原礼仪教化之国相继前去楚国朝见。至于鲁襄公亲自为楚康王的尸体穿衣服,所受屈辱也太大了。大夫们不识大体,贪图虚假的名声而忘却了真实的危害。宋国大夫子罕虽然知道战争不能够平息,却不知道战争之所以不能平息的根源在于楚国,而不在军队。后来各诸侯国在虢地的会盟,仍然宣读在宋国会盟的旧盟约。赵武自始至终坚守平息战争的信条,他大概也是一个贤能的人。然而却使楚国得以接替主持诸侯会盟,回顾晋国先大夫合力排斥楚国的事,不应该感到惭愧吗?重温在宋国的盟会还没有结束,鲁国就出兵攻打莒国,不守信用的错事,首先从中原国家开始,对楚国又有什么可谴责的呢?

卷三十一　晋卿族废兴

〔发明〕晋之卿族，魏氏、赵氏、狐氏、胥氏、先氏、栾氏、郤氏、韩氏、知氏、中行氏、范氏，凡十一族。贾季奔狄而狐氏废。先縠得罪而先氏废。胥废于郤。栾、郤废赵而赵复兴。厉公用栾氏潜杀三郤，而郤氏废。范宣子逐栾盈，而栾氏废。范、中行氏逐于知、韩、魏、赵，而韩、魏、赵复共灭知伯，遂为三晋。灵公、厉公之弑与军制之变，皆卿族废兴所系也。按列国之卿，强半公族，如鲁，如宋，如郑，则并无他姓。齐、魏亦多公族。惟晋，公子不为卿，故卿皆异姓。然栾氏、韩氏亦公族也。

闵公元年冬，晋侯作二军，公将上军，大子申生将下军。赵夙御戎，毕万为右。以灭耿，灭霍，灭魏。还，赐赵夙耿，赐毕万魏，以为大夫。卜偃曰："毕万之后必大。万，盈数也；魏，大名也。以是始赏，天启之矣。天子曰兆民，诸侯曰万民。今名之大，以从盈数，其必有众。"初，毕万筮仕于晋，

卷三十一　晋卿族废兴

〔发明〕晋国的卿族,有魏氏、赵氏、狐氏、胥氏、先氏、栾氏、郤氏、韩氏、知氏、中行氏、范氏,总共十一族。贾季奔狄而狐氏衰败。先縠得罪而先氏衰败。胥氏被郤氏除掉。栾氏、郤氏除掉赵氏而赵氏复兴。晋厉公听用栾氏说的坏话杀掉三郤,而郤氏衰败。范宣子驱逐栾盈,而栾氏废弃。范氏、中行氏被知氏、韩氏、魏氏、赵氏驱逐,而韩氏、魏氏、赵氏又一起灭掉知氏,于是就成为三家分晋之势。晋灵公、晋厉公的被杀戮和军制的变化,都与卿族废兴有关。考察列国之卿,大半都是公族大夫,像鲁国,像宋国,像郑国,并没有其他姓氏。齐国、魏国也大多是公族大夫。只有晋国,公子不任卿职,所以列卿都是其他姓氏。然而栾氏、韩氏也是公族大夫。

鲁闵公元年冬季,晋献公建立两个军,晋献公自己率领上军,太子申生率领下军。赵夙为晋献公驾御战车,毕万做车右。出兵灭掉耿国、霍国和魏国。晋献公回国后,把耿地赐给赵夙,把魏地赐给毕万,让他们做大夫。晋国掌卜大夫郭偃说:“毕万的后代一定昌大。万,是个满数;魏,是高大的名称。用这个地方作起始封赏地,说明上天已经表示预兆了。天子主天下称兆民,诸侯主一国称万民。现在毕万的名称高大,并且又顺应了满数,他必然要得到民众。”起初,毕万占卜在晋国做官的吉凶,

遇《屯》☷之《比》☷。辛廖占之，曰："吉。《屯》固，《比》入，吉孰大焉？其必蕃昌。震为土，车从马，足居之，兄长之，母覆之，众归之。六体不易，合而能固，安而能杀，公侯之卦也。公侯之子孙，必复其始。"

〔考证〕《史记》：魏之先，毕公高之后也。毕公高与周同姓。武王之伐纣，而高封于毕，于是为毕姓。其后绝封，为庶人，或在中国，或在夷狄。其苗裔曰毕万，事晋献公。

毕万封十一年，晋献公卒，四子争，更立，晋乱。而毕万之世弥大，从其国名，为魏氏。生武子。魏武子以魏诸子事晋公子重耳。晋献公之二十一年，武子从重耳出亡。十九年反，重耳立为晋文公，而令魏武子袭魏氏之后，封列为大夫，治于魏。生悼子。魏悼子徙治霍。生魏绛，徙安邑。魏绛卒，谥为昭子，生魏嬴。嬴生魏献子。魏献子生魏侈。魏侈之孙曰魏桓子。桓子之孙曰文侯都。

赵氏之先与秦共祖。奄父生叔带。叔带之时，周幽王无道，去周如晋，事晋文侯，始建赵氏于晋国。自叔带以下，赵宗益兴，五世而生赵夙。晋献公之十六年，伐霍、魏、耿。而赵夙为将伐霍，霍公求奔齐。晋大旱，卜之，曰，"霍太山为祟"，使赵夙召霍君于齐，复之，以奉霍太山之祀，晋复穰。晋献公赐赵夙耿。赵夙生共孟。共孟生赵衰，字子余，事晋公子重耳。

得到《屯》卦☲变成《比》卦☵。晋国大夫辛廖预测说："吉利。《屯》卦表示坚固，《比》卦表示进入，还有比这更大的吉利吗？他将来必定繁衍昌盛。震卦变成了土，车跟从着马，两脚站在地上，哥哥抚育他，母亲保护他，众人归附他。这六条不变，集合民众而且能够根基坚固，能安定百姓，又能杀戮敌人，这是公侯的卦象。作为公侯的子孙，必定能恢复到他开始的地位上。"

［考证］《史记》：魏国的祖先，是毕公姬高的后代。毕公姬高与周王族同姓。周武王灭亡商纣王后，姬高被封于毕原，便用毕作姓。他的后代断绝了封爵，成了平民，有的居住在中原，有的居住在夷狄。他的后代子孙中有个人叫毕万，在晋献公时做官。

毕万受封后十一年，晋献公去世，献公的四个儿子奚齐、卓子、夷吾、重耳争夺君位，相继为君，晋国混乱。而毕万的子孙却更加众多，他的封邑名称为魏。毕万生了魏武子。魏武子以魏家众子的身份事奉晋公子重耳。晋献公二十一年，魏武子随从重耳逃亡。十九年后返回晋国，重耳登位就是晋文公，他让魏武子继承魏家的后代受封，列为大夫，以魏邑为治所。魏武子生了魏悼子。魏悼子把治所迁到霍邑。魏悼子生了魏绛，魏绛把治所又迁到安邑。魏绛去世，谥号为昭子，他生了魏嬴。魏嬴生了魏献子。魏献子生了魏侈。魏侈的孙子叫魏桓子。魏桓子的孙子是文侯魏都。

赵国的先世跟秦国是同一个祖先。奄父生了叔带。叔带那个时候，周幽王昏庸无道，他便离开周地到了晋国，事奉晋文侯，开始在晋国建立赵氏世家。从叔带以后，赵氏宗族日渐兴旺，经历五世而传到赵夙。晋献公十六年，讨伐霍国、魏国、耿国。赵夙被任命为将，讨伐霍国，霍公求逃奔到齐国。晋国大旱，晋献公命人占卜，卜辞说："霍太山神作怪。"献公就派赵夙到齐国召唤霍君，让他复国，主持霍太山神的祭祀，晋国才又得丰收。晋献公把原耿国的土地赐给赵夙。赵夙生了共孟。共孟生下赵衰，赵衰，字子余，事奉晋公子重耳。

　　韩子先与周同姓,姓姬氏。其后苗裔事晋,得封于韩原,曰韩武子。武子后三世有韩厥,从封姓为韩氏,号为献子。献子卒,子宣子代立。宣子徙居州。宣子卒,子贞子代立。贞子徙居平阳。贞子卒,子简子代立。

　　〔发明〕按:《国语》:韩宣子曰:"其自桓叔以下,嘉吾子之赐。"疑韩氏是曲沃桓叔之后。

　　以上因赵夙、毕万之封,并及韩氏世系,志三晋之始也。赵氏世系后备详于《传》中。惟景子为文子之子,简子之父,其事稍微,然《传》亦载其名、谥矣。

　　僖公二十三年。晋公子重耳之及于难也,遂奔狄。从者狐偃、赵衰、颠颉、魏武子、司空季子。狄人伐廧咎如,获其二女叔隗、季隗,纳诸公子。公子取季隗,生伯儵、叔刘;以叔隗妻赵衰,生盾。

　　二十四年春王正月,秦伯纳之。狄人归季隗于晋,而请其二子。文公妻赵衰,生原同、屏括、楼婴。赵姬请逆盾与其母,子余辞。姬曰:"得宠而忘旧,何以使人?必逆之!"固请,许之。来,以盾为才,固请于公,以为嫡子,而使其三子下之。以叔隗为内子,而己下之。

韩国的祖先与周朝同姓,姓姬。后来他的后代子孙事奉晋国,被封到韩原,这个人叫韩武子。韩武子以后的第三代有个韩厥,他用封邑作姓,就改姓韩了,号为献子。韩献子去世,他的儿子宣子继承了他的封爵。后来韩宣子迁居到州地。韩宣子去世,他的儿子韩贞子继承了他的封爵。韩贞子搬到平阳居住。韩贞子去世,他的儿子韩简子继承了他的封爵。

〔发明〕按:《国语》:韩宣子说:"恐怕韩氏自从桓叔以后的人,都要赞美您所赐给的一番教导。"疑韩氏是曲沃桓叔的后代。

以上通过赵夙、毕万所受的封地,一并提到韩氏的世系,是记载魏、赵、韩三分晋国的开始。赵氏世系在后面的《左传》中详细记载。只是赵景子是赵文子的儿子,是赵简子的父亲,他的事情稍稍少了一些,但是《左传》中也记载了他的名字、谥号。

鲁僖公二十三年。晋国的公子重耳因骊姬之乱遭受祸难,于是他便逃往狄国。随从他一起逃亡的有狐偃、赵衰、颠颉、魏武子、司空季子。狄国人征讨一个名叫廧咎如的部落,俘获了这个部落的两个姑娘叔隗、季隗,把她们送给公子重耳。重耳娶了季隗,生下伯鯈、叔刘;他把叔隗嫁给赵衰为妻,后来生下赵盾。

二十四年春季,周历正月,秦穆公派军队护送公子重耳回晋国。狄人将季隗送到晋国,而请求将伯鯈、叔刘留在狄国。晋文公把自己的女儿赵姬嫁给赵衰,先后生下原同(即赵同)、屏括(即赵括)、楼婴(即赵婴)三个孩子。赵姬请求丈夫赵衰将赵盾和叔隗母子接回来,赵衰不肯。赵姬说:"得了新宠而忘了旧爱,怎能使唤别人? 一定要将他们母子接回来!"赵姬坚决请求,赵衰才答应了。叔隗和赵盾母子来到晋国以后,赵姬见赵盾很有才能,就再三请求她的父亲晋文公,将赵盾立为赵衰的嫡子,而让她自己所生的三个儿子居于赵盾之下。又让叔隗做赵衰的正夫人,而自己则屈居于叔隗之下。

二十五年，晋侯问原守于寺人勃鞮。对曰："昔赵衰以壶飧从，径，馁而弗食。"故使处原。

二十七年冬，作三军，谋元帅，赵衰曰："郤縠可。"

二十八年冬，晋侯作三行以御狄。荀林父将中行，屠击将右行，先蔑将左行。

三十一年，晋蒐于清原，作五军以御狄。赵衰为卿。

三十三年，晋侯败狄于箕。郤缺获白狄子。初，臼季使，过冀，见冀缺耨，其妻馌之，敬，相待如宾。与之归，言诸文公曰："敬，德之聚也。能敬必有德，德以治民，君请用之！臣闻之：'出门如宾，承事如祭，仁之则也。'"公曰："其父有罪，可乎？"对曰："舜之罪也殛鲧，其举也兴禹。管敬仲，桓之贼也，实相以济。《康诰》曰：'父不慈，子不祗，兄不友，弟不共，不相及也。'《诗》曰：'采葑采菲，无以下体。'君取节焉可也。"文公以为下军大夫。反自箕，襄公以三命命先且居将中军，以再命命先茅之县赏胥臣，曰："举郤缺，子之功也。"以一命命郤缺为卿，复与之冀，亦未有军行。

文公五年，晋阳处父聘于卫，反，过甯，甯嬴从之，及温而还。其妻问之，嬴曰："以刚。《商书》曰：'沉潜刚克，

二十五年，晋文公向寺人勃鞮询问镇守原地长官的人选。勃鞮回答说："从前赵衰用壶携带着食物跟随您，一个人走在小路上，饿了也不敢去吃它。"所以晋文公让赵衰做原大夫。

二十七年冬季，晋国建立上、中、下三军，并谋划选派中军的元帅，赵衰说："郤縠可以做中军元帅。"

二十八年冬季，晋文公建立左、中、右三个步兵军准备抵御狄人。由荀林父统率中军，屠击统帅右军，先蔑统帅左军。

三十一年，晋国在清原检阅军队，并建立了五个军准备抵御狄人。晋国大夫赵衰被任命为卿。

三十三年，晋襄公率军在箕地打败狄军。郤缺俘获了白狄子。起初，臼季（即胥臣）出使外国时，路过冀邑，看见郤缺正在田间锄草，他的妻子给他送饭，很恭敬，夫妻彼此相敬如宾。臼季邀请他一起回到晋国，把郤缺夫妻相敬如宾的事告诉晋文公说："恭敬，是德行的集中表现。对人能够恭敬就必定有德行，德行能够用来治理百姓，请国君任用他！臣下我听说过这样的话：'出门遇见人恭敬如同会见宾客，承担事情庄重如同参加祭祀，这是仁爱的准则。'"晋文公说："他的父亲有罪，可以重用他吗？"臼季回答说："从前舜惩办罪人，流放了鲧，但他举拔人才时，却起用了鲧的儿子禹。管仲，曾因箭射齐桓公而成为齐桓公的仇敌，齐桓公却任命他为相并取得成功。《尚书·康诰》说：'父亲不仁慈，儿子不孝顺，哥哥不友爱，弟弟不恭顺，不要牵涉到别人。'《诗经》说：'采蔓菁采萝卜，不要丢掉它们的根部。'您选取他的长处就可以了。"晋文公便让郤缺担任下军大夫。从箕地一战胜利归来，晋襄公以三命的级别命令先轸的儿子先且居统帅中军，用再命的级别命令把先茅的县赏给胥臣，并对他说："推举郤缺，是您的功劳。"用一命的级别命令郤缺做卿，重新赐给他冀地，但没有让他担任军职。

鲁文公五年，晋国阳处父到卫国聘问，回国时路过宁地，宁嬴愿意跟随他，但宁嬴到达温地又回去了。他的妻子问他，宁嬴回答说："这个人太刚强。《商书》说：'深沉的人用刚强来克服，

高明柔克。'夫子壹之，其不没乎！天为刚德，犹不干时，况在人乎？且华而不实，怨之所聚也。犯而聚怨，不可以定身。余惧不获其利，而离其难，是以去之。"

晋赵成子、栾贞子、霍伯、臼季皆卒。

六年春，晋蒐于夷，舍二军。使狐射姑将中军，赵盾佐之。阳处父至自温，改蒐于董，易中军。阳子，成季子之属也，故党于赵氏，且谓赵盾能，曰："使能，国之利也。"是以上之。宣子于是乎始为国政。制事典，正法罪，辟刑狱，董逋逃，由质要，治旧洿，本秩礼，续常职，出滞淹。既成，以授大傅阳子与大师贾佗，使行诸晋国，以为常法。

八月乙亥，晋襄公卒。灵公少，晋人以难故，欲立长君。赵孟曰："立公子雍。好善而长，先君爱之，且近于秦。秦，旧好也。置善则固，事长则顺，立爱则孝，结旧则安。为难故，故欲立长君。有此四德者，难必抒矣。"贾季曰："不如立公子乐。辰嬴嬖于二君，立其子，民必安之。"赵孟曰："辰嬴贱，班在九人，其子何震之有？且为二嬖，淫也。

爽朗的人用柔弱来克服。'阳处父只具备其中一个方面,恐怕不得善终吧!上天为阳,本来属于刚强的德行,尚且还有不触犯寒暑四季运行次序的柔德,何况是在人事上呢?而且阳处父华而不实,就会聚集怨恨到身上。刚强触犯了别人,并且又聚集怨恨,就不能够安定自身。我害怕不能得到他的好处反而和他一起遭受祸害,因此离开了他。"

晋国的赵成子(即赵衰)、栾贞子(即栾枝)、霍伯(即先且居)、臼季(即胥臣)都去世了。

六年春季,晋国在夷地阅兵,同时撤销两个军。让狐射姑统率中军,赵盾辅佐他。阳处父从温地到来,改在董地阅兵,同时调换中军主帅。阳处父,原是成季(即赵衰)的部下,所以偏向赵氏,而且认为赵盾有才能,他说:"任用有才能的人,是国家的利益。"因此使赵盾居于上位。赵宣子(即赵盾)从这时开始掌握晋国的政权。他制定章程制度,修正法律条令,清理诉讼积案,督察追捕逃犯,使用契约账簿作为凭据,清除政治上的污秽弊端,恢复等级的规范,重建废弃的官职,举拔屈居下位的人才。政令法规制定完成以后,就交给太傅阳处父和太师贾佗,让他们在晋国推行,作为常用的法律准则。

八月十四日,晋襄公去世。当时太子晋灵公尚且年幼,晋国人为了避免发生祸难,想要立一位年长的国君。赵孟(即赵盾)说:"就立公子雍为君吧。他乐于行善而且年长,先君文公很喜爱他,而且他一向和秦国亲近。秦国,是晋国旧日友好的国家。安排好善的人为国君就能巩固国家,事奉年长的人就会名正言顺,立先君所喜爱的儿子就会合乎孝道,结交旧日友好的国家就能使晋国长期安定。为避免祸难发生,所以要立年长者为君。有了这四项德行的人,祸难就必定排除了。"贾季(即狐射姑)说:"不如立公子乐为君。辰嬴曾经受到怀公、文公两位先君的宠幸,如果拥立她的儿子公子乐为国君,百姓必然安定。"赵孟说:"辰嬴身份低贱,在文公妃妾中位次排在第九,她的儿子公子乐有什么威严呢?况且她曾为两位国君所宠幸,这是淫荡的行为。

为先君子，不能求大，而出在小国，辟也。母淫，子辟，无威；陈小而远，无援。将何安焉？杜祁以君故，让偪姞而上之；以狄故，让季隗而己次之，故班在四。先君是以爱其子，而仕诸秦，为亚卿焉。秦大而近，足以为援；母义、子爱，足以威民。立之，不亦可乎？"使先蔑、士会如秦逆公子雍。贾季亦使召公子乐于陈，赵孟使杀诸郫。贾季怨阳子之易其班也，而知其无援于晋也，九月，贾季使续鞫居杀阳处父。书曰"晋杀其大夫"，侵官也。十一月丙寅，晋杀续简伯。贾季奔狄。宣子使臾骈送其帑。夷之蒐，贾季戮臾骈，臾骈之人欲尽杀贾氏以报焉。臾骈曰："不可。吾闻前志有之曰：'敌惠敌怨，不在后嗣，忠之道也。'夫子礼于贾季，我以其宠报私怨，无乃不可乎？介人之宠，非勇也；损怨益仇，非知也；以私害公，非忠也。释此三者，何以事夫子？"尽具其帑，与其器用、财贿，亲帅扞之，送致诸竟。

〔补逸〕《穀梁传》：称国以杀，罪累上也。襄公已葬，其以累上之辞言之，何也？君漏言也。上泄

公子乐作为先君文公的儿子，不能求得在大国做官，而甘愿出居在小小陈国，这是鄙陋的做法。母亲淫荡，儿子鄙陋，自然就没有威严；陈国弱小而且离我们很遥远，有事不能救援我们。国家怎么能安定呢？杜祁因为晋襄公的缘故，谦让给偪姞而使她位居自己之上；同时由于安抚狄人的缘故，杜祁又谦让给季隗而自己甘愿屈居她之下，所以位次排在第四。先君文公因此喜爱她的儿子公子雍，让他到秦国做官，担任亚卿。秦国强大而且离我国又很近，有事完全可以及时救援；母亲杜祁具有道义，儿子公子雍受到先君文公的喜爱，就足以镇服百姓。立公子雍为国君不也是可以的吗？"于是就派大夫先蔑、士会到秦国，迎接公子雍。贾季也派人到陈国召回公子乐，但赵孟暗中派人在晋国的郫地杀了公子乐。贾季怨恨阳处父改变他在中军的地位，而且知道在晋国没有人援助自己，九月，贾季派续鞠居杀掉了阳处父。《春秋》记载说"晋国杀掉了本国的大夫阳处父"，这是因为阳处父随便撤换了贾季中军主帅官职的缘故。十一月丙寅这一天，晋国人杀掉了续简伯（即续鞠居）。贾季逃亡到狄人那里。赵盾派臾骈把他的妻子儿女都送去。过去在夷地阅兵的时候，贾季侮辱过臾骈，臾骈手下的人要杀尽贾季全家作为报复。臾骈说："不行。我听说古书上有这样的话：'无论对人有恩惠还是对人有怨恨，都和他的后代没有关系，这是合于忠恕之道的。'夫子对贾季表示尊重，我却因为受到他的宠信而报复个人的私怨，恐怕不可以吧？因为别人的宠信而去报复自己的私仇，这不是勇敢的表现；消除了自己的怨气却增加了对方对自己的怨恨，这不是聪明的举动；因为私事而损害公事，这不是忠诚的行为。舍弃勇敢、聪明、忠诚这三样，用什么来事奉夫子？"于是臾骈就遵照赵盾的命令，把贾季全部家小和器用财货准备齐全，亲自率领手下人保卫，送到边境上。

〔补逸〕《穀梁传》：称国家杀的，是为了使罪行牵涉到国君。晋襄公已经安葬，用牵涉国君的文辞记述这件事，为什么呢？因为晋襄公泄漏了阳处父的话。国君泄漏臣下的话，

则下暗,下暗则上聋。且暗且聋,无以相通。射姑,杀者也。射姑之杀奈何?曰:晋将与狄战,使狐射姑为将军,赵盾佐之。阳处父曰:"不可。古者君之使臣也,使仁者佐贤者,不使贤者佐仁者。今赵盾贤,射姑仁,其不可乎?"襄公曰:"诺。"谓射姑曰:"吾始以盾佐女,今女佐盾矣。"射姑曰:"敬诺。"襄公死,处父主竟上事,射姑使人杀之,君漏言也。故士造辟而言,诡辞而出,曰:用我,则可;不用我,则无乱其德。

《公羊传》:晋杀其大夫阳处父,则狐射姑曷为出奔?射姑杀也。射姑杀,则其称国以杀何?君漏言也。其漏言奈何?君将使射姑将,阳处父谏曰:"射姑,民众不悦,不可使将。"于是废将。阳处父出,射姑入。君谓射姑曰:"阳处父言曰:'射姑民众不悦,不可使将。'"射姑怒,出,刺阳处父于朝,而走。

七年,秦康公送公子雍于晋,曰:"文公之入也,无卫,故有吕、郤之难。"乃多与之徒卫。穆嬴日抱太子以啼于朝,曰:"先君何罪?其嗣亦何罪?舍適嗣不立,而外求君,

臣下就会装糊涂不开口；臣下装糊涂不开口，国君就会成为聋人。一方装糊涂不开口，一方又是聋人，君臣上下就无法互相沟通。狐射姑是杀阳处父的人。狐射姑为什么杀害阳处父？回答说：晋国将要和狄人交战，晋襄公打算让狐射姑作将军，并让赵盾辅佐他。阳处父说："不可以。古时候国君差遣臣下，要让仁义的人辅佐贤能的人，而不让贤能的人辅佐仁义的人。如今赵盾贤能，而狐射姑仁义，这样安排恐怕不可以吧？"晋襄公说："行。"晋襄公又对狐射姑说："我原来打算让赵盾辅佐你，现在你去辅佐赵盾吧。"狐射姑说："恭敬地听从您的命令。"晋襄公死后，阳处父主持边境上的事务，狐射姑派人杀了他，这是因为晋襄公泄漏了阳处父所说的话。因此士到国君那里去进言，出来时就用诡诈的话搪塞别人，说：听从我的话，固然可行；不听从我的话，也不要搅乱了自己的德行。

《公羊传》：晋国杀掉了自己的大夫阳处父，那么狐射姑又为什么出逃呢？因为是狐射姑杀的。既然是狐射姑杀害了阳处父，那么称晋国杀是为什么呢？这是因为国君晋襄公泄漏了阳处父的话。国君晋襄公是怎样泄漏了阳处父的话呢？国君晋襄公准备派狐射姑统率军队，阳处父却劝阻说："狐射姑，民众不喜欢他，不能派他统率军队。"因此，晋襄公就放弃了委派狐射姑统率军队的计划。阳处父离开宫中后，狐射姑进入宫中。国君晋襄公就对狐射姑说："阳处父说：'狐射姑，民众不喜欢他，不能委派他统率军队。'"狐射姑听到此话后勃然大怒，离开了宫中，在朝廷上刺死了阳处父后就逃跑了。

七年，秦康公护送公子雍回到晋国，并对他说："当年晋文公回国的时候因为没有卫士保护，所以发生了吕甥、郤芮的祸难。"于是就多给他步兵护卫回国。晋襄公夫人穆嬴每天抱着太子夷皋在朝廷上啼哭，她说："先君襄公有什么罪过？他的合法继承人又有什么罪过？舍弃嫡子不立反而到外边去找庶子作国君，

将焉置此?"出朝,则抱以适赵氏,顿首于宣子,曰:"先君奉此子也,而属诸子曰:'此子也才,吾受子之赐;不才,吾唯子之怨。'今君虽终,言犹在耳,而弃之,若何?"宣子与诸大夫皆患穆嬴,且畏逼,乃背先蔑而立灵公,以御秦师,箕郑居守。赵盾将中军,先克佐之;荀林父佐上军;先蔑将下军,先都佐之。步招御戎,戎津为右。及堇阴,宣子曰:"我若受秦,秦则宾也;不受,寇也。既不受矣,而复缓师,秦将生心。先人有夺人之心,军之善谋也;逐寇如追逃,军之善政也。"训卒、利兵、秣马、蓐食,潜师夜起。戊子,败秦师于令狐,至于刳首。己丑,先蔑奔秦,士会从之。

先蔑之使也,荀林父止之,曰:"夫人、太子犹在,而外求君,此必不行。子以疾辞,若何? 不然,将及。摄卿以往可也,何必子? 同官为寮,吾尝同寮,敢不尽心乎?"弗听。为赋《板》之三章,又弗听。及亡,荀伯尽送其帑及其器用、财贿于秦,曰:"为同寮故也。"士会在秦三年,不见士伯。其人曰:"能亡人于国,不能见于此,焉用之?"士季曰:"吾与之同罪,非义之也,将何见焉?"及归,遂不见。

你们准备怎么安置这个孩子?"穆嬴离开了朝廷,就抱着太子来到赵盾家中,向赵盾叩头,说:"先君曾捧着这个孩子托付给您,并说:'这个孩子如果成才,这就是您赐予我的恩德;如果不能成才,我将怨恨您。'如今先君虽然去世,但他的话还在耳边;现在您却放弃太子不管,您看怎么办?"赵盾和大夫们都怕穆嬴哭闹,而且害怕穆嬴一派人的威逼,就背弃了先蔑迎立的公子雍而立太子夷皋为晋灵公,并发兵抵御护送公子雍回国的秦国军队,由箕郑留守国内。赵盾统率中军,先且居的儿子先克辅助他为副帅;荀林父辅佐上军;先蔑统率下军,先蔑族人先都辅助他为副帅。步招为赵盾驾御战车,戎津做车右。军队到达堇阴时,赵盾说:"我们如果接受秦国送公子雍回来,秦国人就是客人;如果不接受,他们就是敌人。既然已经决定不接受了,而又缓慢地行军,秦国将会产生别的念头。先发制人可以夺敌人的军心,这是对敌作战的好计策;驱逐敌人好像追捕逃亡的人,这是作战的好方案。"于是就操练士兵、磨砺武器、喂饱战马、早起吃饭,隐蔽军队在夜里悄悄出兵。四月初一,在令狐打败秦国军队,一直追到刳首。四月初二,先蔑逃亡到秦国,士会也跟着他去了。

先蔑出使秦国迎接公子雍的时候,荀林父劝阻他,说:"襄公夫人穆嬴、太子夷皋还在,却到外边去寻求国君,这一定行不通。您借口有病辞谢不去,怎么样?否则的话,祸患将会降临到您的身上。派一个大夫代理卿职前去就可以了,为什么一定要亲身前去?在一起做官的就是同僚,我们曾经是同僚,怎敢不尽我的心意呢?"先蔑没有听从。荀林父为他赋《诗经·板》这首诗的第三章再次劝他,先蔑又没有听从。等到先蔑逃亡出国,荀林父把他的家小和器用财货全部送到秦国,并解释说:"这是因为我们曾是同僚的缘故。"士会在秦国三年期间,没有和士伯(即先蔑)见面。他的手下人说:"当初能和他一起从晋逃亡到秦国,而不能在这里见面,哪用得着这样?"士季(即士会)说:"我之所以和他一同出逃,是因为我们二人同是获罪之人,并不是认为他有道义才跟他来,要见面干什么?"一直到回晋国,都没有与先蔑见过面。

　　狄侵我西鄙，公使告于晋。赵宣子使因贾季问酆舒，且让之。酆舒问于贾季曰："赵衰、赵盾孰贤？"对曰："赵衰，冬日之日也；赵盾，夏日之日也。"

　　秋八月，齐侯、宋公、卫侯、陈侯、郑伯、许男、曹伯会晋赵盾盟于扈，晋侯立故也。公后至，故不书所会。凡会诸侯，不书所会，后也。后至，不书其国，辟不敏也。

　　八年，晋人以扈之盟来讨。冬，襄仲会晋赵孟盟于衡雍，报扈之盟也，遂会伊、雒之戎。书曰"公子遂"，珍之也。

　　夷之蒐，晋侯将登箕郑父、先都而使士縠、梁益耳将中军。先克曰："狐、赵之勋，不可废也。"从之。先克夺蒯得田于堇阴。故箕郑父、先都、士縠、梁益耳、蒯得作乱。九年春王正月己酉，使贼杀先克。乙丑，晋人杀先都、梁益耳。三月甲戌，晋人杀箕郑父、士縠、蒯得。

　　十二年，秦为令狐之役故，冬，秦伯伐晋，取羁马。晋人御之。赵盾将中军，荀林父佐之；郤缺将上军，臾骈佐之；栾盾将下军，胥甲佐之。范无恤御戎。以从秦师于河曲。臾骈曰："秦不能久，请深垒固军以待之。"从之。秦人欲战，秦伯谓士会曰："若何而战？"对曰："赵氏新出其属曰臾骈，必实为此谋，将以老我师也。赵有侧室曰穿，晋君之婿也，

狄人侵袭鲁国西部边境,鲁文公派使者向晋国报告。赵盾派人通过贾季的关系去问狄人宰相酆舒,并责备他侵袭鲁国。酆舒问贾季说:"赵衰、赵盾谁更贤明?"贾季回答说:"赵衰,好像是冬天的太阳;赵盾,好像是夏天的太阳。"

秋季八月,齐昭公、宋昭公、卫成公、陈共公、郑穆公、许昭公、曹共公和晋国的赵盾在郑国扈邑盟会,这是因为晋灵公即位的缘故。由于鲁文公迟到了,所以《春秋》不记载与会的各国及其国君和卿大夫的名字。凡是诸侯会盟,如果《春秋》不记载与会各国的情况,就是因为有的国家迟到了。迟到,《春秋》不记载这些国家,是为了避免弄不清具体原因而误记。

八年,晋国人因为在扈地举行会盟时鲁文公迟到而前来攻打鲁国。冬季,鲁公子襄仲会见晋国的赵盾,并在郑国的衡雍结盟,这是补偿扈地的盟会,然后和伊、雒两个地方的戎人会盟。《春秋》记载他为"公子遂",这是表示尊敬。

在鲁文公六年夷地那次阅兵的时候,晋襄公准备提升箕郑父、先都,并让士縠、梁益耳统率中军。先克说:"狐偃、赵衰二人跟随文公逃亡的功劳,不能磨灭。"晋襄公听从了先克的话。先克在董阴强行夺取了蒯得的土地。所以箕郑父、先都、士縠、梁益耳和蒯得发动叛乱。九年春天,周历正月初二,叛乱者派贼人杀掉了先克。十八日,晋人杀先都、梁益耳。三月二十八日,晋国人又杀掉了箕郑父、士縠、蒯得。

十二年,秦国因为令狐战役战败的缘故,冬季,秦康公攻打晋国,夺取羁马。晋国人发兵抵御秦军。赵盾率领中军,荀林父辅助他为副帅;郤缺率领上军,臾骈辅助他为副帅,栾盾率领下军,胥甲辅助他为副帅。范无恤给赵盾驾御战车。在河曲迎战秦军。臾骈说:"秦军不能久战,请深挖沟渠,高筑壁垒,巩固军营等待他们。"赵盾听从了他的意见。秦军打算出战,秦康公对士会说:"采用什么办法作战?"士会回答说:"赵盾新近提拔的部下名叫臾骈,必定是此人出的这个计谋,打算使我军久驻在外士气衰落。赵盾有一个旁支的子弟名叫赵穿,是晋襄公的女婿,

有宠而弱，不在军事；好勇而狂，且恶臾骈之佐上军也。若使轻者肆焉，其可。"秦伯以璧祈战于河。

十二月戊午，秦军掩晋上军，赵穿追之，不及。反，怒曰："裹粮坐甲，固敌是求。敌至不击，将何俟焉？"军吏曰："将有待也。"穿曰："我不知谋，将独出。"乃以其属出。宣子曰："秦获穿也，获一卿矣。秦以胜归，我何以报？"乃皆出战，交绥。秦行人夜戒晋师曰："两君之士，皆未慭也，明日请相见。"臾骈曰："使者目动而言肆，惧我也，将遁矣。薄诸河，必败之。"胥甲、赵穿当军门呼曰："死伤未收而弃之，不惠也；不待期而薄人于险，无勇也。"乃止。

〔补逸〕《说苑》：赵宣子言韩献子于晋侯曰："其为人不党，治众不乱，临死不恐。"晋侯以为中军尉。河曲之役，赵宣子之车干行，韩献子戮其仆。人皆曰："韩献子必死矣。其主朝升之，而暮戮其仆，谁能待之？"役罢，赵宣子觞大夫，爵三行，曰："二三子可以贺我。"二三子曰："不知所贺。"宣子曰："我言韩厥于君，言之而不当，必受其刑。今吾车失次，而戮吾仆，可谓不党

受到赵盾宠信而年轻，但他不懂得作战；他喜好勇猛而狂妄自大，并且憎恨臾骈做上军的辅佐。如果派出一些勇敢而又不刚强的士兵去突然袭击他们的上军而迅速退回，大概可以激赵穿出城作战。"秦康公把玉璧投入黄河里，祈祷河神保佑战争胜利。

十二月初四，秦军袭击晋军上军，赵穿独自出城追赶秦军，没有追上。回来后，发怒说："包裹了粮食，披好了盔甲，本来就是要寻求与敌人决战。可敌人来了却不去攻击，还等待什么？"军吏说："将要有所等待吧。"赵穿说："我不懂得什么计谋，我打算自己出战。"于是就率领他的部下出城交战。赵盾说："秦军要是俘虏了赵穿，就是俘虏了一个晋卿。如果秦国带着他胜利回国，我用什么回报晋国父老呢？"于是全部军队出战，但双方刚一交锋就彼此退去了。秦国派使者夜里告请晋国军队说："秦、晋两国国君的将士，都没有满足心愿，明天请在战场上相见。"史骈说："秦军使者眼珠转动，而说话声音失常，这表明已经害怕我们，秦军将要逃走了。只要我军把他们逼到黄河边上，一定能打败他们。"此时胥甲、赵穿挡住营门大声喊道："死伤的战士还没有来得及救护就丢弃他们去追击敌人，这是不仁慈的，不等到约战的时期就把秦人逼到险要的境地，这是没有勇气的行为。"于是晋军停止追击。

〔补逸〕《说苑》：赵宣子向晋灵公推荐韩献子（即韩厥）说："他为人不结朋党，治理众人有条不紊，面临死亡毫不畏惧。"晋灵公就让韩献子做了中军尉。在河曲的战斗中，赵宣子的车驾冲撞了队伍的行列，韩献子杀了他的车夫。人们都说："韩献子这次死定了。他的主子早上提拔了他，晚上他就杀了主子的车夫，谁能容忍这样的事呢？"战斗结束后，赵宣子请大夫饮酒，酒过三巡，他说："你们可以祝贺我了。"大夫们说："不知道该祝贺什么。"赵宣子说："我曾向国君举荐韩厥，如果举荐不当，一定会受到处罚。这次我的车驾乱了阵列次序，韩厥杀了我的车夫，可以说他不结朋党

矣。是吾言当也。"二三子再拜稽首曰:"不惟晋国适享之,乃唐叔是赖之。敢不再拜稽首乎?"

十三年,晋人患秦之用士会也,夏,六卿相见于诸浮。赵宣子曰:"随会在秦,贾季在狄,难日生矣,若之何?"中行桓子曰:"请复贾季,能外事,且由旧勋。"郤成子曰:"贾季乱,且罪大,不如随会,能贱而有耻,柔而不犯,其知足使也,且无罪。"乃使魏寿余伪以魏叛者,以诱士会。执其帑于晋,使夜逸。请自归于秦,秦伯许之。履士会之足于朝。秦伯师于河西,魏人在东。寿余曰:"请东人之能与夫二三有司言者,吾与之先。"使士会。士会辞,曰:"晋人,虎狼也。若背其言,臣死,妻子为戮,无益于君,不可悔也。"秦伯曰:"若背其言,所不归尔帑者,有如河!"乃行,绕朝赠之以策,曰:"子无谓秦无人,吾谋适不用也。"既济,魏人噪而还。秦人归其帑。其处者为刘氏。

宣公元年,晋人讨不用命者,放胥甲父于卫,而立胥克。先辛奔齐。

宋人之弑昭公也,晋荀林父以诸侯之师伐宋,取赂而还。

了。这证明我的举荐是正确的。"诸位大夫拜了两拜又叩头至地说:"不仅晋国能够安享这个福分,就是晋国始祖唐叔也要依仗这样的人。能不再拜叩头吗?"

十三年,晋国人担心秦国会重用士会,夏季,晋国三军、三行之将六卿在都城外的诸浮相见。赵宣子说:"随会(即士会)在秦国,贾季在狄人那里,祸难的日子到了,对他们怎么办?"中行桓子(即荀林父)说:"请召回贾季,他懂得外边的事情,而且他的父亲过去有功劳。"郤成子(即郤缺)说:"贾季惯于作乱,而且罪过大,不如让士会回来,他能做到卑贱而知道耻辱,柔和而不可侵犯,他的智谋足以使用,而且他没有什么罪过。"于是晋国就让魏邑大夫魏寿余假装率领魏地的人叛变,想以此诱骗士会。晋国把魏寿余的妻子儿女拘留在晋国,又故意让他夜里逃走。魏寿余到秦国请求把魏地归入秦国,秦康公答应了他的请求。魏寿余在秦国朝廷上悄悄踩了一下士会的脚向他发出暗示。秦康公驻军在黄河西边,魏地人驻在河东。魏寿余说:"请派一位既是东边人而且又能跟河东那边几位官员谈判的人,我跟他先去。"秦康公便派遣士会。士会辞谢,说:"晋国人,是老虎豺狼。如果他们违背原来的话不让臣下我回来,那么臣下我就要被处死,我的妻子儿女也会被秦国杀戮,这样对国君您也没有什么好处,到时候后悔都来不及。"秦康公说:"如果晋国违背原来的话不让你回来,我保证送还你的妻子儿女,有河神为证!"士会就走了,秦国大夫绕朝把马鞭送给他,说:"你不要认为秦国没有人识破你的诡计,只不过我的计谋正好不被采用罢了。"渡过黄河以后,魏地人吵吵嚷嚷地把他接回去了。秦国人只好送还士会的妻子儿女。士会的子孙留在秦国的就是后来的刘氏。

鲁宣公元年,晋国人为了惩罚不听命令的人,把胥甲父放逐到卫国,然后立了胥甲父之子胥克为继承人。胥甲父的属下大夫先辛逃亡到齐国。

过去宋国人杀宋昭公的时候,晋国荀林父率领诸侯的军队攻打宋国,最终取得贿赂而回国。

〔补逸〕《国语》：宋人弑昭公。赵宣子请师于灵公以伐宋。公曰："非晋国之急也。"对曰："大者天地，其次君臣，所以为明训也。今宋人弑其君，是反天地而逆民则也，天必诛焉。晋为盟主，而不修天罚，将惧及焉。"公许之。乃发令于太庙，召军吏而戒乐正，令三军之钟鼓必备。赵同曰："国有大役，不镇抚民，而备钟鼓，何也？"宣子曰："大罪伐之，小罪惮之。袭侵之事，陵也。今宋人杀其君，罪莫大焉。明声之，犹恐其不闻也。吾备钟鼓，为君故也。"乃使旁告于诸侯，治兵振旅，鸣钟鼓以至于宋。

〔发明〕按：是役也，取赂而还。观此，则似非赵盾之罪。故不载晋事，而载于此。

二年，晋灵公不君，厚敛以雕墙。从台上弹人，而观其避丸也。宰夫胹熊蹯不熟，杀之，置诸畚，使妇人载以过朝。赵盾、士季见其手，问其故，而患之。将谏。士季曰："谏而不入，则莫之继也。会请先，不入，则子继之。"三进，及溜，而后视之，曰："吾知所过矣，将改之。"稽首而对曰："人谁无过？过而能改，善莫大焉。《诗》曰：'靡不有初，鲜克有终。'夫如是，则能补过者鲜矣。君能有终，则社稷

〔补逸〕《国语》：宋人公子鲍杀了宋昭公。赵宣子向晋灵公请求派军队去攻打宋国。晋灵公说："这不是晋国的当务之急。"赵宣子回答说："天地最大，其次是君臣，这些都是前人明确的训示。如今宋人杀了国君，这是违犯天地规律、违背百姓准则的，上天必会诛灭他。晋国作为诸侯盟主，却不执行上天的惩罚，恐怕要遭到祸害了。"晋灵公答应了赵宣子的请求。于是在太庙发布命令，召见主管师旅的军官，并告诫掌管钟鼓的乐正，命令三军的钟鼓一定要齐备。赵同说："国家有征伐大事，不安抚百姓，却准备钟鼓，是为什么？"赵宣子说："大的罪过攻打它，小的罪过使它害怕。袭侵之事，就是越过边境侵犯。现在宋人弑君，罪行没有比这再大的了。公开声张他的罪行，还怕他的罪行不得声扬。我准备钟鼓，是为尊明君道。"于是派人向周围的诸侯通告，整顿军队振奋士气，敲响钟鼓前去宋国讨伐。

〔发明〕按：这次战役，赵盾取得贿赂而回。看《国语》的记载，好像取得贿赂而回国并不是赵盾的过错。所以不记载于晋国之事，而记载在此。

二年，晋灵公不行君道，征收重税绘饰宫墙。他从高台上用弹弓射人，以观看人们躲避弹丸作为娱乐。晋灵公的厨师没有把熊掌炖烂，他就把厨师杀掉，并把尸体肢解了装在畚箕里，叫宫女抬着经过朝廷送出去。晋国大臣赵盾、士季（即士会）看见露在外边的死人手，向宫女询问原因，很为晋灵公的无道而忧虑。赵盾和士季打算规劝晋灵公。士季说："我们俩要是一同进去规劝，他不肯接受，就没有人再继续进谏了。让我先进去规劝，他若不采纳，你再继续劝谏。"士季一连行礼三次，到了檐下，晋灵公知道无法回避才理睬了他，说："我已经知道自己所犯的过错了，今后一定改正。"士季叩头答道："谁没有犯过错误呢？犯了过错能够改正，就没有比这更大的善了。《诗经》说：'事情不难有个好开头，但很难有个好结尾。'像《诗经》所说的这样，能够真正改正过错的人就太少了。您若能贯彻始终改过迁善，那么晋国

之固也,岂惟群臣赖之。又曰:'衮职有缺,惟仲山甫补之。'能补过也。君能补过,衮不废矣。"犹不改。宣子骤谏。公患之,使钮麑贼之。晨往,寝门辟矣,盛服将朝,尚早,坐而假寐。麑退,叹而言曰:"不忘恭敬,民之主也。贼民之主,不忠;弃君之命,不信。有一于此,不如死也。"触槐而死。

秋九月,晋侯饮赵盾酒,伏甲,将攻之。其右提弥明知之,趋登,曰:"臣侍君宴,过三爵,非礼也。"遂扶以下。公嗾夫獒焉。明搏而杀之。盾曰:"弃人用犬,虽猛,何为?"斗且出,提弥明死之。

初,宣子田于首山,舍于翳桑,见灵辄饿。问其病。曰:"不食三日矣。"食之,舍其半。问之,曰:"宦三年矣,未知母之存否;今近焉,请以遗之。"使尽之,而为之箪食与肉,置诸橐,以与之。既而与为公介,倒戟以御公徒,而免之。问何故。对曰:"翳桑之饿人也。"问其名居,不告而退。遂自亡也。

就可以永远安固了，这不只是群臣有了依赖。《诗经》上又说：
'穿衮服的天子周宣王有了过失，只有仲山甫来弥补。'这是歌
颂周宣王能接受大臣规劝改正错误的诗歌。您能够补救过失，
君位就不会丢失了。"晋灵公还是不改正错误。赵盾又三番五次
地苦苦劝谏。晋灵公非常厌恶他的劝谏，于是就派力士鉏麑去
暗杀他。一天早晨，鉏麑潜入了赵府，看见赵盾卧室的门开着，
赵盾已把朝服穿得整整齐齐准备上朝，因为时间还早，和衣坐在
那里闭目养神。鉏麑退了出来，感叹地说："他在家里还不忘恭
敬国君，真是晋国百姓的好领袖。我杀掉百姓的好领袖，就是不
忠；不执行国君的命令，就是失信。在不忠不信中占有一样，都
不如死了好。"于是，鉏麑撞死在赵盾庭中的槐树上。

　　秋季九月，晋灵公请赵盾进宫饮酒，暗中埋伏披甲武士，准
备在宴席上杀掉他。赵盾的车右提弥明发觉了这件事，快步走
上殿堂，说："做臣子的陪侍国君饮宴，酒过三杯还不告退，就是
不合礼节。"说完提弥明就扶着赵盾走下殿来。晋灵公忙唤猛犬
追咬赵盾。提弥明徒手同猛犬搏斗了一阵子并把它打死。赵盾
愤怒地说："废弃忠良，豢养恶犬，恶犬虽然凶猛，有什么用呢？"
晋灵公的武士追赶上来，提弥明保护着赵盾，一边搏斗一边退
出，最终提弥明被杀死。

　　当初，赵盾到首阳山打猎，在翳桑休息时，看见一个叫灵辄
的人饿得厉害。赵盾问他生了什么病。灵辄回答说："我已经三
天没有吃饭了。"赵盾赐给他东西吃，灵辄却留下一半不吃。赵
盾问他为什么，灵辄说："我出来为贵族当差已经三年了，不知道
家中老母是否还活着；现在离家很近了，请允许我把剩下的一半
带给她吃。"赵盾让他把食物全吃了，另外给他准备了一篮饭和
一些肉，装在口袋里，让灵辄带回去。后来，灵辄做了晋灵公的
武士，在这次事件中，灵辄将兵器掉过头来挡住其他武士，掩护
赵盾脱离了危险。赵盾问他为什么这样做。灵辄回答说："我就
是在翳桑饿倒的人。"赵盾再问他的姓名和住处，他什么也不告
诉就退下了。随后灵辄自己也逃走了。

乙丑,赵穿攻灵公于桃园。宣子未出山而复。大史书曰"赵盾弑其君",以示于朝。宣子曰:"不然。"对曰:"子为正卿,亡不越竟,反不讨贼,非子而谁?"宣子曰:"呜呼!'我之怀矣,自贻伊戚',其我之谓矣。"孔子曰:"董狐,古之良史也,书法不隐。赵宣子,古之良大夫也,为法受恶。惜也!越竟乃免。"宣子使赵穿逆公子黑臀于周而立之。壬申,朝于武宫。

〔补逸〕《公羊传》:赵盾弑君,此其复见何?亲弑君者,赵穿也。亲弑君者赵穿,则曷为加之赵盾?不讨贼也。何以谓之不讨贼?晋史书贼曰:"晋赵盾弑其君夷獳。"赵盾曰:"天乎!无辜!吾不弑君,谁谓吾弑君者乎?"史曰:"尔为仁为义,人弑尔君,而复国不讨贼,此非弑君而何?"

赵盾之复国奈何?灵公为无道,使诸大夫皆内朝,然后处乎台上,引弹而弹之,已趋而辟丸,是乐而已矣。赵盾已朝而出,与诸大夫立于朝。有人荷畚自闺而出者。赵盾曰:"彼何也?夫畚曷为出乎闺?"呼之不至,曰:"子,大夫也,欲视之则就而视之。"赵盾就而视之,

九月二十六日，赵穿在桃园杀掉了晋灵公。此时赵宣子正逃往外国避难，尚未走出晋国的山界，听到晋灵公被杀就又回来了。晋国太史董狐记载此事说"赵盾杀掉了他的国君"，并将上面的记载拿到朝廷上公布。赵宣子反驳说："不是这样。"董狐回答道："你是晋国的正卿，逃亡而不过国境，回朝以后又不讨伐杀死国君的罪人，那么国君不是你杀的又是谁杀的呢？"赵宣子叹息说："唉！《诗经》说'因为我怀念祖国，反而给自己带来忧患'，这两句诗大概说的就是我啊。"孔子对此评论说："董狐是古代优秀的史官啊，记事的原则是直书而不隐讳。赵宣子是古代的好大夫啊，因为史官的记事原则而承受了弑君的恶名。太可惜了！他如果走出国境，就会免于弑君的罪名了。"赵宣子派赵穿到周都迎接公子黑臀并拥立他为国君。十月初三，公子黑臀到晋武公庙朝祭。

　　〔补逸〕《公羊传》：赵盾杀害国君这件事是在鲁宣公二年，在鲁宣公六年赵盾再次出现了，这是为什么呢？因为亲手弑杀国君的，是赵穿。既然亲手弑杀国君的是赵穿，为什么把罪名强加给赵盾呢？因为赵盾没有讨伐弑杀国君的坏人。为什么说赵盾不讨伐弑杀国君的坏人呢？晋国史官在记载弑杀国君的人时写道："晋国的赵盾弑杀了他的国君夷獋。"赵盾说："天啊！我没有罪！我没有弑杀国君，谁说我弑杀国君了呢？"史官说："你行仁义，别人弑杀你的国君，然而你回到国都后却不讨伐坏人，这不是弑杀国君又是什么呢？"

　　赵盾回到国都又是怎么回事呢？晋灵公做违反道义的事，让众大夫都到内朝上朝，然后他站在台上，拉弹弓打上朝的大夫，他的大夫奔逃着躲避弹丸，晋灵公以此为乐。赵盾上朝后出来，和众大夫站在外朝。有人扛着畚箕从内朝宫门内走出。赵盾问："那是什么？畚箕这种不雅的器物为什么从内朝宫门内扛出来？"他呼喊扛畚箕的人，那人却不过来，说："您是大夫，要想观看，那么就走近来看吧。"赵盾走近前去看，

则赫然死人也。赵盾曰："是何也?"曰："膳宰也。熊蹯不熟,公怒,以斗擊而杀之,支解,将使我弃之。"赵盾曰："嘻!"趋而入。灵公望见赵盾,诉而再拜。赵盾逡巡,北面再拜稽首,趋而出。灵公心怍焉,欲杀之,于是使勇士某者往杀之。勇士入其大门,则无人门焉者;入其闺,则无人闺焉者;上其堂,则无人焉。俯而窥其户,方食鱼飧。勇士曰："嘻!子诚仁人也。吾入子之大门,则无人焉;入子之闺,则无人焉;上子之堂,则无人焉。是子之易也。子为晋国重卿,而食鱼飧,是子之俭也。君将使我杀子,吾不忍杀子也。虽然,吾亦不可复见吾君矣。"遂刎脰而死。

灵公闻之,怒,滋欲杀之甚。众莫可使往者,于是伏甲于宫中,召赵盾而食之。赵盾之车右祁弥明者,国之力士也,仡然从乎赵盾而入,放乎堂下而立。赵盾已食,灵公谓盾曰："吾闻子之剑,盖利剑也,子以示我,吾将观焉。"赵盾起,将进剑。祁弥明自下呼之曰:"盾,食饱则出,何故拔剑于君所?"赵盾知之,蹾阶而走。灵公有周狗,谓之獒。呼獒而属之,獒亦蹾阶而从之。祁弥明逆而踆之,绝其颔。赵盾顾曰:"君之獒不若臣之獒也。"然而宫中甲鼓而起。有起于甲中者,抱赵盾而乘之。赵盾顾曰:"吾何以得此于子?"曰:"子某时所食活我于暴桑下者也。"赵盾曰:"子名为谁?"

看到的是赫然触目的死人。赵盾问："这是谁？"回答说："是膳宰。熊掌没有煮熟，国君发怒了，用斗击膳宰，把他杀死了，又肢解了他的尸体，让我扔掉。"赵盾说："啊！"疾步走进宫中。晋灵公远远望见赵盾，惊慌地向他拜了两拜。赵盾只得后退几步，向北面两次揖拜叩头，然后快步出去了。晋灵公内心惭愧，想杀掉赵盾，于是派勇士某人去杀他。勇士进了赵盾家的大门，却发现没有人把守大门；进入内院的小门，却发现也没有人把守；拾阶上到堂前，堂前也没有人把守。勇士通过窗户低头向内窥视，见赵盾正在吃鱼羹。勇士说："唉！您确实是仁义的人啊。我进入您家的大门，那里却没有把守的人；进入您的内院小门，那里也没有把守的人；上到您的堂前，那里也没有把守的人。这说明您役使的人很少。您是晋国的重臣，却吃鱼羹，这说明您很俭朴。国君派我来杀您，我不忍心杀掉您。即使这样，我也不能再去见我的君主了。"于是自刎而死。

晋灵公听说了这件事，大怒，更想杀赵盾了。可是手下众人没有能被派去杀赵盾的，因此在宫中埋伏了士兵，传唤赵盾而赐给他食物。赵盾的车右祁弥明是晋国的大力士，他威勇地跟随赵盾进宫，到了堂前站住。赵盾吃过饭后，晋灵公对赵盾说："我听说您的宝剑是很锋利的剑，您把它拿给我，我要看看。"赵盾站起身，准备把宝剑交给晋灵公。祁弥明在堂下呼喊赵盾说："赵盾，吃饱了就出来吧，为什么在国君的住所拔剑？"赵盾明白了，跑下了台阶就逃跑。晋灵公有一只产自周地的狗，叫作"獒"。晋灵公喊来獒叫它追咬赵盾，獒也蹿下台阶来追赶赵盾。祁弥明迎头踢了獒一脚，踢断了它的下巴。赵盾回头对晋灵公说："你的獒比不上我的獒。"然而埋伏在宫内的兵士击鼓冲了出来。在冲出来的兵士中，有一个人抱起赵盾，帮他上车。赵盾回头对他说："我为什么能得到您的搭救？"那个兵士说："您某次在暴桑下给我饭吃，将我救活。"赵盾说："您的名字叫什么？"

曰："吾君孰为介？子之乘矣！何问吾名？"赵盾驱而出，众无留之者。赵穿缘民众不说，起弑灵公，然后逆赵盾而入，与之立于朝，而立成公黑臀。

《穀梁传》：穿弑也，盾不弑，而曰"盾弑"，何也？以罪盾也。其以罪盾何也？曰：灵公朝诸大夫，而暴弹之，观其辟丸也。赵盾入谏，不听，出亡至于郊。赵穿弑公而后反赵盾。史狐书贼曰："赵盾弑公。"盾曰："天乎天乎！予无罪！孰为盾而忍弑其君者乎？"史狐曰："子为正卿，入谏不听，出亡不远；君弑，反不讨贼，则志同。志同则书重，非子而谁？"故书之曰"晋赵盾弑其君夷皋"者，过在下也。曰：于盾也，见忠臣之至；于许世子止，见孝子之至。

《吕氏春秋》：昔赵宣孟将上之绛，见翳桑之下有饿人，卧不能起者。宣孟止车，为之下食，蠲而铺之，再咽而后能视。宣孟问之，曰："女何为而饿若是？"对曰："昔臣宦于绛，归而绝粮，羞行乞而憎自取，故至于此。"宣孟与脯一朐，拜受而弗敢食也。问其故，对曰："臣有老母，将以遗之。"宣孟曰："斯食之！吾更

那个人说:"我们的国君因为谁而埋伏兵士呢?您上车吧!为什么还问我的名字?"赵盾驱车逃出宫中,众兵士没有阻拦他的。赵穿趁着百姓对晋灵公的不满,起兵弑了晋灵公,然后迎接赵盾回来,使之立于朝堂之上恢复大夫之位,立晋成公黑臀为国君。

《穀梁传》:晋灵公是赵穿杀的,赵盾没有杀灵公,可却说"赵盾弑君",这是为什么呢?这是将杀害国君的罪过归在赵盾头上了。将杀害国君的罪过归在赵盾的头上,是为什么呢?回答说:晋灵公让诸位大夫进来朝见,自己却突然用弹丸打他们,以观看他们躲避弹丸的样子来取乐。赵盾进来规劝,晋灵公不听,赵盾就出逃到郊外。赵穿弑杀了晋灵公之后叫赵盾回来。史官狐记载杀国君的人时说:"赵盾弑杀了晋灵公。"赵盾说:"老天呀,老天呀!我没有罪!谁说我赵盾残忍地杀掉了自己的国君呢?"史官狐说:"您是正卿,进来规劝国君国君不听,出逃又不远走他方;国君被杀,您归来却不讨伐叛贼,那么您和叛贼的心愿是相同的。您和叛贼心愿相同,就记载身份重要的,那不是您还是谁?"所以记载说"晋国赵盾弑杀了自己的国君夷皋",是因为过失在臣子身上。所以说:从赵盾身上,可以看到忠臣要对国君极度忠诚才行;从许世子止身上,可以看到孝子要对父母极度孝顺才行。

《吕氏春秋》:从前赵宣孟(即赵盾)要到国都绛邑去,看见一棵枯桑下有一个饿得躺在地上起不来的人。赵宣孟停住车,喂他东西吃,连续喂了他几次,他一点一点咽下食物,才慢慢睁开了眼睛。赵宣孟问他说:"你怎么会饿成这个样子?"饿人回答说:"先前我在绛地做小差使,回家的路上断了粮,我羞于向人乞讨,又不愿擅自去拿别人的食物,所以才饿成这个样子。"赵宣孟给他一块干肉,他行了拜礼接受了干肉,却不肯吃。问他原因,他回答说:"我家中有老母,想带回去给她吃。"赵宣孟说:"你吃了它吧!我另外

与汝。"乃复赐之脯二束与钱百,而遂去之。处二年,晋灵公欲杀宣孟,伏士于房中以待之,因发酒于宣孟。宣孟知之,中饮而出。灵公令房中之士疾追而杀之。一人疾追,先及宣孟之面,曰:"嘻!君舆!吾请为君反死。"宣孟曰:"而名为谁?"反走,对曰:"何以名为!臣,骫桑下之饿人也。"还斗而死,宣孟遂活。

《史记》:初,盾常田首山,见桑下有饿人。饿人,示眯明也。盾与之食。已而为晋宰夫,赵盾弗复知也。九月,晋灵公饮赵盾酒,伏甲将攻盾。公宰示眯明知之,恐盾醉,不能起,而进曰:"君赐臣觞,三行可以罢。"欲以去赵盾,令先毋及难。盾既去,灵公伏士未会,先纵啮狗名敖。明为盾搏杀狗。盾曰:"弃人用狗,虽猛何为?"然不知明之为阴德也已。而灵公纵伏士出逐赵盾,示眯明反击灵公之伏士,伏士不能进,而竟脱盾。盾问其故,曰:"我,桑下饿人。"问其名,弗告。明亦因亡去。盾遂奔,未出晋境。乙丑,盾昆弟将军赵穿袭杀灵公于桃园,而迎赵盾。赵盾素贵,得民和;灵公少侈,民不附,故为弑易。盾复位。

〔辨误〕按:饿人,灵辄也;杀獒者,弥明也,《史记》误合为一人。

再给你。"于是又赠给他两块干肉和一百枚钱,然后就离开了。过了两年,晋灵公想要杀掉赵宣孟,就在房子里埋伏了兵士等待着,然后把赵宣孟请来饮酒。赵宣孟觉察到酒宴中暗藏的杀机,喝到一半就起身离开了。晋灵公命令房子里埋伏的士兵立即去追杀赵宣孟。有一名士兵跑得很快,最先追上赵宣孟,他对赵宣孟说:"喂!请您上车快跑!我愿为您回去战死。"赵宣孟问道:"你叫什么名字?"那人边往回跑边回答说:"何必打听我的名字!我就是枯桑树下饿倒的那个人。"他返回去与追杀赵宣孟的士兵搏斗而死,赵宣孟于是得以活命。

《史记》:当初,赵盾常常到首阳山打猎,有一次看见桑树下有个饿汉。饿汉是示眯明。赵盾给他食物吃。不久饿汉做了晋灵公的厨师,而此事赵盾却不再知道了。九月,晋灵公请赵盾喝酒,埋伏兵士将要攻杀赵盾。晋灵公的厨师示眯明知道了这件事,担心赵盾喝醉了酒,不能起身,便上前说:"国君赏赐臣子,三次干杯就可以停止了。"想使赵盾离开,赶在前面,不致遭难。赵盾离开以后,晋灵公埋伏的兵士没有会合,先放出一条名叫敖的恶狗咬赵盾。示眯明替赵盾打死了狗。赵盾说:"抛弃人而使用狗,狗虽然凶猛,有什么用?"但是不知道示眯明暗中保护自己的恩德。随后晋灵公指挥埋伏的兵士出来追赶赵盾,示眯明反击晋灵公埋伏的兵士,埋伏的兵士不能前进,终于使赵盾逃脱了。赵盾问示眯明救护他的缘故,示眯明说:"我是桑树下的那个饿汉。"赵盾问他的姓名,他没有回答。示眯明也趁机逃走了。赵盾于是逃亡,没有走出晋国边境。九月二十七日,赵盾的兄弟将军赵穿在桃园袭击杀死晋灵公,迎接赵盾回国。赵盾一向尊贵,深得民心;晋灵公年少奢侈,百姓不归附,所以杀害他容易。赵盾恢复了原来的职位。

〔辨误〕按:饿汉是灵辄,杀掉恶狗的人是提弥明,《史记》误将二人合为一人。

　　初，丽姬之乱，诅无畜群公子，自是晋无公族。及成公即位，乃宦卿之适子，而为之田，以为公族；又宦其余子，亦为余子；其庶子为公行。晋于是有公族、余子、公行。赵盾请以括为公族，曰："君姬氏之爱子也。微君姬氏，则臣狄人也。"公许之。冬，赵盾为旄车之族，使屏季以其故族为公族大夫。

　　八年，晋胥克有蛊疾，郤缺为政。秋，废胥克，使赵朔佐下军。

　　十三年秋，赤狄伐晋，及清，先縠召之也。冬，晋人讨邲之败与清之师，归罪于先縠，而杀之，尽灭其族。君子曰："'恶之来也，己则取之'，其先縠之谓乎！"

　　十五年秋七月，秦桓公伐晋，次于辅氏。壬午，晋侯治兵于稷。还，及雒。魏颗败秦师于辅氏，获杜回，秦之力人也。初，魏武子有嬖妾，无子。武子疾，命颗曰："必嫁是！"疾病，则曰："必以为殉！"及卒，颗嫁之，曰："疾病则乱，吾从其治也。"及辅氏之役，颗见老人结草以亢杜回，杜回踬而颠，故获之。夜梦之，曰："余，而所嫁妇人之父也。尔用先人之治命，余是以报。"

　　晋侯赏桓子狄臣千室，亦赏士伯以瓜衍之县，曰："吾获狄土，子之功也。微子，吾丧伯氏矣。"羊舌职说是赏也，曰："《周书》所谓'庸庸祗祗'者，谓此物也夫！士伯

当初，骊姬制造祸乱的时候，在祖庙里发誓不许收容诸公子，从此晋国没有公族大夫。及至晋成公黑臀即位，才让卿的嫡子做官，并给他们土地，让他们做公族大夫；并且还让众卿的其他儿子做官，也让他们担任余子之职；让其他庶出的儿子担任公行之职。晋国从这时开始有了公族、余子、公行的官职。赵盾请求让赵括做公族大夫，说："他是晋文公女儿君姬氏的爱子。如果没有君姬氏，那么臣下我就是狄人了。"晋成公同意了他的请求。冬季，赵盾担任掌管旄车之族的余子，而让赵括统率赵氏宗族做公族大夫。

八年，晋国的胥克患了神经错乱的毛病，因此由郤缺执政。秋季，废了胥克，让赵盾的儿子赵朔做下军副帅。

十三年秋季，赤狄攻打晋国，到达清地，是晋国先縠把他们召来的。这年冬季，晋国人追究邲地战役失败与清地战役的罪责，归罪于先縠而杀了他，并杀掉了他的全部族人。君子说：'刑戮的到来，是自己找的'，这说的就是先縠吧！"

十五年秋季七月，秦桓公攻打晋国，秦军驻扎在辅氏。七月二十七日，晋景公在稷地进行军事演习。返回时，到达雒地。晋国大夫魏颗在辅氏击败秦军，俘虏了杜回，这个人是秦国的大力士。起初，魏武子有一个爱妾，没有生下儿子。魏武子生病，吩咐魏颗说："我死后一定要让她改嫁！"魏武子病危，却说："一定要让她为我殉葬！"等到魏武子死后，魏颗把她嫁给了别人，并说："魏武子病重时就昏乱了，我听从他清醒时说的话。"在辅氏之役的时候，魏颗看见一个老人把草打成结拦住杜回，杜回被绊倒在地，所以魏颗俘虏了他。夜里魏颗梦见老人说："我是你所嫁女人的父亲。你采纳先人清醒时说的话，我因此来报答你。"

晋景公赏给桓子（即中行伯）狄人奴隶一千家，也把瓜衍的县邑赏给士伯（即士贞伯），说："我获得狄人的土地，是您的功劳。没有您，我就失去伯氏了。"羊舌职对景公的赏赐很满意，说："《周书》所谓'可用的用，可敬的敬'，说的就是这类事吧！士伯

庸中行伯，君信之，亦庸士伯，此之谓明德矣。文王所以造周，不是过也。故《诗》曰：'陈锡载周'，能施也。率是道也，其何不济？"

晋侯使赵同献狄俘于周，不敬。刘康公曰："不及十年，原叔必有大咎，天夺之魄矣。"

十六年三月，献狄俘。晋侯请于王。戊申，以黻冕命士会将中军，且为大傅。于是晋国之盗逃奔于秦。羊舌职曰："吾闻之，'禹称善人，不善人远'，此之谓也夫。《诗》曰：'战战兢兢，如临深渊，如履薄冰。'善人在上也。善人在上，则国无幸民。谚曰：'民之多幸，国之不幸也。'是无善人之谓也。"

冬，晋侯使士会平王室，定王享之，原襄公相礼，殽烝。武子私问其故。王闻之，召武子曰："季氏，而弗闻乎？王享有体荐，宴有折俎。公当享，卿当宴，王室之礼也。"武子归而讲求典礼，以修晋国之法。

十七年，范武子将老，召文子曰："燮乎！吾闻之，喜怒以类者鲜，易者实多。《诗》曰：'君子如怒，乱庶遄沮；君子如祉，乱庶遄已。'君子之喜怒，将已乱也。勿已者，必益之。郤子其或者欲已乱于齐乎！不然，余惧其益之也。余将老，使郤子逞其志，庶有豸乎！尔从二三子唯敬。"乃请老。郤献子为政。

认为中行伯可以任用,国君相信他,也认为可以任用士伯,这就叫昭明德行了。周文王所以能建立周朝,也不超过这个了。所以《诗经》说,'文王把利益布施给天下,创立了周朝大业',这是说文王能施恩于百姓。遵循这个创业之道,还有什么不能成功吗?"

晋景公派赵同向周定王送献俘虏的狄人,但赵同表现得不恭敬。周王室大臣刘康公说:"用不了十年,原叔(即赵同)一定有大灾祸,上天已夺走他的魂魄了。"

十六年三月,晋国向周定王进献俘虏的狄人。晋景公向周定王请求准许让士会升职。三月二十七日,把卿大夫的礼服赐给士会,命令他统率中军,并加太傅之号。这以后晋国的盗贼纷纷逃奔到秦国。羊舌职说:"我听说,'夏禹举拔好人掌政,不好的人就远离了',说的就是这样的事情吧。《诗经》上说:'战战兢兢,如同面临深渊,如同脚踏薄冰。'这是因为好人在上面执政。好人在上面当政,国家就没有心存侥幸的百姓。谚语说:'百姓多存侥幸,就是国家的不幸。'这说的就是没有好人在位啊。"

这年冬季,晋景公派士会调和周王室卿士间的纠纷,周定王设享礼招待士会,原襄公担任相礼,设了殽烝。武子(即士会)私下问是什么缘故。周定王听到,召武子说:"季氏,你没有听说过吗?天子设享礼有体荐,设宴礼有折俎。诸侯应当设享礼招待,卿应当设宴礼招待,这是王室的礼仪。"武子回国以后便讲求典礼,并修明晋国的法度。

十七年,范武子(即士会)将要告老归政退休,把儿子文子召唤来说:"士燮啊!我听说,喜怒合于礼法的很少,反其道而行的却很多。《诗经》说:'君子如果发怒,祸乱差不多很快可以阻止;君子如果喜悦,祸乱差不多很快可以制止。'君子的喜怒,是用来制止祸乱的。如果不能阻止,就一定会增长祸乱。郤克大概想要在齐国阻止祸乱吧!如果不是这样,我害怕他会增加祸乱。我要告老退休了,就让郤子满足他的心愿吧,祸乱差不多可以解除了吧!希望你能跟随诸位大夫恭敬从事。"于是就请求告老归政退休。郤献子(即郤克)执政。

〔补逸〕《国语》：范文子莫退于朝，武子曰："何莫也？"对曰："有秦客廋辞于朝，大夫莫之能对也，吾知三焉。"武子怒曰："大夫非不能也，让父兄也。尔童子何知，而三掩人于朝。我不在晋国，亡无日矣。"击之以杖，折委笄。

成公三年十二月甲戌，晋作六军。韩厥、赵括、巩朔、韩穿、荀骓、赵旃皆为卿，赏鞍之功也。

四年冬，晋赵婴通于赵庄姬。五年春，原、屏放诸齐。婴曰："我在，故栾氏不作。我亡，吾二昆其忧哉！且人各有能有不能，舍我何害？"弗听。婴梦天使谓己："祭余，余福女。"使问诸士贞伯。贞伯曰："不识也。"既而告其人曰："神福仁而祸淫。淫而无罚，福也。祭其得亡乎？"祭之，之明日而亡。

夏，晋荀首如齐逆女，故宣伯馆诸穀。

梁山崩，晋侯以传召伯宗。伯宗辟重，曰："辟传！"重人曰："待我，不如捷之速也。"问其所，曰："绛人也。"问绛事焉。曰，"梁山崩，将召伯宗谋之。"问："将若之何？"曰："山有朽壤而崩，可若何？国主山川，故山崩川竭，君为之不举，

〔补逸〕《国语》：范文子很晚才从朝廷中回来，他的父亲范武子说："为什么这么晚才回来？"范文子回答说："有个秦国客人在朝廷上故意地说了些拐弯抹角的话，大夫们没有人能够应对，我晓得其中的三件事，当众宣说，所以回来晚了。"范武子发怒说："大夫们不是不能应对，而是谦让他们的父兄。你个小孩子知道什么，在朝廷中三次抢先盖过他人。如果不是我还在晋国，大家顾全情面，你早就要遭殃了。"说完杖打了范文子，连玄冠上的簪子都给打断了。

鲁成公三年十二月二十六日，晋国建起六个军。韩厥、赵括、巩朔、韩穿、荀骓、赵旃都做了晋卿，这是奖赏他们在鞌之战中的功劳。

四年冬季，晋国赵婴跟赵庄姬通奸。五年春季，赵同、赵括把赵婴放逐到齐国。赵婴说："有我在晋国，所以栾氏不敢兴起祸害。如果放逐我，两位兄长恐怕就要有忧患了！况且人各有所能，也有所不能，赦免我对你们有什么害处？"赵同、赵括没有听从。赵婴梦见天使对自己说："你如果祭祀我，我降福给你。"赵婴派人向士贞伯询问这个梦预示什么。士贞伯说："我不知道这是什么意思。"不久，士贞伯告诉他的从人说："神灵降福给仁爱的人，而降祸给淫乱的人。淫乱而没有受到惩罚，就是福了。祭祀了难道就能免除祸患吗？"赵婴祭祀了天使，第二天他就被放逐了。

这年夏季，晋国大夫荀首为晋景公到齐国迎娶齐女，所以鲁国大夫宣伯在穀地馈送食物给荀首。

晋国境内的梁山崩塌，晋景公用驿车召见大夫伯宗回国都。伯宗在路上让装载货物的重车避开，说："躲开驿车！"押送重车的人说："与其等我这辆车让道，不如走捷径更快。"伯宗问他是什么地方的人，他说："是绛城人。"伯宗问起绛城的事情。他说："因为梁山崩塌，打算召见伯宗商量。"伯宗问道："应该怎么办？"他说："山上有了腐朽的土壤而发生崩塌，又能怎么办？国家以山川为主，所以遇到山崩川竭，国君就要为它减膳撤乐，

降服，乘缦，彻乐，出次，祝币，史辞，以礼焉。其如此而已。虽伯宗，若之何？”伯宗请见之，不可。遂以告而从之。

〔补逸〕《穀梁传》：梁山崩，壅遏河，三日不流。晋君召伯尊而问焉。伯尊来，遇辇者。辇者不辟，使车右下而鞭之。辇者曰：“所以鞭我者，其取道远矣。”伯尊下车而问焉，曰：“子有闻乎？”对曰：“梁山崩，壅遏河，三日不流。”伯尊曰：“君为此召我也，为之奈何？”辇者曰：“天有山，天崩之；天有河，天壅之。虽召伯尊，如之何？”伯尊由忠问焉。辇者曰：“君亲素缟，帅群臣而哭之，既而祠焉，斯流矣。”伯尊至，如其言。孔子闻之，曰：“伯尊其无绩乎！攘善也。”

六年春，晋人谋去故绛。诸大夫皆曰：“必居郇、瑕氏之地。沃饶而近盐，国利君乐，不可失也。”韩献子将新中军，且为仆大夫。公揖而入。献子从公，立于寝庭。谓献子曰：“何如？”对曰：“不可。郇、瑕氏土薄水浅，其恶易觏。易觏则民愁，民愁则垫隘，于是乎有沉溺重腿之疾。不如新田，土厚水深，居之不疾，有汾、浍以流其恶；且民从教，

身穿素服,乘坐没有彩饰的车子,不奏音乐,离开寝宫居住,陈列献神的礼物,并由太史宣读祭文,以礼祭祀山川之神灵。大概就是这样罢了。即使让伯宗去办,又能怎么办呢?"伯宗请求带他去见晋景公,他不答应。于是伯宗就把绛城人说的话告诉给晋景公,晋景公照着去做了。

〔补逸〕《穀梁传》:梁山崩塌,阻塞了黄河河道,河水三天不能流动。晋景公召见大夫伯尊,要向他咨询这件事。伯尊在来国都的道路上,遇见一个拉车的人。拉车的人没有给他让路,伯尊让车右下车用鞭子抽打他。拉车的人说:"用来鞭打我的时间,可以赶更远的路。"伯尊下车问他说:"你有听到什么消息吗?"拉车的人回答说:"梁山崩塌,阻塞了黄河河道,河水三天不能流动。"伯尊说:"国君正为这事召见我,应该怎么办呢?"拉车的人说:"老天创造了山,老天让它崩塌;老天创造了河,老天让它阻塞。即使国君召见伯尊,那又能怎么样呢?"伯尊又很诚恳地问他。拉车的人说:"国君亲自穿上白色的丧服,带领群臣前往哭泣,随后在那里祈祷,被阻塞的河水就可以流动了。"伯尊到了国都,就照拉车人所说的话应对了。孔子听到这件事,评论说:"伯尊自己没有什么功绩啊! 他只不过是盗用了拉车人的好建议。"

六年春季,晋国人计划离开故都绛城。大夫们都说:"一定要住在郇氏、瑕氏的地方。那里土地肥沃富饶并靠近盐池,对国家有利,又使国君欢乐,不能失去这个地方。"此时韩献子正统率新中军,同时还兼任仆大夫。晋景公朝罢向群臣作揖,然后退入路门。韩献子跟着晋景公,站在正寝外边的庭院里。晋景公对韩献子说:"怎么办呢?"韩献子回答说:"不行。郇氏、瑕氏的地方土薄水浅,那里污秽之物容易积聚。污秽之物积聚,百姓就会愁苦;百姓愁苦,身体就要瘦弱,在这种情况下就会得风湿脚肿的病。不如迁往新田,那里土厚水深,居住在那里不会生病,而且有汾水、浍水来冲涤那里的污秽之物;而且百姓服从教导,

十世之利也。夫山、泽、林、盐，国之宝也。国饶，则民骄佚；近宝，公室乃贫，不可谓乐。"公说，从之。夏四月丁丑，晋迁于新田。

八年夏，晋赵庄姬为赵婴之亡故，谮之于晋侯曰："原、屏将为乱，栾、郤为征。"六月，晋讨赵同、赵括。武从姬氏畜于公宫。以其田与祁奚。韩厥言于晋侯曰："成季之勋，宣孟之忠，而无后，为善者其惧矣。三代之令王，皆数百年保天之禄。夫岂无辟王？赖前哲以免也。《周书》曰'不敢侮鳏寡'，所以明德也。"乃立武，而反其田焉。

〔补逸〕《史记》：朔娶晋成公姊为夫人。晋景公之三年，大夫屠岸贾欲诛赵氏。初，赵盾在时，梦见叔带持要而哭，甚悲；已而笑，拊手且歌。盾卜之，兆绝而后好。赵史援占之，曰："此梦甚恶，非君之身，乃君之子，然亦君之咎。至孙，赵将世益衰。"

屠岸贾者，始有宠于灵公；及至于景公，而贾为司寇。将作难，乃治灵公之贼，以致赵盾。遍告诸将曰："盾虽不知，犹为贼首。以臣弑君，子孙在朝，何以惩罪？请诛之。"韩厥曰："灵公遇贼，赵盾在外，吾先君以为无罪，故不诛。今诸君将诛其后，是非先君之意。而今妄诛，谓之乱。臣有大事，而君不闻，是无君也。"

这是子孙千秋万代的利益。那深山、大泽、森林、盐池，是国家的宝藏。一旦国家富饶，百姓就会骄奢淫逸；靠近宝藏，公室就会因此贫困，不能说是欢乐。"晋景公很高兴，听从了他的话。夏季四月十三日，晋国迁都到新田。

八年夏季，晋国的赵庄姬因为赵婴被放逐的缘故，向晋景公诬陷赵同和赵括说："赵同、赵括将要作乱，栾氏、郤氏可作证。"这年六月，晋国诛讨赵同、赵括。赵武跟从赵庄姬住在晋景公的宫里。晋景公把赵氏的土地赏给大夫祁奚。韩厥对晋景公说："赵衰功勋卓著，赵盾忠心耿耿，但却没有后代继承，这样就会使做善事的人害怕了。夏、商、周三代的贤明君王，都能数百年保持上天的禄位。难道他们中间就没有邪僻的君王吗？只不过是依靠他们贤明的祖先才得以免除灾祸。《周书》说'不敢欺侮鳏夫寡妇'，就是为了发扬道德。"于是就立赵武为赵氏的继承人，并归还赵氏的封地。

〔补逸〕《史记》：赵朔娶了晋成公的姐姐为夫人。晋景公三年，大夫屠岸贾图谋诛灭赵氏。当初，赵盾在世时，曾梦见叔带抱着他的腰哭泣，十分悲哀；一会儿又大笑，一边拍手，一边唱歌。赵盾占卜这个梦，龟甲上灼的裂纹中断，可是后面又呈现佳兆。赵氏的史官援看了兆说："这个梦很凶，不是应在您本人身上，而是应在您儿子身上，但也是由于您的过错。到您的孙子，赵氏宗族将更加衰败。"

屠岸贾这个人，开头得到晋灵公的宠爱；到晋景公时，担任了司寇。他将要发难，就追究杀害晋灵公的凶手，来牵连赵盾。他遍告三军的将领说："赵盾虽然不知道此事，但还是罪魁祸首。作为臣子谋杀国君，子孙却仍然在朝中做官，这怎么能惩治罪犯？请必须诛灭赵氏。"韩厥说："晋灵公被贼臣杀害，赵盾在都城外，我们已故的国君晋成公认为他无罪，所以不加惩治。如今诸位要杀他的后代，这不是先君晋成公的意思。但是现在胡乱诛杀，胡乱诛杀就是作乱。臣下要办大案件，而国君不知道，这就是眼中没有君上。"

屠岸贾不听。韩厥告赵朔趣亡。朔不肯，曰："子必不绝赵祀，朔死不恨。"韩厥许诺，称疾不出。贾不请而擅与诸将攻赵氏于下宫，杀赵朔、赵同、赵括、赵婴齐家，灭其族。

赵朔妻，成公姊，有遗腹，走公宫匿。赵朔客曰公孙杵臼。杵臼谓朔友人程婴曰："胡不死？"程婴曰："朔之妇有遗腹，若幸而男，吾奉之；即女也，吾徐死耳。"居无何，朔妇免身，生男。屠岸贾闻之，索于宫中。夫人置儿绔中，祝曰："赵宗灭乎，若号；即不灭，若无声。"及索，儿竟无声。

已脱，程婴谓公孙杵臼曰："今一索不得，后必且复索之，奈何？"公孙杵臼曰："立孤与死，孰难？"程婴曰："死易，立孤难耳。"公孙杵臼曰："赵世先君遇子厚，子强为其难者，吾为其易者，请先死。"乃二人谋，取他人婴儿负之，衣以文葆，匿山中。程婴出，谬谓诸将军曰："婴不肖，不能立赵孤，谁能与我千金，吾告赵氏孤处。"诸将皆喜，许之。发师随程婴攻公孙杵臼。杵臼谬曰："小人哉程婴！昔下宫之难，不能死，与我谋匿赵氏孤儿，今又卖我。纵不能立，而忍卖之乎？"抱儿呼曰："天乎天乎！赵氏孤儿何罪？请活之，独杀杵臼可也。"诸将不许，遂杀杵臼与孤儿。诸将以为赵氏孤儿良已死，皆喜。然赵氏真孤乃反在，程婴卒与俱匿山中。

屠岸贾不听。韩厥告诉赵朔赶快逃走。赵朔不同意，说：
"您一定不会让赵氏的祭祀断绝，赵朔我死而无恨了。"韩厥
答应了这一要求，装作生病不出家门。屠岸贾没向晋景公
报告，擅自跟三军将领在下宫袭击赵氏，杀了赵朔、赵同、赵
括、赵婴齐(即赵婴)等人，诛灭了赵氏家族。

赵朔的妻子是晋成公的姐姐，她怀有遗腹子，便跑到晋
景公的宫中躲藏。赵朔有个门客叫公孙杵臼。公孙杵臼对赵
朔的朋友程婴说："您为什么不去死?"程婴说："赵朔的妻子怀
有遗腹子，如果有幸生个男孩，我就抚养他；倘若是个女孩，我
便慢慢死去吧。"过了不久，赵朔的妻子分娩，生了个男孩。屠
岸贾听到这个消息，就到宫中搜查。赵朔夫人把婴儿藏在裤
裆里，祷告说："赵氏宗族要灭绝的话，你就啼哭；倘若不该灭
绝，你就别出声。"到屠岸贾搜索的时候，婴儿竟然没有啼哭。

逃脱搜捕之后，程婴对公孙杵臼说："现在一次没有搜
查到，以后一定还会再搜查，怎么办?"公孙杵臼说："抚养
孤儿成长与殉难而死相比，哪个难?"程婴说："死容易，抚
养孤儿成人难呀。"公孙杵臼说："赵氏先世赵朔厚待您，您
就尽力承担那件难事，我担当容易的，我请求先死。"于是两
个人商量，弄来别人的婴儿背着，裹着华丽的襁褓，藏匿在
深山中。程婴走出山来，假意对那些将军们说："我程婴没
有出息，不能抚养赵氏孤儿成长，谁能给我千金，我就告诉
他赵氏孤儿藏身的地方。"将军们都很高兴，答应了他的条
件。他们派遣兵士跟随程婴袭击公孙杵臼。公孙杵臼假意
骂道："程婴你这个小人！从前下宫事变，你不能殉难而死，
跟我商量隐匿赵氏孤儿，如今又出卖我。纵然你不能抚养
孤儿成人，却能忍心出卖他吗?"他抱着婴儿喊："天啊！天
啊！赵氏孤儿有什么罪？请让他活下去，只杀我公孙杵臼
好了。"将军们不答应，就杀了公孙杵臼和赵氏孤儿。众将
认为赵氏孤儿确实已死，都很高兴。然而真正的赵氏孤儿
反倒活着，程婴最后跟他一起藏匿在山中。

　　居十五年,晋景公疾,卜之,大业之后不遂者为祟。景公问韩厥,厥知赵孤在,乃曰:"大业之后在晋绝祀者,其赵氏乎!夫自中衍者皆嬴姓也。中衍人面鸟噣,降佐殷帝大戊,及周天子,皆有明德。下及幽、厉无道,而叔带去周适晋,事先君文侯,至于成公,世有立功,未尝绝祀。今吾君独灭赵宗,国人哀之,故见龟策。唯君图之!"景公问:"赵尚有后子孙乎?"韩厥具以实告。

　　于是景公乃与韩厥谋立赵孤儿,召而匿之宫中。诸将入问疾,景公因韩厥之众以胁诸将,而见赵孤。赵孤名曰武。诸将不得已,乃曰:"昔下宫之难,屠岸贾为之,矫以君命,并命群臣。非然,谁敢作难?微君之疾,群臣固且请立赵后。今君有命,群臣之愿也。"于是召赵武、程婴遍拜诸将,遂反与程婴、赵武攻屠岸贾,灭其族。复与赵武田邑如故。

　　及赵武冠为成人,程婴乃辞诸大夫,谓赵武曰:"昔下宫之难,皆能死。我非不能死,我思立赵氏之后。今赵武既立,为成人,复故位,我将下报赵宣孟与公孙杵臼。"赵武啼哭顿首,固请曰:"武愿苦筋骨以报子至死,而子忍去我死乎?"程婴曰:"不可。彼以我为能成事,故先我死,今我不报,是以我事为不成。"遂自杀。赵武服齐衰三年,为之祭邑,春秋祀之,世世勿绝。

过了十五年，晋景公生病，叫人占卜，说是赵氏的祖先大业因为断绝了后祀而作怪的缘故。晋景公问韩厥，韩厥知道赵氏孤儿活着，就回答说："大业的后代在晋国断绝祭祀的，不就是赵氏吗！他们从中衍开始都姓赢。中衍人面鸟嘴，辅佐殷帝大戊，以后的几代辅佐周天子，都有完美的德行。以后到周幽王、周厉王昏庸无道，因而叔带离开周王室来到晋国，事奉先君晋文侯，直到晋成公，世世代代都立有功勋，不曾断绝祭祀。现在唯独您灭绝赵氏宗族，国内百姓都哀怜他们，所以显现在龟甲和蓍草上。希望您考虑这件事！"晋景公问道："赵氏现在还有子孙后代吗？"韩厥把情况都如实地告诉了晋景公。

　　于是晋景公就和韩厥商量立赵氏孤儿，把他召回来藏在宫中。众将进宫探问病情，晋景公利用韩厥拥有的兵力胁迫诸将会见赵氏孤儿。赵氏孤儿名叫武。将军们迫不得已，就说："当初下宫事变，是屠岸贾策划的，他假传国君的命令，指挥群臣。要不是这样的话，谁敢发难？如果不是您有病，群臣本来就要请求立赵氏后代。如今您有命令，正是我们大家的心愿。"于是晋景公命令赵武、程婴一一拜谢众将，众将反过来跟程婴、赵武进攻屠岸贾，灭了他全族。晋景公又像过去对待赵氏那样赐给赵武田邑。

　　到赵武二十岁加冠，已为成人，程婴就辞别众大夫，对赵武说："当初下宫事变，许多人都能够以身殉难。我并非不能从死，我想抚养赵氏的后代成人。现在赵武已经继承赵氏，长大成人，恢复了原来的爵位，我将要到地下去回报赵宣孟和公孙杵臼了。"赵武哭泣叩头，坚决请求说："我赵武愿意劳苦筋骨至死来报答您，您却忍心离开我去死吗？"程婴说："不行。公孙杵臼他以我能办事，所以先我而死，如今我不去复命，他会以为我的任务没有完成。"于是程婴自杀了。赵武守丧三年，为程婴设置供祭祀的封地，春秋两季致祭，世代不绝。

〔发明〕司马迁序赵氏下宫之难，文工而事详，顾与《左氏》迥异，此千古疑案也。自当两存之。马氏《绎史》谓晋国无屠岸贾其人。然考之《国语》，迎文公者，有屠岸夷，贾或即夷之子孙乎！

〔补逸〕《国语》：赵文子冠，见栾武子。武子曰："美哉！昔我逮事庄主，华则荣矣，实之不知，请务实乎！"见中行宣子，宣子曰："美哉！惜也吾老矣。"见范文子，文子曰："而今可以戒矣，夫贤者，宠至而益戒；不足者，为宠骄。故兴王赏谏臣，逸主罚之。吾闻古之王者，政德既成，又听于民，于是乎使工诵谏于朝，在列者献诗，使勿兜；风听胪言于市，辩妖祥于谣，考百事于朝，问谤誉于路，有邪而正之，尽戒之术也，先王疾是骄也。"

见郤驹伯，驹伯曰："美哉！然而壮不若老者多矣。"见韩献子，献子曰："戒之！此谓成人。成人在始与善。始与善，善进善，不善蔑由至矣。始与不善，不善进不善，善亦蔑由至矣。如草木之产也，各以其物。人之有冠，犹宫室之有墙屋也，粪除而已，何又加焉？"见智武子，武子曰："吾子勉之！成、宣之后，而老为大夫，非耻乎？成子之文，宣子之忠，其可忘乎？夫成子道前志以佐先君，道法而卒以政，

〔发明〕司马迁叙述赵氏下宫事变,文字精练而且事情详细,不过《史记》记载与《左氏春秋》大不相同,这是千古疑案。自然应当两种记载都保留下来。马骕《绎史》称晋国没有屠岸贾这个人。但是考察《国语》,迎接晋文公重耳即位的人,有屠岸夷,屠岸贾或许就是屠岸夷的子孙吧!

〔补逸〕《国语》:赵文子举行加冠之礼,然后去见栾武子(栾书)。栾武子说:"太美了!从前我赶上事奉赵朔,花倒是开得鲜艳,但能否结果却不得而知,还是请务实吧!"去见中行宣子,宣子说:"太美了!可惜我太老了。"又去见范文子,范文子说:"如今你可要多加戒心呀,有贤德的人即使备受宠爱也更加懂得戒骄戒躁,才智不足的人受宠以后才感到骄傲。因此能够振兴王业的君主赏赐进谏的大臣,而安逸怠惰的君主则惩罚进谏的大臣。我听说古代能够称王天下的君主,政令德行完成以后,还要听从民众建议,于是就让矇瞍在朝廷上朗诵前代的谏言,让位列公卿的人吟诗作赋讽谏,使自己不致迷惑;去市场中征采商旅所传的善恶之言,从歌谣中辨别善恶吉凶,在朝廷上考察百官的职事,在路边向行人询问错误与荣誉,有邪恶的事就改正它,这些都是戒备的方法,先王十分厌恶那些骄傲的人。"

去见郤驹伯,驹伯说:"太美了!然而年轻人不如老年人的多了。"去见韩献子,韩献子说:"要多加警戒呀!这已叫作成人了。成人在于一开始就与善人在一起。开始就与善人在一起,善人又引进善人,恶人就没有路子来了。如果一开始就与不善的人在一起,不善的人又引进不善的人,善人也就没有路子来了。正如草木生长的地方,都以类作为划分。人进行加冠,就像宫室有墙壁有屋顶,只不过是打扫完善而已,又有什么可施加的?"去见智武子,智武子说:"你还是努力吧!赵衰、赵盾的后代到老还是个大夫,难道不是可耻的事情吗?赵衰的文德,赵盾的忠诚,难道可以忘记吗?赵衰遵循古书记载辅助先君文公,遵循法典而最终成就政治,

可不谓文乎？夫宣子尽谏于襄、灵，以谏取恶，不惮死进也，可不谓忠乎？吾子勉之！有宣子之忠，而纳之以成子之文，事君必济。"

见苦成叔子，叔子曰："抑年少而执官者众，吾安容子？"见温季子，季子曰："谁之不如，可以求乎？"见张老而语之，张老曰："善矣！从栾伯之言，可以滋；范叔之教，可以大；韩子之戒，可以成。物备矣，志在子。若夫三郤，亡人之言也，何称述焉？智子之道善矣，是先主覆露子也！"

十年，晋侯梦大厉，被发及地，搏膺而踊，曰："杀余孙，不义，余得请于帝矣！"坏大门，及寝门，而入。公惧，入于室，又坏户。公觉，召桑田巫。巫言如梦。公曰："何如？"曰："不食新矣！"公疾病，求医于秦。秦伯使医缓为之。未至，公梦疾为二竖子，曰："彼，良医也，惧伤我，焉逃之？"其一曰："居肓之上、膏之下，若我何？"医至，曰："疾不可为也。在肓之上、膏之下，攻之不可，达之不及，药不至焉，不可为也。"公曰："良医也。"厚为之礼而归之。六月丙午，晋侯欲麦，使甸人献麦，馈人为之。召桑田巫，示而杀之。将食，

能说他不具有文德吗？赵盾竭尽全力劝谏襄公、灵公，因为
进谏而招致祸害，但他不怕死而进见，能不说是忠诚吗？你
还是努力吧！如果有赵盾的忠诚，并辅之以赵衰的文德，事
奉君主必定成功。"

　　去见苦成叔子，叔子说："虽然年少但做大夫的人很多，
我怎么对待你呢？"去见温季子，季子说："你不如谁，不是可
以追求吗？"去见张老，告诉了他这些谈话，张老说："太好
了！听从栾伯的教诲，可以增长见识；听从范叔的言论，可
以博采众长；听从韩子的戒谕，可以成就事业。应注意的事
已经完备，能否有所作为就在你了。像三郤的话，都是葬送
人的言论，又有什么值得称颂的？智子的教导可谓是善道
了，那是先祖在保佑荫庇你啊！"

　　十年，晋景公梦见一个恶鬼，披着的散发拖到地上，手捶打
着胸跳了起来，并向晋景公说："你杀害了我的子孙，这是不义，
我已向上帝申冤，上帝允许我为子孙复仇了！"恶鬼毁坏了宫门
和寝门，进入宫中。晋景公很害怕，逃进内室，恶鬼又毁坏了内
室的门。晋景公吓醒了，就派人召来桑田的神巫。巫人叙述的
情况与晋景公梦见的情况相同。晋景公问道："这个梦吉凶如
何？"巫人回答："您吃不到今年的新麦了！"晋景公病重，派人到
秦国请医生。秦桓公派名叫缓的良医去晋国为晋景公治病。秦
医缓还没到晋国，晋景公又梦见所患的疾病变为两个童子，其中
一个说："他是个良医，恐怕要伤害我们，我们逃到哪里去呢？"另
一个答道："我们避于肓的上端，膏的下面，他能把我们怎么样？"
秦医缓到了晋国，瞧了瞧晋景公的病说："您的病不能治了。它
在肓的上端，膏的下面，用灸法治不可以，用针法疗办不到，药
力也达不到膏肓，这样的病不能治了。"晋景公感慨地说："真是
一位良医啊。"于是晋景公送给秦医缓一份厚重的礼物让他回
去。这年六月初六，晋景公想吃麦饭，差使甸人进奉新麦，晋景
公的厨师将新麦煮熟了。晋景公又召来桑田的神巫，把做好的
新麦拿给巫人看，然后以欺君之罪将他杀死。晋景公正要吃，

张,如厕,陷而卒。小臣有晨梦负公以登天,及日中,负晋侯出诸厕,遂以为殉。

十一年春,郤犨来聘,且莅盟。声伯之母不聘,穆姜曰:"吾不以妾为姒。"生声伯,而出之。嫁于齐管于奚,生二子而寡,以归声伯。声伯以其外弟为大夫,而嫁其外妹于施孝叔。郤犨来聘,求妇于声伯。声伯夺施氏妇以与之。妇人曰:"鸟兽犹不失俪,子将若何?"曰:"吾不能死亡。"妇人遂行,生二子于郤氏。郤氏亡,晋人归之施氏。施氏逆诸河,沉其二子。妇人怒曰:"己不能庇其伉俪而亡之,又不能字人之孤而杀之,将何以终?"遂誓施氏。

晋郤至与周争鄇田,王命刘康公、单襄公讼诸晋。郤至曰:"温,吾故也,故不敢失。"刘子、单子曰:"昔周克商,使诸侯抚封,苏忿生以温为司寇,与檀伯达封于河。苏氏即狄,又不能于狄而奔卫。襄王劳文公而赐之温,狐氏、阳氏先处之,而后及子。若治其故,则王官之邑也,子安得之?"晋侯使郤至勿敢争。

十三年春,晋侯使郤锜来乞师,将事不敬。孟献子曰:"郤氏其亡乎! 礼,身之干也;敬,身之基也。郤子无基,且

突然肚子发胀，他急忙跑到厕所里，却不小心掉到厕坑中淹死了。晋景公有个小臣早晨梦见自己背着晋景公升上了天，到了中午，做梦的小臣将晋景公从厕所背出来，于是就让这名小臣为景公殉葬。

十一年春天，晋国大夫郤犨来鲁国聘问，并且缔结盟约。鲁国大夫声伯的母亲没有举行媒聘之礼就和叔肸同居，穆姜说："我不能把一个小妾当成嫂嫂。"声伯的母亲生了声伯后就被遗弃了。后来她嫁给齐国的管于奚，生下两个孩子后就守寡了，她又带着两个孩子回到声伯身边。声伯让他的同母异父的弟弟做了鲁国大夫，又把他同母异父的妹妹嫁给了施孝叔。晋国的郤犨来鲁国聘问，向声伯求取妻子。声伯把施氏的妻子夺回，给了郤犨。这个女人对丈夫施孝叔说："鸟兽还不肯失掉配偶，您打算怎么办？"施孝叔说："我不能因此而死或逃亡。"这个女人就随郤犨走了，在郤氏那里生了两个孩子。郤氏被灭掉后，晋国人把她还给了鲁国施氏。施氏在黄河边上迎接她，把她带来的两个孩子扔进河里。这个女人愤怒地说："你既不能保护自己的配偶而让她离去，又不能爱护别人的孤儿而杀死他们，怎么会有好结果呢？"于是发誓不再做施氏的妻子。

晋国大夫郤至与周天子争夺鄇邑的土地，周简王命令王室大臣刘康公、单襄公到晋国争讼。郤至说："温地，是我过去的封邑，所以我才不敢失掉它。"刘康公、单襄公说："从前周朝战胜商朝，让诸侯据有封地，王室大臣苏忿生据有温地做了司寇，他和王室大臣檀伯达一样都是被封在黄河边上。后来苏氏投奔狄人，又不能住在狄地而逃奔卫国。周襄王为了慰劳晋文公而赐给他温地，狐氏狐溱、阳氏阳处父先住那里，然后才轮到您。倘若追查温地过去的情况，那么它是周天子属官的封邑，您怎么能得到它呢？"晋厉公下令使郤至不敢再争。

十三年春季，晋厉公派大夫郤锜来鲁国请求出兵，郤锜在处理事情时不恭敬。鲁国大夫孟献子说："郤氏恐怕就要灭亡了吧！礼，是身体的躯干；敬，是身体的基础。郤锜没有基础，而且

先君之嗣卿也,受命以求师,将社稷是卫,而惰,弃君命也。不亡何为?"

十四年,卫侯飨苦成叔,甯惠子相。苦成叔傲。甯子曰:"苦成家其亡乎!古之为享食也,以观威仪、省祸福也。故《诗》曰:'兕觥其觩,旨酒思柔。彼交匪傲,万福来求。'今夫子傲,取祸之道也。"

十五年,晋三郤害伯宗,谮而杀之,及栾弗忌。伯州犁奔楚。韩献子曰:"郤氏其不免乎!善人,天地之纪也,而骤绝之,不亡何待?"初,伯宗每朝,其妻必戒之曰:"盗憎主人,民恶其上。子好直言,必及于难。"

〔补逸〕《国语》:伯宗朝,以喜归。其妻曰:"子貌有喜,何也?"曰:"吾言于朝,诸大夫皆谓吾知似阳子。"对曰:"阳子,华而不实,主言而无谋,是以难及其身。子何喜焉?"伯宗曰:"吾饮诸大夫酒,而与之语,尔试听之。"曰:"诺。"既饮,其妻曰:"诸大夫莫子若也,然而民不能戴其上久矣,难必及子。子盍亟索士憖庇州犁焉。"得毕阳。及栾弗忌之难,诸大夫害伯宗,将谋而杀之。毕阳实送州犁于荆。

十六年夏六月,晋、楚遇于鄢陵。范文子不欲战。栾书曰:"楚师轻窕,固垒而待之,三日必退。"郤至曰:"楚有六间,不可失也,我必克之。"郤至三遇楚子之卒,见楚子,

他的父亲是先君的卿,他又是国君的卿,本是接受命令前来请求出兵,准备保卫晋国的,可是他却怠惰,这是丢弃了国君的命令。不灭亡还做什么?"

十四年,卫定公设享礼招待晋国大夫苦成叔(郤犨),卫国大夫甯惠子做相礼。苦成叔表现十分傲慢。甯惠子说:"苦成家族恐怕就要灭亡了吧!古代举行享礼,是用来观察威仪、省察祸福的。所以《诗经》说:'角杯弯弯曲曲,美酒柔柔和和。不骄不傲,万福聚全来到。'现在那位表现傲慢,实在是招祸之道啊。"

十五年,晋国的郤锜、郤犨、郤至这三位郤氏大夫勾结起来陷害伯宗,诬陷并杀了他,而且还连累到栾弗忌。伯宗的儿子伯州犁逃亡到楚国。韩献子说:"郤氏大概不能免于祸难吧!善人,是天地的纲纪,却屡次杀害他们,不灭亡还等什么?"起初,伯宗每次上朝,他的妻子必定劝诫他说:"盗贼憎恨主人,百姓讨厌统治者。您喜欢直言不讳,一定会蒙受祸难。"

〔补逸〕《国语》:晋国大夫伯宗上朝后,面带喜悦回到家。他的妻子说:"您脸上有喜悦的表情,为什么呢?"伯宗说:"我在朝廷上讲话,诸位大夫都说我的智慧类似阳处父。"他的妻子回答道:"阳处父这个人,华而不实,擅长言论却没有谋略,所以灾难降临到他身上。您有什么值得高兴呢?"伯宗说:"我要请朝中那些大夫们来宴饮,与他们交谈,你试听一下我的言辞。"他的妻子说:"好吧。"宴饮结束以后,伯宗的妻子说:"这些大夫的聪明才智都赶不上你,然而人们都不爱戴才智在自己上面的贤者,由来已久了,灾难一定会降临到您身上。您何不赶紧物色一个能干的人保护我们的儿子伯州犁?"于是找到了贤士毕阳。等到大夫栾弗忌遇害,大夫们加害伯宗,准备谋划杀掉他。毕阳果真将伯州犁护送到楚国。

十六年夏季六月,晋、楚两国军队在鄢陵相遇。范文子(士燮)不想同楚军作战。栾书说:"楚军轻浮急躁,我们晋军坚守营垒来等待他们,楚军不出三天一定会撤退。"郤至说:"楚军有六大弱点可乘,我们不能丧失这个时机,我军一定能够战胜他们。"晋将郤至在战斗中三次碰上楚共王的亲兵,他望见楚共王时,

必下，免胄而趋风。楚子使工尹襄问之以弓。郤至见客，免胄承命，三肃使者而退。楚师薄于险，晋师囚楚公子茷。晋侯使郤至献楚捷于周，与单襄公语，骤称其伐。单子语诸大夫曰："温季其亡乎！位于七人之下，而求掩其上。怨之所聚，乱之本也。多怨而阶乱，何以在位？《夏书》曰：'怨岂在明？不见是图。'将慎其细也。今而明之，其可乎？"

〔补逸〕《国语》：晋既克楚于鄢，使郤至告庆于周。未将事，王叔简公饮之酒，交酬好货皆厚，饮酒宴语相说也。明日，王叔子誉诸朝。郤至见邵桓公，与之语。邵公以告单襄公曰："王叔子誉温季，以为必相晋国，相晋国，必大得诸侯。劝二三君子必先导焉，可以树。

"今夫子见我以晋国之克也为己实谋之，曰：'微我，晋不战矣。楚有五败，晋不知乘，我则强之。背宋之盟，一也；薄德而以地赂诸侯，二也；弃壮之良，而用幼弱，三也；建立卿士，而不用其言，四也；夷、郑从之，

总要跳下战车,脱去头盔,一阵风似的走开。楚共王派工尹襄送一张弓给郤至作为答谢。郤至接见了工尹襄,还是脱去头盔接受楚共王的问候,对楚共王的使者工尹襄作了三个揖就走了。楚军被晋军逼到险恶的地带,晋军停虏了楚共王的公子茷。晋厉公派郤至向周天子献上楚国的俘虏,郤至和周王室大臣单襄公谈话,屡屡夸耀他的战功。单襄公对大夫们说:"温季(即郤至)大概要被杀掉吧! 他的地位在栾书、士燮、郤锜、荀偃、韩厥、荀罃、郤犨等七人的下面,却想盖过他的上级。怨恨的聚集,是祸乱的根本。多招怨恨是自造祸乱的阶梯,怎么还能据有官位呢?《夏书》说:'怨恨难道只是在明处? 不易看见的倒应该考虑。'是说要谨慎戒惧细小的怨恨。如今郤至却使怨恨明显,难道可以吗?"

〔补逸〕《国语》:晋军在鄢陵打败楚军以后,派郤至向周简王报喜。还没有举行告庆之礼,周大夫王叔简公请郤至饮酒,互相酬答的礼物、高级礼品都很多,在宴会中饮酒交谈,两人又相互喜欢。第二天,王叔简公在朝廷上赞扬郤至。郤至拜见周简王的卿士邵桓公,和他进行交谈。邵桓公将他们之间的谈话告诉周简王的卿士单襄公说:"王叔简公赞扬温季,认为他一定成为晋国的相,他要是能成为晋国的相,必定深得诸侯的拥护。王叔简公劝周王室的各位卿大夫一定要劝导晋君提拔郤至为上卿,可以在晋国树立我们的同党,遥为声援。

"如今郤至拜见我,认为晋国在鄢陵打败楚国全是他自己谋划的,他说:'倘若不是我在,晋军就不会作战了。楚国有五个必定失败的因素,晋国不知道乘机行动,是我强逼它那样做的。背弃宋国华元调和下结成的晋、楚友好盟约,这是楚国失败的第一个因素;楚共王薄施德政而以汝阴之田贿赂郑国,使郑国背晋从楚,这是楚国失败的第二个因素;弃而不用年壮的良才申叔时,却任用年幼的司马子反,这是楚国失败的第三个因素;任用卿士子囊,却不采纳他不能背叛晋国的主张,这是楚国失败的第四个因素;东夷和郑国跟随楚作战,

三陈而不整，五也。罪不由晋，晋得其民，四军之帅旅力方刚，卒伍治整，诸侯与之，是有五胜也。有辞，一也；得民，二也；军帅强御，三也；行列治整，四也；诸侯辑睦，五也。有一胜犹足用也，有五胜以伐五败。而避之者，非人也，不可以不战。栾、范不欲，我则强之，战而胜，是吾力也。且夫战也，微谋，吾有三伐，勇而有礼，反之以仁。吾三逐楚君之卒，勇也；见其君必下而趋，礼也；能获郑伯而赦之，仁也。若是而知晋国之政，楚、越必朝。'

"吾曰：'子则贤矣，抑晋国之举也，不失其次，吾惧政之未及子也。'谓我曰：'夫何次之有？昔先大夫荀伯，自下军之佐以政；赵宣子未有军行，而以政；今栾伯自下军往。是三子也，吾又过于四之无不及。若佐新军，而升为政，不亦可乎？将必求之。'是其言也，君以为奚若？"

襄公曰："人有言曰：'兵在其颈。'其郤至之谓乎！君子不自称也，非以让也，恶其盖人也。夫人性

各自为阵,阵容不整,这是楚国失败的第五个因素。楚国背叛盟约,罪过不在晋国,晋国是得民心的,晋国中军、上军、下军、新军的正副统帅八卿势力正强,军队行列严整,诸侯归附它,因此晋国有五个取胜的必然条件。楚国背叛盟约,晋国理直气壮,这是晋国取胜的第一个条件;深得民心,这是晋国取胜的第二个条件;军队统帅强而有力,这是晋国取胜的第三个条件;布阵行列严整,这是晋国取胜的第四个条件;诸侯和睦,这是晋国取胜的第五个条件。有一个取胜的条件就足够用了,现在晋国有五个取胜的有利条件,用它们去攻打有五个失败因素的楚国。而躲避楚国,就不是称职的军人了,因而晋国不能不作战。栾书、士燮不主张立即交战,我就强逼他们作战,作战并能获胜,是我的力量。况且这次战役没有我的谋划,我也有三件可以自夸的大功,勇敢而有礼貌,以仁爱放归郑成公。我在战斗中三次追逐楚共王的亲兵,这是勇敢;见到楚共王的兵车,我一定下车向前急行,这是有礼貌;在当时本来已有俘获郑成公的可能,我却放过了他,这是仁爱。像我这样的人,倘若能够掌理晋国的政事,楚国、越国必定前来朝见。'

"我对郤至说:'尽管您是一个贤才,但是晋国提拔上卿,不会不按照一个固定的次序进行,我担心执政的人选落不到您身上。'郤至对我说:'晋国提拔上卿哪有什么固定的次序呢?过去晋国先大夫荀林父为下军之佐,从第六卿之位升为正卿,执掌国政;赵盾没有军职而为正卿来执政;栾书原来统率下军,现在也从下军第五卿升为正卿了。荀林父、赵盾、栾书这三个人,论才干我又超过了他们,可以与他们并列为四,并无不及之处。倘若我由新军之佐的第八卿升为正卿,不也是可以的吗?我一定要追求到正卿这个职位。'郤至一番话,您以为怎么样?"

单襄公说:"常言道:'刀在脖子上。'说的就是郤至吧!君子不夸耀自己,并不是谦让,而是厌恶盖过别人。人的本性

陵上者也，不可盖也。求盖人，其抑下滋甚，故圣人贵让。且谚曰：'兽恶其网，民恶其上。'《书》曰：'民可近也，而不可上也。'《诗》曰：'恺悌君子，求福不回。'在礼，敌必三让。是则圣人知民之不可加也。故王天下者，必先诸民，然后庇焉，则能长利。

"今郤至在七人之下，而欲上之，是求盖七人也。其亦有七怨。怨在小丑，犹不可堪，而况在侈卿乎？其何以待之？晋之克也，天有恶于楚也，故儆之以晋。而郤至佻天以为己力，不亦难乎？佻天不祥，乘人不义。不祥，则天弃之；不义，则民畔之。

"且郤至何三伐之有？夫仁、礼、勇，皆民之为也。以义死用谓之勇，奉义顺则谓之礼，畜义丰功谓之仁。奸仁为佻，奸礼为羞，奸勇为贼。夫战，尽敌为上，守和同顺义为上。故制戎以果毅，制朝以序成。

"畔战而擅舍郑君，贼也；弃毅行容，羞也；畔国即仇，佻也。有三奸以求替其上，远于得政矣。以吾

都喜欢凌驾于他人之上，不愿被他人掩盖。一个人要想掩盖别人，那么他被别人压抑得一定更加厉害，所以圣人崇尚谦让。并且谚语说：'野兽讨厌加害它们的绳网，百姓讨厌祸害他们的上级。'《尚书》说：'百姓可以用恩惠使他们亲近，而不能高高在上威胁压迫他们。'《诗经》上说：'康乐和悦的君子，求福以礼，不走邪道。'符合礼仪，对同等地位的人必定要三次行谦让之礼。因此圣人知道百姓不能威胁压迫。所以统治天下的人，一定先去安定民心，然后在这安定之中寻求自己的庇荫，这样才能长期拥有福利。

"如今郤至地位在七人的下面，却想位居这七人之上，这是希望掩盖他上面的七个人。他也就必然有七份怨恨。怨恨在小人百姓身上，还不能够忍受，更何况是在奢侈自大的卿大夫身上呢？他用什么办法防备他们呢？晋国战胜楚国，是上天对楚国不满意，所以以晋国战胜来作为对楚国的告诫。而郤至盗取上天的功劳当作自己的力量，不也很难吗？盗取天功不吉祥，欺凌别人不道义。不吉祥，上天就抛弃他；不道义，百姓就背叛他。

"况且郤至有什么可以自夸的三件大功？他自吹自擂的仁爱、有礼、勇敢三件大功，都是百姓和军士的功劳。为国家所用，因道义而为，不避牺牲，就叫作勇敢；奉守正义，顺从法则，就叫作有礼；蓄积恩义，建立大功，就叫作仁爱。用欺诈的方法去行仁爱，是一种偷盗卑鄙的行为；用欺诈的方法去行礼，是可耻的事情；用欺诈的方法表示勇敢，是贼。作战，彻底消灭敌人才是最好的，不相交战而能修好和平、顺从道义是最好的。所以统兵率众，要求能够做到果敢坚毅；制定朝廷上的纪纲，要有一定的次序，不能越爵叙官。

"郤至背离作战目标，擅自放走郑成公，是贼；抛弃应有的果毅，去行那些无谓的容仪，是耻；背叛本国，接近仇敌，是偷施仁爱。用欺诈的勇敢、欺诈的有礼、欺诈的仁爱来求得替代上面的人，距离主持国政恐怕很遥远了。据我

观之,兵在其颈,不可久也。虽吾王叔,未能违难。在《大誓》曰:'民之所欲,天必从之。'王叔欲郤至,能勿从乎?"

郤至归,明年死难。及伯舆之狱,王叔陈生奔晋。

十七年,晋范文子反自鄢陵,使其祝宗祈死,曰:"君骄侈而克敌,是天益其疾也,难将作矣! 爱我者,唯祝我,使我速死,无及于难,范氏之福也。"六月戊辰,士燮卒。

〔补逸〕《国语》:柯陵之会,单襄公见晋厉公,视远步高。晋郤锜见单子,其语犯;郤犨见,其语迂;郤至见,其语伐;齐国佐见,其语尽。

鲁成公见,言及晋难,及郤犨之谮。单子曰:"君何患焉! 晋将有乱,其君与三郤其当之乎!"鲁侯曰:"寡人惧不免于晋,今君曰将见有乱,敢问天道乎,抑人故也?"对曰:"吾非瞽史,焉知天道? 吾见晋君之容,而听三郤之语矣,殆必祸者也。夫君子目以定体,足以从之,是以观其容而知其心矣。目以处义,足以步目,今晋侯视远而足高,目不在体,而足不步目,其心必异矣。目、体不相从,何以能久? 夫合诸侯,国之大事也,于是乎观存亡。故国将无咎,其君在会,步、

观察，刀已放在他脖子上，他活不长久了。即使是王叔简公，也不能避免灾难。《尚书·泰誓》说：'百姓所希望的，上天一定满足他们。'王叔简公既然和郤至要好，能不和他祸福相从吗？"

郤至回到晋国后，第二年死于祸难。等到周大夫伯舆与王叔简公争讼，王叔简公斗不过他，只好逃到晋国去了。

十七年，晋国范文子（即士燮）从鄢陵回国后，就让他的祝宗祈祷，希望早点死去，说："国君骄横奢侈而又战胜了敌人，这是上天增加他的罪过，祸难将要兴起了！爱我的人，只有诅咒我，让我快点死去，不要赶上祸难，这才是我们范氏的福气。"六月初九，范文子去世。

〔补逸〕《国语》：柯陵会盟期间，周王室大臣单襄公拜见晋厉公，晋厉公眼睛望得远、脚步抬得高。晋国的郤锜谒见单襄公，言语多有冒犯；郤犨谒见单襄公，说的话夸诞迂远；郤至谒见单襄公，言语自我夸耀；齐国的国佐（即国武子）谒见单襄公，说话尽达其意。

鲁成公和单襄公相见，说到了晋国的祸难及郤犨的诬陷。单襄公说："国君您有什么可忧虑的！晋国将会发生动乱，他们的国君和三郤将会首当其冲吧！"鲁成公说："我害怕不能幸免于晋国所加的灾祸，如今你说晋国将会发生动乱，敢问是通过天道占卜晓得的呢，还是通过人事推断的呢？"单襄公回答说："我又不是瞽史，怎么知道天道呢？我看晋君的容色，又听三郤的话语，恐怕要有灾祸发生啊。君子通过眼睛观测来指导躯体动作，人的脚步也随着眼神而迈动，因此看人的脸色便可以知道他的心思。眼睛用来指挥步伐，脚步用来顺应眼睛，如今晋厉公眼睛望得远，脚步抬得高，眼睛与身体相违背，脚步又不顺应眼睛，他必定存有异心了。眼睛和身体不相协调，怎么能保持长久呢？会合诸侯，是国家的大事，由此可以观察国家的存亡。因此如果一个国家没有灾殃的话，它的国君参加盟会，走路、

言、视、听必皆无谪，则可以知德矣。视远，日绝其义；足高，日弃其德；言爽，日反其信；听淫，日离其名。夫目以处义，足以践德，口以庇信，耳以听名者也，故不可不慎也。偏丧有咎；既丧，则国从之。晋侯爽二，吾是以云。夫郤氏，晋之宠人也，三卿而五大夫，可以戒惧矣。高位实疾偾，厚味实腊毒。今郤伯之语犯，叔迂，季伐。犯则陵人，迂则诬人，伐则掩人。有是宠也，而益之以三怨，其谁能忍之？虽齐国子，亦将与焉。立于淫乱之国，而好尽言以招人过，怨之本也。唯善人能受尽言，齐其有乎？吾闻之，国德而邻于不修，必受其福。今君逼于晋而邻于齐，齐、晋有祸，可以取伯。无德之患，何忧于晋？且夫长翟之人，利而不义，其利淫矣，流之若何？"

鲁侯归，乃逐叔孙侨如。简王十一年，诸侯会于柯陵。十二年，晋杀三郤。十三年，晋侯杀于翼东门，葬以车一乘。齐人杀国武子。

晋厉公侈，多外嬖。反自鄢陵，欲尽去群大夫，而立其左右。胥童以胥克之废也，怨郤氏，而嬖于厉公。郤锜夺

说话、观看、听觉就都没有受人谴责的地方，由此就可以知晓他的德行不差了。向远处看，就会日日抛弃他的合宜举动；高高抬脚，就会每天抛弃他的美好德行；说话自相矛盾，就会日日违背他的信义；听话不辨是非，就会每天丧失他的美好名声。眼睛决定行动是否合宜，脚步用来履行德行，口用来保护信义，耳朵用来听取名声，因此不可不慎重。这四样常法如果部分地亡失，就会犯下错误；如果全部亡失的话，那么国家也将随之灭亡。晋厉公已丧失了其中的两种，我因此这样说。郤氏在晋国是受宠幸的家族，他们中有三个人做卿，五个人做大夫，这足以让人畏惧警戒了。位高就容易很快摔下去，味浓就容易变得有毒。如今老大郤锜说话侵犯别人，老二郤犨说话夸诞迂远，老三郤至自我夸耀。侵犯别人就会凌驾他人之上，夸诞迂远就会诬陷别人，自我夸耀就会掩人之美。有这样的宠信，又加上凌人、诬人和掩人这三种怨恨，有谁能忍受呢？即使是齐国的国子，也将身遭这场祸乱。立身于淫乱之国，而喜欢直言不讳以招致别人的谴责，这是祸乱的根本。只有有善行的人才能接受直言的劝谏，齐国有这样的人吗？我听说，有德之国与无德之国相邻，国家一定会受到福庇。如今您为强晋所逼，而且和齐国为邻，齐国、晋国发生祸难，您可以取得霸主的地位。只有自己不修德行的忧患，对晋国而言有什么可忧虑的呢？而且叔孙侨如好利而不讲道义，他只是干些骄淫之事，流放他又何妨呢？”

鲁成公从晋国回国后，就放逐了叔孙侨如。简王十一年，诸侯在柯棱会盟。十二年，晋国诛杀了三郤。十三年，晋厉公被杀，埋葬在翼城的东门，下葬时只有一乘车作殉葬品。同年齐国人杀了国武子。

晋厉公非常放纵，有很多宠幸的臣子。晋厉公从鄢陵回来后，想要把大夫全部罢免，而立他左右宠幸的人。胥童因为父亲胥克被郤缺废掉而怨恨郤氏，他却被晋厉公宠幸。郤锜夺取了

夷阳五田,五亦嬖于厉公。郤犨与长鱼矫争田,执而梏之,与其父母妻子同一辕。既,矫亦嬖于厉公。栾书怨郤至,以其不从己而败楚师也,欲废之。使楚公子茷告公曰:"此战也,郤至实召寡君。以东师之未至也,与军帅之不具也,曰:'此必败,吾因奉孙周以事君。'"公告栾书,书曰:"其有焉。不然,岂其死之不恤,而受敌使乎?君盍尝使诸周而察之。"郤至聘于周,栾书使孙周见之。公使觇之,信,遂怨郤至。

厉公田,与妇人先杀而饮酒,后使大夫杀。郤至奉豕,寺人孟张夺之,郤至射而杀之。公曰:"季子欺余。"厉公将作难,胥童曰:"必先三郤,族大,多怨。去大族,不逼;敌多怨,有庸。"公曰:"然。"郤氏闻之,郤锜欲攻公,曰:"虽死,君必危。"郤至曰:"人所以立,信、知、勇也。信不叛君,知不害民,勇不作乱。失兹三者,其谁与我?死而多怨,将安用之?君实有臣而杀之,其谓君何?我之有罪,吾死后矣!若杀不辜,将失其民,欲安,得乎?待命而已。受君之禄,是以聚党。有党而争命,罪孰大焉?"壬午,胥童、夷羊五帅甲八百将攻郤氏,长鱼矫请无用众,公使清沸魋助之,

夷阳五的田地，夷阳五也被晋厉公宠幸。郤犨与长鱼矫争夺土地，把长鱼矫逮捕并囚禁起来，和他的父母妻子孩子系在同一个车辕上。不久以后，长鱼矫也受到晋厉公的宠幸。栾书怨恨郤至，因为他不听自己的主意而打败了楚军，想要废掉他。栾书于是让楚国公子茷告诉晋厉公说："这次鄢陵战役，实际上是郤至召来敝国国君的。因为当时东方齐、鲁、卫三国的军队没有到来，晋军统帅也没有完全到齐，他说：'这次战役晋国必定失败，我就乘此机会拥立孙周以事奉国君。'"晋厉公把这番话告诉栾书，栾书说："恐怕有这回事。否则的话，难道他会不顾虑死，而接见敌人的使者吗？您何不试着派他到周王室而进一步考察他呢？"郤至到周王室聘问，栾书让正在周王室大臣单襄公处的孙周接见他。晋厉公派人窥探，证实了栾书的话，于是晋厉公就很怨恨郤至。

晋厉公外出打猎，和女人们一起先射猎并一起饮酒，然后让大夫们射猎。郤至献给厉公一头野猪，寺人孟张夺走野猪，郤至便射死了他。晋厉公说："郤至欺负我。"晋厉公准备发起祸难杀掉大夫们，胥童说："一定要除掉郤锜、郤犨、郤至三郤，他们郤氏家族大，招致的怨恨也多。如果除掉这一大族，公室就不会受到逼迫，讨伐怨恨多的人，就容易成功。"晋厉公说："对。"郤氏听到这个消息后，郤锜想要攻打晋厉公，他说："即使死了，国君也必然面临危险。"郤至说："人之所以能立身处世，靠的是信用、明智、勇敢。讲求信用就不能背叛国君，明智就不能残害百姓，勇敢就不能发起祸乱。失掉这三样，还有谁亲近我们？死了而招致很多怨恨，还有什么用？国君拥有臣下而杀了他们，能把国君怎么办？我们如果有罪，那就死得已经晚了！如果国君杀害无罪的人，那么他就将要失掉他的百姓，想要安定，能做到吗？我们只有听候命令罢了。我们接受了国君的禄位，因此才能聚集亲族。有了族党而和国君抗争命令，还有什么罪比这更大的呢？"十二月二十六日，胥童、夷羊五率领甲士八百人打算进攻郤氏，长鱼矫请求不要兴师动众，晋厉公派遣他宠幸的清沸魋帮助他，

抽戈结衽而伪讼者。三郤将谋于榭。矫以戈杀驹伯、苦成叔于其位。温季曰："逃威也。"遂趋。矫及诸其车,以戈杀之,皆尸诸朝。

胥童以甲劫栾书、中行偃于朝。矫曰："不杀二子,忧必及君。"公曰："一朝而尸三卿,余不忍益也。"对曰："人将忍君。臣闻:乱在外为奸,在内为轨。御奸以德,御轨以刑。不施而杀,不可谓德;臣逼而不讨,不可谓刑。德、刑不立,奸、轨并至。臣请行。"遂出奔狄。公使辞于二子曰:"寡人有讨于郤氏,郤氏既伏其辜矣。大夫无辱,其复职位。"皆再拜稽首曰:"君讨有罪,而免臣于死,君之惠也,二臣虽死,敢忘君德?"乃皆归。公使胥童为卿。

公游于匠丽氏,栾书、中行偃遂执公焉。召士匄,士匄辞。召韩厥,韩厥辞,曰:"昔吾畜于赵氏,孟姬之谗,吾能违兵。古人有言曰,'杀老牛莫之敢尸',而况君乎?二三子不能事君,焉用厥也?"

〔补逸〕《国语》:韩献子辞,中行偃欲伐之。栾书曰:"不可。"乃止。

闰月乙卯晦,栾书、中行偃杀胥童。民不与郤氏,胥童道君为乱,故皆书曰:"晋杀其大夫。"

十八年春王正月庚申,晋栾书、中行偃使程滑弑厉公,葬之于翼东门之外,以车一乘。使荀䓨、士鲂逆周子于京师

长鱼矫、清沸魋抽出戈来，系上衣襟，假装成打架争讼的人。三郤准备在台榭里和他们议事。长鱼矫乘机用戈在座位上杀掉了郤锜和郤犨。郤至说："与其冤枉地死去还不如逃走。"于是就快步逃跑。长鱼矫追上郤至的车子，用戈刺死了他，然后将三郤的尸体都陈列在朝廷上示众。

胥童率领甲士在朝廷上劫持了栾书、中行偃。长鱼矫说："不杀这两个人，忧患必然会降到国君身上。"晋厉公说："一天之内把三个卿的尸体陈列在朝廷上，我不忍心再增加了。"长鱼矫回答说："别人将忍心杀死国君。臣下我听说：祸乱在外就是奸，在内就是轨。用德行来对待奸，用刑罚来对待轨。不施教化就杀戮，不能叫作德行；臣下逼迫国君而不讨伐，不能叫作刑罚。德行和刑罚不能树立，奸和轨就会一起到来。臣下请求离去。"就逃奔到狄人那里。晋厉公派人对栾书和中行偃说："寡人讨伐郤氏，郤氏已经服罪了。两位大夫不要把受劫持的事作为耻辱，还是复职复位吧。"他们都再拜叩头说："您讨伐有罪的人，而赦免我们一死，这是您的恩惠，我们两人即使死了，岂敢忘记国君您的恩德？"于是二人都回去了。晋厉公让胥童做卿。

晋厉公在匠丽氏家游玩，栾书、中行偃乘机抓住了他。他们召唤士匄来杀厉公，士匄推辞了。召唤韩厥，韩厥也推辞了，并且说："从前我在赵氏家里长大，孟姬诬陷赵同、赵括，只有我能顶住不出兵。古人有话说，'杀老牛没有人敢做主'，何况是对待国君呢？你们几位不能事奉国君，哪里用得着我呢？"

〔补逸〕《国语》：韩献子推辞掉召请，中行偃要攻打他。

栾书说："不行。"于是放弃了这个打算。

这年闰十二月二十九日这天，栾书、中行偃杀掉了胥童。百姓不亲附郤氏，胥童引导国君作乱，所以《春秋》一并记载说："晋国杀掉它的大夫。"

十八年春季，周历正月初五，晋国的栾书、中行偃派大夫程滑弑杀了晋厉公，把他埋葬在翼城的东门外边，下葬时仅用了一辆车子随葬。然后他们派遣荀䓨、士鲂到京师去迎接周子

而立之。二月乙酉朔，晋悼公即位于朝。

襄公七年冬十月，晋韩献子告老，公族穆子有废疾，将立之。辞曰："《诗》曰：'岂不夙夜，谓行多露。'又曰：'弗躬弗亲，庶民弗信。'无忌不才，让其可乎？请立起也。与田苏游，而曰好仁。《诗》曰：'靖共尔位，好是正直。神之听之，介尔景福。'恤民为德，正直为正，正曲为直，参和为仁。如是则神听之，介福降之。立之，不亦可乎？"庚戌，使宣子朝，遂老。晋侯谓韩无忌仁，使掌公族大夫。

十四年夏，诸侯之大夫从晋侯伐秦。晋侯待于竟，使六卿帅诸侯之师以进，至于棫林，不获成焉。荀偃令曰："鸡鸣而驾，塞井夷灶，唯余马首是瞻。"栾黡曰："晋国之命，未是有也。余马首欲东。"乃归，下军从之。左史谓魏庄子曰："不待中行伯乎？"庄子曰："夫子命从帅。栾伯，吾师也，吾将从之，从帅，所以待夫子也。"伯游曰："吾令实过，悔之何及？多遗秦禽。"乃命大还。晋人谓之迁延之役。栾鍼曰："此役也，报栎之败也。役又无功，晋之耻也。吾有二位于戎路，敢不耻乎？"与士鞅驰秦师，死焉。士鞅反。栾黡谓士匄曰："余弟不欲往，而子召之。余弟死，而子来，是而子杀余之弟也。弗逐，余亦将杀之。"士鞅奔秦。

并立他做国君。二月初一，晋悼公在朝廷上即位。

鲁襄公七年冬季十月，晋国的韩献子告老退休，他的儿子公族大夫穆子(即韩无忌)患有残疾，准备让穆子继承卿位。穆子辞谢说："《诗经》说:'难道不想连夜赶早前来，无奈道上露水太多。'《诗经》又说:'不能亲身办事，百姓就不会信任。'无忌我没有才能，让给别人来干也可以吧? 请立我的弟弟韩起吧。他和贤人田苏交往，田苏赞赏他好仁。《诗经》说:'慎重恭谨地对待你的职位，喜欢正直的人。神灵将会听到，赐给你大福。'体恤百姓是德，正己心是正，纠正曲是直，统一德、正、直三者是仁。这样的话那么神灵就会听到一切，降给他大福。立他为卿，不也是可以的吗?"十月初九，让韩宣子(即韩起)朝见国君继承父亲的卿位，同时宣布韩献子退休。晋悼公认为韩无忌仁德，于是就让他做公族大夫之长。

十四年夏季，诸侯的大夫跟随晋悼公攻打秦国。晋悼公在国境上等待，派六卿率领诸侯的军队前进，到达秦地械林，仍然没有使秦国屈服求和。荀偃命令说:"鸡叫时套车，填平井灶，你们只看着我的马头行事。"栾黡说:"晋国的命令，还没有过这样的。我的马头可是要向东回国。"于是他就回晋国了，下军也跟着他回去了。左史对魏庄子(即魏绛)说:"不等待中行伯(即荀偃)吗?"魏庄子说:"荀偃他老人家命令我们服从主将。栾黡是我的主将，我要跟从他。跟从主将就是尊重荀偃他老人家。"伯游(即荀偃)说:"我的命令确实有错误，现在后悔也来不及了。多留下人只能被秦国俘虏。"于是就命令军队全部撤退。晋国人把这次行动称为"迁延之役"。栾黡的弟弟栾铖说:"这次战役，本来是为报复在栎地的战败。但发动了战役又没有成功，这是晋国的耻辱。我们家有两个人这次出任将帅，怎能不感到耻辱呢?"他便和士鞅一起冲进秦军阵营，结果战死在那里。士鞅跑了回来。栾黡对士鞅的父亲士匄说:"本来我的弟弟不想去，你的儿子却怂恿他去。我弟弟战死了，你儿子却逃了回来，这是你的儿子杀了我的弟弟。你不驱逐他，我也要杀死他。"士鞅便逃往秦国。

于是齐崔杼、宋华阅、仲江会伐秦，不书，惰也。向之会亦如之。卫北宫括不书于向，书于伐秦，摄也。秦伯问于士鞅曰："晋大夫其谁先亡？"对曰："其栾氏乎！"秦伯曰："以其汰乎？"对曰："然。栾黡汰虐已甚，犹可以免，其在盈乎！"秦伯曰："何故？"对曰："武子之德在民，如周人之思召公焉，爱其甘棠，况其子乎？栾黡死，盈之善未能及人，武子所施没矣，而黡之怨实章，将于是乎在。"秦伯以为知言，为之请于晋而复之。

师归自伐秦，晋侯舍新军。于是知朔生盈而死，盈生六年，而武子卒，盈裘亦幼，皆未可立也。新军无帅，故舍之。

十九年，诸侯还自沂上，荀偃瘅疽，生疡于头。济河，及著雍，病，目出。大夫先归者皆反。士匄请见，弗内。请后，曰："郑甥可。"二月甲寅，卒，而视，不可含。宣子盥而抚之，曰："事吴敢不如事主！"犹视。栾怀子曰："其为未卒事于齐故也乎？"乃复抚之，曰："苟主终，所不嗣事于齐者，有如河！"乃瞑，受含。宣子出，曰："我浅之为丈夫也。"

〔发明〕观士匄自恨之语，知栾盈之见忌于范氏自此始矣。

当时,齐国的崔杼、宋国的华阅、仲江会合攻打秦国,《春秋》没有记载他们的名字,是由于他们临阵怠惰。向地的会见也和这一样。对卫国北宫括在向地的会见不加记载,而记载他这次攻打秦国,是由于他积极参与的缘故。秦景公向士鞅询问说:"晋国大夫谁先灭亡?"士鞅回答说:"恐怕是栾氏吧!"秦景公说:"因为他的骄横吗?"士鞅回答说:"对。栾黡骄横暴虐太过分,但他或许可以免于祸难,祸难大概要落在栾黡他儿子栾盈身上吧!"秦景公问:"是什么缘故呢?"士鞅回答说:"栾黡的父亲栾武子所施的恩惠留在百姓中间,他们怀念栾武子如同周人思念召公,人们对召公停留过的甘棠树尚且十分爱护,何况这是他的儿子呢?栾黡死后,栾盈的善行没能施及人们身上,栾武子所施的恩惠又渐渐消失,而人们对栾黡的怨恨又很明显,所以灭亡将会在这时落在栾盈身上。"秦景公认为这是有见识的话,便为士鞅向晋国请求,恢复了他的职位。

晋国军队攻打秦国回来,晋悼公撤销了新军。当时,知朔生了儿子知盈以后便死去,知盈出生六年以后他的祖父知武子死了,士鲂的儿子彘裘也还小,都不能立为卿。新军没有统帅,所以把它取消了。

十九年,诸侯从沂上回来,荀偃生恶疮,痈疽生在头部。渡过黄河,到达著雍时,病危,眼睛都鼓了出来。大夫先回去的又都赶回来。士匄请求拜见,荀偃不让他进来。士匄请问谁可做他的后继人,荀偃说:"郑国女子所生的荀吴可以。"二月十九日,荀偃死了,却睁着眼睛,口闭着以致不能放进珠玉。士匄替他盥洗后抚摸着他的尸体,说:"事奉荀吴怎敢不像事奉您一样!"荀偃还是睁着眼睛。栾怀子(即栾盈)说:"难道是齐国事情没有完成的缘故吗?"便又抚摸着荀偃的尸体说:"如果您死去以后,我们不继续进攻齐国的话,有河神为证!"荀偃这才闭上眼睛,松开嘴接受了含玉。士匄出来,说:"作为一个大丈夫,我太浅薄了。"

〔发明〕看士匄自我懊恨的话,知道栾盈从此时开始被范氏忌妒了。

　　二十一年,栾桓子娶于范宣子,生怀子。范鞅以其亡也,怨栾氏,故与栾盈为公族大夫,而不相能。桓子卒,栾祁与其老州宾通,几亡室矣。怀子患之。祁惧其讨也,诉诸宣子曰:"盈将为乱,以范氏为死桓主而专政矣。曰:'吾父逐鞅也,不怒,而以宠报之,又与吾同官,而专之。吾父死而益富。死吾父而专于国,有死而已,吾蔑从之矣。'其谋如是,惧害于主,吾不敢不言。"范鞅为之征。怀子好施,士多归之。宣子畏其多士也,信之。怀子为下卿,宣子使城著而遂逐之。秋,栾盈出奔楚。宣子杀箕遗、黄渊、嘉父、司空靖、邴豫、董叔、邴师、申书、羊舌虎、叔罴,囚伯华、叔向、籍偃。

　　人谓叔向曰:"子离于罪,其为不知乎?"叔向曰:"与其死、亡若何?《诗》曰:'优哉游哉,聊以卒岁。'知也。"乐王鲋见叔向曰:"吾为子请。"叔向弗应。出,不拜。其人皆咎叔向。叔向曰:"必祁大夫。"室老闻之,曰:"乐王鲋言于君,无不行,求赦吾子,吾子不许。祁大夫所不能也,而曰'必由之',何也?"叔向曰:"乐王鲋,从君者也,何能行?祁大夫,外举不弃仇,内举不失亲,其独遗我乎?《诗》曰:'有觉德行,四国顺之。'夫子,觉者也。"晋侯问叔向之罪于乐王鲋,对曰:"不弃其亲,其有焉。"于是祁奚老矣,闻之,乘驲而见宣子曰:"《诗》曰:'惠我无疆,子孙保之。'《书》曰:

二十一年，晋国大夫栾桓子（即栾魇）娶范宣子（即士匄）的女儿为妻，生下怀子（即栾盈）。范宣子的儿子范鞅（即士鞅）因为一度被迫逃亡秦国，十分怨恨栾氏，所以他和栾盈一起做公族大夫而不能好好相处。栾桓子死后，妻子栾祁和他的家臣州宾私通，州宾几乎全部侵占了他的家产。栾盈忧虑这件事。栾祁害怕遭到栾盈的讨伐，便向父亲范宣子毁谤说："栾盈将要作乱，他认为是范氏弄死了栾桓子而专断国政。他说：'我父亲赶走范鞅，范鞅回国后不但不愤怒反而报以宠信，又和我任同样官职，而使他得以专断。我父亲死后范氏更加富有。弄死我父亲而在国内专横，我死也不能服从他。'他的谋划就是这样，我怕伤害您，所以不敢不说。"范鞅为她作证。栾盈喜好施舍，很多士都归附他。范宣子害怕归附栾盈的士人众多，就相信了栾祁的话。栾盈担任下军之佐，范宣子派他到著地筑城，趁机驱逐了他。秋季，栾盈逃往楚国。范宣子杀掉了箕遗、黄渊、嘉父、司空靖、邴豫、董叔、邴师、申书、羊舌虎、叔罴，囚禁了伯华、叔向、籍偃。

　　有人对叔向说："您被牵连入狱，大概是不明智吧？"叔向说："比起死与逃亡来如何？逸《诗》说：'您闲啊逍遥啊，聊且这样度过岁月。'这是明智啊。"大夫乐王鲋去见叔向说："我为您去请求。"叔向不回答。乐王鲋退出，叔向也不拜送。叔向左右的人都责怪他。叔向说："一定要让祁奚大夫救我。"他的家宰听到了他的话说："乐王鲋对国君说的话，国君没有不照办的，他请求赦免您，您不答应。这件事不是祁大夫所能做到的，而您却说'一定要由他去做'，是为什么？"叔向说："乐王鲋是顺从国君的人，怎么能办得到？祁大夫，举拔宗族外的人而不丢弃仇人，举拔宗族内的人而不失掉亲人，难道唯独遗忘了我吗？《诗经》说：'有正直的德行，四方都会归顺他。'祁奚他老人家是正直的人啊。"晋平公向乐王鲋询问叔向的罪过，乐王鲋回答说："叔向不会抛弃他的亲人，恐怕有与栾盈同谋作乱的事。"这时祁奚已告老在家了，听说这事后，便乘驿站用的传车去拜见范宣子，说："《诗经》说：'赐给的恩惠没有边际，子孙永远保持它。'逸《书》说：

'圣有谟训,明征定保。'夫谋而鲜过、惠训不倦者,叔向有焉,社稷之固也。犹将十世宥之,以劝能者。今壹不免其身,以弃社稷,不亦惑乎？鲧殛而禹兴；伊尹放大甲而相之,卒无怨色；管、蔡为戮,周公右王。若之何其以虎也弃社稷？子为善,谁敢不勉？多杀何为？"宣子说,与之乘,以言诸公而免之。不见叔向而归,叔向亦不告免焉而朝。

初,叔向之母妒叔虎之母美,而不使。其子皆谏其母。其母曰："深山大泽,实生龙蛇。彼美,余惧其生龙蛇以祸女。女,敝族也。国多大宠,不仁人间之,不亦难乎？余何爱焉？"使往视寝,生叔虎,美而有勇力,栾怀子嬖之,故羊舌氏之族及于难。

栾盈过于周,周西鄙掠之。辞于行人曰："天子陪臣盈得罪于王之守臣,将逃罪。罪重于郊甸,无所伏窜,敢布其死。昔陪臣书能输力于王室,王施惠焉。其子黡不能保任其父之劳。大君若不弃书之力,亡臣犹有所逃。若弃书之力,而思黡之罪,臣戮余也,将归死于尉氏,不敢还矣。敢布四体,唯大君命焉。"王曰："尤而效之,其又甚焉。"使司徒禁掠栾氏者,归所取焉,使候出诸辕辕。

'圣哲有谋略功勋,应该对他信任保护。'谋划而少有过错、不倦地赐给别人恩惠,叔向是具备这些品质的,他是国家的柱石啊。即使是他的十代子孙有过错还要宽宥,以此来勉励有能力的人。现在因一点罪过却连自身都无法免罪,因此而放弃国家的栋梁,不是会使人困惑吗?鲧被杀而他的儿子禹兴起;伊尹放逐太甲而太甲后来用他为相,太甲始终没有怨恨的神色;管叔、蔡叔被杀,而他们的兄长周公辅佐成王。为什么因为一个羊舌虎而损失一个国家栋梁?您做了好事,谁敢不努力?多杀人有什么用呢?"范宣子很高兴,就和祁奚共乘一辆车子入朝,劝谏晋平公赦免了叔向。祁奚不去见叔向就回家了,叔向也不向祁奚告谢就去朝见晋平公了。

起初,叔向的母亲妒忌叔虎的母亲美丽,而不让她侍寝。她的儿子们都规劝母亲。叔向的母亲说:"深山大泽,这些地方是生长龙蛇之处。她美丽,因而我害怕她生下龙蛇似的人来祸害你们。你们是衰败的家族。国家有很多受宠的大族,又有坏人又从中挑拨,想要太平无事,不也很难吗?我自己有什么可吝惜的呢?"于是她就让叔虎的母亲去侍寝,生了叔虎。叔虎生得美丽,并且勇猛而有气力,栾怀子(即栾盈)很宠爱他,所以羊舌氏的家族遭到了这次祸难。

栾盈经过周地逃往楚国,周西部边境的人劫掠了他的财物。栾盈对周王室的使者诉说:"天子陪臣栾盈得罪了天子的守臣,打算逃避晋国的惩罚。又在天子的郊外得罪,没有地方可以隐匿藏身,谨敢冒死上言。从前我的父亲栾书能为王室效力,天子赐给了他恩惠。他的儿子栾黡不能保全父亲的功劳。天王如果不忘却栾书的功劳,逃亡的陪臣我还有可逃避的地方。如果丢弃栾书的功劳,而想到栾黡的罪过,陪臣我本来就是刑余的人,将要回晋国死在狱官那里,不敢再回来了。谨敢直言不讳,只听天王的命令。"周灵王说:"别人有了过错而去效仿他,过错就更大了。"便派司徒制止那些劫掠栾氏的人,让他们归还掠取的东西,派候人把栾盈送出辕辕山。

〔补逸〕《国语》：平公六年，箕遗及黄渊、嘉父作乱，不克而死。公遂逐群贼。谓阳毕曰："自穆侯以至于今，乱兵不辍，民志无厌，祸败无已，离民且速寇，恐及吾身，若之何？"阳毕对曰："本根犹树，枝叶益长，本根益茂，是以难已也。今若大其柯，去其枝叶，绝其本根，可以少闲。"

公曰："子实图之。"阳毕曰："图在明训，明训在威权，威权在君。君抡贤人之后有常位于国者而立之，亦抡逞志亏君以乱国者之后而去之，是遂威而远权。民畏其威，而怀其德，莫能勿从。若从，则民心皆可畜。畜其心而知其欲恶，民孰偷生？若不偷生，则莫思乱矣。且夫栾氏之诬晋国也久矣。栾书实覆宗杀厉公，以厚其家。若灭栾氏，则民威矣。今吾若起瑕、原、韩、魏之后而赏立之，则民怀矣。威与怀各当其所，则国安矣。君治而国安，欲作乱者谁与？"

君曰："栾书立吾先君，栾盈不获罪，如何？"阳毕曰："夫正国者，不可以昵于权，行权不可以隐于私。昵于权，则民不道；行权隐于私，则政不行。政不行，何以道民？民之不道，亦无君矣。则其为昵与隐也，

〔补逸〕《国语》：晋平公六年，晋国大夫栾盈的同党箕遗和黄渊、嘉父发动叛乱，没有成功而被杀死。晋平公于是驱逐了栾盈的同党。他对大夫阳毕说："自穆侯一直到现在，兵乱不止，民心不安，祸乱不断，背弃人民并且招致外寇，恐怕在我为国君的时候要出现问题，怎么办才好呢？"阳毕回答说："祸乱的根本就像树一样，枝叶越长，树根越茂，所以祸乱也就难以停息。如今，倘若加长斧柄，去掉其枝叶，断掉其树根，祸乱可以稍微止息一些。"

晋平公说："你认真地考虑一下这件事。"阳毕说："谋划在于制定明确的训诫，明确的训诫在于威势和权力，威势和权力在于国君。国君挑选出那些贤人的后代中有世袭权利的人而进用他们，再挑选出那些任意而行、对不起国君、搅乱了国家的人的后代而去掉他们，这样就能够申明君威，并且使后代还能掌权。百姓畏惧君主的威势，而怀念君主的德行，就没有不服从的了。百姓倘若服从了，民心就都可以教导了。教导民心从而知道他们的好恶，国人谁还会苟且偷生？倘若国人不苟且偷生，就没有人想作乱了。并且栾氏欺骗晋国已经很久了。栾书覆灭了宗族，他杀死厉公，为他的家族谋取厚利。倘若灭掉栾氏，百姓就畏惧国君的威势了。如今我们如果起用有功于国的瑕嘉、原轸、韩万、毕万的后代并赏赐进用他们为官，百姓就感怀君主的恩德了。威势和怀柔各当其所，那么国家就安定了。君主清明而国家安定，即使有想作乱的人，谁又会附和他呢？"

晋平公说："栾书拥立先君悼公，栾盈又没有犯罪，怎能灭绝栾氏呢？"阳毕说："使国家走上正道的人，权衡国事不能只想权宜之计，行使权力不能为私恩所蒙蔽。只考虑权宜之计，百姓就不可训导；为私恩所蒙蔽，政令就不能实行。政令不能实行，用什么训导百姓？百姓不能训导，也就等于没有君主了。那么运用权宜之计，或者被私恩蒙蔽，

复产害矣，且勤君身。君其图之！若爱栾盈，则明逐群贼，而以国伦数而遣之，厚戒箴国以待之。彼若求逞志而报于君，罪孰大焉。灭之犹少。彼若不敢而远逃，乃厚其外交而勉之，以报其德，不亦可乎？"公许诺。尽逐群贼，而使祁午及阳毕适曲沃，逐栾盈，栾盈出奔楚。遂令于国人曰："自文公以来，有力于先君而子孙不育者，将授立之，得之者赏。"

会于商任，锢栾氏也。齐侯、卫侯不敬。叔向曰："二君者必不免。会朝，礼之经也；礼，政之舆也；政，身之守也。怠礼，失政；失政，不立，是以乱也。

知起、中行喜、州绰、邢蒯出奔齐，皆栾氏之党也。乐王鲋谓范宣子曰："盍反州绰、邢蒯，勇士也。"宣子曰："彼栾氏之勇也，余何获焉？"王鲋曰："子为彼栾氏，乃亦子之勇也。"

二十三年，晋将嫁女于吴，齐侯使析归父媵之，以藩载栾盈及其士，纳诸曲沃。栾盈夜见胥午而告之。对曰："不可。天之所废，谁能兴之？子必不免。吾非爱死也，知不集也。"盈曰："虽然，因子而死，吾无悔矣。我实不天，子无咎焉。"许诺。伏之，而觞曲沃人。乐作，午言曰："今也得

反而再次产生祸害了,而且还要有劳君主自身。您还是考虑一下这件事!倘若怜惜栾盈,就要公开驱逐栾盈的同党,再用立国的道理晓谕他,数说他的罪过,然后把他打发走,并严厉地告诫他一番以防不测。他如果图谋不轨而报复国君,罪过没有比这再大的了。这样就是灭绝了他们,也还不足以惩罚他的罪过。他如果不敢报复国君而远远逃走,便给他所逃往的国家送些礼物,劝勉他好自为之,以此来报答栾氏之德,不是也可以吗?"晋平公答应了。于是将栾盈的同党全部驱除,并让祁午和阳毕到栾盈的食邑曲沃,去驱逐栾盈,栾盈逃往楚国。晋平公于是向国人下令说:"自从晋文公以来,对先君效力而其子孙不得进用的人,要授给他们爵位并立他们为大夫。能够访得有功于先君之人的子孙,也给赏赐。"

诸侯在商任会盟,目的是禁锢栾盈。齐庄公、卫殇公表现不恭敬。叔向说:"这两位国君一定不免于祸难。会盟和朝见,是礼仪的规范;礼仪,是政事的载体;政事,是存身之所。轻慢礼仪就会丧失政事,丧失政事就不能立身,因此就会发生祸乱。"

晋国大夫知起、中行喜、州绰、邢蒯逃往齐国,他们都是栾氏的同党。乐王鲋对范宣子说:"何不让州绰、邢蒯回来,他们是勇士啊。"范宣子说:"他们都是栾氏的勇士,我怎能得到他们呢?"乐王鲋说:"您像栾氏那样对待他们,那么他们也就是您的勇士了。"

二十三年,晋国要把女儿嫁给吴国,齐庄公派大夫析归父送随嫁的人到晋国去,顺便用篷车载着栾盈和他门下的士,把他们安置在栾盈的封邑曲沃。栾盈当天夜里就去进见曲沃大夫胥午并把情况告诉他。胥午回答说:"不行。上天要废弃的,谁能把他兴起?您必定不免于死。我不是吝惜一死,是明知事情不会成功。"栾盈说:"即使这样,依靠您而死,我不后悔。我确实不被上天所保佑,可您没有过错啊。"胥午答应了。胥午把栾盈隐藏起来,再请曲沃人宴饮。音乐演奏开始,胥午发言说:"如今要是得到

栾孺子，何如？”对曰：“得主而为之死，犹不死也。”皆叹，有泣者。爵行，又言。皆曰：“得主，何贰之有？”盈出，遍拜之。

四月，栾盈帅曲沃之甲，因魏献子以昼入绛。初，栾盈佐魏庄子于下军，献子私焉，故因之。赵氏以原、屏之难怨栾氏；韩、赵方睦；中行氏以伐秦之役怨栾氏，而固与范氏和亲；知悼子少，而听于中行氏；程郑嬖于公。唯魏氏及七舆大夫与之。乐王鲋侍坐于范宣子。或告曰：“栾氏至矣！”宣子惧。桓子曰：“奉君以走固宫，必无害也。且栾氏多怨。子为政，栾氏自外，子在位，其利多矣。既有利权，又执民柄，将何惧焉？栾氏所得，其唯魏氏乎！而可强取也。夫克乱在权，子无懈矣！”公有姻丧，王鲋使宣子墨缞冒绖，二妇人辇以如公，奉公以如固宫。

范鞅逆魏舒，则成列、既乘，将逆栾氏矣。趋进曰：“栾氏率贼以入，鞅之父与二三子在君所矣，使鞅逆吾子。鞅请骖乘。”持带，遂超乘。右抚剑，左援带，命驱之出。仆请，鞅曰：“之公！”宣子逆诸阶，执其手，赂之以曲沃。

初，斐豹，隶也，著于丹书。栾氏之力臣曰督戎，国人惧之。斐豹谓宣子曰：“苟焚丹书，我杀督戎。”宣子喜曰：

栾孺子,我们怎么办?"曲沃人回答说:"得到了主人为他而死,虽死犹生。"大家都叹息,还有哭泣的。酒过几巡,胥午又说栾盈回来的话。曲沃人都说:"得到了主人,怎么会有二心呢?"于是栾盈走出来,向众人一一拜谢。

这年四月,栾盈率领曲沃的甲士,依靠魏庄子的儿子魏献子,在白天进入绛城。起初,栾盈在下军辅佐魏庄子,魏献子和他有私交,所以栾盈这次得到了魏献子的帮助。赵氏由于赵同、赵括的祸难怨恨栾氏;韩氏、赵氏刚刚和睦;中行氏因为攻打秦国的战役而怨恨栾氏,而他们原来就与范氏和睦;知悼子年纪小,因而凡事都听从中行氏;程郑受到晋平公的宠爱。只有魏氏和七舆大夫亲附栾氏。乐王鲋陪坐在范宣子旁边。有人报告说:"栾氏打进来了!"范宣子很害怕。乐王鲋说:"事奉国君进入固宫,一定没有危害。而且栾氏仇人很多。您执掌国政,栾氏从外边来,您处在掌权的地位,有利的条件就多了。既有利有权,又掌握着对百姓的赏罚,有什么可害怕的? 栾氏所能得到的帮助,大概只有魏氏一家吧! 而且魏氏是可以用强力争取过来的。平定叛乱在于权力,您不要懈怠了!"晋平公有姻亲去世,因此乐王鲋让范宣子穿上黑色的丧服,让两个妇女拉着车子到晋平公那里,陪侍着晋平公到固宫。

范鞅前往迎接魏舒,这时魏舒的军队已经排成行列、登上战车,准备去迎接栾氏了。范鞅快步走上前说:"栾氏率领叛乱分子进入国都,我的父亲和众位大夫已在国君那里了,特地派我来迎接您。我请求做您陪乘的人。"说着就拉住挽带,跳上魏舒的战车。他右手按着剑,左手拉着战车上的带子,命令驱车离开行列。驾车的人问去哪里,范鞅说:"到国君那里去!"到了国宫,范宣子在台阶前迎接魏舒,拉着他的手,并答应把曲沃这个地方送给他。

起初,斐豹是个奴隶,他的罪行曾被用红字写在竹简上。栾氏有个有勇力的家臣叫督戎,国人都害怕他。斐豹对范宣子说:"如果烧掉红字竹简,我就可以杀掉督戎。"范宣子高兴地说:

"而杀之,所不请于君焚丹书者,有如日!"乃出豹而闭之。督戎从之。逾隐而待之。督戎逾入,豹自后击而杀之。范氏之徒在台后,栾氏乘公门。宣子谓鞅曰:"矢及君屋,死之!"鞅用剑以帅卒,栾氏退。摄车从之,遇栾乐,曰:"乐免之! 死,将讼女于天。"乐射之,不中;又注,则乘槐本而覆。或以戟钩之,断肘而死。栾鲂伤,栾盈奔曲沃,晋人围之。

晋人克栾盈于曲沃,尽杀栾氏之族、党。栾鲂出奔宋。书曰"晋人杀栾盈",不言大夫,言自外也。

〔补逸〕《国语》:居三年,栾盈昼入,为贼于绛。范宣子以公入于襄公之宫。栾盈不克,出奔曲沃。遂刺栾盈,灭栾氏,是以没平公之身无内乱也。栾怀子之出,执政使栾氏之臣勿从;从栾氏者,为大戮施。栾氏之臣辛俞行,吏执而献之公。公曰:"国有大令,何故犯之?"对曰:"臣顺之也,岂敢犯之? 执政曰,'无从栾氏,而从君',是明令必从君也。臣闻之曰:'三世仕家,君之;再世以下,主之。'事君以死,事主以勤,君之明令也。自臣之祖,以无大援于晋国,世隶栾氏,于今三世矣,臣故不敢不君。今执政曰:'不从君者为大戮。'

"你杀掉他,我如果不请求国君烧掉红字竹简,有太阳神作证!"
于是就放斐豹出宫然后关上宫门。督戎看到斐豹后便跟上他。
斐豹越过矮墙等待着督戎。督戎越墙进来,斐豹从后面猛击,杀
死了他。范氏的家人都藏在宫台的后面,栾氏已经登上宫门。
范宣子对范鞅说:"箭要射到国君的屋子,你就去死!"范鞅用剑
统率步兵迎战,栾氏败退。范鞅跳上战车追赶栾氏,遇上栾盈的
族人栾乐,范鞅说:"栾乐别打了!我死后将会向上天控诉你。"
栾乐用箭射他,没有射中;栾乐又把箭搭上弓弦,结果战车撞上
槐树根翻车了。有人用戟钩打他,把他的胳臂打断,他就死去
了。栾鲂受了重伤,栾盈逃亡到曲沃,晋国人又包围了曲沃。

晋国人在曲沃战胜了栾盈,把栾氏的族人和党羽全部杀掉
了。栾鲂逃往宋国。《春秋》记载说"晋国人杀掉了栾盈",却不
说大夫,这说明栾盈是从国外进入国内发动叛乱的。

〔补逸〕《国语》:三年以后(即鲁襄公二十三年),栾盈
在白天领兵进入国都绛城,发动叛乱。范宣子带领晋平公
进入晋襄公曾居住过的宫中。栾盈攻克不下国都,逃往曲
沃。晋军于是就刺死了栾盈,灭掉了栾氏家族,因此一直到
晋平公去世晋国没有发生内乱。栾盈从晋国逃奔楚国的时
候,晋国执政者范宣子命令栾氏的家臣不要跟随栾盈出逃;
跟从栾盈出逃的人,要被杀戮并陈列尸体示众。栾氏的家
臣辛俞跟随栾盈出逃,官吏抓获了他,把他献给晋平公。晋
平公说:"国家有重要的命令,你为什么要违犯?"辛俞回答
说:"臣下是服从国家重要命令的,岂敢违犯?执政官说,
'不要跟从栾氏,而要顺从国君',这是明确命令必须顺从国
君。臣下听说:'三世的大夫家臣,事奉大夫如同国君;二世
以下的大夫家臣,事奉大夫称主人。'以死力事奉君主,以勤
勉事奉主人,是国君您明文宣布的命令。自从臣下的祖父
以来,因为在晋国没有有力的援助,而世世隶属栾氏,至今
已有三世了,臣下因此不敢不以事奉国君的方式事奉栾盈。
如今执政官说:'不顺从国君的人要被杀戮并陈尸示众。'

臣敢忘其死,而畔其君,以烦司寇。"公说,固止之,不可。厚赂之,辞曰:"臣尝陈辞矣,心以守志,辞以行之,所以事君也。若受君赐,是堕其前言。君问而陈辞,未退而逆之,何以事君?"公知其不可得也,乃遣之。

《尸子》:范献子游河,大夫皆在。君曰:"知栾氏之子乎?"大夫莫答。舟人清涓舍楫,对曰:"君奚问栾氏之子?"君曰:"自吾亡栾氏也,其老者未死,少者壮矣。"清涓曰:"善修晋国之政,内得大夫,外不失百姓,虽栾氏子,其若君何?若不修晋国之政,内不得大夫,而外失百姓,则舟中之人皆栾氏之子也。"君曰:"善!"

二十四年春,穆叔如晋,范宣子逆之,问焉,曰:"古人有言曰,'死而不朽',何谓也?"穆叔未对。宣子曰:"昔匄之祖,自虞以上为陶唐氏,在夏为御龙氏,在商为豕韦氏,在周为唐杜氏,晋主夏盟,为范氏,其是之谓乎?"穆叔曰:"以豹所闻,此之谓世禄,非不朽也。鲁有先大夫曰臧文仲,既没,其言立,其是之谓乎!豹闻之:'大上有立德,其次有立功,其次有立言。'虽久不废,此之谓不朽。若夫保姓受氏,以守宗祊,世不绝祀,无国无之。禄之大者,不可谓不朽。"

〔补逸〕《国语》:范宣子与龢大夫争田,久而无成。宣子欲攻之,问于伯华。伯华曰:"外有军,内有事。

臣下不敢忘死而背叛国君，有劳司寇来对臣下用刑。"晋平公对他尊奉道义感到高兴，一再阻止他出走，没能做到。丰厚地赠给他礼物，辛俞推辞说："臣下曾经陈述理由了，心用来遵守志向，言辞用来实行自己的志向，这是事奉国君的办法。倘若接受您的恩赐，这就是毁掉自己之前说的话。您询问我就陈述理由，没有离开却又反悔前言，怎么事奉国君呢？"晋平公知道他是不可能为自己所用的，便打发了他。

《尸子》：范献子在黄河上游玩，大夫们都在。范献子说："知道栾氏儿女的情况吗？"大夫们没有人回答。船夫清涓放下船浆，回答说："您为什么要问栾氏的儿女？"范献子说："自从我赶走栾氏以来，栾氏老的人尚未死去，幼小的人长成壮年了。"清涓说："好好治理晋国的政事，朝廷内拥有大夫们，朝廷外不失掉百姓，即使是栾氏的儿女，又能对您怎么样？倘若不治理晋国的政事，朝廷内不能拥有大夫，而朝廷外失掉百姓，那么船中的人都是栾氏的儿女了。"范献子说："说得好啊！"

二十四年春季，鲁国的穆叔到晋国去，范宣子迎接他，问穆叔，说："古人有句话说，'死而不朽'，这说的是什么？"穆叔没有回答。范宣子说："从前我的祖先，虞舜以上是陶唐氏，在夏代为御龙氏，在商代是豕韦氏，在周代是唐杜氏，晋国主持中原各国盟会的是范氏，大概这就是所说的'不朽'吧？"穆叔说："据我所听到的，这叫作世代为官受禄，不是'不朽'。鲁国有位已故的大夫叫臧文仲，他死了以后，他的言论还没有废弃，大概所谓'不朽'就是这样吧！我听说过：'最高的是树立德行，其次是建立功勋，再其次是留下言论。'即使人死了很久也不会废掉，这就叫作'不朽'。至于保持家世，以守住宗庙，世世不断祭祀，没有一个国家不是如此。这只是禄位显赫，但不能说是'不朽'。"

〔补逸〕《国语》：范宣子与龢邑的大夫争夺田地的疆界，长期不能平息。范宣子准备攻打龢邑的大夫，向伯华（羊舌赤）询问。伯华说："国家外面有军事，朝廷内部有国事。

赤也外事也,不敢侵官。且吾子之心有出焉,可征讯
也。"问于孙林父,孙林父曰:"旅人所以事子也,唯事
是待。"问于张老,张老曰:"老也以军事承子,非戎,则
非吾所知也。"问于祁奚,祁奚曰:"公族之不恭,公室
之有回,内事之邪,大夫之贪,是吾罪也。若以军官从
子之私,惧子之应且憎也。"问于籍偃,籍偃曰:"偃以
斧钺从于张孟,日听命焉,若夫子之命也,何二之有?
释夫子而举,是反吾子也。"问于叔鱼,叔鱼曰:"待我
为子戮之。"

叔向闻之,见宣子曰:"闻子与鲋未宁,遍问于大
夫,又无决,盍访之訾祐? 訾祐实直而博,直能端辩
之,博能上下比之,且吾子之家老也。吾闻国家有大
事必顺于典刑,而访咨于耆老,而后行之。"司马侯见,
曰:"闻吾子有鲋之怒,吾以为不信。诸侯皆有二心,
是之不忧,而怒鲋大夫,非子之任也。"祁午见,曰:"晋
为诸侯盟主,子为正卿,若能靖端诸侯,使服朝命于
晋,晋国其谁不为子从? 何必鲋? 盍密和,和大平小
乎?"

宣子问于訾祐。訾祐对曰:"昔隰叔子违周难于
晋国,生子舆,为理,以正于朝,朝无奸官;为司空,以
正于国,国无败绩。世及武子,佐文、襄,为诸侯,诸侯
无二心。及为卿,以辅成、景,军无败政。及为成师,

我是主管外面军队事情的，不敢超越权限而侵犯其他官员的职权。如果您有出征之心，可以召我来询问。"询问孙林父，孙林父说："客居之人，是来侍奉您的，只等待着侍奉您。"范宣子又向张老询问，张老说："我在军事方面可以听从您的命令，不是军事方面的事情，那就不是我所知道的了。"向祁奚询问，祁奚说："公族的不恭敬，公室的邪恶，朝内的邪恶，大夫的贪婪，这些都是我的罪过。如果用所处的职位为您谋求私利，我害怕您表面上应承，实际上内心憎恨我。"向籍偃询问，籍偃说："我只是手持斧钺跟随张老，每天接受命令，如果他下命令，我怎会有二心呢？如果背着他而有所举动，那就是违反了您的命令。"范宣子又向叔鱼询问，叔鱼回答说："等我替您杀了他。"

　　叔向听说后，谒见范宣子说："听说您与蒯大夫争田不停，向每位大夫询问，仍没有主意，为什么不去询问訾祐？訾祐正直而博学，正直就能正确地辨别事理，博学就能上下各方面进行比较，而且他是您的家臣室老。我听说国家有大事，必定要顺从于常法，并且向德高望重的老者咨询，然后再推行。"司马侯进见，说："我听说您生蒯邑大夫的气，我听了以后认为不是事实。现在诸侯对晋国都有了二心，你不为此担忧，反而对蒯邑大夫生气，这不是您应该做的事情。"祁午进见，说："晋国是诸侯的盟主，您是晋国的正卿，如果能安定诸侯，使他们听命于晋国，晋国有谁会不服从您呢？何必计较一个小小的蒯邑大夫呢？何不追求和平相处，并用大德来平小怨呢？"

　　范宣子向訾祐咨询。訾祐回答说："从前隰叔子在晋国逃避周难，生了子舆，让他担任刑狱官，来匡正朝廷，因此朝廷中没有奸邪之官；让他担任司空，来匡正国家，因此国家没有不成功的工程。等传到武子，辅佐文公、襄公做诸侯的霸主，诸侯都没有二心。等他做了正卿，又辅佐成公、景公，因此军队里没有不成功的政事。等他做了成公的老师，

居太傅，端刑法，辑训典，国无奸民，后之人可则，是以受随、范。及文子，成晋、荆之盟，丰兄弟之国，使无有间隙，是以受郇、栎。今吾子嗣位，于朝无奸行，于国无邪民，于是无四方之患，而无外内之忧，赖三子之功，而飨其禄位。今既无事矣，而非疏，于是加宠，将何治为？"宣子悦，乃益疏田，而与之和。

訾祏死，范宣子谓献子曰："鞅乎！昔者吾有訾祏也，吾朝夕顾焉，以相晋国，且为吾家。今吾观女也，专则不能，谋则无与，将若之何？"对曰："鞅也居处恭，不敢安易，敬学而好仁，和于政，而好其道，谋于众，不以贾好，私志虽衷，不敢谓是也，必长者之由。"宣子曰："可以免身。"

二十六年，晋韩宣子聘于周，王使请事。对曰："晋士起将归时事于宰旅，无他事矣。"王闻之，曰："韩氏其昌阜于晋乎！辞不失旧。"

齐人城郏之岁，其夏，齐乌馀以廪丘奔晋。袭卫羊角，取之；遂袭我高鱼，有大雨，自其窦入，介于其库，以登其城，克而取之；又取邑于宋。于是范宣子卒，诸侯弗能治也。及赵文子为政，乃卒治之。文子言于晋侯曰："晋为盟主，诸侯或相侵也，则讨而使归其地。今乌馀之邑，皆讨类也，

担任太傅的职务,端正刑法,编辑训典,国家便没有奸民,后代的人把他作为效法的榜样,因此赐给了他随邑和范邑。到了范文子,成就了晋、楚之间的盟会,加深了兄弟国家之间的感情,使它们没有矛盾,于是就赐给了他郇邑和栎邑。如今您嗣位,在朝廷中没有奸邪的行为,在国中没有奸邪的民众,因此就没有四方的忧患,也没有内部和外部的忧愁,您实在是依赖您三位先祖的功劳而享有禄位。如今已经平安无事,却憎恨酥邑大夫,以此来增加自己的骄宠,这怎么会治理好晋国呢?"宣子听了后十分高兴,于是就给酥邑大夫增加田地,并与他讲和。

訾祏去世,范宣子对儿子范献子说:"范鞅啊!从前我有贤士訾祏,所以我早晚向他咨询,以此来辅佐晋国,并且也是为了我们的家。如今我看你,自己不能做主,谋划却没有贤臣参与,该怎么办呢?"范鞅回答说:"我居于上位而恭敬,不敢追求安逸的生活,敬重学问而喜好仁义,为政讲求和善,而喜好钻研从政之道,和众人谋划而不以求私利为好,自己的愿望虽然是好的,但不敢说是好的,一定要听从长者的意见。"范宣子说:"这样可以身免于祸。"

二十六年,晋国大夫韩宣子(即韩起)到周王室聘问,周天子派人询问来意。韩宣子回答说:"晋国下士韩起前来向宰旅奉献贡物,没有其他的事情。"周天子听了,说:"韩氏大概要在晋国昌盛吧!他仍然保持着过去的辞令。"

齐国人在郏地筑城的那年夏季,齐国大夫乌馀带着廪丘逃往晋国。他袭击卫国的羊角,占领了那个地方;于是就乘机袭击鲁国的高鱼,时逢天下大雨,乌馀军从城墙的排水洞钻进去,取出高鱼武器库中的甲胄装备了士兵,登上城墙,攻克并占领了高鱼;随后又攻取了宋国的城邑。这时范宣子已经死了,诸侯不能惩治乌馀。等到赵文子执政,才终于把乌馀惩治了。赵文子对晋平公说:"晋国作为霸主,诸侯有人互相侵伐,就要讨伐他并让他归还侵占的土地。现在乌馀这样的城邑,都属于应该讨伐的一类,

而贪之，是无以为盟主也。请归之。"公曰："诺。孰可使也？"对曰："胥梁带能无用师。"晋侯使住。

二十七年春，胥梁带使诸丧邑者具车徒以受地，必周。使乌馀具车徒以受封。乌馀以其众出，使诸侯伪效乌余之封者，而遂执之，尽获之。皆取其邑，而归诸侯。诸侯是以睦于晋。

三十一年春王正月，穆叔至自会，见孟孝伯，语之曰："赵孟将死矣，其语偷，不似民主；且年未盈五十，而谆谆焉如八九十者，弗能久矣。若赵孟死，为政者其韩子乎！吾子盍与季孙言之，可以树善，君子也。晋君将失政矣，若不树焉，使早备鲁，既而政在大夫，韩子懦弱，大夫多贪，求欲无厌，齐、楚未足与也，鲁其惧哉！"孝伯曰："人生几何？谁能无偷！朝不及夕，将安用树？"穆叔出而告人曰："孟孙将死矣。吾语诸赵孟之偷也，而又甚焉。"又与季孙语晋故，季孙不从。及赵文子卒，晋公室卑，政在侈家。韩宣子为政，不能图诸侯。鲁不堪晋求，谗慝弘多，是以有平丘之会。

昭公元年夏四月，赵孟、叔孙豹、曹大夫入于郑，郑伯兼享之。子皮戒赵孟，礼终，赵孟赋《瓠叶》。子皮遂戒穆叔，

而我们却贪图它，这就没有资格做盟主了。请把这些土地归还给诸侯。"晋平公说："好吧。谁可以做使者?"赵文子回答说："胥梁带能不用兵而把这件事办好。"晋平公就派胥梁带前去。

二十七年春季，胥梁带让各个丢掉城邑的国家准备好车兵和步兵来接受土地，但要求行动必须秘密。然后又通知乌馀准备车兵和步兵来接受封地。乌馀带领他的一伙人出来，胥梁带让诸侯假装送给乌馀封地，乘机逮捕了乌馀，停虏了他的全部众。把他侵占的城邑全都夺回来，归还给诸侯。诸侯因此归向晋国。

三十一年春季，周历正月，鲁国的穆叔从澶渊参加盟会回来，进见孟孝伯，对他说："赵孟(即赵文子)要死了，他的话苟且偷安，不像百姓的主人;而且年纪没满五十岁，就絮絮叨叨好像八九十岁的人，可见他不能活得长久了。如果赵孟死了，晋国执政的人大概是韩起吧! 您何不跟季孙说这件事，可及早与韩起建立友善关系，韩起是个君子啊。晋国国君将要失去国政了，如果不早点和韩起建立友善关系，让季孙及早为鲁国做些准备工作，不久晋国政权就会落到大夫手里，到那时韩起懦弱无力，大夫多数贪婪，追求欲望没有满足，齐国、楚国大夫又不足以亲附，鲁国恐怕就要危险了!"孟孝伯说："人生能有多久? 谁能不苟且偷安! 何况我们早晨活着，难以保证活到晚上，哪里用得着去建立友好关系?"穆叔出去告诉人说："孟孝伯将要死了。我告诉他晋国执政大夫赵孟苟且偷安，但他又比赵孟更加苟且偷安。"穆叔又和季孙谈起晋国的事情，季孙也不听。等到赵文子去世，晋国公室卑微，政权落在骄纵的大夫手里。韩宣子执政，不能治理诸侯。鲁国难以担负晋国的要求，谗谤邪恶的小人又很多，因此就有了平丘之会。

鲁昭公元年夏季四月，赵孟、叔孙豹、曹国的大夫进入郑国，郑简公同时设享礼招待他们。郑国的子皮告请晋国的赵孟，礼仪结束，赵孟吟诵了《瓠叶》这首诗。子皮又告请鲁国的穆叔，

且告之。穆叔曰:"赵孟欲一献,子其从之!"子皮曰:"敢乎?"穆叔曰:"夫人之所欲也,又何不敢?"及享,具五献之笾豆于幕下。赵孟辞,私于子产曰:"武请于冢宰矣。"乃用一献。赵孟为客,礼终乃宴。穆叔赋《鹊巢》。赵孟曰:"武不堪也。"又赋《采蘩》,曰:"小国为蘩,大国省穑而用之,其何实非命?"子皮赋《野有死麕》之卒章。赵孟赋《常棣》,且曰:"吾兄弟比以安龙也,可使无吠。"穆叔、子皮及曹大夫兴,拜,举兕爵,曰:"小国赖子,知免于戾矣。"饮酒乐。赵孟出,曰:"吾不复此矣。"

天王使刘定公劳赵孟于颍,馆于雒汭。刘子曰:"美哉禹功,明德远矣。微禹,吾其鱼乎!吾与子弁冕端委以治民,临诸侯,禹之力也。子盍亦远绩禹功而大庇民乎?"对曰:"老夫罪戾是惧,焉能恤远?吾侪偷食,朝不谋夕,何其长也?"刘子归,以语王曰:"谚所谓'老将知而耄及之'者,其赵孟之谓乎!为晋正卿,以主诸侯,而侪于隶人,朝不谋夕,弃神人矣。神怒,民叛,何以能久?赵孟不复年矣。神怒,不歆其祀;民叛,不即其事。祀、事不从,又何以年?"

后子见赵孟。赵孟曰:"吾子其曷归?"对曰:"铖惧选于寡君,是以在此,将待嗣君。"赵孟曰:"秦君何如?"对曰:"无道。"赵孟曰:"亡乎?"对曰:"何为?一世无道,国未艾也。

同时告诉他赵孟赋诗的情况。穆叔说:"赵孟想要一献之礼,您还是听从他吧!"子皮说:"他敢这么做吗?"穆叔说:"那个人想要这样,又有什么不敢?"到了享礼的时候,郑国在东房准备了五献的器物用具。赵孟辞谢,私下对子产说:"我已经向冢宰请求过了呀。"于是就用了一献之礼。赵孟是主宾,享礼完毕就宴饮。穆叔吟诵了《鹊巢》这首诗。赵孟说:"我不敢当啊。"穆叔又吟诵了《采蘩》这首诗,说:"小国献上了白蒿,大国节省爱惜而加以使用,怎么敢不服从大国的命令呢?"子皮赋了《野有死麇》这首诗的最后一章。赵孟吟诵了《常棣》这首诗,并说:"只要我们像兄弟一样亲密而安好,就可以制止任何一条狗的叫唤。"穆叔、子皮和曹国的大夫站起来,下拜,举起兕牛角杯对赵孟说:"小国依赖您,知道可以免于罪过了。"宴会上喝酒喝得很高兴。赵孟出来后,说:"我不会再看到这样的欢乐了。"

周天子派大夫刘定公到颍地慰劳赵孟,两人住在雒水边。刘定公说:"美好啊禹的功绩,他光明的德行多么深远。没有禹,我们大概要变成鱼了! 我和您戴着礼帽穿着礼服来治理百姓,面对诸侯,这都是禹的力量。您何不也继承禹的功绩而大力庇护百姓呢?"赵孟回答说:"老夫唯恐犯下罪过,哪能顾及长远的事情? 我辈苟且度日,早晨不考虑晚上,怎能做长远考虑呢?"刘定公回去把情况告诉周天子说:"谚语所说的'老年人有智慧而糊涂也跟着到了',说的就是赵孟吧! 赵孟作为晋国的上卿,领导诸侯,却把自己等同下贱人,早晨不考虑晚上,抛弃神灵和百姓。如果神灵发怒,百姓背叛,他怎能长久? 赵孟不能熬过今年了。神灵一旦发怒,就不会享用他的祭祀;百姓一旦背叛,就不会为他做事。祭祀和国事不能办理,又怎能过得了年呢?"

秦国的后子进见赵孟。赵孟问:"先生您大约什么时候回国?"后子回答说:"我害怕被敝国国君放逐,因此逃亡在这里,准备等待新继位的国君。"赵孟问:"秦国现在的国君怎么样?"后子回答说:"暴虐无道。"赵孟问:"国家要灭亡了吧?"后子回答说:"为什么会灭亡? 一代国君无道,国家还不能走到绝境。

国于天地，有与立焉。不数世淫，弗能毙也。"赵孟曰："夭乎？"对曰："有焉。"赵孟曰："其几何？"对曰："铖闻之，国无道而年谷和熟，天赞之也。鲜不五稔。"赵孟视荫曰："朝夕不相及，谁能待五？"后子出，而告人曰："赵孟将死矣。主民玩岁而愒日，其与几何？"

十二月，晋既烝，赵孟适南阳，将会孟子馀。甲辰朔，烝于温。庚戌，卒。郑伯如晋吊，及雍，乃复。

〔补逸〕《国语》：赵文子为室，斫其椽而砻之。张老夕焉，而见之，不谒而归。文子闻之，驾而往，曰："吾不善，子亦告我，何其速也？"对曰："天子之室，斫其椽而砻之，加密石焉；诸侯砻之；大夫斫之；士首之。备其物义也，从其等礼也。今子贵而忘义，富而忘礼，吾惧不免，何敢以告？"文子归，令之勿砻也。匠人请皆斫之，文子曰："止。为后世之见之也。其斫者，仁者之为也；其砻者，不仁者之为也。"

赵文子与叔向游于九原，曰："死者若可作也，吾谁与归？"叔向曰："其阳子乎！"文子曰："夫阳子行廉直于晋国，不免其身，其知不足称也。"叔向曰："其舅犯乎！"文子曰："舅犯见利，不顾其君，其仁不足称也。其随武子乎！纳谏不忘其师，言身不失其友，事君不援而进，不阿而退。"

立国在天地之间,一定有辅助的人。不是几代都荒淫,不能灭亡。"赵孟问:"秦公会短命吗?"后子回答说:"会的。"赵孟问:"大约什么时候?"后子回答说:"我听说过这样的话:国无道而粮食丰收,这是上天在帮他。少则不过五年。"赵孟看着日影说:"早晨在晚上都未必还在,谁能等待五年呢?"后子出来告诉别人说:"赵孟快要死了。主宰百姓,既混日子又荒废时日,他还能活多久?"

十二月,晋国已举行了冬祭,赵孟去南阳,准备祭祀他的曾祖孟子馀(即赵衰)。十二月初一,在温地家庙举行冬祭。十二月初七,赵孟去世。郑简公去晋国吊唁,到达晋国雍地就回去了。

〔补逸〕《国语》:赵文子建造宫室,工匠们砍削椽子之后再用粗石进行磨砺。张老晚上到赵文子处,看到匠人们这么干,没有谒见赵文子就回去了。赵文子听说后,驾车到张老那里,说:"我不好,你也应该告诉我,为什么这么快就离去?"张老回答说:"天子的宫室,先砍削椽子后用粗石进行磨砺,再用细石打磨;诸侯的用粗石打磨;大夫的只砍斫;士的只砍断椽首。东西准备得宜叫作义,遵从卑贱等级叫作礼。如今您贵为正卿却忘记了义,富有了就忘记了礼,我怕您会不免于死,怎么敢告诉您呢?"赵文子回去后,让工匠们不要磨砺椽子了。匠人们请求把已经打磨过的椽子都砍削一遍,赵文子说:"算了。可以让后世的人看一看。砍削的那些,是仁者做的事情;而磨砺的那些,则是不仁者做的。"

赵文子和叔向曾在晋国卿大夫的墓地九原游历,说:"死者可以起死回生的话,我选择谁而依靠他呢?"叔向说:"选择阳处父吧!"赵文子说:"阳处父在晋国行为廉正刚直,但却不能免除祸难,他的智慧不足以称道。"叔向回答说:"那么就选择舅犯吧!"赵文子说:"舅犯见利以后就不顾及他的君主,他的仁义不足以称道。应该选择随武子吧!他进谏纳言而不忘称引自己的老师,自己有善行而不忘记称道自己的朋友,事奉君主不营私结党而进荐贤者,不阿谀奉承而且能屏退不肖之人。"

《韩非子》：平公问叔何曰："群臣孰贤？"曰："赵武。"公曰："子党于师乎？"曰："武立如不胜衣，言如不出口，然所举士也数十人，皆得其意，而公家甚赖之。及武子之生也，不利于家，死不托于孤，臣敢以为贤也。"

《新序》：平公过九原而叹曰："嗟乎！此地之蕴我良臣多矣，若使死者起也，吾将谁与归乎？"叔何对曰："其赵武乎！"平公曰："子党于子之师也？"对曰："臣敢言赵武之为人也，立若不胜衣，言若不出于口。然其身举士于白屋下者四十六人，皆得其意，而公家甚赖之。及文子之死也，四十六人皆就宾位，是以无私德也。臣故以为贤也。"平公曰，"善夫，赵武，贤臣也！相晋，天下无兵革者九年。《春秋》曰，'晋赵武之力'，尽得人也。"

叶公诸梁问乐王鲋曰："晋大夫赵文子为人何若？"对曰："好学而受规谏。"叶公曰："疑未尽之矣！"对曰："好学，智也；受规谏，仁也。江出汶山，其源若瓮口，至楚国，其广十里。无他故，其下流多也。人而好学受规谏，宜哉其立也！《诗》曰：'其惟哲人，告之话言，顺德之行。'此之谓也。"

《韩非子》：晋平公问叔向说："群臣中哪一个贤德？"叔向回答说："赵武（即赵文子）。"平公说："您大概是对自己的老师有所偏私吧？"叔向说："赵武站立的时候好像体力衰弱，承受不了衣服的重量，说话的时候笨拙得好像连话也说不出口，但他举荐的士人有几十位，都达到了他推荐的意图，而国家十分依赖他们。还有赵武活着时不为自己的家谋私利，临死时又不把孤儿托付给朝廷，所以我认为他是贤德的人。"

《新序》：晋平公经过晋国卿大夫的墓地九原时，叹息说："哎呀！这个地方埋葬了我国许多的良臣，如果能使这些死去的人再活过来，我将要选择谁来依靠呢？"叔向回答说："选择赵武吧！"晋平公说："你大概是对你的老师有所偏私吧？"叔向回答说："臣下我谨敢说出赵武的为人，他站起来时虽然像不能胜任衣服的重量，说话时好像话不能出口。但是他亲身举用处于贫贱和民间的士人共有四十六人，都达到了赵武的意图，而公家也很依赖他们。但等到赵武死了以后，四十六人都退到了宾位，这是他没有私心的表现。臣下我因此认为赵武是一位贤德的人。"晋平公说："好啊，赵武是一位贤臣啊！他做晋国的宰相，天下共有九年没有兵革之事。《春秋》记载说，'是晋赵武的功劳'，是说他能尽力去举用贤能的人。"

楚国大夫叶公诸梁问乐王鲋说："晋国的大夫赵武为人怎么样？"乐王鲋回答说："他喜欢学习而且乐意接受他人的规谏。"叶公诸梁说："我怀疑你说得还不够啊！"乐王鲋回答说："喜欢学习，是智的表现；乐意接受别人的规谏，是仁的表现。长江发源于岷山，其源头只像瓮口那么宽，但它流到楚国境内，河宽达十里。这没有别的原因，是因为它流到下游能容纳许多支流的缘故。一个人喜欢学习并且乐意接受别人的规谏，他能有所作为不是很应该的吗！《诗经》上说：'只有那些圣哲的人，别人告诉他善言，他能顺着去做。'说的就是这个意思。"

二年春，晋侯使韩宣子来聘，且告为政，而来见，礼也。观书于大史氏，见《易》《象》与《鲁春秋》，曰："周礼尽在鲁矣。吾乃今知周公之德与周之所以王也。"公享之。季武子赋《绵》之卒章。韩子赋《角弓》。季武子拜曰："敢拜子之弥缝敝邑，寡君有望矣。"武子赋《节》之卒章。既享，宴于季氏，有嘉树焉，宣子誉之。武子曰："宿敢不封殖此树，以无忘《角弓》。"遂赋《甘棠》。宣子曰："起不堪也，无以及召公。"宣子遂如齐纳币。自齐聘于卫，卫侯享之。北宫文子赋《淇澳》，宣子赋《木瓜》。

夏四月，韩须如齐逆女。

〔补逸〕《国语》：叔向见韩宣子，宣子忧贫，叔向贺之。宣子曰："吾有卿之名，而无其实，无以从二三子，吾是以忧，子贺我，何故？"对曰："昔栾武子无一卒之田，其宫不备其宗器。宣其德行，顺其宪则，使越于诸侯，诸侯亲之，戎狄怀之；以正晋国，行刑不疚，以免于难。及桓子，骄泰奢侈，贪欲无艺，略则行志，假贷居贿，宜及于难，而赖武之德，以殁其身。及怀子，改桓之行，而修武之德，可以免于难，而离桓之罪，以亡于楚。夫郤昭子，其富半公室，其家半三军。恃其富宠，以泰于国。其身尸于朝，其宗灭于绛。不然，夫八郤，

二年春季,晋平公派韩宣子来鲁国聘问,同时告知他执掌国政,因而前来进见,这是合于礼的。韩宣子在鲁国太史那里观看书籍,看到了《易》《象》和《鲁春秋》,他说:"周礼都保留在鲁国了。我如今才知道周公的德行和周朝所以统治天下的原因。"鲁昭公设享礼招待他。季武子吟诵了《绵》诗的最后一章。韩宣子吟诵了《角弓》诗。季武子参拜说:"谨敢拜谢您调和敝邑,敝国国君有希望了。"季武子吟诵了《节南山》诗的最后一章。享礼完毕后,在季武子家里饮宴,看到季武子家的院子里有一颗好树,韩宣子赞美它。季武子说:"我怎敢不培植这棵树,以不忘记《角弓》这首诗。"于是就吟诵了《甘棠》诗。韩宣子说:"我承受不起,没有赶得上召公的地方。"韩宣子随后又到齐国奉献订婚财礼。接着从齐国到卫国聘问,卫襄公设享礼招待他。席间北宫文子吟诵了《淇澳》一诗,韩宣子吟诵了《木瓜》这首诗。

　　夏季四月,晋国大夫韩须到齐国为晋平公迎娶齐女少姜。

　　〔补逸〕《国语》:叔向拜见韩宣子,韩宣子忧虑自己的贫穷,叔向却向他道贺。韩宣子说:"我只有卿的名声,而没有卿的财货,我无法与你们几个人打交道,因此我感到忧虑,你向我道贺,是为什么呢?"叔向回答说:"从前栾武子家中的田地不足一百人耕种,宫室中祭祀的器皿都不完备。他宣扬自己的德行,顺从遵行法度,并让这些美名闻于诸侯,诸侯都亲近他,戎狄之人都感念他;以此来匡正晋国,执行刑法内心也不会痛苦,因此能免于弑君之难。到栾桓子时,骄傲奢侈,贪欲无度,忽略法令而任意行事,通过贷出财货牟利,他赶上祸难也是理所当然的,但他却依赖栾武子的德行,平安一生。等到栾怀子时,改变桓子的行径,重修武子的德行,他本来可以免于祸难,却遭到了桓子罪孽的报应,而逃奔到楚国。郤昭子,他的富有相当于半个公室,他家中所出军赋占三军的一半。他依仗富有和国君的宠幸,在国内骄泰奢侈。结果是他的尸首暴于朝廷,他的宗族灭亡于绛城。如果不是骄奢的话,郤氏八人,

五大夫、三卿，其宠大矣，一朝而灭，莫之哀也，惟无德也。今吾子有栾武子之贫，吾以为能其德矣，是以贺。若不忧德之不建，而患货之不足，将吊不暇，何贺之有？"宣子拜稽首焉，曰："起也将亡，赖子存之，非起也敢专承之，其自桓叔以下嘉吾子之赐。"

三年春，齐侯使晏婴请继室于晋。既成婚，晏子受礼，叔向从之宴，相与语。叔向曰："齐其何如？"晏子曰："此季世也，吾弗知齐其为陈氏矣。"叔向曰："然。虽吾公室，今亦季世也。戎马不驾，卿无军行，公乘无人，卒列无长。庶民罢敝，而宫室滋侈。道殣相望，而女富溢尤。民闻公命，如逃寇仇。栾、郤、胥、原、狐、续、庆、伯降在皂隶。政在家门，民无所依。君日不悛，以乐慆忧。公室之卑，其何日之有？《谗鼎之铭》曰：'昧旦丕显，后世犹怠。'况日不悛，其能久乎？"晏子曰："子将若何？"叔向曰："晋之公族尽矣。肸闻之，公室将卑，其宗族枝叶先落，则公从之。肸之宗十一族，唯羊舌氏在而已。肸又无子，公室无度，幸而得死，岂其获祀？"

夏四月，郑伯如晋，公孙段相，甚敬而卑，礼无违者。晋侯嘉焉，授之以策，曰："子丰有劳于晋国，余闻而弗忘。

五个大夫三个卿,他们所得的荣耀可算是大了,然而他们却一朝之内就灭亡了,没有人来哀怜他们,只是因为他们没有德行啊。如今您有栾武子一样的贫穷,我以为您能建立他那样的德行,因此向您表示祝贺。如果不忧虑在德行上没有建树,而忧虑财货的不丰足,那么我为您担忧还来不及呢,怎么能有祝贺呢?"韩宣子再拜叩头,说:"我韩起将要灭亡了,实在是依赖您得以存活,不仅我韩起一人蒙受您的恩惠,从桓叔以下各位祖先都要感激您的恩赐。"

三年春季,齐景公派晏婴前往晋国请求继续送女子到晋国。订婚以后,晏子接受享礼,晋国大夫叔向陪他宴饮,两人谈话。叔向问:"目前齐国的情况怎么样?"晏子说:"齐国到了末世了,我不知道什么时候齐国要为陈氏所有了。"叔向说:"是这样。即使是我们晋国公室,现在也是末世了。战马不驾战车,卿不率领军队,公室的战车没有御者和车右,步兵的行列没有官长。百姓疲病,而宫室却更加奢侈。道路上饿死的人一个接一个,而宠姬家中的财物多得装不下。百姓听到国君的命令,如同逃避仇敌。栾氏、郤氏、胥氏、原氏、狐氏、续氏、庆氏、伯氏八个家族的子孙已沦为低贱的吏役。政事在私人家门,百姓无所凭依。国君每一天都不肯悔改,只知道用欢乐来排遣忧虑。公室卑微到如此地步,还能有多少天呢?《谗鼎之铭》说:'即使天不亮就起床以致力于创造声名显赫的业绩,其子孙后代恐怕还会懈怠。'何况君主每天都不思悔改,他能够长久吗?"晏子问:"您打算怎么办?"叔向说:"晋国的公族完了。我羊舌肸听说过这样的话:公室将要卑弱,他的宗族像树叶一样先落,然后公室就跟着凋零了。我这一宗共有十一族,现在只有羊舌氏一族还存在而已。我又没有贤能的儿子,公室又没有法度,能得到善终就是万幸了,难道还希望得到祭祀吗?"

夏季四月,郑简公到晋国,大夫公孙段做相礼,很恭敬而且谦卑,没有违背礼仪的地方。晋平公嘉奖他,把策书授给公孙段,说:"你父亲子丰在晋国有过功劳,我听了以后就没有忘记。

赐女州田，以胙乃旧勋。"伯石再拜稽首，受策以出。君子曰："礼，其人之急也乎！伯石之汰也，一为礼于晋，犹荷其禄，况以礼终始乎？《诗》曰：'人而无礼，胡不遄死。'其是之谓乎！"

初，州县，栾豹之邑也。及栾氏亡，范宣子、赵文子、韩宣子皆欲之。文子曰："温，吾县也。"二宣子曰："自郤称以别，三传矣。晋之别县不唯州，谁获治之？"文子病之，乃舍之。二子曰："我不可以正议而自与也。"皆舍之。及文子为政，赵获曰："可以取州矣。"文子曰："退！二子之言，义也。违义，祸也。余不能治余县，又焉用州？其以徼祸也。君子曰：'弗知实难。知而必弗从，祸莫大焉。'有言州必死！"丰氏故主韩氏，伯石之获州也，韩宣子为之请之，为其复取之之故。

七年夏，子产为丰施归州田于韩宣子，曰："日君以夫公孙段为能任其事，而赐之州田。今无禄早世，不获久享君德，其子弗敢有。不敢以闻于君，私致诸子。"宣子辞。子产曰："古人有言曰：'其父析薪，其子弗克负荷。'施将惧不能任其先人之禄，其况能任大国之赐？纵吾子为政而可，后之人若属有疆场之言，敝邑获戾，而丰氏受其大讨。吾子取州，是免敝邑于戾，而建置丰氏也。敢以为请。"宣子

因此现在赐给你州县的土地,用来酬劳你们家过去的功勋。"伯石(即公孙段)再拜叩头,接受策书走出去。君子说:"礼仪,大概是人所急需的吧! 公孙段为人一向骄奢,偶然在晋国实行礼仪,尚且得到了福禄,何况始终实行礼仪呢?《诗经》上说:'人没有礼仪,为什么不快死。'说的就是这种情况吧!"

当初,州县是晋国大夫栾豹的采邑。到栾氏灭亡时,范宣子、赵文子、韩宣子都想要这块地方。赵文子说:"温县是我的封邑。"范宣子、韩宣子说:"自从郤称将温县、州县分开以来,已经传了三家了。晋国重新划分的县不只是州县一个地方,谁能够按划分前的情况去治理它呢?"赵文子感到惭愧,就放弃了州县。范宣子、韩宣子说:"我们不可以公正议论后而把州县留给自己。"他们就都放弃了州县这个地方。到赵文子执政时,他的儿子赵获说:"现在我们可以把州县拿过来了。"赵文子说:"出去!范宣子、韩宣子两位的话,是符合道义的。违背了道义,就会招致祸患。我不能治理好我的县,又哪里用得着去治理州县? 那是自找灾祸。君子说:'不知道祸患从何处来就很难防止。知道了而不加以防止,祸患没有比这个再大的了。'今后再有人提到取州县的,一定将他处死!"丰氏原来住在韩氏那里,公孙段能得到州县,也是韩宣子为他请求的,其实这是为了他自己能再次取得州县。

七年夏季,郑国大夫子产替公叔段之子丰施把州县的土地归还给晋国的韩宣子,说:"昔日国君认为公孙段能够承担大事,因而赐给他州县的土地。如今他没有福禄而过早去世,不能长久享受国君的恩赐,他的儿子不敢据为己有。又不敢让国君听到,所以私下让我送给您。"韩宣子辞谢。子产说:"古人有句话说:'父亲劈的柴,他的儿子不能承受。'丰施惧怕不能承受先人的俸禄,更何况承受大国的恩赐呢? 即使您执政时还可以免于罪过,后来的人如果恰巧有关于边界的闲话,敝国就要得罪了,而丰氏也就会获得重罪。您取得州县,这是赦免了敝邑的罪过,同时也是扶持了丰氏。因此我冒昧地以此作为请求。"韩宣子这才

受之，以告晋侯。晋侯以与宣子。宣子为初言，病有之，以易原县于乐大心。

九年，晋荀盈如齐逆女，还，六月，卒于戏阳，殡于绛，未葬。晋侯饮酒，乐。膳宰屠蒯趋入，请佐公使尊，许之。而遂酬以饮工，曰："女为君耳，将司聪也。辰在子、卯，谓之疾日，君彻宴乐，学人舍业，为疾故也。君之卿佐，是谓股肱。股肱或亏，何痛如之？女弗闻而乐，是不聪也。"又饮外嬖嬖叔曰："女为君目，将司明也。服以旌礼，礼以行事。事有其物，物有其容。今君之容，非其物也，而女不见，是不明也。"亦自饮也，曰："味以行气，气以实志，志以定言，言以出令。臣实司味，二御失官，而君弗命，臣之罪也。"公说，彻酒。初，公欲废知氏，而立其外嬖，为是悛而止。秋八月，使荀跞佐下军以说焉。

〔考异〕《檀弓》：知悼子卒，未葬，平公饮酒。师旷、李调侍，鼓钟。杜蒉自外来，闻钟声，曰："安在？"曰："在寝。"杜蒉入寝，历阶而升，酌曰："旷饮斯！"又酌曰："调饮斯！"又酌，堂上北面坐饮之。降，趋而出。平公呼而进之，曰："蒉！曩者尔心或开予，是以不与

接受了子产的请求，并把事情报告给晋平公。晋平公把州县赐给了韩宣子。韩宣子因为当初说的话，据有州县而感到惭愧，于是便把它跟宋国大夫乐大心的原县交换了。

九年，晋国大夫荀盈到齐国迎娶齐女，回来时，六月，死在晋地戏阳，停棺在绛城，没有安葬。晋平公正喝酒，让乐工演奏音乐。膳宰屠蒯快步走过来，请求帮助平公斟酒，晋平公答应了。屠蒯随后又斟酒给乐工喝，说："你是国君的耳朵，职责是使国君听觉灵敏。甲子和乙卯的日子，叫作忌日，在这天国君要撤除酒宴及音乐，学习音乐的人也要停止演习，这是要避忌的缘故。国君的卿佐，叫作股肱之臣。股肱之臣折损，什么痛心的事情能赶得上这个？现在荀盈死了，你没有听到而奏乐，这是耳朵不灵敏。"屠蒯又给宠臣嬖叔斟了一杯酒说："你作为国君的眼睛，职责是使国君眼睛明亮。服饰用来表示礼仪，礼仪用来指导行为。事情有它自己的类别，类别有它自己的外貌。现在国君的外貌，不是他应有的类别，可是你却看不到，这是眼睛不明亮。"屠蒯自己也喝了一杯，说："味道用来使气血流通，气血用来充实意志，意志用来确定语言，语言用来发布命令。臣下我的职责是调和口味，两个侍候国君的人失职，而国君没有下令治罪，这是臣下我的罪过。"晋平公听了很高兴，当即下令撤除了酒宴。起初，晋平公想要废掉荀盈而立他的宠臣，因为屠蒯的一番话而改变了主意。秋季八月，晋平公派荀盈的儿子荀跞做了下军的副将，以安抚他。

〔考异〕《礼记·檀弓》：晋国大夫知悼子（即荀盈）去世了，还没有下葬，晋平公就喝起酒来。师旷、李调作陪，敲钟奏乐。杜蒉从外面回来，听到钟声，问："国君在哪里？"有人答道："在正寝宴饮。"杜蒉走进正寝，一步两级地登上台阶，倒了杯酒，说："师旷喝了这杯酒吧！"又倒了一杯酒，说："李调喝了这杯酒吧！"又倒了一杯酒，自己面向北坐在堂上喝了这杯酒。然后走下台阶，快步而出。晋平公喊他，命他进来，说："杜蒉！刚才你可能是存心开导我，因此我没和

尔言。尔饮旷,何也?"曰:"子、卯不乐,知悼子在堂,斯其为子、卯也大矣。旷也,太师也,不以诏,是以饮之也。""尔饮调,何也?"曰:"调也,君之亵臣也,为一饮一食,忘君之疾,是以饮之也。""尔饮,何也?"曰:"蒉也,宰夫也,非刀匕是共,又敢与知防,是以饮之也。"平公曰:"寡人亦有过焉,酌而饮寡人。"杜蒉洗而扬觯。公谓侍者曰:"如我死,则必毋废斯爵也。"至于今既毕献,斯扬觯,谓之"杜举"。

〔辨误〕按:"杜蒉"与"屠蒯"音字相近,此汉世师传之异,不足怪也。独侍者二人,《传》称工与嬖叔,而《记》直斥为师旷、李调。夫李调不可知,以师旷之聪,不应昧昧如是。《记》之传信不如《传》之传疑也。

十四年,晋邢侯与雍子争鄐田,久而无成。士景伯如楚,叔鱼摄理。韩宣子命断旧狱,罪在雍子。雍子纳其女于叔鱼,叔鱼蔽罪邢侯。邢侯怒,杀叔鱼与雍子于朝。宣子问其罪于叔向。叔向曰:"三人同罪,施生、戮死,可也。雍子自知其罪,而赂以买直;鲋也鬻狱;邢侯专杀;其罪一也。己恶而掠美为昏,贪以败官为墨,杀人不忌为贼。《夏书》曰:'昏墨贼杀。'皋陶之刑也。请从之。"乃施邢侯而

你说话。你让师旷喝酒，是为什么呀？"杜蒉说："商纣死于甲子日，夏桀死于乙卯日，所以甲子、乙卯这两天不奏乐。知悼子的灵枢还停放在堂上，这时奏乐比在甲子、乙卯两日奏乐的错误大多了。旷是掌乐的太师，却不把这些告诉您，因此罚他喝酒。"晋平公又问道："你让李调喝酒，又是为什么呢？"杜蒉答道："李调是您身边的近臣，为了吃喝竟忘了国君的过失，因此罚他喝酒。"晋平公又问道："你罚自己喝酒，是为什么呢？"杜蒉回答说："我只是个宰夫，不去做分内刀匕炊事的事情，却胆敢参与谏诤防闲的事情，因此也该罚我自己一杯。"晋平公说："寡人在这件事上也有过失，倒一杯酒罚寡人喝。"杜蒉洗净觯并高高举起。晋平公对身边侍从说："如果我死了，一定不要丢弃这只酒爵。"直到现在，敬完酒后高举酒杯的动作，还叫作"杜举"。

〔辨误〕按："杜蒉"与"屠蒯"读音相近，这是汉代儒师传授的不同，不值得奇怪。只是侍者二人，《左传》称作乐工和嬖叔，而《礼记》直接称为师旷、李调。李调不知是什么人，以师旷的聪明，不应该这样糊涂无知。《礼记》把确信的事实传告于人，不如《左传》将自己认为有疑义的问题如实告人。

十四年，晋国大夫邢侯和雍子争夺鄐地的土地，很长时间也没有调解成功。士景伯到楚国去了，叔鱼代理他的职务。韩宣子命令他判处这个积压的案子，罪过本来在于雍子。但雍子进献他的女儿给叔鱼做妻子，叔鱼于是就判决邢侯有罪。邢侯发怒，在朝廷上杀了叔鱼和雍子。韩宣子向叔向询问他们的罪过。叔向说："三人罪过相同，只需杀了活着的人，并把他们陈尸示众就可以了。雍子自己知道他的罪过而用女子贿赂以胜诉，叔鱼贪赃枉法，邢侯擅自杀人，他们的罪过相同。自己有罪恶而掠夺别人的美名就是昏，贪污而败坏职责就是墨，杀人没有顾忌就是贼。《夏书》说：'昏、墨、贼这三种罪行处以死刑。'这是皋陶的刑法。请遵照皋陶的刑法处理。"于是就杀了邢侯陈尸示众，并且

尸雍子与叔鱼于市。

仲尼曰："叔向,古之遗直也。治国制刑,不隐于亲;三数叔鱼之恶,不为末减。曰义也夫,可谓直矣。平丘之会,数其贿也,以宽卫国,晋不为暴。归鲁季孙,称其诈也,以宽鲁国,晋不为虐。邢侯之狱,言其贪也,以正刑书,晋不为颇。三言而除三恶,加三利。杀亲益荣,犹义也夫!"

十六年,公至自晋。子服昭伯语季平子曰:"晋之公室其将遂卑矣。君幼弱,六卿强而奢傲,将因是以习。习实为常,能无卑乎?"平子曰:"尔幼,恶识国!"

秋八月,晋昭公卒。冬十月,季平子如晋,葬昭公。平子曰:"子服回之言犹信。子服氏有子哉!"

〔补逸〕《国语》:范献子聘于鲁,问具山、敖山,鲁人以其乡对。献子曰:"不为具、敖乎?"对曰:"先君献、武之讳也。"献子归,遍告其所知,曰:"人不可以不学。吾适鲁而名其二讳,为笑焉,唯不学也。人之有学也,犹木之有枝叶也。木有枝叶,犹庇荫人,而况君子之学乎?"

董叔将取于范氏。叔向曰:"范氏富,盍已乎?"曰:"欲为系援焉。"它日,董祁诉于范献子曰:"不吾

把雍子和叔鱼的尸体在市上示众。

孔子说:"叔向是能直道而行、有古人遗风的人。他治理制定刑法,不包庇自己的亲人;三次指责叔鱼的罪恶,不给他减轻罪行。他这么做事是合乎道义的,可以称得上是正直了。平丘的会盟,叔向指责叔鱼贪财,以此宽免了卫国,因此就使晋国做到了不残暴。让鲁国季孙回国,指出他善于欺诈,从而宽免了鲁国,因此晋国就做到了不暴虐。邢侯这次案件,叔向说明叔鱼的贪婪,维护法律的正义,因此使晋国做到了不偏颇。三次数说叔鱼而铲除了三次罪恶,为晋国增加了三种利益。虽然杀了亲人而他的名声却更加显著,这是合乎道义的啊!"

十六年,鲁昭公从晋国回到国内。鲁国大夫子服昭伯对季平子说:"晋国公室的地位,恐怕将要降低了。国君年幼而力量薄弱,六卿强大而奢侈骄傲,将要由此而成习惯。习惯而成自然,公室的地位能不降低吗?"季平子说:"你还年轻,哪里知道国家的大事!"

秋季八月,晋昭公去世了。冬季十月,季平子到晋国参加晋昭公的葬礼。季平子说:"子服昭伯的话还是可以相信的。子服氏有了好儿子了。"

〔补逸〕《国语》:晋国的范献子到鲁国聘问,询问鲁国的具山、敖山,鲁国人不提具山、敖山,只回答它是什么乡的山。范献子说:"难道山的名字不叫具山、敖山吗?"鲁人回答说:"那是我们先君献公和武公的名讳。"范献子回到晋国,告诫所有他相识的人,说:"人不可以不学习。我到鲁国而称说鲁国两位先君的名讳,惹鲁国人笑话,只因为我没有学习。人有学问,好比树木有枝有叶。树有枝干和叶子,还能庇荫纳凉于人,更何况君子有学问呢?"

董叔将要娶范宣子的女儿。叔向说:"范氏富有,为什么不停止这门婚事呢?"董叔说:"我想借婚姻得到牵系援引。"过了几天,董祁向哥哥范献子告状说:"董叔对我不

敬也。"献子执而纺于庭之槐。叔向过之,曰:"子盍为我请乎?"叔向曰:"求系既系矣,求援既援矣。欲而得之,又何请焉?"

二十八年,晋祁胜与邬臧通室。祁盈将执之,访于司马叔游。叔游曰:"《郑书》有之:'恶直丑正,实蕃有徒。'无道立矣,子惧不免。《诗》曰:'民之多辟,无自立辟。'姑已,若何?"盈曰:"祁氏私有讨,国何有焉?"遂执之。祁胜赂荀跞,荀跞为之言于晋侯。晋侯执祁盈。祁盈之臣曰:"钧将皆死,慭使吾君闻胜与臧之死也以为快。"乃杀之。夏六月,晋杀祁盈及杨食我。食我,祁盈之党也,而助乱,故杀之。遂灭祁氏、羊舌氏。

初,叔向欲娶于申公巫臣氏,其母欲娶其党。叔向曰:"吾母多而庶鲜,吾惩舅氏矣。"其母曰:"子灵之妻杀三夫、一君、一子,而亡一国、两卿矣,可无惩乎? 吾闻之:'甚美必有甚恶。'是郑穆少妃姚子之子、子貉之妹也。子貉早死,无后,而天钟美于是,将必以是大有败也。昔有仍氏生女,黰黑而甚美,光可以鉴,名曰玄妻。乐正后夔取之,生伯封,实有豕心,贪婪无餍,忿颣无期,谓之封豕。有穷后羿灭之,夔是以不祀。且三代之亡、共子之废,皆是物也,女何以为哉? 夫有尤物,足以移人。苟非德义,则必有

尊敬。"范献子抓了董叔并把他捆起来吊在院内槐树上。叔向路过那里,董叔说:"您何不为我去求情?"叔向说:"你追求牵系,已经被系上了,追求援引已经被援引了。你所希望的已经得到了,又请求什么呢?"

二十八年,晋国大夫祁盈家臣祁胜与邬臧交换妻子淫乐。祁盈准备逮捕他们,便去问大夫司马叔游。叔游说:"《郑书》上有这样的话:'厌恶刚直丑化正派,这样的人很多。'无道的人在位,您恐怕不能免除祸患。《诗经》中说:'民众的邪恶很多,自己不要再陷进邪恶。'姑且不抓他们,怎么样?"祁盈说:"这是我们祁氏私家的讨伐,跟国家有什么关系?"于是就把他们抓了起来。祁胜贿赂荀跞,荀跞在晋顷公面前替他说话。晋顷公便抓了祁盈。祁盈的家臣说:"同样都是死,宁肯让我们的主人祁盈听到祁胜和邬臧的死而感到痛快一些。"于是就杀掉了祁胜和邬臧。夏季六月,晋国杀掉了祁盈和叔向的儿子杨食我。杨食我是祁盈的党羽,因为他帮助祁盈作乱,所以杀了他。于是就灭亡了祁氏和羊舌氏。

起初,叔向想要娶申公巫臣的女儿为妻,他的母亲却让他娶自己的亲族。叔向说:"我的母亲多而庶兄弟少,娶舅家的女儿不易生子,我把这作为鉴戒了。"叔向的母亲说:"子灵(即申公巫臣)的妻子杀死三个丈夫、一个国君、一个儿子,并使一个国家灭亡、两个卿逃亡,能不作为鉴戒吗?我听说:'很美丽的人一定有很丑恶的地方。'她是郑穆公少妃姚子的女儿、子貉的妹妹。子貉早死,没有后代,而上天把美汇集在她身上,将来一定用她来败坏事情。从前有仍氏生了一个女儿,头发稠密乌黑而且非常美丽,头发的光泽可以照人,名为玄妻。乐官之长后夔娶了她,生下伯封,伯封心地和猪一样,贪婪没有满足,暴躁乖戾没有边际,人们称他是大猪。后来有穷氏后羿灭了他,夔因此得不到祭祀。况且夏、商、周三代的灭亡、共子被废弃,都是美色为害的结果,你为什么要那个女人呢?有了绝美的女子,完全可以使人改变心性。如果不是极有道德正义的人娶她,那么一定会有

祸。"叔向惧，不敢取，平公强使取之。生伯石。伯石始生，子容之母走谒诸姑曰："长叔姒生男。"姑视之，及堂，闻其声，而还，曰："是豺狼之声也。狼子野心，非是，莫丧羊舌氏矣。"遂弗视。

〔补逸〕《列女传》：晋羊叔姬者，羊舌子之妻，叔向、叔鱼之母也。羊舌子好正，不容于晋，去之三室之邑。邑人相与攘羊而遗之，不受。叔姬曰："夫子居晋不容，而去之，又不容于三室之邑，不如受之。"羊舌子受之，曰："为胏与鲋烹之。"叔姬曰："不可。南方有鸟，名曰乾吉，食其子，不择肉，子尝不遂。今胏与鲋，童子也，随大夫而化者，不可食以不义之肉，不若埋之，以明不与。"后二年，攘羊之事发。都吏至，羊舌子曰："吾受之，不敢食也。"发而视之，则其骨存焉。都吏曰："君子哉！羊舌子不与攘羊之事矣。"叔向欲娶于申公巫臣氏夏姬之女，叔姬不欲，平公强使娶之，生杨食我，号曰伯硕。生时，侍者谒之。叔姬往视之，及堂，闻其号也而还，曰："豺狼之声也。狼子野心，灭羊舌氏者，必是子也。"及长，与祁胜为乱，晋人杀食我，羊舌氏由是遂灭。

《史记》：晋之宗家祁傒孙、叔向子相恶于君。六卿欲弱公室，乃遂以法尽灭其族，而分其邑为十县，各令其子为大夫。晋益弱，六卿皆大。

祸患。"叔向听了很害怕，便不敢娶申公巫臣的女儿，晋平公却强迫他娶了这个女人。生下杨食我（即伯石）。杨食我刚刚生下的时候，子容的母亲跑去告诉婆婆说："大兄弟媳妇生下了一个男孩。"叔向的母亲去看男婴，走到堂前，听到婴儿的哭声就往回走，说："这是豺狼的声音。豺狼似的孩子一定有野心，如果不是这个人的话，没有谁会毁掉羊舌氏了。"就不去看他。

〔补逸〕《列女传》：晋国的羊叔姬是羊舌子的妻子，叔向、叔鱼的母亲。羊舌子用心正直，但在晋国朝廷上却不被容纳，于是便离开朝廷回到祖宗三庙的邑里。邑人一起偷羊送给他，羊舌子不接受。叔姬说："您身居晋国朝廷不被容纳，所以才离开晋国朝廷，现在又不被祖宗三庙的邑里容纳，不如接受了羊。"羊舌子接受了邑人偷来的羊，说："为叔向和叔鱼煮了羊吃吧。"叔姬说："不行。南方有一种鸟，名字叫乾吉，喂养它的雏鸟，不选择肉类，雏鸟就不能生长。现在叔向和叔鱼还是儿童，随您的行为而变化，不能吃不是通过正当手段得来的肉，不如埋掉它，以表明我们没参与此事。"两年以后，偷羊的事暴露了。都吏来到，羊舌子说："我接受了偷来的羊，没敢吃它。"挖掘曾经埋羊的地方观看，羊的骨头还在那里。都吏说："真是君子啊！羊舌子不曾参与偷羊的事。"叔向想要娶申公巫臣氏夏姬的女儿，叔姬不同意这样做，而晋平公强迫叔向娶了这个女子，生下杨食我，号为伯硕。杨食我刚刚生下的时候，侍奉的人禀报叔姬。叔姬前去观看，走到堂前，听到孩子的哭声就往回返，说："这是豺狼的哭声。豺狼似的孩子一定有野心，灭亡羊舌氏的人，一定就是这个人。"等杨食我长大，与祁胜作乱，晋国人杀掉杨食我，羊舌氏从此灭亡了。

《史记》：晋国的公族祁傒的孙子与叔向的儿子在晋君面前互相诋毁。六卿想削弱公室，于是就用刑法将他们的家族全部诛灭，把他们的封邑划分为十个县，各让他们的儿子去做大夫。晋国国君势力更弱，六卿都强大起来。

〔发明〕按此，则祁氏、羊舌氏皆晋之公族也。叔向与晏子言，亦自以为公族。

秋，晋韩宣子卒，魏献子为政。分祁氏之田以为七县，分羊舌氏之田以为三县。司马弥牟为邬大夫，贾辛为祁大夫，司马乌为平陵大夫，魏戊为梗阳大夫，知徐吾为涂水大夫，韩固为马首大夫，孟丙为盂大夫，乐霄为铜鞮大夫，赵朝为平阳大夫，僚安为杨氏大夫。谓贾辛、司马乌为有力于王室，故举之。谓知徐吾、赵朝、韩固、魏戊，余子之不失职、能守业者也。其四人者皆受县，而后见于魏子，以贤举也。

魏子谓成鱄："吾与戊也县，人其以我为党乎？"对曰："何也？戊之为人也，远不忘君，近不逼同。居利思义，在约思纯，有守心而无淫行。虽与之县，不亦可乎？昔武王克商，光有天下，其兄弟之国者十有五人，姬姓之国者四十人，皆举亲也。夫举无他，唯善所在，亲疏一也。《诗》曰：'唯此文王，帝度其心。莫其德音，其德克明。克明克类，克长克君。王此大国，克顺克比。比于文王，其德靡悔。既受帝祉，施于孙子。'心能制义曰度，德正应和曰莫，照临四方曰明，勤施无私曰类，教诲不倦曰长，赏庆刑威曰君，慈和遍服曰顺，择善而从之曰比，经纬天地曰文。九德不愆，作事无悔，故袭天禄，子孙赖之。主之举也，近文德矣，所及其远哉！"

〔发明〕据上面这些记载，可见祁氏、羊舌氏都是晋国的公族。叔向与晏子交谈，也自认为是公族。

　　秋季，晋国的韩宣子去世了，魏献子执政。他把祁氏的土地分为七个县，把羊舌氏的土地分为三个县。司马弥牟做邬邑大夫，贾辛做祁邑大夫，司马乌做平陵大夫，魏戊做梗阳大夫，知徐吾做涂水大夫，韩固做马首大夫，孟丙做盂邑大夫，乐霄做铜鞮大夫，赵朝做平阳大夫，僚安做杨氏大夫。魏献子认为贾辛、司马乌对王室有功，所以举拔他们。认为知徐吾、赵朝、韩固、魏戊是庶子中不失职守、能够保守家业的人。另外司马弥牟、孟丙、乐霄、僚安四人都是先接受县的职务，然后进见魏献子的，他们是因为贤能而被举拔的。

　　魏献子对大夫成鱄说：“我把一个县给了我的庶子魏戊，别人会认为我是偏袒吗？”成鱄回答说：“怎么会呢？魏戊的为人，远不忘国君，近不逼迫同事。处在有利的地位上能考虑到道义，处在贫困之中能保持操守，有保持礼法的思想而没有过度的行为。虽然给他一个县，不也是可以的吗？从前周武王战胜商朝，广有天下，他的兄弟领有封国的就有十五人，姬姓领有封国的就有四十人，这都是举拔重用自己的亲属。举拔人才没有别的，只是看他是否贤能，亲近和疏远都是一样的。《诗经》上说：‘只有这个周文王，天帝能够审度他的内心。静修他的好道德，他的德行能够明辨是非。光明公正能明辨邪恶善美，能做师长能做君主。统治这个大国，能使四方和顺服从。服从文王，他的德行没有悔恨。已经承受了天帝赐给的福禄，延及子子孙孙。’内心能够受道义制约叫作度，德行端正反应和谐叫作莫，德行光照四方叫作明，勤于施舍没有私心叫作类，教导别人不知疲倦叫作长，奖赏善的惩罚恶的并显示威严叫作君，慈祥和顺使人普遍归服叫作顺，选择好的而跟随他叫作比，以天地做经纬叫作文。这九种德行不出过错，做事情就没有悔恨，所以承受上天的福禄，子子孙孙依赖着他。现在您对这些人的举拔，已经接近文德了，影响会很深远啊！”

　　贾辛将适其县,见于魏子。魏子曰:"辛来!昔叔向适郑,鬷蔑恶,欲观叔向,从使之收器者而往。立于堂下,一言而善。叔向将饮酒,闻之,曰:'必鬷明也。'下,执其手以上,曰:'昔贾大夫恶,娶妻而美,三年不言不笑。御以如皋,射雉获之,其妻始笑而言。贾大夫曰:'才之不可以已,我不能射,女遂不言不笑。夫今少不飏,子若无言,吾几失子矣。言之不可以已也如是。'遂如故知。今女有力于王室,吾是以举女。行乎!敬之哉!毋堕乃力!"仲尼闻魏子之举也,以为义,曰:"近不失亲,远不失举,可谓义矣。"又闻其命贾辛也,以为忠。"《诗》曰,'永言配命,自求多福',忠也。魏子之举也义,其命也忠,其长有后于晋国乎!"

　　冬,梗阳人有狱,魏戊不能断,以狱上。其大宗赂以女乐,魏子将受之。魏戊谓阎没、女宽曰:"主以不贿闻于诸侯,若受梗阳人,贿莫甚焉。吾子必谏!"皆许诺。退朝,待于庭。馈入召之。比置,三叹。既食,使坐。魏子曰:"吾闻诸伯叔,谚曰:'唯食忘忧。'吾子置食之间三叹,何也?"同辞而对曰:"或赐二小人酒,不夕食。馈之始至,恐其不足,是以叹;中置,自咎曰:'岂将军食之而有不足?'是以再叹;

贾辛将要到他的县去上任,行前去见魏献子。魏献子说:
"贾辛你过来!从前叔向到郑国去,郑国大夫鬷蔑容貌丑陋,想
要看看叔向,就跟随收拾器皿的人前往。他站在堂下,有一句话
说得很好。叔向正要喝酒,听到了鬷蔑的话,说:'一定是鬷蔑
(即鬷明)。'便走下堂来,拉着他的手走上堂去,说:'从前贾大
夫长得丑陋,娶了个妻子很美,妻子过门后三年不说不笑。贾大
夫为她驾车到沼泽地去射野鸡,射中后,他的妻子才开始笑着说
话。贾大夫说:'一个人不能没有才能,我如果不能射箭,你就不
说不笑。现在您相貌不扬,您如果不说话,我几乎错过和您见面
的机会。说话就像这样不能缺少。'于是两人就像老朋友一样。
现在您对王室有功劳,我因此提拔您。动身吧!保持恭敬吧!
不要破坏了您的功劳!"孔子听说了魏献子的举动,认为他的做
法符合道义,说:"举拔人才近不失去亲族,远不失去应该举拔的
人,可以说是符合道义了。"又听到魏献子命令贾辛的话,认为
魏献子很忠诚。"《诗经》上说,'永远符合天命,自己求取多种福
禄',这就是忠诚。魏献子举拔人才的行动符合道义,他对贾辛
的命令又体现了忠诚,他的后代会长久在晋国享受禄位吧!"

　　冬季,梗阳人有诉讼,魏戊不能判断案件的是非曲直,便
把案件上报给魏献子。诉讼一方的大宗把女乐献给魏献子,
魏献子准备接受。魏戊对大夫阎没、女宽说:"主人以不接受
贿赂在诸侯中闻名,如果接受梗阳人的女乐,贿赂没有比这个
更大的了。您二位一定要进行劝谏!"阎没、女宽两人都答应
了。退朝以后,他们在庭院里等着魏献子。饭菜送来了,魏
献子叫他们两人吃饭。等到摆好饭菜,他们两人接连三次叹
气。吃完饭,魏献子让他们两人坐下。魏献子说:"我从伯父叔
父那里听过,谚语说:'只有吃饭的时候才能忘记忧愁。'您二
位在摆上饭菜的时候三次叹气,是为什么呢?"阎没、女宽两人
异口同声地回答说:"有人赐酒给我们两个人,因此昨天没有
吃晚饭。饭菜刚到时,恐怕不够吃,所以叹气;饭菜上了一半,
就自责说:'难道将军给我们吃饭能不够吃?'因此再次叹气;

及馈之毕,愿以小人之腹,为君子之心,属厌而已。"献子辞梗阳人。

二十九年秋,龙见于绛郊。魏献子问于蔡墨曰:"吾闻之:'虫莫知于龙。'以其不生得也,谓之知,信乎?"对曰:"人实不知,非龙实知。古者畜龙,故国有豢龙氏,有御龙氏。"

献子曰:"是二氏者,吾亦闻之,而不知其故。是何谓也?"对曰:"昔有飂叔安,有裔子曰董父,实甚好龙,能求其耆欲,以饮食之,龙多归之。乃扰畜龙,以服事帝舜。帝赐之姓曰董,氏曰豢龙,封诸鬷川,鬷夷氏其后也。故帝舜氏世有畜龙。及有夏孔甲,扰于有帝,帝赐之乘龙,河、汉各二,各有雌雄。孔甲不能食,而未获豢龙氏。有陶唐氏既衰,其后有刘累,学扰龙于豢龙氏,以事孔甲,能饮食之。夏后嘉之,赐氏曰御龙,以更豕韦之后。龙一雌死,潜醢以食夏后。夏后飨之,既而使求之,惧而迁于鲁县,范氏其后也。"

献子曰:"今何故无之?"对曰:"夫物,物有其官,官修其方,朝夕思之。一日失职,则死及之。失官不食,官宿其业,其物乃至。若泯弃之,物乃坻伏,郁湮不育。故有五行之官,是谓五官。实列受氏姓,封为上公,祀为贵神。社稷五祀,是尊是奉。木正曰句芒,火正曰祝融,金正曰蓐收,

等到饭菜上完，我们便希望以小人的肚腹衡量君子的内心，刚刚满足就可以了。"魏献子因此就辞谢了梗阳人的贿赂。

二十九年秋季，有龙出现在晋国都城绛地郊外。魏献子询问大夫蔡墨说："我听说过这样的话：'虫类中没有比龙再聪明的了。'因为它不能被人活捉，所以才说龙聪明，真是这样吗？"蔡墨回答说："其实是人不聪明，而不是龙聪明。古时候养龙，所以国中有豢龙氏，有御龙氏。"

魏献子说："这两个氏族，我也听说过，却不知道他们的来历。这豢龙氏、御龙氏说的是什么？"蔡墨回答说："过去飂国国君叔安，有一个后代叫董父，他实在很喜欢龙，能够了解龙的嗜好需求，来饲养它们，龙大都到他那里去了。于是他就驯服饲养龙，用来伺候帝舜。帝舜赐给他姓叫作董，氏叫作豢龙，封地在鬷川，鬷夷氏就是他的后代。因此帝舜氏世代有养龙的。到了夏代国君孔甲，他顺服天帝，天帝赐给他驾车的龙，黄河、汉水的龙各两条，各有一雌一雄。孔甲不能饲养，而又没有找到豢龙氏。有陶唐氏衰落之后，他的后代中有一个人叫刘累，他曾向豢龙氏学习驯龙的方法，以此事奉孔甲，从而使这几条龙得到了饲养。孔甲嘉奖他，赐氏叫作御龙，用他代替豕韦氏的后代。龙中有一条雌龙死了，刘累偷偷地把它剁成肉酱给孔甲吃。孔甲吃了，不久就又让刘累再找来吃，刘累害怕了就迁移到鲁县，范氏就是他的后代。"

魏献子说："现在是什么缘故没有了龙？"蔡墨回答说："所有事物，都有管理它的官员，官员修治他管理的方法，从早到晚都在考虑这件事情。如果有一天失职，那么死亡就到来了。丢了官职就不能吃公家的俸禄，官员专心地从事他的职业，所管之物就会到来。如果丢弃它们，这些生物就自己潜藏起来，抑郁不能生长。因此有管理五行的官员，这叫作五官。他们代代继承姓氏，封爵为上公，祭祀时又成为尊贵的神灵。在土神、谷神和五行之神的祭祀中，对他们尊敬崇奉。木官之长叫作句芒，火官之长叫作祝融，金官之长叫作蓐收，

水正曰玄冥，土正曰后土。龙，水物也。水官弃矣，故龙不生得。不然，《周易》有之，在《乾》䷀之《姤》䷫曰：'潜龙勿用。'其《同人》䷌曰：'见龙在田。'其《大有》䷍曰：'飞龙在天。'其《夬》䷪曰：'亢龙有悔。'其《坤》䷁曰：'见群龙无首，吉。'《坤》之《剥》䷖曰：'龙战于野。'若不朝夕见，谁能物之？"

献子曰："社稷五祀，谁氏之五官也？"对曰："少暤氏有四叔，曰重、曰该、曰修、曰熙，实能金木及水。使重为句芒，该为蓐收，修及熙为玄冥，世不失职，遂济穷桑，此其三祀也。颛顼氏有子曰犁，为祝融；共工氏有子曰句龙，为后土，此其二祀也。后土为社稷，田正也。有烈山氏之子曰柱，为稷。自夏以上祀之。周弃亦为稷，自商以来祀之。"

冬，晋赵鞅、荀寅帅师城汝滨，遂赋晋国一鼓铁，以铸刑鼎，著范宣子所为刑书焉。仲尼曰："晋其亡乎！失其度矣。夫晋国，将守唐叔之所受法度，以经纬其民，卿大夫以序守之。民是以能尊其贵，贵是以能守其业。贵贱不愆，所谓度也。文公是以作执秩之官，为被庐之法。以为盟主。今弃是度也，而为刑鼎，民在鼎矣，何以尊贵？贵何业之守？贵贱无序，何以为国？且夫宣子之刑，夷之蒐也，

水官之长叫作玄冥，土官之长叫作后土。龙，是水中的生物。水官废弃了，所以龙就不能被人活捉。如果不是这样，《周易》中有这样的记载，在《乾》卦☰变为《姤》卦☴初九爻辞说：'潜藏水中的龙不能施展才用。'《周易》的《同人》卦☲说：'龙在田地里出现。'《周易》的《大有》卦☲说：'飞舞的龙在天上。'《周易》的《夬》卦☱说：'伸直身子的龙有所悔恨。'《周易》的《坤》卦☷说：'见到群龙出现而没有首领，吉祥。'《坤》卦变为《剥》卦☶上六爻辞说：'龙在原野上交战。'如果不是经常见到龙，谁能说出它们的状态？"

魏献子说："土神、谷神庙里的五种祭祀，是哪一代帝王的五官？"蔡墨回答说："少皞氏有四个叔父，名字叫重、叫该、叫修、叫熙，他们能够管理金、木和水。派重做句芒，该做蓐收，修和熙做玄冥，世代不失职守，于是帮助少皞取得成功，这是其中的三种祭祀。颛顼氏有个儿子叫作犁，担任祝融一职；共工氏有个儿子叫句龙，担任后土一职，这是其中的两种祭祀。后土做了土地神，谷神是管理田地的官员之长。有烈山氏的儿子叫柱，他做了谷神。从夏朝以上都祭祀他。周代的弃也做了谷神，从商朝以来都祭祀他。"

冬季，晋国的赵鞅、荀寅率领军队在汝水岸边筑城，于是就向晋国民众征收了四百八十斤铁，用来铸造刑鼎，在鼎上铸刻范宣子所制定的刑法。孔子说："晋国恐怕要灭亡了！它失掉了他们国家的法度了。晋国应该遵守唐叔所传下来的法度，用来作为民众行动的大纲大法，卿大夫根据自己的位次来维护它。民众因此能尊重贵人，贵人因此能保守他们的家业。贵贱之间没有差误，这就是所说的法度。晋文公因此设立执掌官职位次的官员，在被庐制定法令。因此才能成为盟主。如今废弃这个法令，而铸造刑鼎，民众都能看到鼎上的条文了，还用什么来保证尊重贵人呢？贵人还有什么家业可以保守呢？贵贱没有次序，用什么来治理国家？再说，范宣子的刑法，是在夷地阅兵时制定的，

晋国之乱制也,若之何以为法?"蔡史墨曰:"范氏、中行氏其亡乎!中行寅为下卿,而干上令,擅作刑器,以为国法,是法奸也。又加范氏焉,易之,亡也。其及赵氏,赵孟与焉。然不得已,若德,可以免。"

定公十三年,晋赵鞅谓邯郸午曰:"归我卫贡五百家,吾舍诸晋阳。"午许诺,归告其父兄。父兄皆曰:"不可。卫是以为邯郸,而置诸晋阳,绝卫之道也。不如侵齐而谋之。"乃如之,而归之于晋阳。赵孟怒,召午而囚诸晋阳。使其从者说剑而入,涉宾不可。乃使告邯郸人曰:"吾私有讨于午也,二三子惟所欲立。"遂杀午。赵稷、涉宾以邯郸叛。夏六月,上军司马籍秦围邯郸。邯郸午,荀寅之甥也;荀寅,范吉射之姻也。而相与睦,故不与围邯郸,将作乱。董安于闻之,告赵孟曰:"先备诸。"赵孟曰:"晋国有命,'始祸者死'。为后可也。"安于曰:"与其害于民,宁我独死。请以我说。"赵孟不可。秋七月,范氏、中行氏伐赵氏之宫,赵鞅奔晋阳。晋人围之。

范皋夷无宠于范吉射,而欲为乱于范氏。梁婴父嬖于知文子,文子欲以为卿。韩简子与中行文子相恶,魏襄子亦与范昭子相恶。故五子谋,将逐荀寅,而以梁婴父代之;

是违犯晋国旧礼的制度，怎么能把它作为法令来执行呢?"史官蔡墨说:"范氏、中行氏大概要灭亡了吧! 中行寅(即荀寅)是下卿,但是违反上面的命令,擅自铸造刑鼎,以此作为国家法令,这分明是违犯国家法令的罪人。又加上范氏改变晋文公在被庐制定的法令,改变传统的法律,晋国就要灭亡了。恐怕还会牵连赵氏,因为赵孟(即赵鞅)也参与了此事。然而赵孟是出于不得已才这么干的,如果他修养德行,是可以避免祸患的。"

　　鲁定公十三年,晋国大夫赵鞅对邯郸午说:"归还我卫国进贡的五百家,我要把他们迁移到晋阳去。"邯郸午答应了,回去告诉了他的父兄,父兄都说:"不行。卫国因为这些人而与邯郸亲善,要是把他们安置在晋阳,这是断绝与卫国的友好之路。不如用侵袭齐国的办法来解决这个问题。"邯郸午于是就照父兄的说法做了,然后把五百家迁到晋阳。赵鞅大怒,便把邯郸午召来囚禁在晋阳。赵鞅让邯郸午的随从解下佩剑再进来,大夫涉滨不同意。赵鞅就派人告诉邯郸人说:"我私下对邯郸午进行惩罚,诸位可以按自己的愿望立继承人。"于是就杀了邯郸午。赵稷、涉宾率领邯郸人叛变。夏季六月,上军司马籍秦包围邯郸。邯郸午本来是荀寅的外甥,荀寅是范吉射女婿的父亲。他们相互和睦,所以不愿意参与包围邯郸,也准备发动叛乱。赵氏家臣董安于听到了这个消息,报告赵鞅说:"先对这件事做好准备吧。"赵鞅说:"晋国有法律规定,'开始发动祸乱的人要处死'。我们后发制人就可以了。"董安于说:"与其危害民众,还不如让我单独去死。如果他们攻打,请杀我来避免发生战争。"赵鞅不同意。秋季七月,范氏、中行氏攻打赵氏的宫室,赵鞅逃亡到晋阳。晋国人包围晋阳。

　　大夫范皋夷在范吉射那里不受宠信,而想在范氏家族中发动叛乱。大夫梁婴父在知文子那里很受宠幸,知文子想要任用他做卿。韩简子跟中行文子(即荀寅)互相厌恶,魏襄子也跟范昭子(即范吉射)互相厌恶。所以范皋夷、梁婴父、知文子、韩简子、魏襄子五个人谋划,准备驱逐荀寅,而用梁婴父代替他;

逐范吉射,而以范皋夷代之。荀跞言于晋侯曰:"君命大臣,'始祸者死',载书在河。今三臣始祸,而独逐鞅,刑已不钧矣。请皆逐之。"冬十一月,荀跞、韩不信、魏曼多奉公以伐范氏、中行氏,弗克。

二子将伐公,齐高彊曰:"三折肱,知为良医。唯伐君为不可,民弗与也。我以伐君在此矣。三家未睦,可尽克也。克之,君将谁与?若先伐君,是使睦也。"弗听,遂伐公。国人助公,二子败,从而伐之。丁未,荀寅、士吉射奔朝歌,韩、魏以赵氏为请。十二月辛未,赵鞅入于绛,盟于公宫。

〔补逸〕《新序》:赵文子问于叔向曰:"晋六将军,孰先亡乎?"对曰:"其中行氏乎!"文子曰:"何故先亡?"对曰:"中行氏之为政也,以苛为察,以欺为明,以刻为忠,以计多为善,以聚敛为良。譬之其犹鞹革者也,大则大矣,裂之道也,当先亡。"

《列女传》:范献子之三子游于赵氏,赵简子乘马园中。园中多株,问三子曰:"奈何?"长者曰:"明君不问不为,乱君不问而为。"中者曰:"爱马足则无爱民力,爱民力则无爱马足。"少者曰:"可以三德使民,设令伐株于山,将有马为也,已而开囿示之株。

驱逐范吉射,而用范皋夷代替他。荀跞(即知文子)对晋定公说:"君王命令大臣,'开始发动祸乱的人要处死',并把盟书沉在黄河里。现在赵鞅、赵稷、赵午三个臣子开始发动祸乱,而唯独驱逐赵鞅,处罚已经不公正了。请都驱逐他们。"冬季十一月,荀跞、韩不信(即韩简子)、魏曼多(即魏襄子)事奉晋定公而进攻范氏、中行氏,但没有取胜。

范氏、中行氏准备攻打晋定公,齐国大夫高彊说:"久病可以成为良医。唯有攻打国君是不行的,百姓是不赞成的。我就是因为攻打国君才待在这里了。韩氏、魏氏、赵氏三家还没有和睦,可以设法全部战胜他们。如果战胜他们,国君将去亲近谁?如果先去攻打国君,这是促使他们和睦。"范氏、中行氏不听,于是就攻打晋定公。国人帮助晋定公,结果范氏、中行氏战败,韩氏、魏氏、赵氏跟着就攻打他们。十一月十八日,荀寅、士吉射(即范吉射)逃奔到朝歌,韩氏、魏氏替赵氏求情。十二月十二日,赵鞅进入绛邑,在公宫举行了盟誓仪式。

〔补逸〕《新序》:晋国大夫赵文子向叔向询问说:"晋国有六将军,哪一位会最先灭亡呢?"叔向回答说:"大概是中行氏吧!"赵文子说:"有什么理由知道中行氏会最先灭亡呢?"叔向回答说:"中行氏推行政治时,把苛刻当作明察,把欺骗当作明智,把刻薄当作忠诚,把多计谋当作功劳,把聚敛当作能事。这种做法就好像是扩张去了毛的皮革,扩张开来,大是大了,但是却走向破裂,所以中行氏应当最先灭亡。"

《列女传》:范献子的三个儿子在赵家游玩,赵简子(即赵鞅)乘马在园中闲逛。园中有许多露出地面的树桩,赵简子问三人说:"该怎么办?"老大说:"明智的君主不问清楚不去做,昏乱的君主不问清楚就去做。"老二说:"如果爱惜马足就会不爱惜民力,爱惜民力就会不爱惜马足。"最小的说:"可用三老来役使民众,假使命令他们到山中砍伐树桩,就会发挥马的作用了,不久再打开范围让他们看这里栽有树桩。

夫山远而圃近，是民说一也。去险阻之山，而伐平林之株，民说二矣。既毕而贱卖，民说三矣。"简子从之。民果大说。少子伐其谋，归以告母。母喟然叹曰："终灭范氏者，必是子也。夫伐功恃劳，鲜能布仁；乘伪行诈，莫能久长。"其后智伯灭范氏。智伯盖指荀跞。

《史记》：赵简子疾，五日不知人，大夫皆惧。医扁鹊视之，出，董安于问。扁鹊曰："血脉治也，而何怪？在昔秦缪公尝如此，七日而寤。寤之日，告公孙支与子舆曰：'我之帝所甚乐。吾所以久者，适有学也。帝告吾晋国将大乱，五世不安，其后将霸，未老而死。霸者之子，且令而国男女无别。'公孙支书而藏之，秦谶于是出矣。献公之乱，文公之霸，而襄公败秦师于殽，而归纵淫，此子之所闻。今主君之疾与之同，不出三日，疾必间，间必有言也。"

居二日半，简子寤，语大夫曰："我之帝所甚乐，与百神游于钧天，广乐九奏万舞，不类三代之乐，其声动人心。有一熊欲来援我，帝命我射之，中熊，熊死。又有一黑来，我又射之，中黑，黑死。帝甚喜，赐我二笥，皆有副。我见儿在帝侧，帝属我一翟犬，曰：'及而子之壮也，以赐之。'帝告我晋国且世衰，

山远而苑围近,这是使民众高兴的第一件事。远离险阻之山,而到平原的树林中砍伐树桩,这是使民众高兴的第二件事情。砍完以后再贱卖,这是使民众高兴的第三件事情。"赵简子听从了他的建议。民众果然大为欢喜。少子夸耀他的计谋,回来后禀告了母亲。母亲喟然长叹说:"最终灭亡范氏的,一定是这个儿子。凭借劳动别人来夸耀功劳,就很少能布施仁爱;凭借虚伪实行欺诈,就不能长久。"后来智伯灭亡了范氏。智伯大概指的是荀跞。

　　《史记》:赵简子生病,接连五天不省人事,大夫们都很忧虑。名医扁鹊为他诊断,出来后,董安于询问病情。扁鹊说:"血脉正常,你何必大惊小怪?在以前秦穆公也曾经这样,过了七昼夜才清醒。醒来那天,告诉秦国大夫公孙支和子舆说:'我到了天帝那里很快乐。我之所以逗留很久,刚好有接受教导的事。天帝告诉我晋国将要发生大乱,经历献公、奚齐、悼子、惠公和怀公五代国君都不得安宁,他的后代文公将要称霸诸侯,但是享年不高就会死去。霸主的儿子襄公将要使你的国家男女关系混乱。'公孙支把这些话记下收藏起来,秦国的谶言从此就流传开了。晋献公时发生的变乱,晋文公的称霸诸侯,以至晋襄公在殽地打败秦军,而回师后纵欲淫乱,这些事你都听说过。现在主公的病和秦穆公的病一样,不出三天,病势必然好转,好转以后,一定有话要讲。"

　　过了两天半,赵简子醒过来了,他对大夫们说:"我到天帝那里很快乐,跟众天神在空中游览,那里各种乐器反复演奏,众神翩翩起舞,不同于夏、商、周三代的音乐,那声音激动人心。有一只熊想来抓我,天帝命我射它,我射中熊,熊死了。又有一只黑扑过来,我又射它,射中了黑,黑死了。天帝很高兴,赐给我两个竹箱,都有备用的。我看到一个小孩在天帝旁边,天帝赐给我一条翟犬,说:'等你的儿子长大后,把翟犬赐给他。'天帝告诉我晋国将要一代代衰落下去,

七世而亡,嬴姓将大败周人于范魁之西,而亦不能有也。今余思虞舜之勋,适余将以其胄女孟姚配而七世之孙。"董安于受言而书藏之。以扁鹊言告简子,简子赐扁鹊田四万亩。

他日,简子出,有人当道,辟之不去,从者怒,将刃之。当道者曰:"吾欲有谒于主君。"从者以闻。简子召之,曰:"嘻!吾有所见子晰也。"当道者曰:"屏左右,愿有所谒。"简子屏人,当道者曰:"主君之疾,臣在帝侧。"简子曰:"然,有之。子之见我,吾何为?"当道者曰:"帝令主君射熊与罴,皆死。"简子曰:"是,且何也?"当道者曰:"晋国且有大难,主君首之。帝令主君灭二卿,夫熊与罴,皆其祖也。"简子曰:"帝赐吾二笥,皆有副,何也?"当道者曰:"主君之子将克二国于翟,皆子姓也。"简子曰:"吾见儿在帝侧,帝属我一翟犬,曰:'及而子之长以赐之。'夫儿何谓以赐翟犬?"当道者曰:"儿,主君之子也。翟犬者,代之先也。主君之子,且必有代。及主君之后嗣,且有革政而胡服,并二国于翟。"简子问其姓而延之以官,当道者曰:"臣野人,致帝命耳。"遂不见。简子书,藏之府。

十四年,梁婴父恶董安于,谓知文子曰:"不杀安于,使终为政于赵氏,赵氏必得晋国。盍以其先发难也,讨于赵氏?"文子使告于赵孟曰:"范、中行氏虽信为乱,安于则发之,

再经历七代就要灭亡,嬴氏将在范魁西部大败周人的军队,但是却不能占有它。现在我念及虞舜的功绩,届时我将把他的后代女子孟姚许配给你的第七代孙子。"董安于听了这些话记录下来珍藏于府库。他又把扁鹊的话告诉了赵简子,赵简子赏赐给扁鹊四万亩田地。

　　有一天,赵简子外出,有一个人挡在路上,驱赶他也不走开,随从们发怒,要杀他。挡路的人说:"我有事要拜见你们的主君。"随从禀报上去。赵简子召见他,说:"嘻! 我曾见过你子晰啊。"挡路的人说:"屏退您的侍从,我有事要对您说。"赵简子叫随从退去,挡路的人说:"您害病,我正在天帝的身边。"赵简子说:"对,有这回事。您看见我的时候,我在干什么?"挡路的人说:"天帝让您连射一熊一黑,都射死了。"赵简子说:"是的,这是什么意思呢?"挡路的人说:"晋国将要有大难,您首当其冲。天帝让您灭掉范昭子和中行文子两家上卿,熊和黑都是他们的祖先。"赵简子说:"天帝赐给我两个竹箱,都配有备用的,为什么?"挡路的人说:"您的儿子将要在翟人地区战胜两个国家,这两国都是子姓。"赵简子说:"我看见一个小孩在天帝旁边,天帝交给我一条翟犬,说:'到你儿子长大成人后,把它赏赐给他。'为什么要把翟犬赐给这个小孩?"挡路的人说:"那个小孩是您的儿子。翟犬是代国的祖先。您的儿子将一定占有代国。到您的后裔,将会改革政治而穿胡人的服装,并且将要在翟地并吞两个国家。"赵简子询问这个人的姓名并请他做官,挡路的人说:"我是村野之人,来转达天帝意旨罢了。"接着,一下子就不见了。赵简子把这些话记下来,藏在府库里。

　　十四年,梁婴父讨厌董安于,便对知文子说:"不杀掉董安于,而让他始终在赵氏那里主持一切,赵氏一定能得到晋国。何不以他先发动祸难为借口而去向赵氏问罪呢?"知文子派人对赵鞅说:"范氏、中行氏虽然的确发动叛乱,但那是董安于挑起的,

是安于与谋乱也。晋国有命,'始祸者死'。二子既伏其罪矣,敢以告。"赵孟患之。安于曰:"我死而晋国宁,赵氏定,将焉用生?人谁不死?吾死莫矣。"乃缢而死。赵孟尸诸市,而告于知氏曰:"主命戮罪人,安于既伏其罪矣,敢以告。"知伯从赵孟盟。而后赵氏定,祀安于于庙。

〔补逸〕《国语》:下邑之役,董安于多,赵简子赏之,辞。固赏之,对曰:"方臣之少也,进秉笔赞为名命,称于前世,义于诸侯,而主弗志。及臣之壮也,耆其股肱,以从司马,苛慝不产。及臣之长也,端委韠带,以随宰人,民无二心。今臣一旦为狂疾,而曰'必赏女',是以狂疾赏也,不如亡。"趋而出,乃释之。

《说苑》:赵简子从晋阳之邯郸,中路而止,引车吏进问:"君何为止?"简主曰:"董安于在后。"吏曰:"此三军之士也,君奈何以一人留三军也?"简主曰:"诺,驱之!"百步又止。吏将进谏,董安于适至。简主曰:"秦道之与晋国交者,吾忘令人塞之。"董安于曰:"此安于之所为后也。"简主曰:"官之宝璧,吾忘令人载之。"对曰:"此安于之所为后也。"简主曰:"行人烛过年长矣,言未尝不为晋国法也,吾行忘令人辞,且聘焉。"

是董安于参与谋划叛乱。晋国有法令,‘开始发动祸乱的人要处死’。范氏、中行氏已经服罪了,因此我冒昧地以此奉告。”赵鞅忧虑这件事。董安于说:“假如我死了而能使晋国稳定,赵氏安定,哪里用得着活下去?人谁能不死?我死得已经太晚了。”于是就上吊自杀了。赵鞅把他暴尸在市上,而告诉知氏说:“您命令诛杀罪人,董安于已经服罪了,我冒昧地特以奉告。”知文子便和赵鞅结盟。从此以后赵氏得以安定下来,赵氏把董安于的灵位陪祀在宗庙里。

〔补逸〕《国语》:下邑这次战役,董安于的功劳最大,赵简子对他加以赏赐,董安于辞谢。赵简子要坚决赏赐他,董安于回答说:“当臣下我年少的时候,进入朝堂秉笔,辅助主上起草文告,声名称于前世,并在诸侯中树立道义,您却不记得。等臣下我长到壮年,使自己成为股肱之臣以跟随司马,没有发生暴虐和邪恶的事情。等臣下我年龄大了,身穿礼服,头戴礼帽,系上蔽膝,腰围大带,跟随宰官治事,百姓没有二心。如今臣下一旦在战斗中立下战功,就说‘一定要对你加以赏赐’,这是对战斗凶杀加以赏赐,还不如逃走。”于是就急步走出,所以赵简子就停止对他加以赏赐。

《说苑》:赵简子从晋阳到邯郸去,走到半路上就停了下来,引导车队的官吏上前问道:“您为什么要停下来呢?”赵简子说:“因为家臣董安于还在后面。”这位官吏说:“这是三军的大事,您怎么可以因为一个人而使三军滞留不前呢?”赵简子说:“好,那就前行吧!”可是驱车走了一百步又停了下来。引导车队的官吏正打算上前劝谏,董安于正好赶到了。赵简子对董安于说:“秦国的道路与晋国交结的地方,我忘了命人堵塞它。”董安于说:“这就是我留在后边的原因。”赵简子又说:“官府的印玺,我忘了派人带上它。”董安于回答说:“这也是我留在后面的原因。”赵简子说:“掌管朝觐聘问的行人烛过已经年迈了,他说的话没有不被晋国所效法的,我走的时候忘了派人向他辞行并向他问候。”

对曰:"此安于之所为后也。"简主可谓内省外知人矣哉!故身佚、国安。

《王孙子》:赵简子猎于晋山之阳,抚膺而叹。董安于曰:"敢问何叹?"简子曰:"吾有食谷之马数千,多力之士数百,欲以猎兽也,吾恐邻国养贤以猎吾也。"

《韩非子》:董阏于为赵上地守。行石邑山中,涧深,峭如墙,深百仞,因问其旁乡左右曰:"人尝有入此者乎?"对曰:"无有。"曰:"婴儿、痴聋、狂悖之人尝有入此者乎?"对曰:"无有。""牛、马、犬、彘尝有入此者乎?"对曰:"无有。"董阏于喟然太息曰:"吾能治矣。使吾法之无赦,犹入涧之必死也,则人莫之敢犯也,何为不治之?"

《说苑》:董安于治晋阳,问政于蹇老。蹇老曰:"曰忠,曰信,曰敢。"董安于曰:"安忠乎?"曰:"忠于主。"曰:"安信乎?"曰:"信于令。"曰:"安敢乎?"曰:"敢于不善人。"董安于曰:"此三者足矣。"

《国语》:赵简子使尹铎为晋阳,请曰:"以为茧丝乎,抑为保障乎?"简子曰:"保障哉!"尹铎损其户数。简子诫襄子曰:"晋国有难,而无以尹铎为少,无以晋阳为远,必以为归。"

董安于回答说:"这也是我留在后面的原因。"赵简子可以说得上是能够自我反省,对外又能知人的人了吧! 所以他既能够身心安乐,而又能使国家安定。

《王孙子》:赵简子在晋山的南面打猎,抚胸而发出叹息的声音。家臣董安于说:"请问您为什么叹息?"赵简子说:"我国有食谷的战马几千匹,有多力的勇士几百人,想让他们猎取野兽,我担心邻国培养贤人来猎取我啊。"

《韩非子》:董阏于做赵国上党地区的郡守。有一次巡行来到石邑的山中,那山涧很深,两边的山壁陡峭,像墙壁一样高耸,深达百仞,于是他便向那些居住在山涧附近的人询问:"有人曾经掉进这山涧里吗?"他们回答说:"没有。"董阏于又问:"小孩、痴聋、精神错乱的人曾经有掉进这山涧的吗?"他们回答说:"没有。"董阏于又问:"牛、马、狗、猪曾经有掉进这山涧的吗?"他们回答说:"没有。"董阏于感慨地长叹说:"我能治理民众了。假如我对犯法的人坚决惩处而不加赦免,使他们像掉进这山涧一样一定会死亡,那么人们就没有谁再敢违犯法令,为什么不能把他们治理好呢?"

《说苑》:董安于治理晋阳城,向蹇老请教从政的事。蹇老说:"要记住三个字:叫忠、信、敢。"董安于问:"什么叫忠呢?"蹇老说:"要忠于君主。"董安于又问:"什么叫信呢?"蹇老说:"政令要讲信用。"董安于再问:"什么叫敢呢?"蹇老说:"要敢于不用无才无德的人。"董安于说:"这三个字足够了。"

《国语》:赵简子让家臣尹铎去治理晋阳,尹铎向赵简子请示说:"是让我去晋阳征收一些赋税呢? 还是为了把晋阳作为一个保护的屏障呢?"赵简子说:"是为了把晋阳作为一个保护的屏障!"尹铎于是减少了晋阳每户纳税的数目。赵简子告诫他的儿子赵襄子说:"晋国如果发生祸难,你不要以为尹铎年少,不要嫌晋阳路途遥远,一定要到那里去躲避祸难。"

　　赵简子使尹铎为晋阳,曰:"必堕其垒培。吾将往焉,若见垒培,是见寅与吉射也。"尹铎往而增之。简子如晋阳,见垒,怒曰:"必杀铎也而后入。"大夫辞之,不可,曰:"是昭余仇也。"郎无正进曰:"昔先主文子少衅于难,从姬氏于公宫,有孝德以出在公族,有恭德以升在位,有武德以羞为正卿,有温德以成其名誉。失赵氏之典型而去其师保,基于其身,以克复其所。及景子长于公宫,未及教训,而嗣立矣,亦能纂修其身,以受先业,无谤于国,顺德以学子,择言以教子,择师保以相子。今吾子嗣位,有文之典型,有景之教训,重之以师保,加之以父兄。子皆疏之,以及此难。夫尹铎曰:'思乐而喜,思难而惧,人之道也。委土可以为师保,吾何为不增?'是以修之。庶曰可以鉴而鸠赵宗乎!若罚之,是罚善也。罚善必赏恶,臣何望矣?"简子说,曰:"微子,吾几不为人矣!"以免难之赏赏尹铎。

　　初,伯乐与尹铎有怨,以其赏如伯乐氏,曰:"子免吾死,敢不归禄?"辞曰:"吾为主图,非为子也,怨若怨焉。"

赵简子派尹铎去治理晋阳时，曾说："一定要毁坏荀寅、士吉射围赵氏所筑的壁垒。我将来去那儿，如果见到了壁垒，就如同见到了荀寅和士吉射。"尹铎去了那儿以后却增高了原有的壁垒。赵简子去晋阳，看到增高的壁垒后，大怒说："我一定要先杀了尹铎然后再进城。"大夫们请求不要杀尹铎，赵简子不答应，说："这分明是昭明我们的仇敌来侮辱我。"邮无正上前说："从前先主赵文子遭到了母亲庄姬之谗的祸难，跟随庄姬住在公宫中，因为有孝顺的德行而担任了公族大夫，因为有恭敬的德行而升职担任了卿，因为有武功而晋升为正卿，因为有温文尔雅的德行而成就了他的名誉。赵文子失去了赵氏的常法，而且没有师保的辅助，却从自身开始努力，所以能恢复祖先曾有过的高位。等到赵景子在公宫中长大了，没有来得及对他施加教训，他就继承了父位，但他也能加强自身的修养来继承祖先的业绩，使他在国中没有遭到诽谤，顺从德义来教育您，选择良言教育您，并挑选好的师保来辅助您。如今您继位了，有祖父文子的榜样，有父亲景子的教训，再加上有师保的帮助，和同宗父兄的协助。但您疏远了这些，所以会赶上荀寅、士吉射的祸难。尹铎曾说：'想到欢乐就高兴，想到困难就畏惧，这是人之常情。积累土块可以当作保护自己的师保，我为什么不加厚壁垒呢？'因此他重新修筑了壁垒。可以说是以此作为借鉴来安定赵氏的宗族了吧！如果惩罚他，是在惩罚善人。惩罚善人必定要奖赏恶人，臣下们还有什么希望呢？"赵简子十分高兴，说："没有您，我差不多就不成为一个人了！"于是就用免于灾难的奖赏来赏赐尹铎。

　　起初，伯乐（即邮无正）与尹铎之间有仇怨，这时，尹铎拿赵简子给他的赏赐去伯乐家中，说："是您免我一死，我敢不把这些俸禄送给您吗？"邮无正辞谢说："我只是为主公作打算，并不是为了你，我们之间的仇怨还是和从前一样。"

晋人围朝歌，公会齐侯、卫侯于脾、上梁之间，谋救范、中行氏。析成鲋、小王桃甲率狄师以袭晋，战于绛中，不克而还。士鲋奔周，小王桃甲入于朝歌。秋，齐侯、宋公会于洮，范氏故也。冬十二月，晋人败范、中行氏之师于潞，获籍秦、高彊。又败郑师及范氏之师于百泉。

哀公元年夏四月，齐侯、卫侯救邯郸，围五鹿。齐侯、卫侯会于乾侯，救范氏也。师及齐师、卫孔圉、鲜虞人伐晋，取棘蒲。冬十一月，晋赵鞅伐朝歌。

二年秋八月，齐人输范氏粟，郑子姚、子般送之。士吉射逆之，赵鞅御之，遇于戚。阳虎曰："吾车少，以兵车之斾与罕、驷兵车先陈。罕、驷自后随而从之，彼见吾貌，必有惧心。于是乎会之，必大败之。"从之。卜战，龟焦。乐丁曰："《诗》曰：'爰始爰谋，爰契我龟。'谋协，以故兆询可也。"简子誓曰："范氏、中行氏反易天明，斩艾百姓，欲擅晋国，而灭其君。寡君恃郑而保焉。今郑为不道，弃君助臣，二三子顺天明，从君命，经德义，除垢耻，在此行也。克敌者，上大夫受县，下大夫受郡，士田十万，庶人、工、商遂，人臣、隶圉免。志父无罪，君实图之。若其有罪，绞缢以戮，桐棺三寸，不设属辟，素车朴马，无入于兆，下卿之罚也。"

晋国人包围朝歌,晋定公在脾和上梁之间会见齐景公、卫灵公,谋划援救范氏、中行氏。大夫析成鲋和范氏、中行氏的党羽小王桃甲率领狄军偷袭晋国,双方在绛地交战,没有攻克而撤兵。士鲋(即析成鲋)逃亡到成周,小王桃甲进入朝歌。秋季,齐景公、宋景公在晋国洮地会见,这是因为范氏的缘故。冬季十二月,晋国人在潞地打败范氏、中行氏的军队,俘虏了籍秦、高疆。又在晋地百泉打败了郑国和范氏的军队。

鲁哀公元年夏季四月,齐景公、卫灵公救援晋地邯郸,包围了五鹿。齐景公、卫灵公在乾侯这个地方会见,目的是为了救援范氏。随后鲁国军队和齐国军队、卫国大夫孔圉、鲜虞狄人一起攻打晋国,占领了棘蒲。冬季十一月,晋国的赵鞅攻打朝歌。

二年秋季八月,齐国人给范氏运送粮食,由郑国大臣子姚、子般负责押送。士吉射迎接他们,赵鞅则率军抵御他们,双方在戚地相遇。阳虎说:"我们的车子少,应该把中军战车的旗帜插在车子上,先和罕达(即子姚)、驷弘(即子般)的战车对阵。等子姚、子般从后面跟上来,他们看到我军的阵容,必定有恐惧之心。在这时候会合战斗,一定会把他们打得大败。"赵鞅听从了,并占卜作战是吉是凶,结果龟甲烤焦了。大夫乐丁说:"《诗经》上说:'开始进行谋划,于是进行占卜。'既然谋划一致,相信过去的卜兆就可以了。"赵鞅誓师说:"范氏、中行氏违反天命,斩杀百姓,想要专权晋国并且灭亡国君。我们的国君本来可以依仗郑国保护自己。可现在郑国无道,抛弃国君帮助作乱臣子,我们各位应该顺从天命,服从君令,推行德义,消除耻辱,就在这次行动了。战胜敌人的人,上大夫可得到县,下大夫可得到郡,士可以得到土地十万亩,庶人、工、商可以做官,奴仆、隶役可以获得自由。我赵鞅战胜敌人没有罪过的话,国君可考虑赏赐。如果被打败有罪,就用绞刑把我诛戮,死后用三寸的桐木棺,不加属棺和贴身棺,用没有装饰的车马运棺材,不要埋葬在本族的墓地里,这是按下卿的地位处罚的。"

甲戌,将战。邮无恤御简子,卫太子为右。登铁上,望见郑师众,太子惧,自投于车下。子良授太子绥,而乘之,曰:"妇人也。"简子巡列曰:"毕万,匹夫也,七战皆获,有马百乘,死于牖下。群子勉之!死不在寇。"繁羽御赵罗,宋勇为右,罗无勇,麇之。吏诘之,御对曰:"痁作而伏。"卫太子祷曰:"曾孙蒯聩敢昭告皇祖文王、烈祖康叔、文祖襄公:郑胜乱从,晋午在难,不能治乱,使鞅讨之。蒯聩不敢自佚,备持矛焉。敢告无绝筋,无折骨,无面伤,以集大事,无作三祖羞。大命不敢请,佩玉不敢爱。"

郑人击简子,中肩,毙于车中,获其蜂旗。太子救之以戈,郑师北,获温大夫赵罗。太子复伐之,郑师大败,获齐粟千车。赵孟喜曰:"可矣。"傅傁曰:"虽克郑,犹有知在,忧未艾也。"

初,周人与范氏田。公孙龙税焉,赵氏得而献之,吏请杀之。赵孟曰:"为其主也,何罪?"止而与之田。及铁之战,以徒五百人宵攻郑师,取蜂旗于子姚之幕下,献曰:"请报主德。"追郑师。姚、般、公孙林殿而射,前列多死。赵孟曰:"国无小。"既战,简子曰:"吾伏弢呕血,鼓音不衰。今日我上也。"太子曰:"吾救主于车,退敌于下,我右之上也。"邮良曰:"我两靷将绝,吾能止之,

八月初七，要开始作战。邮无恤给赵鞅驾御战车，卫国太子做车右。他们登上铁丘，望见郑军人数众多，卫国太子害怕，竟吓得掉到车下。子良（即邮无恤）把车上的拉手带子递给卫国太子让他上车，说："你简直像个女人。"赵鞅巡视队伍说："毕万，是个普通人，七次战斗都俘虏了敌人，后来被赐予四百匹马，在家里善终。诸位也努力作战吧！这样未必就死在敌人手里。"繁羽给赵罗驾御战车，宋勇做车右，赵罗胆小，于是就让人用绳子把他捆绑在车上。军吏询问原因，御者繁羽回答说："疟疾发作所以才趴着。"卫国太子祈祷说："远孙蒯聩我谨敢求告皇祖文王、烈祖康叔、文祖襄公：郑声公胜顺从祸乱，晋定公午处在危难中，不能平定祸乱，特派赵鞅讨伐。蒯聩我不敢自求安逸，准备拿起长矛参加作战。谨敢祷告先祖保佑我不要断筋，不要折骨，不要伤面，完成大事，不致给三位祖先带来羞辱。这完全是为了维护祖先的功业，生死之命不敢请求，佩玉不敢爱惜。"

　　郑国人击中赵鞅的肩膀，赵鞅仆倒在车里，郑国人获得了他的蜂旗。卫国太子用戈救赵鞅，郑军败逃，但俘虏了温邑大夫赵罗。卫国太子再次进攻，郑军大败，又获得了齐国粮食一千车。赵鞅高兴地说："可以了。"赵鞅的属下傅傁说："虽然战胜了郑国，还有知氏在，忧患还没有消除。"

　　起初，周人给范氏土地。范氏之臣公孙尨为范氏收税时，赵氏逮捕了公孙尨献给赵鞅，军吏请求杀了他。赵鞅说："他是为他的主人尽忠，有什么罪？"于是不但不杀公孙尨，还给他土地。及至铁丘之战，公孙尨带领部下五百人夜里进攻郑军，在子姚的幕帐下夺回被抢走的蜂旗，献给赵鞅，说："请允许我以此报答主人的恩德。"前锋部队追击郑军。子姚、子般、公孙林一边殿后并一边射击，晋军前排的人大多数被射死。赵鞅说："看来对小国也不能轻视啊。"战斗结束后，赵鞅说："我伏在弓袋上吐血不止，但仍击鼓使鼓声不衰。今天我的功劳最大。"卫国太子说："我在车上救了主公您，在车下击退敌人，我在车右中功劳最大。"邮无恤说："我车上马胸前的两根皮带快要断了，我能让它不断，

我御之上也。"驾而乘材,两鞘皆绝。

三年冬十月,晋赵鞅围朝歌,师于其南。荀寅伐其郛,使其徒自北门入,己犯师而出。癸丑,奔邯郸。十一月,赵鞅杀士皋夷,恶范氏也。

四年秋七月,齐陈乞、弦施、卫宁跪救范氏。庚午,围五鹿。九月,赵鞅围邯郸。冬十一月,邯郸降,荀寅奔鲜虞,赵稷奔临。十二月,弦施逆之,遂堕临。国夏伐晋,取邢、任、栾、鄗、逆畤、阴人、盂、壶口。会鲜虞,纳荀寅于柏人。

〔补逸〕《史记》:晋定公二十一年,简子拔邯郸,中行文子奔柏人。简子又围柏人,中行文子、范昭子遂奔齐。赵竟有邯郸、柏人。范、中行氏余邑入于晋。赵名晋卿,实专晋权,奉邑侔于诸侯。

《新序》:中行寅将亡,乃召其太祝,而欲加罪焉,曰:"子为我祝,牺牲不肥泽邪?且斋戒不敬邪?使吾国亡,何也?"祝简对曰:"昔者,吾先君中行穆子皮车十乘,不忧其薄也,忧德义之不足也。今主君有革车百乘,不忧德义之薄也,唯患车不足也。夫舟、车饰,则赋敛厚;赋敛厚,则民怨谤诅矣。且君苟以为祝有益于国乎,则诅亦将为损世亡矣。一人祝之,一国诅之,一祝不胜万诅,国亡,不亦宜乎?祝其何罪?"

我是御者中功劳最大的。"他又驾上车装上点木材,结果两根皮带全断了。

三年冬季十月,晋国的赵鞅包围了朝歌,赵鞅军队驻扎在朝歌的城南。荀寅攻打朝歌的外城,派他的部下从北门进来,自己攻打敌军突围出去。十月二十三日,荀寅逃奔到邯郸。十一月,赵鞅杀了士皋夷(即范皋夷),这是因为憎恶范氏而迁怒于他。

四年秋季七月,齐国大臣陈乞、弦施、卫国甯跪救援范氏。七月十四日,包围五鹿。九月,赵鞅包围邯郸。冬季十一月,邯郸宣布投降,荀寅逃亡到鲜虞,赵稷则逃亡到临邑。十二月,弦施迎接赵稷,于是就拆毁了临邑的城墙。齐国大夫国夏攻打晋国,占领了邢地、任地、栾地、鄗地、逆畤、阴人、盂地、壶口。会合鲜虞,把荀寅送到柏人邑。

〔补逸〕《史记》:晋定公二十一年,赵简子攻下邯郸,中行文子(即荀寅)逃奔到柏人。赵简子又包围柏人,中行文子、范昭子于是逃奔到齐国。赵氏最终占有邯郸、柏人。范氏、中行氏的其他城邑归了晋国公室。赵简子名义上是晋国上卿,实际上把持着晋国的政权,封地和诸侯相等。

《新序》:中行寅(即荀寅)准备逃亡到外国去,于是就把他的太祝召进来,想给他加上一些罪名,说:"你替我祭拜天地的时候,是你所用的牛羊等祭品不肥美呢? 或者是斋戒不敬慎呢? 弄得我的封国灭亡,这是为什么呢?"祝简回答说:"从前,我们的先君中行穆子只有皮车十辆,但他并不嫌少,只忧虑对民众的恩德仁义不够。现在主人您有皮车一百辆,您不忧虑您对民众的恩德仁义太少,却抱怨皮车不够多。船只、车子装饰得太华丽,那么对民众征收赋税就会加重;征收赋税加重,那么民众就会怨恨、诽谤、诅咒您了。况且主人您如果认为祭祀祈求福泽有益于国家的话,那么民众的诅咒也会使国家灭亡了。只有一个人替您祭神求福,而整个国家的民众诅咒您,一个人的祈祷敌不过全国民众的诅咒,国家将要灭亡,不也是理所当然的吗? 我有什么罪?"

中行子乃惭。

《韩非子》：晋中行文子出亡，过于县邑。从者曰："此啬夫，公之故人，公奚不休舍，且待后车？"文子曰："吾尝好音，此人遗我鸣琴；吾好佩，此人遗我玉环。是振我过者也。以求容于我者，吾恐其以我求容于人也。"乃去之。果收文子后车二乘，而献之其君矣。

《国语》：赵简子叹曰："吾愿得范、中行之良臣。"史黯侍曰："将焉用之？"简子曰："良臣，人之所愿也，又何问焉？"对曰："臣以为不良故也。夫事君者，谏过而赏善，荐可而替否，献能而进贤，择才而荐之，朝夕诵善败而纳之。道之以文，行之以顺，勤之以力，致之以死。听则进，不则退。今范、中行氏之臣，不能匡相其君，使至于难。君出在外，又不能定，而弃之，则何良之为？若弗弃，则主焉得之？夫二子之良，将勤营其君，使复立于外，死而后止，何日以来？若来，则非良臣也。"简子曰："善。吾言实过矣。"

中行寅听了以后感到非常惭愧。

《韩非子》：晋国的中行文子出境逃亡，经过县城。他的随从对他说："这个县的啬夫，是您的老相识，您为什么不在这里留宿，等待一下后面随从的车辆呢？"中行文子说："我曾经爱好音乐，这个人就赠送给我鸣琴；我喜欢衣服上佩戴的玉佩，这个人就送给我玉环。这是助长我过失的人啊。用助长我过失的手段来求得我好感的人，我怕他拿我去求得人家的好感。"于是就离开了县城。这个县城的啬夫果然没收了中行文子后面随行的车子两辆，把它们献给了自己的君主。

《国语》：赵简子叹息说："我希望能够得到范吉射、中行寅手下的良臣。"晋大夫史黯在旁边陪着，说："用范氏、中行氏的良臣做什么？"赵简子说："贤良的臣子，是人所希望得到的，又何必追问呢？"史黯回答说："臣下我认为他们算不上良臣，所以才问的。事奉国君的人要谏正过失而称扬美善，进荐可行之事而除去不可行的，提升能人贤人到重要位置上，挑选才能之士并举荐他们，每天讲述善恶成败的事迹而使国君采纳。用文德来诱导君主，使君主顺理去做事，竭尽全力帮助君主，拼死解救国君危难。君主听从采纳就出仕，君主不听从采纳就隐退。如今范氏、中行氏的大臣，不能匡扶他们的君上，致使范氏、中行氏遭到祸难。范氏、中行氏出逃到外国，手下的臣子又不能安定他们的国君，却反而抛弃了他们的国君去事奉他人，那么他们又算作什么良臣呢？倘若他们不抛弃原来的国君，那么主上您又怎能得到他们？范氏、中行氏的良臣，将会辛勤地为他们的国君谋划，使他们的国君能够在其他国家里重新崛起，一直到死，然后才停止这种做法，这样，还会有哪一天到您这儿来呢？如果他们中途改侍其他君主，到您这儿来了，那么也就算不上良臣了。"赵简子说："好吧。我说的话确实是错误了。"

五年春，晋围柏人，荀寅、士吉射奔齐。初，范氏之臣王生恶张柳朔，言诸昭子，使为柏人。昭子曰："夫非而仇乎？"对曰："私仇不及公，好不废过，恶不去善，义之经也。臣敢违之？"及范氏出，张柳朔谓其子："尔从主，勉之！我将止死，王生授我矣，吾不可以僭之。"遂死于柏人。夏，赵鞅伐卫，范氏之故也，遂围中牟。

六年春，晋伐鲜虞，治范氏之乱也。

〔补逸〕《国语》：赵简子叹曰："雀入于海为蛤，雉入于淮为蜃，鼋、鼍、鱼、鳖，莫不能化；唯人不能。哀夫！"窦犨侍曰："臣闻之：君子哀无人，不哀无贿；哀无德，不哀无宠；哀名之不令，不哀年之不登。夫中行、范氏，不恤庶难，而欲擅晋国，今其子孙将耕于齐，宗庙之牺为畎亩之勤，人之化也，何日之有？"

《史记》：赵简子有臣曰周舍，好直谏。周舍死，简子每听朝，常不悦。大夫请罪，简子曰："大夫无罪。吾闻千羊之皮，不如一狐之腋。诸大夫朝，徒闻唯唯，不闻周舍之谔谔，是以忧也。"简子由此能附赵邑而怀晋人。

十年夏，赵鞅帅师伐齐，大夫请卜之。赵孟曰："吾卜，于此起兵，事不再令，卜不袭吉，行也！"侵及赖而还。

五年春季,晋国人包围柏人,荀寅、士吉射(即范昭子)逃奔到齐国。起初,范氏的家臣王生憎恶张柳朔,向范昭子建议,派张柳朔做柏人的地方长官。范昭子说:"这个人不是你的仇人吗?"王生回答说:"私仇不能危害公事,喜爱一个人不能掩盖他的过错,厌恶他不能抹杀他的优点,这是道义的标准。臣下我怎敢违背它呢?"等到范氏离开了柏人,张柳朔对他的儿子说:"你跟随主人,一定要努力呀!我准备留下来死战,王生教给我生死大义了,我不能不被人信任。"于是就死在柏人抗击晋军的战斗中。夏季,赵鞅领兵攻打卫国,是因为卫国帮助了范氏,于是就包围了卫国的中牟。

六年春季,晋国攻打鲜虞,这是为了惩治鲜虞帮助范氏作乱。

〔补逸〕《国语》:赵简子叹息说:"麻雀入海后变为蛤,野鸡入淮后变为蜃,鼋、鼍、鱼、鳖,没有不能变化的;只有人不能变化。可悲啊!"大夫窦犫在旁边陪着,说:"臣下我听说:君子哀痛缺乏贤人,而不因为缺乏贿赂而悲哀;哀痛缺乏德行,而不因为不受宠爱而悲哀;哀痛名声没有宣扬,而不因为年岁不高而哀痛。范氏、中行氏不抚恤庶人的灾难,却想独自占有晋国,而如今他们的子孙将要在齐国耕作,本来是主持宗庙祭祀的贵人,却变成田野间耕作的苦力,人的变化,哪里需要很长的时间呢?"

《史记》:赵简子有个家臣叫周舍,喜欢直言规劝。周舍死后,赵简子每次主持朝会处理政事,常常不高兴。大夫们请罪,赵简子说:"你们没有罪。我听说一千张羊皮也抵不过一张狐腋皮。你们参加朝会,我只听到唯唯诺诺的应承声,听不到周舍那样有力的争辩声,因此才忧虑。"赵简子因此能够使赵邑的人归附,安抚晋国的人。

十年夏季,赵鞅率领军队攻打齐国,大夫请求占卜此事。赵鞅说:"我对齐国发兵占卜过,一次战事不可两次占卜,占卜不一定重复吉利,干脆行动吧!"打到赖地就回去了。

十七年夏六月,赵鞅围卫。齐国观、陈瓘救卫,得晋人之致师者。子玉使服而见之,曰:"国子实执齐柄,而命瓘曰,'无辟晋师',岂敢废命？子又何辱？"简子曰:"我卜伐卫,未卜与齐战。"乃还。

二十三年夏六月,晋荀瑶伐齐,高无丕帅师御之。知伯视齐师,马骇,遂驱之,曰:"齐人知余旗,其谓余畏而反也。"及垒而还。将战,长武子请卜。知伯曰:"君告于天子,而卜之以守龟于宗祧,吉矣,吾又何卜焉？且齐人取我英丘,君命瑶非敢耀武也,治英丘也。以辞伐罪,足矣,何必卜？"壬辰,战于犁丘,齐师败绩。知伯亲禽颜庚。

二十七年,晋荀瑶帅师伐郑,次于桐丘。驷弘请救于齐。齐师将兴,陈成子属孤子,三日朝。设乘车两马,系五邑焉。召颜涿聚之子晋,曰:"隰之役,而父死焉。以国之多难,未女恤也。今君命女以是邑也,服车而朝,毋废前劳！"乃救郑。及留舒,违穀七里,穀人不知。及濮,雨,不涉。子思曰:"大国在敝邑之宇下,是以告急。今师不行,恐无及也。"成子衣制杖戈,立于阪上。马不出者,助之鞭之。知伯闻之,乃还,曰:"我卜伐郑,不卜敌齐。"

十七年夏季六月，赵鞅率兵包围卫国。齐国大夫国观、陈瓘前往救援卫国，俘虏了晋国来挑战的人。子玉（即陈瓘）让被俘虏的人穿上原来的衣服然后接见他，说："齐国实际上由国子掌握政权，他命令我陈瓘说，'不要回避晋军'，我怎敢废弃这个命令呢？哪里又用得着劳动您前来赐教呢？"赵鞅说："我占卜过攻打卫国，没有占卜过和齐国交战。"于是就撤兵回国。

二十三年夏季六月，晋国大夫荀瑶攻打齐国，齐国大夫高无丕率兵抵抗晋军。知伯（即荀瑶）观察齐军的虚实，乘马受到惊吓，于是就索性驱马前进，说："齐国人已经看到我的旗帜，如果不向前进恐怕会说我是害怕而逃回去了。"于是策马到达齐军的营垒然后才回去。将要作战，晋国大夫长武子请求占卜。知伯说："国君已经报告了周天子，并且在祖庙里已经用龟甲占卜过，卦象很吉利，我又占卜什么呢？况且齐国人占领了我们的英丘，国君命令我前来，不敢炫耀武力，只是为了治理英丘。用正义的言辞讨伐有罪的人就足够了，何必用得着占卜呢？"六月二十六日，晋齐两国在齐国犁丘作战，结果齐军大败。知伯亲自捉住了齐国大夫颜庚。

二十七年，晋国大夫荀瑶率军攻打郑国，驻扎在郑国桐丘。郑国大夫驷弘到齐国请求援救。齐国军队将要出发，陈成子集合为国战死者的儿子，用三天时间朝见国君。设置了一辆两匹马的车，再加城邑五座作封赏。陈成子召见大夫颜涿聚的儿子颜晋，说："隰地那次战役，你的父亲死在那里。因为国家多灾多难，没有能抚恤你。现在国君命令把这城邑给你，你赶紧穿着朝服驾着车子朝见，不要废弃你父亲的功劳！"于是齐军就出兵救援郑国。到达留舒，距离穀地七里，穀地人竟没有发觉。到达濮水，天下大雨，军队不肯过河。子思说："晋国的军队就在敝邑的屋檐下，因此我们向贵国告急。现在军队不肯前进，恐怕要来不及了。"陈成子披着雨衣拄着戈，站在山坡上。凡是马不肯向前的，就推拉它鞭打它。知伯听说这种情况后，就撤兵回去了，说："我占卜了攻打郑国的事，没有占卜和齐国作战。"

使谓成子曰："大夫陈子,陈之自出。陈之不祀,郑之罪也。故寡君使瑶察陈衷焉,谓大夫其恤陈乎?若利本之颠,瑶何有焉?"成子怒曰："多陵人者皆不在,知伯其能久乎?"中行文子告成子曰："有自晋师告寅者,将为轻车千乘,以厌齐师之门,则可尽也。"成子曰："寡君命恒曰:'无及寡,无畏众。'虽过千乘,敢辟之乎?将以子之命告寡君。"文子曰："吾乃今而知所以亡。君子之谋也,始、衷、终皆举之,而后入焉。今我三不知而入之,不亦难乎?"

悼之四年,晋荀瑶帅师围郑,未至,郑驷弘曰："知伯愎而好胜,早下之,则可行也。"乃先保南里以待之。知伯入南里,门于桔柣之门。郑人俘酅魁垒,赂之以知政,闭其口而死。将门,知伯谓赵孟："入之。"对曰："主在此。"知伯曰："恶而无勇,何以为子?"对曰："以能忍耻,庶无害赵宗乎!"知伯不悛,赵襄子由是慭知伯,遂丧之。知伯贪而愎,故韩、魏反而丧之。

〔补逸〕《国语》:知宣子将以瑶为后,知果曰:"不如宵也。"宣子曰:"宵也很。"对曰:"宵之很在面,瑶之很在心。心很败国,面很不害。瑶之贤于人者五,其不逮者一。美鬓长大则贤,射御足力则贤,

派人对陈成子说："大夫陈氏，是从陈国分支出来的。陈国之所以断绝祭祀，是因为郑国的罪过。所以敝国国君派我来考察陈国灭亡的内情，还要询问大夫您是否忧虑陈国？如果您觉得宗国覆亡对您有利，那我有什么办法呢？"陈成子大怒说："经常欺凌别人的都没有好结果，知伯难道能够长久吗？"晋国大夫中行文子告诉陈成子说："有一个从晋军中来的人告诉我说，晋国将要出动轻车一千辆，迫近攻击齐军的营门，就可以使齐军全部被歼灭。"陈成子说："国君命令我说：'不要追击零散的士卒，不要害怕大批的敌人。'晋军即使超过一千辆战车，岂敢避开他们？我要把您的话报告给国君。"中行文子说："我到今天才知道自己为什么逃亡在外了。君子谋划一件事，开始、中间、结果都要考虑到，然后向上报告。现在我对这三个方面都不了解就向上进言，不也是很难的吗？"

鲁悼公四年，晋国大夫荀瑶率军包围郑国，还没到达，郑国大夫驷弘说："知伯刚愎自用而好胜，如果我们早点向他表示屈服，他就可以退走。"于是就先在郑国都城郊区南里据守以等待晋国的到来。知伯攻进南里，包围了都城远郊桔秩之门。郑国人俘虏了酅魁垒，让他做郑卿引诱他投降，因为他不肯答应就塞住他的嘴杀了他。晋军正准备攻打城门时，知伯对赵孟（即赵襄子）说："攻进去。"赵襄子回答说："有主帅在这里。"知伯说："你容貌丑陋而且没有勇气，为什么做了赵家的继承人？"赵襄子回答说："因为能够忍受耻辱，也许对赵氏宗族没有什么害处吧！"知伯不肯改悔，赵襄子因此怨恨知伯，知伯便想要消灭赵襄子。知伯贪婪而且刚愎自用，所以韩、赵两家反倒灭亡了他。

〔补逸〕《国语》：知宣子想立儿子知瑶（即知伯）为后嗣，知果说："不如立庶子知宵。"知宣子说："知宵刚愎自用。"知果回答说："知宵的刚愎自用在表面，知瑶的刚愎自用在心中。内心刚愎自用败坏国家，表面刚愎自用则不要紧。知瑶的过人之处有五方面，赶不上别人的只有一个方面。他鬓发美观、身材高大胜过别人，射箭驾车、力气充沛胜过别人，

伎艺毕给则贤，巧文辩惠则贤，强毅果敢则贤。如是而甚不仁。以其五贤陵人，而以不仁行之，其谁能待之？若果立瑶也，知宗必灭。"弗听。知果别族于太史，为辅氏。及知氏亡，唯辅果在。

《史记》：知伯与赵、韩、魏尽分其范、中行故地。晋出公怒，告齐、鲁，欲以伐四卿。四卿恐，遂共攻出公。出公奔齐，道死。知伯乃立昭公曾孙骄，是为晋懿公。知伯益骄，请地韩、魏，韩、魏与之。请地赵，赵不与，以其围郑之辱。知伯怒，遂率韩、魏攻赵。

《国策》：韩、魏反于外，赵氏应之于内，智氏遂亡。

〔发明〕按：知伯之事，记载繁多。《左氏》篇末数语，言简义尽，然其事稍略。可媲美者，太史公《世家》也，故并存之，且以证韩、魏反丧智氏之语。

《新序》：知伯嚣之时，有士曰长儿子鱼，绝知伯而去之。三年，将东之越，而道闻知伯嚣之见杀也，谓御曰："还车反，吾将死之。"御曰："夫子绝知伯而去之三年矣，今反死之，是绝属无别也。"长儿子鱼曰："不然。吾闻仁者无余爱，忠臣无余禄。吾闻知伯之死，而动吾心，

对各种各样的技艺的掌握超过别人,巧于文辞、才辩聪明超过别人,坚强刚毅、果断勇敢超过别人。虽然有这五种过人之处,但他特别不仁。仗恃着他有这五种过人之处,去侵凌别人,而用不仁慈的心肠去做事,谁能够原谅他?倘若果真立知瑶为后嗣,知氏家族必定有灭门之祸。"知宣子没有听从。知果到太史那里声明改姓辅氏,和知氏断绝同族的关系。及至知氏灭亡,只有辅果存活下来。

《史记》:知伯和赵、韩、魏三家全部瓜分范氏、中行氏原有领地。晋出公恼怒,告诉齐国和鲁国,想依靠齐、鲁二国讨伐知氏、赵氏、韩氏、魏氏四卿。四卿害怕,就联合起来攻打出公。晋出公逃奔齐国,死在途中。知伯于是立昭公的曾孙姬娇为国君,这就是晋懿公。知伯更加骄横,向韩氏、魏氏要地,韩氏、魏氏给了他。又向赵氏要地,赵氏不给,这是由于赵襄子围攻郑国时曾受知伯的侮辱。知伯大怒,就率领韩、魏攻赵。

《战国策》:韩氏、魏氏从外面返回,赵氏在国内响应,智氏于是灭亡。

〔发明〕按:知伯的事,记载繁多。《左传》篇末的几句话,言简意赅,但是知伯的事情稍微有些简略。可以媲美的,是太史公司马迁的《史记·赵世家》,因此把它们的记载一起保存在这里,并且用来证明韩氏、魏氏反过来灭亡了智氏的话。

《新序》:知伯罃的时候,有一位名叫长儿子鱼的士人,因为和知伯罃绝交而离开了他。三年之后,长儿子鱼要去东方的越国,却在路上听到知伯罃被人所杀的消息,他对车夫说:"驾车回去,我将要为知伯罃殉死。"车夫说:"您和知伯罃绝交而且已经离开他三年了,现在您回去为他而死,这就和断绝亲属关系没有分别了。"长儿子鱼说:"话不是这样说的。我听说有仁德的人,绝不保留对别人的爱心,忠心的臣子没有多余的俸禄。我听到知伯死的消息,心里大有触动,

余禄之加于我者至今尚存，吾将往依之。"反而死。

臣士奇曰：晋卿凡十一族，魏氏也，赵氏也，狐氏也，胥氏也，先氏也，栾氏也，郤氏也，韩氏也，知氏也，中行氏也，范氏也。

魏为毕公高之后，至万始受魏，卜偃所谓"必大"者也。魏武子从于文公，及颗，有获杜回功。绛以佐悼公驾楚，受金石之赐。绛以下七传而为魏文侯斯，始分晋。

赵之先与秦同祖伯翳，至夙始受耿。衰负羁绁从文公，盾相灵、成、冬、夏之日济美焉。及庄姬之难，宗几覆。景公感大厉，乃立武而反其田，是为文子。文子生景叔，景叔生鞅，是为简子。简子以毋卹得所藏常山宝符，知其欲取代也，废伯鲁而立之，是为襄子。再传烈侯籍，始列诸侯。

韩之先与周同姓，其后仕晋，封于韩原，曰韩武子。武子后三世有厥，与郤克将兵伐齐，几逐得齐侯者也，号为献子，生宣子起，与赵、魏共分祁氏、羊舌氏十县始大。六传至景侯虔，列诸侯。

狐氏之族自突始，突以子偃及毛从文公，惠公使突召之，不顺，自杀，名闻诸侯。偃生射姑，是为贾季，

他以前对我的恩惠,到现在我都没能偿报,现在我要去为他而死。"返回去后自杀而死。

臣下我高士奇评论说:晋国的卿总共有十一族,分别是魏氏、赵氏、狐氏、胥氏、先氏、栾氏、郤氏、韩氏、知氏、中行氏、范氏。

魏氏是毕公姬高的后代,到了毕万时开始接受晋献公封赏的魏地,他就是晋国掌管占卜的郭偃所说的"后代一定昌大"的那一族。魏武子一直跟从晋文公,等到魏颗时,立有俘获秦国大力士杜回的功劳。魏绛因为辅佐晋悼公力压楚国复霸,而得到钟磬的赏赐。魏绛往下传七代就是魏文侯魏斯了,从那时开始分晋自立。

赵氏与秦国有着共同的祖先伯翳,到赵夙时最先受封于耿地。赵衰随晋文公奔走流亡,赵盾则辅佐晋灵公和晋成公,赵衰像冬天的太阳那样可爱,赵盾像夏天的太阳那样可畏,他们都能发扬先祖的美德。等到庄姬之乱时,赵氏整个宗族几乎覆灭。景公受厉鬼惊吓而感激赵氏对晋国的功劳,于是就立了他们的后代赵武并且还给他封地,他就是赵文子。赵文子生了景叔,景叔生了赵鞅,就是赵简子。赵简子因为儿子毋卹得到了他藏的常山宝符,知道他将夺取代国,于是就废掉了世子伯鲁而立他,他就是赵襄子。再传到烈侯赵籍,开始名列诸侯。

韩氏的祖先与周朝同姓,他的后代子孙事奉晋国,被封在韩原,称为韩武子。韩武子以后的三代有个韩厥,他就是与郤克统兵攻打齐国,几乎俘获齐顷公的人,号为韩献子,韩献子生了韩宣子韩起,他与赵、魏两家共同瓜分了祁氏和羊舌氏的十县后开始强大。往后传了六代到景侯韩虔,开始列为诸侯。

狐氏之族始于狐突,狐突让儿子狐偃和狐毛跟随晋文公,晋惠公(应为晋怀公)让他召儿子回来,狐突不顺从,便被晋怀公杀了,因此声名闻于诸侯。狐偃生了狐射姑,就是贾季,

夷之蒐将中军。阳处父为成季之属,举赵盾,易置中军帅。射姑怨之,使续鞫居杀处父,遂出奔狄,狐氏以亡。

胥氏自胥臣以虎皮蒙马,显于城濮,是为臼季。生胥甲父,河曲之役佐下军,与赵穿为军门之呼,挠薄秦于河之计,得罪晋人,放之而立其子。胥克有蛊疾,郤缺为政,废之。克子胥童怨郤氏,党厉公,而杀三郤,被诛,胥氏以亡。

先氏自先轸城濮献谋,败楚功多。箕之战,免胄入狄师而死。襄公命其子且居将中军,于温觌王,且居有力焉。及先縠以败邲、召狄罪诛,而尽灭其族,先氏以亡。

栾氏,公族也,城濮之战,栾枝以曳柴遁。书、铖世有勋伐,及黡始汰。盈以乐祁之谮,奔而复入,以逆诛,栾氏遂亡。

郤氏自冀芮焚公宫,欲弑文公,以罪废。臼季举其子缺,箕之战,获白狄子,复与之冀。子郤克伐齐,大胜于鞍。郤至陈六间之策,败楚鄢陵。而自伐其

在夷地的阅兵中狐射姑担任中军统帅。阳处父过去是成季（即赵衰）的部下，所以他推举赵衰的儿子赵盾，代替了狐射姑中军统帅的职务。狐射姑怨恨阳处父，于是就派续鞠居杀掉了阳处父，他自己也逃亡到狄人那里，狐氏从此就灭亡了。

胥氏自胥臣在城濮之战中以虎皮蒙马而声名显赫，他就是白季。胥臣生了胥甲父，胥甲父在对秦国的河曲之战中做下军佐，因为和赵穿一起挡住营门大喊，阻挠了晋军把秦军逼到黄河边上的计划，所以得罪了晋国人，因此他被放逐到卫国，而立了他的儿子胥克。胥克有神经错乱的病，所以由郤缺执政，废掉了胥克。胥克的儿子胥童怨恨郤氏，就联合晋厉公，杀了郤至、郤锜、郤犫，而胥童也被杀掉了，胥氏从此就灭亡了。

先氏之祖先轸在城濮之战中的出谋划策，晋国打败楚国，他的功劳最多。在箕地的战役中，他不披甲胄就冲入狄人军中而战死。晋襄公命令他的儿子先且居率领中军，襄公到温地朝觐周王，先且居出了很多力。后来先縠由于在邲之战中失败和招来狄人的罪过而被诛杀，因而灭亡了他的整个家族，先氏从此就灭亡了。

栾氏是公族，在城濮之战中，栾枝让战车拉着木柴假装逃跑来引诱楚军。栾书和栾黡父子两代都享有功勋，到栾黡时开始骄奢。栾盈因为遭到纵欲作乐的栾祁的毁谤而出逃，后来又回到了晋国，因为叛乱而被诛杀，栾氏从此就灭亡了。

郤氏起自冀芮，冀芮因为焚烧公宫，而且想杀死文公，因此获罪而被废掉。白季（即胥臣）推举了他的儿子郤缺做卿，在箕之战中，郤缺俘获了白狄的首领，于是晋国又归还了他父亲的封邑冀地。他的儿子郤克征伐齐国，在鞍之战中取得了大胜。郤至献上了楚国有六大弱点可乘的计策，结果使晋国大败楚军于鄢陵。然而郤至却夸耀自己的

绩，又与郤犫、郤锜潜伯宗而杀之。厉公信栾书之谤，讨灭三郤，郤氏以亡。

知氏、中行氏本皆荀族也。自荀首始别为知氏，故知罃亦称荀罃云。首生罃，建三驾之策。罃生盈，盈生跞，跞生瑶，是为知伯，灭于韩、赵、魏，知氏以亡。中行氏自文公作三行以御狄，而荀林父将中行，盖军师之名也，因以为氏。林父进思尽忠，退思补过，贤矣。林父子庚，庚子偃，偃子吴，吴子寅，为知、韩、魏、赵所逐，尽分其地，中行氏以亡。

范氏为陶唐之后，其由来远。自士会始显。会生燮，是为文子。文子最贤，鄢陵之不欲败楚者也。燮生匄，是为宣子，伐齐闻丧而还。匄生鞅，鞅生吉射，与荀寅并逐地分，范氏以亡。

此十一族废兴之大略也。

夫晋称狐、赵之勋，然狐最先灭。舅氏临河之誓，一传遽斩，晋真少恩哉！若成季之勋，宣孟之忠，以一妇人言，血食中断。向非婴、杵之存孤，而又有韩厥为之伸理，赵氏其终为厉矣。至栾氏累世勤劳，武子之德在人，如周人之思召公，独不可以盖黡、盈之侈而

功绩，又与郤犨、郤锜毁谤伯宗并杀了他。晋厉公相信了栾书的谗言，讨伐灭亡了三郤，郤氏从此就灭亡了。

知氏、中行氏本来都属于荀氏家族。从荀首开始才分出知氏，所以知罃也叫荀罃。荀首生了知罃，知罃提出了三次兴兵攻打楚国的策略。知罃生了知盈，知盈生了知跞，知跞生了知瑶，知瑶就是知伯，他被韩、赵、魏三家灭掉，知氏从此就灭亡了。中行氏始于晋文公作中行、左行、右行三军抵御狄人，荀林父统率中行，因此中行大概是军队的名称吧，因而以此为氏。荀林父进见时想着如何尽忠尽诚，退下后想着如何弥补过失，是个贤者啊。荀林父的儿子是荀庚，荀庚的儿子是中行偃，中行偃的儿子是中行吴，中行吴的儿子是中行寅，中行寅被知氏、赵氏、韩氏、魏氏所驱逐，而且全部的土地都被他们瓜分了，中行氏从此就灭亡了。

范氏是陶唐氏的后代，他们的家族由来已久。从士会时开始显赫。士会生了士燮，士燮就是范文子。范文子最有贤德，他就是鄢陵之战中不想打败楚国的那个人。士燮生了士匄，士匄就是范宣子，征伐齐国时，他听说齐国有丧事就返了回来。士匄生了士鞅，士鞅生了士吉射，他与中行寅一起被驱逐而被瓜分了土地，范氏从此就灭亡了。

这就是晋国十一卿族废兴的大致情况。

晋国称道狐氏、赵氏的功勋，然而狐氏却最先灭亡。晋文公对舅父狐偃面对黄河发下誓言，然而只传了一代，到狐偃的儿子狐射姑时狐氏的家族血脉就断绝了，晋国真是缺少恩德啊！像成季那样的功勋，像宣孟（即赵盾）那样的忠诚，却因为一个妇人赵庄姬的话，而断绝了他们死后受享祭品的权利。要不是程婴和公孙杵臼保护赵氏的遗孤，而且又有韩厥为之申辩，赵氏最终就变成厉鬼了。至于栾氏世代勤劳，栾武子对百姓有恩德，人们思念他就像周人思念召公一样，这难道不可以掩盖栾黡、栾盈的骄奢而

十世宥乎？商任、沙随之间，何其搏击之如不克也？
曲沃入而栾氏族，亦疾之已甚所致耳。胥氏、先氏、郤
氏其先世皆有功，子孙虽不肖，诛止其身可也，并其族
而废之。鲧殛禹兴，独不可以待冀缺者仿而行之耶？
中行、范氏恶于赵鞅，鞅奔晋阳，而卒复二氏，老于朝
歌，终为叛臣，同罪异罚，盖亦不均之甚矣。知伯党三
家以逐中行，贪瞀无亲，卒为三家所并，而晋亦随之，
皆可以为戒哉！

宽恕栾氏十世的后代吗？诸侯在商任、沙随会见时晋国一再要求各国不得收留栾盈，为何想要严惩他就像不能实现一样呢？栾盈进入曲沃，结果栾氏被灭族，这也是人们太过憎恨他导致的。胥氏、先氏、郤氏的先世都有功勋，子孙虽然不肖，诛杀他们自己就可以了，却要连同整个家族一起废掉。鲧被杀而禹勃兴，难道对待冀缺（即郤缺）时不可以仿效并实行吗？中行氏、范氏讨厌赵鞅，赵鞅逃亡到晋阳，而最终报复了这二家，使中行氏、范氏衰败于朝歌，最终成为国家的叛臣，相同的罪行却受到不同的处罚，不公平也太严重了。知伯联合韩、赵、魏三家驱逐了中行氏，但他却贪婪愚昧不为人所亲，最终被三家吞并，而晋国也随之为三家所分，这些都是该引以为戒的啊！

卷三十二　晋并戎狄
详文襄伯业者不复重载　长狄附

僖公八年,晋里克帅师,梁由靡御,虢射为右,以败狄于采桑。梁由靡曰:"狄无耻,从之,必大克。"里克曰:"惧之而已,无速众狄!"虢射曰:"期年狄必至,示之弱矣。"夏,狄伐晋,报采桑之役也。复期月。

十六年秋,狄侵晋,取狐、厨、受铎,涉汾,及昆都,因晋败也。

二十二年。初,平王之东迁也,辛有适伊川,见披发而祭于野者,曰:"不及百年,此其戎乎! 其礼先亡矣。"秋,秦、晋迁陆浑之戎于伊川。

文公十一年,鄋瞒侵齐,遂伐我。公卜使叔孙得臣追之,吉。侯叔夏御庄叔,绵房甥为右,富父终甥驷乘。

冬十月甲午,败狄于咸,获长狄侨如。富父终甥撄其喉以戈,杀之,埋其首于子驹之门。以命宣伯。初,宋武公

卷三十二 晋并戎狄

详文襄伯业者不复重载 长狄附

　　鲁僖公八年,晋国大夫里克率领军队,由梁由靡驾驶战车,虢射做车右,在晋国采桑打败了狄人。梁由靡说:"狄人没有羞耻,如果我们追击,一定大胜。"里克说:"使他们害怕就行了,不要因为追击招来更多的狄人!"虢射说:"只要一年,狄人必然再来,不去追击就是向他们表示软弱可欺了。"夏季,狄人果然又来攻打晋国,这是为了报复采桑之战。应验了一年后来报复的预言。

　　十六年秋季,狄人侵袭晋国,占领了狐地、厨地、受铎,并渡过汾水,到达昆都,因为晋国被秦国打败了。

　　二十二年。当初,周平王东迁的时候,周大夫辛有到周地伊川,途中见到一个披散着头发在野外祭祀的人,那个人预言说:"不到一百年,这里恐怕就要变成戎人的地方了!因为周朝的礼仪已经消亡了。"秋季,秦国、晋国把陆浑之戎迁到伊川居住。

　　鲁文公十一年,狄人鄋瞒侵袭齐国,随后又攻打鲁国。鲁文公为派大夫叔孙得臣追赶敌人而占卜,结果是吉利。大夫侯叔夏驾驶庄叔(即叔孙得臣)的战车,大夫绵房甥做车右,大夫富父终甥做车右的副手。

　　冬季十月初三,鲁军在咸地打败狄人,俘获了长狄首领侨如。富父终甥用戈抵住他的咽喉,杀死他,并把他的头颅埋在子驹之门下边。叔孙得臣将自己的儿子宣伯命名为侨如。当初,宋武公

之世,郑瞒伐宋,司徒皇父帅师御之。耏班御皇父充石,公子縠甥为右,司寇牛父驷乘,以败狄于长丘,获长狄缘斯。皇父之二子死焉。宋公于是以门赏耏班,使食其征,谓之而耏门。晋之灭潞也,获侨如之弟焚如。齐襄公之二年,郑瞒伐齐,齐王子成父获其弟荣如,埋其首于周首之北门。卫人获其季弟简如。郑瞒由是遂亡。

宣公六年秋,赤狄伐晋,围怀及邢丘。晋侯欲伐之,中行桓子曰:"使疾其民,以盈其贯,将可殪也。《周书》曰,'殪戎殷',此类之谓也。"

七年夏,赤狄侵晋,取向阴之禾。

十一年,晋郤成子求成于众狄,众狄疾赤狄之役,遂服于晋。秋,会于欑函,众狄服也。是行也,诸大夫欲召狄。郤成子曰:"吾闻之:'非德莫如勤,非勤何以求人?'能勤有继,其从之也。《诗》曰:'文王既勤止。'文王犹勤,况寡德乎?"

十三年秋,赤狄伐晋,及清,先縠召之也。

十五年,潞子婴儿之夫人,晋景公之姊也。酆舒为政而杀之,又伤潞子之目。晋侯将伐之,诸大夫皆曰:"不可。酆舒有三俊才,不如待后之人。"伯宗曰:"必伐之!狄有五罪,俊才虽多,何补焉?不祀,一也;耆酒,二也;弃仲章而

时，鄋瞒曾经攻打宋国，宋国司徒皇父率兵抵抗他们。耏班驾驶皇父充石（即皇父）的战车，公子穀甥做车右，司寇牛父做车右的副手，在宋国的长丘打败了狄人，俘获了长狄缘斯。但皇父和穀甥、牛父却在这次战役中都战死了。宋武公因此把一座城门赏给耏班，让他征收城门税作为俸禄，将城门称为耏门。晋国灭亡潞国的时候，俘虏了侨如的弟弟焚如。齐襄公二年，鄋瞒攻打齐国，齐国大夫王子成父俘虏了侨如的弟弟荣如，把他的头颅埋在齐地周首的北门下边。当狄人撤退途经卫国时，卫国人又俘虏了侨如最小的弟弟简如。鄋瞒从此就灭亡了。

鲁宣公六年秋季，赤狄攻打晋国，包围了晋国怀地和邢丘。晋成公想要攻打他，中行桓子（即荀林父）劝阻说："暂且让他危害他的百姓，使他恶贯满盈，到时候就可以一举歼灭了。《周书》说，'彻底歼灭殷朝人'，说的就是这类意思。"

七年夏季，赤狄侵袭晋国，割取了晋地向阴的谷子。

十一年，晋国的郤成子向各部族狄人谋求友好，各部族狄人憎恨赤狄对他们的奴役，于是就顺服了晋国。秋季，晋国和这些狄人在狄地欑函会见，各部族狄人都顺服了晋国。在这次欑函之行以前，晋国大夫们想要召集狄人前来。郤成子说："我听说过这样的话：'没有德行就得勤劳，没有勤劳，用什么向别人谋求？'能够勤劳事情就能成功，还是到狄人那里去吧。《诗经》说：'文王已经做到勤劳。'文王尚且勤劳，更何况我们这些缺少德行的人呢？"

十三年秋季，赤狄攻打晋国，到达晋国清地，这是晋国大夫先穀把他们召来的。

十五年，潞国国君婴儿的夫人，是晋景公的姐姐。潞国国相酆舒执政后杀了她，又弄伤了潞国国君的眼睛。晋景公打算攻打他，但大夫们都说："不行。因为酆舒有三项突出才能，不如等待他的后继人。"大夫伯宗却说："一定要攻打他！因为狄人有五条罪状，酆舒突出的才能虽多，有什么补益？不祭祀祖先，这是第一条罪状；沉溺于饮酒，这是第二条罪状；废弃贤人仲章并

夺黎氏地，三也；虐我伯姬，四也；伤其君目，五也。怙其俊才，而不以茂德，兹益罪也。后之人或者将敬奉德义，以事神人，而申固其命，若之何待之？不讨有罪，曰'将待后'，后有辞而讨焉，毋乃不可乎？夫怙才与众，亡之道也。商纣由之，故灭。天反时为灾，地反物为妖，民反德为乱。乱则妖灾生。故文，反正为乏。尽在狄矣。"晋侯从之。六月癸卯，晋荀林父败赤狄于曲梁。辛亥，灭潞。酆舒奔卫，卫人归诸晋，晋人杀之。

秋七月壬午，晋侯治兵于稷，以略狄土，立黎侯而还。晋侯赏桓子狄臣千室，亦赏士伯以瓜衍之县，曰："吾获狄土，子之功也。微子，吾丧伯氏矣。"

十六年春，晋士会帅师灭赤狄甲氏及留吁、铎辰。

成公三年，晋郤克、卫孙良夫伐廧咎如，讨赤狄之余焉。廧咎如溃，上失民也。

昭公元年，晋中行穆子败无终及群狄于大原，崇卒也。将战，魏舒曰："彼徒我车，所遇又阨，以什共车，必克。困诸阨，又克。请皆卒，自我始。"乃毁车以为行，五乘为三伍。

夺取黎氏的土地，这是第三条罪状；杀害我们伯姬，这是第四条罪状；伤害其国君的眼睛，这是第五条罪状。依仗他的突出才能，而不培养美德，这就更增加了他的罪过。将来后继的人或许将会敬奉德政讲求仁义，来奉事神灵、安定百姓而巩固他们国家的命运，到那时怎样对待他们？现在不讨伐有罪的人，却说‘要等待他的后继人’，以后无罪而去讨伐，他的后继人就会有话说了，只怕不可以吧？况且他依仗才能突出和人多势众，这是走上亡国之道。商纣按这样去做了，所以他灭亡了。天违反时令常规就会形成灾害，地违反物性常情就会产生妖异，百姓违反道德伦理就会发生祸乱。有了祸乱就有妖异和灾害发生。所以在文字上，‘正’字反过来写就像是‘乏’字。上面这些反常的现象在狄人那里都是存在的。"晋景公听从了伯宗的话。六月十八日，晋国荀林父在潞地曲梁打败赤狄。二十六日，灭亡了潞国。酆舒逃亡到卫国，卫国人把他送到晋国，晋国人杀掉了他。

秋季七月二十七日，晋景公在稷地举行军事演习，然后强行占领了狄人的土地，立了黎侯后回国。晋景公赏给荀林父狄人奴隶一千家，也把瓜衍的县邑赏给士伯，说："我获得狄人的土地，是您的功劳。如果没有您的劝谏，我就丧失伯氏（即荀林父）了。"

十六年春季，晋国大夫士会率领军队灭亡了赤狄的甲氏和留吁、铎辰三个部落。

鲁成公三年，晋国的郤克和卫国的孙良夫联合攻打廧咎如，讨伐赤狄的残余。廧咎如溃散，这是因为他们的首领失掉了百姓的拥护。

鲁昭公元年，晋国大夫中行穆子（即荀吴）在大原打败了山戎国的无终部落和各部狄人，这是由于他聚集步兵作战的缘故。将要作战时，魏舒说："他们是步兵，我们是车兵，两军相遇的地方又地形狭窄，用十个人当一辆战车使用，就必然得胜。战车容易被困在狭窄的道路上，现在抛弃战车必能战胜他们。请把我们的车兵全部改为步兵，就从我的开始。"于是就抛弃战车改编为步兵的行列，把五辆兵车的十五个甲士改编为步兵三个伍。

荀吴之嬖人不肯即卒,斩以徇。为五陈以相离,两于前,伍于后,专为右角,参为左角,偏为前拒,以诱之。翟人笑之。未陈而薄之,大败之。

十二年,晋荀吴伪会齐师者,假道于鲜虞,遂入昔阳。秋八月壬午,灭肥,以肥子绵皋归。晋伐鲜虞,因肥之役也。

十三年,鲜虞人闻晋师之悉起也,而不警边,且不修备。晋荀吴自著雍以上军侵鲜虞,及中人,驱冲竞,大获而归。

十五年,晋荀吴帅师伐鲜虞,围鼓。鼓人或请以城叛,穆子弗许。左右曰:“师徒不勤,而可以获城,何故不为?”穆子曰:“吾闻诸叔向曰:‘好恶不愆,民知所适,事无不济。’或以吾城叛,吾所甚恶也。人以城来,吾独何好焉?赏所甚恶,若所好何?若其弗赏,是失信也,何以庇民?力能则进,否则退,量力而行。吾不可以欲城而迩奸,所丧滋多。”使鼓人杀叛人而缮守备。围鼓三月,鼓人或请降,使其民见,曰:“犹有食色,姑修而城。”军吏曰:“获城而弗取,勤民而顿兵,何以事君?”穆子曰:“吾以事君也。获一邑而教民怠,将焉用邑?邑以贾怠,不如完旧。贾怠无卒,弃旧不祥。鼓人能事其君,我亦能事吾君。率义不爽,

荀吴的宠臣不肯马上编入步兵,魏舒就将他斩首巡行示众。晋军改编为五种阵势以互相依附,两阵在前面,伍阵在后面,专阵作为右翼,参阵作为左翼,偏阵作为前锋方阵,用来引诱敌人。狄人讥笑他们。但没等狄人摆开阵势晋军就迫近进攻,结果把狄人打得大败。

十二年,晋国的荀吴假装会合齐国军队,向鲜虞国借道,于是就进入鼓国国都。秋季八月初十,灭亡肥国,将肥国国君绵皋带回国。晋国攻打鲜虞,是晋国灭亡肥国后回去时顺路进攻的。

十三年,鲜虞人听说晋国军队全部出动,去参加诸侯会盟的军事演习,便放松了警戒边境,并且不修治武备。晋国的荀吴从晋地著雍率领上军侵袭鲜虞,一举攻入中人,驱使冲车和鲜虞人作战,俘获大批人员和财物而归。

十五年,晋国的荀吴率领军队讨伐鲜虞,围攻鼓国。鼓国有的人请求叛变交出鼓都,但穆子(即荀吴)不答应。左右随从说:"军队不用辛劳,就可以得到城邑,为什么不答应?"荀吴说:"我听叔向这样说过:'喜欢、厌恶都不过分,民众知道他们努力的方向,事情没有不成功的。'有人带着我们的城邑叛变,这是我们极其厌恶的。别人带着城邑前来投顺,我们为什么独独喜欢这样做呢?赏赐我们极其讨厌的行为,对我们喜欢的又怎么办呢?如果不加奖赏,就是失去信用,又用什么来庇护百姓?力量够用就进攻,否则就后退,量力而行。我们不可以为了得到城邑而接近奸邪,那样做丧失的东西会更多。"于是让鼓人杀死了那个叛变的人,修缮守城设备。包围鼓国三个月后,鼓国又有人请求投降,荀吴让鼓国的民众来见他,说:"看你们的气色还能吃上食物,姑且去修缮你们的城邑吧。"军吏说:"获得城邑而不占领,辛劳民众而损坏兵器,用什么来事奉国君?"荀吴说:"我恰恰用这样的做法来事奉国君。获得一座城邑而教百姓学会懈怠,哪里用得着这座城邑?得到城邑而换来懈怠,不如保持一贯的勤快。换来懈怠,没有好结果;抛弃一贯的勤快,不吉祥。鼓人能事奉他们的国君,我也能事奉我们的国君。遵循道义没有差错,

好恶不愆,城可获而民知义所,有死命而无二心,不亦可乎?"鼓人告食竭力尽,而后取之。克鼓而反,不戮一人,以鼓子鸢鞮归。

十七年,晋侯使屠蒯如周,请有事于雒与三涂。苌弘谓刘子曰:"客容猛,非祭也,其伐戎乎!陆浑氏甚睦于楚,必是故也。君其备之!"乃警戎备。九月丁卯,晋荀吴帅师,涉自棘津,使祭史先用牲于雒。陆浑人弗知,师从之。庚午,遂灭陆浑,数之以其贰于楚也。陆浑子奔楚,其众奔甘鹿。周大获。宣子梦文公携荀吴而授之陆浑,故使穆子帅师献俘于文宫。

二十一年,公如晋,及河,鼓叛晋。晋将伐鲜虞,故辞公。

二十二年。晋之取鼓也,既献而反鼓子焉。又叛于鲜虞。六月,荀吴略东阳,使师伪籴者,负甲以息于昔阳之门外,遂袭鼓,灭之。以鼓子鸢鞮归,使涉佗守之。

定公三年秋九月,鲜虞人败晋师于平中,获晋观虎,恃其勇也。

五年,晋士鞅围鲜虞,报观虎之役也。

臣士奇曰:晋四面皆狄,惟姜戎役属于晋,为不侵不犯之臣。赤狄在其北,即潞氏也;陆浑在其南,秦、

喜欢、厌恶都不过分,城邑可以获得而且民众懂得道义的所在,肯拼命执行国君的命令而没有二心,不也是可以的吗?"到后来鼓国人报告城内粮食吃完、人的气力用尽,荀吴这才占取了它。荀吴攻克鼓国而归,不杀一人,只带着鼓国国君鸢鞮回国。

十七年,晋顷公派大夫屠蒯到周王室去,请求祭祀雒水和三涂山。周大夫苌弘对刘文公说:"我看客人的面容凶猛,恐怕不是为了祭祀,而是要以此为借口攻打戎人吧!陆浑氏和楚国一向很友好,一定是这个缘故。您还是要防备一下!"于是周王室就对戎人加强了戒备。九月二十四日,晋国的荀吴率领军队从棘津徒步渡水,派祭史先用牲口祭祀雒水。这时,陆浑人一点也不知道,晋国部队就跟着打过去。二十七日,就灭亡了陆浑,并历数他们暗中跟楚国友好而对晋国怀有二心的罪责。陆浑国君逃亡到楚国,他的部下逃亡到甘鹿。周王室俘虏了大批陆浑人。在这次行动之前韩宣子梦见晋文公拉着荀吴的手,把陆浑交给他,因此派他率领军队前去攻打,得胜回来后在晋文公庙里奉献俘虏。

二十一年,鲁昭公到晋国去访问,到达黄河岸边,这时恰巧鼓地背叛晋国归属了鲜虞。晋国准备攻打鲜虞,所以就辞谢了鲁昭公。

二十二年。晋国攻取鼓地的时候,在宗庙里进献俘虏以后,就让鼓国国君鸢鞮回国。结果鼓国又背叛晋国归属了鲜虞。六月,荀吴巡行晋地东阳时,派军队伪装成卖粮的人,背着铠甲在鲜虞昔阳门外休息,然后偷袭鼓国而灭亡了它。带着鼓国国君鸢鞮回国,同时派大夫涉佗在鼓地驻守。

鲁定公三年秋季九月,鲜虞人在晋地平中打败晋军,俘虏了晋国大夫观虎,这是由于观虎自恃勇敢轻敌造成的后果。

五年,晋国的士鞅包围并攻打鲜虞,这是为了报复观虎被俘的平中战役。

臣下我高士奇评论说:晋国的四面都是狄人,只有姜戎隶属于晋国并被晋国役使,是不侵不犯之臣。赤狄在晋国的北面,它就是潞氏;陆浑在晋国的南面,它是被秦国、

晋之所迁于伊川者也;鲜虞在其东,所谓中山不服者
也;白狄在其西,尝与秦伐晋者也。故曰:"狄之广莫,
晋之启土,不亦宜乎?"盖以其兼群狄而为疆也。夫狄
不可以信义服,非大创之,不足以震其魄,而冀数年之
安。故里克惧之之言,不如虢射之善。采桑败而期年
复来,亦可以为御戎者之明鉴矣。

长狄,或谓即赤狄潞氏也,兄弟三人,宕轶中国,
矢石莫能伤,意殆防风氏之类。国于鄋瞒。灭潞所
获,特流而之潞者耳,非潞种也。鄋舒杀伯姬,又伤
婴儿之目。虽有隽才,不容不讨。但戮其罪人,于法
已足。贪其土而殄灭之,亦太酷矣。肥与鲜虞,皆晋
之所欲吞噬者也,而围鼓之役,不纳其叛人;及请以城
降,见其犹有食色,令修而城;待食尽力竭,然后取之。
于以劝义而惩怠,非为鼓人,兼为晋国也。至鸢鞮既
俘,而又归之,终为不义,自取灭亡,非晋罪矣。

陆浑逼在王都,而南昵于楚,此门庭之寇,不可不
除者也。晋能请王命,总王师以临之,蔑不得志。而
敢为诈谖之术,上欺天子,盖利陆浑之土地,而惧王室
分有之耳。中行穆子贪大卤之捷,毁车崇卒,遂令车
战法亡,亦可慨矣夫!

晋国迁到伊川的戎族;鲜虞在晋国的东面,它就是所说的不顺服中山国的戎狄;白狄在晋国的西面,是曾和秦国一同攻打晋国的戎狄。所以说:"狄人广漠的土地,晋国开拓疆土,不是应当的吗?"这大概是因为晋国兼并各部狄人而扩大疆界的缘故。狄人不可用信义使其顺服,不重创他们,就不能震慑他们的魂魄,从而希冀得到多年的安定。所以晋国大夫里克使狄人惧怕的话,不如虢射乘胜追击的对策好。狄人采桑战役失败一年后卷土重来,也可作为防御戎狄者的明鉴。

　　长狄,有人说就是赤狄潞氏,潞氏侨如、荣如、简如兄弟三人,肆意侵略中原国家,飞矢流石不能伤害他们,想他们大概是防风氏后代。长狄在鄋瞒建立国家。晋国灭亡潞国所获得的,只是流浪到潞国的赤狄罢了,并不是潞种。酆舒杀掉潞国国君的夫人、晋侯的姐姐伯姬,又弄伤了潞国国君的眼睛。酆舒虽然有突出的才能,但是不能不对其进行征讨。不过,晋国诛戮潞国罪人,从法律上说已经足够了。贪图潞国的土地而灭绝潞国,也太残酷了。肥国和鲜虞国,都是晋国想要吞噬的对象,而在围攻鼓国的战役中,晋国不接纳鼓国国都里叛变的人;及至鼓国有人请求献城投降,晋国荀吴看见鼓国人还有能吃上食物的气色,就命令他们修缮自己的城邑;等到鼓国人粮食吃完、气力用尽时才占领它。以此来鼓励道义而惩罚懈怠,不但是为了鼓国人,而且是为了晋国自身。至于鼓国国君鸢鞮被俘后,晋国又放他回国,而其回国后最终自行不义,自取灭亡,这不是晋国的罪过。

　　陆浑靠近周都城,却向南和楚国友好,这是周王室家门口的贼寇,不能不除掉。晋国能够请示周天子的命令,率领军队来面对陆浑,无不达到目的。然而晋国竟敢施展欺诈的骗术,对上欺骗周天子,这大概是贪图陆浑的土地,而惧怕周王室分得占有的陆浑土地吧。中行穆子追求在大卤(即太原)打败狄人,抛弃战车而重视步兵,于是就使车战战术灭绝,也太令人感慨了!

卷三十三　晋失诸侯

　　襄公二十九年。晋平公,杞出也,故治杞。六月,知悼子合诸侯之大夫以城杞,孟孝伯会之,郑子大叔与伯石往,子大叔见大叔文子,与之语。文子曰:"甚乎,其城杞也!"子大叔曰:"若之何哉? 晋国不恤周宗之阙,而夏肆是屏,其弃诸姬亦可知也已。诸姬是弃,其谁归之? 吉也闻之,弃同即异,是谓离德。《诗》曰:'协比其邻,昏姻孔云。'晋不邻矣,其谁云之?"范献子来聘,拜城杞也。

　　晋侯使司马女叔侯来治杞田,弗尽归也。晋悼夫人愠曰:"齐也取货。先君若有知也,不尚取之。"公告叔侯。叔侯曰:"虞、虢、焦、滑、霍、杨、韩、魏,皆姬姓也,晋是以大。若非侵小,将何所取? 武、献以下,兼国多矣,谁得治之? 杞,夏余也,而即东夷;鲁,周公之后也,而睦于晋。以杞封

卷三十三　晋失诸侯

鲁襄公二十九年。晋平公的母亲是杞国女子,因此晋平公决定帮助杞国整修城墙。六月,知悼子集合各诸侯国大夫为杞国修城,孟孝伯也参加了,郑国的子太叔(即游吉)和伯石也去了,子太叔见到太叔文子,便和他说起话来。文子说:"如此兴师动众都助杞国修城也太过分了!"子太叔说:"有什么办法呢? 晋国不关心周王室的衰落,却要保护夏朝的后裔,由此可以知道,它也势必抛弃姬姓诸国。抛弃了同属姬姓的诸侯,还有谁能归顺它呢? 据我所知,抛弃同姓之国而亲近异姓之国,叫作远离德行。《诗经》说:'亲近近亲与同姓,姻亲往来周旋忙。'如今晋国不把姬姓诸侯当作同姓之国看待,还有谁会和它友好往来呢?"晋国的范献子来鲁国聘问,对鲁国帮助修筑杞城表示感谢。

晋平公派司马女叔侯(即女齐)来鲁国办理归还杞国田地一事,结果鲁国并没有把田地全部归还给杞国。因此晋悼公夫人生气地说:"女齐一定得到了鲁国的好处。先君如果知道了这件事,绝对不会赞同他这样办的。"晋平公把这话转告给了女齐。女齐说:"虞、虢、焦、滑、霍、杨、韩、魏等国,都是姬姓国家,依靠这些国家,晋国才日益强大起来。如果不是通过侵略小国,又能到哪里去取得土地呢? 自晋武公、晋献公以来,历代先君兼并了小国的很多土地,谁能够退还呢? 杞国是夏朝的残余,而亲近东夷;鲁国是周公的后代,而和晋国友好。如果把杞国封给

鲁犹可,而何有焉?鲁之于晋也,职贡不乏,玩好时至,公卿大夫相继于朝。史不绝书,府无虚月。如是可矣,何必瘠鲁以肥杞?且先君而有知也,毋宁夫人而焉用老臣?"杞文公来盟。书曰"子",贱之也。

冬,孟孝伯如晋,报范叔也。

三十年二月癸未,晋悼夫人食舆人之城杞者。绛县人或年长矣,无子,而往,与于食。有与疑年,使之年。曰:"臣,小人也,不知纪年,臣生之岁,正月甲子朔,四百有四十五甲子矣。其季于今,三之一也。"吏走问诸朝。师旷曰:"鲁叔仲惠伯会郤成子于承匡之岁也。是岁也,狄伐鲁,叔孙庄叔于是乎败狄于咸,获长狄侨如及虺也、豹也,而皆以名其子。七十三年矣。"史赵曰:"亥有二首六身,下二如身,是其日数也。"士文伯曰:"然则二万六千六百有六旬也。"赵孟问其县大夫,则其属也。召之而谢过焉,曰:"武不才,任君之大事。以晋国之多虞,不能由吾子,使吾子辱在泥涂久矣,武之罪也。敢谢不才。"遂仕之,使助为政,辞以老。与之田,使为君复陶,以为绛县师,而废其舆尉。于是鲁使者在晋,归以语诸大夫。季武子曰:"晋未可媮也。有赵孟以为大夫,有伯瑕以为佐,有史赵、师旷而咨度焉,

鲁国倒还可以，怎么能要求鲁国把田地全部还给杞国呢？鲁国对待晋国，一向是贡品源源不断，珍贵的玩物时有奉献，公卿大夫也一个接一个地前来朝见。对这些，史官从来没有中断过记载，国库中没有一个月不接受鲁国的贡品。这样就足够了，又何必削弱鲁国来增强杞国呢？如果先君知道此事，他也许会让夫人前去办理此事，哪里用得着老臣我？"杞文公因为鲁国归还了田地而来和鲁国结盟。《春秋》称其为"子"，表示对他的鄙视。

冬季，孟孝伯到晋国，回报夏季范叔访问鲁国。

三十年二月二十二日，晋悼公夫人慰劳修建杞城的役卒，赐给他们饭食。有一个绛县的老年人，因为没有儿子，便自己前往修城，也参加了宴席。有人怀疑他的年龄，让他说出自己的岁数。他说："下臣是个小人，从来不知道自己的年龄，只记得我出生那一年，是正月初一甲子日，到如今已过了四百四十五个甲子了。最末一个甲子日到今天刚刚二十天。"官吏算不出他的年龄，便到朝廷上询问。师旷说："他出生的年代是鲁国的叔仲惠伯在承匡会见郤成子那一年。那一年，狄人攻打鲁国，叔孙庄叔在咸地打败狄人，俘获了长狄侨如和虺、豹，并用俘虏的名字给他的儿子命名。算来已经七十三岁了。"史赵说："亥这个字有两个头，六个身子，把两个头拿下来当作身子，这就是他活的天数。"士文伯说："那么就是二万六千六百六十天了。"赵孟（即赵武）问老人的县大夫是谁，才知道老人就是自己的下属。于是把老人请来，并向他道歉说："我赵武无能，却担任了国家重任。因为晋国忧患丛生，所以没能重用您，使您屈居下位这么多年，这是我赵武的罪过。再次就我的无能向您道歉。"便要让他做官，以协助自己处理政务，老人借口年老推辞了。赵武便送给他一些田地，让他负责为国君处理免役之事，并兼任绛县县师，同时免去了那个征他做役卒的舆尉的职务。这时鲁国的使者正在晋国访问，回国后把这件事告诉给大夫们。季武子说："晋国不可轻视啊。有赵武为上卿，有士文伯辅佐，有史赵、师旷为顾问，

有叔向、女齐以师保其君。其朝多君子，其庸可媮乎？勉事之而后可。"

昭公元年，晋侯有疾，郑伯使公孙侨如晋聘，且问疾。叔向问焉，曰："寡君之疾病，卜人曰：'实沈、台骀为祟。'史莫之知，敢问此何神也？"子产曰："昔高辛氏有二子，伯曰阏伯，季曰实沈。居于旷林，不相能也，日寻干戈，以相征讨。后帝不臧，迁阏伯于商丘，主辰，商人是因，故辰为商星。迁实沈于大夏，主参，唐人是因，以服事夏商。其季世曰唐叔虞。当武王邑姜方震大叔，梦帝谓己：'余命而子曰虞，将与之唐，属诸参，而蕃育其子孙。'及生，有文在其手，曰'虞'，遂以命之。及成王灭唐，而封大叔焉，故参为晋星。由是观之，则实沈，参神也。昔金天氏有裔子曰昧，为玄冥师。生允格、台骀。台骀能业其官，宣汾、洮，障大泽，以处大原。帝用嘉之，封诸汾川。沈、姒、蓐、黄实守其祀。今晋主汾而灭之矣。由是观之，则台骀，汾神也。抑此二者，不及君身。山、川之神，则水旱、疠疫之灾，于是乎禜之。日、月、星辰之神，则雪霜、风雨之不时，于是乎禜之。若君身，则亦出入、饮食、哀乐之事也，山川、星辰之神又何为焉？

"侨闻之，君子有四时：朝以听政，昼以访问，夕以修令，夜以安身。于是乎节宣其气，勿使有所壅闭湫底，以露其体。兹心不爽，而昏乱百度。今无乃壹之，则生疾矣。

还有叔向、女齐担任国君的师保。他们的朝中有很多君子,能够小看他们吗? 只有尽力事奉才行。"

鲁昭公元年,晋平公生病了,郑简公派子产(即公孙侨)前去晋国聘问,顺便问候病情。叔向问子产说:"我们国君的病情很重,占卜的人说:'是实沈、台骀在作怪。'太史也不知道他们是谁,请问这是什么神啊?"子产说:"从前高辛氏有两个儿子,大的叫阏伯,小的叫实沈。他们住在森林中,互不相容,每天都大动干戈,互相攻打。尧帝看不下去了,就把阏伯迁到商丘,以大火星来确定时节,商朝沿用这种方法,因此大火星就成了商星。把实沈迁到大夏,用参星来确定时节,唐国人沿用了这种方法,以事奉夏、商两朝。唐国的末代君王叫唐叔虞。当周武王的王后邑姜怀着太叔的时候,曾梦见天帝对自己说:'我为你的儿子取名为虞,准备把唐国送给他,属于参星,他的子孙将繁衍不绝。'太叔生下来后,人们发现他的手掌上有一个极像'虞'字的图案,于是便为他取名为'虞'。等到成王灭亡了唐国,便把太叔封到那里,因此参星便成为晋国的星宿。由此看来,实沈是参星之神。从前黄帝的儿子金天氏有一个儿子叫昧,主管水官。他生了允格和台骀两个儿子。台骀能继承父亲的官位,疏通了汾水和洮水,又为大泽修筑了堤防,然后让百姓住在高平地区。颛顼帝因此而嘉奖他,把汾水流域封给了他。沈、姒、蓐、黄四国就是他的后代,一直祭祀他。如今晋国占领了汾水流域,灭掉了这些国家。因此看来,台骀是汾水之神。但是,这二位神灵都与贵国国君的疾病无关。山川之神兴水旱和瘟疫之灾,可以通过祭祀来禳除。日月星辰之神兴风霜雨雪之灾,也可以通过祭祀来禳除。至于国君的疾病,乃是因为劳逸、饮食、哀乐之事所致,山川、星辰之神又怎么能降祸于他呢?

"据我所知,君子有四个时间:早晨处理政事,白天四处出访,晚上修定政令,夜里休养身体。这样才能有节制地散发气血,不至于壅塞不通而损伤身体。如果心里不愉快,处理事情就会昏乱不堪。现在国君很可能是精气集中到一处,因此导致生病。

侨又闻之，内官不及同姓，其生不殖。美先尽矣，则相生疾，君子是以恶之。故志曰：'买妾不知其姓，则卜之。'违此二者，古之所慎也。男女辨姓，礼之大同也。今君内实有四姬焉，其无乃是也乎？若由是二者，弗可为也已。四姬有省，犹可，无则必生疾矣。"叔向曰："善哉！肸未之闻也。此皆然矣！"叔向出，行人挥送之。叔向问郑故焉，且问子晳。对曰："其与几何？无礼而好陵人，怙富而卑其上，弗能久矣。"晋侯闻子产之言，曰："博物君子也。"重贿之。

晋侯求医于秦，秦伯使医和视之，曰："疾不可为也。是谓近女室。疾如蛊，非鬼非食，惑以丧志。良臣将死，天命不祐。"公曰："女不可近乎？"对曰："节之。先王之乐，所以节百事也，故有五节。迟速、本末以相及，中声以降。五降之后，不容弹矣。于是有烦手淫声，慆堙心耳，乃忘平和，君子弗听也。物亦如之。至于烦，乃舍也已，无以生疾。君子之近琴瑟，以仪节也，非以慆心也。天有六气，降生五味，发为五色，征为五声，淫生六疾。六气，曰阴、阳、风、雨、晦、明也，分为四时，序为五节，过则为菑。

我又听说,不能以同姓女子为姬妾,否则其子孙便不能昌盛。如果美丽集中到一个人身上,就会生病,君子最忌讳这一点。因此志说:'如果买妾不知道她的姓氏,就要通过占卜来搞清楚。'违背这两条,古代的人是非常注意避免的。男女通婚首先要辨明姓氏,这是礼仪中最主要的。现在贵国国君的姬妾中有四个是姬姓,恐怕他的病是因为这个缘故吧?如果是因为这两点,恐怕他的病就无法医治了。如果赶快把四个姬姓女子送走还来得及,否则就一定会加重病情。"叔向(即羊舌肸)说:"太好了!我还没有听说过这些。这些话都是正确的!"叔向从子产的住处出来,郑国的外交官子羽(即公孙挥)送他。叔向问起郑国的政情,同时问起子晳。子羽回答说:"他还能活多久呢?没有礼貌又喜欢凌驾于他人之上,仗着富有而看不起地位比他高的人,他长久不了。"晋平公听到了子产的话,说:"他真是个知识渊博的君子啊。"于是便送给子产很多礼物。

晋平公向秦国求医治病,秦景公派一个叫和的医生为他看病,医和说:"这种病已无法医治了。病由过分接近女子所致。这种病就像蛊惑,不是鬼神作怪,也不是饮食不当,是因为沉溺女色以致丧失心志。良臣将要死去,连上天也保佑不了。"晋平公说:"女色不能接近吗?"医和回答说:"应该有所节制。先王的音乐,是为了节制各种事情而制定的,因此有五声节奏。快慢、本末互相调和,然后变成中和之声,再慢慢降下去。五声降下来后就不能再弹了。再弹就变得复杂了,弹出来的靡靡之音,容易使人心荡神摇,从而忘记平正中和的声音,这种声音君子都不听。做其他事情也同样是这个道理。一旦过分,就尽快停止,不致因此得病。君子接近女子和琴瑟,是出于礼仪制度的需要,并不是为了淫荡取乐。天有六种气候,降到地上形成五种味道,又表现为五种颜色,显现为五种声音,上述种种一旦过分就会滋生出六种疾病。六种气候是阴、阳、风、雨、晦、明,又分为朝、夕、昼、夜四段时间,又按顺序成为五声节奏,但过分了就要生灾。

阴淫寒疾，阳淫热疾，风淫末疾，雨淫腹疾，晦淫惑疾，明淫心疾。女，阳物而晦时，淫则生内热惑蛊之疾。今君不节不时，能无及此乎？"

出告赵孟。赵孟曰："谁当良臣？"对曰："主是谓矣。主相晋国，于今八年，晋国无乱，诸侯无阙，可谓良矣。和闻之，国之大臣，荣其宠禄，任其大节，有菑祸兴而无改焉，必受其咎。今君至于淫以生疾，将不能图恤社稷，祸孰大焉？主不能御，吾是以云也。"赵孟曰："何谓蛊？"对曰："淫溺惑乱之所生也。于文，皿虫为蛊。谷之飞亦为蛊。在《周易》，女惑男，风落山，谓之《蛊》☰☷，皆同物也。"赵孟曰："良医也。"厚其礼而归之。

二年，晋侯使韩宣子来聘，遂如齐纳币。夏四月，韩须如齐逆女。齐陈无宇送女，致少姜。少姜有宠于晋侯，晋侯谓之少齐。谓陈无宇非卿，执诸中都。少姜为之请曰："送从逆班，畏大国也，犹有所易，是以乱作。"

叔弓聘于晋，报宣子也。晋侯使郊劳，辞曰："寡君使弓来继旧好，固曰：'女无敢为宾。'彻命于执事，敝邑弘矣。敢辱郊使？请辞。"致馆，辞曰："寡君命下臣来继旧好，好合使成，臣之禄也。敢辱大馆？"叔向曰："子叔子知礼哉！

阴过度要生寒病,阳过度要生热病,风过度要生四肢病,雨过度
要生肠胃病,夜间过度要生迷乱病,白天过度要生心病。女色属
于阳性,又在夜里进行,过分体内就会发热,从而产生蛊惑之病。
现在君王对女色不节制,又不分昼夜,能不生病吗?"

　　医和出来后把晋平公的病情告诉给了赵孟(即赵武)。赵孟
说:"您说的良臣是指谁呢?"医和说:"说的就是您啊。您辅佐晋
国,至今已经八年了,晋国没有发生动乱,诸侯也没有什么过失,
您可以说是良臣了。我听说,作为国家大臣,光荣地受到国家的
信任和爵禄,承担国家的重任,如果国家发生了灾祸,却不能及
时挽救,那么他必将遭到灾祸。现在国君因沉溺女色而生病,不
能治理国家,还有比这更大的灾祸吗? 您没有能及时地加以制
止,所以我才这么说。"赵孟说:"什么叫蛊惑?"医和回答说:"沉
溺惑乱于某事。从文字上说,器皿生虫为蛊。稻谷中的飞虫也
叫蛊。《周易》中,女人迷惑男人,或大风吹落山木,都叫《蛊》☰,
这都是同样的东西。"赵孟说:"您不愧是位良医。"便馈赠给他许
多东西,送他回国了。

　　二年,晋平公派韩宣子到鲁国聘问,随后又到齐国送去聘
礼。夏季四月,韩须前往齐国为晋平公迎娶齐女少姜。齐国的
陈无宇护送少姜到晋国。少姜受到晋平公的宠爱,晋平公称她
为少齐。当晋平公得知护送少姜前来的陈无宇竟然不是卿,便
把他抓起来押到中都。少姜为他请求说:"送亲的人应和迎亲的
人地位相当,因为齐国害怕大国,所以做了一些变通,也正因此
产生了误会。"

　　鲁国的叔弓到晋国聘问,以答谢韩宣子的来访。晋平公派
人在郊外慰劳他,叔弓推辞说:"我们国君派我来是为了继续过
去的友好关系,临行时一再对我说:'你切不可以宾客自居。'只
要能把命令传达给贵国,这就是我国的福气了。哪里敢接受贵国
的郊劳之礼呢? 请免掉。"把他安置在宾馆,他推辞说:"国君派
我来重修旧好,关系得到巩固,使命得以完成,这就是臣下的福气
了。我怎敢住这么豪华的宾馆?"叔向说:"叔弓真懂得礼法啊!

吾闻之曰：'忠信，礼之器也；卑让，礼之宗也。'辞不忘国，忠信也；先国后己，卑让也。《诗》曰，'敬慎威仪，以近有德'，夫子近德矣。"

晋少姜卒，公如晋，及河，晋侯使士文伯来辞曰："非伉俪也，请君无辱。"公还。季孙宿遂致服焉。叔向言陈无宇于晋侯曰："彼何罪？君使公族逆之，齐使上大夫送之，犹曰不共，君求以贪。国则不共，而执其使。君刑已颇，何以为盟主？且少姜有辞。"冬十月，陈无宇归。十一月，郑印段如晋吊。

三年春王正月，郑游吉如晋，送少姜之葬。梁丙与张趯见之。梁丙曰："甚矣哉，子之为此来！"子大叔曰："将得已乎！昔文、襄之霸也，其务不烦诸侯。令诸侯三岁而聘，五岁而朝，有事而会，不协而盟。君薨，大夫吊，卿共葬事；夫人，士吊，大夫送葬。足以昭礼、命事、谋阙而已，无加命矣。今嬖宠之丧，不敢择位，而数于守嫡，唯惧获戾，岂敢惮烦？少姜有宠而死，齐必继室。今兹吾又将来贺，不唯此行也。"张趯曰："善哉，吾得闻此数也！然自今子其无事矣。譬如火焉，火中，寒暑乃退。此其极也，能无退乎？晋将失诸侯，诸侯求烦不获。"二大夫退，子大叔告人曰："张趯

我听说过这样的话:'忠诚信用是盛载礼的容器,谦卑逊让是礼赖以存在的根本。'言语之中始终不忘国家,这是忠诚信用;首先想到国家,然后才想到自己,这是谦卑逊让。《诗经》说,'谨慎保持威仪,以亲近有德之人',叔弓已经接近贤德了。"

晋国的少姜去世,鲁昭公到晋国吊唁,走到黄河,晋平公派士文伯来辞谢,说:"少姜不是正妻,国君不必屈尊了。"于是鲁昭公回国。派季孙宿到晋国送去下葬的衣服。叔向对晋平公说起陈无宇的事情,为他求情说:"他有什么罪呢? 国君派公族大夫前去迎亲,齐国却派了上大夫送亲,就这样您居然还说人家不够恭敬,您的要求也太过分了。实际上是我们自己不够恭敬,却又把人家的使者抓了起来。国君的刑罚已经有失公正了,还怎么当盟主? 再说少姜生前也曾为陈无宇求过情。"冬季十月,陈无宇被释放回国。十一月,郑国的印段到晋国吊唁少姜的去世。

三年春季,周历正月,郑国的游吉(即子太叔)到晋国为少姜送葬。梁丙和张趯求见他。梁丙说:"您亲自前来送葬,有点太过了!"子太叔说:"我也是不得已的! 从前晋文公、晋襄公称霸诸侯的时候,他们都尽量不给诸侯带来更多的麻烦。只是让各国每三年聘问一次,每五年朝见一次,有事才举行会见,诸侯间有了冲突才会举行盟会。国君去世,派大夫吊唁,卿参加葬礼;夫人去世,派士吊唁,大夫参加葬礼。只要能够昭明礼节,颁布命令,商量补救缺失就行了,并没有额外的命令。而现在是国君宠姬的丧礼,我们不敢按照先前惯例仅派一个相应身份的人来送葬,而是使用了超过正妻规格的礼节,怕的是得罪贵国,怎敢嫌麻烦呢? 少姜得到宠爱却又死去,齐国必将还要送来一位女子。到那时,我还要再来一趟祝贺,不仅仅是这一次啊。"张趯说:"好啊,从您的一席话中我明白了朝会吊丧的礼数! 但从今以后您恐怕不必再前来了。就比如大火星,每当它运行到天空正中的位置时,寒气或暑气将会逐渐消退。因为这是它运行的极点,能不消退吗? 今后晋国将会失去诸侯的拥戴,诸侯就是想求得麻烦都得不到了。"两个大夫回去后,子太叔对别人说:"张趯

有知,其犹在君子之后乎!"

齐侯使晏婴请继室于晋,曰:"寡君使婴曰:'寡人愿事君朝夕不倦,将奉质币,以无失时,则国家多难,是以不获。不腆先君之适,以备内官,焜耀寡人之望,则又无禄,早世陨命,寡人失望。君若不忘先君之好,惠顾齐国,辱收寡人,徼福于大公、丁公,照临敝邑,镇抚其社稷,则犹有先君之适及遗姑姊妹若而人。君若不弃敝邑,而辱使董振择之,以备嫔嫱。寡人之望也。'"韩宣子使叔向对曰:"寡君之愿也。寡君不能独任其社稷之事,未有伉俪。在缞绖之中,是以未敢请。君有辱命,惠莫大焉。若惠顾敝邑,抚有晋国,赐之内主,岂唯寡君,举群臣实受其赐,其自唐叔以下实宠嘉之。"

晋韩起如齐逆女。公孙虿为少姜之有宠也,以其子更公女,而嫁公子。人谓宣子:"子尾欺晋,晋胡受之?"宣子曰:"我欲得齐,而远其宠,宠将来乎?"

秋七月,郑罕虎如晋,贺夫人。张趯使谓大叔曰:"自子之归也,小人粪除先人之敝庐,曰子其将来。今子皮实来,小人失望。"大叔曰:"吉贱,不获来,畏大国、尊夫人也。且孟曰'而将无事',吉庶几焉。"

四年春王正月,许男如楚,楚子止之,遂止郑伯。使椒举如晋求诸侯。晋侯欲弗许,司马侯曰:"不可。"乃许楚使,

聪明懂礼,可以进入君子的行列!"

齐景公派晏婴前往晋国,请求再送一位女子给晋国,晏婴说:"我们国君派我前来,说:'寡人愿意事奉您,早晚都不敢怠倦,并按时奉献财物,只因国家多灾多难,所以不能亲自前来。将区区先君的嫡亲女儿充数内宫伺候您,实现了寡人的愿望,但没料到她没有福气,短命而死,使寡人失去了希望。您如果还念及先君的旧好,看得起齐国,屈尊与寡人和睦,托太公和丁公的洪福,使我们继续受到恩惠,使国家得以安定的话,我们先君还有嫡女及其他姑姐妹等人。国君如果不嫌弃敝邑,就请派一使者前来认真挑选,以充姬妾。这是寡人的愿望。'"韩宣子派叔向回答说:"这当然是我们国君的愿望。我们国君不能独自承担国家重任,是因为没有正妻。由于目前正处于丧事期间,所以我们还不敢向贵国求婚。既然承蒙贵国国君有这个命令,那么再没有比这个更大的恩惠了。如果贵国看得起我国,给我们以安抚,再赐给一位内主的话,那就不仅仅是我们国君的荣幸,连我们群臣也受到恩惠,自唐叔以下的历代祖先也都会表示赞许。"

晋国的韩起(即韩宣子)到齐国为晋平公迎娶夫人。公孙虿(即子尾)因少姜曾受到晋平公的宠幸,便用自己的女儿代替齐景公的女儿嫁给晋平公,又把齐景公的女儿嫁给他人。有人对韩起说:"子尾欺骗晋国,晋国为什么接受?"韩起说:"我们本来就是要得到齐国的拥护,却疏远齐国的宠臣,宠臣会拥护我们吗?"

秋季七月,郑国的罕虎(即子皮)到晋国,祝贺晋平公娶夫人。张趯派人对子太叔说:"自从上次回国之后,我每天都在打扫先人留下的房子,心里想您不久就要来了。但没有想到现在来的是子皮,实在让我失望。"子太叔对他说:"我地位低下,不适合前去,因为害怕大国,尊重夫人,所以才派上卿前去。再说您当初也说过,'您将闲着没事',我大概正是这样。"

四年春季,周历正月,许悼公到楚国朝见,楚灵王挽留他,随后又挽留郑简公。楚灵王派椒举到晋国去请求会合诸侯。晋平公本想不同意,司马侯说:"不行。"于是答应了楚国的使者,

使叔向对曰:"寡君有社稷之事,是以不获春秋时见诸侯。君实有之,何辱命焉? 详见《楚灵王之乱》。

〔发明〕按:此时晋国君臣相安于媮惰,故司马侯以为不可与楚争,亦苟且之计也。

六年春王正月,杞文公卒。吊如同盟,礼也。

七年三月,公如楚。
晋人来治杞田,季孙将以成与之。谢息为孟孙守,不可,曰:"人有言曰:'虽有挈瓶之知,守不假器,礼也。'夫子从君,而守臣丧邑,虽吾子,亦有猜焉。"季孙曰:"君之在楚,于晋罪也;又不听晋,鲁罪重矣。晋师必至,我无以待之,不如与之,间晋而取诸杞。吾与子桃。成反,谁敢有之? 是得二成也。鲁无忧,而孟孙益邑,子何病焉?"辞以无山,与之莱、柞,乃迁于桃。晋人为杞取成。

八年,石言于晋魏榆。晋侯问于师旷曰:"石何故言?"对曰:"石不能言,或冯焉。不然,民听滥也。抑臣又闻之曰:'作事不时,怨讟动于民,则有非言之物而言。'今宫室崇侈,民力凋尽,怨讟并作,莫保其性。石言,不亦宜乎?"于是晋侯方筑虒祁之宫。叔向曰:"子野之言君子哉!

派叔向答复说："我们国君因为要忙于处理国家大事，因此不能保证在春秋两季按时前往相见。至于其他诸侯，本来就是归属贵国的，又何必要征求我们的意见呢？"详见《楚灵王之乱》。

〔发明〕按：这时晋国国君和群臣安于娱乐惰怠的生活，因此司马侯认为不可以与楚国争斗，这也是苟且偷安的宜时之计。

六年春季，周历正月，杞文公去世。鲁国派人前去吊唁，如同对待同盟国家一样，这是合乎礼法的。

七年三月，鲁昭公前往楚国。

晋国派人来鲁国划定杞国的田界，季孙打算把成地送给他们。谢息作为孟孙任命的成宰，坚决不同意这么做，他说："人们说：'即使只有小智小慧，也知道守住器物不借给他人，这是合乎礼法的。'我的主人目前正随国君前往楚国，而守臣却把他的城邑丢掉了，即使是您也会怀疑我不忠的。"季孙说："国君去楚国对晋国来说就是罪过，如果再不听晋国的话，鲁国的罪过就更重了。晋军必然会前来攻打，我们无法抵抗，还不如把成地送给他们，等以后有了机会再从杞国收回来。我暂且把桃地给你作为补偿。等将来收回成地时，谁敢占有它？这样你就等于得到了两块成地。这样一来，鲁国没有了忧患，而孟孙又增加了城邑，还担心什么呢？"谢息以桃地无山为由不答应，于是季孙又给他增加了莱山和柞山，谢息这才从成地迁到桃地。于是晋国人为杞国取得了成地。

八年，在晋国的魏榆发现一块石头会说话。于是晋平公询问师旷说："石头为什么会开口说话呢？"师旷回答说："石头自然不会开口说话，可能是什么鬼神附到了它上面。不然的话，就是百姓听错了。不过我又听说过：'一旦做事不合时宜，怨言在百姓之中发生，就有不会说话的东西开口说话了。'现在国君的宫室豪华，百姓精疲力竭，怨声载道，连自己的性命都得不到保障。发生了石头说话的事情，不也是很自然的吗？"此时晋平公正修建虒祁之宫。叔向说："子野（即师旷）的话是君子的言论啊！

君子之言,信而有征,故怨远于其身。小人之言,僭而无征,故怨咎及之。《诗》曰:'哀哉不能言。匪舌是出,唯躬是瘁。哿矣能言,巧言如流,俾躬处休。'其是之谓乎!是宫也成,诸侯必叛,君必有咎,夫子知之矣。"

叔弓如晋,贺虒祁也。游吉相郑伯以如晋,亦贺虒祁也。史赵见子大叔曰:"甚哉,其相蒙也!可吊也,而又贺之。"子大叔曰:"若何吊也?其非唯我贺,将天下实贺。"

〔补逸〕《说苑》:晋平公使叔向聘于吴,吴人拭舟以逆之。左五百人,右五百人。有绣衣而豹裘者,有锦衣而狐裘者。叔向归,以告平公,平公曰:"吴其亡乎!奚以敬舟?奚以敬民?"叔向对曰:"君为驰底之台,上可以发千兵,下可以陈钟鼓,诸侯闻君者,亦曰'奚以敬台?奚以敬民?'所敬各异也。"于是平公乃罢台。晋平公春筑台,叔向曰:"不可。古者圣王贵德而务施,缓刑辟而趋民时。今春筑台,是夺民时也。夫德不施,则民不归;刑不缓,则百姓愁。使不归之民,役愁怨之百姓,而又夺其时,是重竭也。夫牧百姓,养育之,而重竭之,岂所以定命、安存,而称为人君于后世哉?"平公曰:"善。"乃罢台役。

君子的话,诚实而有根据,因此怨恨远离他的身边。反之,小人的话,虚假没有根据,所以怨恨和灾祸总是要降到他的身上。《诗经》说:'不会讲话令人难过。话从舌上出来,只能劳累他自己。善于表达令人欣慰,漂亮的话如流水,又能使自己安居休息。'大概说的就是这种情况吧!等到这座宫殿建成了,诸侯也必将背叛我国,国君也一定会有灾祸,师旷已经预料到这一点了。”

　　叔弓到晋国祝贺虒祁之宫的落成。子太叔相礼郑简公到晋国,也是为了祝贺虒祁之宫的落成。史赵见到子太叔说:“太过分了,你们这样互相欺骗!本来应该吊唁的事情,你们却来祝贺。”子太叔说:“为什么要吊唁呢?不但我们前来祝贺,天下的诸侯都会前来表示祝贺。”

　　〔补逸〕《说苑》:晋平公派叔向访问吴国,吴国人装饰了大船迎接他。船左五百人,船右五百人。一边是穿豹皮绣衣的人,一边是穿狐皮绵衣的人。叔向回国后将这些情况告诉给了晋平公,晋平公说:“吴国快要灭亡了吧!为什么这样看重舟船?那又用什么来看重百姓呢?”叔向回复说:“国君修建驰底高台,上面可以发兵千人,下面可以陈列钟鼓器乐,诸侯知道国君这样,也会说:'为什么这样看重高台?那又用什么来看重百姓呢?'只是各自重视的对象不一样。”于是晋平公就停止建造驰底高台。晋平公在春季修筑亭台,叔向说:“不能这样做。古代的圣王注重德政并极力施行,宽缓刑罚并按时驱使百姓。现在春季修筑亭台,这就是耽误农时。如果德政不施行,那么民心就不会归顺;刑罚不宽缓,百姓就会愁怨。驱使内心没有归顺的人民,役使愁苦怨恨的百姓,而且又耽误他们的农时,这就是重重地压榨他们。统治百姓,要使他们生存,而非重重地压榨他们,怎能用这样的手段来稳定天命、安抚百姓,使后世称誉自己不愧为国君呢?”晋平公说:“好的。”于是就停止了修筑亭台的劳役。

　　《韩非子》：叔向御坐平公请事，公腓痛足痹，转筋而不敢坏坐。晋国闻之，皆曰："叔向贤者，平公礼之，转筋而不敢坏坐。"晋国之辞仕托慕叔向者，国之锤矣。

　　《高士传》：亥唐，晋人也，高恪寡素，晋人惮之。虽疏食菜羹，平公每为之欣饱。公与亥唐坐，有间，亥唐出，叔向入。平公伸一足，曰："吾向时与亥子坐，腓痛足痹，不敢伸。"叔向勃然作色，不说。公曰："子欲贵乎，吾爵子；欲富乎，吾禄子。夫亥先生，乃无欲也，吾非正坐无以养之。子何不说乎？"

　　《韩非子》：晋平公问叔向曰："昔者齐桓公九合诸侯，一匡天下，不识君之力也，臣之力也？"叔向对曰："管仲善制割，宾胥无善削缝，隰朋善纯缘，衣成，君举而服之。亦臣之力也，君何力之有？"师旷伏琴而笑之。公曰："太师奚笑也？"师旷对曰："臣笑叔向之对君也。凡为人臣者，犹枭宰和五味而进之君。君弗食，孰敢强之也？臣请譬之：君者，壤地也；臣者，草木也。必壤地美，然后草木硕大，亦君之力，臣何力之有？"

　　《国语》：叔向见司马侯之子，抚而泣之，曰："自此其父之死，吾蔑与比而事君矣。昔者，此其父始之，我终之；我始之，夫子终之，无不可。"籍偃在侧，曰："君子有比乎？"叔向曰："君子比而不别。比德以赞事，

《韩非子》：叔向在晋平公处陪坐，平公和他商量事情，平公腿痛脚麻木以至抽筋还是不敢坐得不端正。晋国人听说了这件事，都说："叔向是贤者，晋平公对他以礼相待，腿肚子抽筋还不敢坐得不端正。"晋国人辞去官职依附仿效叔向的，占全国的一半。

《高士传》：亥唐，是晋国人，为人十分谨慎，寡言少语，晋国人都很敬畏他。虽然他常吃粗粝的饭食和用蔬菜煮的羹，但晋平公经常给他一些好吃的东西。有一次晋平公与亥唐坐着，过了一会儿，亥唐出去了，叔向进来。平公伸直了一条腿，说："我从前和亥唐坐着的时候，腿痛脚麻了都不敢伸直。"叔向面露怒色，有些不高兴。平公说："你想尊贵，我给你爵位；你想富有，我给你俸禄。然而亥唐这个人，是那种没有欲望的人，我如果不能正坐的话就不能奉养他了。你为什么不高兴呢？"

《韩非子》：晋平公问叔向说："从前齐桓公多次会合诸侯，使天下走上正道，不知道是靠君主的力量，还是靠臣子的力量？"叔向回答说："管仲善于裁剪，宾胥无善于缝纫，隰朋善于装饰衣边，衣服做成了，君主拿起来把衣服穿在身上。这是臣子的力量，君主出了什么力呢？"乐师师旷趴在琴上笑。平公问："乐师您为什么要笑呢？"师旷回答说："我笑叔向对您的回答。凡是做臣子的，好比厨师将五味调和好了送给君主吃。君主不吃，谁敢强迫？请让我打个比喻：君主好比土地，臣子好比草木。一定是土地肥美，然后再草木茂盛，这是君主的力量，臣子有什么力量可言？"

《国语》：叔向看到司马侯的儿子，抚摸着他哭泣，说："自从这孩子的父亲死了以后，我没有可以并肩侍奉国君的伙伴了。从前他的父亲开始进谏，我就接着进谏；我开始进谏，他的父亲随后就接着进谏，没有哪一次进谏不为君主采纳的。"籍偃在一旁说："君子有合作吗？"叔向回答说："君子交朋友但不别为朋党。交一些有德行的人来成就事业，

比也；引党以封己，利己而忘君，别也。"

《国语》：平公射鴳不死，使竖襄搏之，失。公怒，拘将杀之。叔向闻之，夕，君告之。叔向曰："君必杀之！昔者，吾先君唐叔射兕于徒林，殪，以为大甲，以封于晋。今君嗣吾先君唐叔，射鴳不死，搏之不得，是扬吾君之耻者也。君其必速杀之，勿令远闻！"君忸怩颜，乃趣赦之。

《韩非子》：昔者，卫灵公将之晋，至濮水之上，税车而放马，设舍以宿。夜分而闻鼓新声者，而说之。使人问左右，尽报弗闻。乃召师涓而告之，曰："有鼓新声者，使人问左右，尽报弗闻。而状似鬼神，子为听而写之。"师涓曰："诺。"因静坐，振琴而写之。师涓明日报曰："臣得之矣，而未习也，请复一宿习之。"灵公曰："诺。"因复留宿。明日而习之，遂去之晋。晋平公觞之于施夷之台。酒酣，灵公起，公曰："有新声，愿请以示。"平公曰："善。"乃召师涓，令坐师旷之旁，援琴抚之。未终，师旷抚止之，曰："此亡国之声，不可遂也。"平公曰："此道奚出？"师旷曰："此师延之所作，与纣为靡靡之乐也。及武王伐纣，师延东走，

叫作比;多结朋党来增加自己的势力,只顾利己而忘记了君主,这叫作别为朋党。"

《国语》:晋平公射鴳没有射死,便让家奴襄去扑打,结果没有捉住。晋平公勃然大怒,拘禁了襄,准备杀了他。叔向听说后,傍晚时来见晋平公,晋平公把这件事告诉了他。叔向说:"国君一定要杀了他!从前我们的先君唐叔在徒林射大犀牛,一箭就把它射死了,回来后用犀牛皮做了铠甲,因此唐叔被分封在晋国。而如今国君继承先君唐叔的事业,射鴳都没有射死,让人扑打又没有抓住,这是使我们先君的耻辱外扬啊。国君一定要快点杀了他,千万不要让远方的诸侯听到这件事啊!"晋平公面露羞愧之色,于是便马上赦免了襄。

《韩非子》:从前,卫灵公将要到晋国去,走到卫国的濮水时,卸下车马,布置住处夜宿。夜半时分,忽然听到弹奏的新的乐调,卫灵公特别高兴。于是让人问左右的侍从,侍从们都说从来没有听到过。于是卫灵公又把乐师师涓召来,告诉他说:"我听见有人在弹奏新的乐调,派人问左右的人,都说不曾听过。音调好像出自鬼神,你替我听着把它录写下来。"师涓说:"好。"于是便静坐弹奏而记录乐调。师涓第二天报告卫灵公说:"我已经记录下来了,只是还没有熟悉,请再给我一夜的时间来熟悉它。"卫灵公说:"好。"于是又停留了一夜。第二天,师涓已熟悉了新的乐调,卫灵公便起身去晋国。晋平公在施夷之台设酒宴款待卫灵公。酒喝得正畅快的时候,卫灵公站起来说:"我这里有新的乐调,希望演奏给大家听一听。"晋平公说:"太好了。"于是卫灵公便召来师涓,让他坐在晋国乐师师旷的旁边,拿过琴来弹奏。还没有弹完,师旷便轻轻按住琴弦,说:"这是亡国的曲调,不能演奏完。"晋平公说:"这个曲子是从哪里来的?"师旷说:"这是商纣王的乐师师延创作的,这是为商纣王创作的荒淫颓废的音乐。等到武王伐纣时,师延逃到了东方,

至于濮水而自投。故闻此声者,必于濮水之上。先闻此声者,其国必削,不可遂。"平公曰:"寡人所好者音也,子其使遂之。"师涓鼓究之。平公问师旷曰:"此所谓何声也?"师旷曰:"此所谓清商也。"公曰:"清商固最悲乎?"师旷曰:"不如清徵。"公曰:"清徵可得而闻乎?"师旷曰:"不可。古之听清徵者,皆有德义之君也。今吾君德薄,不足以听。"平公曰:"寡人之所好者音也,愿试听之。"师旷不得已,援琴而鼓。一奏之,有玄鹤二八道南方来,集于郎门之垝;再奏之,而列;三奏之,延颈而鸣,舒翼而舞,音中宫商之声,声闻于天。

平公大说,坐者皆喜。平公提觞而起为师旷寿,反而问曰:"音莫悲于清徵乎?"师旷曰:"不如清角。"平公曰:"清角可得而闻乎?"师旷曰:"不可。昔者黄帝合鬼神于泰山之上,驾象车而六蛟龙。毕方并锫,蚩尤居前,风伯进扫,雨师洒道,虎狼在前,鬼神在后,腾蛇伏地,凤凰覆上,大合鬼神,作为清角。今吾君德薄,不足听之。听之,将恐有败。"平公曰:"寡人老矣,所好者音也,愿遂听之。"师旷不得已而鼓之。一奏之,有玄云从西北方起;再奏之,大风至,大雨随之,裂帷幕,破俎豆,坠廊瓦,坐者散走。平公恐惧,伏于廊室

逃到濮水时便投河自尽了。因此听到这种乐调的人，一定是在濮水之上。首先听到这种乐调的君主，他的国家必然受到削弱，因此不能把它弹奏完。"晋平公说："我所喜好的就是音乐，你一定要让他把乐曲弹完。"师涓最终还是把乐曲弹奏完了。晋平公问师旷说："这叫什么音乐？"师旷回答说："这就是人们所说的清商乐。"晋平公说："清商乐是最悲伤的音乐吗？"师旷回答说："还不如清徵乐。"晋平公说："清徵乐可以让我听一听吗？"师旷回答说："不可以。古代的清徵乐，是有德义的人才能听的。而如今我们的国君缺少德义，还不够资格来听它。"晋平公说："我所喜爱的只有音乐，还是让我听一听吧。"师旷不得已，拿过琴来弹奏。开始演奏时，有十六只黑鹤从南方飞过来，落在宫廷旁边有覆盖的游廊上；第二次演奏时，十六只黑鹤就排成了行列；第三次演奏时，十六只黑鹤便伸长了脖子鸣叫，张开翅膀翩翩起舞，音乐中的宫调和商调，充满了整个天空。

晋平公十分高兴，陪坐的人也都分外惊喜。于是晋平公举起酒杯向师旷祝贺，回到座位后，又问："再没有比清徵乐更悲伤的音乐了吧？"师旷回答说："清角乐比清徵乐更悲伤。"晋平公说："那么我可以听一听清角乐吗？"师旷回复说："不可以。从前黄帝在泰山之上会合天下的鬼神，驾着象牙装饰的车而且用六条蛟龙拉它。木神毕方站在车辖的两旁，蚩尤在前面开路，风神一路向前扫除尘埃，雨神冲洗街道，虎狼走在前面，鬼神跟在后面，飞蛇伏在地上，凤凰在上面飞翔，大会鬼神，于是便创作了清角乐。而如今我们的国君缺乏德行，没有资格听清角乐。如果听了它，恐怕会有灾难降临下来。"晋平公说："我已经老了，所喜欢的只有音乐，愿意听一听。"师旷不得已又演奏了清角乐。开始演奏的时候，有黑色的云从西北方升起来；第二次演奏时，刮起了大风，大雨紧接着又下了起来，帷幕被吹裂，食器跌破，廊瓦刮坏，坐着的人都四处逃开。晋平公惊恐害怕，伏在廊屋

之间。晋国大旱,赤地三年。平公之身遂癃病。故曰:"不务听治而好五音不已,则穷身之事也。"

《国语》:平公说新声,师旷曰:"公室其将卑乎!君之明兆于衰矣。夫乐以开山川之风也,以耀德于广远也。风德以广之,风山川以远之,风物以听之。修诗以咏之,修礼以节之。夫德广远而有时节,是以远服而迩不迁。"

《说苑》:平公问于师旷曰:"人君之道何如?"对曰:"人君之道,清净无为;务在博爱,趋在任贤;广开耳目以察万方;不固溺于流俗,不拘系于左右,廓然远见,踔然独立;屡省考绩,以临臣下。此人君之操也。"平公曰:"善。"

平公问于师旷曰:"吾年七十,欲学,恐已莫矣。"师旷曰:"何不炳烛乎?"平公曰:"安有为人臣而戏其君乎?"师旷曰:"盲臣安敢戏其君乎? 臣闻之:'少而好学,如日出之阳;壮而好学,如日中之光;老而好学,如炳烛之明。'炳烛之明,孰与昧行乎?"平公曰:"善哉!"

平公问于师旷曰:"咎犯与赵衰孰贤?"对曰:"阳处父欲臣文公,因咎犯,三年不达;因赵衰,三日而达。智不知其士众,不智也;知而不言,不忠也;欲言之而不敢,无勇也;言之而不听,不贤也。"晋平公好乐,多其赋敛,不治城郭,曰:"敢有谏者死!"国人忧之。

之间。从此晋国大旱，三年寸草不生。晋平公也得了瘫痪病。因此说："不致力于治理国家，却不停地喜欢音乐，这是使自己身体困窘的事情。"

《国语》：晋平公喜欢新的音乐，师旷说："晋国的公室将要卑微！您的身形已显示出衰微的征兆。音乐，用来疏通山川之风，并向远方宣明德行。讽诵道德而加以拓广，风宣各地山川音乐而加以远播，风化万物而加以倾听。创作诗篇来吟咏它，修明礼仪来节制它。功德广大长久而行有时限、动有仪节，所以远方国家归服，邻近诸侯没有二心。"

《说苑》：晋平公问师旷说："做人君的道理有哪些？"师旷回答说："做人君的道理应是清心寡欲，以德政感化人民而不施行刑治；努力做到博大仁爱，把任用贤能作为自己的宗旨；开阔自己的见闻，明察各方面的情况；不拘执、沉溺于世俗的偏见，不受身边亲信的影响和羁绊，做到目光开阔、视野远大，见解独特超群；经常检查考核官吏的政绩，以此驾驭臣下。这就是人君要掌握的道理。"晋平公说："好。"

晋平公向师旷问道："我年纪已七十岁了，想要学习，恐怕已经晚了。"师旷说："为什么不在晚上点燃蜡烛呢？"平公说："哪有做臣子的反而戏弄自己的国君的？"师旷说："我怎敢戏弄自己的国君呢？我听说：'少年时好学，好像初升时的太阳光；壮年时好学，好像那正午的太阳光；老年时好学，好像点燃蜡烛发出的光亮。'点燃蜡烛发出光亮，与在昏暗中行走相比，哪一个更强呢？"晋平公说："讲得好啊！"

晋平公问师旷说："咎犯与赵衰相比谁更贤明？"师旷说："阳处父想做晋文公的臣子，通过咎犯引见，三年都未显达，后来通过赵衰引见，三天就显达了。不能了解他的士子民众，不算有才智；了解贤士却不举荐，这是不忠；想要举荐却又不敢，这是没勇气；有人举荐了贤士而不任用，这是不贤。"晋平公喜好音乐，在国内多收赋税，却不修整城邑，还说："有敢进谏的人处以死罪！"都城的人都为此而担忧。

有咎犯者，见门大夫曰："吾闻主君好乐，故以乐见。"门大夫入言曰："晋人咎犯也，欲以乐见。"平公曰："内之。"止坐殿上，则出钟、磬、竽、瑟。坐有顷，平公曰："客子为乐。"咎犯对曰："臣不能为乐，臣善隐。"平公召隐士十二人。咎犯曰："隐臣窃顾昧死御。"平公曰："诺。"咎犯申其左臂，而讹五指，平公问于隐官曰："占之，为何？"隐官皆曰："不知。"平公曰："归之。"咎犯则申其一指，曰："是一也，便游赭尽，而峻城阙；二也，柱梁衣绣，士民无褐；三也，侏儒有余酒，而死士渴；四也，民有饥色，而马有粟秩；五也，近臣不敢谏，远臣不敢达。"平公曰："善。"乃屏钟鼓，除竽瑟，遂与咎犯参治国。咎犯在文公时，又见于此。故杨用修云有两咎犯。但刘中垒复称介子推相荆，栾盈事韩武子。此类非一，未有确据。

晋平公出畋，见乳虎，伏而不动，顾谓师旷曰："吾闻之也：'伯王之主出，则猛兽伏不敢起。'今者寡人出，见乳虎伏而不动，此其猛兽乎？"师旷曰："鹊食猬，猬食骏叇，骏叇食豹，豹食驳，驳食虎。夫驳之状有似驳马。今者君之出，必骖驳马而出畋乎？"公曰："然。"师旷曰："臣闻之：'一自诬者穷，再自诬者辱，三自诬者死。'今夫虎所以不动者，为驳马也，固非主君之德义也，君奈何一自诬乎？"平公异日出朝，有鸟环平公不去。平公顾谓师旷曰："吾闻之也：'伯王之主，凤下之。'

有一个名叫答犯的人,谒见守宫门的大夫说:"我听说君主喜好音乐,因此以乐技求见。"守门大夫入宫告诉晋平公说:"有个叫答犯的晋国人,想要以乐技求见大王。"晋平公说:"接待他。"答犯进宫后让他坐在宫殿上,晋平公就摆出钟磬竽瑟等乐器。坐了一会儿,晋平公说:"请客人奏乐。"答犯回答说:"我不会奏乐,我善于说隐语。"晋平公召集会说隐语的十二人。答犯说:"我愿冒死侍奉国君。"晋平公说:"好。"答犯伸出他的左臂,并屈五指,晋平公向隐官问道:"猜猜这是什么意思?"隐官都说:"不知道。"晋平公说:"回到自己座位上去。"答犯伸出他的一根手指说:"这一,说的是大王所游玩之处雕龙画凤,但城邑却得不到修整;这二,说的是大王宫殿的梁柱都披上锦绣,但士人百姓却连粗布短衣也没有;这三,说的是玩杂耍的矮人美酒喝不完,但勇士们却受饥饿;这四,说的是百姓面带饥容,但大王的马却享有粮俸;这五,说的是身边的大臣不敢进谏,远方的臣子不能表达自己的意见。"晋平公说:"讲得好。"于是撤去钟鼓,废除声乐,便同答犯一道治国理政。答犯生活在晋文公时代,但又见于晋平公这里。因此杨慎说有两个俗犯。只是刘向又说介子推做过楚国的相国,栾盈侍奉过韩武子。这类事情不止一例,都没有确凿的根据。

晋平公外出打猎,看见幼虎伏在地上不动,回头对师旷说:"我听说:'建立霸业的君主外出时,就会使猛兽伏地不起。'今天我出门看见幼虎伏地不动,这不正是猛兽吗?"师旷说:"喜鹊啄食刺猬,刺猬吃鵔鸃,鵔鸃吃豹,豹吃驳,驳吃老虎。那驳的形象好像驳马。今天国君外出,一定是以驳马为骖马驾车去打猎吧?"晋平公说:"是的。"师旷说:"我听说:'一次自欺的人会遭困厄,两次自欺的人会受屈辱,三次自欺的人会死亡。'今天那虎之所以不动,是因为惧怕驳马,本不是因为君主的德义,您为何自欺欺人呢?"过了些日子晋平公又出朝,有只鸟环绕着晋平公不离开。晋平公回头对师旷说:"我听说:'建立霸业的君主,凤凰会降临。'

今者出朝,有鸟环寡人,终朝不去,是其凤鸟乎?"师旷曰:"东方有鸟,名谏珂,其为鸟也,文身而朱足,憎鸟而爱狐。今者吾君必衣狐裘以出朝乎?"平公曰:"然。"师旷曰:"臣已尝言之矣,一自诬者穷,再自诬者辱,三自诬者死。今鸟为狐裘之故,非吾君之德义也,君奈何而再自诬乎?"平公不说。

异日,置酒虒祁之台,使郎中马章布蒺藜于阶上,令人召师旷。师旷至,履而上堂。平公曰:"安有人臣履而上人主堂者乎?"师旷解履,刺足;伏,刺膝,仰天而叹。公起,引之曰:"今者与叟戏,叟遽忧乎?"对曰:"忧夫。肉自生虫,而还自失也;木自生蠹,而还自刻也;人自兴妖,而还自贼也。五鼎之具,不当生藜藿;人主堂庙,不当生蒺藜。"平公曰:"今为之奈何?"师旷曰:"妖已在前,无可奈何。入来月八日,修百官,立大子,君将死矣。"至来月八日平旦,谓师旷曰:"叟以今日为期,寡人如何?"师旷不乐,谒归。归未几而平公死。乃知师旷神明矣。

十年春王正月,有星出于婺女。郑裨灶言于子产曰:"七月戊子,晋君将死。今兹岁在颛顼之虚,姜氏、任氏实守其地。居其维首,而有妖星焉,告邑姜也。邑姜,晋之妣也。天以七纪。戊子逢公以登,星斯于是乎出,吾是以讥之。"

今天出朝,有只鸟环绕我,整个早上都不离去,这不正是凤凰吗?"师旷说:"东方有种鸟名叫谏珂,这种鸟身上有文采,而脚爪是红的,它厌恶鸟类却喜欢狐狸。今天国君一定是穿狐皮袍出朝的吧?"晋平公说:"是的。"师旷说:"我之前已经说过,一次自欺的人会遭困厄,两次自欺的人会受屈辱,三次自欺的人会死亡。今天鸟儿因为狐皮袍的缘故而来,并不是因为国君的德义而来,您怎么还要再次自欺呢?"晋平公很不高兴。

过了些日子,晋平公在虒祁宫的高台上置办了酒宴,命郎中马章在台阶上铺设荆刺,派人召见师旷。师旷到了,穿着鞋要上厅堂。晋平公说:"哪有作臣子的穿着鞋走上国君厅堂的呢?"师旷脱下鞋,荆刺扎了脚;伏下身来,荆刺又扎了膝盖,他仰天叹息。晋平公起身拉起他说:"今天与老头开个玩笑,老头就这样忧虑吗?"师旷回答说:"忧虑。肉上长出虫子,很快便吃掉自己;木头长出蠹虫,很快便朽蚀自己;人自己作怪,会很快害了自己。五鼎这样的祭器,不应当长出野菜;国君的朝堂,不应当长出蒺藜。"晋平公说:"事已如此,现在怎么办呢?"师旷说:"妖祸已在眼前,没有什么办法。到下月八日,最好整饬百官,扶立太子,您将会死去的。"到下月八日早上,晋平公对师旷说:"老头把今天定为我的死期,现在我怎么样?"师旷闷闷不乐,请求回家。回去不久,晋平公就死了。人们才知道师旷的神明。

十年春季,周历正月,婺女宿附近出现了一颗客星。郑国的禅灶对子产说:"看来七月初三这一天,晋国国君将要死去。因为今年岁星运行到了玄枵的位置上,姜氏、任氏守卫着玄枵分野的土地。在玄枵三宿中婺女宿为首,而在它的位置上出现了来历不明的妖星,这就向邑姜发出了警告。邑姜是晋国的始祖唐叔的母亲。上天用七来记数。齐地以前的诸侯逢公就是在初三这一天死的,正好这一天婺女宿星附近出现了一颗妖星,我因此才预知晋侯死的时间。"

秋七月,平子伐莒,取郠。

戊子,晋平公卒。郑伯如晋,及河,晋人辞之,游吉遂如晋。

九月,叔孙婼、齐国弱、宋华定、卫北宫喜、郑罕虎、许人、曹人、莒人、邾人、滕人、薛人、杞人、小邾人如晋,葬平公也。郑子皮将以币行。子产曰:"丧焉用币?"子皮固请以行。既葬,诸侯之大夫欲因见新君。叔孙昭子曰:"非礼也。"弗听。叔向辞之,曰:"大夫之事毕矣,而又命孤。孤斩焉在衰绖之中,其以嘉服见,则丧礼未毕;其以丧服见,是重受吊也,大夫将若之何?"皆无辞以见。子皮尽用其币。

十二年,齐侯、卫侯、郑伯如晋,朝嗣君也。

公如晋,至河,及复。取郠之役,莒人诉于晋,晋有平公之丧,未之治也,故辞公。公子慭遂如晋。

晋侯享诸侯,子产相郑伯,辞于享,请免丧而后听命。晋人许之,礼也。晋侯以齐侯宴,中行穆子相。投壶,晋侯先。穆子曰:"有酒如淮,有肉如坻,寡君中此,为诸侯师。"中之。齐侯举矢,曰:"有酒如渑,有肉如陵,寡人中此,与君代兴。"亦中之。伯瑕谓穆子曰:"子失辞。吾固师诸侯矣,壶何为焉,其以中俊也?齐君弱吾君,归弗来矣。"穆子曰:

秋季七月，鲁国的季平子领兵攻打莒国，夺取了郠地。

初三，晋平公去世。郑简公到晋国吊唁，走到黄河，晋国人谢绝了他，于是派游吉前去。

九月，鲁国的叔孙婼、齐国的国弱、宋国的华定、卫国的北宫喜、郑国的罕虎，以及许国人、曹国人、莒国人、邾国人、滕国人、薛国人、杞国人、小邾国人都到了晋国，为晋平公送葬。郑国的子皮（即罕虎）准备趁前去吊唁的机会把祝贺新君即位的财礼也带去。子产说："丧礼哪里还用得着财礼？"子皮还是坚持把财物带了去。安葬了晋平公之后，诸侯的大夫们想朝见新君。叔孙昭子（即叔孙婼）说："这样做是不合礼法的。"但众人不听。叔向出来拒绝了他们，说："大夫送葬的事情已经结束，又要拜见我们新君。我们新君目前正沉浸在巨大的悲痛之中，假如他换上礼服接见大家，但丧礼还未结束；假如穿着丧服接见，就等于再一次接受各国大夫的吊唁，大夫们准备怎么办呢？"大夫们听了之后便放弃了这一请求。子皮把带去的财礼全都用完了。

十二年，齐景公、卫灵公、郑定公到晋国朝见继位的晋昭公。

鲁昭公也准备去朝见，但走到黄河就回来了。因为鲁国发生了夺取郠地的战役，莒国人向晋国控告，晋国因为遇到了平公去世，没有顾得上惩治鲁国，所以这次就拒绝了鲁昭公到晋国朝见。于是鲁国只好派公子慭到晋国。

晋昭公设宴招待诸侯，子产相礼郑定公，辞谢了这次宴请，理由是郑简公去世不久，郑定公服丧还未期满，待满丧后再听候吩咐。晋国人答应了他们的请求，这是合乎礼法的。晋昭公和齐景公饮宴，中行穆子（即荀吴）相礼。席间以投壶的方式助兴，晋昭公先投。中行穆子说："酒如淮水多，肉如土丘高，国君如投中，就能成盟主。"最后果然投中了。齐景公举起箭，说："酒如渑水多，肉如丘陵高，如果我投中，代晋为盟主。"结果也投中了。伯瑕对中行穆子说："您说的话不恰当。我们本来就是诸侯盟主，还投壶做什么，投中又有什么用？齐国国君看不起我们国君，他回去后就不会再来朝见了。"中行穆子说：

“吾军帅强御,卒乘竞劝,今犹古也,齐将何事?”公孙傁趋进,曰:“日旰君勤,可以出矣。”以齐侯出。

十三年,晋成虒祁,诸侯朝而归者,皆有贰心。为取郠故,晋将以诸侯来讨。叔向曰:“诸侯不可以不示威。”乃并征会,告于吴。秋,晋侯会吴子于良,水道不可,吴子辞,乃还。

七月丙寅,治兵于邾南,甲车四千乘,羊舌鲋摄司马,遂合诸侯于平丘。子产、子大叔相郑伯以会。子产以幄幕九张行,子大叔以四十,既而悔之,每舍损焉。及会,亦如之。次于卫地,叔鲋求货于卫,淫刍荛者。卫人使屠伯馈叔向羹与一箧锦,曰:“诸侯事晋,未敢携贰。况卫在君之宇下,而敢有异志?刍荛者异于他日,敢请之。”叔向受羹反锦,曰:“晋有羊舌鲋者,渎货无厌,亦将及矣。为此役也,子若以君命赐之,其已。”客从之。未退而禁之。

晋人将寻盟,齐人不可。晋侯使叔向告刘献公曰:“抑齐人不盟,若之何?”对曰:“盟以底信,君苟有信,诸侯不贰,何患焉?告之以文辞,董之以武师,虽齐不许,君庸多矣。天子之老请帅王赋,元戎十乘,以先启行。

"我国军队将帅坚强有力，士兵勇敢，仍然像从前一样强大无比，齐国又能把我们怎么样？"这时齐大夫公孙傁快步走进，说："天色已晚，国君也很疲倦了，我们还是出去吧。"于是就和齐景公一起离开了宴会。

十三年，晋国的虒祁宫落成，诸侯朝见回来后都有了背离之心。因为鲁国夺取莒国的郓地一事，晋国准备召集诸侯前来攻打。叔向说："必须再向诸侯显示一下威力。"便通知诸侯前去参加会盟，同时也告诉了吴国。秋季，晋昭公和吴王约好在良地见面，但因为水路不通，吴王推辞不来，晋昭公也只好回去了。

七月二十九日，晋国在邾国南部举行了军事演习，调动战车四千辆，由叔向的弟弟羊舌鲋代理司马，然后在平丘会合了诸侯。子产、子太叔陪同郑定公赴会。出发前子产带了大小帐篷各九顶，子太叔却带了四十顶，上路之后子太叔便后悔了，于是每到一处住宿，就减少一些。等到行至平丘，剩下的帐篷就和子产一样多了。晋军驻扎在卫国，叔鲋（即羊舌鲋）向卫国索要财物，并放纵士兵四处砍伐。卫国人派屠伯送给叔向羹汤和一箱锦缎，说："诸侯事奉晋国，不敢三心二意。更何况我们在贵国国君的保护之下，怎敢有别的想法呢？现在在贵国砍柴的人和以前大不一样，请您能加以制止。"叔向接受了羹汤，但把锦缎退了回去，说："晋国有个羊舌鲋，一向贪求财物不知满足，他马上就要遭到灾祸。至于现在这件事，只要您把这箱锦缎以贵国国君的名义赐给他，他肯定能下令制止。"屠伯听了他的话，把锦缎送给了羊舌鲋。果然，屠伯还未退出羊舌鲋的住处，羊舌鲋就下令禁止乱砍滥伐了。

晋国人打算重申过去的盟约，齐国人不同意。晋昭公派叔向告诉周王卿士刘献公说："齐国人不同意继续结盟，怎么办？"刘献公说："结盟用以表示信用，您假如有信用，诸侯就不会有二心，又担心什么？如果以优美的文辞警告齐国，以强大的武力督促齐国，即使齐国不答应，您的功劳也很大。如果贵国要讨伐齐国，我愿意率领天子的军队前去助阵，十辆大车，作为开路先锋。

迟速唯君。"叔向告于齐曰:"诸侯求盟,已在此矣。今君弗利,寡君以为请。"对曰:"诸侯讨贰,则有寻盟。若皆用命,何盟之寻?"叔向曰:"国家之败,有事而无业,事则不经;有业而无礼,经则不序;有礼而无威,序则不共;有威而不昭,共则不明;不明弃共,百事不终,所由倾覆也。是故明王之制,使诸侯岁聘以志业,间朝以讲礼,再朝而会以示威,再会而盟以显昭明。志业于好,讲礼于等,示威于众,昭明于神,自古以来,未之或失也。存亡之道,恒由是兴。晋礼主盟,惧有不治,奉承齐牺,而布诸君,求终事也。君曰:'余必废之。'何齐之有?唯君图之。寡君闻命矣。"齐人惧,对曰:"小国言之,大国制之,敢不听从?既闻命矣,敬共以往,迟速唯君。"叔向曰:"诸侯有间矣,不可以不示众。"八月辛未,治兵,建而不旆。壬申,复旆之,诸侯畏之。

邾人、莒人诉于晋曰:"鲁朝夕伐我,几亡矣。我之不共,鲁故之以。"晋侯不见公。使叔向来辞,曰:"诸侯将以甲戌盟,寡君知不得事君矣,请君无勤。"子服惠伯对曰:

何时攻打由您决定。"叔向便告诉齐国说:"诸侯请求结盟,现在已经聚集在这里了。可是贵国国君却不以会盟为利,我们国君请贵国明示理由。"齐国人回答说:"只有在诸侯讨伐生有二心的国家时才有必要重温盟约。如果诸侯都听从晋国的命令,哪里还用得着重温旧盟呢?"叔向说:"一个国家之所以会衰败,就在于虽然还行朝聘之礼,却不进献贡赋,这样朝聘就不会正常;进献贡赋却不讲究礼法,即使朝聘正常了也会失去上下的固有秩序;讲究礼法却没有威严,即使秩序不乱也不能做到恭敬;有威严而不显扬,有恭敬也不能昭告神灵;不能昭告神灵便放弃了恭敬,各种事情都将难有结果,这就是国家败亡的原因。因此,圣明的君王规定,让诸侯每年聘问一次以尽到自己的职责,每隔两年朝见一次以温习礼法,每六年举行一次会见以表现出应有的威严,每十二年举行一次盟会以昭明信义。如此,履行义务,温习礼法,显示威严,昭告神灵,自古以来,都没有改变过。国家的兴衰存亡常常就因此而决定。晋国按照礼仪主持盟会,常常担心做不好,因此就准备好使用的牺牲,再陈列在各位君王的面前,目的就是能把事情办好。现在贵国国君却说:'我一定要废掉这一活动。'这样还结什么盟呢?希望国君慎重考虑一下。我们国君等待您的决定。"齐国人害怕了,回答说:"小国虽然提出了自己的意见,但最终还得由大国来裁断,怎敢不听从大国的决定呢?我们已经听到命令了,将会恭恭敬敬地前去参加盟会,至于动身时间早晚,听凭贵国国君吩咐。"叔向说:"因为诸侯和晋国已经有了隔阂,所以我们不能不显示一下威力。"八月初四,检阅军队,但只有大旗,旗子上没有飘带。初五,又在旗子上系上飘带,诸侯都感到害怕了。

邾国人、莒国人到晋国诉苦控告说:"鲁国频繁地攻打我国,我国快要灭亡了。我们不能向贵国进献贡品,就是因为鲁国经常侵犯的缘故。"因此晋昭公拒绝接见鲁昭公。并派叔向前来辞谢说:"诸侯准备在初七结盟,我们国君深知不能事奉贵国国君,所以请贵国国君不要再去参加结盟了。"子服惠伯回答说:

"君信蛮夷之诉，以绝兄弟之国，弃周公之后，亦唯君。寡君闻命矣。"叔向曰："寡君有甲车四千乘在，虽以无道行之，必可畏也，况其率道，其何敌之有？牛虽瘠，偾于豚上，其畏不死？南蒯、子仲之忧，其庸可弃乎？若奉晋之众，用诸侯之师，因邾、莒、杞、鄫之怒，以讨鲁罪，间其二忧，何求而弗克？"鲁人惧，听命。

甲戌，同盟于平丘，齐服也。令诸侯日中造于除。癸酉退朝，子产命外仆速张于除，子大叔止之，使待明日。及夕，子产闻其未张也，使速往，乃无所张矣。

及盟，子产争承，曰："昔天子班贡，轻重以列。列尊贡重，周之制也。卑而贡重者，甸服也。郑伯，男也，而使从公侯之贡，惧弗给也，敢以为请。诸侯靖兵，好以为事。行理之命，无月不至，贡之无艺，小国有阙，所以得罪也。诸侯修盟，存小国也，贡献无极，亡可待也。存亡之制，将在今矣。"自日中以争，至于昏，晋人许之。既盟，子大叔咎之曰："诸侯若讨，其可渎乎？"子产曰："晋政多门，贰偷之不暇，何暇讨国？不竞亦陵，何国之为？"公不与盟，晋人执季孙意如以归。

"贵国国君竟然听信蛮夷小国的控告,以断绝和兄弟国家的关系,抛弃了周公的后代,既然这样,我们也只有听凭贵国国君的决定了。我们国君明白您的意思了。"叔向说:"我们国君拥有战车四千辆,即使不讲道义四处侵略,也足以使人闻风丧胆,更何况是主持正义呢,有谁能抵挡得住呢?即使是一头瘦牛,压在小猪身上,小猪难道不怕被压死?贵国南蒯和子仲引起的祸患,难道已经被忘记了吗?如果晋国发动大军,率领诸侯的军队,利用邾、莒、杞、鄫等国的怨恨,讨伐鲁国犯下的罪过,乘着贵国南蒯和子仲造成的动乱的阴影尚在,我们想要什么得不到呢?"鲁国人害怕了,听从了晋国的命令。

初七,诸侯在平丘举行会盟,这是因为齐国顺从了晋国。晋昭公让诸侯在中午到达盟会地点。初六,诸侯朝见晋昭公退下来以后,子产命令仆人尽快在盟会地点搭起帐篷,但子太叔拦住了,让等到第二天再搭。当天晚上,子产得知还没有搭起帐篷,便派人急忙前去察看,结果发现那里已经被占满,没有地方了。

等到开始结盟时,子产为贡赋的等次争辩起来,他说:"从前天子规定贡赋的等次是以诸侯地位的高低为根据的。地位尊贵贡赋就多,这是周朝的一贯制度。地位低下贡赋却很重,只有甸服是这样。郑伯是男爵,却要交纳和公侯一样的贡赋,恐怕无力承受,特此提请考虑。诸侯之间应当放弃战争,注重团结友好。现在晋国催收贡赋的命令没有一个月间断过,而且所要贡赋没有一个限度,小国一旦满足不了便会得罪大国。诸侯重温旧盟,是为了保全小国,但一旦大国对小国贡赋的要求没有限度的话,小国的灭亡就指日可待了。决定小国是存是亡,就看这次盟会了。"从中午争辩到黄昏,晋国人最终还是答应了他。盟誓之后,子太叔责备子产说:"如果诸侯发兵讨伐郑国,我们可以轻易地应付吗?"子产说:"晋国的政权分散在各个家族手中,他们不能齐心协力,忙于钩心斗角,哪里顾得上讨伐我们?如果一个国家和别国不能竞争,就会遭到欺凌,还算是什么国家呢?"鲁昭公没有参加这次盟会,晋国人把季孙意如抓回了国。

十有四年春，意如至自晋。

〔补逸〕《国语》：平丘之会，晋昭公使叔向辞昭公弗与盟。子服惠伯曰："晋信蛮夷而弃兄弟，其执政贰也。贰必失诸侯，岂惟鲁然？夫失其政者，必毒于人，鲁惧及焉，不可以不恭。必使上卿从之。"季平子曰："然则意如乎！若我往，晋必患我，谁为之贰？"子服惠伯曰："椒既言之矣，敢逃难乎？椒请从。"

晋人执平子。子服惠伯见韩宣子曰："夫盟，信之要也。晋为盟主，是主信也。若盟而弃鲁侯，信抑阙矣。昔栾氏之乱，齐人间晋之祸，伐取朝歌。我先君襄公不敢宁处，使叔孙豹悉帅敝赋，踦跂毕行，无有处人，以从军吏，次于雍渝，与邯郸胜击齐之左，掎止晏莱焉。齐师退而后敢还。非以求远也，以鲁之密迩于齐，而又小国也；齐朝驾则夕极于鲁国，不敢惮其患，而与晋共其忧，亦曰：'庶几有益于鲁国乎！'今信蛮夷而弃之，夫诸侯之勉于君者，将安劝矣？若弃鲁而苟固诸侯，群臣敢惮戮乎？诸侯之事晋者，鲁为勉矣。若以蛮夷之故弃之，其无乃得蛮夷而失诸侯之信乎？子计其利者，小国共命。"宣子说，乃归平子。

十四年春季,季孙意如从晋国回到国内。

〔补逸〕《国语》:在平丘会盟前夕,晋昭公派叔向去辞谢鲁昭公,不肯让鲁昭公参加。子服惠伯说:"晋国听信蛮夷小国的控告,而断绝和兄弟国家之间的关系,这是执政的大臣对莒国和我鲁国心思不相同。偏心就会丧失诸侯的拥护,难道只丧失鲁国一个国家吗? 丧失德政的国家,必然毒害别人,鲁国对此十分害怕,因此不敢不表示出恭敬的样子。一定要派一位上卿到晋国谢罪。"季平子(即季孙意如)说:"既然这样我去吧! 如果我去了,晋国人一定会加害于我,谁来做我的副手呢?"子服惠伯说:"我既然已经说出来了,怎敢躲避灾祸呢? 我请求跟随您前去。"

晋国人把季平子抓了起来。子服惠伯进见韩宣子说:"会盟,信用是关键。晋国作为盟主,应主持信义。如果会盟而抛弃了鲁侯,是缺少了信义。从前栾氏发动叛乱,齐国人趁晋国发生内乱,攻取晋国的朝歌。我们先君襄公不敢安定地待着,于是就派叔孙豹率领我国的全部军队,即使腿脚有毛病的人都参加了,没有留下不去的,跟随着军官驻扎在雍渝,和贵国的邯郸胜将军攻击齐国的左军,牵制并抓获了齐国的大夫晏莱。齐国军队退走后,鲁国的军队才敢回国。鲁国并不是要在远方求得功劳,而且鲁国与齐国靠近,又是小国;齐国早晨赶着车晚上便可以到达鲁国,鲁国不敢担忧得罪齐国的祸患,而与晋国共患难,我们说:'也许这样对鲁国有利些吧!'如今晋国听信蛮夷之国的控告而抛弃了鲁国,那些对您尽力的诸侯,将怎样去努力呢? 如果抛弃了鲁国还能稳定诸侯对晋国的拥护,我们这些鲁国臣子还怕被杀戮吗? 在事奉晋国的诸侯国中,鲁国是最卖力的了。如果因为蛮夷之国的缘故而抛弃了鲁国,那难道不是只得到了蛮夷之国而失去了中原诸侯的信用吗? 您还是考虑一下那些有利的方面,我们敬听尊命。"韩宣子听后十分高兴,便把季平子放回去了。

十五年,公如晋,平丘之会故也。

十六年春王正月,公在晋,晋人止公。不书,讳之也。

齐侯伐徐。二月丙申,齐师至于蒲隧,徐人行成。徐子及郯人、莒人会齐侯盟于蒲隧,赂以甲父之鼎。叔孙昭子曰:"诸侯之无伯,害哉!齐君之无道也,兴师而伐,远方会之,有成而还,莫之亢也,无伯也夫!《诗》曰:'宗周既灭,靡所止戾。正大夫离居,莫知我肄。'其是之谓乎!"

三十年夏六月,晋顷公卒。秋八月,葬。郑游吉吊,且送葬。魏献子使士景伯诘之,曰:"悼公之丧,子西吊,子蟜送葬。今吾子无贰,何故?"对曰:"诸侯所以归晋君,礼也。礼也者,小事大,大字小之谓。事大在共其时命,字小在恤其所无。以敝邑居大国之间,共其职贡,与其备御不虞之患,岂忘共命?先王之制:诸侯之丧,士吊,大夫送葬;唯嘉好、聘享、三军之事,于是乎使卿。晋之丧事,敝邑之间,先君有所助执绋矣;若其不间,虽士、大夫,有所不获数矣。大国之惠,亦庆其加,而不讨其乏,明底其情,取备而已,以为礼也。灵王之丧,我先君简公在楚,我先大夫印段实往,敝邑之少卿也。王吏不讨,恤所无也。今大夫曰:'女盍

十五年,鲁昭公前往晋国,这是为了平丘那次会见而去的。

十六年春季,周历正月,鲁昭公在晋国访问时,晋国人扣留了他。《春秋》没有记载,是出于避讳。

齐景公发兵攻打徐国。二月十四日,齐国军队进驻蒲隧,徐国人连忙求和。于是徐国国君和郑国人、莒国人一起与齐景公会见,并在蒲隧结了盟,把甲父的宝鼎送给齐国作为礼物。鲁大夫叔孙昭子说:"诸侯一旦失去了盟主,弱小国家首先受到危害啊! 齐君无道,兴兵攻打远方国家,迫使小国求和后才撤退回国,没有谁能和他抗御,这都是因为当今没有盟主的缘故啊!《诗经》说:'宗周已经衰落下去,没有可以栖身之处。执政的大夫们四散奔逃,无人关心我百姓的疾苦。'大概说的就是这种情况吧!"

三十年夏季六月,晋顷公去世。秋季八月,举行葬礼。郑国的游吉前往吊唁,并顺便送葬。于是魏献子派士景伯前去质问游吉说:"悼公去世时,贵国的子西前来吊唁,子蟜前来送葬。而现在却只有您一人来,是什么意思?"游吉回答说:"诸侯之所以归服晋君,是因为晋国讲礼法。礼法就是指小国事奉大国,大国爱护小国。事奉大国关键在于随时恭敬地执行大国的命令,爱护小国关键是体恤小国所缺少的。敝邑处在大国之间,不但要进献各种贡品,而且还要参与预防被攻伐的各种准备,怎么敢忘记丧葬大事的礼法呢? 先王规定的制度是:诸侯的丧礼,由士吊唁,大夫送葬;只有朝会、聘问宴享、战争之事,才派卿亲自前往。从前晋国遇到丧事时,只要国内安定无事,先君也曾亲自前来送葬;如果国内不安定,即使是士、大夫有时也难以保证按先王的礼数办到。大国的恩惠,对超越常礼的礼节进行嘉赏,对小国在礼法上的偶尔不周能够宽谅,明察其忠诚,只要求大体具备这种礼仪,不苛求具体礼数,就认为是合乎礼法的。周灵王去世时,我们先君简公正在楚国,于是我们就派了先大夫印段前去,他只是我国的一个少卿。但王室的官员并没有责备我们,因为他们理解我们没有比较合适的人选。但现在大夫却说:'你为什么

从旧？'旧有丰有省，不知所从。从其丰，则寡君幼弱，是以不共。从其省，则吉在此矣。唯大夫图之。"晋人不能诘。

定公三年，蔡昭侯如楚，三年止之。蔡侯归，及汉，执玉而沉曰："余所有济汉而南者，有若大川！"蔡侯如晋，以其子元与其大夫之子为质焉，而请伐楚。

四年春三月，刘文公合诸侯于召陵，谋伐楚也。晋荀寅求货于蔡侯，弗得，言于范献子曰："国家方危，诸侯方贰，将以袭敌，不亦难乎？水潦方降，疾疟方起，中山不服，弃盟取怨，无损于楚，而失中山，不如辞蔡侯。吾自方城以来，楚未可以得志，只取勤焉。"乃辞蔡侯。

晋人假羽旄于郑，郑人与之。明日，或旆以会，晋于是乎失诸侯。

将会，卫子行敬子言于灵公曰："会同难，啧有烦言，莫之治也。其使祝佗从。"公曰："善。"乃使子鱼。子鱼辞曰："臣展四体，以率旧职，犹惧不给，而烦刑书。若又共二，徼大罪也。且夫祝，社稷之常隶也，社稷不动，祝不出竟，官之制也。君以军行，祓社衅鼓，祝奉以从，于是乎出竟。若嘉好之事，君行师从，卿行旅从，臣无事焉。"公曰："行也！"

不按从前的规矩办？'从前有高于常礼的时候，也有低于常礼的时候，不知道应该比照哪一种情况。如果高于常礼，我们国君现在年纪还小，因此不能恭敬前来。如果低于常礼，那么就由我游吉代表了。希望您慎重考虑。"晋国人没法再责问了。

鲁定公三年，蔡昭公到楚国去，被楚国的子常扣留了三年。蔡昭公回国途中，到达汉水，把一块玉沉到水中发誓说："我绝不再南渡汉水朝见楚国，愿向河神发誓！"蔡昭公立即到晋国，用自己的儿子和他的大夫的儿子作为人质，请求晋国出兵攻打楚国为其报仇。

四年春季三月，刘文公在召陵会合诸侯，这是为了策划攻打楚国。晋国的荀寅向蔡昭公索取财物，没能得到，便对范献子说："目前国家正处于危急时刻，诸侯对我们也都有了二心，在这种情况下攻打和我们势均力敌的楚国，不是很难吗？现在阴雨连绵，疟疾流行，中山国又不顺从，破坏盟约招致怨恨，对楚国不会造成损害，却会失去中山，不如拒绝蔡侯。自从方城一战以来，我们一直都没能在楚国身上满足过心愿，现在出兵只能是白白地劳民伤财。"于是晋国便拒绝了蔡昭公。

晋国人向郑国人借用羽毛以装饰旌旗，郑国人借给了他们。第二天，晋国就打着这面旗子去参加盟会，从此晋国丧失了诸侯的拥护。

盟会开始之前，卫国的子行敬子对卫灵公说："这次盟会难以取得一致意见，必然是互相争论而各有分歧，谁也说服不了谁。希望能派祝佗和我一同前往。"卫灵公说："好。"便让子鱼（即祝佗）跟随前去。子鱼推辞说："我使尽全力来办理分内的事情，尚且担心做不好而犯下罪过。如果再委派我一项工作，恐怕更会招致大罪了。再说太祝是为社稷神而设立的贱职，社稷的神灵不出动，太祝就不能走出国境，这是官制所规定的。假如国君率军出发，祭祀社神，杀牲衅鼓，太祝这才奉社神而行，才能走出国境。至于朝会之事，国君出动有两千五百人随从，卿出动有五百人随从，下臣没什么事可以做。"卫灵公说："你还是去吧！"

　　及皋鼬，将长蔡于卫。卫侯使祝佗私于苌弘曰："闻诸道路，不知信否，若闻蔡将先卫，信乎？"苌弘曰："信。蔡叔，康叔之兄也，先卫，不亦可乎？"子鱼曰："以先王观之，则尚德也。昔武王克商，成王定之，选建明德，以藩屏周。故周公相王室以尹天下，于周为睦。分鲁公以大路、大旂，夏后氏之璜，封父之繁弱，殷民六族，条氏、徐氏、萧氏、索氏、长勺氏、尾勺氏，使帅其宗氏，辑其分族，将其类丑，以法则周公，用即命于周。是使之职事于鲁，以昭周公之明德。分之土田陪敦，祝、宗、卜、史，备物典策，官司、彝器，因商、奄之民，命以《伯禽》，而封于少皞之虚。分康叔以大路、少帛、綪茷、旃旌、大吕，殷民七族，陶氏、施氏、繁氏、锜氏、樊氏、饥氏、终葵氏。封畛土略，自武父以南，乃圃田之北竟，取于有阎之土，以共王职，取于相土之东都，以会王之东蒐。聃季授土，陶叔授民，命以《康诰》，而封于殷虚。皆启以商政，疆以周索。分唐叔以大路、密须之鼓、阙巩、沽洗，怀姓九宗、职官五正，命以《唐诰》，而封于夏虚。启以夏正，疆以戎索。

　　"三者皆叔也，而有令德，故昭之以分物。不然，文、武、成、康之伯犹多，而不获是分也，唯不尚年也。管、蔡启商，

当他们行至皋鼬时,听说盟会时准备让蔡国在卫国之前歃血。于是卫灵公派祝佗私下对苌弘说:"我们在来的路上听说的这个消息,不知是真是假,我们听说让蔡国在卫国之前歃血,这可信吗?"苌弘说:"是真的。蔡国始祖蔡叔是卫国始祖康叔的哥哥,把蔡国安排在卫国前面,不也可以吗?"子鱼(即祝佗)说:"从先王的用人标准来看,是崇尚德行。从前武王战胜了商朝,成王安定了天下,然后便选拔分封有德行的贤人,以作为周朝的屏障。因此周公得以辅佐王室,治理天下,诸侯和周王室也都和睦相处。赐给鲁以大路、大旂,还有夏后氏的璜玉、封父的繁弱弓,以及殷朝的六个家族——条氏、徐氏、萧氏、索氏、长勺氏、尾勺氏,并让这六族率领大宗,集合小宗,带着所属的奴隶,来顺从周公的法制,归服周朝听从命令。这是为了让他们到鲁国做事效力,以宣扬周公的德行。还分给鲁国土田和附庸国,以及太祝、宗人、太卜、太史,还有各种器物、典籍简册、百官、彝器,以商、奄之地的百姓为基础,颁布了《伯禽》这篇诰令,把他封在少皞的故城。赐给康叔的东西,有大路、少帛旗、綪茷、旃旌、大吕钟,以及殷朝的七个家族——陶氏、施氏、繁氏、锜氏、樊氏、饥氏、终葵氏。分封的土地从武父以南直到圃田的北境,并把有阎的土地也送给他以让其在王室供职,还把相土的东都送给他以让他协助天子在东方的巡视。周公的弟弟聃季也送给他土地,陶叔送给他百姓,颁布了《康诰》,把他封在殷朝的故城。鲁公和唐叔开始都是沿用殷朝的政治制度,但治理土地边疆都采用周朝的制度。赐给唐叔的东西,有大路、密须国的鼓、阙巩国的甲、沽洗钟,以及怀姓的九个宗族、五正的职官,颁布了《唐诰》,把他封在夏朝的故城。唐叔开始沿用夏朝的政治制度,治理疆土则是依照戎人的制度。

　　"这三个人都是武王的弟弟,都有美好的德行,所以分赐他们很多东西,以宣扬其德行。不然的话,文王、武王、成王、康王的哥哥还有很多,为什么得不到赏赐和分封呢,就是因为天子崇尚德行而不看重年龄。管叔、蔡叔煽动商朝遗民发动叛乱,

恭间王室,王于是乎杀管叔而蔡蔡叔,以车七乘、徒七十人。其子蔡仲改行帅德,周公举之,以为己卿士,见诸王而命之以蔡。其命书云:'王曰:胡,无若尔考之违王命也!'若之何其使蔡先卫也?武王之母弟八人,周公为大宰,康叔为司寇,聃季为司空,五叔无官,岂尚年哉?曹,文之昭也;晋,武之穆也,曹为伯甸,非尚年也。今将尚之,是反先王也。晋文公为践土之盟,卫成公不在,夷叔,其母弟也,犹先蔡。其载书云:'王若曰,晋重、鲁申、卫武、蔡甲午、郑捷、齐潘、宋王臣、莒期。'藏在周府,可覆视也。吾子欲复文、武之略,而不正其德,将如之何?"苌弘说,告刘子,与范献子谋之,乃长卫侯于盟。

沈人不会于召陵,晋人使蔡伐之。夏,蔡灭沈。

五年夏,归粟于蔡,以周亟,矜无资。

六年二月,公侵郑,取匡,为晋讨郑之伐胥靡也。夏,季桓子如晋,献郑俘也。秋八月,宋乐祁言于景公曰:"诸侯唯我事晋,今使不往,晋其憾矣。"乐祁告其宰陈寅。陈寅曰:"必使子往。"他日,公谓乐祁曰:"唯寡人说子之言,子必往!"陈寅曰:"子立后而行,吾室亦不亡,唯君亦以我为知难而行也。"见溷而行。赵简子逆,而饮之酒于绵上,

企图谋犯王室,天子因此而杀了管叔放逐了蔡叔,只给了蔡叔七辆车子,七十个随从。蔡叔的儿子蔡仲改恶从善,周公提拔他为自己的卿士,并让他觐见周王,周王命他为蔡侯。任命书上说:'周王说:胡,不要像你父亲那样违抗王命!'为什么把蔡国安排在卫国前面?武王的同母弟弟有八个,周公做了太宰,康叔做了司寇,聃季做了司空,其他五叔,管叔、蔡叔、成叔、霍叔、毛叔都没有官职,难道是崇尚年龄吗?曹国的先祖是文王的儿子,晋国的先祖是武王的儿子,而曹国身为伯爵只是做了甸服,这也并非看重年龄。现在如果崇尚年龄,就是违反了先王的制度。当初晋文公召集践土会盟时,卫成公没有参加,代表他的是他同母弟弟夷叔,尚且排在蔡国之前。当时盟书上说:'周王说,晋国的重耳、鲁国的申、卫国的叔武、蔡国的甲午、郑国的捷、齐国的潘、宋国的王臣、莒国的期。'这一盟书保存在周王室的府库中,可以查阅。阁下想恢复文王、武王的法度,却不修正自己的德行,将怎么办呢?"听了这番话,苌弘很高兴,又告诉了刘文公,和范献子商量之后,便决定让卫灵公先行歃血盟誓。

因为沈国没有参加召陵的会盟,所以晋国人便让蔡国前去讨伐。夏季,蔡国灭亡了沈国。

五年夏季,鲁国送给蔡国一些粮食,以救济急难,这是怜悯他们没有粮食。

六年二月,鲁定公发兵攻打郑国,占领了匡地,这是替晋国讨伐郑国攻打胥靡。夏季,季桓子到晋国,这是为了进献郑国的俘虏。秋季八月,宋国的乐祁对宋景公说:"现在诸侯中只有我国在真心事奉晋国,如果不派使者到晋国聘问,晋国恐怕要对我们不满意了。"乐祁又把这话告诉给了他的家宰陈寅。陈寅说:"一定会派您前去。"过了几天,宋景公对乐祁说:"只有我欣赏你的建议,所以也请你一定要去!"陈寅对乐祁说:"您要立了继承人之后再去,这样乐氏家族也不至于灭亡,同时也可以使国君知道您这是冒险而去。"乐祁带着儿子溷进见宋景公,之后便动身了。赵简子出来迎接乐祁,并在绵上为他设宴接风,

献杨楯六十于简子。陈寅曰："昔吾主范氏，今子主赵氏，又有纳焉。以杨楯贾祸，弗可为也已。然子死晋国，子孙必得志于宋。"范献子言于晋侯曰："以君命越疆而使，未致使而私饮酒，不敬二君，不可不讨也。"乃执乐祁。

七年秋，齐侯、郑伯盟于咸，征会于卫。卫侯欲叛晋，诸大夫不可。使北宫结如齐，而私于齐侯曰："执结以侵我。"齐侯从之，乃盟于琐。

八年春王正月，公侵齐，门于阳州。二月，公侵齐，攻廪丘之郛。详见《陪臣交叛》。

赵鞅言于晋侯曰："诸侯唯宋事晋，好逆其使，犹惧不至；今又执之，是绝诸侯也。"将归乐祁。士鞅曰："三年止之，无故而归之，宋必叛晋。"献子私谓子梁曰："寡君惧不得事宋君，是以止子。子姑使溷代子。"子梁以告陈寅。陈寅曰："宋将叛晋，是弃溷也，不如待之。"乐祁归，卒于大行。士鞅曰："宋必叛，不如止其尸，以求成焉。"乃止诸州。

夏，齐国夏、高张伐我西鄙。晋士鞅、赵鞅、荀寅救我，公会晋师于瓦。范献子执羔，赵简子、中行文子皆执雁。鲁于是始尚羔。

乐祁把六十副杨木盾牌献给赵简子。陈寅说："从前乐氏事奉晋国的范氏，如今您却事奉赵氏，又送给他礼物。这些杨木盾牌只能招致灾祸，实在不应该这么做。但如果您死在晋国，您的子孙在宋国必然能得到重用。"果然范献子对晋定公说："奉君命出使晋国，还没有履行使者的责任就私下和人饮酒，这是对两国国君的不尊敬，对这种行为一定要加以讨伐。"于是便下令把乐祁抓了起来。

七月秋季，齐景公、郑献公在咸地结盟，并邀请卫国也前去参加会盟。卫灵公准备背叛晋国归顺齐国和郑国，但大夫们都不同意这么做。于是卫灵公便派北宫结到齐国去，并派人私下对齐景公说："请把北宫结抓起来，并发兵攻打我国。"齐景公采纳了这一建议，并在琐地结了盟。

八年春季，周历正月，鲁定公发兵入侵齐国，攻打阳州的城门。二月，鲁定公入侵齐国，攻打廪丘的外城。详见《陪臣交叛》。

赵鞅（即赵简子）对晋定公说："诸侯国中只有宋国还在事奉晋国，好好地对待他们的使者，尚且怕他们不来呢；现在又把乐祁抓了起来，这无疑是要使诸侯都和我们断绝来往。"于是便准备把乐祁释放回国。但士鞅（即范献子）说："已经扣押了他二年，如今又无缘无故地放他回去，宋国肯定要背叛晋国。"范献子私下对子梁（即乐祁）说："我们国君是因为担心不能事奉贵国国君，所以才挽留您这么久。您还是让您的儿子溷来替换您吧。"子梁把这事告诉了陈寅。陈寅说："宋国正准备背叛晋国，这样做是抛弃了乐溷，不如再等一下。"乐祁在回国途中死在太行山。范献子说："宋国必定要背叛晋国，不如把他的尸首扣下来，以作为讲和的条件。"于是便在州地把乐祁的尸首强行拦截了下来。

夏季，齐国的国夏、高张发兵攻打鲁国的西部边境。晋国的士鞅、赵鞅、荀寅领兵前来救援，鲁定公领兵和晋军在瓦地会师。当时士鞅手持羔羊，而赵鞅和中行文子（即荀寅）则手持大雁。从此以后鲁国开始以羔羊为尊贵，只有上卿参加会见时才拿着它。

　　晋师将盟卫侯于鄟泽，赵简子曰：“群臣谁敢盟卫君者？”涉佗、成何曰：“我能盟之。”卫人请执牛耳，成何曰：“卫，吾温、原也，焉得视诸侯？”将歃，涉佗捘卫侯之手，及捥。卫侯怒，王孙贾趋进曰：“盟以信，礼也，有如卫君，其敢不唯礼是事，而受此盟也？”卫侯欲叛晋，而患诸大夫。王孙贾使次于郊。大夫问故，公以晋诟语之，且曰：“寡人辱社稷，其改卜嗣，寡人从焉。”大夫曰：“是卫之祸，岂君之过也？”公曰：“又有患焉，谓寡人：‘必以而子与大夫之子为质。’”大夫曰：“苟有益也，公子则往，群臣之子敢不皆负羁绁以从？”将行，王孙贾曰：“苟卫国有难，工、商未尝不为患，使皆行而后可。”公以告大夫，乃皆将行之。行有日，公朝国人，使贾问焉，曰：“若卫叛晋，晋五伐我，病何如矣？”皆曰：“五伐我，犹可以能战。”贾曰：“然则如叛之，病而后质焉，何迟之有？”乃叛晋。晋人请改盟，弗许。秋，晋士鞅会成桓公侵郑，围蛊牢，报伊阙也。遂侵卫。

　　九月，师侵卫，晋故也。
　　九年秋，齐侯伐晋夷仪。敝无存之父将室之，辞，以与其弟，曰：“此役也，不死反，必娶于高、国。”先登，求自门出，

晋军准备在郸泽和卫灵公结盟，赵鞅说："群臣中谁敢去和卫君结盟呢？"涉佗、成何挺身而出说："我们能使他结盟。"结盟时，卫国人请晋国人手持牛耳，成何说："卫国如同我国的温地、原地，怎么能当作诸侯国看待呢？"准备歃血时，涉佗推了一下卫灵公的手，血顺着胳膊一直流到手腕上。卫灵公大怒，卫大夫王孙贾急忙上前说："结盟就是为了申明礼法，像我们卫国国君这样才行，如果不讲礼法，谁还敢接受这一盟约呢？"卫灵公准备背叛晋国，又怕大夫们不同意。王孙贾把他安排在郊外住下。卫国大夫们寻问原因，卫灵公便将晋国侮辱人的话告诉给大家，并说："寡人给国家带来了耻辱，请改卜其他公子以继承先君的大业，我听从各位的选择。"大夫们都说："这是卫国的祸患，哪里仅仅是国君一人的过错呢？"卫灵公说："还有更大的忧患呢，他们对寡人说：'一定要让你的儿子和大夫们的儿子作人质。'"大夫们说："假如对我们有好处，只要公子去，臣下们的儿子还敢不背着马笼头和马缰绳跟随而去吗？"人质将要动身时，王孙贾说："假如卫国遇到祸难，工匠商人也未尝不会成为祸患，让他们也都跟去才行。"卫灵公告诉了大夫们，大夫们同意让这些人也去。已经定下了动身的日期，卫灵公让国人朝见，派王孙贾征求大家的意见，说："如果卫国背叛了晋国，晋国连续五次攻打我们，国家将会危急到哪一步？"众人都说："即使晋国攻打我们五次，我们也能够继续抗击。"王孙贾说："既然这样，就应该先背叛晋国，等坚持不住了再送人质到晋国，有什么晚的呢？"于是就宣布背叛晋国。晋国人请求重新结盟，卫国人断然拒绝。秋季，晋国的士鞅会合周王卿士成桓公一同攻打郑国，他们围攻蛊牢，报了伊阙一战之仇。然后便入侵卫国。

　　九月，鲁国人也入侵卫国，这完全是为了协助晋国的缘故。

　　九年秋季，齐景公发兵攻打晋国的夷仪。齐国有个人叫敝无存，他的父亲准备在这时为他娶妻，但他推辞了，让给他的弟弟，说："这次战役中，我能活着回来，一定娶高氏、国氏家的女子为妻。"作战时，他冲锋在前，率先登上城墙，又想从城门冲出来，

死于雷下。东郭书让登,犁弥从之,曰:"子让而左,我让而右,使登者绝而后下。"书左,弥先下。书与王猛息,猛曰:"我先登。"书敛甲曰:"曩者之难,今又难焉。"猛笑曰:"吾从子如骖之靳。"

晋车千乘在中牟。卫侯将如五氏,卜过之,龟焦。卫侯曰:"可也!卫车当其半,寡人当其半,敌矣。"乃过中牟。中牟人欲伐之,卫褚师圃亡在中牟,曰:"卫虽小,其君在焉,未可胜也。齐师克城而骄,其帅又贱,遇必败之,不如从齐。"乃伐齐师,败之。齐侯致禚、媚、杏于卫。

齐侯赏犁弥,犁弥辞,曰:"有先登者,臣从之。皙帻而衣狸制。"公使视东郭书,曰:"乃夫子也,吾贶子。"公赏东郭书,辞曰:"彼宾旅也。"乃赏犁弥。齐师之在夷仪也,齐侯谓夷仪人曰:"得敝无存者,以五家免。"乃得其尸,公三襚之,与之犀轩与直盖,而先归之。坐引者,以师哭之,亲推之三。

十年春,及齐平。夏,公会齐侯于祝其,实夹谷。

结果在城门的屋檐下战死。东郭书也抢先登上城，犁弥也不甘落后跟了上去，他向东郭书喊道："你登上去后往左走，我上去后往右走，等大家都上来之后，我们再一起跳下去。"于是东郭书听了他的话，登上城后往左去了，但犁弥却先跳了下去。战斗结束后，东郭书和犁弥（即王猛）在一起休息时，犁弥说："是我先登上了城墙。"东郭书收拾皮甲，说："刚才你跟我过不去，现在又跟我过不去。"犁弥笑着说："我跟着您，就像骖马要始终跟着服马一样。"

晋国有一千辆战车集中在中牟。卫灵公准备前往五氏，因此占卜了一下途经中牟的吉凶，结果占卜时竟把龟甲都烧焦了。卫灵公说："可以通过！卫国的战车相当于他们的一半，寡人也可抵晋国战车的一半，这样就和他们势均力敌了。"于是便率军通过中牟。中牟的晋军准备攻打他们，此时正好卫国的褚师圃逃亡在此，他说："卫国虽然小，但有他们的国君跟着，因此战胜不了他们。齐军刚刚攻克夷仪城，非常骄傲，他们的将帅地位又很低贱，如果遇到他们，一定能将其打败，不如去追赶齐军。"于是晋军便攻打齐军，果然将其打败。齐景公把禚、媚、杏三地送给了卫国。

齐景公准备赏赐犁弥，但犁弥推辞了，他说："有人率先登城，臣下我只是在他后面跟上去的。那个人扎着白头巾，披着狸皮斗篷。"齐景公让他看东郭书是不是那个人，他说："就是这个人，我要把赏赐让给你。"齐景公便要赏赐东郭书，但东郭书推辞说："他是外国来的客人。"于是就赏赐给了犁弥。齐军在夷仪作战的时候，齐景公曾对夷仪人说："谁要能找回敝无存的尸首，赏赐五家，并且免除劳役。"找回了敝无存的尸首后，景公三次为他穿上衣服，并用犀皮蒙盖的车子和长柄伞为他殉葬，又先把尸首送回国内。齐景公让拉车的人跪着行走，全军哭吊他，三次亲自推动丧车。

十年春季，鲁国和齐国讲和。夏季，鲁定公在祝其会见了齐景公，祝其也就是夹谷。

晋赵鞅围卫,报夷仪也。初,卫侯伐邯郸午于寒氏城,其西北而守之,宵熸。及晋围卫,午以徒七十人门于卫西门,杀人于门中,曰:"请报寒氏之役。"涉佗曰:"夫子则勇矣,然我往,必不敢启门。"亦以徒七十人旦门焉,步左右,皆至,而立如植。日中不启门,乃退。反役,晋人讨卫之叛故,曰:"由涉佗、成何。"于是执涉佗,以求成于卫,卫人不许。晋人遂杀涉佗,成何奔燕。君子曰:"此之谓弃礼,必不钧。《诗》曰:'人而无礼,胡不遄死?'涉佗亦遄矣哉!"

十一年冬,及郑平,始叛晋也。

十二年夏,卫公孟彄伐曹,克郊。还,滑罗殿。未出,不退于列。其御曰:"殿而在列,其为无勇乎?"罗曰:"与其素厉,宁为无勇。"

十三年春,齐侯、卫侯次于垂葭,实郹氏,使师伐晋。将济河,诸大夫皆曰不可。邴意兹曰:"可。锐师伐河内,传必数日而后及绛。绛不三月,不能出河,则我既济水矣。"及伐河内。齐侯皆敛诸大夫之轩,唯邴意兹乘轩。齐侯欲与卫侯乘。与之宴,而驾乘广,载甲焉。使告曰:"晋师至矣。"齐侯曰:"比君之驾也,寡人请摄。"乃介而与之乘,驱之。或告曰:"无晋师。"乃止。

晋国的赵鞅发兵围攻卫国,以报复夷仪之战。起初,卫灵公在寒氏攻打邯郸午,攻陷了寒氏城的西北部,并派兵把守,到了夜间,邯郸午的士兵全部逃散。等到晋国围攻卫国时,邯郸午率领七十个士卒攻打卫国的西门,在城门中杀了人,说:"请让我以此报复寒氏之战。"晋国的涉佗说:"你确实很勇敢,但如果我去,他们一定不敢开城门。"便也带了七十个人在黎明去攻城门,分左右两排,全部站定,像栽种的树木一样纹丝不动。直到中午,卫国人也不敢开城门,涉佗这才退下。退兵后,晋国追究卫国背叛的原因,卫国人说:"因为涉佗、成何二人。"于是晋国人把涉佗抓了起来,准备以此来和卫国讲和,但卫国人还是不同意。晋国人便把涉佗杀了,成何逃亡到了燕国。君子对此评论说:"这叫作丢掉礼,所以处理肯定不公平。《诗经》说:'假如一个人不懂礼法,为什么不早点死去?'涉佗也是死得很快了!"

十一年冬季,鲁国和郑国讲和,从此鲁国开始背叛晋国。

十二年夏季,卫国的公孟彄领兵攻打曹国,攻克郊地。回来时,由大夫滑罗殿后。卫军还没有退出曹国,滑罗并不走在最后。他的御者说:"作为殿后的部队却走在队伍中间,难道要让人说我们没有勇气吗?"滑罗说:"与其假装勇敢,还不如让人说我们没有勇气。"

十三年春季,齐景公、卫灵公领兵驻扎在垂葭,也就是郹氏,派军队攻打晋国。正要下令渡过黄河,大夫们都认为不行。齐国大夫郦意兹说:"可以渡河。我们派精锐部队攻打河内,他们即使派驿车报信,也需要几天才能到达晋都绛地。绛地闻讯后出兵,没有三个月的时间也到不了黄河,到那时,我们已经又渡河回去了。"于是便开始攻打河内。齐景公把大夫们的车子都收了起来,只让郦意兹坐车。齐景公打算和卫灵公同乘一辆战车。两人一同宴饮时,乘广战车已经套好,并载上了皮甲。齐景公让人虚张声势地报告:"晋军到了。"齐景公对卫灵公说:"等国君的车子套了,寡人就代替您的御者驾车。"于是就同穿上皮甲坐到车上,向前急驰。这时有人又报告:"没有晋军。"这才停下来。

哀公七年春，宋师侵郑，郑叛晋故也。晋师侵卫，卫不服也。

九年，郑武子剩之璧许瑕求邑，无以与之。请外取，许之，故围宋雍丘。宋皇瑗围郑师，每日迁舍，垒合，郑师哭。子姚救之，大败。二月甲戌，宋取郑师于雍丘，使有能者无死，以郑张与郑罗归。

宋公伐郑，晋赵鞅卜救郑，遇水适火，占诸史赵、史墨、史龟。史龟曰："是为沉阳，可以兴兵。利以伐姜，不利子商。伐齐则可，敌宋不吉。"史墨曰："盈，水名也；子，水位也。名位敌，不可干也。炎帝为火师，姜姓其后也。水胜火，伐姜则可。"史赵曰："是谓如川之满，不可游也。郑方有罪，不可救也。救郑则不吉。不知其他。"阳虎以《周易》筮之，遇《泰》☷☰之《需》☵☰，曰："宋方吉，不可与也。微子启，帝乙之元子也，宋、郑，甥舅也。祉，禄也。若帝乙之元子归妹而有吉禄，我安得吉焉？"乃止。

十年夏，赵鞅帅师伐齐，大夫请卜之。赵孟曰："吾卜，于此起兵，事不再令，卜不袭吉。行也！"于是乎取犁及辕，毁高唐之郭，侵及赖而还。

十七年，公会齐侯盟于蒙，孟武伯相。齐侯稽首，公拜。齐人怒。武伯曰："非天子，寡君无所稽首。"武伯问于高柴曰："诸侯盟，谁执牛耳？"季羔曰："鄫衍之役，

鲁哀公七年春季，宋国入侵郑国，这是因为郑国背叛了晋国。晋国军队入侵卫国，是因为卫国不顺服晋国。

九年，郑国武子剩（即子姚）的宠臣许瑕请求得到一处封邑，但没有地方可以封给他。于是许瑕又请求从外国夺取，武子剩答应了，因此郑国便发兵包围了宋国的雍丘。宋国的皇瑗则率军包围了郑军，每天换一个地方建造堡垒，不久周围便都布满了堡垒，郑军见此情景，都大哭起来。武子剩率兵前去救援，反而被打得大败。二月十四日，宋军在雍丘把郑军全部俘虏了，他们对有才干的人都不予杀害，最后带了郏张和郑罗回去。

宋景公发兵攻打郑国，晋国的赵鞅为救援郑国而进行了占卜，得到的卦象是水流向火，于是便请史赵、史墨、史龟解释吉凶。史龟说："这是阳气下沉，可以发兵。有利于攻打姜姓之国，不利于攻打子商。因此攻打齐国可以，但与宋国为敌就不吉利。"史墨说："盈是水的名字，子是水的位置。名字和位置相当，便不能互相侵犯。炎帝是火师，姜姓是他的后代。水战胜火，攻打姜姓是可以的。"史赵说："这就叫作江河涨满，便不能游过去。郑国目前正是有罪的时候，不能救它。假如救郑就不吉利。其他我就不知道了。"阳虎又用《周易》加以占筮，得到《泰》卦☰☷变成《需》卦☰☵，他说："宋国目前正是吉星高照的时候，不能与它为敌。微子启是帝乙的长子，宋国、郑国是甥舅之国。祉就是福禄。如果帝乙的长子把他的女儿嫁给了郑国而吉利有福的话，那我们从哪里去得到吉利呢？"于是便决定停止出兵。

十年夏季，赵鞅率军攻打齐国，大夫请求为此占卜吉凶。赵鞅说："我正是根据去年占卜的结果而发兵的，一次行动不能占卜两次，再占卜一次也未必能得到吉卦。出兵吧！"于是便占领了犁地及辕地，摧毁了高唐的外城，一直攻到赖地才收兵回国。

十七年，鲁哀公和齐平公在蒙地结盟，孟武伯相礼。齐平公对鲁哀公叩头时，鲁哀公仅弯腰作揖。齐国人大怒。孟武伯说："除了对天子，我们国君不行叩头之礼。"孟武伯问高柴："诸侯会盟，由谁来执牛耳？"季羔（即高柴）说："鄫衍那次盟会上，

吴公子姑曹；发阳之役，卫石魋。"武伯曰："然则彘也。"

二十年春，齐人来征会。夏，会于廪丘，为郑故，谋伐晋。郑人辞诸侯。秋，师还。

臣士奇曰：晋自悼公既没，伯业复微，诸侯携贰，其故有数端焉。平公，杞出也，推恩母家，兴诸侯以城杞，而不恤宗周之阙，其失一也。少姜嬖宠，奔走一时之公卿，而非以大义勤诸侯，怒无宇而执之，止鲁公而不纳，溺帷房之私，昧亲亲之道，其失二也。筑虒祁之宫，下可以陈钟鼓，上可以发千兵，怨讟并兴，石妖间作；而内则四姬在御，族姓莫分，淫溺惑乱，实生蛊疾，其失三也。信邾、莒之诉，绝兄弟之欢；羽毛、骨肉，毋乃不伦乎？况郧、郓之故，又非昭公意也，其失四也。卫侯，吾之同姓，而天子守藩之国也；晋虽强，安得以无礼施之？涉佗何人，而敢搎其手，且曰："卫吾温、原也，焉得视诸侯？"侮慢不已甚乎！其失五也。

凡此五不韪者，有一于此，皆足以失诸侯，而况政出多门，狗于货贿？自荛淫，而羊舌鲋取锦于卫矣；

执牛耳的是吴国公子姑曹；发阳那次盟会上，是卫国的石魋。"孟武伯说："那么这次由我来执牛耳了。"

二十年春季，齐国人前来鲁国通知参加盟会。夏季，在廪丘举行了会见，目的是为了郑国而策划攻打晋国。但郑国谢绝了诸侯的好意。秋季，各国军队分别回国。

　　臣下我高士奇评论说：晋国自从悼公去世以后，霸业便又衰微了，诸侯对它三心二意，其中的原因有数条。晋平公是杞国的女子所生，加恩于母亲的国家，于是便集合诸侯为杞国修建都城，但却不关心周王室的衰落，这是它的第一个失误。少姜受到晋平公的宠爱，奔走于当时的公卿大夫间，不能以大义来劝慰诸侯，反而怨怒陈无宇不是卿而把他抓了起来，少姜去世时晋国又把鲁昭公阻止在黄河边上，不让他进入晋国，沉溺于房帷之欢中，违背了亲亲之道，这是它的第二个失误。晋平公又修筑了虒祁之宫，下面可以陈列钟鼓乐器，上面可以发兵千人，怨恨诽谤同时兴起，还有会说话的妖石作怪；晋平公又娶了四个同姓的姬姓女子作妾，不分族姓，结果淫乱过度而生出祸乱，又得了神经错乱之病，这是它的第三个失误。晋昭公听信了郏国和莒国的控告，断绝了和鲁国之间的兄弟情义；羽毛之亲和骨肉之情难道能够相提并论吗？更何况夺取郓地、郓地的战役并不是昭公的意图，这是它的第四个失误。卫侯，和晋国同姓，都是天子分封的屏藩周王室的国家；晋国虽然强大，怎么能够对卫国无礼呢？涉佗是什么人，却敢在歃血时推卫灵公的手，以至于鲜血流到手腕上，并且说："卫国只不过有我国的温地、原地那么大，怎么能当作诸侯看待呢？"这对卫国的侮辱也太过分了！这是它的第五个失误。

　　以上这五个失误，有一条就足以失去诸侯的拥护了，更何况晋国的政权分散在各个家族手中，并且带兵巡行到占领的地方收取贿赂呢？晋国人在卫国大肆砍伐，羊舌鲋以此为要挟，来向卫国索取财物，并得到了一箱锦缎；

子产争承，而小国之诛求困矣；羽旄假，而溪壑之欲肆矣；杨楯不至，而使臣累于客馆矣；意如执舍，喜怒皆以利行，而伯威顿矣。尤可异者，蔡侯以一裘一佩，见止于囊瓦者三年，济汉而誓，顿首伯庭；爱子出质，意晋之能挞彼荆楚，而抒其愤懑也。乃召陵之役，合十有八国之师，其势可以灭此朝食，而竟以一败类之荀寅阻之。

伯政之坏至此，欲天下之不舍旧而图新，岂可得哉？所以投壶者有代兴之思，效鼎者从蒲隧之歃。晋之号令不出于故绛，而中原伯叔人自为政矣。晋犹不悟，恃甲兵之威，逞恫疑之术，欲以力征经营，不已过乎？吁！以叔向之贤而见不及此，可惜也！

郑国的子产为了贡赋的等次而争辩,因为小国为无休止的勒索所困;向郑国人借用羽毛以装饰旌旗,从而使晋国欲望的沟壑难以填平;杨木盾牌没有送给范献子,他便向晋定公进言,把宋国的乐祁抓了起来,并扣押了三年;鲁国的季孙意如也被抓了起来,晋国的喜怒完全取决于利益的得失,这样便使霸主的威望丧失。更令人吃惊的是,蔡昭公因为一件皮衣和一块玉佩,而被楚国的囊瓦扣留三年,蔡昭公回国,过汉水时发誓,决不再南渡汉水朝见楚国,立即到诸侯霸主晋国朝廷顿首请求;把自己和大夫的儿子送到晋国作为人质,他认为晋国能够讨伐荆楚,来发泄自己满腔的愤懑之情。但召陵之战时,晋侯会合了十八国的军队,他们的势头消灭了楚国,再吃早饭都来得及,然而竟因为败类荀寅的一席话就使攻打楚国的计划破产了。

霸主的政权败坏到了这种地步,却要使天下诸侯不舍弃旧主而图谋新主,怎么可能呢?所以齐景公和晋昭公在玩投壶游戏时,已经有了取晋而代之的心意,蒲隧歃血结盟时,徐国便把甲父的宝鼎送给了齐国。因此晋国的号令不能从故都绛城发出,中原的诸侯国便各自为政了。晋国仍旧没有悔悟,依仗甲兵的声威和欺诈的骗术,想靠武力来经营霸业,不已经太过时了吗?哎!凭叔向的贤能都没有认识到这一情况,真是太可惜了!